Heinrich Ritter von Poschinger

Fürst Bismarck und der Bundesrat

Heinrich Ritter von Poschinger

Fürst Bismarck und der Bundesrat

ISBN/EAN: 9783744665346

Hergestellt in Europa, USA, Kanada, Australien, Japan

Cover: Foto ©ninafisch / pixelio.de

Weitere Bücher finden Sie auf **www.hansebooks.com**

Fürst Bismarck und der Bundesrat.

Von

Heinrich von Poschinger.

Zweiter Band.

Der Bundesrat des Zollvereins (1868—1870) und Der Bundesrat des Deutschen Reichs (1871—1873).

Stuttgart und Leipzig.

Deutsche Verlags-Anstalt.

1897.

Papier und Druck der Deutschen Verlags-Anstalt in Stuttgart.

Inhaltsverzeichnis.

Seite

Die zweite Session des Bundesrats des Zollvereins.

(28. April bis 20. Dezember 1869.)

Die dritte Session des Bundesrats des Zollvereins.

(4. April bis 23. Mai 1870.)

Der Bundesrat des Deutschen Reichs.

Die erste Session des Bundesrats des Deutschen Reichs.

(20. Februar 1871 bis 9. März 1872.)

Die zweite Session des Bundesrats des Deutschen Reichs.

(9. März 1872 bis 10. Februar 1873.)

Die dritte Session des Bundesrats des Deutschen Reichs.

(17. Februar bis 29. Dezember 1878.)

Vorwort.

Der coburg-gothaische Minister Freiherr v. Seebach bemerkt in einem an seine Tochter gerichteten Briefe, in dem er auf die Verhandlungen des Zollbundesrats zu sprechen kommt, dieselben seien „sehr langweilig“ gewesen. Das war sicherlich keine Uebertreibung. Wie sollten auch die auf das Steuer-, Zoll- und Handelsgebiet begrenzten trockenen, zum Teil ganz administrativen Fragen großes Interesse darbieten?

Und da ich nun dem Leser nicht zumuten darf, mir auf ein langweiliges Gebiet zu folgen, so will ich das ganze Arbeitsfeld so summarisch als nur irgend möglich erledigen. Es wird dies um so mehr gestattet sein, als für denjenigen, der sich darin vertiefen wird, die Möglichkeit in ausgedehntestem Maße vorhanden ist.

Die Verhandlungen über den Zollbundesrat gehören nämlich jetzt schon in ihrem ganzen Umfange der Oeffentlichkeit an, und dies hat in folgendem seinen Grund.

Als die Bibliothek des Norddeutschen Reichstags zusammengestellt wurde, gelangte von seiten des Reichstags an das Bundeskanzler-Amt das Ersuchen um Ueberweisung eines Exemplars aller gedruckten Bundesratsverhandlungen. Dieses generelle Gesuch lehnte Delbrück ab, dagegen bewilligte er der Bibliothek ein Exemplar der Verhandlungen des Zollbundesrats, und zwar sowohl der Protokolle als der Drucksachen desselben. Der Grund für diese ausnahmsweise Behandlung der Zollbundesratsverhandlungen bestand darin, daß Delbrück erklärte, der Zollbundesrat sei die Succession der Generalkonferenzen des alten Zollvereins, und da die hierüber gedruckten Verhandlungen den öffentlichen Bibliotheken überwiesen worden waren, so liege keine Veranlassung vor, die Zollbundesratsachen anders zu behandeln.

Von der Existenz dieses in der Reichstagsbibliothek vorhandenen und jedem Besucher derselben zugänglichen Exemplars haben allerdings die anderen Bismarckforscher bisher keine Kenntnis gehabt. Dasselbe bietet insbesondere eine reiche Ausbeute für die später herauszugebende Bismarckkorrespondenz; denn es enthält nicht weniger als 137 Kanzlerschreiben,[1]) von denen 96 von Bismarck, 40 in Vertretung von Delbrück und 1 im Auftrage von Eck gezeichnet sind.[2])

Dies vorausgeschickt, will ich versuchen, ob es mir gelingt, den langweiligen Stoff zu beleben und den Leser davor zu bewahren, daß er über der Lektüre des Buches gerade so einschläft, wie es wohl manchem Bevollmächtigten ergangen sein mag, wenn es sich um Gegenstände der Tagesordnung handelte, die selbst dem eingefleischtesten Zöllner sachte das Blatt aus den Händen gleiten ließen.

---

[1]) Davon entfallen auf die Session 1868 51 Schreiben, auf die Session 1869 55 Schreiben und auf die Session 1870 31 Schreiben.

[2]) Es treffen auf die Session 1868 45 Schreiben Bismarcks, 6 Delbrücks, auf die Session 1869 36 Schreiben Bismarcks, 19 Delbrücks, auf die Session 1870 15 Schreiben Bismarcks, 15 Delbrücks und 1 Ecks.

Die erste Session des Bundesrats des Zollvereins.

(2. März bis 30. Juli 1868.)

I. Abschnitt.

Die Konstituirung und der nähere Verlauf.

Mit dem Abschluß des Vertrages vom 16. Mai 1865 über die Fortdauer des Zoll- und Handelsvereins hatte der Zollverein seine letzte schwere Probe bestanden. So tief wurzelte fortan die Macht des nationalen Gedankens im Zollverein, daß selbst der im Jahre 1866 in Deutschland ausgebrochene Krieg den freien Verkehr nicht zu unterbrechen vermochte. Begleitschein-Abfertigungen erfolgten von preußischen Aemtern nach Aemtern in anderen Vereinsstaaten und umgekehrt ungehindert. Die Zollbeamten funktionirten nach wie vor und erhoben die Zölle für gemeinschaftliche Rechnung.

In den Friedensverträgen behielten sich die Kontrahenten vor, wegen Regelung der Zollverhältnisse in Verhandlung zu treten. Einstweilen wurden der Zollvereinigungsvertrag vom 16. Mai 1865 und die mit ihm in Verbindung stehenden Vereinbarungen, unter Stipulirung einer sechsmonatlichen Kündigungsfrist, wieder in Kraft gesetzt.

Am 28. Mai 1867 lud Bismarck nach vorgängiger Kündigung des alten Vereins die süddeutschen Regierungen auf den 3. Juni zu Unterhandlungen über die neue Einrichtung eines solchen nach Berlin ein.

Da diesesmal — im Gegensatz zu den Verhandlungen bei der Gründung des Norddeutschen Bundes — alles wohl vorbereitet war, so ging die Einigung sehr rasch von statten. Nachdem Bismarck am Tage der Eröffnung der Verhandlungen den Entwurf einer Punktation vorgelegt hatte, welche als Grundlage für den abzuschließenden Vertrag dienen sollte, wurde schon am 4. Juni mit Baden und Württemberg und am 7. Juni mit Hessen ein Präliminarvertrag abgeschlossen[1]). Bayern machte noch Vorbehalte, zu deren Erledigung am 18. Juni Bismarck mit dem bayerischen Ministerpräsidenten Fürsten zu Hohenlohe und dem Grafen Tauffkirchen verhandelte. Hierbei wurde verabredet, daß Bayern an dem erweiterten Bundesrat nicht vier, sondern sechs Stimmen erhalten, daß bei Handelsverträgen mit Oesterreich und der Schweiz die angrenzenden Staaten an den Verhandlungen mit beratender Stimme teilnehmen, und daß die Vertretung der Bevölkerung den Namen Zollparlament führen sollte. Am 26. Juni traten in Berlin die Vertreter aller Mitglieder des Nordbundes, sämtlicher Südstaaten und des Großherzogtums Luxemburg zusammen. Am 8. Juli 1867 wurde zwischen Preußen namens des Norddeutschen Bundes, Bayern, Württemberg und Großherzogtum Hessen bezüglich der nicht zum Norddeutschen Bunde gehörigen Gebietsteile der Vertrag wegen Fortdauer des Zoll- und Handelsvereins abgeschlossen, welcher auf wesentlich anderer Grundlage wie die früheren Verträge beruhte. Die Ausübung der Gesetzgebung über die Zölle und die gemeinschaftlichen inneren Steuern wurde dem Bundesrat des Zollvereins, als dem gemeinschaftlichen Organe der Regierungen, und dem Zollparlament, als Vertretung der Bevölkerung, übertragen. Statt der früher erforderlichen Einstimmigkeit sämtlicher Regierungen entschieden Majoritätsbeschlüsse. Der Vertrag sollte bis Ende 1877 dauern und konnte ein Jahr vorher gekündigt werden. Die Großherzogtümer Mecklenburg-Schwerin und Mecklenburg-Strelitz, das Herzogtum Lauenburg, ferner die Hansestädte Lübeck, Bremen und Hamburg blieben vorläufig vom Zollgebiet ausgeschlossen. Der Bundesrat sollte über den Zeitpunkt beschließen, mit welchem der Zollvereinsvertrag auch für diese Staaten in Wirksamkeit träte, sobald die Gründe aufgehört hätten, welche der Anwendung des Vertrages noch entgegenständen.

Speziell über den Bundesrat des Zoll- und Handelsvereins war Folgendes bestimmt:

Der Bundesrat besteht aus den Vertretern der Mitglieder des Norddeutschen Bundes und der süddeutschen Staaten.

(Zu den 42 Stimmen der norddeutschen Staaten[2]) treten hinzu für Bayern 6, für Württemberg 4, für Baden 3, für Hessen 3 Stimmen — im ganzen 58).

Das Präsidium steht der Krone Preußen zu.

Dem Präsidium steht es zu, den Bundesrat zu berufen, zu eröffnen, zu vertagen und zu schließen.

---

[1]) Ueber die Konferenzen der süddeutschen Minister mit Bismarck vgl. die „National-Zeitung" von 1867 Nr. 284.

[2]) Preußen 17, Schwerin und Braunschweig je 2, Weimar, Strelitz, Oldenburg, Meiningen, Altenburg, Coburg-Gotha, Anhalt, Rudolstadt, Sondershausen, Waldeck, Reuß älterer Linie, Reuß jüngerer Linie, Schaumburg-Lippe, Lippe, Lübeck, Bremen und Hamburg je 1.

Die Berufung des Bundesrats findet alljährlich statt. Das Zollparlament kann nicht ohne den Bundesrat berufen werden.

Der Vorsitz im Bundesrat und die Leitung der Geschäfte steht dem dazu bezeichneten Vertreter Preußens zu.

Der Beschlußnahme des Bundesrats unterliegen die dem Zollparlament vorzulegenden Anordnungen.

Unter den Vorlagen, mit denen die Zollvereinskonferenz sich zu beschäftigen hatte, befanden sich auch die Bestimmungen, nach welchen der Bundesrat aus seiner Mitte die dauernden Ausschüsse für Zollvereins-Angelegenheiten, nämlich für Zoll- und Steuerwesen, für Handel und Verkehr sowie für das Rechnungswesen bilden sollte. In jedem dieser drei Ausschüsse sollten außer dem Präsidium mindestens vier Zollvereinsstaaten vertreten sein und innerhalb der Ausschüsse sollte jeder Staat nur eine Stimme führen. Die Mitglieder der Ausschüsse sollten von dem Bundesrat gewählt und die Zusammensetzung derselben für jede Session respektive für jedes Jahr erneuert werden, wobei die ausscheidenden Mitglieder wieder wählbar waren. Die zu ihren Arbeiten nötigen Beamten sollten den Ausschüssen zur Verfügung gestellt werden. Jedes Mitglied des Bundesrats sollte das Recht haben, im Zollparlament zu erscheinen, und letzteres sollte verpflichtet sein, die Bundesratsmitglieder auf ihr Verlangen zu hören, damit sie die Ansichten ihrer Regierungen vertreten könnten, auch wenn diese nicht die Zustimmung der Mehrheit des Bundesrats erhalten hatten. Niemand sollte gleichzeitig Mitglied des Bundesrats und des Zollparlaments sein können. Der Beschlußnahme des Bundesrats sollten unterliegen: 1) die dem Zollparlament vorzulegenden oder von demselben angenommenen gesetzlichen Anordnungen, einschließlich der Handels- und Schiffahrtsverträge; 2) die zur Ausführung der gemeinschaftlichen Gesetzgebung dienenden Verwaltungsvorschriften und Einrichtungen; 3) Mängel, welche bei der Ausführung der gemeinsamen Gesetzgebung hervortreten; 4) die von dem Ausschusse für das Rechnungswesen vorgelegte schließliche Feststellung des Ertrages der Zölle und Steuern.

Durch königliche Verordnung vom 22. Februar 1868 [1]) wurde der Bundesrat auf Montag den 2. März 1868 nach Berlin berufen, um die dem Zollparlament zu machenden Vorlagen zu beraten.

Mit dem Vorsitze und der Leitung der Geschäfte wurde durch Erlaß des Königs von Preußen vom 16. November 1867 der Kanzler des Norddeutschen Bundes Graf von Bismarck-Schönhausen betraut. [2])

Den Vorsitz in den Plenarsitzungen, neunzehn an der Zahl, führte der Bundeskanzler in der ersten (2. März), zweiten (3. März), dritten (9. März),

[1]) Von dem Grafen Bismarck gegengezeichnet (Bundes-Gesetzbl. S. 10).

[2]) § 1 der Protokolle.

fünften (27. März), sechsten (21. April), siebenten (6. Mai), achten (14. Mai), neunten (16. Mai), zehnten (19. Mai) und elften Sitzung (22. Mai).

In der vierten (18. März), zwölften (28. Mai), vierzehnten (23. Juni), fünfzehnten (27. Juni), sechzehnten (8. Juli), siebenzehnten (16. Juli), achtzehnten (27. Juli) und neunzehnten Sitzung (30. Juli) führte den Vorsitz der Präsident des Reichskanzler-Amts Delbrück auf Grund einer kraft Artikel 8 § 10 des Vertrages vom 8. Juli 1867 erteilten Substitution des Grafen Bismarck.[1])

In der dreizehnten Sitzung vom 11. Juni 1868 übernahm den Vorsitz der Freiherr v. Friesen[2]) auf Grund folgender Substitution: Der unterzeichnete Vorsitzende des Bundesrats des deutschen Zollvereins überträgt hierdurch auf Grund der Bestimmung im Artikel 8 § 10 des Vertrages zwischen dem Norddeutschen Bunde, Bayern, Württemberg, Baden und Hessen vom 8. Juli v. J. den Vorsitz im Bundesrat des deutschen Zollvereins auf den königl. sächsischen Staatsminister Herrn Freiherrn v. Friesen.

Berlin den 10. Juni 1868.

v. Bismarck.[3])

Im einzelnen ist über die Teilnahme Bismarcks an den Beratungen noch folgendes zu erwähnen.

In der ersten Sitzung teilte derselbe mit, daß er für dieselbe und bis dahin, wo auf Grund der Geschäftsordnung eine definitive Anordnung getroffen werden könne, den königlich preußischen Legationsrat Bucher mit der Führung des Protokolls beauftragt habe.[4])

In der zweiten Sitzung brachte Bismarck den Legationsrat Bucher zum Protokollführer des Bundesrats des Zollvereins in Vorschlag und stellte, da diese Wahl nicht auf die Tagesordnung gesetzt worden war, den Antrag: wenn bis zur nächsten Sitzung keine Einwendung erhoben werden sollte, den p. Bucher für gewählt zu erachten, andernfalls in der nächsten Sitzung die Wahl gemäß § 13 der Geschäftsordnung vorzunehmen.

Die Versammlung nahm diesen Antrag einstimmig an.[5]) Sodann erfolgte die Wahl der Staaten in die vier Ausschüsse.[6])

---

[1]) § 11 der Prot. Die Referate über die Sitzungen des Zollbundesrats findet man in der „National-Zeitung" von 1868 Nr. 105, 107, 118, 134, 150, 188, 213, 217, 226, 229, 233, 240, 270, 290, 298, 307, 308, 310, 316.

[2]) § 143 der Prot.

[3]) In Kohls Bismarck-Regesten nicht aufgeführt.

[4]) § 5 der Prot.

[5]) § 27 der Prot.

[6]) Die Zusammensetzung der vier Ausschüsse des Bundesrats des Zollvereins (I für Zoll- und Steuerwesen, II für Handel und Verkehr, III für Rechnungswesen, IV für die Geschäftsordnung) findet sich abgedruckt in der „National-Zeitung" Nr. 115 vom 8. März 1868 und in der „Norddeutschen Allgemeinen Zeitung" Nr. 59 vom 10. März 1868.

In der dritten Sitzung beantragte Bismarck, den Legationsrat Bucher, da Einwendungen gegen den vorgeschlagenen Modus der Wahl nicht eingegangen seien, als zum Protokollführer des Bundesrats des Zollvereins gewählt zu erachten.[1])

Bucher führte das Protokoll bis zur siebenzehnten Sitzung am 16. Juli 1868. In dieser Sitzung beantragte der Präsident Delbrück, für den Rest der Session den Geheimen Ober-Regierungsrat Eck mit der Führung des Protokolls zu betrauen.[2])

In der ersten Sitzung bewillkommnete Bismarck die Bevollmächtigten und bezeichnete als Gegenstände der bevorstehenden Beratung, die sich jetzt schon übersehen ließen: die Ausdehnung des Vereins auf Mecklenburg, Lauenburg und Lübeck, in Verbindung mit der Herstellung einer angemessenen Zollgrenze gegen Hamburg; die Befestigung und Erweiterung der vertragsmäßigen Beziehungen zu Oesterreich; Abänderungen der Zollordnung und des Zolltarifs in Verbindung mit einer gleichmäßigen Besteuerung des einheimischen Tabaks; die Anknüpfung vertragsmäßiger Beziehungen zu Spanien, Portugal und dem Kirchenstaate; endlich eine Reihe von Maßregeln, welche dem Gebiete der Verwaltung angehören.[3])

Demnächst zeigte er die beschlossenen Substitutionen einzelner Mitglieder des Bundesrats an,[4]) benachrichtigte die Versammlung von den Modalitäten, unter welchen die Mitglieder Gebührenfreiheit für Briefe und Telegramme besaßen[5]) und setzte schließlich die Tagesordnung für die nächste Sitzung des Bundesrats fest.[6])

Soweit die Protokolle ersehen lassen, hatte in den neun Sitzungen des Bundesrats, denen Bismarck präsidirte, seine Teilnahme in der Hauptsache einen formellen Charakter. Er beschränkte sich darauf, die Abstimmungen zu leiten, machte Mitteilungen über die Legitimation[7]) bezw. die Ernennung[8]) und Abberufung von Mitgliedern des Bundesrats[9]), über eingegangene Beschlüsse des

---

[1]) § 40 der Prot.

[2]) § 204 der Prot.

[3]) § 2 der Prot.

[4]) § 6 der Prot.

[5]) § 7 der Prot. Schon unterm 2. März 1868 hatte der Kanzler verfügt, daß während des Zusammenseins des Bundesrats des deutschen Zollvereins die Briefe der Bevollmächtigten unter gewissen Umständen portofrei befördert werden. („Norddeutsche Allgemeine Zeitung" vom 7. März 1868.) In Kohls Bismarck-Regesten unerwähnt.

[6]) § 8 der Prot.

[7]) § 61 der Prot. (Legitimation des bayerischen Gesandten Freiherrn v. Perglas.)

[8]) § 73 der Prot. Ernennung des Staatsministers Freiherrn v. Linden und des Ministerialrats Dr. Dippe zum württembergischen bezw. mecklenburg-schwerinschen Bevollmächtigten zum Bundesrat.

[9]) § 89 der Prot. Enthebung des Staatsministers v. Schlör von der Funktion der Vertretung Bayerns im Zollverein.

Zollparlaments [1]) und über die Ernennung von Kommissaren des Bundesrats für die Beratungen im Zollparlament. [2])

Nur ganz vereinzelt stellte Bismarck selbst Anträge; [3]) auch wenn er selbst den Sitzungen präsidirte, fiel diese Aufgabe dem Präsidenten des Reichskanzler-Amts zu. [4]) Spuren materiellen Eingreifens des Kanzlers in die Beratungsgegenstände finden sich in den Protokollen nur an zwei Stellen angedeutet; indessen ist damit nichts bewiesen, denn die Protokolle sind sehr kursorisch gefaßt, und sie geben gerade hierin auch nicht annähernd ein treues Bild.

In der Plenarsitzung wurden im Grunde nur die Abstimmungen vorgenommen; die Frage, in welchem Sinne die preußische Stimme abgegeben werden sollte, war bereits vor der Sitzung entschieden. Bismarck besprach diesen Punkt meist im Zollparlament mit Delbrück oder bei Gelegenheit der täglichen Vorträge.

Den Löwenanteil an den Arbeiten des Bundesrats hatte der Präsident Delbrück; weitaus die größte Zahl der Vorlagen und Anträge des Präsidiums wurden von ihm im Bundesrat mündlich eingebracht; er erstattete Vorträge über verschiedene Gesetzentwürfe, Anträge, Petitionen und Resolutionen des Zollparlaments und gab namens der Regierung vielfach Erklärungen ab. Nach ihm waren die fleißigsten Mitarbeiter: der Vertreter für Oldenburg und Braunschweig, Ministerresident v. Liebe, der hamburgische Senator Dr. Kirchenpauer, der württembergische Ober-Finanzrat Riecke, der württembergische Gesandte Freiherr v. Spitzemberg, der königl. sächsische Geheime Finanzrat v. Thümmel, der königl. sächsische Ministerialdirektor Dr. Weinlig [5]) und der bayerische Staatsrat v. Weber. Nicht zu verkennen war, daß schließlich 5—6 befähigte und fleißige Köpfe die ganze Arbeit verrichteten. In dem Maße, wie sich diese Arbeitsteilung vollzog, schwächte sich auch das Interesse der übrigen Bevollmächtigten zum Bundesrat an den Beratungen ab. In der ersten Sitzung waren die Mitglieder fast vollzählig erschienen. Preußen hatte 12 Mitglieder entsendet, Bayern 3, Königreich Sachsen 3, Württemberg 1, Baden 2, Hessen 2, die übrigen Staaten je einen. Vertreter anderer Staaten hatten sich substituirt [6]): Groß-

---

[1]) §§ 103, 117 und 122 der Prot.

[2]) §§ 96 und 102 der Prot. Vorschlag des preußischen Geheimen Ober-Finanzrats Scheele für die Beratung der Tabaksteuervorlage, und des Geheimen Regierungsrats Michaelis für dieselbe Vorlage und die Zolltarifnovelle.

[3]) §§ 68 und 69 der Prot. Zwei Anträge Bismarcks im Namen der Regierung von Lauenburg.

[4]) Vgl. die §§ 13, 14, 15, 16, 17, 18, 19, 20, 21, 22, 23, 24, 25, 26, 66, 67, 91, 102 und 122.

[5]) Es reihen sich daran Dippe mit 2, Gerbig mit 3 Vorträgen, Gildemeister und Müller mit je 1 Vortrag.

[6]) Nach § 2 der Geschäftsordnung für den Bundesrat des Zollvereins war jeder stimmführende Bevollmächtigte befugt, im Falle seiner Abwesenheit oder sonstigen Verhinderung einen andern Bevollmächtigten zu substituiren.

herzogtum Sachsen, Sachsen-Meiningen, Sachsen-Altenburg, Anhalt, Schwarzburg-Rudolstadt, Reuß jüngerer Linie. Unvertreten waren nur Waldeck und Reuß älterer Linie. In der letzten Sitzung, am 30. Juli 1868, waren Preußen, Bayern, Königreich Sachsen, Württemberg, Baden und Hessen nur mehr durch je ein Mitglied vertreten; die Substitutionen hatten so sehr um sich gegriffen, daß das Sitzungsprotokoll mit dem Protokollführer nur noch acht Anwesende aufwies.

Am meisten wurde der braunschweigische Geheimrat v. Liebe mit Substitutionen betraut. So war derselbe in der Sitzung vom 27. Juli 1868 substituirt für Hessen, Großherzogtum Sachsen, Oldenburg, Meiningen, Sachsen-Altenburg, Sachsen-Coburg-Gotha, Anhalt, Schwarzburg-Rudolstadt, Schwarzburg-Sondershausen, Waldeck, Reuß älterer Linie, Reuß jüngerer Linie, Schaumburg-Lippe, Lippe, Lübeck, Bremen und Hamburg. Der Vorgang war ein Beweis, welches große Vertrauen die kleinen Staaten in die Unparteilichkeit und die staatsmännische Begabung von Liebe setzten; aber dem Ideale, das Bismarck bei Schaffung des Bundesrats vorschwebte, entsprach es doch sicherlich nicht, wenn die Geschäfte von 25 Bundesstaaten von 8 Bevollmächtigten erledigt wurden, und ein Gesandter (v. Liebe) in der Lage war, 21 Stimmen abzugeben, also 4 mehr als Preußen.

In Veranlassung eines phantastischen Berichts über eine Ausschußsitzung, betreffend den Bambergerschen Antrag über den Weinzoll in Hessen, machte die „Norddeutsche Allgemeine Zeitung“ einige allgemeine Bemerkungen über die Ausschußberatungen, denen ich nachstehende, auch heute noch maßgebende Ausführungen entnehme:

„In den Ausschußsitzungen werden Protokolle nicht aufgenommen; die Ergebnisse der Beratung werden, je nach der Beschaffenheit des Falles, in einem schriftlichen Berichte an das Plenum niedergelegt, oder von dem Referenten mündlich im Plenum vorgetragen, und auch in den schriftlichen Berichten werden die Worte der einzelnen Ausschußmitglieder nur dann erwähnt, wenn solches mit Rücksicht auf ein etwa vorhandenes besonderes Interesse des von dem einzelnen Mitgliede vertretenen Staates nötig ist. Es folgt hieraus, daß Mitteilungen über Ausschußverhandlungen, soweit sie nicht schriftlichen Berichten entlehnt sind, nur die subjektive Auffassung des Berichterstatters wiedergeben können, eine Auffassung, welche, nach der Natur der Sache, durch die Vorliebe oder Abneigung gefärbt ist, welche der Berichterstatter für oder gegen den von ihm behandelten Gegenstand hegt. Die Ausschußberatungen tragen einen durchaus vertraulichen Charakter und müssen diesen Charakter bewahren, wenn sie ihren Zweck erfüllen sollen.“

Für eine Sitzung, der Bismarck präsidirte, hatte Delbrück eine riesige Tagesordnung zusammengestellt. Vor Bismarcks Platz am Bundesratstisch lag ein Berg von auf einander gelegten Aktenstücken. Als Bismarck die Sitzung eröffnet hatte, besah er sich nicht ohne einen gelinden Schrecken die Tagesordnung; als deren erster Gegenstand figurirte die Tarifirung von Konditoreiwaren in Pappschachteln. „Nun, davon verstehe ich gerade nicht viel,“ bemerkte Bismarck, indem er den Referenten bat, den Vortrag in dieser Sache zu übernehmen.

In einer andern Sitzung wurde Bismarck abberufen, weil ihm der Besuch des französischen Botschafters Benedetti gemeldet wurde. Aus Courtoisie für den bayerischen Gesandten Freiherrn v. Perglas beauftragte er bei seinem Aufbruch diesen mit dem Vorsitz im Bundesrat, zu dessen größter und peinlichster Ueberraschung, denn die Gegenstände, die auf der Tagesordnung standen, waren ihm zum großen Teil fremd. Bismarck entging die Verlegenheit des bayerischen Diplomaten nicht. „Amüsant ist heute die Tagesordnung gerade wiederum nicht,“ bemerkte er, als er den Saal verließ.

Am Schluß der Sitzung vom 30. Juli 1868 wurde der Bundesrat des Zollvereins durch den Vorsitzenden, Präsidenten Delbrück, auf unbestimmte Zeit vertagt.

II. Abschnitt.

Die Mitglieder des Zollbundesrats.

Der Bundesrat des Zollvereins war in Wirklichkeit nichts anderes als der erweiterte Bundesrat des Norddeutschen Bundes.[1]) Dies fällt sofort in die Augen, wenn man liest, wie auf Grund des Artikels 8 §§ 1 und 2 des Vertrages zwischen dem Norddeutschen Bunde, Bayern, Württemberg, Baden und Hessen vom 8. Juli 1867 zu Bevollmächtigten zum Bundesrat des deutschen Zollvereins ernannt worden waren:

Von dem Könige von Preußen: außer den zum Bundesrat des Norddeutschen Bundes ernannten Bevollmächtigten, der Geheime Ober-Finanzrat Henning; — von dem Könige von Bayern: der Staatsminister des Handels und der öffentlichen Arbeiten v. Schlör, der Staatsrat v. Weber, der Ober-Zollrat Gerbig; — von dem Könige von Sachsen: die zum Bundesrat des Norddeutschen Bundes ernannten Bevollmächtigten; — von dem Könige von Württemberg: der außerordentliche Gesandte und bevollmächtigte Minister, Geheime Legationsrat Freiherr v. Spitzemberg, der Ober-Regierungsrat v. Bitzer, der Ober-Finanzrat Riecke; — von dem Großherzoge von Baden: der außerordentliche Gesandte und bevollmächtigte Minister Freiherr v. Türckheim, der Ministerialrat Kilian; — von dem Großherzoge von Hessen und bei Rhein: außer dem zum Bundesrat des Norddeutschen Bundes ernannten Bevollmächtigten, der Geheime Ober-Steuerrat Ewald; — von dem Großherzoge von Mecklenburg-Schwerin: der zum Bevollmächtigten zum Bundesrat des Norddeutschen Bundes ernannte Staatsrat v. Müller; — von dem Großherzoge von Sachsen-Weimar-Eisenach und von dem Großherzoge von Mecklenburg-Strelitz: die zum Bundesrat des Norddeutschen Bundes ernannten Bevollmächtigten; — von dem Großherzoge von Oldenburg: der Ministerresident, herzoglich braunschweigische Geheime Rat v. Liebe; — von dem Herzoge von Braunschweig und Lüneburg, von dem Herzoge von

---

[1]) Die Bekanntmachungen Bismarcks, betreffend die Ernennung der übrigen Bevollmächtigten zum Bundesrat des deutschen Zollvereins, datiren vom 28. Februar 1868 (Bundes-Gesetzbl. S. 14), 7. März 1868 (Bundes-Gesetzbl. S. 21), 15. April 1868 (Bundes-Gesetzbl. S. 100) und 8. Mai 1868 (Bundes-Gesetzbl. S. 155).

Sachsen-Meiningen und Hildburghausen, von dem Herzoge zu Sachsen-Altenburg, von dem Herzoge von Sachsen-Coburg und Gotha, von dem Herzoge von Anhalt, von dem Fürsten zu Schwarzburg-Rudolstadt, von dem Fürsten zu Schwarzburg-Sondershausen: die zum Bundesrat des Norddeutschen Bundes ernannten Bevollmächtigten; — von dem Fürsten zu Waldeck und Pyrmont, der königl. preußische Landrat, kommissarische Landesdirektor v. Flottwell; — von dem Fürsten Reuß älterer Linie, von dem Fürsten Reuß jüngerer Linie, von dem Fürsten von Schaumburg-Lippe, von dem Fürsten von Lippe, von den Senaten der freien und Hansestädte Lübeck, Bremen und Hamburg: die zum Bundesrat des Norddeutschen Bundes ernannten Bevollmächtigten.

Im Laufe der Session wurden noch ernannt: für Bayern der außerordentliche Gesandte und bevollmächtigte Minister Freiherr Pergler v. Perglas, für Württemberg der Staatsminister Freiherr v. Linden, für Mecklenburg-Schwerin der Ministerialrat Dr. Dippe; an Stelle des Ober-Zollrats Gerbig von Bayern der Ministerialrat im Staatsministerium des Handels und der öffentlichen Arbeiten Berr, an Stelle Dr. Dippes und v. Oertzens von Mecklenburg-Schwerin und Mecklenburg-Strelitz der mecklenburg-strelitzsche Staatsminister v. Bülow, an Stelle des Dr. Curtius von dem Senat der freien und Hansestadt Lübeck der Ministerresident Dr. Krüger.

Sehen wir uns die aus dem Norddeutschen Bundesrat nicht bekannten Bevollmächtigten etwas näher an. Ich schicke voraus, daß bezüglich der nur zur Bearbeitung der technischen Zollsachen nach Berlin berufenen Mitglieder nur wenig zu sagen ist. Ihre Hauptarbeit bestand in der Anfertigung von Referaten, die sie in den Ausschüssen und wohl auch im Plenum des Bundesrats vortrugen. Mit dem Kanzler kamen dieselben meist nur sehr flüchtig bei Gelegenheit von Diners, welche derselbe zu Ehren des Bundesrats gab, zusammen.

1. Preußen.

Geheimer Ober-Finanzrat Henning

(geboren 10. Dezember 1804, gestorben 8. Juli 1869).

Geboren zu Wolgast, absolvirte derselbe in Stralsund das Gymnasium und studirte auf den Universitäten Greifswald und Berlin. Nach bestandenem Assessorexamen Kammergerichtsassessor in Halberstadt, 1837 Regierungsrat in Magdeburg, 1838 Versetzung an die Provinzialsteuerdirektion in Cöln. Als Hilfsarbeiter 1839 in das Finanzministerium berufen, wirkte er daselbst bis zu seinem Tode. Im Bundesrat hatte er hauptsächlich den Finanzminister und den Generalsteuerdirektor zu vertreten. An den Ausschußarbeiten beteiligte er sich nur durch Uebernahme eines einzigen Referates im Jahre 1869, betreffend die Verteilung der Erträge der gemeinschaftlichen Abgaben aus der Zeit vor 1858.

2. Bayern.

Staatsminister des Handels und der öffentlichen Arbeiten v. Schlör[1])

(geboren 4. April 1820, gestorben 1883)

galt in Bayern als die größte Autorität auf dem Gebiete des Eisenbahnwesens und verdankt diesem Rufe wohl auch die Berufung nach Varzin im Mai 1876, woselbst er mit dem Kanzler hierüber und über Tariffragen (Eisenzölle) verhandelte. Im Jahre 1878 führte ihn die Teilnahme an der Zoll-Enquete noch einmal in die Nähe des Kanzlers. Klarer Verstand, genialer Blick und seltene Energie sicherten ihm in den öffentlichen wie in den privaten Angelegenheiten die Meisterschaft. Schlör begegnete sich mit Bismarck in der Vorliebe für das Staatsbahnsystem, und ist der Ankauf der Ostbahnen durch den bayerischen Staat auf seine Initiative zurückzuführen.

Von einer Wirksamkeit Schlörs im Zollbundesrat kann man nicht sprechen. Er nahm nur an der Eröffnungssitzung vom 2. März 1868 teil. Bereits am 8. Mai (Bundes-Gesetzbl. S. 155) wurde er infolge der Wahl zum Abgeordneten des deutschen Zollparlaments von der Funktion eines Bevollmächtigten zum Bundesrat entbunden.[2])

Staatsrat v. Weber[3])

(geboren 19. Februar 1809, gestorben 14. November 1879)

hat als bayerischer Bevollmächtigter den neuen Zollvereinsvertrag vom 8. Juli 1867 verhandelt; derselbe wurde am 13. Dezember 1867 als regelmäßiger

---

[1]) Gustav v. Schlör, geboren auf dem Gute Hellziehen bei Amberg, Gymnasialstudien am holländischen Gymnasium in München, Studium der Rechte, des Staatsrechts und der Staatswirtschaft auf der Universität München. 1848 Vertreter der Oberpfalz in der Frankfurter Nationalversammlung, 1. Oktober 1850 Landgerichtsassessor in Weiden, Ende 1853 Advokat in Vohenstrauß, 1. Oktober 1857 Advokat in Weiden, März 1862 Ernennung zum Direktor der bayerischen Ostbahn in München, von 1866 bis 26. August 1871 Handelsminister, demnächst Staatsrat im außerordentlichen Dienst, Mitglied der bayerischen Kammer der Abgeordneten von 1852 bis zu seinem Tode.

[2]) In einer Festrede, welche am 27. September 1885 in Weiden aus Anlaß der Enthüllung eines Denkmals für Schlör gehalten wurde, heißt es:

„Ein guter Patriot, und der loyalste Unterthan des Königs, kannte er kein schöneres Dichten und Trachten, als die Einigkeit, die Größe, die Macht und den Ruhm des bayerischen und deutschen Vaterlandes zu fördern. In einer großen, schönen Zeit ist es ihm vergönnt gewesen, mitzuarbeiten an dem inneren Ausbau des neuerstandenen Deutschen Reiches, als unter der Leitung des größten Realpolitikers unseres Jahrhunderts die Ideale des deutschen Volkes verwirklicht wurden."

[3]) Wilhelm Weber, geboren als Sohn eines Königl. Forstmeisters in München, seit 26. Mai 1833 als Rechtspraktikant bei dem Königl. Staatsministerium des Königl. Hauses und des Aeußern in Verwendung, bestand im Dezember 1833 die Staatskonkurs-

Vertreter des primo loco als Bevollmächtigter ernannten Staatsministers von Schlör als Bevollmächtigter Bayerns zum Bundesrat des Zollvereins ernannt, worüber Mitteilung an den Kanzler des Norddeutschen Bundes mit Schreiben des Königl. bayerischen Staatsministeriums des Aeußern vom 21. Dezember 1867 erging. Am 24. Dezember 1867 zum Staatsrat im außerordentlichen Dienst ernannt, beteiligte sich Weber vom Juni 1871 an an den in Frankfurt gepflogenen Verhandlungen über den Abschluß einer Zusatzkonvention zum Frankfurter Friedensvertrage mit Frankreich, und bethätigte unterm 11. Dezember 1871 als Reichsbevollmächtigter zugleich mit dem württembergischen Geheimen Legationsrat Grafen von Uxkull deutscherseits die Abschließung und Unterzeichnung der fraglichen Zusatzkonvention. Aus diesem Anlaß erhielt Weber ein schmeichelhaftes Anerkennungsschreiben des Fürsten Bismarck.

Ober-Zollrat Gerbig

(geboren 6. Oktober 1816, gestorben 21. März 1895).

Georg Ludwig Karl Gerbig, geboren zu Hof, 1834 Absolvirung des dortigen humanistischen Gymnasiums, 1834—38 Studium der Rechte auf den Universitäten München und Heidelberg, 1846 „aus besonderem Vertrauen“ Verweser des Hauptzollamts Bamberg, 1847 Ober-Zollassessor in München, 1857 Ober-Zollrat daselbst, 1865 Berufung in die

Prüfung, ferner im Februar 1835 mit Auszeichnung die für diplomatische Eleven vorgeschriebene besondere Prüfung bei dem genannten Königl. Staatsministerium behufs Erwerbung des Accesses bei demselben. Daraufhin wurde ihm unterm 23. Februar 1835 der Acceß bei dem Königl. Staatsministerium des Aeußern Allerhöchst bewilligt; 14. Juli 1838 zum Geheimen Sekretär II. Klasse im Staatsministerium des Aeußern ernannt; 27. April 1841 die Vorrückung in die I. Klasse bewilligt; 29. April 1843 zum Legationsrat bei dem genannten Staatsministerium ernannt; 16. Januar 1848 zum Ministerialrat II. Klasse bei dem Staatsministerium des Aeußern ernannt; 31. November 1848 seine gleichzeitige Verwendung im Staatsministerium des Handels und der öffentlichen Arbeiten Allerhöchst verfügt; auf einen Antrag des Reichsministers v. Gagern wurde am 5. Februar 1849 die zeitliche und widerrufliche Abordnung Webers in das Reichsministerium in Frankfurt a. M. Allerhöchst genehmigt, wo derselbe sein Gehalt als bayerischer Ministerialrat fortbezog; am 4. Mai 1849 wurde er auf sein Gesuch Allerhöchst ermächtigt, sein zeitliches Dienstverhältnis im Reichsministerium der auswärtigen Angelegenheiten zu lösen, um sofort seiner vorigen Bestimmung im bayerischen Staatsministerium des Handels und der öffentlichen Arbeiten folgen zu können; 30. Dezember 1854 in das Staatsministerium des Königl. Hauses und des Aeußern auf die dort erledigte Ministerialratstelle mit dem Referat über Zoll- und Handelssachen zurückberufen, unter gleichzeitiger Verpflichtung zur teilweisen Verwendung im Staatsministerium des Handels und der öffentlichen Arbeiten; 19. Januar 1865 die Funktion eines bayerischen Bevollmächtigten bei der Rheinschiffahrtskommission übertragen erhalten. Durch seine Berufsthätigkeit fast seit dem Entstehen des deutschen Zollvereins mit den Angelegenheiten desselben vertraut, hat uns Weber das beste Buch über denselben hinterlassen, betitelt: „Der deutsche Zollverein, Geschichte seiner Entstehung und Entwicklung.“ Leipzig 1869.

Stelle eines bayerischen Bevollmächtigten beim Zentralbureau des Zollvereins in Berlin und zu der Funktion eines Zollvereinsbevollmächtigten bei der preußischen Regierung zu Potsdam, 1868 Rückberufung nach München, 1873 Versetzung in den dauernden Ruhestand auf Ansuchen.

Außerordentlicher Gesandter und bevollmächtigter Minister Freiherr Pergler v. Perglas[1])

(geboren 20. Mai 1817, gestorben 6. Mai 1893).

Freiherr v. Perglas war ein Diplomat[2]) und kein Arbeiter; ihm fehlte die Vorbildung für die Erledigung der Geschäfte, die im Bundesrat verhandelt wurden, auch die Gabe des Verhandelns und Debattirens in öffentlicher Versammlung. Wenn er trotzdem bei den Kollegen im Bundesrat ein gutes Andenken hinterlassen hat, so ist dies seinem stets korrekten und loyalen Auftreten zuzuschreiben, sowie der Gewissenhaftigkeit, mit welcher er die ihm erteilten Instruktionen vollzog. In Sachen der Form und Etiquette galt Perglas geradezu als Autorität, die in vorkommenden Fragen selbst in Berlin zu Rat gezogen wurde. In Abwesenheit des ersten Bevollmächtigten führte Perglas die Stimme Bayerns im Bundesrat. Im Zollbundesrat erstattete er im ganzen nur zwei Vorträge. Daß Perglas dem Bundesrat innerlich ein fremdes Element war, accentuirte er auch äußerlich; wenigstens wußte die „National-Zeitung" Nr. 153 vom 31. März 1876 nachstehendes zu berichten: „Die Mitglieder des deutschen Bundesrats — so schreibt ein Berliner Korrespondent der „Kölnischen Zeitung" — werden hier bekanntlich als besondere Vertreter der deutschen Regierungen und in dieser Beziehung nicht identisch mit dem diplomatischen Corps angesehen.

---

[1]) Maximilian Joseph Karl Ernst Anton Constantin Freiherr Pergler v. Perglas, 14. Mai 1843 Ernennung zum Legationssekretär bei der bayerischen Gesandtschaft in Berlin, 4. April 1847 zum Ministerresidenten in Athen, 25. Juli 1853 auf wiederholt ausgedrückten Wunsch von dem Posten in Athen abberufen und am 1. Aug. 1853 in Disponibilität versetzt, am 1. Dezember 1854 zum Ministerresidenten in Hannover, am 28. Mai 1860 zum Gesandten und bevollmächtigten Minister in St. Petersburg ernannt, am 22. September 1866 zur Gesandtschaft in Paris versetzt, am 5. Dezember 1867 zum außerordentlichen Gesandten und bevollmächtigten Minister am königl. preußischen Hofe ernannt; durch Allerhöchstes Signat vom 29. Februar 1868 zum bayerischen Bevollmächtigten zum Bundesrat des Zollvereins ernannt, durch Allerhöchstes Signat vom 9. Februar 1871 zum Vertreter Bayerns im deutschen Bundesrat ernannt. Diese seine Ernennung als Bevollmächtigter zum Bundesrat wurde für die weiteren Sessionen erneuert durch die Allerhöchsten Signate vom 14. Februar 1873, 6. Januar 1874, 7. Mai 1875 und 19. September 1876; am 14. April 1870 Titel und Rang eines Staatsrats im außerordentlichen Dienst, am 31. Juli 1877 von seinem Posten in Berlin abberufen und unter Belassung in seiner Eigenschaft als Staatsrat im außerordentlichen Dienst am 1. September 1877 vorbehaltlich seiner Wiederverwendung im aktiven Dienst in den zeitlichen Ruhestand versetzt unter Verleihung des Prädikats „Excellenz", am 18. August 1877 mit der Funktion des Oberstkämmerers betraut.

[2]) 4. und 16. April 1868 Freiherr v. Perglas zur Besprechung bei Bismarck.

Vor etwa zwei Jahren hatte bei der Hochzeitsfeier des Prinzen Albrecht Fürst Bismarck den bayerischen Gesandten Freiherrn v. Perglas eingeladen, mit ihm unter den Mitgliedern des Bundesrats an dem Defilé vor dem Kaiser teilzunehmen. Freiherr v. Perglas hielt sich indessen zu den auswärtigen Diplomaten, worauf ihn der Kanzler bald darauf französisch anredete und, als sich Freiherr v. Perglas darüber verwundert zeigte, ihm lächelnd sagte: „Da Bayern wieder seine europäische Stellung eingenommen hat, muß ich Sie schon in der in der Diplomatie üblichen Sprache anreden." So wurde damals erzählt. Dem letzten diplomatischen Diner bei dem Fürsten Bismarck am 22. März konnte die Fürstin Bismarck, die etwas unpäßlich war, nicht beiwohnen. Der Reichskanzler forderte den Freiherrn v. Perglas, als „seinen ersten Verbündeten", wie er sich ausgedrückt haben soll, auf, den Platz ihm gegenüber einzunehmen.

Ministerialrat im Staatsministerium des Handels und der öffentlichen Arbeiten Berr[1])

(geboren 1830).

Berrs Thätigkeit im Bundesrat war in der Hauptsache auf die Zoll- und Steuerangelegenheiten gerichtet. Teils infolge seines ständigen Aufenthalts in Berlin (1868—1872), teils wegen seiner gründlichen Kenntnisse und Erfahrungen auf dem erwähnten Gebiete war er vielfach mit einschlägigen Referaten betraut, und Delbrück nannte ihn scherzweise öfter den Generalreferenten in Zoll- u. s. w. Sachen. Auch der spätere Präsident des Reichskanzler-Amts, Staatsminister Hofmann, rechnete ihn zu den tüchtigsten Kräften des Bundesrats. Eine Anerkennung seiner Thätigkeit durfte Berr wohl darin erblicken, daß ihm durch Delbrück — jedenfalls mit Genehmigung Bismarcks — unter sehr ehrenvollen Bedingungen der Eintritt in das Reichskanzler-Amt als vortragender Rat angeboten wurde. Ein hartnäckiges Kopfleiden seiner Frau — nach ärztlichem Ausspruch durch das Klima verursacht — zwang ihn indes, dies ehrenvolle Anerbieten abzulehnen.

In seiner späteren Eigenschaft als bayerischer Finanzminister nahm Berr nur vorübergehend an den Arbeiten des Bundesrats teil.

---

[1]) Geboren 1830 zu Pottenstein in der sogen. fränkischen Schweiz. Universitätsstudien 1849—1853 zu Würzburg und München. 1860—1868 Ober-Zollassessor und Ober-Zollrat im vormaligen Staatsministerium des Handels und der öffentlichen Arbeiten mit dem Referate über Zoll-, Steuer- und Schiffahrtsangelegenheiten betraut; 1868 Mitglied der vom Zollbundesrat eingesetzten Kommission für den Zollanschluß der Großherzogtümer Mecklenburg, der Hansestädte Lübeck und Hamburg; 1868—1872 Ministerialrat und Bevollmächtigter beim Zentralbureau des Zollvereins und zum Zollbundesrat, bezw. später zum Bundesrat des Deutschen Reichs. Während des deutsch-französischen Krieges hatte er daneben auch die Vertretung Bayerns im Zentralkomite der Pflege für die verwundeten Krieger. 1872 bis Ende 1877 königlich bayerischer Staatsminister der Finanzen; zurzeit Staatsrat im außerordentlichen Dienst.

Seine heimische Thätigkeit als Minister gehört nicht in den Rahmen dieser Darstellung; ich übergehe dieselbe vollständig, nur einer Arbeit möchte ich mit wenigen Worten Erwähnung thun, weil dieselbe eine Reichsangelegenheit im eminentesten Sinne des Wortes ist. Es ist dies die Durchführung unserer gegenwärtigen Münzgesetzgebung. Man kann mit Fug und Recht behaupten, daß diese Frage, d. i. die Einziehung des alten und Ausgabe des neuen Geldes u. s. w., in keinem deutschen Staate mit so durchschlagendem Erfolge in der kurzen Zeit von wenigen Wochen durchgeführt worden ist, als in Bayern, ein Verdienst, das um so größeren wirtschaftlichen und deutschnationalen Wert beanspruchen kann, als vielfach politische Antipathien zu überwinden waren.

Berrs soziale Beziehungen zum Fürsten Bismarck bieten keinen Anlaß zu einer besonderen Erwähnung. Im Verein mit anderen Mitgliedern des Bundesrats konnte er sich stets im Hause desselben einer freundlichen und gastlichen Aufnahme erfreuen. In den Jahren 1868—72 hatte etwaigen privaten dienstlichen Verkehr der königl. bayerische Gesandte zu vermitteln; als Minister hatte Berr nur einmal (in der Münzfrage) Anlaß, vertraulich die Hilfe des Fürsten zu Gunsten eines bayerischen Desideriums mit Erfolg zu erbitten. Es handelte sich hierbei um die Frage: ob 20 oder 25 Pfennigstück? Die große wirtschaftliche Bedeutung des 20 Pfennigstücks für den Süden braucht hier nicht des näheren auseinandergesetzt zu werden.

Berr hat während seiner aktiven Dienstzeit ohne irgend welche Verletzung seines bayerischen Patriotismus an der Gründung und Befestigung des Deutschen Reichs nach Kräften mitgearbeitet. Schon seine frühzeitige Thätigkeit in den Arbeiten des Zoll- und Steuerwesens ließen ihn den großen wirtschaftlichen Wert der Zusammengehörigkeit erkennen und war es für ihn nie zweifelhaft, daß das durch den Zollverein geschaffene Band niemals werde gelöst werden; der alte Zollverein ist ja der Samen, aus dem das gegenwärtige Deutsche Reich hervorgegangen und von der Hand des Fürsten Bismarck gebildet worden ist.

Seit seinem Rücktritt vom Amte des Finanzministers lebt Berr als Privatmann zurückgezogen vom politischen Leben, obwohl er einigemale wieder zu solcher Thätigkeit veranlaßt werden sollte.

3. Württemberg.

Außerordentlicher Gesandter und bevollmächtigter Minister, Geheimer Legationsrat Freiherr v. Spitzemberg[1])

(geboren 19. September 1826, gestorben Dezember 1880)

brachte, als er in den Zollbundesrat eintrat, gute Kenntnisse mit und, was noch mehr wert war, gute Verbindungen mit dem Hause Bismarck, die

[1]) Hugo Friedrich Heinrich Karl Freiherr v. Spitzemberg war geboren zu Stuttgart. 1851—1853 Gerichtsaktuar bei den Oberamtsgerichten Heilbronn und Stuttgart, dann

von der Zeit ihres gemeinsamen Aufenthalts in Petersburg datirten. Die Beziehungen Spitzembergs zu Bismarck haben sich im Laufe der Jahre immer intimer gestaltet und nahmen schließlich den Charakter eines wahren Freundschaftsverhältnisses an, wie solches zu keinem der anderen Mitglieder des Bundesrats bestanden hat. Dasselbe übertrug sich auch auf die beiderseitigen Frauen. Es hat Zeiten gegeben, wo die Freifrau v. Spitzemberg, eine Tochter des württembergischen Ministers Freiherrn v. Varnbüler, kaum einen Tag im Salon der Fürstin Bismarck fehlte. Nach Kohls Bismarck-Regesten war Spitzemberg nur einmal (Juli 1873) in Varzin zu Besuch. Das genaue Datum vermochte Kohl nicht anzugeben. Es sind dies die drei Tage vom 13.—15. Juli 1873. Gleichzeitig mit Spitzemberg war in Varzin noch anwesend v. Below. In Friedrichsruh befand sich Spitzemberg [1]) mit Gemahlin vom 4.—6. November 1880 [2]), also ganz kurze Zeit vor seinem Ableben.

Aus diesem Anlaß richtete Bismarck an die Witwe das nachstehende, bisher unveröffentlichte, überaus tief empfundene Kondolenzschreiben:

„Friedrichsruh, den 13. Dezember 1880.

Gnädigste Frau!

Ich weiß keine Trostworte für so schwere Schickung wie die Ihrige, aber ich habe das Bedürfnis, Ihnen zu sagen, wie tief ich Ihren Schmerz mit Ihnen empfinde; nicht bloß in Freundschaft für Sie und die Ihrigen, auch im Gefühl eigenen Verlustes. In den zwanzig Jahren unserer ersten Begegnung in Petersburg haben unsere stets wohlthuenden und nie getrübten geschäftlichen und nach-

---

von 1854—1855 Assessoratsverweser bei dem Zivilamte des Gerichtshofes in Ellwangen, 1856—1857 Legationssekretär bei der württembergischen Gesandtschaft in Wien, 1858 und 1859 in gleicher Eigenschaft in Paris, 1860 zum Geschäftsträger in St. Petersburg, 1865 in gleicher Eigenschaft bei dem schweizerischen Bundesrat in Bern beglaubigt. 1866 erfolgte die Ernennung zum außerordentlichen Gesandten und bevollmächtigten Minister in Berlin, 1871 zum Staatsrat. Er war Mitglied der Bundesratsausschüsse für Handel und Verkehr, für auswärtige Angelegenheiten und für Elsaß-Lothringen.

[1]) 6. November 1878 mit Gemahlin bei der Hochzeit der Gräfin Marie Bismarck mit dem Grafen zu Rantzau.

[2]) In Kohls Bismarck-Regesten übersehen. Ueber die Besuche der parlamentarischen Soiréen durch Spitzemberg und dessen Gemahlin vgl. mein Werk „Fürst Bismarck und die Parlamentarier“, Bd. I. (2. Aufl.) S. 53, 80, 135, 161, 165, 170, 174, 187. Ein Schreiben des Vorstandes der Reichskanzlei v. Tiedemann an Spitzemberg, betreffend die Veröffentlichung von Bismarcks Schriftwechsel mit Varnbüler, findet sich a. a. O. Bd. II. S. 302. Ueber Spitzembergs Teilnahme an der Berufung seines Schwiegervaters, des Staatsministers v. Varnbüler, an die Spitze der Zolltarif-Kommission vgl. mein Werk: „Fürst Bismarck und die Parlamentarier“, Bd. III. S. 273, 274, 276. Ueber eine Tischeinladung Spitzembergs bei Bismarck am 19. Dezember 1876 a. a. O. S. 270.

barlichen Beziehungen sich zu einem Verhältnis freundschaftlichen Vertrauens entwickelt, wie es mir außerhalb meiner Familie nun zu niemand mehr verbleibt. In meinen Jahren füllt das Leben die Lücken nicht mehr, die der Tod in dem Kreise der Freunde macht, sie bleiben ungeschlossen. Der Gedanke an die beiden frohen Tage, die wir hier in der vorigen Woche zusammen verlebten, verschärft das Gefühl der Trauer von heut; aber doch danke ich Gott für diese wehmütige Erinnerung an eine letzte Begegnung. Meiner Frau und meine Gedanken sind ohne Unterlaß und in treuer Freundschaft bei Ihnen und Ihren Kindern. Ihren Herrn Vater grüße ich in herzlicher Teilnahme.

v. Bismarck."

Nachstehend lasse ich noch zwei Briefe folgen, welche Spitzemberg an seinen Schwiegervater, den Freiherrn v. Varnbüler, richtete. Der erste, d. d. 13. Dezember 1866, lautet:

„Lieber Vater!

„Ich habe Dir geschrieben, daß eien Begegnung mit dem Grafen Bismarck auf dienstlichem Wege eigentlich unmöglich ist. Außer für die Botschafter ist der Graf für niemand sichtbar. Herr v. Thile ist mit allen Geschäften beauftragt und der Minister hat nur die Angelegenheiten des Norddeutschen Bundes ausschließlich für sich reservirt. Demgemäß hatte Herr v. Thile die Weisung, alle Diplomaten strenge von dem Grafen ferne zu halten. Ich versuchte daher, mir andere Zugänge zu eröffnen, was schwer war, da auch die Gräfin sich ebenso sehr abschließen zu wollen schien und der Portier des Auswärtigen Amtes jedermann mit der bestimmt lautenden Antwort abwies, die Gräfin empfange die Diplomaten noch nicht. Nach Verfluß einiger Tage verlangte ich angemeldet zu werden, allein ich traf es unglücklich, denn es war jetzt und mehrmals darauf die Gräfin jedesmal ausgefahren. Gestern endlich gelang es mir, Zutritt zu erlangen, nachdem ich vorher den beiden jungen Grafen auf der Straße begegnet und ihnen aufgegeben hatte, meinen Besuch bei ihrer Mutter anzusagen. Ich wurde mit der alten Herzlichkeit empfangen und blieb so lange, bis auch der Graf erschien, eben im Begriffe, zum Vortrage bei dem Könige zu fahren. Er begrüßte mich in der gewohnten kordialen Weise und erwiderte mir, als ich ihm mein Bedauern aussprach, ihm nicht früher mich haben vorstellen zu können: „Ich bin noch nicht hier!" Er war in Generalsuniform und sein Aussehen gesunder, besser, frischer, als ich es je früher gefunden habe. Er erzählte mir, daß er körperlich ganz wohl sei, daß er aber mit Geschäften sich sehr schonen müsse und jede größere Anstrengung mit Schlaflosigkeit zu büßen habe. Die Folge sei dann eine erhöhte Reizbarkeit, unter der seine Kollegen und Beamten zu leiden haben. Trotz der strengsten Befehle, die er seinen Beamten bei Gefahr der Versetzung auf dem Disziplinarwege nach den entferntesten Provinzen der

Monarchie erteilt habe, niemand vorzulassen, dränge sich doch der eine oder andere ein, um ihn zu stören. Gestern habe gerade ein fremder General, der ohne Zweifel für Geld sich den Zutritt bei einem seiner Diener erkauft habe (denn er wisse, daß er ums Geld gezeigt werde), im Vorzimmer gewartet, als er seinem Kanzleidiener mit einem ‚Schert Euch zum Teufel‘ die Thüre gewiesen habe, was der General, dem es doch nicht gegolten, vielleicht auch auf sich bezogen habe. So fuhr er scherzweise fort, um zu zeigen, wie er von der Zudringlichkeit zu leiden habe und die kräftigsten Mittel zur Abwehr anwenden müsse. ‚Aber,‘ sagte er im Weggehen, ‚wenn Sie geschmälzte Knödel (Verwechslung mit unseren Spätzlen) bei mir essen wollen, so sind Sie mir stets willkommen. Auch der Pfannkuchen soll nicht fehlen.‘ Ich werde heute, wie früher in Petersburg, am Familientische bei ihm speisen und freue mich, daß trotz der veränderten Stellungen das persönliche Verhältnis dasselbe geblieben ist, und während der Diplomat, wie alle anderen, von seinem Kabinet ausgeschlossen ist, ich als alter Bekannter wie ehedem aufgenommen bin.“

Einem zweiten, gleichfalls an Freiherrn von Varnbüler gerichteten Briefe Spitzembergs, d. d. 24. April 1870, entnehme ich noch folgende Stelle:

„. . . Von Bismarck sind insofern gute Nachrichten da, als die Gelbsucht leicht auftritt und er bald hieher zu kommen gedenkt. Vorerst leidet er noch an gänzlicher Appetitlosigkeit, und wenn er nach Berlin kommt, wird er jedenfalls großer Schonung bedürfen. Wahrscheinlich wird er nach Karlsbad müssen und dann in Varzin ausruhen. Bis zu den Wahlen wird man dann nichts von ihm sehen.“

Der „Schwäbische Merkur“ hob in einem Nekrologe, dessen Verfasser der jetzige württembergische Finanzminister v. Riecke ist, hervor, daß seiner ruhigen und klaren Erkenntnis der Sachlage und seiner hierauf gegründeten stillen, versöhnlichen Thätigkeit nicht selten die Ausgleichung anfänglich kaum verträglich scheinender Interessen gelungen sei. Spitzemberg habe in Berlin einen Vertrauensposten seltener Art eingenommen. Mochten ihn dafür vornehme Geburt, verwandtschaftliche und Freundesbeziehungen vor anderen besonders bestimmen, so brachte er dazu vielseitige Kenntnisse, ausdauernden Fleiß, umfassende Bildung, feinen Takt und einen unbedingt zuverlässigen Charakter als sein Eigenes mit. Wer neben ihm arbeiten durfte, der weiß außerdem noch seine Bescheidenheit und Selbstlosigkeit, seine Freundlichkeit und treue Kollegialität zu rühmen. Die vielen Landsleute, welche seit 1866 durch amtliche Aufträge oder in Erfüllung der Pflichten eines parlamentarischen Berufs nach Berlin geführt wurden, sie alle fanden bei ihm stets bereiten Rat und in seinem für sie offenen Hause eine Stätte, wo das Glück und der Frieden eines reinen Familienlebens herrschten.

und neben der Politik auch Wissenschaft und Kunst einer verständnisvollen Pflege sich erfreuten.[1])

Ober-Regierungsrat v. Bitzer[2])

(geboren 5. November 1816, gestorben 19. April 1885).

Die öffentliche Thätigkeit dieses Mannes war eine weitumfassende, mit rastlosem Fleiß die wichtigsten Angelegenheiten des Volkslebens, des Staats und der Kirche umspannend. Als Mitglied des Zollbundesrats nahm Bitzer an den vorbereitenden Geschäften, der Eröffnungsfeier, den begleitenden Festen und den ersten Arbeiten desselben teil. Der Aufenthalt in Berlin, die Berührung mit dem Hof und mit dem Grafen Bismarck, das Zusammenwirken mit bedeutenden Männern aus allen deutschen Staaten, das alles war ihm von großem und bleibendem Eindruck. 1870 war er hervorragend beteiligt an der Vorbereitung für Württembergs Anschluß an den Norddeutschen Bund. Die im „Staatsanzeiger für Württemberg" am 20. November 1870 unter dem Titel: „Der Deutsche Bund des Jahres 1870" erschienene amtliche Erklärung, welche dem Lande den Abschluß der Versailler Verträge mitteilte, begleitet von einem Kommentar der neuen Verfassung und der Rechte und Pflichten, welche sie dem Land auferlegte, stammte aus Bitzers Feder. Im Jahre 1875 führte ihn die dornenvolle Frage eines Reichseisenbahngesetzes ein zweitesmal nach Berlin.

Bitzer war im allgemeinen ein Anhänger der neuen sozialpolitischen Richtung Bismarcks.

---

[1]) Die „National-Zeitung" Nr. 586 vom 14. Dezember 1880 bemerkte in ihrem Nekrologe: „In den maßgebenden Kreisen Berlins erfreute er sich durch seine bedeutende Geschichtskenntnis sowie durch die Liebenswürdigkeit und Urbanität seines Wesens aufrichtiger Schätzung und Beliebtheit; eine milde, versöhnliche Natur, hat er nicht selten dazu beigetragen, drohende Differenzen, wie sie als fast naturgemäße Konsequenz der eigenartigen Stellung Württembergs zum Reiche sich ergeben, im Keime zu beseitigen. Dieses Verdienst ist ihm hier hoch angerechnet worden."

[2]) Ludwig Friedrich Heinrich Bitzer, geboren zu Stuttgart. Vorbildung auf dem Gymnasium daselbst, Studium der Rechte auf der Universität Tübingen, Studienreise nach Paris und London, Ernennung zum Oberamts-Aktuar in Ellwangen, Gmünd und Ebingen, 1844 Assessor bei der Regierung in Ulm, Mai 1848 Einberufung in die Oberregierung nach Stuttgart als Hilfsarbeiter, 1851 Ministerialassessor, 1856 Ober-Regierungsrat, Referent für Armen- und Gewerbewesen, 1856 Ministerialkommissar bei der Zentralstelle für Handel und Gewerbe. Wesentlich beteiligt bei Einführung der Gewerbefreiheit in Württemberg. 1863 Verleihung einer Ratsstelle im Ministerium des Innern, 22. September 1870 Verleihung von Rang und Titel eines Direktors, 9. Januar 1871 Ernennung zum Staatsrat und ordentlichen Mitglied des Geheimen Rats. Von 1874 bis zu seinem Lebensende Mitglied des württembergischen Landtags. Anschluß an den Klub der Deutschen Partei. 19. November 1876 Ernennung zum Präsidenten des evangelischen Konsistoriums. Bitzer ist der Verfasser einer großen Zahl philosophischer und nationalökonomischer Schriften, welche man aufgezählt findet in dem im „Schwäbischen Merkur" (Schwäbische Chronik) Nr. 131 vom 6. Juni 1885 abgedruckten Nekrologe desselben.

Ober-Regierungsrat Riecke[1])

(geboren 27. Mai 1830).

Die politische Wirksamkeit Rieckes datirt von der Zeit, da derselbe, nachdem Sigel die Leitung des Finanzdepartements übernommen, ein selbständiges Referat von dessen Ministerium anvertraut bekam. Von jetzt ab begannen auch dessen Wanderjahre „in Goetheschem Sinne". Kaum einen Monat nach Begründung des eigenen Hausstandes[2]) ging es Mitte Juni 1861 mit Extrapost nach Rottweil zur Besichtigung einer Gewerbeausstellung, zwei Monate später hatte er sein erstes Entree in den badischen Ministerien, und von da an war er bis 1874 durch Berufsreisen volle tausend Tage der Heimat und dem Familienleben entzogen.

Die erste dienstliche Reise Rieckes nach Berlin (im September 1863) galt dem internationalen statistischen Kongreß, die folgenden neunzehn Reisen dorthin wurden veranlaßt durch seine Teilnahme an Verhandlungen wegen Erneuerung der Zollvereinsverträge (1863, 1864, 1867), durch den Vertrag wegen Einführung einer gemeinschaftlichen Salzsteuer im Zollverein (1867), endlich durch seine Bevollmächtigung zum Bundesrat (1868—1872).

Die erste zolldiplomatische Verwendung erhielt Riecke in den Jahren 1863 bis 1864. Trotz aller Mahnungen seinerseits mußte Württembergs Zollpolitik in der Frage des französischen Handelsvertrages und der damaligen Zollvereinserneuerung mit einer völligen Niederlage enden, und war der Spott des „Kladderadatsch" in der Nummer vom 2. Oktober 1864 nicht unverdient, wo es hieß:

Riecke kommt, Riecke kommt,
Kommt vom Lande Schwaben,
Freut mir sehr, freut mir sehr,
Daß wir dir nun haben!

---

[1]) Riecke wurde im Frühjahr 1858 als Hilfsarbeiter in das Finanzministerium berufen, hat dort 1859 das Referat in Zoll- und Handelsangelegenheiten übernommen und von 1862—1872 auch an den Verhandlungen wegen Erneuerung der Zollvereinsverträge und wegen des Eintritts von Württemberg in das Deutsche Reich teilgenommen; 1873 wurde er mit der Leitung des statistisch-topographischen Bureaus, 1880 mit der des Steuerkollegiums betraut, 1886 zum Mitglied des Geheimen Rats und 1891 zum Staatsminister der Finanzen ernannt. Daneben war er von 1872—1891 Mitglied der Kammer der Standesherren, von 1876—1891 Mitglied und zuletzt Präsident der evangelischen Landessynode.

Von seinen Schriften erwähne ich das in zwei Auflagen erschienene Werk: Verfassung, Verwaltung und Staatshaushalt des Königreichs Württemberg (1881 und 1886). Riecke wurde 1871 auch Mitglied des Bundesrats des Deutschen Reichs und gehört dieser Körperschaft auch jetzt wieder seit 1892 an. Wie Rieckes Stellung zur deutschen Frage auf preußischer Seite aufgefaßt wird, zeigt eine Bemerkung Delbrücks in einem Briefe an Lasker vom 18. Oktober 1870 (Deutsche Revue, XVII. Jahrgang 1892, Bd. III, Juli-September).

[2]) Die oben stehenden Mitteilungen sind Aufzeichnungen entnommen, welche Riecke vor zwanzig Jahren für seine Frau und für Verwandte und nähere Freunde niedergeschrieben hat.

Um so herzlicher war nach dem Kriege vom Jahre 1866 der Empfang bei den Fachkollegen Henning und Hasselbach, als der Abschluß der Uebereinkunft wegen einer gemeinschaftlichen Salzsteuer im März 1867 den württembergischen Unterhändler nach Berlin führte. Jene hatten, im unbewußten Einverständnisse mit den Bemühungen bei der Münchener Besprechung im Juni 1866, wenigstens den völligen Bruch auch der Zollvereinsverträge hinauszuschieben und eben damit auch zu vermeiden verstanden, was jenem Schweizer, dem Riecke im Juli 1866 bei Flüchtung der württembergischen Staatskasse auf der Eisenbahn zwischen Zürich und St. Gallen begegnet war, die staunende Bemerkung entlockte: „'s sind doch komische Lüt, de Dütsche, se schießet uf enander und nehmet doch 's Geld für enander i." Welche Einmütigkeit, die ihren Ausdruck schließlich bei einem Diner von Delbrück fand, herrschte vom Anfang bis zum Ende beim Abschließen des neuen Zollvereinsvertrages vom 8. Juli 1867 in weniger Tagen, als man sonst Monate gebraucht hatte! „Ich gedenke ferner" — so fährt Riecke in seinen Aufzeichnungen fort — „neben mehreren vorangegangenen und nachfolgenden kürzeren Gesprächen, der einstündigen Unterredung mit dem Grafen Bismarck am 12. März 1868 bei einem zu Ehren des Prinzen Napoleon gegebenen Diner in Anwesenheit der Vertreter sämtlicher deutschen Staaten; weiter der Eröffnung des ersten Zollparlaments und meiner Vorstellung als Mitglied des Bundesrats beim König von Preußen durch Bismarck am 28. April 1868. Dann aber meine Fahrt von Stuttgart nach Berlin, also immerhin durch einen größeren Teil von Deutschland, am 3. und 4. September 1870, als eben die Nachricht von der Schlacht bei Sedan sich verbreitete, und am 6. September 1870 die Unterredung mit Delbrück, unmittelbar vor dessen Abreise nach Versailles. Letzterem sollte ich bei seiner Rückkehr von da wenige Monate später wieder begegnen auf der abenteuerlichen Nachtfahrt mit Finanzminister Renner und Präsident Dillenius nach Appenweier und Bruchsal am 18. und 19. November 1870. Und über allem endlich des Kaisers Geburtstag in Berlin am 22. März 1871: in der Frühe der Einzug der Berliner Landwehr, umdrängt von Weib und Kind, unter den Klängen des freilich nur durch die Pfeifer ausgeführten Pariser Einzugsmarsches von 1814; mittags die feierliche Gratulation des Bundesrats und die in ihrer Einfachheit und Bescheidenheit doppelt ergreifende würdige Antwort des Kaisers; abends das Fest im Palais; — dann am 16. Juni 1871 der Siegeseinzug der Truppen in Berlin!

Von den preußischen Kollegen habe ich außer den bereits genannten noch besonders zu erwähnen den Generalsteuerdirektor v. Pommer-Esche, ferner Max v. Philipsborn, Scheele, Moser, Günther und Burghardt. Ich kam in Berührung mit den Finanzministern Bodelschwingh, von der Heydt und Camphausen, war Zeuge, wie Falk und Achenbach Minister wurden, lernte namentlich auch Stephan noch kennen, hatte mit den Generalen v. Kamele und v. Stiehle dienstlich zu verkehren. Unter den Räten des Reichskanzler-Amts endlich ward mir vor allen wert Otto Michaelis.

Nach meinem Austritt aus dem Bundesrat bin ich noch zweimal in Berlin gewesen: zuerst vom 25.—31. März 1873 mit einem von vornherein aussichtslosen Auftrag bezüglich der Gewehrfabrik Oberndorf; dann vom 3. bis 12. August 1874 als Statistiker zum Behuf der Regelung der Volkszählung vom 1. Dezember 1875."

Der Verlauf und das Ergebnis der Arbeiten und Geschäfte in München, woselbst Riecke zur Erledigung von Zoll- und Steuerfragen gleichfalls mehrfach längeren Aufenthalt zu nehmen hatte, ließ bei demselben für eine gehobene Stimmung sonst kaum einen Raum. Ein Glück, wenn das Resultat rein negativ lautete. „Die bayerische Führung der süddeutschen Politik in den sechziger Jahren erwies sich als eine fatale und nicht besser war es auf dem beschränkteren Gebiete der Zollpolitik. Dem ersten der bayerischen Kollegen, Weber, fehlte bei allem Geist und trotz reicher Erfahrungen die nötige Festigkeit, um den Besprechungen einen Halt zu gewähren und denselben einigermaßen ihr Ziel zu sichern. Der zweite Kollege, Meixner, war von kaum zu beschreibender Trägheit, der denn auch in Berlin unserer Sache unendlich geschadet hat, indem er die Verhandlungen stets dadurch verschleppte, daß er entweder ohne Instruktion oder nicht mehr vorbereitet zu sein vorgab. Kam es endlich zur Sitzung und sollte er für seine Erklärungen auch Gründe angeben, so berief er sich schließlich entweder auf den württembergischen Kollegen oder auf seine Generalzolladministration, wobei es auch einmal vorkam, daß er erst beim Vorlesen des Berichts der letzteren schließlich entdeckte, daß diese gerade das Gegenteil beantragt hatte.

Mit unumwundener, rückhaltloser Anerkennung dagegen gedenke ich des späteren Finanzministers Berr, mit welchem ich von 1867 bis 1872 im Bundesrat gearbeitet habe und dessen Fleiß, Kenntnisse und Charakter zu erproben ich alle Gelegenheit hatte. Auch der Justizminister Dr. Fäustle hat in dem einen Fall, in welchem mir beschieden war, gemeinschaftlich mit ihm zu operiren, in der Frage der Verteilung der französischen Kriegsentschädigungsgelder, zur rechten Zeit die nötige Energie entwickelt. Sein Faustschlag auf den Bundesratstisch am 9. Mai 1872 beim Gespräch mit Friesen von Sachsen und auf dessen ungenügendes Anbot sein lebhaft gesprochenes Wort: ‚Kein Trinkgeld nehm' i nit', hat damals gute Wirkung gethan. Nach dem Tode des Grafen Hegnenberg, am 2. Juni 1872, sagte er zu mir: ‚Wir Mittelstaaten haben halt Pech!'

Bei der Erinnerung an die offiziellen Tage in München legt es sich mir nahe, auch der österreichischen Kommissare Erwähnung zu thun, mit welchen ich dort zweimal zu konferiren hatte. Im Oktober 1863 bin ich als Begleiter des damaligen Direktors Geßler in München mit dem Freiherrn v. Kalchberg, im Juni 1866 an der Seite des Geheimen Legationsrats Grafen von Zeppelin mit dem Ministerialrat Peter und dem Generalkonsul Günther zusammengetroffen;

beidemal sollte versucht werden, ob nicht eine größere handelspolitische Einigung mit Oesterreich herzustellen wäre. Kalchberg wurde kurz darauf provisorischer Handelsminister, war aber schon ein etwas älterer Herr, freundlich, gemütlich, freilich ohne große Kenntnisse und energielos. Zu seiner Unterstützung hatte er einen Sektionsrat Maier bei sich, einen Zollmenschen, der ‚schon auf seiner 22. Station‘ angestellt war. ‚Wo Sie den Mann angreifen, springt gleich eine Zahl heraus.‘ Der sollte uns nun den neuen österreichischen Zolltarifentwurf erklären. Er sagte: ‚Der österreichische Tarif, meine Herren, ist gerad eingericht', wie der Mensch lebt. Zuerst fragt der Mensch, was ißt er, was trinkt er, womit er sich kleidet, und zuletzt kommen immer die Abfälle. Bei Ihnen (im deutschen Zolltarif) ist's gerade verkehrt, da fängt's mit den Abfällen an.‘ Wie Kalchberg selbst über die Zölle dachte, dafür ist mir nur die eine Aeußerung noch gegenwärtig über die ersten Bogen des bekannten Mohlschen Berichts wegen des französischen Handelsvertrages: ‚Der Mohlsche Bericht macht auf mich den Eindruck, als wäre das der Grabgesang auf das Schutzzollsystem. Mit solchen Dingen kommt man jetzt nicht mehr aus.‘ So wenig als mit Kalchberg war drei Vierteljahr später mit Peter und Günther etwas zu erzielen. Man hatte diesen vor ihrer Abreise von Wien kaum Zeit gelassen, sich mit dem Inhalte ihres Auftrags bekannt zu machen, und so lange sie in München weilten, schlug die Stimmung an maßgebender Stelle zu Wien mehrmals um.“

Von Karlsruhe, wohin Riecke durch amtliche Aufträge von 1862 bis 1870 gleichfalls siebenmal geführt wurde, weiß derselbe weniger zu erzählen. „Ich verkehrte im Finanzministerium zuerst mit Vogelmann, später mit Mathy, zuletzt mit Ellstätter, — außerdem mit den Ministerialräten Schmidt, Regenauer, Eisenlohr, Kilian, einmal auch mit dem alten Kühlenthal. Auch bei Baron Edelsheim, der im Jahr 1866 das auswärtige Ministerium übernommen hatte, mußte ich wegen Erlassung eines Pferdeausfuhrverbots einmal vorsprechen, wogegen ich mit Roggenbach erst in Berlin bekannt wurde.

„Mit Berlin, München und Karlsruhe sind die Hauptzielpunkte meiner zolldiplomatischen Missionen kurz bezeichnet. Die beiden erstgenannten Städte, zuletzt Berlin allein, waren vorzugsweise der Boden, auf welchem meine Wanderjahre sich bewegt, wohin hauptsächlich meine geschäftlichen Gedanken und berufsmäßigen Sorgen gravitirt haben. Es knüpft sich aber daran zugleich auch die Erinnerung an gar viele dort gewonnene werte Bekannte und liebe Freunde: außer den schon genannten an die württembergischen Gesandten in Berlin und München, vor allem an den Freiherrn von Spitzemberg und dessen Familie, an die Grafen v. Linden und v. Degenfeld, an Baron Soden und Herrn v. Baur, ferner an den Staatsminister Freiherrn v. Linden, sowie die Herren Bätzner, Bitzer und Gleich, mit denen zu verschiedenen Zeiten ich im Bundesrat zusammengesessen; — und nun von den auswärtigen Kollegen: die Sachsen Thümmel, Weinlig, Schmalz, Wahl; die Hannoveraner: der zähe Herr v. Bar, der Retter des hannoverschen Staatsschatzes Herr v. Klenk, der alte Albrecht, den ich nach der Annexion zu Hannover selbst im Jahre 1867 wiedersah und dem dabei die hellen Thränen vor Bewegung über die Wangen liefen; ‚Onkel‘ Bode von Kassel; Schellenberg aus Wiesbaden; Mettenius aus Frankfurt; von den Darmstädtern der großdeutsche Max v. Biegeleben, der vielseitige Ewald, Hofmann, später Reichskanzler-Amts-Präsident, und Göring; ferner Thon von Weimar; die Mecklenburger Oldenburg, Müller, v. Oertzen; die Hanseaten Krüger, Curtius, Kirchenpauer und der Shakespeare-Uebersetzer Otto Gildemeister aus Bremen.

„Was meine Vorgesetzten betrifft, so durfte ich mich von 1862—1864 des vollen Vertrauens des Staatsrats Sigel erfreuen, der freilich die handelspolitischen Verhandlungen, ihre Anforderungen und Schmerzen aus seiner eigenen Vergangenheit am besten kannte. Auch sein Nachfolger, der Staatsminister der Finanzen Renner, hat mich ziemlich frei gewähren lassen, was ich vielleicht zu einem Teil der ausdauernden Unterstützung durch den Ministerialreferenten Plieninger in Rechnung bringen darf. Von den Ministern der auswärtigen Angelegenheiten hat Varnbüler mir die präzisesten Instruktionen gegeben; das, was erreicht werden sollte, wurde bestimmt bezeichnet, dagegen hinsichtlich der Wege, dahin zu gelangen, alle Freiheit gelassen. An Mittnacht habe ich zu rühmen, daß er sich sorgfältig zu orientiren stets bemüht war und durch seine Abstimmungen im Bundesrat meine Erklärungen in den Ausschüssen immer gedeckt und gerechtfertigt hat, auch außerdem in entscheidenden Momenten meines Lebens für mich eingestanden ist. Diese Vorgesetzten alle haben mir viel Wohlwollen bewiesen.

„Gewiß, wer so lange wie ich Gelegenheit hatte, den Organen der Reichsregierung und -Gesetzgebung nahe zu stehen, wem es vergönnt war, gewissermaßen den Werdeprozeß des neuen Deutschen Reichs in nächster Nähe zu verfolgen, der kann schließlich nicht ohne warme Sympathie für diese längstersehnte Einigung Deutschlands in die Heimat zurückkehren; er wird nie zum Partikularisten werden.

„Den größeren Teil der Wanderjahre im Sinne Goethes habe ich indessen allerdings in Stuttgart selbst verlebt. Am 9. August 1862 habe ich zum erstenmal an einer Geheimenratssitzung persönlich teilgenommen; am 31. Oktober 1867 stand ich Varnbüler in der Kammer der Abgeordneten zur Seite bei dessen Duell mit Moriz Mohl anläßlich der neuen Zollvereinsverträge vom Juli gleichen Jahres. Vom 7. März bis 27. Mai 1865 aber dauerten insbesondere die Verhandlungen mit den schweizerischen Bevollmächtigten Heer, Stähelin-Brunner und Hirzel-Lampe wegen des Abschlusses eines Handelsvertrags, deren Ergebnis darauf von Preußen und anderen norddeutschen Regierungen in Frage gestellt wurde, bis wir schließlich am 9. Juni 1869 in der Sitzung des Zollparlaments durch den Referenten Dr. Schleiden doch eine schöne Genugthuung erhielten.“

Zur Vervollständigung dessen, was Riecke oben von einzelnen denkwürdigen Tagen angedeutet hat, ferner als Erinnerung auch an seine persönlichen Begegnungen mit Bismarck, endlich zugleich zu einiger Veranschaulichung des bewegten Lebens eines Bundesratsmitglieds in jener Zeit überhaupt lasse ich nunmehr noch Auszüge aus seinen Briefen und Tagebüchern vom Jahre 1868 im Anhange folgen:

„An einem trüben Novemberabend des Jahres 1863 hatte ich mit anderen Kommissaren, welche die Verhandlungen wegen Erneuerung der Zollvereinsverträge zu Berlin vereinigt hatten,[1]) in dem Ministerhotel Nr. 76 der Wilhelmstraße mich eingefunden, um bei Bismarck zu speisen.[2]) Nicht wenig waren wir enttäuscht, als uns im Empfangszimmer, statt des Einladenden, der Handelsminister Graf Itzenplitz mit den Worten begrüßte: Herr v. Bismarck lasse sich entschuldigen, er sei beim Könige. Doch verging keine halbe Stunde, so erschien in unseren Reihen ein hochgewachsener Herr, der mit schüchternem Tone und weicher Stimme fast abgebrochene Reden führte, er habe bis jetzt darauf verzichten müssen, uns zu sehen, und selbst heute habe eine Störung gedroht. Das war Herr v. Bismarck-Schönhausen. Man setzte sich darauf zu Tisch und nach dem Diner erst, als Cigarren gereicht wurden und ich dankte, wendete sich unser Wirt gegen mich: es sei im Grunde schade, daß man nicht auch im Abgeordnetenhause rauchen dürfe, manche heftige Scene — es war die Konfliktszeit — würde dann wohl schon der Cigarre zu lieb unterbleiben. Ich konnte nicht umhin, den Vers zu citiren: ‚Wo man raucht, da magst du ruhig harren, böse Menschen rauchen nie Cigarren!‘ Von da an war Bismarck öfter bei den zu unseren Ehren erfolgten Einladungen gegenwärtig und will Geßler, mein Oberkollege, von ihm schon damals das ganze Parlamentsprojekt mit allgemeinem Wahlrecht, und ich glaube auch vorerst mit der Mainlinie, entwickelt gehört haben. Mit mir hat er zu jener Zeit nur noch einmal gesprochen: wie fremd er in Berlin geworden sei, er kenne dort nur die Wege von der Wilhelmstraße in das königliche Palais und zum Abgeordnetenhaus, so daß er neulich, zufällig vor den Bau der neuen Börse geführt, diese für das Rathaus gehalten hatte.

„Als ich am 29. September 1864 mit Graf Zeppelin wieder in Berlin eintraf, um die württembergische Beitrittserklärung zum Zollvereinsvertrag zu überbringen, erhielten wir bei Bismarck alsbald Audienz.[3]) Er war nachlässig gekleidet, in einen alten Zivilrock, mit seidenem Tuch um den Hals, sprach von

---

[1]) Näheres über die am 5. November 1863 begonnene Konferenz siehe in Webers Geschichte des deutschen Zollvereins. Leipzig 1869, S. 426.

[2]) In Kohls Bismarck-Regesten ist diese Zusammenkunft mit den Zollvereinskommissaren nicht erwähnt.

[3]) Auch dieses Datum ist in Kohls Bismarck-Regesten nachzutragen.

seinen Sympathien für Oesterreich und bemerkte anläßlich der Weinzölle, wir Schwaben trinken ja allen unsern Wein selbst.

Der Krieg von 1866 hatte die Verhältnisse wesentlich geändert. Bismarck, seit 15. September 1865 Graf, war mit einemmal in Preußen ein populärer Mann geworden. Als ich nach dieser Zeit im März 1867 wieder nach Berlin kam, hörte ich ihn zum erstenmal im Parlament am 18. März in jener denkwürdigen Debatte, in welcher nach einander die polnische, die schleswigsche und die luxemburgsche Frage zur Erörterung kamen. Bismarck beherrschte das große historische und statistische Detail musterhaft und sprach an diesem Tage fließend.

Persönlich kam ich jedoch mit Bismarck erst 1868 wieder in Berührung bei meinem Eintritt in den Bundesrat des Zollvereins.“ Darüber nun die Briefe:

Berlin, den 6. März 1868.

Unsere Sitzungen wurden Montag (2. März) nachmittags 2 Uhr durch den Grafen Bismarck eröffnet, der auch der folgenden Sitzung am Dienstag präsidirte. Die Begrüßung war sehr kurz, er ging gleich auf die Sache selbst ein und führte mit dem ihm eigenen etwas zaghaften Ton fast allein das Wort. Was er sagte, war kurz und gut, sehr übersichtlich und förderndd. Vor der ersten Sitzung stellte mich Spitzemberg vor. Bismarck wußte, daß ich schon öfter dabei gewesen. Die Versammlung war zahlreich, etliche 30 Personen und ziemlich bunt: ein General, ein Contre-Admiral, mehrere leitende Staatsminister, Diplomaten, Kammerherren, Juristen und endlich die Reste unserer früheren Zollkonferenzen. Das Protokoll führte ein einstiger großer Demokrat und jetziger Legationsrat, Lothar Bucher. Bei den Ausschußwahlen ging alles nach Wunsch, man hat uns Süddeutsche durchweg berücksichtigt. Daß ich viel Arbeit bekommen werde, kündigte mir Pommer-Esche gleich an.

*

Berlin, den 13. März 1868.

Meinem letzten kurzen Briefe will ich heute einen um so ausführlicheren folgen lassen. Den Stoff sollen die beiden Diners bei Ihren Majestäten und bei dem Grafen Bismarck abgeben. Zu Hof waren außer einer größeren Zahl von Mitgliedern des Bundesrats des Zollvereins verschiedene Militärs, darunter der ehemalige Reichskriegsminister General Peucker, geladen. Am schönsten sahen die Hanseaten aus, deren Uniformen, entsprechend dem Reichtum ihrer Städte und zugleich als Ersatz für die ihnen verbotenen Orden, von Golde strotzen. König und Königin sprachen vor und nach Tisch mit jedem. Mich fragte sie nach Hermann — wer ist dies? Glücklich fiel mir ein, daß sie den Prinzen Weimar meine, — sprach von der württembergischen Ausstellung in Paris, die ihr von allen deutschen am besten gefallen habe, ich solle dies dem so sehr verdienten Steinbeis mitteilen. Nach dem Essen kam sie wieder: „Sahen Sie Faber (den württembergischen Militärbevollmächtigten) in den letzten Tagen?

Ich begegnete ihm gestern draußen am Graben und habe ihn gefragt, was er da suche; er erwiderte: Eine Wohnung und kann keine finden." — Ich: „Er hat die Freude, jetzt seine Familie hieher zu bekommen." — Sie: „Ja, das freute mich sehr für ihn. Aber er soll doch ja eine sonnige Wohnung nehmen; es ist so viel wert, wenn man eine sonnige Wohnung hat." — Mit dem badischen Kommissar sprach sie von der Prinzenschule in Karlsruhe: „So sollte man alle Prinzen erziehen!" — Der König fragte nach Varnbüler, nach unseren Wahlen, sprach dann von der Schönheit unseres Landes, von Frau v. Spitzemberg und deren Schwestern, v. Hohenheim, dann über Obernitz. Er meinte auch, es sei eigentlich komisch, daß unsere Minister[1]) als Abgeordnete zum Zollparlament gleichsam unter uns[2]) zu sitzen kämen; das werde aber das Einholen von Instruktionen erleichtern. Der König ist sehr leutselig, freundlich und außerordentlich rüstig.

Nun weiter zum Diner bei Graf Bismarck (12. März), welches jedenfalls die interessanteste Partie in meiner ganzen seitherigen auswärtigen Praxis war. Der Graf hatte den Prinzen Napoleon und sodann je einen Vertreter der sämtlichen deutschen Regierungen eingeladen. Außerdem waren die preußischen Minister und die obersten Bundesbeamten, der englische Botschafter Lord Loftus und die Beamten der französischen Botschaft anwesend. „Benedetti ist mir unwohl geworden, es hat ihn etwas geärgert, ich thue ihm aber nicht den Gefallen, es zu merken, da muß er schon deutlicher werden," — erzählte Bismarck, als wir kaum zu Tische saßen, — ich ihm zur Linken und dem Prinzen vis-à-vis. Ich erschrak zuerst sehr, als mir gleich beim Kommen gesagt wurde, welches mein Platz sein werde; indessen es ließ sich nicht ändern. „Ich habe heute das Amt der Ceres verwaltet," begann der Graf zu mir, „ich habe auf meinen Reisen einen Kohl kennen gelernt, der sehr hohe Stengel treibt, von dem habe ich jetzt Samen kommen lassen, bin heute bei verschiedenen Gärtnern vorgeritten und habe sie bestimmt, Versuche zu machen." Er erzählte mir dann über die Provinz Sachsen, welche Teile fruchtbar, welche schweren Boden haben, und kam auf Naumburg zu sprechen. Als ich bemerkte: dies habe mich immer an Eßlingen erinnert, fand er es richtig, nur sei es bei uns schöner. Er wußte — im Gegensatz zu dem Minister der Landwirtschaft, welcher mich fragte, ob wir viel Weinbau haben, — sehr genau Bescheid über unsere agrarischen Verhältnisse, über die oberschwäbischen Höfe, das dort herrschende Vereinödungssystem, sprach davon, daß, während in Norddeutschland das Volk im Kampf mit feindlichen Elementen und Nachbarn habe müssen gehorchen lernen, auch durch die Mischung des deutschen mit fremdem Blute fügsamer geworden sei, in Süddeutschland der deutsche Charakter seine volle Reinheit bewahrt habe.

---

[1]) Freiherr v. Varnbüler und Mittnacht.

[2]) Den Bevollmächtigten zum Bundesrat.

Das sei an sich sehr gut; allein es zeige sich auch nirgends mehr als bei uns die Schattenseite, daß jeder für sich etwas Besonderes haben wolle. Nirgends habe es früher mehr kleinere Herrschaften: Reichsstädte, Reichsfürsten, Ritter u. s. w. gegeben als bei uns. Ich bemerkte, er scheine also von uns dasselbe zu denken, was noch nicht lange Rümelin geäußert, daß sich im Schwaben die Natur des Deutschen, seine guten und seine schlechten Eigenschaften in verstärktem Maße ausdrücken. Er bestätigte das und meinte dann: eine größere Einigung der Mehrzahl der Deutschen als zur Zeit, sei nur auf dem Wege der Gewalt oder dann zu erreichen, wenn sie eine gemeinsame äußere Gefahr in Zorn brächte. Es sei das aber vielleicht von der Vorsehung weislich so geordnet. Denn hätten die Deutschen nicht ihren Absonderungsgeist gegen einander, so würde neben ihnen keine andere Nation bestehen können. Später kam er auf die allgemeine Wehrpflicht: „So lange die Franzosen die allgemeine Wehrpflicht bei sich nicht einführen, brauchen wir sie nicht zu fürchten. Das ist das ganze Geheimnis. Die Opfer, welche die allgemeine Wehrpflicht fordert, treten weit zurück hinter den Nutzen, den sie schafft. Ich selbst bin ein verzogenes Muttersöhnchen gewesen und es hat mir sehr gut gethan, auf das Wohlleben, in dem ich mich befand, verzichten, den Tornister auf den Rücken, die Muskete auf die Schulter nehmen und mitunter auf Stroh schlafen zu müssen. Sie glauben nicht, welche Wirkung es hat, wenn der Bauer sagen kann: Da, neben dem Junker bin ich in Reih' und Glied gestanden. Auf fünf Meilen von meinem Gut hinaus, in unserem ganzen Werbebezirk kenne ich infolge dessen die Leute persönlich; von der Militärzeit her sind mir die Bedürfnisse der verschiedenen Klassen bekannter geworden. Daß das nachhält, setzt freilich voraus, daß man auf dem Lande bleibt und sein Gut selbst bewirtschaftet. Das thut der pommersche Adel, und thut's einer nicht, lebt einer faul von seinen Renten, so besinnt man sich schon, ob man ihm die Tochter zur Frau gibt, und wäre es der reichste. Die allgemeine Wehrpflicht hebt auch den Offiziersstand. Wo so viele gebildete Elemente unter den gemeinen Soldaten, muß der Offizier sich doppelt anstrengen." Ueber die Diplomaten äußerte er sich mit gleicher Offenheit. Der . . . sche Gesandte, der auch im Bundesrat sitzt, scheine ihm mehr eine ornamentale Bedeutung zu haben. Seine Diplomaten müssen jetzt alle zuerst tüchtig im Ministerium arbeiten lernen. Kommen sie zu früh hinaus, so überschätzen sie sich bei den höflichen Formen, mit denen ihnen überall begegnet wird, und dann lernen sie nie etwas leisten. Auch dürfe ihm keiner eine Ausländerin heiraten. Eine Französin, eine Oesterreicherin bleibe dies ihr Leben lang, eine Russin schmiege sich schon eher. Ich berührte den Fall der Frau v. Below, der Tochter Varnbülers, die im Jahre 1866 auch erklärt habe, bei ihrem Manne oder wenigstens in dessen Heimat bleiben zu wollen. Bismarck bestätigte dies und sagte, sie habe das Wort der heiligen Schrift befolgt, welche gebiete: Das Weib soll Vater und Mutter verlassen und dem Manne anhangen. So kam das Gespräch endlich auf Spitzembergs; er kennt ihn durch ein dreijähriges Zusammenleben in Petersburg und lobt ihn sehr; sie schätzen er und seine ganze Familie hoch: „am meisten hat mir's aber der Kleine [1]) angethan."

Dies war so ungefähr die Unterhaltung und glaube ich nichts Wesentliches vergessen zu haben. Daß daneben nicht viel mehr für meinen andern Tischnachbar abfiel, den schon erwähnten Minister der landwirtschaftlichen Angelegenheiten, Herrn v. Selchow, wirst Du erklärlich finden. Doch konnte ich ihm immerhin von unseren Domänen, unseren Waldungen, den verschiedenen Richtungen unserer Pferdezucht, von Hohenheim u. s. w. erzählen.

Mein vis-à-vis saß ziemlich kalt da, sprach auffallend wenig mit der Gräfin Bismarck und hörte den Ausführungen des bayerischen Staatsrats Weber ziemlich gleichgiltig zu.

Während des Diners korrespondirte Frau v. Bismarck mit ihrem Manne mit Hilfe eines Taschenkalenders.

Nach dem Diner wurde einer nach dem andern dem Prinzen Napoleon vorgestellt. Ich wurde gefragt, seit wann ich von Hause weg sei, ob Varnbüler wohl hierher komme, wie unsere Wahlen ausfallen werden, sprach dann einiges über die unter dem Vorsitze von Monseigneur geführten Verhandlungen wegen eines europäischen Münzsystems. Nachher kam Bismarck und sagte mir ins Ohr: „Er soll ja einmal mit Varnbüler los gewesen sein, ich muß ihn doch fragen, ob er etwas abgekriegt hat" (das Duell ist seinerzeit nicht zu stande gekommen aus Gründen, welche dem Prinzen nicht gerade zur Ehre gereichen). — Es wurden Cigarren herumgegeben. Von der obersten Schicht trug jede einen Buchstaben des Namens Bismarck. — Die Gräfin ist eine sehr lebhafte Frau, mit der recht gut Konversation zu führen ist. Während sie mit mir sprach, kam Plon-Plon, streckte die Hand hin und sagte langsam: „Adieu, Madame." Die Frau Gräfin verschwand fast in einem unendlichen Knicks. Man fühlte sich erleichtert, als der fremde Gast fort war. Es thut einem wahrhaft weh, daß der Mensch württembergisches Blut in den Adern hat. Den Humor hat er wohl gefühlt, daß man ihm gewissermaßen ganz Deutschland gegenüber gesetzt hat.

Noch habe ich mit den Ministern v. d. Heydt und Mühler gesprochen. Bei Delbrück bohrte ich wegen der Schweiz an und erfuhr zu meiner Freude, daß die im Jahre 1865 abgebrochenen Verhandlungen wegen des Handelsvertrags wieder aufgenommen werden sollen.

Meine Arbeit wächst von Tag zu Tag und der Besuch der Theater mußte bereits aufhören.

*

[1]) Der erstgeborene Sohn Karl, ein liebenswürdiger Knabe, dessen früher, schneller Tod am 22. Januar 1869 allgemein betrauert wurde.

Berlin, den 20. März 1868.

Nur kurz kann ich mich heute noch mit Dir unterhalten. Das Geschäft wächst fortwährend. — Soeben erhalte ich das Programm über die Feierlichkeiten bei der Taufe des kleinen Sohnes des Kronprinzen:

„An der Thür des Taufsaals übergibt die Oberhofmeisterin den durchlauchtigsten Täufling Ihrer Königlichen Hoheit der Prinzessin Elisabeth, um Höchstdenselben Seiner Majestät dem Könige vor dem Altar zu überreichen."

und am Schlusse:

„Während die Allerhöchsten und Höchsten Herrschaften Sich in die Gemächer Seiner Königlichen Hoheit des Kronprinzen zurückziehen, wollen Ihre Königliche Hoheit die Frau Kronprinzessin von den übrigen Taufzeugen eine Defilircour anzunehmen geruhen.

Die Damen erscheinen in runden Kleidern."

Ob man wohl die Absicht hat, uns als die Vertreter von ganz Deutschland zur Taufe einzuladen?

*

Berlin, den 24. März 1868.

Das Rätsel des uns zugeschickten Programms über die Taufe beim Kronprinzen löste sich bald, nachdem mein Brief an Dich abgegangen war, dahin, daß schon die Zuschickung des Programms als Einladung zu gelten habe. Der Kronprinz habe seinem Hofmarschall gesagt: „Laden Sie mir zur Taufe das Zollparlament ein." Erst Delbrück belehrte dann, daß bis jetzt nur ein Bundesrat des Zollvereins existire. Nun große Aufregung über die Formlosigkeit bei den diplomatischen Kollegen, nicht minder bei Bismarck, dem durch das Tauffest die Hälfte seiner Gäste zur königlichen Geburtstagsfeier genommen. Die Aufregung legte sich, als der König entschieden, daß die Einladung zum Kronprinzen jeder andern vorgehe. Die Herren Minister und der Bundeskanzler können nach der Taufe nach Hause gehen und ihre Diners halten, die sonst Geladenen haben beim Kronprinzen zu essen. Der königliche Geburtstag wurde diesmal mit einem Jubel gefeiert, wie ich es früher (1864 und 1867) nicht gesehen. Vom frühen Morgen an wimmelte es in den Straßen. Gegen 4 Uhr sollte man beim Kronprinzen erscheinen. Baron Spitzemberg, in großer, reich gestickter Diplomatenuniform, holte mich um dreiviertel ab. Obgleich wir nur wenige Schritte zu fahren hatten, saßen wir doch bis nach 4 Uhr im Wagen und gingen auch dann noch einen Teil des Wegs zu Fuß, nur um rechtzeitig einzutreten. An der Treppe stand der Kronprinz, mit vielen Orden und den Bändern des Hosenbandordens geschmückt. Die Treppe besetzt mit Offizieren aller Waffengattungen, oben der bunteste Wirrwarr der Hof- und Staatsuniformen. Die wenigst schönen waren die Damen; am hübschesten dagegen sollen die Kammerfrauen der Kronprinzessin gewesen sein, denen bei der Taufe der Vortritt vor allen Excellenzen gelassen war. Was die Sache noch weiter interessant machte, war die Anwesenheit der ganzen königlichen Familie, des Großfürsten-Thronfolgers, des Grafen von Flandern, des Kronprinzen von Sachsen nebst Gemahlin, der Großherzoge von Sachsen-Weimar, Mecklenburg und Oldenburg, einzelner Reuße, kurz, fast von jedem Staate des Norddeutschen Bundes ein Familienmitglied. Der 71jährige König erschien in der Uniform des Husarenregiments der Kronprinzessin mit strammen Waden, ohne jedes Zeichen der Ermüdung; hielt während der langen Tauffeierlichkeit wie ein anderer Großvater das Kind in den Armen und machte vor und nach dem Diner mit der größten Liebenswürdigkeit Cercle. Ich sah die königliche Familie mit den Taufpaten und dem „durchlauchtigsten“ Täufling hart an mir vorüberziehen, von der Zeremonie dagegen nicht viel, weil ich mich nicht in den Taufsaal eindrängen wollte. Der Täufling schrie wie andere kleine Kinder. Seinem älteren Bruder scheint die Sache aber auch bedenklich geworden zu sein, er schrie mit und mußte abgeführt werden. Nun die große Defilircour. In einem großen Eckzimmer saß in der äußeren Ecke die Kronprinzessin, umgeben von ihren Kindern und Damen, hinter ihr die Amme, welche den Buben, der jetzt Waldemar heißt, auf dem Arme wiegte, zur Seite der Kronprinz — fast wie ein schön gestelltes lebendes Bild. Quer durch dieses Zimmer hindurch ging nun jeder, Mann für Mann, machte seine zwei Verbeugungen, die huldvoll erwidert wurden. Zuerst die Damen, dann les princes, alle Militärs, dann das „Zollparlament“, endlich die preußischen Beamten. An unserer Spitze marschirte der . . . sche Gesandte, ein himmelhoher Mensch, mit konstanter Neigung zu Bücklingen. Unendlich wurde er beglückt, als der Großfürst-Thronfolger sich nach ihm umwendete, um ihn zu begrüßen. Es war zu komisch, das Gesicht zu beobachten, mit dem er nun um sich blickte — ob man es auch gewiß gesehen habe. Von der Cour ging es zur Tafel, die in drei Sälen und einem kleinen Rondel, dieses für die königliche Familie, ihre fürstlichen Gäste und die Botschafter von England und Frankreich, gedeckt war. Mein Platz war mir neben General Obernitz und dem Zeremonienmeister v. Röder angewiesen; in der Nähe Ober-Konsistorialrat Hoffmann, Kabinetsrat Mühler und der kronprinzliche Hofmarschall Gans Edler v. Putlitz, der bekannte Lustspieldichter. Ich unterhielt mich gut, stieß mit Obernitz auf das Wohl unseres Königs, mit Hoffmann auf: Hie gut Württemberg allewege! an und wurde auch nicht verlegen, als mir Herr v. Röder erklärte, sie wollen gar nichts von uns, sie können uns gar nicht brauchen: „Sie wollen eben vorher die anderen auffressen“ — war meine Antwort. Noch habe ich zu erwähnen, daß ich an der Tafel des Generalfeldmarschalls v. Wrangel saß.

Nach dem Essen sprach der Kronprinz einige Worte mit mir, ziemlich hastig im Ton, ohne auf Antwort zu warten. Er bedauere, daß seine Zimmer zu eng. Sein Großvater habe darin residirt, man könne nicht ohne weiteres bauen. Er habe möglichst viele Taufgevatter um sich haben wollen. Wir sollen es ihm nicht übel nehmen, wenn er uns anderen Einladungen entzogen habe. — Schwer war es, wieder zu seinem Wagen zu kommen. Spitzemberg und ich wollten ihn selbst aufsuchen, wir konnten aber nur mit Mühe auch auf dem für die Wagen offenen Wege vordringen. Der Berliner Janhagel empfing uns mit lautem Geschrei, schwang die Mützen und wurde so zudringlich, daß ich sogar einige Schläge auf meinen Dreimaster erhielt. Doch kamen wir ohne weitere Ungelegenheiten durch. Schutzleute fehlten ganz. — Daneben gibt es immer viel Arbeit, wenn auch die Sachen noch nicht im richtigen Geleise sind. Bei aller äußeren Ehre, die man uns erweist, läßt die sonstige geschäftliche und bundesfreundliche Behandlung doch manchmal sehr zu wünschen übrig.

*

Berlin, den 4. April 1868.

Zu meinem größten Bedauern muß ich meine gestrige Nachricht zurücknehmen. Nachdem ich zuerst Mühe gehabt, für meinen Vortrag über den österreichischen Vertrag wenigstens auf Montag eine Sitzung zugestanden zu erhalten, um dann über die Feiertage frei zu sein, sind wir gestern abend durch Delbrück mit einer Einladung überrascht worden, in der nächsten (Kar=) Woche die Verhandlungen mit der Schweiz wieder aufzunehmen. Einstimmig wehrten wir Süddeutsche uns dagegen, indem wir vor Beginn des Zollparlaments notwendig noch nach Hause müßten. Ich packte auch meine Akten und Konferenzprotokolle zusammen und schickte sie zum Gesandten. Heute vormittag nun hatten wir Zöllner mit den Herren von Mecklenburg und Lübeck eine Konferenz, um den Eintritt dieser Länder in den Zollverein zu beraten. Da erschien mit einemmal Delbrück, sagte, es sei keine andere Möglichkeit gegeben, wenn man den Vertrag mit der Schweiz wünsche, bleibe dafür nur die Osterwoche. Später sei daran nicht mehr zu denken, jede Woche sei ausgefüllt und es wäre doch gut, den Vertrag vor das Zollparlament bringen zu können. Württemberg habe seine Kommissare bereits benannt. Nach München und Karlsruhe sei gestern telegraphirt worden. Weber protestirte zwar nochmals, ich erklärte gleichfalls, daß es mir persönlich sehr unangenehm sei, und auch der badische Kollege entschloß sich, seine frommen Wünsche auszusprechen. Delbrück kehrte sich nicht daran, ernannte in der Kürze zwei preußische Kommissare, und nun soll es Montag um zwei Uhr gleich losgehen. Auf diese Weise komme ich um den Besuch zu Hause über die Feiertage und muß jetzt vielleicht ausharren, bis auch das Zollparlament fertig sein wird.

*

Berlin, den 7. April 1868.

Mir ist die Sache, so wie sie sich gestaltet hat, sehr verdrießlich. Im Grunde haben aber die Preußen recht, daß sie uns hier behielten, es wäre zu viel Zeit verloren gegangen. Ich bin nicht der einzige, dem es so geht, und die wenigen, welche sie ziehen ließen, haben dies nicht gerade als besonders schmeichelhaft für sich anzusehen.

*

Berlin, den 10. April 1868.

Hier geht man auf eine ganz rücksichtslose Weise mit uns um, disponirt über unsere Zeit und unsere Arbeitskraft, wie wenn wir königlich preußische Beamte wären, und thut schließlich doch, was man will.

*

Berlin, den 20. April 1868.

Reibereien und Plänkeleien finden fortwährend statt, und muß ich neben dem, daß ich vorzugsweise durch Arbeiten in Anspruch genommen bin, fortgesetzt die Opposition machen. Ein mir ganz fremder Zug.

*

Berlin, den 24. April 1868.

Auch ich habe einen schweren, heißen Tag hinter mir und stand gestern vorn im Treffen. Ich hatte die gemeinsame Sache Süddeutschlands gegen Preußen in der Tabaksteuerfrage zu vertreten, was mich schon lange umgetrieben hat; so legte ich denn gestern los, als sich die Gelegenheit bot. Delbrück erwiderte nicht unfreundlich, und was folgte, war eine große Ueberstimmung Preußens in einer wichtigen Frage.

*

Berlin, den 29. April 1868.

Das Geschäft ist die beste Zerstreuung, wenn es nicht gar zu dick kommt. Das empfinde auch ich. Die letzten Tage über gab es aber für uns manche Zerstreuung auch anderer Art. Freitag früh traf Bitzer ein, den ich herumzuführen hatte; Samstag abend holte ich Linden am Bahnhofe ab, leistete ihm dann Gesellschaft und geleitete ihn am andern Morgen auf einem Spaziergang und abends an das Theater. Ich selbst mußte arbeiten. Den Tag über kamen einige Württemberger zu mir; erst Ramm, der in meinem Hotel wohnt, dann Schäffle, Oeffner, Dörtenbach, Knosp; erstere beide als wütende Preußenfresser. Auch Staatsrat Mittnacht traf ein, jedoch ohne nach mir zu sehen. Von Darmstadt ist mein Freund Fabricius hier. Der Montag war ein schöner sonniger Tag. Nachdem ich den Morgen mit Thümmel gearbeitet, fuhr ich gegen 12 Uhr mit Bitzer, Ramm und Sintenis im vollsten Ornate, weißen Beinkleidern u. s. w. in die Schloßkapelle. Ich saß hinter Bismarck, der heute als Kürassier gekleidet war und alle anderen um einen Kopf überragte. Die königliche Familie gerade vor uns. Drei Geistliche funktionirten. Der Gottesdienst hat viel vom katholischen Ritus. Brennende Kerzen, das Antworten des Chors. Nicht weniger als dreierlei Bibelstellen wurden verlesen: die Epistel des vorangegangenen Sonntags, sodann, ob vielleicht gerade die Losung für den heutigen Tag? die Rede vom guten Hirten, endlich der Text für die Predigt Hoffmanns. Eigentümlich klang es immerhin zu hören: „Ev. Joh. 10, 14. Ich bin ein guter Hirte, und erkenne die Meinen und bin bekannt den Meinen“ — dann aber Vers 16: „Und ich habe noch andere Schafe, die sind nicht aus diesem Stalle. Und dieselbigen muß ich herführen, und sie werden meine Stimme hören, und wird Eine Herde und Ein Hirte sein!“ Wunderbar schön war der Gesang des Domchors aus der Höhe der Kapelle herab. Namentlich das „Heilig, heilig, heilig ist Gott der Herr!“ war unbeschreiblich ergreifend. Es war das schönste an der ganzen Sache. Nach dem Gottesdienst, der eine volle Stunde dauerte, wurden uns in einem der Säle des Schlosses, wo sich der Bundesrat zunächst wieder sammelte, ein Glas Wein — wie R. sagen würde — und einige Sardellenbrötchen gereicht. Bismarck, mit dem ich auf dem Wege dahin zusammentraf, sagte: „Ich muß jetzt zu meinem allergnädigsten Herrn und sehen, ob er seine Rede nicht vergessen hat.“ Als wir uns gestärkt, begann der Marsch des Bundesrats in den Weißen Saal des Schlosses. Wir waren fast vollzählig, etliche 40 Personen. Voran Bismarck mit dem bayerischen Gesandten, dann Delbrück mit Weinlig von Sachsen, nach diesen Linden und Spitzemberg, — Pommer-Esche mit mir u. s. w. Der Saal war von den Abgeordneten zum Zollparlament fast voll, obgleich ein Teil der unsern weggeblieben war. Als wir unsern Platz erreicht, meldete Bismarck dem Könige, daß alles bereit sei. Der kam, von lautem Hoch empfangen, und las mit seiner schönen sympathischen Stimme die sehr sachgemäß gehaltene Rede ab, — in der seitdem Mohl vergeblich nach verborgenen Spitzen sucht. Das Hoch am Schlusse brachte der bayerische Gesandte aus, welcher darüber schon einige Tage her sich beunruhigt hatte. Beim Weggehen begrüßte ich Reibel. Mit Linden, Mittnacht und Ramm aß ich bei Spitzembergs, mußte aber vom Essen weg wieder in die Sitzung. Um halb 10 Uhr endlich fertig, beschloß ich den Tag beim „schweren Wagner“.

Gestern mußte mit den Schweizern konferirt werden. Nach vierwöchentlichen Mühen stehen wir wieder einmal vor einem Abbruch der Verhandlungen. Es gehört viel Geduld dazu, das alles zu ertragen.

Unsere Demokraten halten es unter ihrer Würde, mit dem König von Preußen an einem Tische zu sitzen, haben daher zum Hofdiner im Schlosse forsch abgeschrieben. Und so hatte denn Spitzemberg gestern die Freude, den Majestäten gerade sieben Schwaben vorstellen zu dürfen: zuerst Herrn v. Neurath, dann Mittnacht, Vayhinger, der anfangs Händel anfangen wollte, weil man die sächsischen Abgeordneten zwischen die Württemberger und Bayern stellte, aber entzückt ward, als die Königin von dem schönen Stuttgart zu sprechen anfing und vom Volksfest und dem verstorbenen König Wilhelm. Ferner waren noch da Probst, Ramm, Dörtenbach und Knosp. Zu letzterem sagte der König: „Das muß ein gutes Geschäft sein, das Sie haben.“ Unsere Herren sind auf alles dieses hin sehr befriedigt, zumal man ihnen auch beim Essen gute Plätze an der ersten Tafel angewiesen hat.

Die Vorstellung der Bundesräte ging der der Abgeordneten voran. Die Königin fragte bedauernd, ob ich immer hier gewesen, seit sie mich zuletzt gesehen. Dem König stellte mich Bismarck als „eine Stütze unserer Zollberatungen“ vor, worauf jener freundlich zunickte: „Das ist schön.“ Eine solche kurze Bemerkung Bismarcks muß im Grunde mehr freuen als jede andere Auszeichnung. Bitzer hörte es mit an und erzählte es auch weiter.

Das Fest im ganzen war brillant. Schon der Treppenaufgang ist außerordentlich schön. Je weiter man hinaufkam, um so schöneres Militär. Oben die Grenadiere Friedrichs des Großen und die himmelhohen Gardes du Corps in Festtracht: weiß mit hohen Stiefeln und roten Kürassen. Die Tafel war im Weißen Saal und der langen daran stoßenden Gemäldegalerie für etliche 5—600 Gäste gedeckt. Der Bundesrat hatte die Plätze an der inneren, gegen den Saal gekehrten Seite der königlichen Tafel, vis-à-vis die Majestäten unter dem Thronhimmel, die Prinzen und Prinzessinnen und die preußischen Excellenzen. Meine Tischnachbarn waren Philipsborn und Ewald, und in der Nähe Meixner, den man zwischen uns eingeschmuggelt hatte. Die Dienerschaft zählte einen Chinesen, verschiedene Mohren und andere seltsame Käuze unter sich. Nach dem Essen konnte ich dem Prinzen August mein Kompliment machen. Er begrüßte mich sehr freundlich, fragte nach Varnbüler und sagte mir, ich werde in den nächsten Tagen sein Gast sein. Zum Schluß gab man ein kleines Feuerwerk zum besten, d. h. man entzündete mit einem Schlag alle Kerzen, was sich sehr hübsch machte. Es war ein buntes Getriebe, alle diese militärischen und Ziviluniformen, die Orden und Ordensbänder, die prachtvollen Tafelservices, Gemälde, reichen Säle, vor allem die vielen hervorragenden Männer aus ganz Deutschland beisammen zu sehen. Der König sprach einen kurzen Toast. Die Tafelmusik spielte die Ouverture aus Egmont, den Tannhäusermarsch, aus dem Troubadour und der Afrikanerin. Die Majestäten wurden von Pagen bedient. — Kurz, es war ein Hoffest, wie man es nur wünschen kann. Die komische Figur dabei bildete Meixner.

*

Für heute abend sind die Bundesräte schon wieder zu Hof geladen.[1]) Glücklicherweise bin ich mit den größten Arbeiten jetzt fertig und kommt nun alles darauf an, wie es beim Zollparlament verläuft.

*

Berlin, den 2. Mai 1868.

In dem Gehetze der letzten Tage war es mir unmöglich, Dir zu schreiben. Gestern hatten die Württemberger einen heißen Strauß auszufechten, den sie aber mannhaft bestanden. Mittnacht war glänzend; Varnbüler schwächer als sonst, weil krank.

*

[1]) Hofkonzert mit der Lucca, Niemann, Woworsky, Betz, Salomon. — Ave Maria von Gounod, Erlkönig von Schubert, Ensemble aus der Lucia.

Berlin, den 3. Mai 1868.

Ich hoffe wieder mehr als vor acht Tagen auf einen günstigen Ausgang und würde alsdann jedenfalls das Bewußtsein mit nach Hause nehmen können, das meinige dazu redlich beigetragen zu haben, dem Ausbruche von Feindseligkeiten vorzubeugen.

*

Berlin, den 6. Mai 1868.

Montag (den 4.) mußte ich im Zollparlament sprechen; es ist schlecht genug gegangen.

*

Berlin, den 15. Mai 1868.

Heitere Scene mit Bismarck im Bundesrat. Der Bundesrat trat heute in einem Nebensaal des Abgeordnetenhauses zur Sitzung zusammen. Dieser Saal steht mit dem Präsidentensitze in telegraphischer Verbindung in der Weise, daß geklingelt werden kann, wenn eine Abstimmung vor sich gehen soll, damit dazu alles sich einfindet. Unsere Sitzung sollte nun eben anfangen, als das Läuten begann und wohl infolge eines Fehlers am Apparat immer fortdauerte. Dem mußte ein Ende gemacht werden, was aber nicht so rasch gelang. Bismarck ward ungeduldig und sagte: „Das ist doch ein infamer Geist." Ich stand neben ihm und sagte darauf halblaut, mehr so vor mich hin: „Die ich rief die Geister, werd' ich nun nicht los." Da sah er mich von oben bis unten durchdringend an: „Sie haben recht."

*

Berlin, den 24. Mai 1868.

Vorgestern abend wurde der Bundesrat noch spät zu einer Sitzung berufen, um wegen des Verhaltens gegen das widerspenstige Zollparlament, das eine Steuer auf das Petroleum nicht bewilligen will, weisen Rat zu halten. Dreizehn Stunden später wurde dem Parlament eröffnet, daß, wenn dasselbe die Steuer nicht verwilligen wolle, man keinen Grund habe, Zollerleichterungen zu gewähren. So kommt es, daß eine vierwöchige Arbeit, an der ich mit Thümmel vorzugsweise beteiligt gewesen, ergebnislos endet. Rechne ich dazu die vergebliche Mühe mit dem Schweizer Vertrag, so könnte ich fast unglücklich sein, wäre nicht doch manches sonst zu stande gekommen.

Gestern also war die letzte Parlamentssitzung. Vorher durften die Herren Abgeordneten eine Feuerwehrprobe sehen, nachher waren verschiedene Abschiedskneipereien und Diners, zwischen welche sich der feierliche Schluß in dem Weißen Saale des Schlosses mit einer schönen, würdigen Thronrede einschob. Um halb sieben Uhr fuhr die ganze Gesellschaft, Bundesrat und was vom Parlament noch da war, mit Extrazug nach dem neuen Palais bei Potsdam. Der Kronprinz machte in liebenswürdiger Weise die Honneurs. Ich wurde ihm durch

Spitzemberg vorgestellt. Mit großer Begeisterung erzählte er von den Eindrücken aus Italien, von dem Enthusiasmus, dem er dort für Deutschland begegnet. Sie suchen dort nur nach einem Finanzminister. — Die Frau Kronprinzessin war kurz anwesend und vorzugsweise von Angehörigen der nationalliberalen Partei umgeben.

Das Fest ging in den Gartensälen und im Freien vor sich. Ein weiter Raum der Gartenanlagen war mit Tausenden von Lampen erhellt, welche den grünen Rasen umsäumten und aus den Bäumen wie goldene Aepfel erglänzten.

Bismarck kam spät erst, zum erstenmal seit langer Zeit in Zivilkleidern. „Ich thue immer, was man mir befiehlt.“ Er sprach auch mit mir einige Worte vom längeren Hierbleiben u. s. w., worauf ich erwiderte: Wir wollen die nächste Woche recht fleißig sein, dann können wir nach vierteljähriger Abwesenheit vielleicht doch endlich nach Hause zurück. Allerdings müssen wir die jetzt für unsere Reformen günstige Zeit benützen, wir wissen nicht, ob sie später wiederkehrt. „Gewiß,“ erwiderte er, „was man dem Augenblicke ausgeschlagen, bringt keine Ewigkeit zurück.“ Er werde gleich nach dem Schlusse des Norddeutschen Reichstags auf drei Monate in Urlaub gehen und keinem Menschen sagen, wohin; er werde auf einer Station aussteigen und dann verschwinden.

Um zehn Uhr wurde zurückgefahren, und um halb zwölf machten sich sofort die Vergnügungslustigen auf den Weg nach Kiel, wo sie heute auf der preußischen Flotte bewirtet werden sollen. Morgen ist großes Fest in Hamburg. Linden, der alte General Steinmetz mit seiner jungen Frau, Gesandte, Bundesräte, Demokraten, Nationalliberale, — alles durch einander ist auf der Suite. Nur wenige Arbeitsbienen, die zu referiren haben, sind zurückgeblieben, damit die anderen Herren bei ihrer Rückkehr sofort wieder angerichtet finden.

Am 21. Mai war Frühstück in der Börse. Bismarck wiederholte Völks Aeußerung: „Es ist Frühling geworden in Deutschland.“ Am 29. Mai große Revue. Am 30. Mai Heimkehr.

*

Bei den folgenden Missionen Riedes nach Berlin ist derselbe wohl mit Bismarck noch öfter zusammen gewesen, ein Gespräch hat aber nicht mehr stattgefunden. Nur in der Bundesratssitzung vom 9. April 1872 hatte Riede noch als Ausschußreferent die Exigenz von 400 000 Thalern für Kosten der Wiener Weltausstellung direkt gegen Bismarcks, dem Ausstellungswesen überhaupt abgeneigten Einwendungen mit Erfolg zu verteidigen.

Riede und andere haben bei Konstituirung des Deutschen Reichs resp. in der ersten Zeit des Bundesrats Preußen (Camphausen) vergeblich für die Idee zu gewinnen gesucht, das elsaß-lothringische Tabakmonopol auf das ganze Reich zu übertragen.

Staatsminister Freiherr v. Linden[1])

(geboren Juni 1804, gestorben 31. Mai 1895).

Wie die Südstaaten und deren Staatsmänner vor 1866 zu Preußen standen, mit welchen Gefühlen die Bundestagsgesandten aus Frankfurt a. M. flüchteten, braucht nicht geschildert zu werden. Und Linden war einer dieser Staatsmänner und dieser Gesandten; kein Wunder, wenn bis zum Jahre 1870 von Sympathien desselben für Bismarck wohl schwerlich sich Spuren zeigen. Nach 1870 kam mit den deutschen Siegen ein großer Umschwung in Lindens Gesinnungen, und von da ab wurde er ein begeisterter Anhänger Bismarcks.

Als die glänzenden Erfolge der deutschen Armeen das westliche Frankreich in die Hände Deutschlands brachten, wurde Freiherr v. Linden zur Uebernahme einer Präfektur in Frankreich aufgefordert, wozu er sich unverzüglich bereit erklärte.[2])

Nach kurzen Verhandlungen befand sich Freiherr v. Linden in Begleitung des Regierungsrats Holland auf dem Wege nach Frankreich. Nach sechstägiger Reise traf derselbe bei dem Rothschildschen Schlosse Ferrières, dem deutschen Hauptquartier,

---

[1]) Joseph Freiherr v. Linden, geboren zu Wetzlar als Sohn eines Reichskammergerichts-Assessors. Nach Absolvirung des Gymnasiums Studium der Rechte an der Universität Tübingen, 1830 Assessor am Gerichtshofe in Ellwangen, 1833 Ober-Amtsrichter zu Kirchheim, 1836 Ober-Justizrat in Ulm, 1839 Wahl in die Kammer der Abgeordneten, 1842—1850 Vorstand des katholischen Kirchenrates, Juli 1850 Uebernahme des Ministeriums des Innern und zeitweise auch des Aeußern, 11. Oktober 1850 Teilnahme an der Bregenzer Monarchen-Zusammenkunft (Oesterreich, Bayern und Württemberg). Auflösung der württembergischen Landesversammlung wegen verweigerter Bewilligung der für die Truppenaufstellungen nötigen Gelder, Wiederberufung des nach der Verfassung von 1819 erwählten Ausschusses. Lindens Bemühungen, die Früchte der Revolutionszeit durch die Gesetzgebung thunlichst wieder zu beseitigen, verschafften ihm die höchste Mißgunst der Volksparteien und den Ruf eines hartnäckigen Reaktionärs. Bedeutungsvoll ist die Mitwirkung Lindens an dem Zustandekommen der Konvention vom 8. April 1857, welche einen modus vivendi Württembergs mit der römischen Kurie herbeizuführen bezweckte. 22. September 1864 Rücktritt Lindens vom Ministerium, 1865 Ernennung zum Bundestagsgesandten in Frankfurt a. M., nach Auflösung des Deutschen Bundes Ernennung zum lebenslänglichen Mitglied der Kammer der Standesherren, 25. September 1870 Ernennung zum Präfekten des Departements der Marne. Nach sechsmonatlicher Verwaltung desselben Zurückziehung auf das Rittergut Neunthausen am Abhange des Schwarzwaldes.

[2]) Vgl. den Aufsatz von Julius v. Pflugk-Hartung in der „Deutschen Revue", XII. Jahrg. III. Bd. (Juli-September 1887) S. 365.

Litteratur: Das württembergische Ministerium Linden, von Professor Dr. Julius v. Pflugk-Hartung in Basel (historisches Taschenbuch, 6. Folge VII.). Die Anfänge des Ministeriums Linden. Nach den Erinnerungen des Ministers von J. v. Pflugk-Hartung (historische Zeitschrift von Sybel, Bd. XX.). Familiennachrichten der fürstlichen, gräflichen, freiherrlichen und adeligen Häuser im Deutschen Reiche, Stuttgart, I. Jahrg. Heft 15, 16 und 17 (mit Porträt). Deutsche Revue, XII. Jahrg. Bd. III. (Juli-Sept. 1887) S. 365 bis 369. Ein deutscher Präfekt von Chalons sur Marne, von Julius v. Pflugk-Hartung.

ein. Bismarck war gerade abwesend; er verhandelte auf einem benachbarten Schlosse mit Jules Favre wegen des Friedens. (Darnach war es der 19. oder 20. September 1870.) Erst gegen Abend traf er ein, empfing Linden freundlich und befahl vor allem eine Erfrischung.

Bezeichnend rief Bismarck dem Kammerdiener dabei zu: „Es darf aber nicht nach der Satteltasche riechen.“ Einige „belegte Brote“, eine Flasche Bordeaux und ein Glas wurden gereicht. Bismarck schenkte ein und reichte das Glas seinem Gaste. Vergeblich blieb dessen Sträuben; er leerte es auf das Wohl des Kanzlers, worauf Bismarck auf das des Königs von Württemberg trank und es alsdann an den Regierungsrat Holland abgab.

Nach dem Imbisse sagte Bismarck zu Freiherrn v. Linden:

„Nun zu den Geschäften. Also Sie wollen Präfekt in Frankreich werden? Es wundert mich bei Ihren Jahren.“

Linden: „Ich wollt' es nicht, aber man hat mich darum ersucht, und ich bin bereit.“

Bismarck: „Welche Präfektur wünschen Sie?“

Linden: „Wenn thunlich, so nahe als möglich bei Paris!“

Bismarck: „Das ist nicht möglich, weil wir dort noch keine feste Stellung haben.“

Linden: „Dann bitte ich um die Präfektur des Departements der Marne; ich war auf der Reise in dem dortigen Regierungsgebäude; es hat mir gefallen.“

Bismarck: „Gut, die sollen Sie haben.“

Ein Zug an der Glocke befahl den Beamten, dem Bismarck zurief:

„Staatsminister Freiherr v. Linden aus Württemberg wird von Sr. Majestät dem König zum Präfekten des Departements der Marne ernannt. Fertigen Sie es sogleich aus.“

Und zu Linden gewandt, bemerkte Bismarck:

„Ich habe die nötige Vollmacht. Seine Majestät wird es morgen bestätigen.“

Konzept und Reinschrift waren bald hergestellt. Bismarck überreichte sie mit den Worten:

„Sie sehen, wir sind rasch in den Geschäften. Und nun lassen Sie uns plaudern,“ worauf er sich in liebenswürdigster Laune erging, bis zu seiner Kindheit in Schönhausen, und erst spät abends fragte: „Wo wollen Sie übernachten?“

Auf die Aeußerung Lindens, er möchte darüber eine Andeutung erbitten, entgegnete Bismarck bedauernd, ihm und seinem Begleiter kein Quartier im Schloß anbieten zu können, weil alles besetzt sei. Vielleicht müsse er selber mit Jules Favre in einem Zimmer schlafen, und so wenig er sonst die Demokraten liebe, so könne er es sich diesmal schon gefallen lassen; er wolle aber ein „sauf conduit“ nach Lagny geben, wo der Aufenthalt keinem Bedenken unterliegen könne. Nach Ausfertigung desselben entließ Bismarck den Freiherrn v. Linden mit dem Wunsche glücklicher Reise.

Linden wohnte nur vier Sitzungen des Zollbundesrats an, am 14., 16., 19. und 22. Mai 1868, und hatte bei Gelegenheit dieses seines Berliner Aufenthalts wiederholt Gelegenheit, mit dem Fürsten Bismarck zusammenzutreffen.

4. Großherzogtum Baden.

Außerordentlicher Gesandter und bevollmächtigter Minister Freiherr v. Türckheim[1])

(geboren 5. Dezember 1814, gestorben 21. November 1892).

Einen bestimmenden Einfluß hat im Bundesrat, außer Bismarck und sein langjähriger Alter ego Delbrück, wohl kaum ein Mitglied ausgeübt. Die Vertreter der verbündeten Regierungen handelten nach festen Instruktionen. Wohl hat dann und wann ein Mitglied bei der Beratung einzelner, meist technischer Verhandlungsgegenstände eine mehr hervortretende Stellung eingenommen. Solches zu thun, lag nicht in dem schlichten und bescheidenen Wesen Türckheims. Er arbeitete und verschmähte es, davon viel Wesens zu machen.

Sein Verhältnis zum Reichskanzler war, der ganzen Stellung der badischen Regierung gemäß, das einer treuen Hingebung an die Sache des Reiches und der aufrichtigen Verehrung für den Begründer desselben. Treffend wird dasselbe durch die Thatsache illustrirt, daß der Kanzler sowohl wie sein König bei Ausbruch des Krieges von 1866 den Gesandten nicht in Ungnade, sondern in Gnaden entließen, und daß nach Beendigung des Krieges Bismarck den Wunsch nach seiner Zurückberufung auf den Berliner Posten aussprach.[2])

---

[1]) Türckheim, Hans, Freiherr v., aus Freiburg, 1837 Rechtspraktikant, 1837 Hofjunker, 1841 Kammerjunker, 1842 Sekretär bei dem Ministerium der Auswärtigen Angelegenheiten mit dem Titel Legationssekretär, 1845 als solcher bei der Gesandtschaft in Wien, 1847 Legationsrat und Kammerherr, 1848 einstweilen in den Ruhestand versetzt, 1849 reaktivirt und Legationsrat im Ministerium des großherzoglichen Hauses und der Auswärtigen Angelegenheiten, 1861 zugleich außerordentlicher Gesandter und bevollmächtigter Minister am großherzoglich hessischen Hofe, 1864 außerordentlicher Gesandter und bevollmächtigter Minister am königlich preußischen Hofe (bis zum Jahre 1866 zugleich auch am königlich hannoverschen Hofe), 1867 den Charakter als Geheimer Legationsrat, 1876 Staatsrat, 1879 Geheimer Rat I. Klasse, seit 1871 auch stellvertretender Bevollmächtigter zum Bundesrat des Deutschen Reichs. 1883 in Ruhestand.

[2]) 1. Dezember 1867 v. Türckheim bei Graf Bismarck. 12. März 1881 bei Bismarck, um demselben im Auftrag des Großherzogs Mitteilung von der soeben erfolgten Verlobung des Kronprinzen von Schweden mit der Prinzessin Viktoria von Baden zu machen.

Der Zollbundesrat, die charakteristischste Etappe in der Geschichte der deutschen Einigung, stellte an seine Mitglieder, welche, abgesehen von Preußen, vorwiegend aus der Zahl der politischen Gesandten am Berliner Hofe hervorgegangen waren, nicht geringe Anforderungen. Türckheim hat dieselben glänzend erfüllt. In kurzer Zeit hatte er sich mit dem Zollwesen in allen seinen technischen Komplikationen vertraut gemacht. Seine amtlichen Berichte waren vollgiltige Zeugnisse gediegener Sachkenntnis; sie waren geradezu mustergiltig. Nach Errichtung des Deutschen Reiches hat Türckheim den wichtigsten Ausschüssen angehört, im Justizausschuß vielfach als Referent fungirt und auch hier die Beweise hervorragenden Wissens und staatsmännischer Auffassung der Dinge geliefert.

Seine Pflichttreue, sein rastloser Fleiß, sein bescheidenes und anspruchsloses Wesen sicherten ihm die Anerkennung und die freundschaftlichen Gesinnungen seiner Kollegen im Bundesrat.

An den Debatten in den Ausschußsitzungen des Bundesrats beteiligte sich Türckheim weniger, vielleicht weil er sich stärker in der Feder wußte als im Worte.

Ueber die politische Wirksamkeit des Freiherrn v. Türckheim verbreitet sich des näheren die auf Grund der Ministerialakten ausgearbeitete Broschüre Georg Meyers: „Die Reichsbegründung und das Großherzogtum Baden", Heidelberg 1896. Wir erfahren daraus zunächst den Auftrag v. Türckheims (15. Februar 1867), bei Preußen anzufragen, ob nicht ein offenes Allianzverhältnis zwischen Preußen und Baden hergestellt werden könne (Erlaß Bismarcks an den preußischen Gesandten in Karlsruhe, Grafen Flemming, vom 10. März 1867).[1] Im Winter 1866/67 hatte Türckheim über den Abschluß einer Militärkonvention mit Preußen, etwa nach dem Muster der mit dem Großherzogtum Hessen zu stande gekommenen, zu verhandeln, im Mai 1867 über einen Bund Bayerns, Württembergs und Badens mit dem Norddeutschen Bunde. Im November 1867 erhielt Türckheim den Auftrag, Bismarck zu ersuchen, er möge in München und Stuttgart dazu beitragen, daß das oben genannte Projekt im Keime erstickt werde. Aus zahlreichen Aeußerungen, welche in Unterredungen Bismarcks mit Türckheim gefallen sind, geht deutlich hervor, daß Bismarck den alleinigen Eintritt Badens in den Norddeutschen Bund für inopportun erachtete und die Politik des Abwartens für die richtigere hielt. Solange die übrigen süddeutschen Staaten demselben nicht beiträten, glaubte er, könne Baden gerade wegen seiner ausgesprochenen nationalen Haltung der deutschen Sache viel größere Dienste leisten, wenn es außerhalb des Bundes bliebe und dadurch die Möglichkeit einer engeren Fühlung mit den anderen süddeutschen Staaten behielte.

---

[1]) In Kohls Bismarck-Regesten nachzutragen.

Eine beachtenswerte Unterredung hatte Bismarck mit Türckheim am 1. oder 2. Dezember 1867 über den Privatbrief, den der badische Staatsminister Mathy am 18. November 1867 an den Grafen Bismarck gerichtet hatte, begleitet von einer Denkschrift über den Eintritt Badens in den Norddeutschen Bund.

Von diesem Schritte des Staatsministers machte Freydorf durch Erlaß vom 29. November dem Gesandten in Berlin, Freiherrn v. Türckheim, Mitteilung. Der Gesandte sollte die Angelegenheit gegenüber dem Bundeskanzler des Norddeutschen Bundes zur Sprache bringen und hinzufügen, das Ministerium werde aus der Bewilligung von ein Prozent Friedens- und zwei Prozent Kriegsstärke und Annahme der dreijährigen Dienstzeit eine Kabinetsfrage machen.

Bismarck war aber auch jetzt nicht geneigt, auf die badischen Wünsche einer Intervention Preußens einzugehen. In einer Unterredung mit Türckheim, über welche dieser am 2. Dezember berichtete, wies er die Forderung ziemlich scharf mit den Worten: „Das ist nicht" zurück. Nachdem die Nachricht eingetroffen war, daß ein Prozent Friedensstärke in der Kammer angenommen sei und nur eine Beurlaubung von tausend Mann gefordert werde und daß das Ministerium daraus keine Kabinetsfrage machen wollte, erklärte er sich damit durchaus einverstanden und, meinte, sogar ein Herabgehen auf dreiviertel Prozent wäre kein Unglück gewesen. In einer Depesche an den Grafen Flemming entwickelte er noch einmal in ausführlicher und entgegenkommendster Weise seine Gründe gegen den alsbaldigen Eintritt Badens in den Norddeutschen Bund und erklärte, daß er auf die Erhaltung des dermaligen Ministeriums das höchste Gewicht lege, auch wenn dasselbe nicht im stande sei, alle seine Forderungen beim Landtage durchzusetzen. Bei einer späteren Gelegenheit hat er die Erklärung abgegeben, auf den Mathyschen Brief habe er mit Ja nicht antworten können, Nein habe er nicht sagen wollen, deshalb vorgezogen, die ablehnende Antwort durch Graf Flemming erteilen zu lassen. Persönlich würde er Mathy in einem vertraulichen Briefe geantwortet haben, aber Mathy habe eine Antwort gewünscht, um sie in Abgeordnetenkreisen mitteilen zu können. Eine solche zu geben sei er nicht im stande gewesen. (Bericht Türckheims vom 23. Februar 1870.)

Ministerialrat Kilian

(geboren 1822).

Das Studium der Kameralwissenschaften begonnen 1840, unter die badischen Kameralpraktikanten aufgenommen 1844, erste Anstellung als Assessor bei der damaligen Hofdomänenkammer 1852, Domänenrat 1856, Ministerialrat im Finanzministerium 1866, Geheimer Referendär 1877, Direktor der Domänendirektion 1879, als Geheimer Rat II. Klasse charakterisirt 1889 und im gleichen Jahre auf Ansuchen pensionirt.

5. Großherzogtum Hessen.

Geheimer Ober-Steuerrat Ewald

(geboren 25. August 1813, gestorben 22. Januar 1881).

Ludwig Wilhelm Ewald wurde als Sohn des Kaufmanns Friedrich Wilhelm Ewald zu Offenbach geboren. Nachdem er das Gymnasium zu Darmstadt verlassen hatte, studirte er Finanzwissenschaft zu Gießen und Heidelberg; absolvirte zu Gießen 1834 das Fakultäts-, 1836 das Staatsexamen. Im Jahre 1837 wurde er als Sekretär der Münzdeputation in Darmstadt angestellt; 1838 Sekretär der Ober-Baudirektion, 1846 Geheimsekretär beim Finanzministerium, 1849 Rat und Mitglied der Ober-Steuer- und Zolldirektion, 1862 Geheimer Ober-Steuerrat. In dieser seiner Stellung nahm er in den fünfziger Jahren an verschiedenen Zoll- und Münzkonferenzen in Berlin, Wien, München, Dresden teil und war 1866 Mitglied der Kommission für die Ausführung des Friedensvertrages mit Preußen; 1868 Bevollmächtigter zum Bundesrat des Zollvereins, 1871 des Deutschen Reiches. 1871 wurde er Direktor der Ober-Steuerdirektion, 1873 Geheimer Rat, 1875 Vorstand des Münzamtes, 1876 Vorsitzender der Zentralstelle für die Landesstatistik. Neben dieser seiner ausgedehnten amtlichen Thätigkeit beschäftigte sich Ewald unablässig und eingehend mit wissenschaftlichen Gegenständen, besonders auf den Gebieten der Geographie und Statistik, in späteren Jahren viel mit Linguistik. Seine zahlreichen Werke auf diesen Gebieten findet man aufgezählt in dem Nekrologe Ewalds, mitgeteilt in dem Notizblatt des Vereins für Erdkunde zu Darmstadt, Nr. 13 vom März 1881. Nähere Berührungen mit Bismarck haben nicht stattgefunden.

6. Mecklenburg-Schwerin.

Ministerialrat Dr. Dippe[1])

(geboren 11. Dezember 1813, gestorben 12. März 1891).

Dippe war ein ungewöhnlich begabter Mann, der auf eine eigenartige Carrière zurückblicken konnte. Er war von Hause aus Mathematiker und seine

---

[1]) Schulbildung auf dem Gymnasium in Quedlinburg, 1833 Besuch der Universität Halle, um sich dort für den Beruf eines Gymnasiallehrers vorzubereiten. 1836 Eintritt als Lehrer der Mathematik und Physik am Pädagogium zu Halle, demnächst erster Lehrer an der dort errichteten höheren Realschule. Ostern 1842 Berufung als Oberlehrer an das Gymnasium Fridericianum zu Schwerin i. M., 1839 Erscheinen seiner ersten Schrift über Differentialrechnung, 1840 Besorgung der sechsten, mit einem Anhange vermehrten Auflage von Euclids Elementen, 1848 Publikation „Ueber das ballistische Problem“, 1854 Beiträge zur Elementarmathematik, 1. Abteilung. Während seiner Thätigkeit als Gymnasiallehrer wurde Dippe mehrfach mit Arbeiten für das Ministerium des Innern betraut, am 1. Juli 1858 schied er für immer vom Lehrfach und trat mit dem Titel „Hofrat“ als Referent in Handels- und Gewerbesachen in das Ministerium des Innern ein. Am 28. Februar 1862 zum Ministerialrat ernannt, wurde er später Mitglied bezw. Vorsitzender verschiedener Kommissionen, 1871 der Kommission zur Prüfung der Einjährig-Freiwilligen, 1875 der Zivilstandskommission. Ein Lieblings- und Spezialfach war für Dippe die Statistik. In dem 1851 begründeten großherzoglichen statistischen Bureau entwickelte er eine hervorragende Thätigkeit, zuerst als Mitglied, später als Dirigent; bis zu seinem Tode war er Vorsitzender

Berechnungen für Versicherungen, die er für die Behörde machte, veranlaßten seinen Eintritt in die Verwaltung. Daß er es, ohne Jurist zu sein, zu der verantwortlichen Stellung eines Bevollmächtigten zum Bundesrat gebracht hat, ist wohl der deutlichste Beweis seiner hervorragenden Begabung. Er war das Gegenteil eines Strebers. Bescheidenheit, Pflichttreue und unermüdliche Arbeitslust waren seine hauptsächlichsten Charaktereigenschaften.

Mit besonderer Hingebung arbeitete er an der Einführung des Zivilstandsgesetzes, von dem Wunsch beseelt, etwaige Nachteile, welche das neue Gesetz mit sich bringen könnte, für Mecklenburg möglichst zu vermeiden.

Dem Zollbundesrat gehörte Dippe nur ein Jahr (1868) an und erstattete dort nur zwei Vorträge (über die Volkszählung von 1864 und die Jahresabrechnungen über Zölle und Rübensteuer). Mit Bismarck führte er am 28. April 1868 nach dem Galadiner ein „heiteres Gespräch über Kaffee" und sodann mit dem Prinzen Karl über den Rotwein, den die Mecklenburger so lange viel zu billig im Vergleich mit anderen deutschen Brüdern getrunken hätten.

Legationsrat Lothar Bucher [1])

fungirte als Protokollführer nur in der Sitzung vom 2., 3., 9., 18., 27. März, 21. April, 6., 14., 16., 19., 22., 28. Mai, 11., 23., 27. Juni und 8. Juli 1868.

Anhang.

Mit Dank erkenne ich an, daß während des Druckes des ersten Bandes dieses Werkes mir über die daselbst bereits behandelten Bevollmächtigten zum Bundesrat, die demnächst auch dem Zollbundesrat angehörten, noch mehrfache Mitteilungen zugegangen sind, welche hier eingereiht werden mögen.

Hessen.

Staatsminister Hofmann.

cf. Bd. I. S. 70.

Am 28. Mai 1869 kam der Fall zum erstenmal vor, daß ein Mitglied des Bundesrats, gestützt auf § 9 der Bundesverfassung, seine von der Majorität

der statistischen Kommission. Am 19. Februar 1883 erfolgte seine Ernennung zum Geheimen Ministerialrat. Wegen zunehmenden Alters und Kränklichkeit erbat Dippe nach mehr als fünfzigjähriger öffentlicher bezw. vierundvierzigjähriger Thätigkeit in Mecklenburg die Entlassung aus seiner dienstlichen Stellung, die ihm am 1. Oktober 1886 bewilligt wurde. Dippe war Mitglied mehrerer gelehrten Gesellschaften und ein thätiger Mitarbeiter des Archivs für Landeskunde.

[1]) cf. Bd. I. S. 118.

des Bundesrats abweichende Ansicht im Reichstag aussprach. Der Vorgang ereignete sich bei Beratung des Antrags des Abgeordneten Hagen und Genossen wegen der Bundespräsidialverordnung vom 22. Dezember 1868 über die Kommunalsteuern des Heeres. Der Abgeordnete Hagen hatte behauptet, daß der Erlaß dieser Verordnung durch den Artikel 61 der Bundesverfassung nicht gerechtfertigt war. Die Kommissare des Bundesrats, insonderheit der Kriegsminister v. Roon, hielten starr an der Ansicht fest, daß die Verordnung durchaus verfassungsmäßig erlassen sei.

Unmittelbar nach Roon, der ausdrücklich betont hatte, er habe nur das Wort ergriffen, „um zu kennzeichnen, welchen Standpunkt die Bundesregierung zu der Frage einnimmt," erhob sich der Geheime Legationsrat Hofmann, um zu erklären, daß die hessische Regierung von einer Auffassung ausgehe, „die derjenigen des hohen Bundespräsidiums entgegengesetzt ist." Hofmann schloß seine Rede unter lebhaftem Bravo der Linken. Roon antwortete etwas gereizt, das Bedauern aussprechend, daß „die Diskussionen des Bundesrats in gewissem Grade in den Reichstag verlegt worden sind." Der Geheime Regierungsrat v. Puttkamer suchte als Kommissar des Bundesrats noch einmal die Legalität der eingangs erwähnten Präsidialverordnung zu verteidigen und erklärte damit die Ansicht Hofmanns als eine falsche.

In der „Spenerschen Zeitung" wurde der Vorgang als „eine an die Zeiten des alten Deutschen Bundes erinnernde Erscheinung und als eine Verbündung des kleinstaatlichen Partikularismus mit dem Partikularismus der abstrakten Doktrin, wie solche in dem Hagenschen Antrag verkörpert war," bezeichnet.

Der Geheime Legationsrat Hofmann sah sich daraufhin veranlaßt, ein Schreiben an die „Spenersche Zeitung" zu richten, in welchem es heißt:

„Der erwähnte Artikel legt meinem Verhalten Absichten und Beweggründe unter, die mir vollkommen fremd sind. Der Beifall, mit welchem meine Bemerkungen teilweise von einzelnen Abgeordneten auf der linken Seite des Hauses aufgenommen worden sind, war von mir nicht gesucht, er war mir nicht einmal erwünscht. Die Vermutung, daß mein Auftreten der Anfang eines systematischen Zusammengehens der hessischen Regierung mit oppositionellen Elementen des Reichstags sei, entbehrt aller und jeder Begründung."

Nachdem alsdann gesagt worden, daß der Debatte des Reichstags vom 28. Mai eine viel zu große politische Bedeutung beigelegt worden sei, fährt das Schreiben fort:

„Mein Herr Gegner mag mir glauben, daß ich mich nur sehr ungern und schwer entschloß, gegen die Ansichten des Präsidiums im Reichstag aufzutreten. Allein die Lage der Sache ließ mir keine Wahl. Nach allem, was mir über die Petitionen oberhessischer Gemeinden, über die Stimmung und die Vorgänge in der hessischen zweiten Kammer sowie über die Auffassung meiner Regierung bekannt war, durfte ich nicht schweigen. Die beteiligten Gemeinden

Oberhessens würden sonst mit vollem Rechte Beschwerde darüber geführt haben, daß der Vertreter der hessischen Regierung ein durch die Bundesverfassung ausdrücklich gewährtes Recht bei dieser Gelegenheit nicht benützt habe, um, unter Geltendmachung der Ansichten seiner Regierung, die Interessen der Gemeinden möglichst zu wahren. Trotzdem würde ich Anstand genommen haben, zur Verteidigung kommunaler Interessen das Wort zu ergreifen, wenn diesen Interessen ein großer politischer oder nationaler Zweck gegenüber gestanden hätte, zu dessen Gunsten die Gemeinden ihre bisherigen Rechte opfern sollten. So lag indessen die Sache nicht. Ob in dem verhältnismäßig kleinen Teile des Bundesgebiets, in welchem die preußischen Vorschriften über die Heranziehung des Militärs zu den Kommunalauflagen zur Zeit des Erlasses der Dezember-Verordnung noch nicht in Wirksamkeit waren, die Militärpersonen in dem vollen Umfange, wie in Preußen, oder, nach den bisherigen Landesgesetzen, in einem beschränkteren Maße von der Beitragspflicht zu den Gemeindelasten befreit werden, — das ist keine Frage, bei welcher große politische Interessen des Norddeutschen Bundes auf dem Spiele stehen. Wo es sich um die Erreichung hoher nationaler Ziele handelt, da pflegen nicht die verschiedensten Ansichten und Anträge sich in der Weise zu kreuzen, wie es diesmal bei den Verhandlungen sowohl im Reichstag als in der Kommission der Fall war. — Wenn in einem von Preußen im Juni 1867 abgeschlossenen und am 29. Juli 1867 ratifizirten Vertrage den thüringischen Staaten gestattet wurde, die in den dortigen Regimentern angestellten preußischen Offiziere zu Kommunalabgaben in größerem Umfang, als dies nach den preußischen Vorschriften der Fall, heranzuziehen, so war die Annahme doch nicht ganz unberechtigt, daß die Auffassung der hessischen Regierung und das Interesse der oberhessischen Gemeinden, wie solche von mir im Reichstag vertreten worden sind, selbst mit einem wirklichen und wesentlichen *militärischen* Interesse nicht im Widerspruch stehen. Die vorstehenden Erwägungen — und diese allein — haben mich bestimmt, in der Sitzung vom 28. d. M. so, wie geschehen, aufzutreten." [1])

---

[1]) Die „National-Zeitung" Nr. 250 vom 2. Juni 1869 bemerkte zu dieser Erklärung des Geh. Leg.-Rats Hofmann: „Auch wir sind der Meinung, daß dem Vorfalle vom 28. v. M. eine viel zu große Bedeutung beigelegt worden ist. Nichtsdestoweniger deutet derselbe auf einen schweren Mangel in der Bundesverfassung hin, deren Artikel 9, wonach ‚jedes Mitglied des Bundesrats das Recht hat, die Ansichten seiner Regierung auch dann vor dem Reichstag zu vertreten, wenn dieselben von der Majorität des Bundesrats nicht adoptirt worden sind,' in der That mit einer wirklichen Bundesregierung nicht verträglich ist. Eine solche muß wie nach außen, so auch dem ihr zur Seite stehenden Parlamente gegenüber einheitlich nicht nur auftreten, sondern auch geführt werden. Die Beurteilung des Vorfalls vom 28. v. M., namentlich in der auswärtigen Presse, lehrt dies zur Genüge. Der jetzige Mangel der Bundesverfassung und einer einheitlichen Bundesregierung legt — so lange er besteht — allen Regierungen des Bundes und also ganz besonders auch dem Bundespräsidium die Pflicht des ausgesuchtesten Taktes und der sorgfältigsten Berücksichtigung

Staatsminister v. Rössing.

cf. Bd. I. S. 288.

Ueber den Staatsminister v. Rössing ist mir nachträglich noch ein in der „Oldenburger Zeitung" Nr. 153 vom 4. Juli 1874 veröffentlichter Nekrolog zugegangen, aus dem ich hier einige Stellen wiedergeben will, weil derselbe berufenen Händen entstammt. Im Januar 1805 geboren, gehörte Herr v. Rössing einer ursprünglich in Hannover ansässigen, seit dem vorigen Jahrhundert auch in dem jetzt oldenburgischen Münsterlande begüterten Familie an.

Bald nach Beendigung seiner Universitätsstudien — am 24. April 1829 — ward er zuerst als Auditor beim Amt Berne angestellt und fungirte während der nächsten sieben Jahre in gleicher Stellung bei verschiedenen anderen Aemtern, namentlich in Bockhorn, Delmenhorst und Westerstede. In den eigentlichen Justizdienst trat er als Assessor bei dem damaligen Landgerichte zu Vechta im Anfang des Jahres 1837 und ward von dort im April 1843 an die vormalige Justizkanzlei in Oldenburg versetzt. In dieser Stellung, in welcher ihm demnächst auch Funktionen bei den damaligen Militärbehörden (dem Militärkollegium und dem Militär-Obergericht) übertragen wurden, fand ihn der Ausbruch der Bewegung des Jahres 1848. Seinem Hofe hatte ihn der Großherzog Paul Friedrich August schon früher attachirt, nachdem er ihn 1838 zum Kammerjunker und 1846 zum Kammerherrn ernannt hatte.

Der Bewegung des Jahres 1848, welche auch in Oldenburg die alteingebürgerten Zustände und Einrichtungen nach vielen Seiten in Frage stellte, blieb Herr v. Rössing persönlich fern; als aber in die Verfassung vom 11. März 1849 Bestimmungen Eingang fanden, welche den Rechtszustand des Landes auf das bedenklichste zu gefährden schienen und namentlich die Ablösungsverhältnisse

---

der gegenseitigen Rechtsansprüche auf. Es darf bezweifelt werden, daß die preußische Regierung diese Pflicht bei Erlaß der Präsidialverordnung vom Dezember v. J., welche den Hagenschen Antrag hervorgerufen hat, genügend gewahrt hat. Sie hat dadurch nur selbst dem hessischen Regierungsbevollmächtigten eine Stellung geschaffen, mit der an sich kein Freund der Bundesinstitutionen einverstanden sein kann. Wundern darf man sich freilich nicht, daß die Vertreter der verschiedenen Bundesregierungen im Bundesrat nicht den Eindruck einer einheitlichen Bundesregierung nach außen und vor dem Parlamente hervorzurufen und zu befestigen bestrebt sind, wenn der preußischen Regierung nahestehende Blätter nicht einmal die Einheit der preußischen Regierungsbevollmächtigten im Bundesrat und vor dem Reichstag aufrecht zu erhalten wissen, sondern geflissentlich den Eindruck solcher Einheit zu zerstören bemüht sind. Einen andern Zweck kann schwerlich die folgende Bemerkung der gestrigen „Kreuz-Zeitung" haben: „Es fällt auf, daß der Präsident des Bundeskanzler-Amts sich bei der Verhandlung der Steuerfragen im Reichstag in einer gewissen neutralen Reserve hält. Es kann dies kaum dazu beitragen, das Durchbringen der Vorlagen zu fördern."

in den Münsterschen Landesteilen in einer die Privatrechte der Gutsherren rücksichtslos beiseite setzenden Weise zu regeln bezweckten, war er es vor anderen, der — unbeirrt durch die damalige Strömung einer erregten öffentlichen Meinung — dieser Richtung der Gesetzgebung publizistisch entgegentrat und die Halt- und Rechtlosigkeit eines solchen Verfahrens schlagend nachwies. Man sagt, daß sein damaliges Auftreten zuerst die Aufmerksamkeit des Großherzogs Paul Friedrich August auf ihn gelenkt und so seinen Eintritt in das Ministerium vorbereitet habe. Schon am 1. Januar 1850 war er zum Ober-Gerichtsrat und Vorstand des Militärkollegiums ernannt worden; in das Ministerium berufen, ward er mit dem Titel Staatsrat am 11. Mai 1851, als der Verlauf der deutschen Angelegenheiten eine ministerielle Krisis in Oldenburg hervorgerufen, zugleich aber auch in immer weiteren Kreisen die Ueberzeugung Boden gewonnen hatte, daß die Sicherung der Ruhe und des Rechtszustandes des Landes eine Revision der unter der unmittelbaren Einwirkung der bewegten Zeit von 1848 zu stande gekommenen Verfassung dringend erheische.

Die Revision des Staatsgrundgesetzes war die erste Aufgabe des neugebildeten Ministeriums von Rössing, und sie ward rasch und mit glücklicher Hand gelöst; schon am 22. November 1852 konnte die neue Verfassung verkündet werden, nachdem dieselbe die freie Zustimmung zweier auf einander folgenden Landtage gefunden hatte. Der Revision der Staatsverfassung schloß sich dann alsbald in gleicher Richtung mit gleichem Erfolge eine Revision der ebenfalls von unhaltbaren Bestimmungen nicht frei gebliebenen evangelisch-lutherischen Kirchenverfassung an.

Nach dem Tode des Großherzogs Paul Friedrich August — 27. Februar 1853 — blieb das Ministerium in seiner Zusammensetzung unverändert. Herr v. Rössing war schon im August 1851 zum Vorsitzenden im Staatsministerium förmlich ernannt worden; am 1. Januar 1854 erhielt er auch den Titel Minister. Seiner Leitung waren neben dem Ministerpräsidium untergeben — und sind es während seiner einundzwanzigjährigen Amtsführung unter der Regierung des Großherzogs Nikolaus Friedrich Peter unverändert geblieben — die Departements des Auswärtigen und des Großherzoglichen Hauses, der Justiz und der Kirchen und Schulen.

Nach der Ordnung der Verfassungsverhältnisse blieb die Hauptaufgabe der Regierung während des nächsten Jahrzehnts und darüber hinaus dahin gerichtet, die durch das Staatsgrundgesetz vorgeschriebenen Grundsätze und Einrichtungen auf den verschiedenen Gebieten des Rechtes und des öffentlichen Lebens durch umfassende Spezialgesetze zu verwirklichen. Dies bedingte eine ungewöhnlich umfängliche Thätigkeit der Gesetzgebung nach allen Richtungen und nicht am wenigsten in dem Herrn v. Rössing anvertrauten Departement der Justiz. Nach langer und gründlicher Vorbereitung kam unter seiner Leitung im Jahre 1858 namentlich die neue Organisation der Gerichte zu stande, verbunden mit einer durchgreifenden Reform des geltenden Strafrechtes, Strafprozesses und Zivilprozesses nach Maßgabe der in der Verfassung niedergelegten Grundsätze. Nicht minder eifrig und in demselben Geiste ward früher und später auf anderen Gebieten der Justizgesetzgebung gearbeitet und gefördert, wie die umfassenden Bände der Gesetzsammlung der beiden letzten Jahrzehnte im einzelnen bezeugen.

Als Minister des Auswärtigen war Herr v. Rössing zugleich in politischen Angelegenheiten der erste Berater seines Souveräns, und ein Rückblick auf die Begebenheiten mag genügen, um den Beweis zu liefern, daß auch diese Seite seiner Wirksamkeit wohl weder eine leichte noch eine stoffarme war. Schon der König Friedrich VII. von Dänemark (gest. 15. November 1863), von welchem die großen Umwälzungen der letzten Jahre ihren Ausgang genommen haben, verwickelte unmittelbar das oldenburgische Fürstenhaus in die Vorgänge der schleswig-holsteinschen Erbfolgeverhältnisse und in daraus sich ergebende politische Kombinationen. Den durch mehrere Jahre sich hinziehenden schwierigen und komplizirten Verhandlungen jener Zeit, sowie der durch die Arrondirung des Fürstentums Lübeck auch für die Landesinteressen nutzbringenden Abwickelung dieser Angelegenheit hat wohl niemand so nahe gestanden wie Herr v. Rössing. An die schleswig-holsteinsche Krisis schloß sich dann unmittelbar die sorgenvolle Zeit vor dem Ausbruch des Krieges zwischen Preußen und Oesterreich, und nach dem auch in Oldenburg mit Jubel begrüßten Tage von Königgrätz brachte der Friedensschluß und die mit ihm gegebene Neugestaltung der deutschen Verfassung neue und ernste Arbeit. Den Ministerkonferenzen in Berlin, in welchen im Winter 1866/67 der Entwurf der Norddeutschen Bundesverfassung festgestellt wurde, wohnte Herr v. Rössing in vielseitiger Beteiligung an den Arbeiten derselben von Anfang bis zu Ende bei, und die freundlichen Beziehungen, welche er nicht allein mit den preußischen Staatsmännern, sondern auch mit einflußreichen Kollegen aus anderen Staaten, namentlich mit dem ihm im Tode vorangegangenen hochbegabten weimarischen Minister v. Watzdorf, zu knüpfen und zu pflegen verstand, sind für wichtige oldenburgische Landesinteressen nicht ohne mannigfache Förderung geblieben. Auch an den Verhandlungen des Bundesrats nahm Herr v. Rössing namentlich während der Zeit vor dem Kriege mit Frankreich und auch noch unmittelbar nach demselben regelmäßigen und thätigen Anteil.

Der denkwürdigen hundertjährigen Jubelfeier der Regierungsübernahme des gegenwärtigen großherzoglichen Hauses am 14. Dezember 1873 wohnte Herr v. Rössing noch in voller Gesundheit bei. Auf einer Reise nach Berlin, welche er im Februar 1874 unternahm, um an den Beratungen des Bundesrats über das auch für die oldenburgischen Verhältnisse einschneidend wichtige Projekt der Reichs-Justizverfassung teilzunehmen, kam die tödliche Krankheit, welcher er erlag, zum Ausbruch.

Staatsminister v. Larisch.

cf. Bd. I. S. 288 ff.

Nachstehend lasse ich noch eine nachträglich mir anvertraute zusammenhängende Niederschrift über denselben folgen, welche, wenn ich mich nicht täusche, für ein dem Minister v. Seebach bei seinem Ausscheiden aus dem Bundesrat gewidmetes oder zu widmendes Album bestimmt war.

Karl August Alfred v. Larisch wurde am 17. November 1819 als drittes unter sieben Kindern seinen Eltern, dem Landes- und Kreisdeputirten, damals Hauptmann, später Major, Karl v. Larisch und der Ida geborenen v. Stammer aus dem Hause Görlsdorf-Weßdorf zu Kümmritz bei Luckau in der Niederlausitz, geboren.

Von Ostern 1830 bis 1837 besuchte er das Gymnasium zu Luckau und bezog dann mit dem Zeugnis der Reife zunächst die Universität Bonn und nach Verlauf eines Jahres die Universität Berlin, um sich den juristischen und kameralistischen Studien zu widmen. Neben den Vorlesungen in diesen Fachwissenschaften hörte er mit Vorliebe auch solche philosophischer, geschichtlicher und theologischer Kapazitäten.

Zu Ostern 1840 bestand er beim Kammergericht zu Berlin das erste und, nach Absolvirung der Auskultatur bei dem königlichen Stadtgericht zu Potsdam, im Frühjahr 1842 das zweite juristische Referendariats-Examen. Alsdann trat er in das Verwaltungsressort über, erhielt seine weitere praktische Ausbildung bei der königlichen Regierung zu Potsdam und wurde im Frühjahr 1846 nach bestandener Staatsprüfung zum Regierungsassessor ernannt und als solcher der Regierung zu Coblenz überwiesen. Nachdem er bei dieser Behörde vom Spätsommer 1846 bis zum Beginn des Jahres 1848 vorzugsweise im Kommunaldepartement beschäftigt worden, trat er als Hilfsarbeiter zu dem dortigen Oberpräsidium zur Bearbeitung der Preß- und sonstigen politischen Angelegenheiten über und wurde im September desselben Jahres in gleicher Eigenschaft in das Ministerium des Innern berufen. Nach Wiederherstellung geregelter Verhältnisse im Dezember desselben Jahres erbat und erhielt er die kommissarische Verwaltung des Landratsamtes im Kreise Zeitz, Provinz Sachsen, welches Amt ihm 1850 definitiv übertragen wurde. Hier verheiratete er sich mit Fräulein Marie v. Wolffersdorff, Tochter eines benachbarten, im Kreise Zeitz sowie im Königreich und Großherzogtum Sachsen angesessenen Gutsbesitzers. Seine von der Stadtverordnetenversammlung zu Zeitz beschlossene Wahl zum Oberbürgermeister dieser Stadt fand wegen Kollision mit dem Landratsamt nicht die ministerielle Bestätigung.

Am Schluß des Jahres 1852 wurde ihm vom Staatsminister v. Manteuffel der Antrag gestellt, die Stelle eines dirigirenden Ministers im Herzogtum Sachsen-Altenburg zu übernehmen. Anfänglich ablehnend, gab er schließlich dem ausdrücklich ausgesprochenen Wunsche seines königlichen Landes- und Dienstherrn König Friedrich Wilhelm IV. nach und übernahm im Februar 1853 die ihm angetragene Stellung. In derselben verblieb er unter zwei Herzögen, dem Herzog Georg und dem Herzog Ernst, bis zum Beginn des Jahres 1867. Hatte er auch in dieser ganzen Periode die Einigung mindestens Norddeutschlands unter Preußens Hegemonie ersehnt und — so viel an ihm — erstrebt, so glaubte er doch, in der damals in der Vereinbarung begriffenen, die Pflege der geistigen und sittlichen Faktoren des Volkslebens lediglich den Einzelstaaten überlassenden Norddeutschen Bundesverfassung nicht diejenige Staatsreform zu erblicken, von welcher er sich eine segensreiche Weiterentwicklung des deutschen Volks- und Staatslebens versprechen konnte, er verlangte deshalb, vielleicht auch mit Rücksicht auf andere widrige Verhältnisse, seine Demission, welche ihm schließlich unter vollster Gunstbezeugung vom Herzog Ernst gewährt wurde. Die Stadt Altenburg verlieh ihm das Ehrenbürgerrecht.

Von da ab bis zum Frühjahr 1868 lebte er abwechselnd in Altenburg und auf dem von ihm zwischenzeitlich in eigene Bewirtschaftung übernommenen väterlichen Gut Nümmritz.

Im Frühjahr 1868, nachdem die Norddeutsche Bundesverfassung inzwischen in definitiver Gestalt in das Leben getreten war, entschloß er sich auf wiederholtes Andrängen, insonderheit des Fürsten Anton von Hohenzollern, wieder in das öffentliche Leben zurückzutreten und die Stelle eines Vorsitzenden des Staatsministeriums in den vereinigten anhaltischen Herzogtümern zu übernehmen. In dieser Stellung verblieb er unter den Herzögen Leopold und Friedrich bis zum Frühjahr 1875, dann trat er in das Privatleben zurück; er schien sich mit seiner sittlich ernsten Richtung, welche auf politischem Gebiete mehr das wirtschaftliche und sittliche Gesamtvollswohl als die Freiheit des Individuums und die lediglich diese schätzende Verfassungs- und Rechtsnormen in den Vordergrund stellte, allzusehr isolirt, fühlte sich auch durch ein langjähriges Nervenleiden zu angegriffen, um mit Freudigkeit und Erfolgssicherheit seine verantwortliche, mit manchen Schwierigkeiten verbundene Stellung weiterführen zu können. Die gewünschte Besserung in seinem Nervenleiden fand er aber auch in dem landwirtschaftlichen Berufe, welchem er sich nunmehr mit gewohntem Eifer hingab, nicht, und so lebt er jetzt in vollster Zurückgezogenheit lediglich seiner Familie und seinen Gutsinsassen.

Staatsminister v. Gerstenberg-Zech.

cf. Bd. I. S. 81.

Ein literarischer Nachlaß, der über dessen politische Thätigkeit Aufschluß zu geben geeignet wäre, existirt nicht; was seine Angehörigen darüber wissen, ist nur das, was dieselben aus seinem eigenen Munde vernommen haben.

Gerstenberg begeisterte sich schon in seiner Jugend für den Gedanken eines einigen Deutschen Reiches und erblickte in Preußen die Macht, die Deutschland zu Ruhm und Größe führen würde.

Er nahm teil an den Freiheitsbestrebungen des Jahres 1848, erkannte aber sehr bald deren krankhafte und ungesunde Richtung und zog sich deshalb zunächst wieder ganz in das Privatleben zurück, nur seiner Familie und der Bewirtschaftung seiner Güter lebend.

Doch nicht allzulange genügte ihm die Arbeit auf der heimatlichen Scholle, und so nahm er im Jahre 1864 die ihm angebotene Stelle als Hofmarschall des Herzogs von Sachsen-Altenburg an.

Die politischen Ereignisse des Jahres 1864 ließen sein ganzes Interesse an der Politik Preußens hervortreten. Während alles um ihn herum Preußen anfeindete und auf gegnerischer Seite stand, war und blieb er der einzige namhafte Verfechter von Preußens Politik und erkannte in Bismarck den großen, weitblickenden Staatsmann, unter dessen Leitung allein Preußens und Deutschlands große Einigkeit zu verwirklichen sein würde. Sein Einfluß allein vermochte den Herzog im Jahre 1866, abweichend von der Meinung der übrigen Räte und dem Zagen der anderen Kleinstaaten, dem Könige von Preußen zu erklären, daß er zu ihm halten würde; das Telegramm des Herzogs von Altenburg war, wenn nicht das erste, so doch sicher eines der ersten in diesem Sinne, das dem Könige von Preußen zuging.

Im Herbst des Jahres 1866 wurde Gerstenberg zum Nachfolger des abgegangenen Ministers v. Larisch berufen. Er hat auch hier, wie überall, wo er wirkte, durch seine Milde, sein ausgleichendes, aber auch zugleich thatkräftiges, energisches Wesen vermittelnd gewirkt und dabei überall, wo er konnte, dem preußischen Geist zum Siege verholfen und den Einheitsgedanken gefördert.

Zu Bismarck selbst hat derselbe leider nie in näheren Beziehungen gestanden, obwohl er zu seinen größten Verehrern, ja zu den wenigen zu rechnen ist, die Bismarcks Größe ganz zu würdigen verstanden.

Seine Bescheidenheit ließ ihn sich immer wieder zurückziehen und nie in den Vordergrund treten, und wenn er selbst es vielleicht gedacht und seine Familie für ihn erhofft hatte, daß er in späteren Jahren noch einmal im preußischen Staats- bezw. im Reichsdienst eine mehr oder weniger hervortretende Stellung einnehmen werde, so vereitelte sein in der Blüte der Kraft erfolgter Tod diese Hoffnungen.

Mit seltener Begeisterung begrüßte er das Kriegsjahr 1870, nicht einen Augenblick am Waffenruhm und dem Sieg der preußischen Armee zweifelnd. Er sah es als einen Vorzug an, die Wiedererstarkung Deutschlands wie seine Einigung zu erleben. Seine politische Richtung war wohl eher nationalliberal als konservativ zu nennen, doch nahm er auch hier einen so weitsehenden Standpunkt ein und verkehrte so viel mit Männern der verschiedensten Parteien, daß man ihm niemals Einseitigkeit der Ansicht vorwerfen konnte.

Seine treue Anhängerschaft an Bismarck gab er auch nicht auf, als dieser den Kulturkampf aufnahm; denn er sah in der katholischen Kirche als politischer Partei die Feindin des Deutschtums und darin eine Macht erstehen, die dem Deutschen Reiche verhängnisvoll werden würde.

Als aber das Jahr 1878 kam, das die erschütternden Attentate gegen das Leben des Kaisers brachte, vollzog sich auch in ihm eine Wandlung; er bekannte freimütig, daß die liberalen Ansichten seine Partei (die nationalliberale) wie ihn zu weit nach links geführt hätten und daß Umkehr in jeder Beziehung, auch für die Regierung, vonnöten sei. Er neigte seitdem weit entschiedener als früher konservativen Anschauungen zu.

Senator Dr. Curtius.

cf. Bd. I. S. 115.

Theodor Curtius war am 6. März 1811 zu Lübeck als Sohn des Syndikus Dr. Georg Curtius geboren, der lange Zeit hindurch die alte Hansestadt am Bundestage vertreten hatte. Während die beiden jüngeren Brüder, Ernst, der bekannte Archäologe und spätere Wirkliche Geheime Rat Professor Dr. Curtius in Berlin, sowie Georg, der nicht minder als Sprachforscher berühmt gewordene Professor an der Universität Leipzig, ihre Vaterstadt schon nach Vollendung ihrer Gymnasialbildung verlassen hatten, kehrte Theodor Curtius, nachdem er in Heidelberg und Göttingen dem Studium der Rechtswissenschaft obgelegen, 1834 nach Lübeck zurück, um sich dort als Rechtsanwalt niederzulassen.

Schon früh erfüllt von dem lebhaften Streben, seiner Vaterstadt zu nützen und eine gesunde Fortentwicklung der staatlichen und wirtschaftlichen Verhältnisse, die damals einer gewissen Stagnation verfallen waren, herbeizuführen, beschäftigte sich Curtius neben gewissenhafter Besorgung seiner Berufspflichten vielfach mit publizistischen Arbeiten. Die bald erworbene Bekanntschaft mit den öffentlichen Zuständen, nie ermüdende Arbeitskraft, große Gewandtheit im mündlichen und schriftlichen Ausdruck, klarer Verstand, vorausschauender Blick, die Festigkeit und Lauterkeit des Charakters erwarben Curtius bald das allgemeine Vertrauen seiner Mitbürger. Nachdem er sich bereits vielfach durch Mitwirkung bei kommissarischen Beratungen über die Reform wichtiger Verwaltungszweige bewährt hatte, ward Curtius am 23. Februar 1846 von dem Senate zu dessen Mitgliede erwählt. Im Laufe der vierzig Jahre, während welcher Curtius dem Senate angehörte, war er berufen, die Leitung der Verkehrsangelegenheiten, namentlich des Postwesens und der Eisenbahnsachen, sowie der Handels- und Schiffahrtsangelegenheiten, ferner des Militärwesens, zeitweilig auch des Unterrichtswesens zu übernehmen. Die hervorragendsten Verdienste hat sich Curtius auf dem diplomatischen Gebiete erworben. Dreimal, in den

Jahren 1869/70, 1873/74, 1877/78, bekleidete er das Amt des präsidirenden Bürgermeisters.

Durch seinen Bruder Ernst, den Erzieher des Prinzen Friedrich Wilhelm, des späteren Kaisers Friedrich, war Curtius schon früher in Beziehungen zum Hause des Prinzen von Preußen getreten. Im Jahre 1846 war er dessen Gast in Babelsberg. Als Curtius während der fünfziger Jahre häufiger in Berlin geschäftlich verweilen mußte, wurden diese Beziehungen erneuert, so auch bei Gelegenheit einer finanziellen Mission im Dezember 1857. Damals sandte ihm der junge Prinz sein Bildnis mit freundlichen Zeilen. Zur Beglückwünschung des Königs Wilhelm bei dessen Thronbesteigung im Januar 1861 konnte der Senat von Lübeck keinen geeigneteren Vertreter als Curtius nach Berlin abordnen, ebenso vertrat er Lübeck bei der dem König Wilhelm dargebrachten Huldigung des benachbarten Herzogtums Lauenburg, als dieses 1865 nach dem schleswig-holsteinschen Kriege durch den Gasteiner Vertrag der Krone Preußen übertragen ward. Bald darauf schrieb der Kronprinz: „Dort (in Ratzeburg) war mir Curtius wie selten willkommen, weil doch einer wenigstens sich vorfand, mit dem ich mich unverhohlen aussprechen konnte.“ Häufiger sah Curtius, als er Anfang 1867 zur Beratung der Verfassung des Norddeutschen Bundes in Berlin weilte, den Kronprinzen, den er in sehr guter Stimmung und in besserem Vertrauen zu der glücklichen Neugestaltung Deutschlands traf. Am 13. September 1868 ward die alte Hansestadt durch einen Besuch des Königs Wilhelm erfreut. Curtius hatte die Ehre, Seine Majestät als Gast in seinem stattlichen Hause aufzunehmen. Bei Gelegenheit einer Truppenübung in der Nähe Lübecks Anfang September 1869 hatte Curtius die Ehre, den Großherzog von Mecklenburg-Schwerin und später den ihm nach mehrfachen Besuchen in Oldenburg und Eutin wohlgewogenen Großherzog von Oldenburg bei sich zu bewirten.

Diese persönlichen Beziehungen haben dazu beigetragen, die Erfolge zu erleichtern, die Curtius auf diplomatischem Gebiete erreicht hat.

Kaum ein halbes Jahr nach seinem Eintritt in den Senat ward Curtius mit einer wichtigen Mission betraut. Durch die von der dänischen Regierung ergriffenen Maßregeln war Lübeck im Jahre 1846 in Gefahr, von allem Verkehr abgeschnitten zu werden, da Dänemark im Interesse von Kiel und Altona jede Eisenbahnverbindung Lübecks mit Hamburg und mit dem deutschen Inlande verhinderte und den Verkehr auf dem Stecknitzkanal mit hohen Abgaben belastete. Nachdem sowohl die auf Gestattung einer Eisenbahnanlage gerichteten Anträge Lübecks als auch befürwortende Noten Preußens und Oesterreichs von Kopenhagen aus lange unerwidert geblieben waren, galt es, das Interesse der deutschen Vormächte für die Sache neu zu beleben. Persönliche Beziehungen in Berlin öffneten Curtius den Zugang zu den Ministern v. Kanitz und v. Bodelschwingh. Dem Fürsten Metternich konnte in Königswart durch Curtius an der Hand einer Karte die Bedeutung der Frage klar gemacht werden. Durch Vermittlung des Prinzen von Preußen und Alexander v. Humboldts ward sodann eine Audienz bei dem König Friedrich Wilhelm IV. erreicht. Sowohl in Königswart als in Berlin erhielt Curtius die Zusicherung, daß ein Antrag Lübecks an den Bundestag auf dessen Vermittlung bei der dänischen Regierung Unterstützung finden werde. Der Antrag Lübecks, den Curtius während des Winters 1846 auf 1847 in Frankfurt noch weiter fördern konnte, veranlaßte, nachdem ein Gesuch um Eröffnung direkter Verhandlungen durch Schritte Oesterreichs, Preußens, Schwedens und Rußlands unterstützt worden war, endlich die Krone Dänemark zum Abschluß des am 23. Juni 1847 unterzeichneten Staatsvertrages über die Herstellung einer Eisenbahn von Lübeck nach Büchen. In den folgenden Jahren hatte sich Curtius an den Verhandlungen über die Fortführung der Bahn bis an die Elbe und nach Lüneburg zu beteiligen, die freilich erst nach der im April 1862 erfolgten Bestätigung aller beteiligten Regierungen zu stande kam. Inzwischen war Curtius bestimmt, als Vertreter der drei Hansestädte an den seit Oktober 1855 zu Kopenhagen geführten Verhandlungen zur Ablösung des Sundzolls teilzunehmen, die, durch den Vertrag vom 14. März 1857 abgeschlossen, in ihrem Verlaufe auch zu einer wesentlichen Herabminderung des den lübeckischen Handel schwer bedrückenden dänischen Transitzolles auf dem Stecknitzkanal wie auf der Lübeck-Büchener Bahn führte. Unter Mitwirkung des in Anlaß der Sundzollangelegenheiten nach Kopenhagen gesandten hanseatischen Ministerresidenten Dr. Krüger gelang es Curtius auch, die Schwierigkeiten durch den Vertrag vom 19. Juli 1862 zu beseitigen, die dem Bau der direkten Bahn von Lübeck nach Hamburg, namentlich in Bezug auf die zollamtliche Behandlung des Verkehrs beim Durchgang durch Holstein, entgegen getreten waren.

Bereits im Jahre 1863 nach Vollendung der letztgedachten Bahn begannen die Bestrebungen zur Verbindung derselben mit dem mecklenburgischen Eisenbahnnetz durch Herstellung der Strecke Lübeck-Kleinen, zunächst seitens englischer Kapitalisten, dann nach deren Insolvenz durch die großherzoglich mecklenburg-schwerinsche Regierung. Der bezügliche Staatsvertrag wurde von Curtius unterm 25. Mai 1868 vollzogen. Auch an den Verhandlungen über den Bau der Eisenbahn von Lübeck nach Eutin, die in jene Jahre fielen und durch den ihm befreundeten Kollegen Plessing am 9. April 1870 abgeschlossenen Staatsvertrag zum Abschluß gebracht wurden, hatte sich Curtius lebhaft beteiligt.

Als im Juni 1866 die Lösung der deutschen Wirren durch die kriegerische Auseinandersetzung zwischen Preußen und Oesterreich sich vorbereitete, hatte Lübeck sofort den auch durch Curtius' Einfluß rasch herbeigeführten Entschluß gefaßt, dem preußischen Bündnisvorschlage beizutreten, und das lübeckische Kontingent Preußen zur Verfügung gestellt. Der Anschluß war in der Hauptsache das Werk von Curtius, der schon frühzeitig einsah, daß Preußen allein berufen und befähigt sei, die Führung des nach Einheit ringenden Deutschlands zu übernehmen. Auf einer am 21. Juni 1866 in Hamburg stattgehabten Konferenz trat er mit voller Entschiedenheit für den Anschluß der Hansestädte an Preußen ein und zog die zaghaften Schwesterstädte mit sich fort. Gleich nach den entscheidenden Schlachten fand Graf Bismarck Zeit, den Gesandten v. Richthofen zu einem Erlaß vom 10. Juli[1]) an Senator Dr. Curtius zu beauftragen. In demselben heißt es:

„Seine Majestät der König hat aus den von dem hohen Senate und der Bürgerschaft zu Lübeck gefaßten Beschlüssen einen erneuten Beweis der Würdigung Allerhöchstseiner dem Heile und der Entwicklung Deutschlands gewidmeten Bestrebungen gewonnen, welcher ihm um so teurer ist, als derselbe von einer Stelle kommt, die sich von jeher durch ein klares Verständnis jener großen Interessen und eine immer bewiesene Opferwilligkeit für dieselben hervorgethan hat. Für Seine Majestät den König, Allerhöchstwelcher das wichtige Element der Hansestädte in Deutschland besonders würdigt und die immer kräftigere Entwicklung derselben zum allgemeinen Heile des Vaterlandes zu fördern trachtet, ist es daher sehr befriedigend gewesen, Sich von der Regierung und Bürgerschaft Lübecks in so patriotischer Weise unterstützt zu sehen. Der ganz ergebenst Unterzeichnete hat aus dem königlichen Hauptquartier in Böhmen den ausdrücklichen Auftrag erhalten, dem hohen Senate von Lübeck auszusprechen, daß Seine Majestät der König die spontane und rechtzeitige Entschlossenheit, mit welcher Lübeck mit der Schwesterstadt Bremen diesen patriotischen Weg betreten hat, in vollem Maße zu schätzen weiß und dieses Vorangehens eingedenk sein werde.“

Bei den Verhandlungen über den Entwurf der Verfassung des Norddeutschen Bundes, zu dem Preußen Regierungsvertreter der Norddeutschen Staaten auf den 15. Dezember 1866 eingeladen hatte, war es die Aufgabe des von Lübeck abgeordneten Senators Dr. Curtius, auf den Gedanken eines Bundesstaates mit Offenheit und Aufrichtigkeit einzugehen und von der Verfolgung partikularistischer Interessen Abstand zu nehmen. Zugleich aber mußte dahin gewirkt werden, daß der Leistungsfähigkeit Lübecks, welches durch die großen finanziellen Opfer in Anlaß der Ausführung der Eisenbahnbauten nach Büchen und Hamburg nicht nur im eigenen Interesse, sondern auch zu Gunsten Lauenburgs und Holsteins sehr geschmälert worden war, Rechnung getragen werde, insbesondere dadurch, daß Lübeck der Ausfall an Ueberschüssen des Postwesens weniger fühlbar gemacht, und daß der Uebergang in Bezug auf die militärischen Leistungen und auf das Zollwesen erleichtert werde. In allen diesen Beziehungen fand Curtius, der sich in den Konferenzen auch bei der

---

[1]) In Kohls Bismarck-Regesten nicht erwähnt.

Beratung über die allgemeinen Fragen lebhaft beteiligte, insbesondere bei den preußischen Bevollmächtigten freundliches Entgegenkommen. Das Ergebnis bezüglich der Postüberschüsse waren die im Artikel 52 der Verfassung getroffenen Bestimmungen, wonach die Ueberschüsse nach dem für die Jahre 1861 bis 1865 ermittelten Prozentsatze während der ersten acht Jahre den einzelnen Staaten gutgerechnet werden sollten; den Hansestädten freilich nur zur Hälfte, indem die andere Hälfte zur Herstellung normaler Posteinrichtungen in den Städten bestimmt wurde.

Wie sehr es dem Grafen Bismarck darauf ankam, den aus den Beratungen der Regierungsbevollmächtigten hervorgegangenen Entwurf der Bundesverfassung als das Werk der Gesamtheit aller Verbündeten erscheinen zu lassen, erhellt daraus, daß Bismarcks Mitarbeiter, Herr v. Savigny, wiederholt und mit Nachdruck die Bevollmächtigten selbst der kleineren Regierungen, so auch Curtius, aufforderte, an der Vertretung des Verfassungsentwurfes im Reichstag teilzunehmen und bei der Beschlußfassung über die Abänderungsanträge des Reichstags mitzuwirken. Den Regierungsbevollmächtigten ist die Annahme der auf Kompromissen beruhenden letzten Reichstagsbeschlüsse vielfach nicht leicht geworden. Nach der Finalabstimmung des Reichstags am 16. April äußerte Bismarck sich Curtius gegenüber:[1] „Es ist wohl nur zu wahrscheinlich, daß das Jahr 1872 uns wieder den Militärkonflikt bringen werde, allein wir können deshalb nicht das ganze Werk aufs Spiel setzen."

Nachdem es sich als wünschenswert ergeben hatte, die Verhältnisse der Militärkontingente der kleineren Staaten zu ordnen, war vom preußischen Kriegsministerium am 7. April 1867 zunächst bei Lübeck und Bremen der Abschluß einer Militärkonvention über die Vereinigung der Kontingente mit der preußischen Armee angeregt worden. Beide Hansestädte gingen bereitwillig auf den Gedanken ein. Aber in Lübeck konnte man sich nicht verhehlen, daß die Anforderungen für die ersten Einrichtungen eines nach preußischem Muster aufzustellenden Truppenkörpers, wie die jährliche Aufwendung von 225 Mark für jeden Mann der zu stellenden Truppenzahl die finanziellen Kräfte der Hansestadt übersteigen werde. Curtius, der mit den Verhandlungen über die Militärkonvention betraut wurde, wandte sich sofort in einer Note vom 23. April 1867 an den Grafen Bismarck mit dem Antrage, daß im Hinblicke auf die bereits durch den Bundesbeschluß vom 17./31. März 1859 Lübeck gewährten Erleichterungen in der Stellung seines Kontingents der Uebergang durch einen Nachlaß an den Zahlungen für die ersten Jahre zugestanden werde. Graf Bismarck ließ durch Herrn v. Thile unterm 1. Mai[2]) antworten, „daß die königliche Regierung mit Rücksicht auf die in dem Schreiben

[1]) Auch dieses Gespräch Bismarcks ist in den Kohlschen Bismarck-Regesten nicht erwähnt.

[2]) In Kohls Bismarck-Regesten nachzutragen.

dargelegten Verhältnisse sowie auf die bewährte bundesfreundliche Gesinnung Lübecks gern bereit sei, eine Konvention abzuschließen, durch welche der freien und Hansestadt Lübeck behufs Uebergangs in das Kriegswesen des Norddeutschen Bundes ähnliche Erleichterungen bewilligt werden, wie solche den Staaten der ehemaligen Reserve-Infanterie-Division durch die Uebereinkunft vom 4. Februar d. J. zugestanden worden sind."

Die in Aussicht genommene Vereinbarung ward bereits am 3. Mai 1867 in Berlin vollzogen und dadurch die Vorbedingung für die Verhandlungen über eine Militärkonvention erfüllt, die, von dem Abteilungschef im Kriegsministerium, Oberstlieutenant v. Hartmann, und Curtius geführt, wegen der vielen dabei zu berücksichtigenden Einzelfragen und der verschiedenartigen Instanzen, welche die Angelegenheit zu durchlaufen hatte, erst am 27. Juni zum Abschluß gelangten.

Im Jahre 1867 war eine kürzere Eisenbahnverbindung zwischen Berlin und Kiel über Hagenow, Mölln und Oldesloe in Aussicht genommen. In einer Unterredung, die Curtius am 19. Januar mit dem Grafen Bismarck hatte,[1]) betonte letzterer wiederholt, daß die preußische Regierung eine Umgehung Lübecks in der von Kiel aus beabsichtigten Art nicht nur nicht gestatten, sondern stets den Gesichtspunkt der Gleichstellung der verbündeten Stadt Lübeck mit den Städten des eigenen Landes festhalten und darnach eintretenden Falles handeln werde.

Während noch die Verhandlungen über die Bundesverfassung schwebten, benutzte Curtius die Zeit seines Berliner Aufenthaltes, um sich über das Für und Wider in der Frage eines Anschlusses Lübecks an den Zollverein klar zu werden und über die etwaigen Bedingungen eines Anschlusses mit den maßgebenden Persönlichkeiten sich in Beziehung zu setzen. Damals stand nur fest, daß nach Artikel 31 des Verfassungsentwurfes die Hansestädte als Freihafen außerhalb der gemeinschaftlichen Zollgrenze bleiben sollten, bis sie ihren Einschluß in dieselbe beantragen würden. In der über diese Zollangelegenheit am 19. Januar 1867 stattgehabten Unterredung äußerte sich Graf Bismarck Curtius gegenüber wie folgt: Allerdings würde Preußen auf den Anschluß der Hansestädte oder einer derselben in den Zollverein großen Wert legen und dazu in jeder Weise bereitwilligst die Hand bieten. Auf seine Unterstützung dürfe Lübeck unbedingt rechnen, namentlich auch bezüglich der Gewährung eines angemessenen Präzipuums; letzteres würde finanziell für Lübeck wohl sehr ins Gewicht fallen, und er gestehe offen, daß es ihm unklar sei, wie die Städte finanziell durchkommen könnten, wenn sie für Ausschluß aus dem Zollverein noch das Aversum bezahlen müßten, welches doch wohl dem Präzipuum einigermaßen korrespondiren, also ihnen ebenso viel nehmen würde, als letzteres im Anschlußfalle ihnen geben werde.

---

[1]) In Kohls Bismarck-Regesten nachzutragen.

In Bezug auf den Zeitpunkt eines Beitritts Lübecks, für welchen der Anschluß der benachbarten Länder von Bedeutung sein mußte, sprach sich Bismarck dahin aus, daß man Mecklenburg, wenn es, wie zu hoffen, von seinem Vertrage mit Frankreich bald loszumachen sei, nicht werde umhin können, eine Uebergangszeit von zwei bis drei Jahren einzuräumen; er verkenne nicht, daß der einstweilige Ausschluß Mecklenburgs für Lübeck die Entschließung erschweren könne; andererseits aber sei der Anschluß Holsteins und Lauenburgs ausgemacht und werde Preußen um so mehr Wert darauf legen, wenn Lübeck selbständig vorangehe, auch würde es in solchem Falle gewiß um so bessere Bedingungen zu erlangen im stande sein.

Diese entgegenkommenden Erklärungen veranlaßten Curtius, selbst nachdem Besprechungen mit dem Finanzminister v. d. Heydt, mit Delbrück und anderen Ressortbeamten die Hoffnung auf Bewilligung eines Präzipuums zerstört hatten,[1]) in der Heimat mit dem ganzen Gewicht seiner Sachkunde und seiner Persönlichkeit für den baldigen Anschluß Lübecks an den Zollverein einzutreten, der denn auch nach vielfachen, durch Curtius geleiteten Detailverhandlungen in Berlin und Lübeck zum 11. August 1868 erfolgte, freilich nicht unter Gewährung eines Präzipuums, wohl aber mancher Erleichterungen, insbesondere unter Ueberlassung des Ertrages der Nachversteuerung an Lübeck.

In den späteren Jahren hatte Curtius, soweit er nicht durch sein Amt als Bürgermeister mehr an Lübeck gebunden war, noch hin und wieder, namentlich 1871 und 1872 Veranlassung, an Bundesratssitzungen teilzunehmen und bei Verhandlungen in Eisenbahnangelegenheiten in Berlin thätig zu sein, wie ihm auch die Leitung der diplomatischen Angelegenheiten verblieb.

In den siebenziger Jahren stellten sich bei Curtius rheumatische Beschwerden ein, die ihn zum Gebrauche der Bäder in Wildbad, Eilsen, Teplitz und Wiesbaden nötigten. Ein schon seit längerer Zeit sich vorbereitendes Kopfleiden nötigte Curtius, am 30. September 1885 aus dem Senate auszutreten.

In Anerkennung der hervorragenden und erfolgreichen Verdienste, die Curtius sich um seine Vaterstadt erworben hatte, hat der Senat ihm die große Staatsmedaille mit der Aufschrift bene merenti verliehen; ebenso ward er von der Handelskammer durch die Uebergabe ihrer goldenen Ehrendenkmünze ausgezeichnet. Am 25. Oktober 1889 ward der Mann heimgerufen, dessen ganzes Leben mit seinen Arbeiten und Erfolgen ein gutes Teil der Geschichte des neuen Lübeck in sich schließt.

Nach kurzer Ehe früh verwitwet, führte Curtius im Jahre 1843 seine zweite Gattin Cäcilie, geborene v. Schlözer, heim, eine Schwester des späteren preußischen Gesandten beim päpstlichen Stuhle, Kurt v. Schlözer, mit dem er bis

---

[1]) Als bei einem Diner bei dem Minister v. d. Heydt dieser feste Zusagen an Curtius machte und dieser sich dieselben von Bismarck bestätigen lassen wollte, sagte Bismarck: „Wenn Heydt für Sie ist, wer wird dann wider Sie sein?“

an sein Ende in naher Freundschaft verbunden blieb. An diese schrieb er vielfach über seine Eindrücke und Erlebnisse aus Berlin. Einige Briefe mögen hier Platz finden.

Berlin, 19. Januar 1867.

„Heute mittag hatte ich eine längere Unterredung mit Bismarck infolge förmlicher Anmeldung bei ihm. Er ist wieder sehr frisch und wohl und empfing mich sehr freundlich. Weil es eine ganz außerordentliche, viel beneidete Gunst ist, von Bismarck empfangen zu werden, mußte ich jede Sekunde im Geschäftsinteresse ausbeuten, und fallen natürlich alle anderen Gespräche weg."

*

Berlin, 22. Februar 1867.

„Ich weiß und verstehe, daß wir in einer Zeit großer und entwicklungsfähiger Umgestaltung unseres deutschen Vaterlandes leben, und ich bin zu wenig Egoist und — ich glaube sagen zu dürfen — zu sehr deutscher Patriot, als daß ich nicht mit voller Hingebung in die für unser Lübeck unvermeidlichen Einbußen und Opfer bereitwillig mich zu finden wüßte. Jene Opfer treten ja auch an mich höchst persönlich heran. Im Grunde habe ich es als ein Glück oder eine Gnade Gottes anzuerkennen, daß ich die Zeit zu verstehen, zu begreifen weiß und dadurch viel leichter über alles, was sie von unserem Lübeck und von mir selbst fordert, hinwegzukommen im stande bin!"

*

Berlin, 26. Februar 1867.

„Es hat mich förmlich beglückt, daß Du die Thronrede ganz köstlich gefunden und sie mehrmals durchstudirt hast, sie ist in der That meisterhaft abgefaßt. Ich weiß, daß sie nicht bloß das Produkt des geistreichen Bismarck ist, sondern daß König und Kronprinz auch an der Fassung einen wesentlichen Anteil haben, und daß beide von der deutschen Aufgabe Preußens tief durchdrungen sind. Man muß eine herzinnige Freude an dem Fortschritte haben, in dem unser teures Vaterland — Gott sei Dank! — begriffen ist und dem gegenüber kleinstaatliche und Kirchturmsinteressen, welche doch nur egoistischen, unlauteren Ursprungs sind, immer mehr verschwinden müssen. Ueber die sehr erhebende und erbauliche Feier am Sonntag, wie über die große Mahlzeit (436 Couverts) und Vorstellung bei Hofe schrieb ich offiziell ausführlicher. Alles gelang aufs beste, und die Hohenzollern haben sich viele Herzen aufs neue erworben. Von Etiquette, kalter Förmlichkeit und steifem Ton keine Spur. Alles herzlich, freundlich und höchst gemütlich."

*

Berlin, 14. April 1867.

„Bismarck ist von ungemeiner Liebenswürdigkeit und stets in bester Stimmung. Die Konferenzsitzungen sind unter seinem Präsidio ein wahrer Genuß."

— — — —

III. Abschnitt.

Aus der Werkstatt des Zollbundesrats.

Bereits im Vorwort habe ich dem Leser das Versprechen abgegeben, daß er die Qual der Bevollmächtigten, welche die trockensten Referate über zum Teil ganz kleinliche Gegenstände anzuhören hatten, nicht mit durchmachen müsse. Die Fragen, die damals zur Entschließung standen, hatten augenblicklich ja alle ein aktuelles Interesse, heutzutage sind sie längst überwunden. Es kann sich also nur darum handeln, die wichtigsten Vorlagen, welche in der Session den Bundesrat beschäftigten, zu erwähnen und im Anschluß daran mitzuteilen, wie sich die einzelnen Bundesregierungen dazu verhielten.

Die pièces de résistance des Bundesrats bildeten in seiner ersten Session: der viele Verkehrserleichterungen einführende neue Handelsvertrag mit Oesterreich vom 9. März 1868[1]) und das damit in Verbindung stehende Tarifgesetz, die Handelsverträge mit dem Kirchenstaat und Spanien, sowie das Gesetz über die Tabaksteuer, welches eine gleichmäßige Besteuerung des einheimischen Tabaks herstellte. Die letzten Arbeiten des Zollbundesrats bezogen sich im wesentlichen auf den Anschluß Mecklenburgs und Lübecks sowie einiger hamburgischen Gebietsteile an den Zollverein. Aus Rücksicht auf Erleichterung des Verkehrs und auf die Sicherheit der Zollgrenze war die Hereinziehung einzelner Teile des hamburgischen Gebiets und einiger davon umschlossenen preußischen Gebietsstücke in die Zollvereinsgrenze notwendig geworden. Demzufolge wurde die Hereinziehung der bezeichneten Gebietsteile und die Bildung einer Kommission beschlossen, welche berufen sein sollte, die neue Zollgrenze zu ziehen, die erforderlichen neuen Verwaltungseinrichtungen zu treffen und die damit in Verbindung stehenden Gesetze und Regulative auszuarbeiten. In der 19. und letzten Sitzung des Zollbundesrats am 30. Juli wurde demselben von seiten des Vorsitzenden

---

[1]) Vgl. über den letztgedachten Vertrag und dessen Behandlung im Bundesrat die „National-Zeitung" Nr. 306 vom 3. Juli 1868.

die Anzeige gemacht, daß die erwähnte Vollzugskommission gebildet sei und ihre Thätigkeit unverzüglich beginnen werde. [1])

Aus den Verhandlungen über den Handelsvertrag mit Oesterreich will ich nur die folgende charakteristische Stelle aus dem Bericht der vereinigten Ausschüsse für Zoll- und Steuerwesen und für Handel und Verkehr hervorheben: „Es bezeichnet den Charakter der neueren Handelsverträge, wie solche im Verlauf der letzten acht Jahre fast zwischen allen europäischen Staaten zum Abschlusse gekommen sind, daß dabei nicht sowohl mehr darauf abgezielt wird, dem einen Kontrahenten in dem Gebiete des andern besondere Vorrechte vor den übrigen Nationen zu verschaffen, als darauf, sich sicher zu stellen, daß dort nicht dritte günstiger behandelt werden. Diesem Charakter entspricht es, daß die bei solchen Verträgen vereinbarten Tarifbestimmungen jetzt von einem Gesichtspunkte aufgefaßt werden, welcher es gestattet, dieselben in einen bestimmten Reformplan einzufügen, sie nach Umständen für die Ausführung dieses Planes mit zu benutzen. Es wird damit nicht ausgeschlossen, bei den Vertragsverhandlungen im einzelnen die Erleichterung im Zoll gerade für solche Artikel besonders anzustreben, welche im Verkehr zwischen den Gebieten der Vertragenden eine größere Bedeutung haben. Aber auch hier wird man auf die möglichste Einhaltung des allgemeinen Reformplanes schon durch die Erwägung verwiesen, daß jede im Tarif gemachte Konzession nicht dem im konkreten Falle gegenüberstehenden Kontrahenten allein, sondern überhaupt allen denjenigen Staaten zu gute kommt, mit welchen eine Verständigung wegen der gegenseitigen Behandlung auf dem Fuße der meistbegünstigten Nation getroffen ist. Der Zollverein — um die Anwendung dieser Sätze gleich anzuschließen — hat in solcher Weise eine eingreifende Tarifreform mit dem 1. Juli 1865 durchgeführt; was der vorliegende Vertrag über dieselbe hinaus gewährt, stellt sich im wesentlichen als eine folgerichtige Weiterbildung jener Reform in der Richtung auf Erleichterung des Verkehrs überhaupt dar. In Oesterreich dagegen geschieht jetzt eben mit dem Vertrage vom 9. März d. J. vollends der entscheidende Schritt, um die durch die Verträge mit Großbritannien, Frankreich und Italien gleichfalls begonnene Reform des Zolltarifs zu einem vorläufigen Abschlusse zu bringen."

Das Plenum des Bundesrats passirte der Vertrag so glatt, als ob es sich um eine Vorlage über die Denaturirung von Ammoniak oder die Abschreibung von Retourwaren gehandelt hätte.

Die längsten Verhandlungen, fast vier volle Stunden, erforderte am 6. Mai 1868 die Erledigung der Tabaksteuer und der Tarifreform. Die

---

[1]) Vgl. die im Bundes-Gesetzblatt 1868 S. 518 abgedruckte Bekanntmachung Bismarcks d. d. Varzin 18. November 1868, betreffend die Ausführung des Artikels 6 des Zollvereinigungsvertrages vom 8. Juli 1867.

Bestimmungen des ursprünglichen Tabaksteuerentwurfes liefen hinaus auf eine Erhöhung der Eingangssteuer für Rohtabak von 4 auf 6 Thaler, für Cigarren von 20 auf 25 Thaler per Zentner, Fortfall der Uebergangsabgabe von einem Bundesstaat in den andern, Annahme einer Steuer von 12 Thaler vom preußischen Morgen und eine angemessene vom Bundesrat zu bestimmende Exportbonifikation.[1])

Schon bei den Ausschußverhandlungen traten starke, unvermittelt gebliebene Meinungsverschiedenheiten zu Tage. Der zum Referenten bestellte bayerische Staatsrat v. Weber wollte die Vorlage durch Herabsetzung der Steuer auf den zum Tabakbau verwendeten Morgen Landes von 12 auf 6 Thaler in schutzzöllnerischem Geiste verbessern, Baden verwarf die ganze Vorlage, Württemberg befürwortete an Stelle der Bodensteuer eine Konsumtionssteuer, Hessen verlangte eine klassifizirte Bodensteuer.[2]) Nachdem die erste Abstimmung über den Entwurf Stimmengleichheit, die zweite eine Majorität von 2 Stimmen (bei Fortfall der Zollerhöhung für Cigarren von 20 Thaler auf 25 Thaler) ergeben hatte,[3]) nahm der Bundesrat diese Vorschläge unter dem Widerspruch von Bayern, Württemberg, Baden, Hessen, beiden Mecklenburg und Sachsen-Meiningen mit 38 Stimmen an.[4])

Das Zollparlament schloß sich in seiner Mehrheit dem Widerspruch gegen die Erhöhung der Steuer an und genehmigte schließlich nur die allgemeine Einführung des Steuersatzes von 6 Thaler pro Morgen, ohne den Zoll auf den auswärtigen Tabak zu erhöhen. Gesetz vom 26. Mai 1868 (Bundes-Gesetzbl. S. 319).

In derselben vierstündigen Sitzung des Bundesrats wurde auch über die Tarifreform debattirt, welche beträchtliche Zollermäßigungen und Zollbefreiungen involvirte und zum Ersatz für die hierdurch zu gewärtigenden Zollausfälle eine Petroleumsteuer von 15 Sgr. auf den Zentner proponirte.[5])

---

[1]) Ueber die Bestimmungen des Entwurfs vgl. die „National-Zeitung" Nr. 120 vom 11. März 1868, Nr. 129 vom 17. März 1868 und die „Norddeutsche Allgemeine Zeitung" Nr. 66 vom 18. März 1868. Ein Bescheid Delbrücks auf eine Anfrage des Zentralkomites der Berliner Tabakhändler, betreffend die Absicht einer Erhöhung der Tabaksteuer, findet sich abgedruckt in der „Norddeutschen Allgemeinen Zeitung" Nr. 300 vom 22. Dezember 1867.

[2]) Referate über die Ausschußverhandlungen in der „National-Zeitung" Nr. 184 vom 20. April 1868 und Nr. 186 vom 21. April 1868 und in der „Norddeutschen Allgemeinen Zeitung" Nr. 94 vom 18. April 1868.

[3]) Die einzelnen Beschlüsse des Ausschusses sind verzeichnet in der „National-Zeitung" Nr. 206 vom 2. Mai 1868.

[4]) „National-Zeitung" Nr. 217 vom 10. Mai 1868.

[5]) Eine Analyse der ursprünglichen Bundesratsvorlage findet sich in der „National-Zeitung" Nr. 156 vom 1. April 1868. Kritik derselben und des der englischen Zoll-

Im Ausschuß des Bundesrats war eine Einigung nur bezüglich des von dem Präsidium ausgehenden Vorschlages, den Zoll auf Reis, ohne Unterschied ob geschält oder ungeschält, auf 15 Sgr. für den Zentner zu ermäßigen, nicht erzielt worden. Dieser Antrag wurde vom Bundesrat abgelehnt,[1]) im übrigen wurden von demselben durchweg die Ausschußvorschläge angenommen. Die großen Kontroversen von Schutzzoll und Freihandel traten nicht hervor.

Dagegen beschwerte sich Baden, daß einzelne Positionen des Tarifs im Bundesrat förmlich durchgepeitscht worden seien, so daß es den Bundesregierungen nicht möglich war, sich über die Tragweite der Vorschläge ein deutliches Bild zu machen. Die badischen Bevollmächtigten waren angewiesen, diese Unzuträglichkeit zu konstatiren, den Wunsch auszusprechen, daß zur Prüfung von Anträgen auf Tarifänderungen eine geräumigere Frist gelassen werden möge und Verwahrung dagegen einzulegen, daß aus der zustimmenden Erklärung, die sie zur Sache abgaben, ein Präzedenzfall erwachse. Bismarck erinnerte an die außergewöhnlichen Verhältnisse, unter denen diesmal die Vorlagen für das Zollparlament beschafft werden mußten.

Die Tarifvorlage wurde schließlich von Bismarck zurückgezogen, nachdem das Zollparlament den Petroleumzoll abgelehnt hatte, mithin die Mittel zur Deckung anderweitig beabsichtigter Erleichterungen nicht vorhanden waren. Der Beschluß des Bundesrats, betreffend die Zurückziehung der Tarifvorlage, war erfolgt auf den Vortrag Delbrücks unter ausdrücklicher Zustimmung Bismarcks.

Eine Abänderung der Zuckersteuer hatte Bismarck nicht in die Tarifreform aufgenommen.[2])

Die von Preußen im Bundesrat angekündigte weitere Ermäßigung der Eisenzölle wurde vertagt, da Bismarck die Herabsetzung der Eisenzölle bei

---

politik nachgebildeten Vorschlages, Einnahmeausfälle bei den Zöllen durch eine Erhöhung der indirekten Besteuerung (Tabak, Petroleum) zu decken, in der „National-Zeitung" Nr. 171 vom 14. April 1868.

[1]) Ueber die Tarifreform im Stadium der Ausschußberatung vgl. die „National-Zeitung" Nr. 181 vom 18. April 1868, Bewegung im Schoß der Industriellen gegen die Tarifreform „National-Zeitung" Nr. 186 vom 21. April 1868, Ausschußbericht „National-Zeitung" Nr. 202 vom 30. April 1868.

[2]) Auf die Eingabe des Handelstags-Ausschusses an den Grafen Bismarck erfolgte nachstehende, in Kohls Bismarck-Regesten nachzutragende Antwort vom 10. April 1868: „Indem ich dem bleibenden Ausschusse des deutschen Handelstages auf das gefällige Schreiben vom 6. d. M. ergebenst erwidere, daß ich dasselbe zur Kenntnis des Bundesrats des Zollvereins bringen werde, kann ich nicht unbemerkt lassen, daß es nicht in der Absicht des Präsidiums liegt, dem demnächst zusammentretenden Zollparlamente Vorlagen wegen Aenderung der Besteuerung des Zuckers zu machen. Der Vorsitzende des Bundesrats des Zollvereins. Im Auftrage: Delbrück."

den Verhandlungen mit der französischen Regierung wegen des mißbräuchlichen Systems der titres d'acquit à caution als Verhandlungsmittel benutzen wollte.

In Betreff des Einpfennigtarifs hatte das Zollparlament folgenden Antrag angenommen: „Den Bundesrat des Zollvereins zu ersuchen, dahin zu wirken, daß der in Norddeutschland für Kohlen eingeführte Einpfennigtarif pro Zentner und Meile auf den Transport aller Rohmaterialien und Erdprodukte der Eisenindustrie, sowie der Schienen und des Stabeisens im Zollvereinsgebiete ausgedehnt und mit möglichster Beseitigung der Nebenkosten (Expeditionsgebühren) auf alle Entfernungen angewendet werde."

Der Ausschuß des Zollbundesrats fand keinen Anlaß, die im Zollparlament debattirte Kompetenz des letzteren zur Fassung jenes Beschlusses zu untersuchen. Er glaubte allein die Frage erörtern zu sollen, welche Stellung der Bundesrat zu dem in dem Beschlusse enthaltenen Antrage einzunehmen habe. Diese Erörterung konnte keinen Zweifel darüber lassen, daß die Regelung der Eisenbahntarife nicht zu den Gegenständen gehöre, über welche der Bundesrat nach den seinen Wirkungskreis bestimmenden Verabredungen im Vertrage vom 8. Juli 1867 Beschluß zu fassen habe. Für den Ausschuß blieb daher nur die Frage übrig, ob der Gegenstand des Antrages von der Art sei, daß aus anderweiten Gründen empfohlen werden könne, darüber zwischen den beteiligten Regierungen im Schoße des Bundesrats zu verhandeln. Der Ausschuß glaubte indessen auch diese Frage verneinen zu müssen. Er verkannte zwar nicht den Einfluß, welchen die Eisenbahnfrachttarife auf die Konkurrenz sowohl vereinsländischer Erzeugnisse mit ausländischen, als auch der Erzeugnisse der einzelnen Vereinsstaaten unter einander auf den vereinsländischen Markt ausüben können. Da jedoch im Laufe der bisherigen Beratungen des Bundesrats dieser Einfluß weder als ein Grund für oder gegen Abänderungen des Zollvereinstarifs geltend gemacht, noch in anderer Beziehung zum Gegenstande der Erörterung geworden war, und da im übrigen die Regelung der Eisenbahntarife außer Zusammenhang mit dem Geschäftskreise des Bundesrats stand, so beschränkte sich der Ausschuß auf den Antrag: der Bundesrat des Zollvereins wolle seinen Vorsitzenden ersuchen, den Beschluß des Zollparlaments zur Kenntnis der Kontrahenten des Vertrages vom 8. Juli d. J. zu bringen.

Der Bundesrat trat diesem Ausschußvotum, wovon in den Bundesratsdrucksachen keine Erwähnung geschieht,[1]) bei.

---

[1]) Es ist in dem Protokoll (§ 180) nur erwähnt, auf den Bericht des Ausschusses für die Geschäftsordnung, erstattet von dem Präsidenten Delbrück, habe der Bundesrat den oben mitgeteilten Beschluß gefaßt.

Den auf Antrag Bambergers gefaßten Beschluß des Zollparlaments:

„Den Bundesrat zu ersuchen, dahin zu wirken, daß den Beschwerden abgeholfen werde, zu welchen im Großherzogtum Hessen das Zusammentreffen der herabgesetzten Weinzölle[1]) mit dem bestehenden System der indirekten Steuern Anlaß gibt",

lehnte der Bundesrat auf das Gutachten der vereinigten Ausschüsse für Zoll- und Steuerwesen und für Handel und Verkehr[2]) ab.

In der Sitzung des Zollparlaments vom 29. April 1868 beschloß dasselbe, den Vorsitzenden des Zollbundesrats aufzufordern, in Ansehung der Abweichungen des bayerischen Gesetzes über die Wahl der Abgeordneten zum Zollparlament von dem Gesetze, auf Grund dessen die Wahlen zum ersten Reichstag des Norddeutschen Bundes stattgefunden hatten, für vollständige Ausführung der Bestimmungen im Artikel 9 § 1 des Vertrages vom 8. Juli 1867 Sorge tragen zu wollen. Ein weiterer Beschluß des Zollparlaments stellte an Bismarck das Ersuchen, durch Benehmen mit der württembergischen Regierung darauf hinzuwirken, daß hinfort mit Württemberg eine, dem Sinne des Vertrages vom 8. Juli 1867 und des Reichswahlgesetzes sowie der Praxis der meisten anderen zollverbündeten Staaten homogenere Ausführung der Wahlen veranlaßt werde.

Der Ausschußreferent, mecklenburgischer Staatsrat v. Müller, konstatirte, daß die Bestimmungen, welche das aktive Wahlrecht an die Landesangehörigkeit bezw. das Staatsbürgerrecht knüpfen, vollkommen dem Vertrage entsprechen, und Präsident Delbrück führte aus, daß es gegen den Vertrag gewesen wäre, wenn Nicht-Württembergern oder Nicht-Bayern (also Norddeutschen oder anderen Süddeutschen) das Wahlrecht in diesen Staaten zugestanden worden wäre. Ueberhaupt wurde anerkannt, daß das württembergische Wahlgesetz in jeder Beziehung den Erfordernissen des Vertrages entspreche. Uebereinstimmend wurde an dem Satze festgehalten, daß der Bundesrat in der vorliegenden Frage nicht in der Weise zuständig sei, um durch Majoritätsbeschlüsse entscheiden zu können, weil es sich lediglich um eine Vertragsbestimmung handle, wobei es jedem Kontrahenten frei bleiben müsse, ob er seinerseits die Erfüllung des Vertrages durch einen Mitkontrahenten als vollständig anerkennen wolle oder nicht. Nur in diesem Sinne wurde der Antrag gestellt und genehmigt, die Beschlüsse des Zoll-

---

[1]) Ein Reskript Delbrücks an den Abgeordneten Dr. Braun in Sachen der Herabsetzung des Weinzolls findet sich erwähnt in der „Norddeutschen Allgemeinen Zeitung" Nr. 45 vom 22. Februar 1868.

[2]) Mitteilungen über die Ausschußverhandlungen in der „National-Zeitung" Nr. 308 vom 4. Juli 1868, Nr. 311 vom 7. Juli 1868, Nr. 320 vom 11. Juli 1868, Nr. 329 vom 17. Juli 1868.

parlaments zur Kenntnis der württembergischen und bayerischen Regierung zu bringen.[1]) Der Bundesrat faßte in diesem Sinne Beschluß.

In der Sitzung des Zollparlaments vom 18. Mai 1868 ereignete sich der seltene Fall, daß zwei Mitglieder des Bundesrats über eine im Parlament verhandelte Frage verschiedene Ansichten aussprachen. Der hessische Bevollmächtigte Hofmann bestritt die Kompetenz des Zollvereins in Sachen der indirekten Steuern eines Landes, Bismarck hielt diese Kompetenz für gegeben. Bismarck hat aber Hofmann diese Meinungsverschiedenheit und Hofmanns mutiges Eintreten für seine Ansicht nicht verdacht und nicht nachgetragen. Beweis dessen Berufung auf das Präsidium des Reichskanzler-Amts nach dem Ausscheiden Delbrücks.

Auf den Vorschlag Bismarcks wurde in den Sitzungen des Bundesrats vom 6. Mai 1868 der Königlich preußische Geheime Ober-Finanzrat Scheele als Kommissar des Bundesrats behufs Vertretung des Gesetzes über die Tabaksteuer im Zollparlament ernannt. In der Sitzung vom 14. Mai wurde auf denselben Vorschlag der Königlich preußische Regierungsrat Michaelis zum Kommissar für dasselbe Gesetz und dasjenige über die Abänderung des Zolltarifs ernannt. Abgesehen von diesen beiden Persönlichkeiten wurden alle Gesetzesvorschläge im Zollparlament von den Bevollmächtigten zum Bundesrat vertreten. Bei der großen Zahl von Kapazitäten, welche damals im Bundesrat saßen, konnte es nicht schwer halten, für jeden Gegenstand der Tagesordnung die geeignete, parlamentarisch geschulte Kraft zu finden. Dieses Verhältnis entsprach den Wünschen Bismarcks und der Vorstellung, die ihm bei Ausarbeitung der Bundesverfassung vorgeschwebt hatte. Der Bundesrat sollte sich seiner Haut selbst wehren, er sollte seine Vorschläge selbst vertreten, und es sollten darum hauptsächlich politische Persönlichkeiten in diese Körperschaft geschickt werden, welche die Fähigkeit hatten, im Parlament aufzutreten, nicht Gesandte, wie sie für den Frankfurter Bundestag gut waren. Das allmähliche Sichzurückziehen der Mitglieder des Bundesrats auf das Zuhören der Reichstagsreden hat die Bedeutung desselben sicher nicht gefördert. Die Ernennung von Kommissaren aus der Zahl der Königlich preußischen oder Kaiserlichen Geheimräte ist in den Augen Uneingeweihter leicht ein Attest, das sich der Bundesrat darüber ausstellt, daß in seinem Schoße kein Mitglied sich befindet, welches den betreffenden Gegenstand vollständig zu beherrschen vermag. Allerdings sind mit der Zeit die Aufgaben des Bundesrats so sehr gewachsen,

[1]) Der Inhalt obiger Ausführungen ist in die gedruckten Verhandlungen des Bundesrats nicht übergegangen. Vgl. über die Stellung des Bundesrats zur Frage die „National-Zeitung" Nr. 297 vom 28. Juni 1868, Nr. 308 vom 4. Juli 1868 und Nr. 311 vom 7. Juli 1868.

daß die jetzt regelmäßige Massenbestellung von Kommissaren erklärlich wird. Aber ich bleibe dabei, und ich habe die Autorität Bismarcks dafür, daß der Bundesrat in dem Maße, wie er es später that, nicht fremde Kräfte ins Treffen führen sollte. Je mehr der Bundesrat sich ängstlich in sein Arbeitszimmer verschließt, um so mehr nähert er sich dem alten bureaukratischen Bundestag. [1])

---

[1]) Im Jahre 1880 erschien ein Buch, betitelt: Die Nation und der Bundestag, ein Beitrag zur deutschen Geschichte von Karl Fischer, Leipzig, Fues' Verlag (R. Reisland), worin nach der inneren Ursache geforscht wird, „welche die Institution so grenzenlos verkommen ließ." Der Verfasser schreibt: „Und diese Ursache finden wir in der Uebertragung des deutschen Bureaukratismus, des deutschen Kanzleiwesens in die Zentralbehörde der Nation. In den Bundestag flossen wie in einen gemeinsamen Mittelpunkt sämtliche deutsche Kanzleipraktiken zusammen. Da war österreichischer Kanzleischlendrian noch mit den Reminiszenzen von Reichstag und Reichshofrat, es war von preußischem da, was es am steifsten und förmlichsten gab, von bayerischem, was selbstbewußte Lässigkeit leisten konnte. Aus alledem zusammen mit dem kuriosen Jammer des kleinstaatlichen Scheinstaats flocht sich ein Bundestagszopf zusammen, den der jetzige Leiter des Deutschen Reiches mit unbarmherzigem Spott gegeißelt und dem er in seinen Briefen aus Frankfurt ein unvergängliches Denkmal gesetzt hat. Unter solchen Verhältnissen waren auch die Anstrengungen vortrefflicher Männer vollständig fruchtlos. Schon in dem Netz des Geschäftsordnungswesens verstrickte sich jede Lebensäußerung." Vgl. auch den Leitartikel der „National-Zeitung" Nr. 375 vom 13. August 1880, betitelt: „Die Leitung des Bundesrats."

IV. Abschnitt.

Die Korrespondenz des Vorsitzenden des Zollbundesrats mit demselben.

Von den 103 Drucksachen der I. Session (1868) entfallen 45 auf Anträge bezw. Vorlagen Bismarcks, 6 Delbrücks; sodann auf Anträge: von Bayern 5, Sachsen 4, Württemberg 1, Baden 4, Hessen 1, Mecklenburg-Schwerin 1, Reuß jüngerer Linie 1, Hamburg 1, Bremen 2, Lübeck, Bremen und Hamburg 1. Die Zahl der Ausschußberichte beträgt 28. [1])

Wie völlig unbekannt diese ausgedehnte Bismarck-Korrespondenz bisher war, geht daraus hervor, daß Horst Kohl in seinen Bismarck-Regesten aus der ganzen Periode des Zollbundesrats nur zwei Schreiben des Bundeskanzlers richtig anführt. [2])

Man ersieht aus der folgenden Korrespondenz, wie sehr sich Bismarck bei Gründung des Zollvereins für dessen Arbeitspensum interessirte; auch die unbedeutendsten Zollfragen läßt er sich zur Zeichnung vorlegen, und erst hart am Ende der Session erlahmt sein Interesse an den Verhandlungen.

Die ursprüngliche Absicht, wenigstens die von Bismarck gezeichneten Schreiben hier zum Abdruck zu bringen, habe ich aufgegeben. Der Stoff ist zu spröde, um den Leser zu fesseln. Bald handelt es sich um reine Uebersendungsschreiben, bald um Vorlagen, deren Inhalt bereits aus den Reichstagsdrucksachen bekannt ist, zumeist aber um rein zolltechnische Sachen, denen man nach keiner Richtung hin heute noch ein Interesse abzugewinnen vermag.

---

[1]) Den Inhalt der Drucksache Nr. 85 vermag ich nicht anzugeben, die betreffende Nummer war, als der Reichstagsbibliothek das Exemplar der Bundesrats-Drucksachen zuging, vergriffen, und das Bundeskanzler-Amt hat es unterlassen, dafür eine Abschrift der Drucksache beizufügen.

[2]) Nämlich das Schreiben vom 26. März 1868 (Denkschrift über die Ermäßigung der Eisenzölle), und vom 31. März (Handelsvertrag mit den Hawaiischen Inseln). Falsch ist bei Kohl das Datum 28. April 1868, unter welchem er Bismarck dem Bundesrat den Handelsvertrag mit Oesterreich vorlegen läßt. Diese Vorlage erfolgte mittelst Schreibens vom 9. März 1868; falsch ist ebenso das Datum des 7. Mai 1868 bei Ueberweisung des Tabaksteuergesetzes an den Zollbundesrat. Das betreffende Schreiben datirt vom 9. März 1868.

Bei dieser Sachlage wird es genügen, wenn hier nur das Datum und der Inhalt der betreffenden Schreiben des Vorsitzenden des Bundesrats des deutschen Zollvereins angeführt wird mit der Angabe, ob Bismarck dieselben selbst gezeichnet hat, oder ob er die geschäftliche Erledigung Delbrück überließ. [1])

Berlin, [2]) 3. März 1868.

Schreiben (gez. v. Bismarck), betreffend das Regulativ über die Behandlung des Güter- und Effektentransportes auf den Eisenbahnen.

*

3. März 1868.

Schreiben (gez. v. Bismarck), betreffend die Jahresabrechnungen über die Zölle und die gemeinschaftliche Rübenzuckersteuer.

3. März 1868.

Schreiben (gez. v. Bismarck), betreffend den Abschluß eines Handels- und Schiffahrtsvertrages mit Portugal.

*

3. März 1868.

Schreiben (gez. v. Bismarck), betreffend Organisationsveränderungen und Personalien bei der Zollverwaltung.

*

3. März 1868.

Schreiben (gez. v. Bismarck), betreffend Zollerleichterungen für die Einfuhr von Wein auf der Niederländischen Rhein-Eisenbahn.

*

3. März 1868.

Schreiben (gez. v. Bismarck), betreffend zollfreie Ablassung von eisernen Schiffsbooten, eisernen Masten 2c.

*

3. März 1868.

Schreiben (gez. v. Bismarck), betreffend die Feststellung des Nettogewichtes durch probeweise Verwiegung kleiner Holzschachteln und Kisten mit Konfituren.

*

3. März 1868.

Schreiben (gez. v. Bismarck), betreffend den Ausschluß der Langeschen Schiffswerft bei Grohn vom Zollvereinsgebiete.

3. März 1868.

Schreiben (gez. v. Bismarck), betreffend den Zollerlaß für die während des Transports durch Zufall zu Grunde gegangenen Begleitscheingüter.

*

3. März 1868.

Schreiben (gez. v. Bismarck), betreffend die Bewilligung eines Pferdegelder-Zuschusses für die berittenen Grenzbeamten.

*

---

[1]) In der Vorrede zu dem Werke „Die Ansprachen des Fürsten Bismarck“ hatte ich die Herausgabe der gesamten politischen und unpolitischen Korrespondenz des Einigers Deutschlands angekündigt. Wegen der großen Anzahl bisher nicht bekannt gewordener Bismarck-Schreiben, welche das vorstehende Werk an den Tag fördert, hat die Ausführung dieses Planes hinausgeschoben werden müssen.

[2]) Soweit nichts anderes bemerkt ist, sind sämtliche Anschreiben an den Bundesrat aus Berlin datirt.

3. März 1868.

Schreiben (gez. v. Bismarck), betreffend die Erhöhung der luxemburgischen Bauschsumme.

•

3. März 1868.

Schreiben (gez. v. Bismarck), betreffend den Entwurf eines Gesetzes wegen Abänderung einzelner Bestimmungen der Zollordnung und der Zollstrafgesetzgebung.

•

3. März 1868.

Schreiben (gez. v. Bismarck), betreffend das Diensteinkommen der Grenz- und Rübenzuckersteuer-Aufseher.

•

8. März 1868.

Schreiben (gez. v. Bismarck), betreffend die Abänderung des amtlichen Warenverzeichnisses.

•

9. März 1868.

Schreiben (gez. v. Bismarck), betreffend die den Erbauern von Seeschiffen zu gewährenden Zollbegünstigungen.

•

9. März 1868.

Schreiben (gez. v. Bismarck), betreffend den Entwurf eines Gesetzes über die Besteuerung des Tabaks.

•

9. März 1868.

Schreiben (gez. v. Bismarck), betreffend den Abschluß eines Handels- und Schiffahrtsvertrages mit dem Kirchenstaate.

•

9. März 1868.

Schreiben (gez. v. Bismarck), betreffend den Handels- und Zollvertrag mit Oesterreich.

•

10. März 1868.

Schreiben (gez. v. Bismarck), betreffend die Aufstellung und Remunerirung der Vereinsbevollmächtigten und Stationskontroleure.

•

12. März 1868.

Schreiben (gez. v. Bismarck), betreffend die Aufstellung der Uebersichten über den Ertrag und die Kosten der Salzsteuer.

•

16. März 1868.

Schreiben (gez. v. Bismarck), betreffend eine Ergänzung des Regulativs über die zollamtliche Behandlung des Güter- und Effektentransportes auf den Eisenbahnen.

•

20. März 1868.

Schreiben (gez. v. Bismarck), betreffend das Regulativ über die zollamtliche Behandlung der mit den Posten eingehenden, ausgehenden oder durchgehenden Waren.

•

21. März 1868.

Schreiben (gez. v. Bismarck), betreffend die Registrirung von unvollständig deklarirten Warensendungen.

•

25. März 1868.

Schreiben (gez. v. Bismarck), betreffend die Abänderung des Zollvereinstarifs.

•

26. März 1868.

Schreiben (gez. v. Bismarck), betreffend eine Denkschrift über die Ermäßigung der Eisenzölle.

•

29. März 1868.

Schreiben (gez. v. Bismarck), betreffend die Verrechnung der im Herzogtum Lauenburg erhobenen Nachsteuer.

•

30. März 1868.

Schreiben (gez. v. Bismarck), betreffend den Bauschsummen-Etat für das Herzogtum Lauenburg.

•

31. März 1868.

Schreiben (gez. v. Bismarck), betreffend den Abschluß eines Freundschafts- ꝛc. Vertrages mit Hawaii.

•

1. April 1868.

Schreiben (gez. v. Bismarck), betreffend die Denaturirung von schwefelsaurem Ammoniak.

•

5. April 1868.

Schreiben (gez. v. Bismarck), betreffend den Handels- und Schiffahrtsvertrag mit Spanien.

•

8. April 1868.

Schreiben (gez. v. Bismarck), betreffend die zollfreie Ablassung von fremdem Roheisen.

•

16. April 1868.

Schreiben (gez. v. Bismarck), betreffend die statistische Behandlung von Retourwaren.

•

17. April 1868.

Schreiben (gez. v. Bismarck), betreffend die zollfreie Einfuhr von Bruchstahl.

•

29. April 1868.

Schreiben (gez. v. Bismarck), betreffend die hamburgischen Zollverhältnisse.

•

30. April 1868.

Schreiben (gez. v. Bismarck), betreffend die Tarifirung von Piston Packings, Segelmacherbindfaden und gezwirnter Seide.

•

3. Mai 1868.

Schreiben (gez. v. Bismarck), betreffend die Tarifirung von Oléin, den französischen Eingangszoll für Mühlenfabrikate und lederne Handschuhe und den belgischen Eingangszoll für Holz.

•

5. Mai 1868.

Schreiben (gez. v. Bismarck), betreffend das Regulativ über die fortlaufenden Konten.

•

9. Mai 1868.

Schreiben (gez. v. Bismarck), betreffend eine Vereinbarung mit China wegen Bestrafung falscher Manifeste.

•

11. Mai 1868.

Schreiben (gez. v. Bismarck), betreffend die Gewährung einer Ausfuhrvergütung an die Zuckerfabrikanten Charles de Vos u. Co. in Itzehoe.

•

13. Mai 1868.

Schreiben (gez. v. Bismarck), betreffend den Handels- und Schiffahrtsvertrag mit dem Kirchenstaate.

13. Mai 1868.

Schreiben (gez. v. Bismarck), betreffend die Sicherung der Zollvereinsgrenze in den vom Zollverein ausgeschlossenen hamburgischen Gebietsteilen.

13. Mai 1868.

Schreiben (gez. v. Bismarck), betreffend den Bauschsummen-Etat für die Provinz Schleswig-Holstein.

14. Mai 1868.

Schreiben (gez. v. Bismarck), betreffend die Denaturirung von Salz.

14. Mai 1868.

Schreiben (gez. v. Bismarck), betreffend die Tarifirung von Schläuchen.

28. Mai 1868.

Schreiben im Auftrage des Bundeskanzlers[1]) (gez. Delbrück), betreffend den Abschluß eines Freundschafts-, Handels- und Schiffahrtsvertrages mit Japan.

3. Juni 1868.

Schreiben des Vorsitzenden des Bundesrats des Zollvereins (im Auftrage gez. Delbrück), betreffend eine Verständigung zwischen dem Norddeutschen Bunde und den nicht zu demselben gehörenden Staaten des Zollvereins über den gegenseitigen Schutz der Warenbezeichnungen.

6. Juni 1868.

Schreiben des Vorsitzenden des Bundesrats des Zollvereins (im Auftrage gez. Delbrück), betreffend die Besteuerung des Tabaks in Mecklenburg, Lübeck und in den in die Zollinie einzubeziehenden hamburgischen Gebietsteilen.

7. Juni 1868.

Schreiben des Vorsitzenden des Bundesrats des Zollvereins (im Auftrage gez. Delbrück), betreffend die zollfreie Zulassung von Musterstücken beim Verkehr zwischen dem Zollverein und Belgien.

20. Juni 1868.

Schreiben des Vorsitzenden des Bundesrats des deutschen Zollvereins (in Vertretung gez. Delbrück), betreffend den Zollschutz der mecklenburgischen Elbuferstrecken.

29. Juni 1868.

Schreiben des Vorsitzenden des Bundesrats des deutschen Zollvereins (in Vertretung gez. Delbrück), betreffend den Zusatzakt zu dem Handels- und Schiffahrtsvertrage mit Spanien.

---

[1]) Die Firma: „Im Auftrage des Bundeskanzlers“ ist offenbar ein Versehen. Bismarck korrespondirte mit dem Zollbundesrat in seiner Eigenschaft als Vorsitzender desselben

Die zweite Session des Bundesrats des Zollvereins.

(28. April bis 20. Dezember 1869.)

I. Abschnitt.

Einleitung.

Die zweite Session des Zollbundesrats hatte in nur elf Sitzungen ein geringeres Arbeitspensum zu erledigen als die vorangehende Session.[1] Auch widmete sich Bismarck ihren Arbeiten nicht mehr mit dem Interesse wie vorher. Er führte den Vorsitz nur in der ersten (28. April), zweiten (8. Mai) und achten Sitzung (22. Juni) und überließ denselben dem Präsidenten Delbrück in der dritten (19. Mai), der vierten (2. Juni), fünften (4. Juni), sechsten (7. Juni), siebenten (19. Juni), neunten (2. Juli), zehnten (9. Dezember) und elften Sitzung (20. Dezember). Im Laufe der zweiten Sitzung übertrug Bismarck den Vorsitz dem Freiherrn v. Perglas.[2]

Die Protokolle erwähnen Bismarck nur in Bezug auf Mitteilungen, betreffend die Ernennung der neuen Bevollmächtigten zum Bundesrat[3]), die Beauftragung des Geheimen Ober-Regierungsrats Eck mit der Führung des Sitzungsprotokolls[4]), einige Beschlüsse des Zollparlaments[5]) und einen sonstigen Verwaltungsgegenstand von untergeordneter Bedeutung.[6])

Der eigentliche Leiter der Verhandlungen[7]) war Delbrück, dem als die

---

[1]) Zahl der Paragraphen nur 174 gegen 226 im Jahre 1868. Die Verordnung, betreffend die Einberufung des Bundesrats auf den 28. April, (von Bismarck gegengezeichnet) d. d. 17. April 1869 findet sich abgedruckt im Bundes-Gesetzblatt S. 119.

[2]) § 21 der Protokolle.

[3]) §§ 1 und 10 der Protokolle.

[4]) § 2 der Protokolle.

[5]) §§ 110, 111, 112 der Protokolle.

[6]) § 113 der Protokolle. Ermächtigung des ersten Ausschusses zur Feststellung der Kostenanschläge für die bauliche Einrichtung der Zollabfertigungsstellen im hamburgischen Freihafengebiet.

[7]) Die üblichen Referate über die Sitzungen des Zollbundesrats findet man in der „National-Zeitung“ 1869 Nr. 196, 211, 227, 251, 255, 259, 282, 285, 303, 577, 595.

fleißigsten Referenten der bayerische Ministerialrat Berr, v. Liebe, Riede, v. Weber, Ministerialdirektor Dr. Weinlig und der badische Ministerialrat Eisenlohr zur Seite standen.

Ein Schreiben, das Bismarck Ende April 1869 in seiner Eigenschaft als Vorsitzender des Bundesrats an sämtliche Zollvereins-Bevollmächtigte gerichtet hat, lautet:

„Die Aenderung, welche die Stellung der Herren Vereinsbevollmächtigten und der Stationskontrolleure durch den Zollvereinigungsvertrag vom 8. Juli 1867 erfahren hat, ist auf die bisherigen Beziehungen dieser Beamten zu den Behörden der einzelnen Vereinsstaaten nicht ohne Einfluß geblieben. Es liegt im Interesse des Vereins, daß dieser Einfluß richtig aufgefaßt, und daß in der Praxis, dieser Auffassung entsprechend, gleichmäßig verfahren werde. Nach den bestehenden Verträgen sind die Vereinsbeamten in dieser ihrer Eigenschaft Beamte der Gesamtheit, nicht eines einzelnen Vereinsstaates, und die Herren Vereinsbevollmächtigten die dienstlichen Vorgesetzten der in ihrem Geschäftsbezirk fungirenden Stationskontrolleure. Hieraus folgt einmal, daß die Herren Vereinsbevollmächtigten, wie ihnen bereits bei ihrer Berufung eröffnet worden, ihre Berichte an mich zu richten haben, sodann, daß ihnen die Verpflichtung obliegt, den Direktivbehörden jedes Vereinsstaates auf deren Ersuchen Auskunft zu erteilen und, wenn zu diesem Zweck der Bericht eines Stationskontrolleurs nötig sein sollte, solchen zu erfordern. Aus der Unterordnung der Stationskontrolleure unter die Herren Vereinsbevollmächtigten folgt ferner, daß die ersteren nur von dem ihnen vorgesetzten Herrn Vereinsbevollmächtigten Aufträge erhalten und nur an diesen zu berichten haben. Hierdurch geschieht indessen den Anordnungen kein Eintrag, welche von einzelnen Vereinsregierungen dahin getroffen sind oder getroffen werden möchten, daß die aus ihrem Beamtenpersonal berufenen Stationskontrolleure regelmäßig Abschriften der von ihnen erstatteten Berichte an die Landesbehörde einzureichen haben. Es ist außerdem hiermit wohl vereinbar, daß einem Stationskontrolleur, welchen die Regierung seines Heimatlandes zum Zwecke seiner dienstlichen Ausbildung auf kurze Zeit bei einem ihrer Hauptämter zu beschäftigen wünscht, wie dies beispielsweise bisher von der königlich sächsischen Regierung durch Zuziehung einzelner Stationskontrolleure zu den Leipziger Messen geschehen ist, der erforderliche Urlaub auf Ersuchen der Direktivbehörde des Heimatlandes erteilt werde, sofern der Beamte im Interesse des Vereinsdienstes abkömmlich ist. Die durch einen solchen Auftrag erwachsenden Kosten sind jedoch dem Vereine nicht aufrechnungsfähig. Ew. ꝛc. ersuche ich, nach diesen Gesichtspunkten eintretendenfalls zu verfahren.

v. Bismarck.“

II. Abschnitt.

Neue Bevollmächtigte zum Bundesrat.

Durch Bekanntmachung vom 8. Mai 1869 machte Bismarck bekannt:

Auf Grund des Artikels 8, §§ 1 und 2 des Vertrages zwischen dem Norddeutschen Bunde, Bayern, Württemberg, Baden und Hessen vom 8. Juli 1867, sind zu Bevollmächtigten zum Bundesrat des deutschen Zollvereins ernannt worden, und zwar: von Sr. Majestät dem Könige von Preußen, außer den zum Bundesrat des Norddeutschen Bundes ernannten Bevollmächtigten: der Geh. Ober-Finanzrat Henning; von Sr. Majestät dem Könige von Bayern: der außerordentliche Gesandte und bevollmächtigte Minister Freiherr Pergler v. Perglas, der Staatsrat v. Weber, der Ministerialrat Berr; von Sr. Majestät dem Könige von Sachsen: der Staatsminister Freiherr v. Friesen, der Ministerialdirektor Dr. Weinlig, der Oberst v. Brandenstein, der Finanzrat Wahl; von Sr. Majestät dem Könige von Württemberg: der außerordentliche Gesandte und bevollmächtigte Minister, Geh. Legationsrat Freiherr v. Spitzemberg, der Ober-Finanzrat Riecke; von Sr. Königl. Hoheit dem Großherzoge von Baden: der außerordentliche Gesandte und bevollmächtigte Minister Freiherr v. Türckheim, der Ministerialrat Eisenlohr; von Sr. Königl. Hoheit dem Großherzoge von Hessen und bei Rhein: außer dem zum Bundesrat des Norddeutschen Bundes ernannten Bevollmächtigten: der Geh. Ober-Steuerrat Ewald; von Sr. Königl. Hoheit dem Großherzoge von Mecklenburg-Schwerin: außer dem zum Bundesrat des Norddeutschen Bundes ernannten Bevollmächtigten: der Staatsrat v. Müller; von Sr. Königl. Hoheit dem Großherzoge von Sachsen-Weimar-Eisenach, von Sr. Königl. Hoheit dem Großherzoge von Mecklenburg-Strelitz: die zum Bundesrat des Norddeutschen Bundes ernannten Bevollmächtigten; von Sr. Königl. Hoheit dem Großherzoge von Oldenburg: der Ministerresident, herzoglich braunschweigische Geheimrat v. Liebe; von Sr. Hoheit dem Herzoge von Braunschweig und Lüneburg, von Sr. Hoheit dem Herzoge von Sachsen-Meiningen und Hildburghausen, von Sr. Hoheit dem Herzoge von Sachsen-Altenburg, von Sr. Hoheit dem Herzoge von Sachsen-Coburg und Gotha, von

Sr. Hoheit dem Herzoge von Anhalt, von Sr. Durchlaucht dem Fürsten zu Schwarzburg-Rudolstadt, von Sr. Durchlaucht dem Fürsten zu Schwarzburg-Sondershausen, von Sr. Durchlaucht dem Fürsten zu Waldeck und Pyrmont: die zum Bundesrat des Norddeutschen Bundes ernannten Bevollmächtigten; von Sr. Durchlaucht dem Fürsten Reuß ä. L.: der Großherzoglich sächsische Finanzrat Dr. Heerwart; von Sr. Durchlaucht dem Fürsten Reuß j. L., von Sr. Durchlaucht dem Fürsten zu Schaumburg-Lippe, von Sr. Durchlaucht dem Fürsten zur Lippe, von dem Senate der freien und Hansestadt Lübeck, von dem Senate der freien Hansestadt Bremen, von dem Senate der freien und Hansestadt Hamburg: die zum Bundesrat des Norddeutschen Bundes ernannten Bevollmächtigten.

Im Laufe der Session traten noch hinzu für Preußen: der Geh. Ober-Finanzrat Hasselbach und der Finanzminister Camphausen; für Hessen der Ober-Steuerrat Göring.[1])

Neue, nicht bereits aus dem Bundesrat des Norddeutschen Bundes bekannte Bevollmächtigte waren der königl. sächsische Finanzrat Wahl, der badische Ministerialrat Eisenlohr, der hessische Ober-Steuerrat Göring und der Finanzrat Dr. Heerwart.

Königreich Sachsen.

Finanzrat Wahl

(geboren 1. Juli 1826, gestorben Anfangs Juni 1882).

Gustav Adolf Wahl war 1870/71 als Mitwirkender bei der Darlehnskasse beteiligt, bei Anschluß der Gebietsteile von Mecklenburg-Schwerin, Lübeck und Hamburg an den deutschen Zollverband zeichnete er sich aus und ging zu den Zollverhandlungen zwischen Deutschland und Oesterreich im Jahre 1877 nach Wien. Schon früher, im Jahre 1865, war er zur Abhaltung von Zollverhandlungen zwischen Oesterreich und Sachsen im Auftrage seiner Regierung in Wien mit Erfolg thätig gewesen. 1869 erfolgte seine Ernennung zum Geh. Finanzrat und 1877 zum Zoll- und Steuerdirektor. Leider konnte er in letzterem Amte seine Thätigkeit, die er, trotz mehrfacher ehrenvoller Berufungen nach Berlin, dem Vaterlande fortgesetzt zu widmen bestrebt war, nicht zur Entfaltung bringen, da ein Schlagfluß, der ihn im Februar 1878 traf, seine geistige und körperliche Kraft lahmlegte. Am 1. Mai 1880 wurde ihm unter Ausdruck des lebhaftesten Bedauerns und mit dem Vorbehalt des Wiedereintritts in den Staatsdienst seine Versetzung in den Ruhestand bewilligt. Wahl nahm im ganzen neun Jahre lang an den Sitzungen des Bundesrats teil.

---

[1]) Vgl. die Bekanntmachungen Bismarcks, betreffend die Ernennung von Bevollmächtigten zum Bundesrat des deutschen Zollvereins vom 10. November 1868 (B.-G.-Bl. S. 518), 23. November 1868 (B.-G.-Bl. S. 521), 23. November 1868 (B.-G.-Bl. S. 522), 3. Dezember 1868 (B.-G.-Bl. S. 568), 15. Februar 1869 (B.-G.-Bl. S. 43), 8. Mai 1869 (B.-G.-Bl. S. 133), 25. Oktober 1869 [in Vertr. Delbrück] (B.-G.-Bl. S. 679), 18. November 1869 [in Vertr. Delbrück] (B.-G.-Bl. S. 683).

Baden.

Ministerialrat Eisenlohr

(geboren 12. März 1832).

Wilhelm Eisenlohr, geboren zu Rastatt, studirte von 1850—1851 auf den Universitäten Freiburg, Berlin und Heidelberg, wurde 1861 zum Finanzassessor bei der Großherzoglich badischen Zolldirektion ernannt, 1863 als Finanzrat dem Finanzministerium zugeteilt, 1866 zum Ministerialrat im gleichen Ministerium befördert; in dieser Stellung 1869 zum Bevollmächtigten zum Zollbundesrat und 1871 zum stellvertretenden Bevollmächtigten zum Bundesrat des Deutschen Reichs ernannt. In dieser Funktion verblieb er bis zum Jahre 1876, zu welcher Zeit seine Ernennung zum Generaldirektor der Großherzoglich badischen Staatseisenbahnen erfolgte. Auch in dieser Eigenschaft war er vorübergehend wieder zum Bundesrat delegirt, als es sich um die Beratung eines Gütertarifgesetzes handelte. Im übrigen war seine Thätigkeit in den Ausschüssen für Handel und Verkehr und für Zoll- und Steuerwesen hauptsächlich auf das Zollgesetz nebst Ausführungsvorschriften, Zolltarifsachen sowie die Münzgesetze und deren Vollzugsbestimmungen gerichtet.

Hessen.

Ober-Steuerrat Göring.

Johann Arnold Ottmar Göring, geboren zu Ortenberg (Kreis Nidda) im Großherzogtum Hessen; Besuch des Gymnasiums zu Büdingen vom Herbst 1843 bis Frühjahr 1847, der Universität zu Gießen, erste Anstellung im Staatsdienste als Kollegialsekretär bei der Ober-Steuerdirektion in Darmstadt im Juli 1854, im April 1861 in gleicher Diensteigenschaft an die Ober-Zolldirektion versetzt, im November 1862 zum Ministerialsekretär I. Klasse bei dem großherzoglichen Ministerium der Finanzen, im Oktober 1869 zum Mitglied der Ober-Steuerdirektion und Ober-Zolldirektion mit dem Amtstitel Ober-Steuerrat, im Juni 1871 zum vortragenden Rat in dem Ministerium der Finanzen mit dem Charakter als Geheimer Finanzrat und im Oktober 1872 zum Ministerialrat in demselben Ministerium ernannt. — Die Funktionen eines Bevollmächtigten zum Bundesrat des Zollvereins wurden ihm im Oktober 1869, zum Bundesrat des Deutschen Reichs im Februar 1871 übertragen. Er versah dieselben bis zu seinem Ableben. In seiner Eigenschaft als dritter hessischer Bundesratsbevollmächtigter bestand Görings Aufgabe darin, den in Berlin wohnenden stimmführenden hessischen Bundesratsbevollmächtigten (Hofmann und Neidhardt) während der Zeit kurz vor Zusammentritt des Reichstags sowie während der Tagung desselben, in welcher diese Bevollmächtigten ganz besonders in Anspruch genommen waren, durchschnittlich zwei bis drei Monate zur Seite zu stehen. Seine Thätigkeit, welche sich nicht nur auf Zoll- und Steuersachen, sondern auch hier und da auf Gegenstände des Handels und Verkehrs erstreckte, war übrigens eine selbständige. Es lag demselben ob, die Sitzungen der Bundesratsausschüsse (für Zoll- und Steuerwesen, Handel und Verkehr), in welchen Hessen vertreten war, zu besuchen, Bericht über die gefaßten Beschlüsse der Ausschüsse im Plenum des Bundesrats zu erstatten, bei sich ergebendem Anlaß Instruktion von dem großherzoglichen Staatsministerium zu erwirken u. s. w.

Reuß ä. L.

Finanzrat Dr. Heerwart

(geboren 20. Juli 1828).

Adolf Heerwart, Dr. jur., geboren zu Eisenach, evangelisch. Besuch des dortigen Karl Friedrich-Gymnasiums, 1846 bis 1850 Studium der Jurisprudenz in Jena und Heidelberg. Von 1850 bis 1858 bei großherzoglichen Justiz- und Verwaltungsbehörden sowie bei der General-Inspektion des thüringischen Zoll- und Handelsvereins zu Erfurt thätig, seit 1858 Referent in dem Finanzdepartement des großherzoglichen Staatsministeriums für Zoll- und Steuerwesen und für Rechtssachen, seit 1872 stellvertretender Bevollmächtigter des Großherzogtums Sachsen, seit 1880 gemeinschaftlicher stellvertretender Bevollmächtigter für Sachsen-Weimar, Sachsen-Altenburg, Sachsen-Coburg und Gotha, beide Schwarzburg und Reuß j. L. Seit 1891 Wirklicher Geheimer Rat mit dem Prädikat „Excellenz", seit 1895 infolge Verleihung des Großkreuzes des Sachsen-Ernestinischen Hausordens in den erblichen Adelstand erhoben. Wir werden später auf ihn zurückkommen.

III. Abschnitt.

Aus der Werkstatt des Zollbundesrats.

Der Zollbundesrat erledigte 1869: Handelsverträge mit der Schweiz, vom 13. Mai 1869 (B.-G.-Bl. S. 603)[1]), Japan, vom 20. Februar 1869 (B.-G.-Bl. 1870 S. 1)[2]) und Mexiko, vom 28. August 1869 (B.-G.-Bl. 1870 S. 525), Gesetzentwürfe, betreffend das Vereinszollgesetz, Gesetz vom 1. Juli 1869 (B.-G.-Bl. S. 317),[3]) betreffend die Sicherung der Zollvereinsgrenze in den vom Zollgebiet ausgeschlossenen hamburgischen Gebietsteilen, Gesetz vom 1. Juli 1869 (B.-G.-Bl. S. 370), betreffend die Besteuerung des Zuckers und die Abänderung des Vereinszolltarifs, sechzehn an ihn gerichtete Petitionen, zwei Resolutionen des Zollparlaments, außerdem ein ganzes Heer von zolltechnischen Anträgen und Vorlagen.

Die neue Zuckersteuervorlage, welche die Zollsätze für den ausländischen Zucker ohne Rücksicht auf dessen Bestimmung zur Fabrikation oder zum Verbrauch regeln und die Steuer vom inländischen Zucker in ein richtiges Verhältnis zu diesen Zollsätzen bringen wollte, stieß im Bundesrat[4]) auf Widerspruch. Gegen die Erhöhung der Rübensteuer stimmten Württemberg und Baden; Anhalt machte Einwendungen gegen die Klassifikation der künftigen Zucker-Eingangszölle und die vorgeschlagenen Exportbonifikationsklassen, Mecklenburg empfahl eine intensivere Beseitigung des bisherigen Schutzzolls für Zucker. Die Annahme des ganzen Gesetzes erfolgte endlich mit allen gegen die Stimmen Württembergs, Badens und Anhalts.[5]) Gesetz, betreffend die Besteuerung des Zuckers, vom 26. Juni 1869 (B.-G.-Bl. S. 282).

[1]) Vgl. die „National-Zeitung“ Nr. 231 vom 22. Mai 1869.

[2]) „National-Zeitung“ Nr. 197 vom 30. April 1869 und Nr. 221 vom 18. Mai 1869.

[3]) „National-Zeitung“ Nr. 181 vom 18. April 1869 und Nr. 255 vom 5. Juni 1869.

[4]) Ein Referat über die Ausschußverhandlungen findet sich in der „National-Zeitung“ No. 246 vom 31. Mai 1869. Vgl. auch die „Norddeutsche Allgemeine Zeitung“ Nr. 125 vom 2. Juni 1869.

[5]) Ein ausführliches Referat über die Verhandlungen im Plenum des Bundesrats findet sich in der „National-Zeitung“ Nr. 271 vom 15. Juni 1869, und Bestimmungen des Bundesrats in Betreff der Steuervergütung für ausgeführten Rübenzucker in der „National-Zeitung“ Nr. 333 vom 21. Juli 1869.

Die dem Bundesrat zugegangene Vorlage, betreffend die Abänderung des Vereinszolltarifs vom 1. Juli 1865, enthielt keine durchgreifende Tarifreform, sondern wesentlich nur die schon im vorigen Jahr beantragten und dann nach dem Fall der Tabaksteuer und Petroleumsteuer wieder zurückgezogenen kleinen Tarifänderungen. Es wurden durch dieselbe 44 Artikel ganz vom Zoll befreit, bei 23 Artikeln traten Ermäßigungen und in manchen anderen Beziehungen Vereinfachungen ein; daneben fand sich in derselben freilich auch wieder der neue Zoll auf Petroleum. Von der im Jahre 1868 gemachten Vorlage wich die diesmalige in folgenden Punkten ab. Unter den „Zollbefreiungen" war nicht mit aufgeführt „Alaun". Unter den „Zollermäßigungen" waren diesmal neu aufgeführt die Nummern 5 bis 14, betreffend Zölle von Eisen und Eisenwaren. Außerdem war neu aufgeführt: (Nr. 23) Reis, geschälter und ungeschälter 15 Sgr. (früher 1 Thaler resp. 20 Sgr.)

Die vorgeschlagene Ermäßigung der Reiszölle fand im Ausschusse nicht die Majorität. Es wurde geltend gemacht, daß Reis kein besonders erheblicher Konsumartikel sei und im Norden eben nicht als ein Nahrungsstoff von erheblicher Bedeutung angesehen werde, während er dem Südländer unentbehrlich sei. Erst nach erfolgter Abstimmung traten für die Zollermäßigung einige Momente hervor; so wurde namentlich darauf hingewiesen, daß kein richtiges Verhältnis zwischen dem Zolle für rohen und geschälten Reis bestehe, daß ferner der Zoll in anderen Staaten niedriger sei und auch die Industrie insofern beeinträchtigt werde, als infolge der Reiszölle im Gebiete des Zollvereins keine Reis-Schälmühlen bestehen. Die Besteuerung von Petroleum fand dagegen die Zustimmung des Ausschusses und ebenso alle übrigen Positionen. Hinsichtlich der Eisenzölle wollte Mecklenburg noch weitere Erleichterungen beantragen, während Württemberg die bisherige Norm gegen den neuen Tarif festgehalten wissen wollte. Der Ausschuß trat indessen der Vorlage bei.[1])

Im Plenum des Bundesrats wurde die Ermäßigung der Reiszölle gegen die Stimmen von Bayern, Sachsen, Württemberg, Baden und Hessen angenommen; der Antrag, aus dem Gesetzentwurf die auf die Ermäßigung der Eisenzölle bezüglichen Ziffern II. 5 bis 14 wegzulassen, wurde mit allen gegen die Stimme Württembergs abgelehnt; der Antrag, aus dem Gesetzentwurf die auf die Zollbefreiung von schwefelsaurem Natron und die Zollermäßigung für ganz grobe Gußwaren bezüglichen Bestimmungen wegzulassen, wurde mit allen gegen die Stimme Württembergs und Hessens abgelehnt; der Antrag Mecklenburgs, mit Rücksicht auf die Landwirtschaft und Gewerbe, die Eisenzölle noch über die Vorlage hinaus bedeutend zu ermäßigen, wurde gegen die Stimmen

[1]) „National-Zeitung" Nr. 253 vom 4. Juni 1869 und Nr. 255 vom 5. Juni 1869 und „Norddeutsche Allgemeine Zeitung" Nr. 129 vom 6. Mai 1869.

der beiden Mecklenburg, Lübecks, Bremens und Hamburgs abgelehnt und sodann der ganze Entwurf in der Fassung des Ausschußberichts mit der aus den obigen Beschlüssen sich ergebenden Modifikation mit allen gegen die Stimmen Württembergs und Hessens angenommen.

In der Sitzung des Bundesrats vom 22. Juni 1869 beschloß derselbe auf den Vortrag Bismarcks einstimmig, dem Gesetzentwurf in der ihm durch die Beschlüsse des Zollparlaments in der zweiten Lesung gegebenen Fassung (Ablehnung des Petroleumzolls) die Zustimmung zu versagen.[1]) Damit war die Revision des Zolltarifs, und zwar lediglich aus finanziellen Erwägungen, wiederum auf ein Jahr vertagt. Der Regierung wurde von nationalliberaler Seite, aber sehr zu Unrecht, der Vorwurf gemacht, daß die Eröffnung neuer und vermehrter Einnahmen für die verbündeten Regierungen der eigentliche Zweck der dem Zollparlament gemachten Vorlagen und die im Gewande einer Tarifreform auftretenden Vorschläge nur dekorative Beigaben gewesen seien.

Allgemeine Einführung einer dreimonatlichen Zollkreditfrist.[2]) Die Ausschüsse sprachen sich in ihrer Majorität für die Festsetzung einer dreimonatlichen Frist als Minimum für die Bewilligung aller Zollkredite innerhalb des Zollvereins aus, wogegen eine Minorität für die Festsetzung einer drei- und neunmonatlichen Zollkreditfrist, je nachdem der Zollkredit Kaufleuten oder Fabrikanten bewilligt werde, als Maximum sich erklärte. Ferner wurde mit sieben gegen drei Stimmen beschlossen, daß der gefaßte Beschluß erst am 1. Oktober 1870 in Wirksamkeit treten solle, und daß den einzelnen Vereinsregierungen die Verkürzung der bestehenden längeren Kreditfristen mit der Maßgabe zu überlassen sei, daß jedenfalls alle vor dem 1. Oktober 1870 kreditirten Zollbeträge bis zum 1. Januar 1871 bar eingezahlt werden müssen.

Bei der Plenarberatung stellte der badische Bevollmächtigte Freiherr v. Türckheim den Antrag, die längste Frist, welche zur Berichtigung gestundeter

[1]) In der Sitzung des Zollparlaments vom 21. Juni hatte Bismarck erklärt: „Sie haben gewünscht, der Zollbundesrat möge sich über seine ferneren Absichten äußern; das ist unmöglich. Der Zollbundesrat kann sich nicht vorweg mit allen Eventualitäten bezüglich Ihrer Beschlüsse befassen, gewissermaßen Ihre eventuellen Beschlüsse begleiten. Die Anträge des Zollbundesrats präsentiren sich Ihnen in dem Ihnen vorgelegten Gesetzentwurfe; haben Sie Ihre Beschlüsse definitiv gefaßt, dann, aber auch erst dann, kann der Zollbundesrat seinerseits beschließen. Ich kann also nicht im Namen des Zollbundesrats eine Erklärung abgeben, sondern nur als Organ des Präsidiums mitteilen, in welcher Richtung vorzugehen ich entschlossen bin und für meine Pflicht halte ... Ich erkläre daher, daß jede Aenderung des Zolltarifs, welche von dem Petroleumzoll nicht begleitet ist, die Zustimmung des Präsidiums nicht finden wird."

[2]) Vgl. die „National-Zeitung" Nr. 192 vom 27. April 1869, Nr. 249 vom 2. Juni 1869, Nr. 285 vom 23. Juni 1869, Nr. 297 vom 30. Juni 1869 und die „Norddeutsche Allgemeine Zeitung" Nr. 126 vom 3. Juni 1869.

Zollgefälle bewilligt werden dürfe, prinzipaliter für alle Fabrikanten, eventuell wenigstens für die Tabakfabrikanten auf sechs Monate festzusetzen. Bei der Abstimmung wurde indessen der prinzipale Antrag Badens gegen die Stimmen von Bayern, Baden und Hessen abgelehnt, der eventuelle gegen die Stimmen von Bayern, Württemberg, Baden und Hessen. Der Bevollmächtigte für Lübeck, Ministerresident Dr. Krüger, erklärte: Der Bevollmächtigte ist angewiesen, darauf aufmerksam zu machen, daß die Herabsetzung der Kreditfrist auf drei Monate den Handelsverkehr der dem Zollverein angehörigen Seehandelsplätze empfindlich benachteiligen würde, und zwar um so mehr, als die Annahme, daß die Importeure durchschnittlich binnen drei Monaten Zahlung von den Käufern erhalten werden, in den thatsächlichen Verhältnissen nicht begründet ist, und andererseits die Niederlagen keineswegs zur Aufnahme aller hier in Betracht kommenden Waren eingerichtet sind. Der Bevollmächtigte kann also den von dem Ausschusse gestellten Anträgen nicht beistimmen. Bei der Schlußabstimmung aber wurden die oben angeführten Ausschußanträge gegen die Stimmen Bayerns, Badens und Lübecks angenommen. [1])

Neben der Frist des Zollkredits sollte auch die des Steuerkredits für Zucker verkürzt werden, nur mit dem Unterschiede, daß hier die längste Kreditfrist, welche gewährt werden durfte, nicht auf drei, sondern auf sechs Monate reduzirt werden sollte. Der Finanzminister v. d. Heydt wollte noch weiter gehen und auch die Kreditfrist für Rübenzuckersteuer auf drei Monate kürzen. Infolge des Widerspruchs Bismarcks [2]) unterblieb aber diese letztere Maßregel.

---

[1]) „National-Zeitung" Nr. 285 vom 23. Juni 1869.

[2]) Vgl. meine „Aktenstücke zur Wirtschaftspolitik des Fürsten Bismarck" Bd. I. S. 134.

IV. Abschnitt.

Die Korrespondenz des Vorsitzenden des Zollbundesrats mit demselben.

Die Zahl der Bundesrats-Drucksachen des Zollbundesrats betrug in seiner zweiten Session 115. Von den Anträgen stellte Bismarck 36, Delbrück 19, Bayern 3, Königreich Sachsen 4, Baden 2, Mecklenburg-Schwerin 2, Oldenburg 1, Braunschweig 1, Anhalt 1, Lippe 1, Lübeck 1, Hamburg 3, und dann gemeinsam Bayern, Württemberg, Baden und Hessen 1, Mecklenburg-Schwerin und Mecklenburg-Strelitz 3, Oldenburg und Bremen 1, Schwarzburg-Rudolstadt und Schwarzburg-Sondershausen 1. Die Zahl der schriftlichen Ausschußberichte betrug 35.

Auch durch die nachstehend aufgeführten Aktenstücke wird unsere Kenntnis von der Korrespondenz Bismarcks bedeutend erweitert. Horst Kohl erwähnt in seinen Bismarck-Regesten auch nicht eines der folgenden von Bismarck beziehungsweise seinem Stellvertreter Delbrück gezeichneten Schreiben.[1])

11. Januar 1869.

Schreiben (gez. von Bismarck), betreffend die Erhöhung des dem Herzogtum Braunschweig bewilligten Averiums auf einen Oberkontrolleur.

•

25. Januar 1869.

Schreiben (gez. von Bismarck), betreffend zollfreie Einfuhr von Musterstücken aus den dem Zollverein nicht angeschlossenen Gebieten der Staaten des Zollvereins.

•

25. Januar 1869.

Schreiben (gez. von Bismarck), betreffend die Tarifirung von Piston-Packings.

•

30. Januar 1869.

Schreiben (gez. von Bismarck), betreffend die Ausführung von Rübenzucker mit Anspruch auf Gewährung der Rückvergütung.

•

---

[1]) Von einer Wiedergabe des Wortlautes derselben darf auch hier aus den oben S. 69 angegebenen Gründen abgesehen werden.

15. Februar 1869.

Schreiben (gez. von Bismarck), betreffend die Zollbefreiung der Materialien zur Herstellung der Aue-Brücke am Bahnhof Grohn-Vegesack.

*

26. Februar 1869.

Schreiben (gez. von Bismarck), betreffend die Ausdehnung der Lauenburg gewährten Vergünstigung wegen der Nachsteuer auf die im Februar 1868 angeschlossenen hamburgischen Gebietsteile.

*

5. März 1869.

Schreiben (gez. von Bismarck), betreffend die Aufstellung der Salzabgabe-Statistik.

*

11. März 1869.

Schreiben (gez. von Bismarck), betreffend den Entwurf eines Vereins-Zollgesetzes.

*

20. März 1869.

Schreiben (gez. von Bismarck), betreffend die Tarifirung von Tapiola.

*

1. April 1869.

Schreiben (gez. von Bismarck), betreffend die Ermittlung eines Verfahrens der Denaturation von Salz für Vieh u. s. w.

*

3. April 1869.

Schreiben (gez. von Bismarck), betreffend eine anderweite Regulirung des Etats der vereinsländischen Hauptämter in Bremen, Lübeck und Hamburg.

*

3. April 1869.

Schreiben (gez. von Bismarck), betreffend die Entschädigung für Besorgung von Kalkulaturarbeiten für die Hauptämter in Bremen, Lübeck und Hamburg.

*

3. April 1869.

Schreiben (gez. von Bismarck), betreffend anderweite Tarifirung von Kakaobohnen und Kakaoschalen.

*

5. April 1869.

Schreiben (gez. von Bismarck), betreffend die Verstärkung des Beamtenpersonals bei dem vereinsländischen Hauptamte in Lübeck.

*

7. April 1869.

Schreiben (gez. von Bismarck), betreffend Zollerlaß für von Hamburg und Bremen eingeführte Militärbekleidungs-Ausrüstungsmaterialien.

*

7. April 1869.

Schreiben (gez. von Bismarck), betreffend die Ausdehnung der Zollfreiheit für eingeführte Fischereiprodukte auf sämtliche deutsche Freihafenplätze.

*

15. April 1869.

Schreiben (gez. von Bismarck), betreffend die Gewährung von Zollkrediten (Minderung der Frist von 9 auf 3 Monate).

*

20. April 1869.

Schreiben (gez. von Bismarck), betreffend die den Inhabern von unverschlossenen Privat-Transitlagern zu erteilende Befugnis zum Vermahlen von Reis.

•

27. April 1869.

Schreiben (gez. von Bismarck), betreffend die Vorlage von Materialien zu den definitiven Abrechnungen für das Jahr 1867.

•

27. April 1869.

Schreiben (gez. von Bismarck), betreffend den Entwurf eines Gesetzes über die Besteuerung des Zuckers.

•

27. April 1869.

Schreiben (gez. von Bismarck), betreffend die Abgabe für den Handels- und Gewerbebetrieb im Umherziehen.

•

28. April 1869.

Schreiben (gez. von Bismarck), betreffend den Freundschafts-, Handels- und Schiffahrtsvertrag zwischen dem Norddeutschen Bunde und den zu demselben gehörenden Staaten des Zollvereins einerseits und Japan andererseits.

•

1. Mai 1869.

Schreiben (gez. von Bismarck), betreffend das Regulativ für unwiderrufliche Privat-Transitlager von Wein und Spirituosen in Lübeck.

•

2. Mai 1869.

Schreiben (gez. von Bismarck), betreffend den Zollausschluß der Werft des Schiffbaumeisters Lange in Grohn.

•

5. Mai 1869.

Schreiben (gez. von Bismarck), betreffend den Entwurf eines Gesetzes wegen Abänderung des Vereins-Zolltarifs vom 1. Juli 1865.

•

5. Mai 1869.

Schreiben (gez. von Bismarck), betreffend den Zollanschluß der hamburgischen Gebietsteile Moorwärder u. s. w.

•

8. Mai 1869.

Schreiben (gez. von Bismarck), betreffend Anschreibung von Durchgangsgütern mit Ansagezetteln u. s. w. in den Kommerzial-Registern.

•

12. Mai 1869.

Schreiben (gez. von Bismarck), betreffend die von der preußischen Regierung vorgenommenen Aenderungen in dem Entwurfe eines Vereins-Zollgesetzes.

•

16. Mai 1869.

Schreiben des Vorsitzenden des Bundesrats des deutschen Zollvereins (im Auftrage gez. Delbrück), betreffend den am 13. Mai zu Berlin abgeschlossenen Handels- und Zollvertrag zwischen dem Norddeutschen Bunde u. s. w. und der Schweiz.

•

20. Mai 1869.

Schreiben (gez. von Bismarck), betreffend die anderweite Tarifirung von gefärbten Glassteinen, Verbindungsstücken, gezwirnter Seide, pneumatischen Telegraphen und roher Leinwand.

21. Mai 1869.

Schreiben (gez. von Bismarck), betreffend anderweite Tarifirung von Spangeflechten.

24. Mai 1869.

Schreiben (gez. von Bismarck), betreffend Gewährung einer Ausfuhrvergütung für Bonbons.

25. Mai 1869.

Schreiben (gez. von Bismarck), betreffend Aenderung der Fassung der Nr. 22, Abteilung I. des Vereins-Zolltarifs.

26. Mai 1869.

Schreiben (gez. von Bismarck), betreffend Anschaffung eines Zollboots u. s. w. für das Nebenzollamt in Travemünde.

10. Juni 1869.

Schreiben (gez. von Bismarck), betreffend die Minimal-Pferdegeld-Aversa für die Ober-Inspektoren u. s. w. in Preußen.

18. Juni 1869.

Schreiben des Vorsitzenden des Bundesrats des deutschen Zollvereins (im Auftrage gez. Delbrück), betreffend Erhöhung der Anschlagssumme für das Neben-Zollamtsgebäude zu Eppendorf.

19. Juni 1869.

Schreiben des Vorsitzenden des Bundesrats des deutschen Zollvereins (im Auftrage gez. Delbrück), betreffend die Eröffnung von Unterhandlungen über einen Handels- und Schiffahrtsvertrag mit Mexiko.

22. Juni 1869.

Schreiben (gez. von Bismarck), betreffend die Kreditfrist für die Entrichtung der Rübenzuckersteuer.

23. Juni 1869.

Schreiben (gez. von Bismarck), betreffend Bedingungen für die Errichtung von Privat-Salzlagern.

24. Juni 1869.

Schreiben des Vorsitzenden des Bundesrats des deutschen Zollvereins (im Auftrage gez. Delbrück), betreffend Nachsteuer-Ermäßigung im Herzogtum Lauenburg.

10. Juli 1869.

Schreiben des Vorsitzenden des Bundesrats des deutschen Zollvereins (in Vertretung gez. Delbrück), betreffend die Bevölkerungsübersicht nach der Zählung von 1867.

14. Juli 1869.

Schreiben des Vorsitzenden des Bundesrats des Zollvereins (in Vertretung gez. Delbrück), betreffend Einrichtungen zum Verschluß zollpflichtiger Güter in Eisenbahnwagen.

•

16. August 1869.

Schreiben des Vorsitzenden des Bundesrats des deutschen Zollvereins (in Vertretung gez. Delbrück), betreffend die Einführung von Reis zur Stärkefabrikation unter der Bedingung der Wiederausfuhr der gewonnenen Stärke.

•

18. September 1869.

Schreiben des Vorsitzenden des Bundesrats des deutschen Zollvereins (in Vertretung gez. Delbrück), betreffend Zollerlaß für eingeführte Militärbekleidungsgegenstände.

•

18. September 1869.

Schreiben des Vorsitzenden des Bundesrats des deutschen Zollvereins (in Vertretung gez. Delbrück), betreffend Pferdegeld-Aversa und Gehalt der Ober-Kontrolleure für Zuckerfabriken.

•

23. September 1869.

Schreiben des Vorsitzenden des Bundesrats des deutschen Zollvereins (in Vertretung gez. Delbrück), betreffend Verteilung der im Jahre 1868 aufgekommenen Zollgefälle aus früheren Abrechnungsperioden.

•

25. September 1869.

Schreiben des Vorsitzenden des Bundesrats des deutschen Zollvereins (in Vertretung gez. Delbrück), betreffend das Verfahren bei der Denaturirung von Vieh- und Gewerbesalz, sowie einer zweckmäßigen steuerlichen Kontrolle des Verkaufs von denaturirtem Salz und des Handels mit demselben.

•

28. September 1869.

Schreiben des Vorsitzenden des Bundesrats des deutschen Zollvereins (in Vertretung gez. Delbrück), betreffend Zollbefreiung von Thee zur Herstellung von Thein.

•

1. November 1869.

Schreiben des Vorsitzenden des Bundesrats des deutschen Zollvereins (in Vertretung gez. Delbrück), betreffend Bestimmungen zur Ausführung des Artikels 5 des deutsch-schweizerischen Handelsvertrages vom 13. Mai 1869.

•

2. November 1869.

Schreiben des Vorsitzenden des Bundesrats des deutschen Zollvereins (in Vertretung gez. Delbrück), betreffend Diätensätze der zu den vereinsländischen Hauptzollämtern in den Hansestädten zu entsendenden Beamten.

•

3. November 1869.

Schreiben des Vorsitzenden des Bundesrats des deutschen Zollvereins (in Vertretung gez. Delbrück), betreffend die Zollbehandlung der eisernen Behälter, in welchen Anilin und Thran eingehen.

•

3. November 1869.

Schreiben des Vorsitzenden des Bundesrats des deutschen Zollvereins (in Vertretung gez. Delbrück), betreffend die Herausgabe eines fünften Bandes der Zollvereinsverträge.

•

10. November 1869.

Schreiben des Vorsitzenden des Bundesrats des deutschen Zollvereins (in Vertretung gez. Delbrück), betreffend die Tarifirung der gebrannten und gemahlenen Cichorien.

*

11. November 1869.

Schreiben des Vorsitzenden des Bundesrats des deutschen Zollvereins (in Vertretung gez. Delbrück), betreffend den Anschluß bremischer Gebietsteile an den Zollverein.

*

20. November 1869.

Schreiben des Vorsitzenden des Bundesrats des deutschen Zollvereins (in Vertretung gez. Delbrück), betreffend Veränderung der Zollinie im Gebiet der Stadt Altona.

*

26. Dezember 1869.

Schreiben des Vorsitzenden des Bundesrats des deutschen Zollvereins (in Vertretung gez. Delbrück), betreffend Anträge auf Abänderung des amtlichen Warenverzeichnisses zum Vereinszolltarif.

*

27. Dezember 1869.

Schreiben des Vorsitzenden des Bundesrats des deutschen Zollvereins (in Vertretung gez. Delbrück), betreffend das Durchschnittsgehalt für einen dritten Provinzialsteuersekretär zu Glückstadt.

Die dritte Session des Bundesrats des Zollvereins.

(4. April bis 23. Mai 1870.)

I. Abschnitt.

Einleitung.

Die dritte Session des Bundesrats des Zollvereins umfaßte nur sieben Sitzungen, von denen allein die Eröffnungssitzung am 4. April von Bismarck geleitet wurde.[1])

Für die Sitzungen vom 17., 20., 27. April, 6., 14. und 23. Mai hatte er sich zur Führung des Vorsitzes den Staatsminister Delbrück substituirt. Die Mitteilungen Bismarcks in der ersten Sitzung beschränkten sich auf die erfolgten Substitutionen und die Wahl des Geheimen Ober-Regierungsrats Eck zum Protokollführer. Die Arbeitslast[2]) verteilte sich auf die früheren Schultern,[3]) denen sich für Mecklenburg-Schwerin der Ober-Zolldirektor Oldenburg und für das Königreich Sachsen der Geheime Finanzrat Wahl anschlossen.[4])

---

[1]) Bekanntmachung vom 25. März 1870 (gegengez. Graf v. Bismarck-Schönhausen), betreffend die Einberufung des Bundesrats des Zollvereins auf den 4. April 1870 (Bundes-Gesetzbl. S. 47).

[2]) Die Zahl der §§ der Protokolle beträgt nur 104. Die üblichen Referate über die Sitzungen des Zollbundesrats findet man in der „National-Zeitung" 1870 Nr. 159, 179, 183, 194, 210, 225, 238, 243 und 255.

[3]) Man braucht, um sich ein Bild der Thätigkeit der einzelnen Bevollmächtigten zu machen, nur die „Alphabetischen Register über die Protokolle und Drucksachen" anzusehen, die früher alle Referate aufzählten, welche die Mitglieder der hohen Versammlung erstatteten. Mit halben Seiten figuriren dort wieder Delbrück, Berr, Riede, mit kleineren Abschnitten diesesmal v. Liebe und Eisenlohr.

[4]) Ueber die Bildung der Ausschüsse des Zollbundesrats vgl. die „National-Zeitung" Nr. 189 vom 24. April 1870, die „Norddeutsche Allgemeine Zeitung" Nr. 96 vom 26. April 1870.

II. Abschnitt.

Die Bevollmächtigten zum Zollbundesrat.

Den Bundesrat des deutschen Zollvereins bildeten für die letzte Session, außer dem Vorsitzenden, Bundeskanzler und Ministerpräsidenten Grafen v. Bismarck, für das Königreich Preußen: der Staats- und Kriegsminister v. Roon, der Staats- und Finanzminister Camphausen, der Staatsminister und Präsident des Bundeskanzler-Amts Delbrück, der Generallieutenant, Direktor des Allgemeinen Kriegsdepartements v. Podbielski, der Vize-Admiral Jachmann, der Generalpostdirektor v. Philipsborn, der Präsident des Bundes-Oberhandelsgerichts Dr. Pape, der Ministerialdirektor, Wirkliche Geheime Ober-Finanzrat Günther, der Ministerialdirektor, Wirkliche Geheime Legationsrat v. Philipsborn, der Regierungspräsident Graf zu Eulenburg, der Geheime Ober-Finanzrat Hasselbach, der Ministerialdirektor, Wirkliche Geheime Ober-Regierungsrat Moser, der Ministerialdirektor, Ober-Baudirektor Weishaupt und der Geheime Ober-Regierungsrat Dr. v. Nathusius; — für das Königreich Bayern: der außerordentliche Gesandte und bevollmächtigte Minister Freiherr Pergler v. Perglas, der Staatsrat v. Weber und der Ministerialrat Berr; — für das Königreich Sachsen: der Staatsminister Freiherr v. Friesen, der Generalmajor und Militärbevollmächtigte in Berlin v. Brandenstein, der Geheime Regierungsrat Schmalz und der Geheime Finanzrat Wahl; — für das Königreich Württemberg: der außerordentliche Gesandte und bevollmächtigte Minister, Geheime Legationsrat Freiherr v. Spitzemberg und der Ober-Finanzrat Riecke; — für das Großherzogtum Baden: der außerordentliche Gesandte und bevollmächtigte Minister Freiherr v. Türckheim und der Ministerialrat Eisenlohr; — für das Großherzogtum Hessen: der außerordentliche Gesandte und bevollmächtigte Minister, Geheime Legationsrat Hofmann, der Geheime Ober-Steuerrat Ewald und der Ober-Steuerrat Göring; — für das Großherzogtum Mecklenburg-Schwerin: der Staatsminister v. Bülow und der Ober-Zolldirektor Oldenburg; — für das Großherzogtum Sachsen-Weimar: der Staatsminister, Wirkliche Geheimerat Dr. v. Watzdorf; — für das Großherzogtum Mecklenburg-Strelitz: der Staatsminister v. Bülow; — für das Großherzogtum Oldenburg: der herzoglich braunschweigische Geheimerat und Ministerresident v. Liebe; —

für das Herzogtum Braunschweig: der Staatsminister v. Campe und der Geheimerat und Ministerresident v. Liebe; — für das Herzogtum Sachsen-Meiningen: der Wirkliche Geheimerat und Staatsminister Freiherr v. Krosigk; — für das Herzogtum Sachsen-Altenburg: der Staatsminister v. Gerstenberg-Zech; — für das Herzogtum Sachsen-Coburg-Gotha: der Wirkliche Geheimerat und Staatsminister Freiherr v. Seebach; — für das Herzogtum Anhalt: der Regierungsrat Dr. Sintenis; — für das Fürstentum Schwarzburg-Rudolstadt: der Staatsminister v. Bertrab; — für das Fürstentum Schwarzburg-Sondershausen: der Staatsrat und Kammerherr v. Wolffersdorff; — für das Fürstentum Waldeck und Pyrmont: der Landesdirektor v. Flottwell; — für das Fürstentum Reuß älterer Linie: der großherzoglich sächsische Finanzrat Dr. Heerwart; — für das Fürstentum Reuß jüngerer Linie: der Staatsminister v. Harbou; — für das Fürstentum Schaumburg-Lippe: der Geheime Regierungsrat Höcker; — für das Fürstentum Lippe: der Präsident des Kabinetsministeriums Heldmann; — für die frei und Hansestadt Lübeck: der Ministerresident Dr. Krüger; — für die freie Hansestadt Bremen: der Senator Gildemeister; — für die freie und Hansestadt Hamburg: der Bürgermeister Dr. Kirchenpauer. [1])

Im Laufe der Session trat für das Königreich Sachsen noch der Geheime Justizrat Klemm hinzu.

Eine uns neue Persönlichkeit trat in den Bundesrat nur ein für

Mecklenburg-Schwerin.

Ober-Zolldirektor Oldenburg [2])

(geboren 22. Februar 1829, gestorben 21. Januar 1895)

war besonders in Zollsachen wohl bewandert und stellte seine Kenntnisse auf diesem Gebiete bis zu seinem Ableben in den Dienst des Bundesrats. Seine

[1]) Vgl. die Bekanntmachungen Bismarcks, betreffend die Ernennung von Bevollmächtigten zum Bundesrat des deutschen Zollvereins d. d. 6. Januar 1870 (Bundes-Gesetzbl. S. 26), 18. Februar 1870 (Bundes-Gesetzbl. S. 36), 2. März 1870 (Bundes-Gesetzbl. S. 46), 16. April 1870 (in Vertretung Delbrück, Bundes-Gesetzbl. S. 83), 16. Mai (in Vertretung Delbrück, Bundes-Gesetzbl. S. 192). Nicht erwähnt finde ich in Kohls Bismarck-Regesten das Schreiben Bismarcks an den Präsidenten des Zollparlaments vom 21. April 1870, betreffend das Verzeichnis der Bevollmächtigten zum Bundesrat des Zollvereins.

[2]) Karl Wilhelm Gustav Friedrich Oldenburg war der Sohn des Hypothekenbewahrers Dr. Oldenburg in Schwerin. Derselbe besuchte in Schwerin und Brandenburg a. H. die Schule und studirte dann die Rechte. Am 12. Dezember 1853 wurde er Amtsauditor beim Amte Schwerin, bestand am 29. April 1856 das Richterexamen, wurde am 16. Mai 1856 Amtsmitarbeiter, am 23. Juli 1858 Amtsverwalter, im Oktober 1863 Ministerialassessor im Finanzministerium in Schwerin und 1866 Ministerialrat in demselben Mini-

handelspolitische Richtung war eine ausgesprochen freihändlerische. Als Fürst Bismarck 1878 das große Werk einleitete, Deutschlands Handelspolitik aus den Bahnen des Freihandels herauszuziehen, und auch auf dem Gebiete der Wirtschaftspolitik — zum Segen Deutschlands — eine nationale Politik inaugurirte, wurde naturgemäß auch Oldenburgs Stellung im Bundesrat eine schwierige. Als Vertreter Mecklenburgs, welches, wie alle Küstenländer, seiner Lage zufolge größere Vorteile vom Freihandel erwartete,[1]) vermochte er Bismarcks Handelspolitik nicht zu unterstützen, und hierin lag der Keim zu Konflikten. Ein Kanzler, der von der Fehlerhaftigkeit der bisher verfolgten handelspolitischen Richtung weniger tief überzeugt gewesen wäre, als dies bei Bismarck der Fall war, hätte vielleicht Oldenburgs Wirksamkeit, die seinen Intentionen entgegenarbeitete, ruhig mit angesehen. Da Bismarck für seine Tendenzen eine überwiegende Majorität im Bundesrat besaß, so bestand ja keine Gefahr, daß der Wagen noch einmal in das fehlerhafte Geleise zurückrollte. Mit Bismarcks Wesen und seiner ganzen Politik vertrug sich aber eine solche Haltung nicht. Wenn er von einer Maßregel das Wohl des gesamten Vaterlandes abhängen sah, dann gab es für diesen großen Patrioten kein laisser faire: er duldete dann, soweit sein Arm reichte, keine dienstliche Opposition. Handelte es sich um einen Beamten der inneren Reichsverwaltung, von dem er seine Ziele durchkreuzt sah, so mußte sich derselbe entweder fügen oder weichen.[2]) Selbst im Bundesrat glaubte Bismarck Tendenzen, die seinen Begriffen von Wohlfahrt des Staates diametral entgegenliefen, nicht begünstigen zu dürfen, und deshalb suchte derselbe von der mecklenburgischen Regierung die Ersetzung Oldenburgs durch einen andern Bevollmächtigten zu erwirken. Gelang ihm dies, wie im vorliegenden Falle, nicht, so hatte er wenigstens gethan, was er für seine Schuldigkeit hielt. Die Gegner Bismarcks mögen das Vorgehen desselben im konkreten Falle als Herrschsucht bezeichnen. In unseren Augen ist es ein Ausfluß seines tiefsten Pflichtgefühls.

———

sterium. Am 11. August 1868 beim Eintritt der beiden Großherzogtümer Mecklenburg in den Zollverein trat Oldenburg als Ober-Zolldirektor an die Spitze der beiden Großherzogtümern gemeinschaftlichen Steuer- und Zollverwaltung und verblieb in dieser Stellung bis zu seinem Tode. Am 11. August 1893 erhielt er den Titel Generalzolldirektor. Oldenburg war thätig bei Gründung des mecklenburgischen Landesvereins der Kaiser Wilhelm-Stiftung für deutsche Invaliden und bis zu seinem Tode Vorsitzender des geschäftsführenden Ausschusses desselben. Ferner war er u. a. Mitglied im Vorstand der Schweriner Ersparnisanstalt und Vorsitzender der Kommission, betreffend die Errichtung eines Fritz Reuter-Denkmals.

[1]) Jetzt ist es zu einer anderen, besseren Einsicht gekommen.

[2]) Für beide Alternativen lassen sich Beispiele anführen. Es gab einen Rat des Reichskanzler-Amts, der, wiewohl von Hause aus Freihändler, sowohl unter dem freihändlerischen als unter dem schutzzöllnerischen Bismarck diente; dagegen erhielt Direktor Michaelis, als die Zolltarifreform vor sich ging, das politisch indifferente Amt eines Präsidenten des Reichs-Invalidenfonds.

III. Abschnitt.

Aus der Werkstatt des Zollbundesrats.

Das Arbeitspensum des Bundesrats war in seiner letzten Session ein kleineres als in den vorhergehenden Jahren, was wohl damit zusammenhängt, daß nach dem Ausbruch des französischen Krieges in Erwartung der Reichsverfassung an ein Zusammentreten des Zollparlaments nicht mehr gedacht wurde. Von Handelsverträgen kamen neu an ihn heran: [1]) der zwischen dem Zollverein und den Hawaiischen Inseln (nicht publizirt) und dem Freistaat San Salvador (vom 13. Juni 1870, Reichs-Gesetzbl. 1872 S. 377). [2]) Außerdem erledigte der Bundesrat 38 Petitionen und drei Gesetzentwürfe, betreffend die Abänderung des Vereinszolltarifs, betreffend die Abänderung der Verordnung wegen der Besteuerung des inländischen Rübenzuckers (vom 2. Mai 1870, Bundes-Gesetzbl. S. 311) und betreffend die Besteuerung des Stärkesyrups und Stärkezuckers (von der Regierung zurückgezogen).

Die Vorlage wegen Aenderung des Vereinstarifs war eine Wiederholung der vorjährigen Vorlage mit folgenden Aenderungen: der Petroleumzoll und die Ermäßigung des Reiszolles waren darin nicht wieder aufgenommen; ebensowenig die Ermäßigung für ganz grobe Eisenwaren. Dagegen wurde proponirt, den Zoll auf rohen Kaffee und Kaffeesurrogate mit Ausschluß der Cichorien von 5 Thaler auf 5 Thaler 25 Sgr. zu erhöhen. Der Zoll auf gebrannten Kaffee sollte von 11 Thaler auf 7, der von Kakao in Bohnen von 6 Thaler 15 Sgr. auf 5 Thaler 25 Sgr. ermäßigt werden. (Im vorigen Jahre wurde eine Ermäßigung auf 5 Thaler 15 Sgr. vorgeschlagen). Der Zoll auf Stearin einschließlich Stearinsäure sollte von 1 Thaler auf 15 Sgr. herabgesetzt werden. Bezüglich der Zölle auf Eisen mit Ausnahme der groben Ware und der Garnzölle wurden weitere Ermäßigungen als die schon im vorhergehenden Jahre proponirten nicht geboten.

[1]) Der Handelsvertrag mit Mexiko unterlag schon 1869 der Beratung des Bundesrats (vgl. S. 80), kam aber erst 1870 zur Vorlage an das Zollparlament. Vgl. über denselben die „National-Zeitung" Nr. 167 vom 9. April 1870, Nr. 181 vom 20. April 1870, Nr. 185 vom 22. April 1870, Nr. 188 vom 23. April 1870, Nr. 193 vom 27. April 1870, Nr. 494 vom 16. Oktober 1870.

[2]) Vgl. die „National-Zeitung" Nr. 299 vom 1. Juli 1870.

Die Einleitung, mit welcher die Tarifreform dem Zollbundesrat vorgelegt wurde, schien das zollpolitische Programm des damaligen Finanzministers überhaupt näher zu bezeichnen. Nach Hinweis auf das Bedürfnis, die schon früher angestrebten Zollerleichterungen und die Vereinfachung des Tarifs auch jetzt wieder zu verfolgen, war gesagt, wie das finanzielle Interesse der Vereinsregierungen dringend gebiete, neben der Vereinfachung des Tarifs auch die Kräftigung der finanziellen Grundlage des gesamten Tarifsystems im Auge zu behalten und daher mit Zollermäßigungen und Zollbefreiungen gegenwärtig nicht vorzugehen, wenn nicht gleichzeitig eine Zollerhöhung innerhalb des Kreises der bisher im Verhältnis zu anderen Tarifen mäßig belasteten Finanzartikel eintrete, welche für die durch die Tariferleichterungen der jüngsten Vereinsperiode herbeigeführten Zollausfälle eine allgemeine Deckung in Aussicht stelle. Mit Rücksicht hierauf, und da nicht zu erwarten sei, daß das Zollparlament der bereits zweimal abgelehnten Wiedereinführung eines Petroleumzolles nunmehr seine Zustimmung geben werde, empfehle es sich, die Tarifreformvorlage zwar auch in der diesjährigen Session des Zollparlaments wieder aufzunehmen, jedoch die Deckung der Ausfälle durch eine Zollerhöhung bei einem Artikel in Vorschlag zu bringen, welcher den speziell gegen den Petroleumzoll hervorgehobenen Einwänden nicht unterliege. Als ein solcher Artikel stelle sich der Kaffee dar u. s. w.

Im Plenum des Bundesrats wurde die Tarifvorlage mit allen gegen die Stimmen Württembergs und Hamburgs angenommen. In der vorigen Session hatten Württemberg und Hessen gegen die ganze Vorlage gestimmt, nachdem die Anträge wegen Wegfall der Reis- und Eisenzollermäßigungen abgelehnt worden waren. Hessen schien sich mit der Zollermäßigung ausgesöhnt zu haben, nicht so Württemberg, obgleich die Zollermäßigung für ganz grobe Eisenwaren nicht wieder vorgeschlagen worden war. Was die Abstimmung Hamburgs betraf, so kann man nur vermuten, daß für dieselbe die Erhöhung des Kaffeezolles maßgebend war. Zu einem auf die Geschäftsordnung bezüglichen Intermezzo gab der Antrag des Freiherrn v. Spitzemberg Veranlassung, die Abstimmung über die sächsischen Anträge (Chemikalien, Lumpen) auszusetzen, indem er namens der württembergischen Regierung Verwahrung dagegen einlegen zu müssen erklärte, daß Anträge von so großer Wichtigkeit nicht frühzeitiger und rechtzeitiger eingebracht würden.[1])

[1]) Auch bei Beratung des Gesetzentwurfs, betreffend die Besteuerung des Stärkesyrups und Stärkezuckers, erklärte der württembergische Bevollmächtigte, Ober-Finanzrat Riecke, welchem durch das späte Einbringen dieser Vorlage die Einholung der Instruktion von seiner Regierung unmöglich geworden war: er glaube im Interesse einer gründlichen Prüfung der Sachen eine rechtzeitigere Einbringung der Vorlagen in künftigen Fällen wünschen zu müssen. Der Staatsminister Delbrück erkannte den vorstehend geäußerten Wunsch als begründet an und bemerkte, daß im vorliegenden Falle die Verzögerung in Umständen ihre Veranlassung gehabt habe, welche abzuwenden nicht angänglich gewesen sei.

Bei einer Besprechung im Schoße des Bundesrats, welche Haltung bei der am 6. Mai 1870 bevorstehenden Beratung des Gesetzentwurfs im Plenum des Zollparlaments einzunehmen sein werde, war die Versammlung auf den Vortrag Delbrücks und Camphausens (Bismarck war nicht anwesend) in ihrer überwiegenden Mehrheit damit einverstanden, die Amendements des Freiherrn v. Patow und Genossen (Nr. 27 Ziffer I der Drucksachen des Zollparlaments) für annehmbar zu erklären, das Amendement des Freiherrn v. Hoverbeck (Zollfreiheit von Roheisen aller Art) dagegen entschieden abzulehnen.

Die Gefahr eines drittmaligen Scheiterns der Tarifvorlage wurde durch einen Ausgleich schließlich beseitigt, dessen hauptsächlichste Grundlage die Herabsetzung der Eisenzölle, die Gewährung eines längeren Zollschutzes für die Baumwollenindustrie und die Herabsetzung des Reiszolls war. Die Bundesregierungen erteilten diesen Vorschlägen, durch welche in ihrer Gesamtheit die Zolleinnahmen wenigstens nicht verringert wurden, ihre Zustimmung, in der Ueberzeugung, daß es vor allem darauf ankomme, die in Rede stehende Zollreform überhaupt zu einem Abschluß zu bringen. (Gesetz vom 17. Mai 1870, betreffend die Abänderung des Vereinszolltarifs vom 1. Juli 1865 (Bundes-Gesetzbl. S. 123).

In Beziehung auf den vom Zollparlament angenommenen Antrag wegen Beteiligung auch der süddeutschen Staaten an der Münzenquete des Norddeutschen Bundes beschränkte sich das Bundeskanzler-Amt darauf, daß den Zollvereinsregierungen seitens des Zollbundesrats mittelst Protokollauszugs Mitteilung von dem bezüglichen Beschlusse des Zollparlaments gemacht wurde, in der stillschweigenden Erwartung, daß die süddeutschen Regierungen diese Mitteilung ihrerseits mit Vorschlägen beantworten würden.

Da am 23. Mai 1870 die letzte Sitzung des Zollbundesrats stattfand, die erste Sitzung des Bundesrats des Deutschen Reichs aber erst am 20. Februar 1871 folgte, so mußte Vorsorge getroffen werden, daß die der Beschlußfassung des Zollbundesrats unterliegenden Gegenstände, welche eine dringende Erledigung erheischten, nicht liegen blieben. Die betreffenden Fragen wurden von den Zollvereinsregierungen im Korrespondenzwege erledigt.[1]) Nach dem Zusammentritt des deutschen Bundesrats wurde demselben von dem Geschehenen Kenntnis gegeben.

---

[1]) Da ich, wie bereits früher bemerkt, bei diesem Werk um die Ermächtigung, die Akten des Zollbundesrats benutzen zu dürfen, nicht nachgesucht habe, so muß dieser Teil der Thätigkeit des Bundesrats ausfallen. Daß er sich auf bedeutsame Fragen erstreckt hat, ist nicht anzunehmen.

IV. Abschnitt.

Die Korrespondenz des Vorsitzenden des Zollbundesrats mit demselben.

Die an den Bundesrat gelangten Vorlagen verteilen sich in folgender Weise: Bismarck zeichnete 16 Anträge, Delbrück 15, Eck 1; auf die nichtpreußischen Bundesstaaten entfielen von den Anträgen: 1 auf Bayern, 3 auf das Königreich Sachsen, 1 auf Baden, 2 auf Mecklenburg-Schwerin, 1 auf Oldenburg, 1 auf Sachsen-Meiningen, 1 auf Bremen, 1 auf Lübeck, 1 auf Mecklenburg-Schwerin und Mecklenburg-Strelitz; die Zahl der gedruckten Ausschußberichte bezw. Ausschußanträge beträgt 17.

Kohl erwähnt in seinen Bismarck-Regesten von den nachstehenden Schreiben nur die Vorlage vom 3. April 1870, betreffend den Vereinszolltarif.

14. Januar 1870.

Schreiben (gez. v. Bismarck), betreffend den Freundschafts-, Handels und Schiffahrtsvertrag mit Mexiko.

19. Januar 1870.

Schreiben (gez. v. Bismarck), betreffend die Kosten der Alimentirung sämtlicher durch die Zollanschlüsse dienstlos gewordenen preußischen Beamten.

7. Februar 1870.

Schreiben (gez. v. Bismarck), betreffend die Ausdehnung der Zulässigkeit des Zollerlasses von 20 Prozent auf den von Hamburg nach Altona eingeführten Wein.

7. Februar 1870.

Schreiben (gez. v. Bismarck), betreffend die Verrechnung der Kosten der laufenden Verwaltung der Zölle und Bundessteuern im Bezirke des vereinsländischen Hauptzollamts zu Lübeck.

16. Februar 1870.

Schreiben (gez. v. Bismarck), betreffend die Denaturirung des Salzes bei der Herstellung von Leckſteinen.

17. Februar 1870.

Schreiben (gez. v. Bismarck), betreffend die Aufstellung einer Uebersicht der in den Staaten des Zollvereins zur Erhebung von Uebergangsabgaben und zur Ausfertigung von Uebergangsscheinen ermächtigten Zoll- und Steuerstellen.

*

4. März 1870.

Schreiben (gez. v. Bismarck), betreffend die Zollbefreiung für die Inventarienstücke der im Ausland erbauten Bundes-Kriegsschiffe.

*

9. März 1870.

Schreiben (gez. v. Bismarck), betreffend die Thätigkeit der Kommission für die weitere Ausbildung der Zollvereinsstatistik.

*

10. März 1870.

Schreiben (gez. v. Bismarck), betr. die Anschreibung des zollfrei abgelassenen Roheisens und alten Bruchteisens, bestimmt zur Herstellung von Fabrikaten für das Ausland.

*

10. März 1870.

Schreiben (gez. v. Bismarck), betreffend die Eröffnung der Zollvereins-Niederlage zu Hamburg.

*

Ohne Datum (ca. Ende März 1870).

Schreiben (gez. v. Bismarck), betreffend den Gesetzentwurf wegen Abänderung der Verordnung über die Besteuerung des im Inland erzeugten Rübenzuckers.

*

29. März 1870.

Schreiben (gez. v. Bismarck), betreffend die Herstellung eines Dienstgebäudes für das vereinsländische Hauptzollamt in Hamburg.

*

1. April 1870.

Schreiben (gez. v. Bismarck), betreffend die Abrechnung über die gemeinschaftlichen Einnahmen aus der Tabaksteuer und die Aufstellung einer Tabaksteuerstatistik.

*

3. April 1870.

Schreiben (gez. v. Bismarck), betreffend die Abänderung des Zolltarifs.

*

6. April 1870.

Schreiben (gez. v. Bismarck), betreffend den Gesetzentwurf wegen Besteuerung des Stärkesirups und Stärkezuckers.

*

9. April 1870.

Schreiben (gez. v. Bismarck), betreffend die Denaturirung von Salz.

*

16. April 1870.

Schreiben des Vorsitzenden des Bundesrats des deutschen Zollvereins (in Vertretung gez. Delbrück), betreffend das Pferdegeldaversum der Ober-Grenzkontrolleure.

*

19. April 1870.

Schreiben des Vorsitzenden des Bundesrats des deutschen Zollvereins (in Vertretung gez. Delbrück), betreffend das aufrechnungsfähige Normalgehalt der Matrosen auf den Wacht- und Kreuzerfahrzeugen.

•

19. April 1870.

Schreiben des Vorsitzenden des Bundesrats des deutschen Zollvereins (in Vertretung gez. Delbrück), betreffend die Errichtung einer zweiten Post-Zollabfertigungsstelle in Hamburg.

•

19. April 1870.

Schreiben des Vorsitzenden des Bundesrats des deutschen Zollvereins (in Vertretung gez. Delbrück), betreffend Nachsteuer-Begünstigungen auf die am 1. November 1868 und 1. Juli 1869 dem Zollverein angeschlossenen preußischen Gebietsteile.

•

21. April 1870.

Schreiben des Vorsitzenden des Bundesrats des deutschen Zollvereins (in Vertretung gez. Delbrück), betreffend den Handels-, Freundschafts- und Schiffahrtsvertrag mit den hawaiischen Inseln.

•

15. Juni 1870.

Schreiben des Vorsitzenden des Bundesrats des deutschen Zollvereins (in Vertretung gez. Delbrück) nebst Antrag Preußens, betreffend die Vereinfachung der Abrechnungen über die Rübenzuckersteuer und die Festsetzung einer den Vereinsstaaten für die Beaufsichtigung und Erhebung dieser Steuer zu gewährenden Verwaltungskosten-Vergütung.

•

23. Juni 1870.

Schreiben des Vorsitzenden des Bundesrats des deutschen Zollvereins (in Vertretung gez. Delbrück), betreffend den Freundschafts-, Handels- und Schiffahrtsvertrag mit dem Freistaate San Salvador.

•

23. Juni 1870.

Schreiben des Vorsitzenden des Bundesrats des deutschen Zollvereins (in Vertretung gez. Delbrück), betreffend das im kleinen Grenzverkehr frei zu lassende Minimum des Zollbetrags für die süddeutschen Staaten.

•

1. Juli 1870.

Schreiben des Vorsitzenden des Bundesrats des deutschen Zollvereins (in Vertretung gez. Delbrück), betreffend die Berechnung der Umzugskosten der Vereinsbevollmächtigten und Stationskontrolleure.

•

6. Juli 1870.

Schreiben des Vorsitzenden des Bundesrats des deutschen Zollvereins (in Vertretung gez. Delbrück), betreffend Zusätze zu den Ausführungsbestimmungen für die Denaturirung der Melasse.

•

19. September 1870.

Schreiben des Vorsitzenden des Bundesrats des deutschen Zollvereins (in Vertretung gez. Delbrück), betreffend die analoge Anwendung des Begleitscheinregulativs vom 1. Februar bei der Ausfertigung und Erledigung von Uebergangsscheinen.

•

30. September 1870.

Schreiben des Vorsitzenden des Bundesrats des deutschen Zollvereins (in Vertretung gez. Delbrück), betreffend die Tara bei den in Trommeln u. s. w. eingehenden Südfrüchten.

*

17. November 1870.

Schreiben des Vorsitzenden des Bundesrats des deutschen Zollvereins (im Auftrage gez. Eck), betreffend den Entwurf zu einem Regulativ für Privatlager.

*

16. Dezember 1870.

Schreiben des Vorsitzenden des Bundesrats des deutschen Zollvereins (in Vertretung gez. Delbrück), betreffend die Vereinbarung wegen Behandlung des Gütertransports auf dem Rhein vom 8. Mai 1841.

*

Als die Herren Bevollmächtigten am 23. Mai 1870 sich zum Abschied die Hände schüttelten, ahnte wohl keiner, daß es die letzte Sitzung gewesen, zu welcher der Zollbundesrat versammelt war. Mit der Errichtung des Reichs wurde die Institution begraben, der Bundesrat des Deutschen Reichs trat seine Erbschaft an, und das war gut. Der Zollbundesrat war ebenso wie das Zollparlament nur ein Torso, da die politischen und wirtschaftlichen Aufgaben einer Nation zusammengehören, und eine künstliche Trennung derselben nur zu Verwirrungen führen mußte.

Der Bundesrat des Deutschen Reichs.

Vorwort.

Die Prophezeiung Bismarcks, daß unser Volk nur „durch Blut und Eisen" zur ersehnten Einheit gelangen werde, hat sich zweimal erfüllt, 1866 für Norddeutschland, 1870 für das gesamte Vaterland. Schon mit dem 1. Januar 1871 war die Verfassung des neuen Deutschen Reichs amtlich verkündet, am 18. Januar, dem Gedenktage der Gründung des preußischen Königtums, wurde in Versailles die feierliche Weihe der großen geschichtlichen Wendung begangen, und am 21. Januar erfolgte in München durch die Annahme der Bündnisverträge der Schlußstein im deutschen Einigungswerk. Dasselbe hatte durch die den süddeutschen Staaten gewährten Konzessionen von seiner pyramidenartigen Form ein wenig eingebüßt, die Grundlagen des Baues waren aber doch dieselben geblieben; denn die Verfassung des Norddeutschen Bundes ist in allen wesentlichen Punkten unverändert auch als Grundgesetz des deutschen Gesamtreichs beibehalten worden. Daß dies geschehen, ist ein Beweis, wie richtig der Baumeister bei Gründung des Norddeutschen Bundes die Grundlagen der Verfassung entworfen und festgestellt hatte. Richtig ist, daß Preußen durch die neue Verteilung der Stimmen im Bundesrat — es erhielt Bayern 6, Württemberg 4 und Baden 3 Stimmen — sein bisheriges Uebergewicht in dieser hohen Körperschaft verloren hatte. Aber darauf kam es Bismarck, wie er bereits am 22. November 1870 in Versailles dem Abgeordneten Bamberger gegenüber bemerkt hatte, gar nicht an, im Gegenteil wünschte er, daß das übrige Deutschland ins Gewicht falle.

Mit dem Eintritt der Süddeutschen in den Bundesrat war diesem neues Blut zugeführt, und es war zu hoffen, daß er jetzt dem Ideal, das dem Reichskanzler ursprünglich vorgeschwebt hatte, sich mehr nähern würde, als das bisher thatsächlich der Fall war; denn daß der Bundesrat des Norddeutschen Bundes und der des Zollvereins in seinen Geschäftsmaximen mehr Aehnlichkeit mit dem alten Bundestage hatte als mit dem von Bismarck erträumten großen Senate, woselbst die besten Talente der Einzelstaaten den Boden finden sollten, in freudigem Schaffen sich zu bewähren, ist eine nicht zu leugnende Thatsache. In Deutschland genügt es eben nicht — wie unter Bezugnahme auf unser Verhältnis ganz richtig einmal bemerkt worden ist —, den Zopf ein für allemal abzuschneiden, er wächst mit ziemlicher Regelmäßigkeit wieder nach; er muß fortwährend unter der Schere gehalten werden.

Für die Zeit des Deutschen Reichs fehlt leider die authentische Quelle der Bundesratsdrucksachen und -Protokolle, die uns für die Verhandlungen des Zollbundesrats in der Reichstagsbibliothek zur Verfügung stand. Es ist bereits früher erwähnt, daß die Gesuche der Bibliothek um Ueberlassung eines vollständigen Exemplars der Bundesratsverhandlungen abschlägig beschieden werden mußten. Ein schwacher Ersatz wurde gleichwohl bewilligt, indem der Reichstagsbibliothek bis auf die neueste Zeit wenigstens gewisse, Zoll- und Steuersachen betreffende Bundesratsverhandlungen überwiesen wurden. So ist daselbst wenigstens für diese Verhandlungen seit 1868 die Kontinuität hergestellt.[1])

Die Geschichte der ersten neun Jahre des Bundesrats weist eine ruhige Entwicklung auf; es fehlte an eigentlichen Kämpfen und an Momenten, welche die Versammlung gewissermaßen in zwei feindliche Lager spaltete. Erst 1879 mit der Entrollung der wirtschaftlichen Fragen begannen auch im Bundesrat die Geister auf einander zu platzen, aber doch lange nicht mit der Schärfe wie im Reichstag, weil die Bevollmächtigten zum Bundesrat bei der Abstimmung nicht ihre Interessen oder Lehrmeinungen, sondern nur die Ansichten ihrer Regierungen vertreten, ohne die Aussicht, andere Stimmen für sich zu gewinnen, und in den Formen, welche von den im Parlament üblichen weit abweichen.

[1]) Mit Ausnahme des Jahrgangs 1871, welcher fehlt.

Die erste Session des Bundesrats des Deutschen Reichs.

(20. Februar 1871 bis 9. März 1872.[1])

I. Abschnitt.

Allgemeine Uebersicht.

Durch kaiserliche, von Bismarck gegengezeichnete Verordnung, d. d. Versailles, den 23. Januar 1871 (Bundes-Gesetzbl. Seite 8), wurde der Bundesrat des Deutschen Reichs auf den 20. Februar 1871 nach Berlin berufen.

Bis 1870 war es nicht vorgekommen, daß eine Bundesratssession sich über zwei Jahre erstreckt hätte. Nach Gründung des Deutschen Reichs war dies zum erstenmal der Fall; denn die erste Session des Bundesrats des Reichs erstreckte sich vom 20. Februar 1871 bis 9. März 1872. In dieser Zeit hielt der Bundesrat 57 Sitzungen ab, und zwar 51 im Jahre 1871[2]) und 6 im Jahre 1872.[3])

Bismarck führte den Vorsitz nur in den Sitzungen vom 12. April,[4]) 22. April, 29. April, 1. Mai, 27. Mai, 10. Juni, 23. Juni, 13. Oktober,

---

[1]) In dieselbe fallen zwei Reichstagssessionen. Die erste Session der ersten Legislaturperiode des Reichstags tagte vom 31. März bis 12. Juni 1871, die zweite Session vom 16. Oktober bis 1. Dezember 1871.

[2]) Die offiziellen Referate über die Sitzungen des Bundesrats fanden sich in der „National-Zeitung" Jahrg. 1871 Nr. 88, 90, 100, 108, 132, 150, 158, 180, 190, 202, 204, 214, 220, 230, 232, 240, 246, 257, 262, 268, 274, 289, 293, 307, 316, 373, 443, 459, 485, 487, 493, 497, 508, 514, 519, 525, 527, 535, 539, 557, 559, 568, 577, 591, 603, 612, und in der „Nordd. Allg. Ztg." Jahrg. 1871 Nr. 45, 46, 51, 55, 67, 73, 76, 80, 87, 91, 93, 96, 102, 103, 108, 111, 116, 117, 121, 124, 129, 130, 132, 135, 138, 143, 145, 147, 151, 158, 162, 163, 186, 229, 230, 244, 247, 249, 254, 257, 260, 263, 268, 270, 271, 279, 280, 284, 289, 302.

[3]) Vgl. die „National-Zeitung" Jahrg. 1872 Nr. 12, 40, 69, 92, 102, 109, und die „Norddeutsche Allgemeine Zeitung" Jahrg. 1872 Nr. 10, 17, 21, 22, 35, 47, 51, 54.

[4]) Bereits am Tage seiner Ankunft in Berlin (9. März 1871) empfing er mehrere Bevollmächtigte zum Bundesrat.

20. Oktober; in den Sitzungen vom 7. April und 23. Oktober substituirte er sich im Vorsitz den bayerischen Staatsminister v. Pfretzschner, in der Sitzung vom 2. August den Ministerialdirektor Moser, in allen anderen Sitzungen den Staatsminister Delbrück.

Als Protokollführer fungirte der Direktor im Reichskanzler-Amt Eck.

Nach einer Bekanntmachung des Bundeskanzlers vom 20. Februar 1871 (Bundes-Gesetzbl. S. 31) waren die einzelnen Staaten im Bundesrat bei seinem ersten Zusammentritte vertreten wie folgt:

Preußen: Bundeskanzler Graf Bismarck, Kriegsminister v. Roon,[1]) Justizminister Dr. Leonhardt, Finanzminister Camphausen, Präsident des Bundeskanzler-Amts Delbrück, Vize-Admiral Jachmann, Präsident der Seehandlung Günther, Geheimer Legationsrat v. Philipsborn, Geheimer Ober-Finanzrat Hasselbach, Geheimer Ober-Regierungsrat Moser, Ober-Baudirektor Weishaupt, Geheimer Ober-Regierungsrat Dr. v. Nathusius, Generalpostdirektor Stephan, Generalmajor Klotz, Unterstaatssekretär Bitter, Geheimer Ober-Justizrat Dr. Falk.

Bayern: Finanzminister v. Pfretzschner, Handelsminister v. Schlör, Minister der Justiz und des Innern für Kirchen- und Schulangelegenheiten v. Lutz, Gesandter Freiherr Pergler v. Perglas, Ministerialrat Berr, Oberst Fries.

Sachsen: Minister der Finanzen und der auswärtigen Angelegenheiten Freiherr v. Friesen, Appellationsgerichtspräsident Klemm, Geheimer Regierungsrat Schmalz, Major Freiherr v. Holleben.

Württemberg: Justizminister v. Mittnacht, Minister des Innern v. Scheurlen, Gesandter Freiherr v. Spitzemberg, Ober-Finanzrat Riecke.

Baden: Präsident des Staatsministeriums und Minister des Innern Dr. Jolly, Minister der auswärtigen Angelegenheiten v. Freydorf, Ministerialrat Eisenlohr.

Hessen: Gesandter Hofmann, Geheimer Ober-Steuerrat Ewald, Ober-Steuerrat Göring.

---

[1]) Außer den Bd. I. S. 198 erwähnten Quellen ist noch zu erwähnen ein von dem ältesten Sohne Roons herausgegebenes Werk, betitelt: „Kriegsminister v. Roon als Redner", politisch und militärisch erläutert. Der 1895 erschienene erste Band enthält alle vom General v. Roon in seiner Eigenschaft als Kriegs- und Marineminister im preußischen Abgeordnetenhause in den Jahren 1859 bis 1863 gehaltenen Reden. Außerdem ist ein Nachtrag zu den Denkwürdigkeiten, herausgegeben von Otto Perthes, genannt „Briefwechsel zwischen dem Kriegsminister Grafen Roon und Klemens Theodor Perthes, aus den Jahren 1864 bis 1867" erschienen. Von bemerkenswerten Unterredungen mit Roon berichtet das Memoirenwerk: Aus dem Leben Theodor v. Bernhardis, Tagebuchblätter Teil III: „Die Anfänge der neuen Aera" und die ersten Regierungsjahre König Wilhelms I. In neuester Zeit hat Dr. O. Liermann in Frankfurt a. M. ein in kurzen, scharfen Zügen gehaltenes Lebensbild des heimgegangenen Feldmarschalls entworfen.

Mecklenburg-Schwerin: Gesandter, Staatsminister v. Bülow, Oberzolldirektor Oldenburg.

Sachsen-Weimar: Geheimer Staatsrat Dr. Stichling.

Mecklenburg-Strelitz: Gesandter, Staatsminister v. Bülow.

Oldenburg: Staatsminister v. Roessing.

Braunschweig: Staatsminister v. Campe, Ministerresident, Geheimer Rat v. Liebe.

Meiningen: Staatsminister Freiherr v. Krosigk.

Altenburg: Staatsminister v. Gerstenberg-Zech.

Coburg-Gotha: Staatsminister Freiherr v. Seebach.

Anhalt: Staatsminister v. Larisch.

Schwarzburg-Rudolstadt: Staatsminister v. Bertrab.

Schwarzburg-Sondershausen: Staatsrat v. Wolffersdorff.

Waldeck: Landesdirektor v. Flottwell.

Reuß älterer Linie: Regierungspräsident Meusel.

Reuß jüngerer Linie: Staatsminister v. Harbou.

Schaumburg-Lippe: Geheimer Regierungsrat Höcker.

Lippe: Präsident des Kabinetsministeriums Heldman.

Lübeck: Ministerresident Dr. Krüger.

Bremen: Senator Gildemeister.

Hamburg: Bürgermeister Dr. Kirchenpauer.

Ausgeschieden waren hiernach von den letzten ordentlichen Mitgliedern des Norddeutschen Bundesrats beziehungsweise des Zollbundesrats von Preußen: der General v. Podbielski (1871 wieder eingetreten), der Generalsteuerdirektor v. Pommer-Esche, der Präsident des Bundes-Oberhandelsgerichts Dr. Pape und der Regierungspräsident Graf zu Eulenburg; von Bayern: der Staatsrat v. Weber; von Baden: der Gesandte v. Türckheim.

Neu hinzugekommen waren für Preußen: der Generalmajor Kloß, der Unterstaatssekretär Bitter und der Geheime Ober-Justizrat Dr. Falk; für Bayern: Staatsminister v. Pfretzschner, Handelsminister v. Schlör (1868 bereits Mitglied des Zollbundesrats,[1]) der Justiz- und Kultusminister v. Lutz und der Oberst Fries; für Württemberg: der Justizminister v. Mittnacht, der Minister des Innern v. Scheurlen; für Baden: der Minister des Innern Dr. Jolly und der Minister der auswärtigen Angelegenheiten v. Freydorf.

Im Laufe der Session wurden noch als ordentliche Mitglieder der Reihe nach ernannt: an Stelle des Ministerialrats Eisenlohr der Präsident des badischen Finanzministeriums Ellstätter[2]) (Bekanntmachung vom 20. März 1871, Bundes-Gesetzbl. S. 54), an Stelle des Handelsministers v. Schlör der bayerische

---

[1]) Vgl. oben S. 11.

[2]) Einer Notiz in der „National-Zeitung" zufolge (Nr. 131 vom 17. März 1871) blieb Eisenlohr Stellvertreter Ellstätters für den Fall seiner Behinderung.

Ober-Appellationsgerichtspräsident Reichsrat v. Neumayr, an Stelle des Appellationsgerichtspräsidenten Klemm der Königlich sächsische Finanzrat v. Nostitz-Wallwitz (Bekanntmachung Bismarcks vom 18. Oktober 1871, Reichs-Gesetzbl. S. 344), an Stelle des Vize-Admirals Jachmann der Chef der Admiralität, Staatsminister v. Stosch, an Stelle des Generallieutenants v. Podbielski der General à la suite, Direktor des allgemeinen Kriegsdepartements v. Stiehle (Bekanntmachung Bismarcks vom 16. Juni 1872, Reichs-Gesetzbl. S. 29) und an Stelle des Ministers Dr. Falk der Präsident der Justizprüfungskommission Dr. Friedberg (Bekanntmachung Bismarcks vom 8. Februar 1872, Reichs-Gesetzbl. S. 57).

Als stellvertretende neue Bevollmächtigte [1]) kamen im Laufe der Session noch hinzu für Preußen: der Generallieutenant v. Kameke; für Württemberg: der Kriegsminister v. Suckow, der Major v. Gleich, der Regierungsrat Bätzner und der Ober-Tribunalsrat v. Kohlhaas; für Mecklenburg-Strelitz: der Minister der auswärtigen Angelegenheiten, Präsident des Staatsministeriums Graf v. Bassewitz; für Oldenburg: der Geheime Ministerialrat Ruhstrat und für Hamburg: der Senator Dr. Schröder.

Frhr. v. Dalwigk war der einzige Minister der größeren Bundesstaaten, welcher im Bundesrat durch Abwesenheit glänzte, oder besser gesagt, sich scheute, mit Bismarck und den anderen nationalgesinnten Staatsmännern zusammen zu arbeiten. Die im April 1871 erfolgte Entlassung dieses Ministers machte diesem unhaltbaren Verhältnisse ein Ende. [2])

Die Namen der Bevollmächtigten zum Bundesrat wurden bis zum Anfang des Jahres 1880 im Bundes- beziehungsweise Reichs-Gesetzblatt publizirt. Die letzte Bekanntmachung im Reichs-Gesetzblatt findet sich im Jahrgang 1880 S. 26 (Bekanntmachung vom 10. März 1880). Es wird erzählt, Bismarck habe

---

[1]) Die Namen der stellvertretenden Bevollmächtigten zum Bundesrat gehen aus dem Reichs-Gesetzblatt nicht hervor, wohl aber gingen ihre Namen in die Zeitungen über.

[2]) Ueber die Haltung desselben nach 1866 schrieb die „National-Zeitung" bei der Nachricht von dessen Entlassung: „Trotz der Ereignisse von 1866 bleibt er im Amt und gewinnt den nur auf kurze Zeit verlorenen Mut, die preußische Politik zu durchkreuzen, wieder, tritt den Bestrebungen Südhessens nach Aufnahme in den Norddeutschen Bund durch Verweisung auf das für Oesterreich in dem Prager Frieden begründete Einspruchsrecht entgegen, und erholt sich bei der Salzburger Zusammenkunft im August 1867 an seinem inzwischen groß gewordenen Freunde Beust. Die ganz Europa erheiternde Annahme der auch an Hessen ergangenen Einladung Louis Napoleons zu dem europäischen Kongreß über die römische Frage im November 1867 und die antideutschen Ohrenbläsereien in Petersburg sind aus der Zeit nach 1866 neben den im eigenen Lande verübten Maßregelungen die Thaten der Dalwigkschen Politik. Das Jahr 1870, in dessen großem Julimonat Herr v. Dalwigk noch eine deutschgesinnte Volksversammlung verbot, um die Franzosen, ‚welche ja doch schon in Freiburg stünden', nicht zu reizen, hat endlich den Mann zu Falle gebracht, welcher an Zähigkeit und unerschütterlichem Ausharren auf seinem Ministerposten kaum seinesgleichen findet."

eines Tages seine Verwunderung darüber ausgedrückt, daß die betreffenden Veröffentlichungen im Gesetzblatt erfolgten, mit dem sie in der That nichts gemein haben. Seitdem erfolgt die Bekanntmachung der Bevollmächtigten im „Reichs- und Staats-Anzeiger". Auch darin ist später eine Aenderung eingetreten, so daß jetzt nur noch die Namen der neu ernannten Bevollmächtigten zum Bundesrat publizirt werden, während ehedem jedes Jahr die ganze Liste der Bevollmächtigten zur Veröffentlichung gelangte.

Einen bedeutenden Zuwachs von Geschäften erhielt der Bundesrat durch das Gesetz, betreffend die Vereinigung von Elsaß-Lothringen mit dem Deutschen Reiche, vom 9. Juni 1871 (Gesetzbl. für Elsaß-Lothringen S. 1), wonach bis zum 1. Januar 1873 das gesamte Gesetzgebungsrecht für Elsaß und Lothringen vom Kaiser mit Zustimmung des Bundesrats ausgeübt werden sollte. Da der Reichstag von der Mitwirkung bei dem bezüglichen Gesetze ausgeschlossen war, so war die Verantwortung des Bundesrats eine doppelt große. Der Bundesrat bestellte zur gründlichen Vorberatung der für die Reichslande bestimmten Gesetze einen eigenen Ausschuß, und außerdem beliebte er, die einschlägigen Gesetze nicht in den gewöhnlichen Sitzungen zu erledigen, sondern in solchen, die ausschließlich den elsaß-lothringischen Vorlagen gewidmet waren. Infolge dessen konnte man von einem Bundesrat für Elsaß-Lothringen sprechen, dessen Sitzungen[1]) sich allerdings meist an die ordentlichen Sitzungen des Bundesrats anschlossen. Indessen kam es auch vor, daß für elsaß-lothringische Angelegenheiten besondere Bundesratssitzungen anberaumt wurden. Es mögen im Jahre 1871 etwas über 10 gewesen sein, im Jahre 1872 vor Schluß der Session des Deutschen Bundesrats (9. März) 3 Sitzungen.

In der Sitzung vom 21. Februar 1871 vollzog der Bundesrat die Wahlen für die Ausschüsse III—VIII sowie die für die Geschäftsordnung und für die Verfassung. Die Mitglieder des I. und II. Ausschusses (für das Landheer und die Festungen und für das Seewesen) ernennt der Bundesfeldherr mit Ausnahme des ständigen Mitglieds für Bayern im I. Ausschusse. Die zuerst genannten Ausschüsse wurden in folgender Weise zusammengesetzt:[2])

III. Ausschuß für Zoll- und Steuerwesen. Preußen: der Staats- und Finanzminister Camphausen, und in dessen Behinderung der Generaldirektor der indirekten Steuern Hasselbach, Bayern: der Ministerialrat Berr, Sachsen: der Appellationsgerichtspräsident Klemm, Württemberg: der Ober-Finanzrat Riecke, Baden: der Ministerialrat Eisenlohr, Mecklenburg-

[1]) Vgl. hinsichtlich der Sitzungen des Bundesrats für Elsaß-Lothringen die „Norddeutsche Allgemeine Zeitung" Jahrg. 1871 Nr. 154, 158, 219, 229, 257, 289, 302, Jahrg. 1872 Nr. 5, 22, 33.

[2]) Vgl. die „National-Zeitung" Nr. 98 vom 26. Februar 1871, Nr. 118 vom 10. März 1871, Nr. 493 vom 21. Oktober 1871 und die „Norddeutsche Allgemeine Zeitung" Nr. 48 vom 25. Februar 1871, Nr. 60 vom 11. März 1871, Nr. 248 vom 24. Oktober 1871.

Schwerin: der Ober-Zolldirektor Oldenburg, Braunschweig: der Geheime Rat v. Liebe.

IV. Ausschuß für Handel und Verkehr. Preußen: der Staatsminister Delbrück, und in dessen Behinderung der Ministerialdirektor v. Philipsborn, der Ministerialdirektor Moser, der Unterstaatssekretär Bitter, Sachsen: der Geheime Regierungsrat Schmalz, Württemberg: der Minister des Innern v. Scheurlen, und in dessen Behinderung der Regierungsrat Bätzner, Baden: der Ministerialrat Eisenlohr, Hessen: der Geheime Legationsrat Hofmann, Reuß jüngerer Linie: der Staatsminister v. Harbou, Hamburg: der Bürgermeister Dr. Kirchenpauer.

V. Ausschuß für Eisenbahnen, Post und Telegraphen. Preußen: für Post- und Telegraphensachen: der Generalpostdirektor Stephan, für Eisenbahnen: der Ministerialdirektor Weishaupt, Bayern: der Staatsminister des Handels und der öffentlichen Arbeiten v. Schlör, und in dessen Behinderung der Ministerialrat Berr, Baden: der Ministerialrat Eisenlohr, Hessen: der Geheime Legationsrat Hofmann, Großherzogtum Sachsen: der Geheime Staatsrat Stichling, Oldenburg: der Staatsminister v. Roessing, Lübeck: der Ministerresident Dr. Krüger.

VI. Ausschuß für Justizwesen. Preußen: der Staats- und Justizminister Dr. Leonhardt, und in dessen Behinderung der Geheime Ober-Justizrat Dr. Falk, Bayern: der Staatsminister der Justiz v. Lutz, Sachsen: der Appellationsgerichtspräsident Klemm, Württemberg: der Justizminister v. Mittnacht, Braunschweig: der Geheime Rat v. Liebe, Schwarzburg-Rudolstadt: der Staatsminister v. Bertrab, Lübeck: der Ministerresident Dr. Krüger.

VII. Ausschuß für Rechnungswesen. Preußen: der Staats- und Finanzminister Camphausen, und in dessen Behinderung der Präsident der Seehandlung Günther und der Generaldirektor der indirekten Steuern Hasselbach, Bayern: der Staatsminister der Finanzen v. Pfretzschner, und in dessen Behinderung der Ministerialrat Berr, Sachsen: der Geheime Regierungsrat Schmalz, Württemberg: der Ober-Finanzrat Riecke, Hessen: der Geheime Legationsrat Hofmann, Mecklenburg-Schwerin: der Staatsminister v. Bülow, Braunschweig: der Geheime Rat v. Liebe.

VIII. Ausschuß für die auswärtigen Angelegenheiten. Bayern: der außerordentliche Gesandte und bevollmächtigte Minister Freiherr Pergler v. Perglas, Sachsen: der Staatsminister Freiherr v. Friesen, Württemberg: der außerordentliche Gesandte und bevollmächtigte Minister Freiherr v. Spitzemberg, Baden: der Staatsminister v. Freydorf, Mecklenburg-Schwerin: der Staatsminister v. Bülow.

Ende Oktober 1871 verlautete, der Finanzminister habe den Vorsitz im Finanzausschusse des Bundesrats aufgegeben, weil sich dies mit seiner Stellung zum Staatsschuldenwesen nicht vereinigen ließe. Ob nicht andere

Motive ausschlaggebend waren, bleibe dahingestellt. Thatsache ist, daß Camphausen sich im Bundesrat niemals recht wohl gefühlt hat und daß Delbrück nichts that, um hierin einen Wandel zu schaffen. Wie erinnerlich,[1]) konnte sich Delbrück nicht entschließen, dem älteren Camphausen ab und zu den Vorsitz im Bundesrat einzuräumen. Ich gebe zu, daß eine solche Uebertragung des Vorsitzes für die geschäftliche Erledigung der Vortragssache keine Förderung gewesen wäre, da Delbrück die Reichsmaterien entschieden besser beherrschte als Camphausen. Indessen kommt es nicht immer auf das rein Sachliche an, und Bismarck that wohl daran, aus Rücksichten der Courtoisie selbst einmal dem bayerischen Gesandten Freiherrn Pergler v. Perglas den Bundesratsvorsitz zu übertragen, wiewohl doch dieser Herr notorisch nicht befähigt war, die Arbeiten einer hochpolitischen Versammlung zu leiten.[2])

Im Laufe der Session wurde noch die Bildung von zwei weiteren Ausschüssen beschlossen: des Ausschusses für Elsaß-Lothringen und des Ausschusses für die Errichtung eines Reichstagsgebäudes.

Die Einsetzung eines besonderen Ausschusses des Bundesrats von 7 Mitgliedern für die elsaß-lothringischen Angelegenheiten wurde in der Sitzung vom 27. Mai beschlossen, als es sich um die Behandlung des Reichstagsbeschlusses wegen Errichtung einer deutschen Universität in Straßburg handelte. Anfänglich war nur eine Zahl von 7 Mitgliedern ohne Stellvertreter in Aussicht genommen. Allein der Umstand, daß dieser Ausschuß in den nächsten anderthalb Jahren unausgesetzt in Thätigkeit sein mußte, ließ die Wahl auch von 2 Stellvertretern als wünschenswert erscheinen. Und zugleich führte dasselbe Motiv mit Notwendigkeit dahin, als Mitglieder oder Stellvertreter dieses Ausschusses nur solche Staaten zu wählen, welche durch ständige Gesandtschaften in Berlin vertreten waren, die jeden Augenblick zu nötig werdenden Beratungen zur Verfügung standen. So gingen denn aus der Wahlurne als Mitglieder des Ausschusses hervor: Preußen, Bayern, Sachsen, Württemberg, Baden, Hessen und Braunschweig, als Stellvertreter Mecklenburg und Lübeck.[3])

Ein frommer Wunsch blieb dagegen der von dem Landesökonomie-Kollegium verlangte Bundesratsausschuß für die Landwirtschaft. Der in der 16. Sitzungsperiode des Kollegiums beschlossene Antrag: den Minister für die landwirtschaftlichen Angelegenheiten um seine Einwirkung dahin zu bitten, „daß im Falle

---

[1]) Auf einer parlamentarischen Soirée (vgl. mein Werk: „Fürst Bismarck und die Parlamentarier" Bd. I., 1. Aufl., S. 121) bemerkte der Kanzler, das dienstliche Verhältnis zwischen Delbrück und Camphausen sei oft unerquicklich gewesen. „Delbrück überließ dem älteren Camphausen niemals den Vorsitz, und es kam vor, daß im Bundesrat Camphausen den Standpunkt des preußischen Ministeriums darlegte, Delbrück aber darnach alle siebenzehn preußischen Stimmen gegen Camphausen abgab."

[2]) Vgl. Bd. I. S. 201.

[3]) „National-Zeitung" Nr. 265 vom 9. Juni 1871, Nr. 269 vom 12. Juni 1871.

einer Revision der deutschen Reichsverfassung ein Bundesratsausschuß für Landwirtschaft gebildet werde", wurde dem Bundeskanzler zwar von dem Minister für die landwirtschaftlichen Angelegenheiten vorgelegt, von dem Bundeskanzler ist darauf aber erwidert worden, daß der Fall einer Revision der Reichsverfassung zurzeit nicht vorliege.[1])

Hinsichtlich der Ausschußsitzungen wurde das Verfahren beobachtet, daß den Mitgliedern der Ausschüsse zu deren Beratung eine Einladung, und hinsichtlich der Ausschüsse, welchen die Bevollmächtigten nicht angehörten, eine Benachrichtigung mit der Anheimgabe zuging, der betreffenden Sitzung beizuwohnen. Hinsichtlich des Ausschusses für die auswärtigen Angelegenheiten sollte ein anderes Verfahren Platz greifen, da es den Anschein gewann, als ob derselbe einen Teil seiner Arbeiten in geheimen Sitzungen erledigen wollte.

Den Löwenanteil von den Arbeiten des Bundesrats hatte in der ersten Session des Deutschen Bundesrats Delbrück. Als die nächst fleißigsten Mitglieder wären zu nennen von Preußen: Direktor Hasselbach und Geheimer Justizrat Dr. Falk, von Bayern: Oberst Fries und Ministerialrat Berr, von Sachsen: Geheimer Rat Schmalz, von Württemberg: Ober-Finanzrat Riecke, von Baden: Ministerialrat Eisenlohr, von Hessen: Gesandter Hofmann, von Braunschweig: Geheimer Rat v. Liebe, von den Hansestädten: Ministerresident Dr. Krüger.

Von den 39 Bevollmächtigten zum Bundesrat, welche der ersten Sitzung des Bundesrats beigewohnt haben, wirken jetzt in dieser hohen Körperschaft nur noch Stephan, v. Mittnacht und Riecke mit, 8 von ihnen leben im Ruhestand, nämlich Delbrück, Hasselbach, Weishaupt, Klemm, Hofmann, v. Larisch, v. Flottwell und Höcker, während 3 sich in anderweitigen dienstlichen Stellungen befinden: Falk, Berr und Eisenlohr. —

Im Laufe der Session fielen seitens Bismarcks im Reichstag mehrfach Aeußerungen über den Bundesrat und seine Stellung zu demselben, die hier an bevorzugter Stelle erwähnt werden mögen.

In der Sitzung vom 1. April 1871 erläuterte Bismarck, warum er die Körperschaft „Bundesrat" und nicht Reichsrat benannt habe. „Ich würde unter dem Reichsrat eher nach Analogie des Wortes Staatsrat die Behörde verstehen, die in einem Reiche diejenigen Funktionen ausübt, welche in einem einzelnen Staate der Staatsrat ausübt. Der Bundesrat ist nicht eigentlich eine Reichsbehörde, er vertritt das Reich als solches nicht; das Reich wird nach außen durch Se. Majestät den Kaiser vertreten, das gesamte Volk wird durch den Reichstag vertreten, der Bundesrat ist nach unserer Auffassung recht eigentlich eine Körperschaft, in welcher die einzelnen Staaten zur Vertretung gelangen, die ich nicht als zentrifugales Element, aber als die Vertretung berechtigter

[1]) „National-Zeitung" Nr. 202 vom 30. April 1871.

Sonderinteressen bezeichnen möchte, und wir halten diesem Berufe des Bundesrats gerade das Wort ‚Bundesrat' für entsprechend, während wir befürchtet haben, durch das Wort ‚Reichsrat' die staatsrechtliche Stellung dieser Korporation zu verdunkeln und nicht mit dem richtigen Namen zu bezeichnen."

Das Gegengewicht gegen die Gefahren des allgemeinen Stimmrechts sollte nach der Ansicht Bismarcks nicht in der Einführung des Zweikammersystems gesucht werden. Das haben wir im Bundesrate. „Ich weiß nicht" — führte Bismarck in einer hochbedeutsamen Rede vom 19. April 1871 aus — „was die Herren bewegt, den Bundesrat in den gesetzgebenden Faktoren nicht mitzuzählen; die Verfassung weist ihm die volle Gleichberechtigung an, und wenn ich sage, er wiegt schwerer als ein gewöhnliches erstes Haus, so ist das, weil er zugleich ein Staatenhaus im vollsten Sinne des Wortes ist, in viel berechtigterem Sinne, als was man gewöhnlich Staatenhaus nennt, was zum Beispiel in der Erfurter Verfassung Staatenhaus genannt wurde. Dort stimmte im Staatenhaus nicht der Staat, sondern das Individuum ab; es war jemand ernannt worden — ich weiß nicht, ob auf Lebenszeit oder auf limitirte Dauer —, aber ich erinnere mich genau, er stimmte nicht nach Instruktionen, sondern nach seiner Ueberzeugung ab. So leicht wiegen die Stimmen im Bundesrate nicht; da stimmt nicht der Freiherr v. Friesen, sondern das Königreich Sachsen stimmt durch ihn; nach seiner Instruktion gibt er ein Votum ab, was sorgfältig destillirt ist aus all den Kräften, die zum öffentlichen Leben in Sachsen mitwirken; in dem Votum ist die Diagonale aller der Kräfte enthalten, die in Sachsen thätig sind, um das Staatswesen zu bilden; es ist das Votum der sächsischen Krone, modifizirt durch die Einflüsse der sächsischen Landesvertretung, vor welcher das sächsische Ministerium für die Vota, welche es im Bundesrat abgeben läßt, verantwortlich ist. Es ist also recht eigentlich das Votum eines Staates, ein Votum in einem Staatenhaus. Analog ist es — ich habe Ihnen dies Beispiel von Sachsen nur genannt — in den Hansestädten, in den republikanischen Gliedern: es ist das ganze Gewicht der Bevölkerung einer reichen, großen, mächtigen, intelligenten Handelsstadt, was sich Ihnen in dem Votum der Stadt Hamburg im Bundesrat darstellt, und nicht das Votum eines Hamburgers, der nach seiner persönlichen Ueberzeugung so oder so votiren kann; die Vota im Bundesrat nehmen für sich die Achtung in Anspruch, die man dem gesamten Staatswesen eines der Bundesglieder schuldig ist. Und das halte ich für außerordentlich schwerwiegend, und diese Bedeutung macht sich unbewußt ja in uns längst fühlbar. Einem Votum von fünfundzwanzig einzelnen Herren würden Sie nicht das Ansehen beimessen, dessen der Bundesrat sich glücklicherweise erfreut; aber dem Votum von fünfundzwanzig Staaten, wo jeder der Herren hier einem derselben angehört, und von lauter Staaten, die sich einer freien parlamentarischen Verfassung erfreuen, wo die Abstimmungen der einzelnen recht eigentlich den Ausdruck der Gesamtheit dessen, was man früher sagte, Völker, jetzt will ich nur sagen, Einwohnerschaften für sich haben, dem sind Sie Achtung schuldig in einer andern Weise, und die zollen Sie ihm auch, und die Bevölkerung zollt sie ihm.

„Ich glaube, daß der Bundesrat eine große Zukunft hat, indem er zum erstenmale den Versuch macht der monarchischen Spitze, ohne die Wohlthaten der monarchischen Gewalt — oder der hergebrachten republikanischen Obrigkeit — dem Einzelstaat zu nehmen, und in seiner höchsten Spitze als föderatives Kollegium sich einigt, um die Souveränität des gesamten Reichs zu üben; denn die Souveränität ruht nicht beim Kaiser, sie ruht bei der Gesamtheit der verbündeten Regierungen. Es ist das zugleich nützlich, indem die — nennen Sie es Weisheit oder Unweisheit von fünfundzwanzig Regierungen unvermittelt in diese Beratungen hineingetragen wird, eine Mannigfaltigkeit von Anschauungen, wie wir sie im Einzelstaate niemals gehabt haben. Wir haben, so groß Preußen ist, von den kleineren und kleinsten Mitgliedern doch manches lernen können; sie haben umgekehrt von uns gelernt. Es sind fünfundzwanzig Ministerien oder Obrigkeiten, von denen jede unverkümmert in ihrer Sphäre die Intelligenz, die Weisheit, die dort quillt, an sich saugt und im Bundesrat selbständig von sich zu geben berechtigt ist ohne irgend eine Beschränkung, während der Einzelstaat sehr viele Hemmnisse hat, die die Quellen auch da, wo sie fließen möchten, stopfen. Es ist nur ein einziger Verschluß, der die ganze Aeußerung der einzelnen Staatsgewalt hemmen oder frei lassen kann, mag er nun in dem Majoritätsvotum eines Ministeriums bestehen, oder mag er in dem Willen des Landesherrn bestehen. Es ist das ein Verschluß, der der Minorität des Ministeriums, die nicht zur Geltung gekommen ist, oder demjenigen Ministerium, welches sich mit dem Landesherrn für den Augenblick nicht in Einklang zu setzen vermochte, den Mund schließt, während hier fünfundzwanzig Oeffnungen sind, die offen bleiben, wenn sie nicht fünfundzwanzigfach verschlossen werden.

„Kurz, ich kann Ihnen aus meiner Erfahrung sagen, daß ich glaube, in meiner politischen Bildung durch die Teilnahme an den Sitzungen des Bundesrats, durch die belebende Friktion der fünfundzwanzig deutschen Zentren mit einander, erhebliche Fortschritte gemacht zu haben und zugelernt zu haben. Deswegen möchte ich Sie bitten, tasten Sie nicht den Bundesrat an! Ich sehe eine Art von Palladium für unsere Zukunft, eine große Garantie für die Zukunft Deutschlands gerade in dieser Gestaltung — es ist ja möglich (man sieht nicht in die Zukunft), daß ich zu rosig sehe; aber ich hoffe das Gegenteil."

In einer Reichstagsrede vom 4. November 1871 bemerkte Bismarck in Bezug auf die Beschwerde des Abgeordneten v. Hoverbeck, daß der Reichstag nicht gleichberechtigt mit dem Bundesrat in Bezug auf die Kriegserklärung sei: „Ich habe bisher nicht befürchtet, daß diese starke Bürgschaft der Friedfertigkeit des neuen Kaisertums, die darin gegeben ist, daß der Kaiser dem unbeschränkten Rechte der Kriegserklärung, wie er es in seiner früheren Stellung gehabt hat, entsagte, — daß diese starke Bürgschaft gegen jeden mutwilligen Angriffskrieg, die darin liegt, daß die Zustimmung des Bundesrats durch die neue Verfassung gefordert ist, — daß diese Bürgschaft jemals zu einem Argument gegen uns angewendet werden könnte, zu einem Argument, welches auf der Voraussetzung beruht, daß eine leichtfertige Kriegslüsternheit doch die Oberhand in der Reichsregierung erhalten könnte. Dagegen liegt die Bürgschaft in dem verfassungsmäßigen Bedürfnis der Zustimmung des Bundesrats. Aber diese Berechtigung des Bundesrats steht noch lange nicht auf gleicher Linie mit der Berechtigung, welche der Abgeordnete v. Hoverbeck für den Reichstag verlangt. Der Bundesrat kann durch sein verfassungsmäßiges Recht die Mobilmachung noch nicht hindern, er kann nur die Kriegserklärung hindern, die Vorbereitung zu dem Kriege, dessen Notwendigkeit der Kaiser eingesehen hätte, kann der Bundesrat nicht hindern; nur zu dem wirklichen Akt der Kriegserklärung, wo es sich nicht etwa um einen Verteidigungskrieg, der durch Angriffe des Gebietes von selbst als notwendig aufgedrängt ist, handelt, nur zu diesem wirklichen Akt hat der Bundesrat die Mitwirkung. Es würde daher für den Reichstag das sehr viel weitergehende Recht in Anspruch genommen werden, schon die Mobilmachung zu hindern, die mit Verwendung des Staatsschatzes ausgeführt werden kann. Dabei ist der erhebliche Unterschied noch in Betracht zu ziehen, daß diese hohe Versammlung öffentlich verhandelt, daß hier kein Wort zur Erlangung der Bewilligung gesprochen werden kann, das nicht in ganz Europa widerhallt, während im Bundesrate die Notwendigkeit einer Kriegserklärung diskutirt werden kann, ohne daß die Wahrscheinlichkeit vorhanden ist, daß das die Wände des Beratungszimmers überschreitet, wo alle das Interesse zu schweigen haben, und Zuhörer, die kein Interesse daran zu haben brauchen, unzulässig sind. Das ist ein sehr erheblicher Unterschied; der Bundesrat ist in dieser Beziehung nur ein etwas erweitertes Kabinet."

Von eminenter Bundesfreundlichkeit waren die Worte diktirt, die Bismarck am 17. November 1871 im Reichstag fallen ließ, als ihm zugemutet wurde, das im Bundesrat zu stande gekommene Kompromiß, wonach das Bildnis des Landesherrn auf den Goldmünzen erhalten bleiben sollte (das Gegenteil wollte der Antrag Münster), aufzugeben. „Diese Aufgabe haben wir uns auch im Bundesrate gestellt, nicht durch theoretische Verfassungsfragen die Nachgiebigkeit, die der eine gegen die Ueberzeugung des andern hat, und die in Deutschland nie so sehr groß ist, auf die Probe zu stellen. Wenn die übrigen Bundesregierungen erleben, daß die preußische Regierung, nachdem man wochenlang verhandelt und nach sorgfältiger und schwieriger Arbeit ein Kompromiß zu stande gebracht hat, von ihrem Anteile an diesem Kompromiß, von ihrer Zusage durch das Reichstagsvotum sich entbinden läßt, dann verliere ich das Vertrauen des Bundesrats, dessen ich im Schoße des Bundesrats bedarf, um Kompromisse der Art zu stande zu bringen. Ich muß daher gestehen, daß ich außer stande sein würde, wenn die Sache an den Bundesrat zurückkäme, den übrigen Regierungen nicht Wort zu halten, und das Vertrauen auf das künftige Verhalten Preußens wiegt meines Erachtens schwerer als die Frage, welche hier zur Sprache kommt."

In der Presse wurde insbesondere das tiefe Amtsgeheimnis bekrittelt, in das sich der Bundesrat [1]) zu hüllen beliebte: Die Oeffentlichkeit sei, so argumentirte die „National-Ztg." in der Nr. 196 vom 27. April 1871, die allein gesunde Luft für parlamentarische Verhandlungen, nur mit der Oeffentlichkeit lasse sich das Zutrauen erwerben, nur durch sie die Grundlage für fruchtbare Verhandlungen schaffen. „Das Geheimnis des Bundesrats erstreckte sich sogar auf die Vorlagen, Anträge und Beschlüsse; öffentlich werden nur die letzten Redaktionen, und der Bundesrat gibt sich das Ansehen einer einheitlichen Regierung. Nur wenige sind durch den Umgang mit freimütigen Bundesräten begünstigt, sonst gelangen nur auf offiziösem Wege halbe und ungenaue Nachrichten an das Publikum, was die Wohlthat der Oeffentlichkeit keineswegs ersetzt. Der Bundesrat treibt mehr Geheimniskrämerei, als der Bundestag in den letzten Jahren seines Bestehens dies gethan. Die Verfassung gestattet den Regierungen, welche in der Minderheit geblieben, ihre abweichende Ansicht zu vertreten, aber auch von diesem Rechte ist, mit Ausnahme von einem oder einigen wenigen Fällen, im Norddeutschen Bunde kein Gebrauch gemacht worden. Diese Geheimniskrämerei ist an sich schädlich und nimmt jedenfalls dem Bundesrate den Wert, ein Oberhaus zu ersetzen. Wenn Fürst Bismarck an derartiges denkt, so sollte er dem Bundesrat vor allem die erste Voraussetzung: Oeffentlichkeit, verschaffen."

In einem fernern Artikel (Nr. 502 vom 26. Oktober 1871) stellte dasselbe Blatt die Theorie auf, daß, „soweit der Bundesrat gesetzgebender Faktor ist", er dem Reichstage nicht übergeordnet, sondern koordinirt sei. [2]) Daraus wurde weiter gefolgert, wie unziemlich es sei, daß der Reichstag in zwei kürzlich beschlossenen wichtigen Fragen nicht einer Mitteilung darüber gewürdigt worden sei, welche Stellung der Bundesrat dazu eingenommen habe. „Der Reichstag faßt seine Beschlüsse nicht ad usum Delphini, sondern in Erwartung des Beitritts des andern Faktors, und es erfordert schon das Gebot der Schicklichkeit, daß dieser andere Faktor sich über den Beitritt erklärt. Die Protokolle des Bundesrats, welche an Dürftigkeit die früher veröffentlichten des 1866 verblichenen Namensvetters noch weit übertreffen, geben in dieser Beziehung gar

---

[1]) Hinsichtlich der Publikation der elsaß-lothringischen Bundesratsverhandlungen wurde es nicht anders gehalten als bezüglich jener des Deutschen Bundesrats. Die Mitteilungen über den Verlauf der einzelnen Sitzungen des Bundesrats für Elsaß-Lothringen waren aber entschieden noch dürftiger als die des Bundesrats des Reichs.

[2]) Weiter ausgeführt und gegenüber verschiedenen Angriffen verteidigt wird dieser Satz in der „National-Zeitung" Nr. 511 vom 1. November 1871.

keine Auskunft. Die Entwicklung unseres verfassungsmäßigen Lebens verlangt es, daß das Verhältnis zwischen Bundesrat und Reichstag, wie es sich gebührt, geregelt werde." [1])

Ein Körnchen Wahrheit war in diesen Ausführungen, deren Berechtigung der Bundesrat selbst nicht verkannte, wie wir dies weiter unten sehen werden.

---

[1]) Ein Votum des Staatsrechtslehrers v. Rönne, betreffend die Verantwortlichkeit der Einzelregierungen gegen ihre Landesvertretung wegen der Abstimmung im Bundesrate, findet sich abgedruckt in der „National-Zeitung" Nr. 62 vom 7. Februar 1872.

II. Abschnitt.

Die neuen Mitglieder des Bundesrats.

Bevor wir uns den Arbeiten des Bundesrats zuwenden, wollen wir uns die nicht bereits dem Norddeutschen Bundesrat und dem Zollbundesrat angehörenden Mitglieder dieser Körperschaft etwas näher ansehen.

1. Preußen.

Generalmajor Klotz[1])

(geboren 23. September 1812, gestorben 8. April 1872)

bekleidete die Stelle eines Bevollmächtigten zum Bundesrat nur vom Februar bis Mai 1871 in Abwesenheit und in Vertretung des Direktors des Allgemeinen Kriegsdepartements v. Podbielski. Politisch ist derselbe wenig hervorgetreten; er war von Kopf bis zu Fuß Royalist.

Unterstaatssekretär Bitter

(geboren 8. Oktober 1811, gestorben 20. Mai 1880).

Universitätsstudium in Berlin und Bonn, 1834—1845 bei der Regierung in Posen, 1845 Regierungsrat in Merseburg, 1847—1848 in Cöln, 1848 Geheimer Finanzrat im Finanzministerium, 1855 Geheimer Ober-Finanzrat, wesentlich mit der Reform der Grundsteuergesetzgebung und Einführung der klassifizirten Einkommensteuer beschäftigt. Nach 1861 Direktor der neu errichteten Zentraldirektion zur Regelung der Grundsteuer, 1866 Direktor der IV. Abteilung des Finanzministeriums (Verwaltung der direkten Steuern), 1869 Unterstaatssekretär im Ministerium des Innern, Mai 1873 Präsident der Seehandlung, 1872 aus Allerhöchstem Vertrauen zum Mitglied des Herrenhauses ernannt und in den Adelstand erhoben. Der Nekrolog desselben in der „Post“ Nr. 138 vom 23. Mai 1880 rühmt seine reiche Geschäftskenntnis, seine Thätigkeit und Energie, seinen streng rechtlichen, ehrenwerten Charakter und seine hervorragenden Leistungen in der preußischen Verwaltung.

---

[1]) Julius Klotz, 1848 Hauptmann, 1853 Kommandeur der 3. Pionierabteilung in Magdeburg, 1856 Ingenieur-Offizier vom Platz in Neiße, 1858 Lehrer an der Kriegsakademie, 1861 Oberstlieutenant, 1864 Oberst, 1868 Generalmajor, während des Feldzugs 1870/71 zum Kriegsministerium kommandirt zur Vertretung des Direktors des Allgemeinen Kriegsdepartements, 1871 Generallieutenant, 1872 zur Disposition gestellt.

Geheimer Ober-Justizrat Dr. Falk[1])

(geboren 1827)

verdankte sein Ministerportefeuille hauptsächlich der Sachkunde und Eleganz, mit der er im Jahre 1871 das von der Regierung eingebrachte Haftpflichtgesetz verteidigt hatte. Falk war, bevor er Minister wurde, vortragender Rat im Justizministerium und wohnte als solcher im Geheimratsviertel drei Treppen hoch. Eines Tages schellte es an seiner Thür; ein großer Mann stand davor und ließ sich melden. Es war Bismarck, dem Falk für den Posten als Kultusminister empfohlen und der gekommen war, um persönlich wegen der Uebernahme des Ministeriums mit Falk zu verhandeln.

Daß Falk Bismarck als Kultusminister genehm war, genügte dem Kaiser aber nicht; er forderte noch das Gutachten des Kriegsministers v. Roon ein, das dieser unterm 20. Januar 1872 erstattete. In seinem Berichte machte Roon zunächst die verlangten Angaben über die einzelnen Abstimmungen des Abgeordneten Falk in der Militärfrage (Falk war im preußischen Abgeordnetenhause Mitglied der Fraktion Mathis und damit der gemäßigten Opposition gewesen) und fuhr dann fort: „Dr. Falk gehört unter allen Umständen zu denjenigen, welche, durch die Erfolge der Reorganisation längst mit derselben ausgesöhnt, offenbar zu einer größeren politischen Reife gelangt sind, so wie er auch stets zu den Männern zu zählen war, welche selbst da, wo sie irrten, einer ernsten, gewissenhaften Ueberzeugung folgten, zu denjenigen, welche, Feind jeder Frivolität und persönlichen Gehässigkeit, ihre Meinungen stets mit angemessener Würde und einer anerkennenswerten Ruhe zu vertreten wußten."

Wie Dr. v. Mühler ohne ein bestimmtes Programm gegangen war, so war Dr. Falk ohne bestimmtes Programm gekommen. Das Regierungsprogramm lag verschlossen in der Brust des Reichskanzlers, der vielleicht selber noch nicht wußte, wie weit er, von den Thatsachen getrieben, gehen würde.[2]) Die Berufung Falks hatte nur den einen offenkundigen und ausgesprochenen Zweck Bismarcks, dem Vorgehen der Staatsregierung in der unvermeidlich gewordenen Auseinandersetzung mit der Kurie Stetigkeit und Entschiedenheit zu sichern.[3]) Die Frage, inwieweit Bismarck der Faktor des Kulturkampfes gewesen ist, an

---

[1]) In Schlesien geboren, besuchte derselbe das Friedrichs-Gymnasium zu Breslau, studirte daselbst 1844—1847, trat 1847 in den preußischen Justizdienst, wurde 1861 Staatsanwalt am Kammergericht und Hilfsarbeiter im Justizministerium, 1862 Appellationsgerichtsrat in Glogau, 1868 Geheimer Justizrat und vortragender Rat im Justizministerium. Er gehörte 1858—1861 dem Abgeordnetenhause an, 1867 dem konstituirenden Norddeutschen Reichstage und wurde auch als Minister 1873 für das Abgeordnetenhaus und für den Reichstag gewählt. Er war Mitglied der Deutschen Reichspartei. Kultusminister vom 22. Juni 1872 bis 30. Juni 1879, gegenwärtig Präsident des Oberlandesgerichts in Hamm.

[2]) Vgl. Majunke, „Geschichte des Kulturkampfes" S. 213.

[3]) Kohl, Bismarckreden Bd. XII. S. 14.

welchen Maßregeln er ganz unbeteiligt war und zu welchen er den Minister Dr. Falk gedrängt hat, läßt sich — solange die betreffende amtliche Korrespondenz noch nicht veröffentlicht ist — nicht entscheiden.[1] Nur so viel kann man sagen, daß die bisherigen Auffassungen hierüber als sehr schiefe bezeichnet werden müssen. Bismarck selbst hat sich über seinen Anteil an den Kulturkampfgesetzen wiederholt geäußert, am schärfsten in der Reichstagssitzung vom 3. Dezember 1884,[2]) wo derselbe bemerkte: „Ich war, als die Maigesetze entstanden, gar nicht in Berlin anwesend, ich war nicht Ministerpräsident. Sie werden finden, daß unter den Gesetzen meine Unterschrift ex post erfolgte. Sie steht hinter der des Ministerpräsidenten Grafen Roon, er steht als Ministerpräsident unterschrieben, und meine Unterschrift wurde von mir zum Teil unter dem Druck der Kabinetsfrage verlangt. Es gilt dies auch von dem Zivilstandsgesetze, welches mir am meisten gegen den Strich ging, das ich notgedrungen unterschreiben mußte;[3]) ich selbst war krank, mehrere Minister waren bereit, abzugehen, und ich war nicht im stande, sie zu ersetzen. Ich war auch nicht geneigt, den Kampf überhaupt aufzugeben. Ich kann nicht leugnen, daß ich über die Details, über die juristische Ausführung der Gesetze verwundert und nicht angenehm überrascht war, aber ich mußte die Gesetze nachher nehmen, wie ich sie fand. Etwas anderes sind die Junigesetze von 1875, die ein paar Jahre später erlassen wurden. Bei diesen bin ich vollständig beteiligt gewesen und übernahm die volle Verantwortung für die Verfassungsänderung, zu der ich meine damaligen Kollegen, die vor dem Worte ‚Verfassung' eine Scheu empfanden, die über meine damalige Empfindung hinausging, nur schwer bewegen konnte; namentlich mein damaliger Kollege Dr. Falk machte am längsten Opposition gegen alles, was Verfassungsänderung hieß."

In demselben Sinne schrieb die „Norddeutsche Allgemeine Zeitung": „Später ist allerdings Fürst Bismarck für die Ziele der Falkschen Gesetze eingetreten. Nachdem die Maigesetze, hervorgegangen aus der Initiative des Ministers Falk, von dem Staatsministerium acceptirt worden waren, blieb nur die Alternative übrig zwischen einem Ministerwechsel und einem einmütigen Vorgehen der Minister." Sicherlich ist angesichts der dokumentarisch bewiesenen Thatsachen die zur Abwehr eigener Schuld in der Zentrumspresse verbreitete Behauptung, daß der preußische Kulturkampf in dem vatikanischen Konzil seinen Ausgang

[1]) Majunke (Geschichte des Kulturkampfes) schiebt Bismarck die Initiative zu bezüglich der Aufhebung der katholischen Abteilung, ferner bezüglich des Schulaufsichtsgesetzes und des Jesuitengesetzes. Dagegen spricht er ihn frei bezüglich des Lutzschen Strafparagraphen und des Zivilehegesetzes, das Bismarck „aus Fürsorge für die protestantische Kirche" nicht haben wollte. Mit der Feder hat Bismarck den Kampf geführt in dem Streit mit dem Bischof von Ermeland (S. 282). Vergl. über die ganze Frage auch „Unsere Minister seit 1862" S. 101.

[2]) Kohl, Bismarckreden Bd. X. S. 307.

[3]) Bismarcks Reichstagsrede vom 30. November 1881 (Kohl, Bd. IX. S. 172).

genommen habe, in das Gebiet der Geschichtsfälschungen zu verweisen. Trotz des unaufhörlichen Drängens des Gesandten von Arnim, wofür sich in den Akten zahlreiche Belege vorfinden, hat die preußische Regierung eine strikte Zurückhaltung in dieser dogmatischen Frage für angezeigt gehalten und durch dieselbe keine Trübung ihres bisherigen guten Verhältnisses zum Papst eintreten lassen. Eine solche ist erst erfolgt durch die in den später veröffentlichten Depeschen charakterisirte Verstimmung gegenüber der römischen Diplomatie, nachdem die Kurie sich geweigert hatte, der Regierung gegen die Angriffe des zunächst noch mit Mißbrauch der päpstlichen Autorität auftretenden Zentrums beizustehen. Der ganze weitere Verlauf der Angelegenheit zeigt aber, daß es sich seitens des Reichskanzlers in dem Kulturkampf nur um eine Unterbrechung des Friedens, um einen zeitweisen Kriegszustand handelte, keineswegs aber darum, den letzteren zu einer dauernden Institution zu gestalten, und daß der Beginn des Kampfes identisch ist mit der Parteinahme der päpstlichen Politik für das Zentrum und mit dem Bündnis zwischen dem Papste Pius IX. und dieser regierungsfeindlichen Partei. Von derselben war in Rom der Kampf gegen die Regierung im April und Mai 1871 vorbereitet worden; der eigentliche Anfang desselben datirt vom 23. Juni 1871, an welchem Tage der Kardinal-Staatssekretär Antonelli dem Grafen Tauffkirchen gegenüber es ablehnte, dem feindlichen Auftreten des Zentrums gegen das Reich Einhalt zu gebieten. Dieser Akt der Feindseligkeit seitens der Kurie wurde von der preußischen Regierung durch die Ordre vom 8. Juli 1871 erwidert, durch welche die katholische Abteilung im Kultusministerium aufgehoben wurde. In dieser Weise begann eine durch diplomatische Verhandlungen mit dem Verlauf in pejus sich vorbereitende Kampfperiode, die mit dem Zeitpunkt abschloß, als infolge des Regierungswechsels auf dem päpstlichen Thron die Wiederherstellung des Friedens versucht und angebahnt werden konnte.

Es darf nicht unerwähnt bleiben, daß der Reichskanzler wiederholt den Konservativen vorgehalten hat, wie ganz anders ohne ihren Abfall der Kulturkampf (und die Reichsgesetzgebung) sich gestaltet haben würde. Von der konservativen Partei verlassen, mußte die Regierung anderweitig die Unterstützung suchen, deren sie zur Erhaltung und Belebung der neuen Reichsinstitutionen bedurfte, und sie fand sie bei den Nationalliberalen. In Verbindung mit diesen aber war sie genötigt, den Kampf gegen den Ultramontanismus nach einer andern Taktik zu führen, als sie es an der Spitze der konservativen Partei gekonnt hätte. Als Fürst Bismarck mit Dr. Falk in Konflikt kam, dem er nicht bis zum Zivilehegesetz folgen wollte, dessen Drohung mit Demission er aber nachgab, schrieb er in einem Privatbriefe an Herrn v. T.: „Auf Ihr gefälliges Schreiben, in welchem Sie Ihren Gedanken bezüglich der Wirkungen der Zivilstandsgesetze einen erneuerten Ausdruck geben, beehre ich mich ergebenst zu erwidern, daß in dem Stadium, in welchem sich die Angelegenheit befindet, eine mündliche Erörterung derselben mit mir zu einem praktischen Resultat nicht führen kann. Auf einzelne Ihrem Standpunkte entsprechende Modalitäten des Gesetzes einzugehen, wäre seinerzeit gewiß thunlich, aber mit Erfolg doch nur für einen Minister möglich gewesen, der sich auf die Unterstützung einer starken, konservativen Partei hätte berufen können. Ich glaubte bis zur Beratung des Schulaufsichtsgesetzes in diesem Falle zu sein, habe mich aber von meinem Irrtum überzeugt und meinen praktischen Wirkungskreis dieser Erfahrung entsprechend eingeschränkt."

Das eine steht fest, wo immer es nötig war, trat Bismarck mit dem vollen Gewicht seiner Person für Falks Politik ein, insbesondere auch für dessen Spezialgesetze im Herrenhause.[1]) Im Streit mit dem Bischof von Ermeland führte Bismarck eine Zeit lang selbst die Feder.[2]) Natürlich ging es nicht immer ohne lebhafte Auseinandersetzungen der beiden Staatsmänner ab. Einmal erklärte Dr. Falk rundweg: „Nun, dann bitte ich um meine Entlassung." Bismarck goß Oel ins Wasser: „Wir werden doch noch unsern Meinungsverschiedenheiten Ausdruck geben dürfen!"

Der Konflikt mit der katholischen Kirche ist allerdings nicht zu Gunsten des großen Staatsmannes ausgeschlagen, aber das Experiment war von vornherein verfehlt. Die Gehilfen des Kanzlers, Falk, Dove, Friedberg, Hinschius, Gneist und so weiter, hatten ihm ein sehr kompliziertes System von Zwangsmaßregeln gegen die katholische Kirche aufgebaut, das thatsächlich nicht durchzuführen war. Die Opposition dagegen wurde immer größer und die Zahl der Zentrumsmandate nahm bei jeder Neuwahl zu. Der Kanzler selbst hatte beim Beginne des Streites nur nationale und politische, nicht aber kirchliche Ziele; er hätte den Sieg über die Ultramontanen ebenso davongetragen wie über die Liberalen, wenn dieser Gesichtspunkt konsequent im Auge behalten und nicht im weitern Verlauf des Kampfes vom Liberalismus gefälscht worden wäre. Die Ultramontanen würden heute mindestens ebenso schwach sein wie die Deutschfreisinnigen, wenn man sie nur vom politisch-nationalen Standpunkte aus bekämpft, die katholische Kirche aber in Ruhe gelassen hätte. Sobald die Religion mit in Frage kam, ließ sich die Ergebnislosigkeit des Unternehmens voraussehen, denn die siebenzehn Millionen Katholiken Deutschlands bilden eine große politische, materielle und soziale Macht, die, wenn sie einig und geschlossen auftritt, nicht überwunden werden kann.[3])

Je mehr die Kulturfriedensstimmung überhand nahm, um so schwieriger

---

[1]) Majunke a. a. O., S. 310. Im November 1875 besuchte Falk Bismarck in Varzin. In einem Briefe Bismarcks an v. Bülow, d. d. 21. Dezember 1877, kommt folgende Stelle vor: „In Bezug auf Falk bin ich ganz derselben Ansicht wie Camphausen (welche nicht bekannt), aber es bleibt immer eine Kalamität, wenn er nervös gemacht wird."

[2]) Majunke a. a. O., S. 382.

[3]) Unsere Minister seit 1862 S. 100.

wurde natürlich die Stellung Falks. Seit 1878 war sein Rücktritt nur eine Frage der Zeit. Unter den veränderten Verhältnissen ragte seine Erscheinung wie eine vergessene Standarte auf einem vom Feinde geräumten Schlachtfelde hervor.[1])

Nach dem Hödelschen Attentate (11. Mai 1878) bemerkte der Kaiser beim Empfange des Staatsministeriums, es komme jetzt besonders darauf an, „daß die Religion dem Volke nicht verloren gehe". Diese Worte hatte Falk als ein Mißtrauensvotum gegen sich aufgefaßt und schon damals den Entschluß kundgegeben, seine Entlassung als Minister zu nehmen.[2]) Da Bismarck vorläufig an einem Wechsel im Kultusministerium nichts gelegen war,[3]) so wurde das Demissionsgesuch Falks abgelehnt. Daß die Kissinger Verhandlungen von Bismarck mit Monsignore Masella ohne Hinzuziehung seiner Person geführt worden waren, mußte ihn in seinen früheren Entschließungen bestärken.[4]) Vollends sah er den Boden unter sich wanken, als der Kaiser die Berufung von zwei bestimmten Geistlichen, in denen Falk ausgesprochene Gegner der von ihm erstrebten Richtung sah, in den Evangelischen Oberkirchenrat verlangte. Der Vizepräsident des Staatsministerums Graf Stolberg suchte eine Lösung im Sinne Falks herbeizuführen, war aber nicht zum Ziele gelangt und bat den Finanzminister Hobrecht, der am 17. Dezember 1878 noch zum Besuche Bismarcks nach Friedrichsruh fuhr, diese Angelegenheit bei dem Fürsten zur Sprache zu bringen. Der in später Nachtstunde erstattete Vortrag der Falkschen Streitfrage erweckte Bismarcks stärksten Unwillen. Er schalt heftig über den Eigensinn der einen, die Ungeschicklichkeit der anderen hierbei beteiligten Personen; Hobrecht war über die ihm fremde Angelegenheit zu wenig informirt, um befriedigende Aufklärungen geben zu können, und beschränkte sich darauf, hervorzuheben, wie sehr alle Minister die Beilegung des drohenden Konflikts wünschen müßten und nur von seiner (des Fürsten) Vermittelung hoffen könnten. Der Fürst öffnete die Thür eines angrenzenden Zimmers, in dem Graf Herbert wohnte, rief seinen Sohn und bat ihn, ihm als Schreiber zu dienen. Auf und ab schreitend diktirte er seinem Sohne, während Hobrecht, eine Cigarre nach der andern rauchend, zuhörte, erfüllt mit staunender Bewunderung der schöpferischen Kraft und Leistungsfähigkeit Bismarcks.

Falks Rücktritt erfolgte am 13. Juli 1879 (am 30. Juni Besuch Falks

---

[1]) Majunke a. a. O., S. 482.

[2]) Majunke a. a. O., S. 417.

[3]) „Falk hatte an mir seine Stütze", diese Worte, die Bismarck einmal dem Grafen Fred Frankenberg gegenüber äußerte, gelten für die ganze Amtszeit des Kultusministers. Angeblich zog Falk auf die Bitten Bismarcks sein Entlassungsgesuch zurück. „Neue Preußische Zeitung" Nr. 131 vom 7. Juni 1878.

[4]) Besprechung Bismarcks mit Falk im August 1878 in Gastein nach den Verhandlungen mit Masella.

bei Bismarck) gemeinsam mit den Ministern Hobrecht und Friedenthal, nachdem sich Bismarck mit dem Zentrum zur Durchberatung des Zolltarifs geeinigt hatte.

Offiziös wurde über seinen Rücktritt geschrieben: [1]) „Der Minister Falk hat die Auffassung des Kanzlers — daß die Beilegung des kirchlichen Konflikts in Aussicht zu nehmen sei — ebenso entschieden geteilt, wie er mit demselben über die Grundlagen eines möglichen Friedens eines Sinnes war. In allen bisherigen Vorverhandlungen über die Einleitungen zu jenem Ziel hat der Kanzler auf das vertrauliche Einverständnis mit dem Kultusminister den größten Wert gelegt und sich desselben durchweg versichert. Als jedoch die Möglichkeit ernster Friedensverhandlungen näher zu treten schien, gab der Minister Falk ungeachtet jenes sachlichen Einverständnisses immer mehr der persönlichen Erwägung und dem Zweifel Raum, ob nach den siebenjährigen heißen Kämpfen, in welchen seine Person stets im Vordergrund der staatlichen Aktion gestanden hatte und deshalb auch der Mittelpunkt aller Angriffe war, er gerade im stande sein werde, auch das Friedenswerk persönlich zu fördern. Dieser Zweifel vor allem hat den Entschluß des Ministers reifen lassen, jetzt aus dem Amte zu scheiden. Wohl mögen noch andere Erwägungen mit Bezug auf die mannigfachen Schwierigkeiten und Meinungskämpfe auf anderen kirchenpolitischen Gebieten, auch in Betreff der evangelischen Kirche, dabei mitgewirkt haben, aber der Minister selbst hat bei der Begründung seines Wunsches vornehmlich jene Seite hervorgehoben und seine Entschließung ungeachtet der erneuten Feststellung seines grundsätzlichen Einverständnisses mit der kirchlichen Politik des Kanzlers aufrecht erhalten."

Darnach hatte sich Minister Falk als ein moderner Curtius geopfert, um den Riß zu schließen, der zwischen Deutschland und Rom bestand.

Ueber Bismarcks Haltung zur Frage des Rücktritts des Kultusministers Falk liegen mehrere neuere Kundgebungen Bismarcks vor. [2])

Am 16. März 1891 (Nr. 64) schrieben die „Hamburger Nachrichten": „In Rückblicken, die einzelne Blätter anläßlich des Wechsels im preußischen Kultusministerium und des Todes Windthorsts auf den Kulturkampf werfen, finden wir die Ansicht vertreten, daß Fürst Bismarck seinerzeit Dr. Falks Rücktritt veranlaßt habe. Das ist nicht richtig. Fürst Bismarck hat vielmehr Falk gehalten, solange es möglich war und es dem Willen des Ministers entsprach; sollte Dr. Falk einmal die Geschichte seines Ministeriums schreiben, so wird er diese Thatsache nur bezeugen können. Dr. Falks Rücktritt ist durch die Empfindlichkeit veranlaßt worden, die seine Behandlung am Hofe, namentlich soweit

---

[1]) Wiermann, „Geschichte des Kulturkampfes" S. 203 f.

[2]) Falk und Bismarck verkehrten auch nach dem Ausscheiden des ersteren aus dem Ministerium. 1. Februar 1880 Besuch Falks bei Bismarck. Ueber einen Brief Falks an die Redaktion der „Deutschen Revue" vom 2. September 1879: „Fürst Bismarck geht nicht nach Canossa, wenn er es vermeiden kann," vgl. die „Post" Nr. 259, 261, 262, 263 von 1879; auch „Eugen Richter im neuen Reichstag", II. Teil S. 135 und 141.

der Einfluß der Kaiserin reichte, in ihm hervorgerufen hatte. Fürst Bismarck war bei der Maigesetzgebung aus Kameradschaft für Falk und im Vertrauen auf ihn mitgegangen, obschon er mitunter anderer Meinung gewesen sein und nicht von allen Einzelheiten Kenntnis gehabt haben mag. Nachdem sich Dr. Falk vom Fürsten Bismarck gegen dessen Wunsch getrennt hatte, wurden seitens des leitenden Ministers allerdings abweichende Meinungen zur Geltung gebracht, aber diese waren von Anfang an die seinigen gewesen; er hatte nur auf ihre Vertretung verzichtet, um einer so hervorragenden Kraft wie Falk so lange als möglich die Führung des Amtes zu überlassen. Als dies nicht mehr möglich erschien, fiel der Zweck jener Zurückhaltung fort und der Fürst vertrat alsdann seine eigenen Ansichten. Es wiederholte sich hier aus denselben Gründen derselbe Vorgang wie beim Abgang Delbrücks: nachdem Fürst Bismarck sich zum Verzicht auf Kollegen genötigt sah, die er ihrer ausgezeichneten Fähigkeiten als Ressortminister wegen so lange als möglich und unter Zurücksetzung eigener Wünsche und Auffassungen unterstützt hatte, ergab es sich von selbst, daß er nunmehr seine eigenen Wege ging."

Ganz in demselben Sinne äußerten sich die „Hamburger Nachrichten" noch Anfangs Januar 1896 unter Bezugnahme auf einen von mir im Dezemberheft der „Deutschen Revue" enthaltenen Aufsatz, betitelt: „Fürst Bismarck und seine Mitarbeiter in der inneren Politik 1862—1878." [1])

Am 27. September 1896 hatte die „Germania" über eine angebliche Aeußerung Falks berichtet, der zufolge dieser seinerzeit vom Fürsten Bismarck unter Angabe bestimmter Gesichts- und Ausgangspunkte die Aufgabe gestellt erhalten habe, mehrere gegen die katholische Kirche in Preußen gerichtete Gesetze auszuarbeiten. Diese Aufgabe sei ihm (Falk) im höchsten Grade unangenehm und bedauerlich gewesen, weil er überzeugt gewesen sei, daß sie ihren Zweck in keiner Weise erfüllen könne. Er habe seine Bedenken dem Fürsten Bismarck mitgeteilt, dieser aber habe darauf bestanden, und so sei ihm (Falk) denn nichts anderes übrig geblieben, als der Aufforderung Folge zu leisten. Demgegenüber waren die „Hamburger Nachrichten" zu der Erklärung ermächtigt, daß diese Mitteilung, soweit sie den Fürsten Bismarck betreffe, vollständig erfunden und erlogen sei. Das Hamburger Blatt hatte hinzugefügt, es bezweifle nicht, daß der Staatsminister Falk dies auf Befragen bestätigen würde.

Der „Westfälische Anzeiger", amtliches Kreisblatt für den Kreis Hamm, hatte sich aus diesem Anlaß an Dr. Falk, um eine Aeußerung bittend, gewandt. Darauf ging demselben nachstehende Antwort desselben zu: „Im Laufe der Jahre sind manche Mitteilungen über meine Thätigkeit als Minister in die Oeffentlichkeit gelangt, welche zu einer Berichtigung geeignet waren. Ich habe

[1]) Notiz in der „Post" Nr. 33 vom 3. Februar 1882, daß die Ernennung des Dr. Falk zum Präsidenten des Oberlandesgerichts zu Hamm mit ausdrücklicher Zustimmung des Fürsten Bismarck erfolgt sei.

eine solche bisher niemals eintreten lassen und gedenke, soweit irgend möglich, bei dieser Haltung zu bleiben. Am wenigsten würde ich sie aus eigener Bewegung einer so unrahmten Mitteilung gegenüber aufgeben, wie es die von der Redaktion in Bezug genommene, kürzlich von der Zeitung „Germania“ gebrachte ist. Allein heute lese ich eine Erklärung der „Hamburger Nachrichten“, welche mich deutlich zu einer Aeußerung über die Mitteilung der „Germania“ auffordert. Wie die Verhältnisse liegen, glaube ich mit der Annahme nicht zu irren, daß solche Aufforderung im Sinne einer von mir besonders hochverehrten Stelle ist. Das legt mir die Pflicht zu einer Aeußerung auf. Dieselbe lediglich auf den Punkt richtend, auf welchen es sachlich ankommt, erkläre ich, daß — wenn auch selbstverständlich im Hinblick auf Besprechungen innerhalb der Staatsregierung — doch die Initiative zu den im Jahre 1872 vorbereiteten, Anfangs 1873 dem Landtage vorgelegten und im Mai desselben Jahres Allerhöchst vollzogenen kirchenpolitischen Gesetzentwürfen von mir und nicht von Sr. Durchlaucht dem Fürsten Bismarck genommen worden ist. Die in meinen Händen befindlichen Schriftstücke zeigen, daß meine formulirten Vorschläge dem Genannten nicht eher zugegangen sind als den übrigen Mitgliedern des Staatsministeriums. Falk.“ [1])

Falks Ernennung zum Mitglied des Bundesrats erfolgte in Versailles; sie wurde Falk am 17. Februar 1871 durch den Minister Delbrück mitgeteilt; an demselben Tage war er auch zum Geheimen Ober-Justizrat befördert worden.

Falks Thätigkeit im Bundesrat bestand im allgemeinen im Vorsitz des Ausschusses für Justizwesen für den durch anderweite Amtsarbeit verhinderten Minister Dr. Leonhardt. Speziell nahm Falk an verschiedenen organisatorischen Arbeiten teil.[2])

---

[1]) Vgl. zu dieser Erklärung: „Frankfurter Zeitung“ Nr. 277 vom 5. Oktober 1896, „Berliner Börsenzeitung“ Nr. 471 vom 7. Oktober 1896, „Schwäbischer Merkur“ Nr. 234 vom 6. Oktober 1896, „Rheinischer Kurier“ Nr. 279 vom 7. Oktober 1896.

[2]) 1. Umgestaltung der Verfassung des Norddeutschen Bundes in die des Deutschen Reichs — auf besondere Veranlassung Delbrücks;

2. Ausdehnung der Zuständigkeit des Ober-Handelsgerichts, namentlich die Bestellung desselben zum höchsten Gerichtshof für Elsaß-Lothringen — Vertretung der Vorlage im Reichstage durch Falk —, sowie Regulativ für den Geschäftsgang des Ober-Handelsgerichts;

3. anderweitige Redaktion des Strafgesetzbuchs vom 31. Mai 1870 und Einführung desselben in Elsaß-Lothringen;

4. Gesetz, betreffend die Rechtsverhältnisse der Reichsbeamten;

5. Gerichtsverfassung von Elsaß-Lothringen, Einnahme- und Pensionsverhältnisse der betreffenden Beamten; Ausdehnung des Gesetzes über Gewährung der Rechtshilfe auf das Reichsland;

6. Einführung von Gesetzen des Norddeutschen Bundes als Reichsgesetze in Bayern.

Andere Aufgaben waren:

7. Unterstützung des bayerischen Antrags auf Einfügung des § 130a (des sogenannten

Am 8. Februar 1872 [1]) teilte Bismarck Falk, der inzwischen (22. Januar 1872) zum Minister ernannt worden war, mit, daß Seine Majestät, Falks Wunsch gemäß, das ihm erteilte Mandat als Bevollmächtigter zum Bundesrat zurückgenommen und an seine Stelle Dr. Friedberg zum Mitglied des Bundesrats ernannt habe.

Der Chef der Admiralität, Staatsminister v. Stosch [2])

(geboren 20. April 1818, gestorben 29. Februar 1896).

Die Amtsthätigkeit Stoschs als Nachfolger Roons, des einzigen preußischen Marineministers, entsprach Bismarcks Wünschen nicht. In vertrauten Kreisen erging sich Bismarck wiederholt über die Unthätigkeit der Marine und die Schwierigkeiten, welche es ihm mache, wenn er ein Schiff in Dienst gestellt haben wolle. „Wenn wenigstens" — sagte Bismarck einmal zu dem Abgeordneten Grafen Fred Frankenberg — „einmal ein Husarenlieutenant Admiral würde, aber immer Infanteristen!" [3]) Selbst die Thätigkeit Stoschs als Generalquartiermeister im französischen Kriege war in den Augen Bismarcks nicht einwandsfrei. In Stoschs Verwaltung fiel der Untergang des „Großen Kurfürsten"; die Einseitigkeit des

Kanzelparagraphen) in das Strafgesetzbuch im Ausschusse des Bundesrats — hier auf besonderen Anlaß des Reichskanzlers — und im Plenum des Reichstags, hier jedoch in geringem Maße;

8. Vertretung des Haftpflichtgesetzes im Reichstage — durch drei Lesungen — unter Beihilfe des späteren Staatsministers Dr. Achenbach;

9. Prüfung mancher Verträge mit dem Auslande, betreffend Auslieferung, Verkehr der Gerichte u. s. w.;

10. Rayongesetz;

11. Prüfung zahlreicher Anträge des Reichstags und von Petitionen.

[1]) In Kohls Bismarck-Regesten nicht erwähnt.

[2]) Stosch, geboren zu Coblenz, trat 1835 als Infanterielieutenant in die Armee ein. 1856 Major im Großen Generalstabe, 1861 Chef des Generalstabes des vierten Armeecorps, 1866 Generalmajor. In dem Kriege gegen Oesterreich war er Ober-Quartiermeister bei der Armee des Kronprinzen Friedrich Wilhelm. Nachdem General v. Stosch in den Jahren 1866—1870 Direktor im Kriegsministerium gewesen, wurde ihm 1870 der Posten eines Generalintendanten des deutschen Heeres übertragen, dazu kam bald eine Verwendung als Generalstabschef bei der Armee des Großherzogs von Mecklenburg, später wurde Stosch Generalstabschef der deutschen Occupationsarmee. 1872 Chef der Admiralität und als solcher zugleich Staatsminister und Mitglied des Bundesrats sowie lebenslängliches Mitglied des Herrenhauses. 1875 wurde er zum Admiral und zum General der Infanterie ernannt. 20. März 1883 Rücktritt von der Marineverwaltung. Nekrologe in „Berliner Tageblatt" vom 2. März 1896, „Berliner Neueste Nachrichten" Nr. 151 vom 29. März 1896 (Leitartikel: „Ein politischer General"). Rückblicke am Schlusse seiner Amtsthätigkeit in der „National-Zeitung" Nr. 122 vom 18. März 1883, Nr. 139 vom 22. März 1883, Nr. 143 vom 25. März 1883.

[3]) Auch Roon war aus der Infanterie hervorgegangen, ebenso Stoschs Nachfolger, Caprivi.

Urteils in dieser traurigen Angelegenheit erleichterte schließlich den Triumph der angegriffenen Verwaltung, des „Systems Stosch", wie man es seit dieser Zeit nannte. Ernste Blätter behaupteten damals, Bismarck habe die leichte Beruhigung des Reichstags in Sachen der Schiffskatastrophe nicht geteilt. „Wir haben eine Flotte" — bemerkte er ein anderesmal dem Abgeordneten Grafen Fred Frankenberg gegenüber — „die nicht fahren kann, und dürfen deshalb keine verwundbaren Punkte in fernen Weltteilen haben." Insofern war das System Stosch daran schuld, daß Bismarck erst verhältnismäßig so spät an die Erwerbung deutscher Kolonien heranging.

Im Jahre 1875 hatte der Chef der Admiralität v. Stosch gegen das Reichskanzler-Amt einen monatelangen Kampf darüber geführt, daß er mit weniger als zweiunddreißig Millionen für den Marineetat nicht durchkommen könne. Nachdem dann durch die von dem Minister Delbrück angerufene verfassungsmäßige Entscheidung des Reichskanzlers die Summe auf achtundzwanzig Millionen ermäßigt war, von denen ungefähr achtzehn Millionen durch vorhandene Restfonds gedeckt und zehn Millionen in den Etat eingestellt wurden, hatte Delbrück die letztgenannte Summe in loyaler Weise und mit Einsetzung seiner ganzen Persönlichkeit im Reichstage verteidigt. Es mußte daher auf das außerordentlichste befremden, daß Stosch auf die bescheidene Aeußerung eines liberalen Abgeordneten in der Budgetkommission, daß die Marine auch mit vierdreiviertel Millionen zufrieden sein könnte, sofort und ohne weiteres eine Ermäßigung um etwa fünfeinviertel Millionen zugestand. Delbrück fühlte sich durch dieses ihn kompromittirende Verhalten seines Kollegen mit Recht verletzt und erklärte dem Reichskanzler, angesichts eines solchen désaveu nicht länger im Amte bleiben zu können. Es gelang indessen dem Fürsten Bismarck, den Minister Delbrück zu beschwichtigen und ihn trotz des gegen ihn von dem Chef der Admiralität gerichteten offenen Angriffs zum Bleiben zu bewegen.

In der Sitzung des Reichstags vom 10. März 1877 machte Bismarck von dieser Differenz mit Stosch Mitteilung. Infolge dieser Rede entstand zwischen Bismarck und Stosch ein offener Bruch, über den sich der erstere auf der parlamentarischen Soirée vom 17. März 1877[1]) ohne Rückhalt äußerte. — Der durch seine (des Kanzlers) Rede beleidigte General habe eine schriftliche Erklärung gefordert, daß der Fürst ihn nicht habe beleidigen wollen, und daß seine Darstellung des Verhältnisses zwischen ihm und dem Chef der Admiralität keine vollkommen zutreffende gewesen sei. Fürst Bismarck machte seinen Gästen gegenüber kein Hehl daraus, daß er die gewünschte Erklärung nicht abgeben werde, da er nicht gesonnen sei, in dem Streite mit Stosch nachzugeben. Bei dieser Sachlage glaubte jedermann, daß der definitive Rücktritt des Generals v. Stosch unvermeidlich sei.

[1]) Vergleiche mein Werk „Fürst Bismarck und die Parlamentarier" Bd. I. (2. Aufl.) S. 128 f.

Der Kaiser hatte aber diesesmal seinen eigenen Willen. Am 25. März lehnte der Kaiser das Entlassungsgesuch des Chefs der Admiralität ab, wie behauptet war, gegen den entschiedenen Wunsch des Reichskanzlers, der nunmehr — hierüber und durch andere Vorkommnisse verstimmt — seinerseits um den Abschied bat. Nach der „Kölnischen Zeitung" nahm die Krisis folgenden Verlauf:

Am 28. März hatte Fürst Bismarck die Minister mit Ausnahme v. Stoschs zu einer vertraulichen Beratung bei sich versammelt. Er gab den Entschluß seines Rücktritts kund, doch erwog er für den Fall, daß der Kaiser auf eine dauernde Entlassung nicht eingehen wolle, mit den Ministern, auf welche Weise die Stellvertretung am besten sich regeln lasse. Am 29. März teilte der Reichskanzler bei Tafel seinen Gästen die Nachricht mit, daß er bei dem Kaiser seine Entlassung eingereicht habe und dabei beharren werde. Wenige Tage darauf, am 1. April, wo der Kaiser ihm in Person zum Geburtstag Glück wünschte, kam es zu einer längeren Verhandlung. Der Kaiser wiederholte, daß er vom Kanzler sich nicht trennen könne. Er sei achtzig Jahre, Fürst Bismarck erst zweiundsechzig und müsse noch ferner aushalten. Anfangs glaubte man in hohen Kreisen die Sache nicht ernster nehmen zu müssen als in früheren Jahren. Indes ging tags darauf vom Fürsten eine schriftliche Wiederholung seines Entlassungsgesuches bei Seiner Majestät ein.

Am 7. April brachte die „Post" einen Artikel, worin gesagt war, daß Fürst Bismarck sich unter Umständen entschließen könne, zu bleiben, wenn er Freiheit zu einer großen Aktion auf dem sozial-politischen Gebiete und anderen erhielte, und am 10. April 1877 erfolgte der Abschluß der Kanzlerkrisis durch die Beurlaubung Bismarcks an Stelle des erbetenen Abschieds.

Nach Beendigung dieser Krisis blieben die beiden Staatsmänner in einem kühlen Nebeneinander,[1]) das indessen Höflichkeitsbesuche Stoschs bei Bismarck nicht ausschloß.

Ungemein scharf wird das beiderseitige dienstliche Verhältnis durch folgenden Vorgang illustrirt:

Ende Februar 1880 erließ Fürst Bismarck an sämtliche Reichsbehörden eine Verfügung, welche besagte, daß in seiner Vertretung in erster Reihe Graf Otto zu Stolberg-Wernigerode, in zweiter Reihe Staatssekretär Hofmann, und in Abwesenheit dieser beiden der jeweilige Vorsitzende des Bundesrats zeichnen solle. Als Form der Zeichnung wurde vorgeschrieben: „Der Reichskanzler. In Vertretung: N. N."

---

[1]) Vgl. Notiz in der „Post" Nr. 63 vom 15. März 1877 und Nr. 66 vom 18. März 1877, Nr. 79 und 80 vom 21. und 22. März 1883 und die Nr. 183 und 192 vom 7. und 16. Juli 1884. Als Bismarck am 17. August 1881 auf der Lehrter Bahn nach Schönhausen fuhr, benützte zufällig denselben Zug der General v. Stosch. Keiner von beiden fand aber Anlaß, vom andern Notiz zu nehmen. („Vossische Zeitung" Nr. 382 vom 18. August 1881.)

Anlaß zu dieser Verfügung bot der Umstand, daß der Chef der Admiralität v. Stosch den Gesetzentwurf, betreffend die Pensionsverhältnisse der Bediensteten an dem Marinelazaret in Yokohama,[1]) an den Reichstag gelangen ließ, indem er denselben zeichnete: In Vertretung des Reichskanzlers: v. Stosch.

In der Sitzung des Reichstags vom 26. Juni 1884 erzählte Bismarck, v. Stosch sei (offenbar 1877) als sein Nachfolger im Reichskanzler-Amt angesehen worden. „Ich habe deshalb diesen Herrn immer mit besonderem Interesse angesehen."

Die „Magdeburger Zeitung" besaß in Berlin einen Gelegenheitskorrespondenten, der die Enthüllungen des Fürsten-Reichskanzlers über die seinerzeit geplante Etablirung einer Aera Stosch oder, wie es die „Norddeutsche" nannte, eines preußischen Ministeriums Gladstone in seiner Weise ausspannte. Herr v. Stosch wurde von ihm als ein konservativer Mann bezeichnet, wogegen die „Norddeutsche Allgemeine Zeitung" folgendermaßen protestirte:

„Wenn der Korrespondent der ‚Magdeburger Zeitung' das Vertrauen des Herrn Rickert besitzt, so möchten wir ihm raten, dem genannten Herrn die Frage vorzulegen: Wie wird man in Danzig Reichstagsabgeordneter? Die Antwort, die er darauf erhält, wird ihn darüber belehren, daß der ehemalige Chef der Admiralität dem Liberalismus stets insoweit gewogen war, daß er denselben in den Parlamenten vertreten zu sehen wünschte. Herr v. Stosch stand mit den sogenannten Hofliberalen, den Herren Rickert, v. Bunsen, v. Forckenbeck und anderen nicht nur im Verkehr, wie das der Korrespondent übrigens selbst zugesteht, er war auch bereit, ihnen seine Beziehungen zum Hofe zur Verfügung zu stellen. Gesetzt aber auch, Herr v. Stosch wäre kein Liberaler gewesen, das thema probandum, daß der genannte General nicht der Reichskanzlerkandidat der Herren Rickert und Genossen gewesen sei, wäre damit noch keineswegs erwiesen.

„Wir haben bereits im Jahre 1880 darauf hingewiesen, daß die Liberalen sich das von ihnen neu zu bildende Ministerium etwa in der Form dachten, wie das Ministerium Gladstone sich seinerzeit gebildet hatte. Die konservative Regierung in England ist gestürzt worden durch eine Koalition von Whigs, Radikalen und katholischen Irländern, drei Parteien, von denen keine für sich die Mehrheit hatte, und die nur in dem negativen Streben, die Konservativen von der Regierung zu verdrängen, einig und dafür stark genug waren. Im Jahre 1880 haben wir erlebt, daß sich eine ähnliche Koalition zusammensetzte zur Verteidigung der Politik Richter gegen die Regierungspolitik. Die heterogensten Elemente, die Nationalliberalen, die Fortschrittsleute, Sezessionisten und Ultramontanen schlossen sich damals als Kampfgenossen an einander. Es sollte nach dem englischen Muster ein Koalitionsministerium geschaffen werden, in welchem die Rolle des Herrn

---

[1]) Reichstagsdrucksache Nr. 23 der 4. Legislatur-Periode, III. Session 1880.

Gladstone dem damaligen Chef der Admiralität zugedacht war. Wenn die ‚Freisinnigen‘ heute sich dagegen verwahren, daß sie jemals an einen Reichskanzler v. Stosch gedacht haben, so ist das wohl verständlich, aber hübsch ist es nicht, daß sie nun, nachdem sie ihren Kandidaten für politisch tot erklärt haben, ihn als einen Konservativen und daher für die Stellung eines Reichskanzlers unfähigen General hinstellen. Auch wird ihnen eine solche Verdunkelung der Thatsachen schwerlich gelingen. Daß Herr v. Stosch ihr Kandidat war, ist eine zu gut beglaubigte Thatsache, und die Behauptung, der genannte General sei die Hoffnung der Konservativen gewesen, ist mit besonderem Ungeschick erfunden.“

Die „Norddeutsche Allgemeine Zeitung“ entnahm bald darauf an leitender Stelle aus dem „Rhein- und Naheboten“ vom 17. Juli einem die Kandidatur zum Reichstag in Bingen-Alzey betreffenden Briefe des Dr. v. Schauß (vom 7. Juli) einen längeren Auszug, in welchem es unter anderem hieß: „Damals (1879) habe ich den Abgeordneten Herrn Rickert, der nun wieder Hauptredner in Sprendlingen war, nicht einmal, sondern wiederholt äußern hören, nun müsse ernstlich an die Entfernung des Reichskanzlers aus seinem Amte gegangen werden. Den Nachfolger hatte Herr Rickert schon in der Tasche; dieser war der frühere Minister v. Stosch, wie nun mit vollem Grund in Zeitungen berichtet wird. Der innerste Grund dieser Aktion war damals die Hoffnung, daß die preußischen Ostseeprovinzen und die östlichen Häfen Memel und Danzig in größere Protektion genommen würden.“

Entscheidend für den Rücktritt des Generals v. Stosch war die Frage der Steuerfreiheit der Offiziere, in der er sich im Gegensatz zu den Auffassungen des hochseligen Kaisers befand.[1])

Direktor des Allgemeinen Kriegsdepartements, Generallieutenant v. Stiehle[2])

(geb. 14. August 1823)

ist im Bundesrat nicht sehr in Anspruch genommen worden. Voigts-Rhetz löste ihn zuerst in der parlamentarischen Thätigkeit, später als Departements-Direktor im Kriegsministerium ab. Daß er Bismarck näher getreten, hat man nicht gehört.

[1]) Die 1890 erschienene, gegen den Fürsten Bismarck gerichtete Streitschrift „Videant consules“ war auf das Konto des ehemaligen Marineministers v. Stosch geschrieben worden. Daraufhin erklärte General v. Stosch im „Rheinischen Kurier“, daß er jene Broschüre weder verfaßt noch gelesen habe. Ueber die Reibereien Stoschs mit dem Auswärtigen Amt vergl. auch den Aufsatz: „Erinnerungen an Stosch“ vom Vize-Admiral Batsch in dem Oktober-, November- und Dezember-Heft der „Deutschen Revue“.

[2]) Stiehle trat in das 21. Infanterie-Regiment in Gnesen ein, besuchte die Kriegsakademie, nachdem er in das 7. Infanterie-Regiment versetzt worden war; alsdann kam er in den Generalstab und wurde beim General-Gouvernement von Rheinland und

Präsident der Justiz-Prüfungskommission, Geheimer Ober-Justizrat Dr. Friedberg[1])

(geboren Januar 1813, gestorben 2. Juni 1895).

Friedberg kann als der Vater des Strafgesetzbuchs für das Deutsche Reich angesehen werden. Nachdem der Bundesrat am 5. Juni 1868 die Ausarbeitung desselben beschlossen und Bismarck mittelst Schreibens vom 17. Juni 1868[2]) an den Justizminister Dr. Leonhardt das Ersuchen gerichtet hatte, „die Ausarbeitung des Entwurfs eines Strafgesetzbuchs für den Norddeutschen Bund veranlassen und den Entwurf demnächst ihm zugehen lassen zu wollen," beauftragte dieser letztere den damaligen Geheimen Ober-Justizrat Dr. Friedberg, das Werk unverzüglich in Angriff zu nehmen. Dies geschah auch. Die Gesichtspunkte, die ihn dabei leiteten, findet man in einer dem Bundesrat unterm 21. November 1868 eingereichten Denkschrift Friedbergs.

Im Juli 1869 gelang es seiner unablässigen Thätigkeit, den Entwurf fertig zu stellen. Derselbe wurde mittelst Schreibens des Justizministers vom

---

Westfalen persönlicher Adjutant des Königs Wilhelm. Als solcher wurde er in den Adelsstand erhoben, war später General à la suite des Kaisers Wilhelm und demnächst General-Adjutant. Während des Feldzugs 1870/71 Chef des Generalstabs bei der 2. Armee des Prinzen Friedrich Karl. 1875 kam er als Departements-Direktor in das Kriegsministerium, um das Retablissement der Armee, die Umgestaltung der Festungen und die politische Vertretung des Kriegsministers zu übernehmen. Er war aber infolge der Anstrengungen des Krieges seiner leidenden Gesundheit halber öfter gezwungen, längeren Urlaub zu nehmen, und vermochte die Last seiner Stellung auf die Dauer nicht zu ertragen; 1881 General der Infanterie und Kommandeur des 5. Armee-Corps, 1886—1888 General-Inspekteur des Ingenieur-Corps und der Festungen.

[1]) Heinrich Friedberg, evangelisch, Gymnasium zu Danzig, Universität Berlin. 1848 Staatsanwalt, 1850 Ober-Staatsanwalt in Greifswald, zugleich an der dortigen Universität als Privatdozent thätig, 1854 vortragender Rat und seit Ende 1873 Unterstaatssekretär im Justizministerium, Mitglied des Herrenhauses aus besonderem Königlichem Vertrauen, 1875 Kronsyndikus. Nach Annahme der Justizgesetze im Reichstag (21. Dezember 1876) Staatssekretär des Reichs-Justizamts, am 30. Oktober 1879 an Leonhardts Stelle preußischer Justizminister. März 1888 von Kaiser Friedrich durch Verleihung des Schwarzen Adlerordens ausgezeichnet. Januar 1889 auf Ansuchen mit dem Titel und Rang eines Staatsministers verabschiedet.

Ueber die amtliche Thätigkeit Friedbergs namentlich auf dem Gebiete der Gesetzgebung zu vergleichen: A. bezüglich der preußischen Gesetzgebung: 1. Stölzel, Svarez, Berlin 1885, Widmung. 2. Stölzel, Brandenburg-Preußens Rechtsverwaltung und Rechtsverfassung Berlin 1888, Bd. I. Vorwort; Bd. II. siehe Personenregister, Friedberg, S. 754. 3. v. Sybel, Begründung des Deutschen Reiches Bd. II. S. 292 (Frage der Regentschaft). 4. v. Treitschke, Deutsche Geschichte Bd. V. S. 600. B. bezüglich der Reichsgesetzgebung: Strafgesetzbuch, Kommentar von Rüdorff 2. Aufl. Berlin 1877. Einleitung. Militärstrafgesetzbuch, Einleitung in dem Lomerschen Kommentar § 2 (ältere, vom Verfasser selbst besorgte Ausgabe) z. B. Auflage V von 1888, Berlin, Guttenberg, und Glaser, Handbuch des Strafprozesses, Leipzig 1883. Bd. I. S. 188 ff.

[2]) In Kohls Bismarck-Regesten nicht erwähnt.

31. Juli 1869 Bismarck gedruckt überreicht und gleichzeitig der Oeffentlichkeit und allgemeinen Beurteilung übergeben.

Bereits vor Beendigung dieses ersten Friedbergschen Entwurfs benachrichtigte der Bundeskanzler durch Schreiben vom 25. Juni 1869 [1]) den Bundesrat von dem bevorstehenden Abschluß des Werkes. Es folgt darauf der Zusammentritt der vom Bundesrat gewählten Kommission, in welcher Friedberg zum Referenten ernannt wurde.

Am 1. Januar 1870 war der Bundeskanzler bereits in der Lage, den fertig gestellten zweiten Entwurf den Bundesregierungen und außerdem allen denjenigen, welche sich durch Einreichung von Gutachten an dem Werke beteiligt hatten, mitzuteilen.[2]) Der weitere Gang der Entwicklung erhellt aus den im Laufe der Darstellung mitgeteilten Verhandlungen des Bundesrats.

Auch an dem Zustandekommen der Strafprozeß-Ordnung und des Gerichtsverfassungs-Gesetzes war Friedberg beteiligt. Nachdem der Bundesrat am 5. Juni 1868 die Ausarbeitung bezüglicher Entwürfe beschlossen hatte, ersuchte der Bundeskanzler am 12. Juli 1869 [3]) den preußischen Justizminister Dr. Leonhardt, die Ausstellung des Entwurfs einer Strafprozeß-Ordnung zu veranlassen. Demzufolge wurde Friedberg auch mit dieser Arbeit beauftragt. Das charakteristische Merkmal des im November 1870 bereits fertig gestellten ersten Friedbergschen Entwurfes war, daß derselbe die Schwurgerichte durch große Schöffengerichte ersetzen, übrigens das Laienelement auch zu den erkennenden Erstinstanzgerichten mittlerer und unterster Ordnung zuziehen wollte.

Im Jahre 1873 wurde Friedberg von dem Bundesrat in die Kommission von 11 Juristen gewählt, welche beide Entwürfe beraten sollten. Dieselbe hielt unter dem Vorsitze Friedbergs in der Zeit vom 17. April bis 3. Juli 1873 39 Sitzungen. Der Entwurf gelangte erst im Jahre 1874 an den Bundesrat; das wesentliche Ergebnis seiner Beratung war, daß das Institut der Schwurgerichte wieder aufgenommen, aus den Strafgerichten mittlerer Ordnung das Laienelement wieder entfernt und die Zuziehung der Schöffen nur bei den Strafgerichten unterster Ordnung beibehalten wurde. Gerade die Friedbergschen Gedanken hatten also keine Aufnahme gefunden.[4])

---

[1]) In Kohls Bismarck-Regesten nicht erwähnt.

[2]) Auch dieses Rundschreiben des Kanzlers ist in Kohls Bismarck-Regesten nachzutragen.

[3]) In Kohls Bismarck-Regesten nicht erwähnt.

[4]) Friedberg beteiligte sich lebhaft an der Verteidigung der Regierungspolitik im Parlament. Er erhielt im Reichstag 1870 42mal das Wort über das Strafgesetzbuch, 1872 sprach er 4mal, darunter 2mal über das Jesuitengesetz, 1874/75 10mal, darunter 7mal über das Zivilstandsgesetz, 1877 6mal, 1878 15mal, 1879 18mal. Im Abgeordnetenhaus verteilen sich seine zahlreichen Reden auf die Sessionen 1856/57, 1860, 1861, 1865, 1866, 1868/69, 1879/80, 1880/81, 1882, 1882/83, 1883/84, 1885, 1886; im Herrenhaus auf die Jahre 1860, 1862, 1868/69, 1879/80, 1880/81, 1882, 1882/83, 1883/84, 1885, 1887.

Zum Vortrage bei dem Fürsten Bismarck war Friedberg als Staatssekretär des Reichs-Justizamts in Varzin am 9. und 10. Dezember 1877 und als Justizminister am 20. und 21. September 1882 in Varzin und 14. und 15. Oktober 1883 in Friedrichsruh.[1])

Das Verhältnis zwischen Bismarck und Friedberg war vom Anfang bis zu Ende ein gutes. Friedberg hegte für den Kanzler die größte Verehrung und umgekehrt schätzte dieser die reichen Kenntnisse und die ungeheure Arbeitskraft seines langjährigen Beraters in Justizfragen. Die guten Beziehungen, die zwischen Friedberg und dem Kronprinzen bestanden,[2]) konnten Bismarck nur erwünscht sein. Auch während der Regierungszeit des Kaisers Friedrich hat Friedberg dem Kanzler keine Schwierigkeiten bereitet; er hat sich während der 99 Tage ebenso loyal wie gewandt bewiesen und sehr viel zur Begleichung der entstandenen Meinungsverschiedenheiten beigetragen.

Bei seinem Abgange entstand ein ganzes Heer von Gerüchten über die Gründe des Rücktrittes, von dem es sogar hieß, daß er ein unfreiwilliger gewesen sei.[3]) Demgegenüber kann ich versichern, daß der Rücktritt Friedbergs

---

[1]) Die drei obigen Daten sind in Kohls Bismarck-Regesten nachzutragen.

[2]) Friedberg, der den Kronprinzen Friedrich Wilhelm in das praktische Staatsrecht eingeführt hatte, gehörte später zu den vertrautesten Genossen des kronprinzlichen Hauses. Mit dem zunehmenden Alter des Kaisers Wilhelm verlangte es den Kronprinzen nach einem Freunde und Berater in mancher schwierigen Lage, und da war es der kluge und verschwiegene hohe Staatsbeamte, dem er sich unbedingt anvertrauen durfte.

[3]) In Nr. 256 vom 4. Juni 1895 hatte die „Volks-Zeitung" geschrieben: „In den kritischen Zeiten, in welchen an ihn das Ansinnen gestellt war, ein Gutachten über die Krankheit des Kaisers Friedrich und die staatsrechtliche Seite der Einwirkung dieser Krankheit auf die Regierungsfähigkeit des kranken Herrschers abzugeben, soll Friedberg die Sache des kranken Kaisers mit Energie vertreten haben. Näheres darüber wissen vielleicht die ‚Hamburger Nachrichten' zu erzählen." Die „Hamburger Nachrichten" erwiderten darauf: „Dazu sind wir allerdings in der Lage, und zwar haben wir zu erklären, daß die Behauptung der ‚Volks-Zeitung' durchaus wahrheitswidrig ist, wenn damit etwa, wie es nach dem Wortlaute den Anschein hat, gesagt werden soll, daß ein solches Ansinnen von seite der Regierung an den Justizminister gestellt worden sei. Von seiten der Vertreter der Regierung, insonderheit vom damaligen Ministerpräsidenten, ist jederzeit ‚mit Energie' der einzig berechtigte Standpunkt vertreten worden, daß die Krankheit des Kronprinzen auf seine Regierungsfähigkeit ganz ohne Einfluß sei." Nach dem klerikalen „Westfälischen Merkur" soll der Rücktritt des Ministers Friedberg ein unfreiwilliger im vollsten Sinne des Wortes gewesen sein. Der Anlaß soll in einem Schreiben des Fürsten Bismarck bestanden haben, das um Einreichung des Entlassungsgesuches kurzer Hand ersuchte. Das genannte Blatt bemerkte dazu: „Es ist uns nur ein Fall bekannt, daß ein Minister auf eine solche Aufforderung nicht reagirte. Der Betreffende replizirte kurz, daß er so lange auf seinem Posten auszuharren gedenke, als er sich durch das Vertrauen seines Souveräns geschützt wisse. Sollte ihm einstmals dieses Vertrauen nicht mehr zur Seite stehen, so werde er ohne Verzug um seine Entlassung bitten; vorher nicht. (Graf Eulenburg?) Das war aber, wie bemerkt,

ein absolut freiwilliger war, lediglich veranlaßt durch die 53 Dienstjahre, die er hinter sich liegen hatte; möglich, daß er sich auch sagte, es breche demnächst eine neue Aera an, für die frische Kräfte besser paßten als er, der doch um zwei Jahre älter war als Bismarck.

Den besten Beweis für die Richtigkeit dieser Darstellung darf man wohl in der Thatsache finden, daß die persönlichen Beziehungen zwischen dem Reichskanzler und Herrn v. Friedberg durch den Rücktritt des letzteren in keinerlei Weise alterirt worden sind.

Friedberg blieb auch nach seinem Rücktritt mit Bismarck auf freundschaftlichem Fuße und unterließ nicht, demselben persönliche Besuche zu machen.

Generallieutenant v. Kameke[1])

(geboren 14. Juni 1817, gestorben 12. Oktober 1893).

Das dem Generalmajor Kloß für die Dauer der Behinderung des Generallieutenants v. Podbielski erteilte Mandat als Bevollmächtigter Preußens zum Bundesrat wurde im Juni 1871 zurückgenommen und an seine Stelle der Generallieutenant v. Kameke zum Bundesrats-Bevollmächtigten ernannt. Am 23. Januar 1873 erfolgte seine Ernennung zum Vorsitzenden des Bundesrats-Ausschusses für das Landheer und die Festungen.

Unter der Verwaltung des Kriegsministers v. Kameke sind die neuen Befestigungen an unserer Ost- und Westgrenze hergestellt, ist die Verwendung des Landsturms für den kriegerischen Notfall vorbereitet, sind die Uebungen der Ersatzreserve begonnen und eine Anzahl wichtiger Veränderungen in der Verwaltung und Ausbildung des Heeres durchgeführt worden. Außerdem haben

---

ein Ausnahmefall. Sonst funktionirt die Maschinerie ganz prompt, wie im Falle Friedberg ersichtlich ist. Am Dienstag traf, wie wir aus guter Quelle erfahren, das verhängnisvolle Brieschen bei Herrn v. Friedberg ein; am nämlichen Tage reichte er seine Entlassung ein. Am Mittwoch morgen erhält er die königliche Genehmigung seines Gesuchs, und am Donnerstag publizirte der ‚Staatsanzeiger' die vollzogene Thatsache. Noch am Montag derselben Woche hatte Friedberg einem Freunde gegenüber geäußert, daß er sich auf seinem Ministersessel überaus wohl befinde und keineswegs daran denke, seinen Platz einem andern zu räumen. Doch Friedberg denkt, aber lenkt nicht." Auch diese Darstellung ist von Anfang bis zu Ende erfunden.

[1]) Georg Arnold Karl v. Kameke, geboren zu Pasewalk, evangelisch. Gymnasium in Stettin, 1850 Hauptmann im Großen Generalstab, 1855 daselbst Major, 1856 zur Gesandtschaft nach Wien kommandirt, 1858 ins Kriegsministerium versetzt, 1861 Kommandeur des 2. Schlesischen Grenadier-Regiments Nr. 11, 1863 Chef des Generalstabs des 8. Armee-Corps, 1865 des 2. Armee-Corps, 1867 Inspekteur der 2. Ingenieur-Inspektion, 1870 Kommandeur der 14. Infanterie-Division, Dezember 1870 mit der oberen Leitung des Ingenieurangriffs auf Paris betraut, 1871 Chef des Ingenieur-Corps und der Pioniere und General-Inspekteur der Festungen. 1. Januar 1873 zum Mitglied des Staatsministeriums und Gehülfen Roons ernannt. 9. November 1873 bis 7. März 1883 Kriegsminister. Nekrolog in Nr. 246 des „Preußischen Staats-Anzeigers" vom 13. Oktober 1893.

sich unter seiner ministeriellen Wirksamkeit zwei für das deutsche Heerwesen bedeutungsvolle Entscheidungen vollzogen: die Vereinbarung des militärischen Septennats von 1874 und desjenigen von 1880. In beiden Fällen hat die kühl sachliche und von jeder ‚Provokation freie Art, wie die Militärverwaltung und ihr Chef der Opposition entgegentrat, den Abschluß befördert.[1])

Kameke lebte mit Bismarck in gutem Einvernehmen; sein konziliantes Wesen war Konflikten fremd. Als der Abgeordnete Richter in der Sitzung des Reichstags vom 9. Mai 1884 eine Bemerkung Bismarcks so deuten wollte, als enthielte sie eine schlechte Beurteilung von Kamekes ministerieller Wirksamkeit, wies Bismarck den Vorwurf der Impietät gegen seinen Freund und Kollegen zurück.[2])

Durch die Milde und Freundlichkeit seines parlamentarischen Auftretens[3]) und durch mancherlei dem Parlament gemachte Konzessionen verlor übrigens Kameke in seinen eigenen Kreisen allen Rückhalt.

Die „Elberfelder Zeitung" machte die Bemerkung, Herr von Kameke sei seit vielen Jahren der erste Minister, der ohne den Verdacht abgehe, von dem Fürsten Bismarck gestürzt zu sein. Die „Norddeutsche Allgemeine Zeitung" erwiderte gereizt: „Ob in der That bei früheren Ministerwechseln ein solcher Verdacht existirt hat, wissen wir nicht; jedenfalls aber ist derselbe stets aus dem Bestreben einer tendenziösen Geschichtsfälschung entsprungen. Zunächst bemerken wir, daß, wenn ein Ministerpräsident, nachdem er zu der Ueberzeugung gelangt ist, er könne mit einem seiner Kollegen nicht weiter ersprießlich fortarbeiten, dessen Ausscheiden von ihm selbst oder von Seiner Majestät dem Könige erbittet, der Ausdruck ‚stürzen' kein richtig gewählter ist. Sodann aber möchten wir fragen, wie ist es möglich, daß jener Verdacht, von dem die ‚Elberfelder Zeitung' spricht, irgendwo Glauben gefunden hat? Schließlich möchten wir darauf hinweisen, daß sich nicht durch Examina eruiren läßt, ob jemand den Anforderungen einer ministeriellen Stellung zu genügen vermag. Der Ministerkandidat selbst kann sich sehr gründlich bei Uebernahme seines Amtes über seine Qualifikation täuschen, und so kommt es, daß er oft erst auf dem Felde der Erfahrung zu einem klaren Urteil darüber gelangt."

---

[1]) „National-Zeitung" Nr. 115 vom 8. März 1883. Ein Schreiben Bismarcks an Kameke, betreffend die Verwendung amerikanischen Holzes im Ressort der Heeresverwaltung, findet sich abgedruckt in meinem Werke „Aktenstücke zur Wirtschaftspolitik des Fürsten Bismarck" Bd. I. S. 307. 23. Januar 1871, 8. Januar 1873, 18. März 1876, 24. November 1881 Kameke bei Bismarck zu Tisch.

[2]) Kohl, Bismarck-Reden Bd. X. S. 128.

[3]) Die „National-Zeitung" Nr. 111 vom 6. März 1883 bemerkte in einem „Der Rücktritt des Kriegsministers" überschriebenen Artikel: „Politisch ein Konservativer, erwies sich Kameke durchaus als ein konstitutioneller Minister, und er hat dadurch auch den speziellen Interessen der Armee, welche er zu vertreten hat, am besten gedient; er hat durch sein achtungsvolles Verhalten gegenüber der Volksvertretung manches erreicht, was einem barsch auftretenden Minister vielleicht verweigert worden wäre."

Ueber die Vorgeschichte des Abganges des Kriegsministers v. Kameke erklärte der „Rheinische Kurier" Anfangs März 1883 die folgende authentische Mitteilung geben zu können:

„Nach den Parlamentsverhandlungen schien mit der Verweisung des Pensionsgesetzes an die Kommission die Entscheidung über das Verbleiben des Kriegsministers erst nach Wieder-Zusammentreten des Reichstags fallen zu müssen, zumal der Reichskanzler bis jetzt nicht Stellung genommen, respektive seine Ansicht geäußert hatte. In den letzten Tagen nun ist diese Stellungnahme des Reichskanzlers erfolgt und in einem Briefe niedergelegt, der den Minister veranlaßte, noch einmal und zwar auf das dringendste um seine Demission zu bitten."

„Das Vorhandensein eines solchen Briefes," — bemerkte ergänzend die „National-Zeitung" Nr. 119 vom 10. März 1883 — „scheint nicht mehr in Zweifel gezogen werden zu können. Nach dem, was über den Inhalt jenes ‚Briefes' des Reichskanzlers anderweitig verlautet, hätte sich Fürst Bismarck namentlich darüber beschwert, daß Herr v. Kameke, ohne Fühlung mit ihm zu nehmen, in der Angelegenheit des Pensionsgesetzes beziehungsweise der Kommunalsteuer der Offiziere Stellung genommen hätte. Ueber den weiteren Inhalt des ‚Briefes' gibt vielleicht eine Stelle Aufschluß, welche das ‚Deutsche Tageblatt' in einem anscheinend inspirirten Artikel bringt. Dort heißt es: ‚Die Angabe, daß die nachgiebige Haltung des Generals von Kameke in der Frage der Kommunalbesteuerung der Offiziere bei seinem Rücktritte auch eine wesentliche Rolle gespielt habe, ist richtig, doch ist dabei zu bemerken, daß hierbei nicht Herr v. Kameke, sondern der Chef der Admiralität General v. Stosch in der Richtung der Nachgiebigkeit der Führende war. Herr v. Kameke bewegte sich hier lediglich im Kielwasser des Herrn v. Stosch.'"

2. Bayern.

Finanzminister v. Pfretzschner[1])

(geboren 15. August 1820).

Ich will hier zunächst einige allgemeine Bemerkungen über die Stellung, welche die bayerischen Minister dem Bundesrat gegenüber einnahmen, vorausschicken.

Der Schwerpunkt der Thätigkeit der bayerischen Bevollmächtigten lag bei

---

[1]) Adolf v. Pfretzschner, geboren zu Würzburg, katholisch, studirte die Rechte in München. 1847 Regierungsassessor in Ansbach, 1849 in das Finanzministerium berufen, 1856 Ministerialrat, 1865 Minister des Handels und der öffentlichen Arbeiten, 1866 Finanzminister, 1. Oktober 1872 Staatsminister des Königlichen Hauses und des Aeußern und Vorsitzender im Ministerrate; zugleich wurde er als lebenslänglicher Reichsrat ernannt. Im März 1880 erhielt derselbe unter Erhebung in den Freiherrnstand die aus Gesundheitsrücksichten erbetene Versetzung in den Ruhestand.

Begründung des Reichs in den Händen der ständig in Berlin anwesenden Mitglieder. Die Grundlage für deren Verhalten bildeten stets die von der Regierung gegebenen Instruktionen. Diese waren in richtiger Erkenntnis der Verhältnisse so abgefaßt, daß dem Vertreter hinreichend freier Spielraum zur selbständigen Mitwirkung bei den in den Sitzungen hervortretenden Anträgen und Gegenanträgen u. s. w. gegeben war. Die kluge und den Intentionen der Staatsregierung entsprechende Benutzung dieser Befugnis, die Verwertung der sozialen Stellung zur Gewinnung von Bundesgenossen u. s. w. war somit für die ersprießliche Thätigkeit eines Bevollmächtigten von hohem Werte.

Von dem Augenblicke an, als die Arbeiten des Bundesrats beziehungsweise des Reichstags sich in größerem und wichtigerem Maße auf die Ressorts der Justiz und des Innern ausdehnten, wurden zu vorübergehendem Aufenthalte in Berlin besondere Beamte, sogenannte stellvertretende Bevollmächtigte abgeordnet.

Mit Ausnahme des später zu erwähnenden Justizministers v. Fäustle, welcher zum Zweck der Beteiligung an den Beratungen der Justizgesetze mehrmals längere Zeit in Berlin verweilte, war die Anwesenheit der bayerischen Minister nur eine ganz vorübergehende, deren Anlaß entweder eine besonders wichtige Frage, zum Beispiel das Jesuitengesetz, oder nur etwa Repräsentationspflicht war. Abgesehen von diesen Spezialfällen kann somit von einer Thätigkeit der gedachten Minister im Bundesrate nur insoweit gesprochen werden, als dieselben bei der Feststellung und Erteilung der Instruktionen mitgewirkt haben.

Die Anwesenheit des Ministers v. Pfretzschner in Berlin erfolgte meines Wissens nur dreimal, und zwar in den Jahren 1871, 1874 und 1878. Daß er bei solcher Gelegenheit die bayerische Stimme und in Abwesenheit Bismarcks den Vorsitz im Bundesrat führte, versteht sich von selbst.

Bei der am 22. März 1871 aus Anlaß des kaiserlichen Geburtstags seitens des Bundesrats erfolgten Beglückwünschung des Kaisers war Freiherr v. Pfretzschner der Wortführer. Nachdem derselbe seine Ansprache geendet, trat der Kaiser in die Mitte der Herren, dankte für die ihm dargebrachten Glückwünsche, dankte dem Bundesrate für dessen bisherige aufopfernde Thätigkeit und nahm seine fernere Mitwirkung bei dem inneren Ausbau des Deutschen Reiches in Anspruch. Der Kaiser fügte hinzu, er habe nicht gesucht, an die Spitze Deutschlands zu treten; er sei sich bewußt, eine schwere Verantwortlichkeit auf sich geladen zu haben. Er wolle aber allen seinen Willen, all seine Kraft einsetzen, um die übernommenen Pflichten zu erfüllen.

Das gute Verhältnis zwischen Bismarck und Pfretzschner beweisen die wiederholten Besuche desselben bei Gelegenheit der Anwesenheit des Kanzlers in Kissingen (25. Juli 1874, 23. Juni 1877, 22. bis 24. Juli 1878) und das Schreiben, das der letztere an Pfretzschner aus Anlaß seines Rücktritts richtete. [1])

---

[1]) Bismarck bedauerte darin den Rücktritt lebhaft. Vgl. die „Post" 1880 Nr. 77.

Kultusminister v. Lutz[1])

(geboren 4. Dezember 1826, gestorben 3. September 1890).

Man hat den Minister v. Lutz den „bayerischen Bismarck" genannt, nicht ganz ohne Berechtigung, denn er war, wie Bismarck in Preußen, die Seele des bayerischen Ministeriums, und zwar in einem Dezennien umfassenden Zeitraum und unter den denkbar schwierigsten Verhältnissen. Ich selbst hatte Gelegenheit, ihm näher zu treten, als er in das Zivilkabinet des Königs eintrat. Während seines Aufenthaltes in der Umgebung des Königs auf dem Schlosse Berg am Starnberger See hatte ich fast täglich das Glück, ihn in den Abendstunden, nach vollbrachter Tagesarbeit, zu sehen und die Klarheit seines Geistes ebenso zu bewundern wie seine persönliche Liebenswürdigkeit. Hier nur ein Beweis der letzteren. Mitte der sechziger Jahre unterzog ich mich der Bearbeitung einer Preisaufgabe der Münchener juristischen Fakultät über den Eigentümer des Kirchenvermögens. Das Resultat der Arbeiten wird in München stets in einer feierlichen Sitzung der Universität verkündet, welcher der Kultusminister mit seinem Referenten über die Universitätsfragen, damals Ministerialrat Dr. v. Völk, beizuwohnen pflegt. Unmittelbar nach der Verkündung des Resultats der Preisarbeiten fuhr der Minister v. Lutz bei meiner Mutter vor, um derselben als der erste die freudige Botschaft zu überbringen, daß meine Arbeit von der Fakultät mit dem ersten Preise gekrönt worden sei. Nach Beendigung meiner Staatsexamina berief mich der Kultusminister v. Lutz in sein Ministerium als Hilfsarbeiter, in welcher Eigenschaft ich mehrere Jahre hindurch Gelegenheit hatte, ihn bei der Erledigung der Geschäfte zu beobachten. Die Schärfe und Sicherheit seines Urteils, die Schnelligkeit seiner Entscheidungen zeigte sich besonders bei den Sitzungen des bayerischen obersten Schulrats, einer von Lutz ins Leben gerufenen Schöpfung, welche berufen war, die Entscheidung der ministeriellen Instanz in den technischen Schulfragen zu erleichtern.

Am höchsten ist Lutz wohl anzurechnen sein Anteil an der Gründung des Deutschen Reichs. Der Abschluß des am 23. November 1870 unterzeichneten Versailler Vertrags, in dem er dem Reiche gab, was dasselbe nicht entbehren

---

[1]) Lutz war der Sohn eines Volksschullehrers zu Münnerstadt im fränkischen Rhöngebirge, bezog 1843 die Universität Würzburg und wurde demnächst Richter. 1857 wurde er der in Nürnberg tagenden Konferenz für Ausarbeitung des deutschen Handelsrechtes als Protokollführer beigegeben. Seine umfassenden Kenntnisse und sein überaus klares juristisches Urteil sicherten dem Protokollführer bereits in dieser Kommission eine hervorragende Stellung. 1863 wurde er in das Zivilkabinet des Königs berufen und avancirte im Dezember 1866 zum Chef dieser in Bayern seinerzeit hochwichtigen Stelle. 18. September 1867 Ernennung zum Staatsminister der Justiz, seit 20. Dezember auch zum Staatsminister für Kirchen- und Schulangelegenheiten. 23. August 1872 Abgabe des Justizministeriums an Fäustle. 1878 Uebernahme des Vorsitzes im Ministerrate. 1880 Verleihung des erblichen Adels, 1882 des erblichen Freiherrnstandes. Mai 1890 Rücktritt in den Ruhestand.

konnte, und Bayern reservirte, worauf es vermöge seiner Machtstellung in dem neuen Staatenbunde Anspruch erheben durfte, sowie die Verteidigung desselben in den bayerischen Kammern bildet den Glanzpunkt in der äußeren Politik des Ministers. „Selten ist nur" — bemerkte die „Straßburger Post" in einem Ueberblick seiner dienstlichen Wirksamkeit — „von den staatsmännischen Helfern des Fürsten Bismarck bei der Aufrichtung des Reichs die Rede gewesen; die Zeit wird kommen, und vielleicht ist sie näher, als man glaubt, in welcher auch diese Männer volle Anerkennung finden werden; in ihren vordersten Reihen wird der Name des Ministers v. Lutz glänzen."

Nach Aufrichtung des Deutschen Reichs erwarb sich Lutz das Verdienst, den König Ludwig II. vor dem Anschluß an jene Partei zu bewahren, welche eine ausgesprochene centrifugale, ja reichsfeindliche Richtung verfolgte. Erleichtert, ja ermöglicht wurde Lutz diese Politik allerdings durch die schonende und entgegenkommende Weise, in welcher Bismarck Bayern behandelte und infolge davon dieser sich das besondere Vertrauen des Königs erwarb.

Bei dem 1871 beginnenden Kulturkampf machte sich Lutz die Abwehr der ultramontanen Herrschaftsgelüste zur Hauptaufgabe im Reich und in Bayern, dort durch Anregung des sogenannten Kanzelparagraphen, hier durch Inschutznahme der altkatholischen Bewegung und durch Besetzung der erledigten Bistümer mit gemäßigten, friedliebenden Bischöfen. Er blieb aber auch hier stets in der Defensive und vermied ängstlich die von Falk inaugurirte aggressive Kirchenpolitik, die nur durch ein späteres Zurückweichen auf der ganzen Linie geheilt werden konnte, während Lutz sich nur gezwungen sah, in Bezug auf die Altkatholiken den früheren Standpunkt aufzugeben.

Als die schwerste seiner Regierungshandlungen ist ihm die erschienen, da er mitwirken mußte, den König Ludwig II., der ihn mit Beweisen seiner Gnade und seines Vertrauens überschüttet hatte, als regierungsunfähig zu erklären. In jenem tragischen Momente konnte dies als eine herzlose Undankbarkeit erscheinen; die Folge hat aber gelehrt, daß es eine solche nicht, wohl aber eine jener furchtbaren Notwendigkeiten war, welche vom Staatsmann bisweilen fordern, daß er seiner selbst vergesse.[1])

Nach der Berger Katastrophe blieb Lutz noch im Amt, bis im Mai 1890 der besorgniserregende Fortschritt einer Herzkrankheit ihn nötigte, um seinen Abschied zu bitten. Bereits ein Vierteljahr später beklagte Bayern den Heimgang eines seiner größten Staatsmänner, der, nebenbei gesagt, am Ende seines Lebens noch recht traurige Erfahrungen hatte machen müssen, und bei dem gleichfalls der Satz in Erfüllung ging: Undank ist der Welt Lohn.

Die Thätigkeit von Lutz im Bundesrat war mehr oder minder begrenzt, den Haupteinfluß hatte er in großen Fragen bei Abfassung der Instruktionen

---

[1]) „Neue Freie Presse" vom 3. Juni 1890.

für die Bevollmächtigten. Das war aber eine Aufgabe, die er in München löste. Wenn ich nicht irre, war Lutz in Berlin selbst nur fünf- bis sechsmal und immer nur zu kurzem Aufenthalt, nämlich bei der Eröffnung des Bundesrats des Deutschen Reichs (20. Februar 1871), bei Beratung des sogenannten Kanzelparagraphen, auch lex Lu genannt (16. November 1871), bei der Debatte über das Jesuitengesetz und am 21. Februar 1881 bei den Konferenzen mit Bismarck, v. Nostitz-Wallwitz und v. Mittnacht über das Unfallversicherungsgesetz.[1])

Lutz galt nicht bloß im Bundesrat, sondern — ich habe dafür bestimmte Anhaltspunkte — auch in den Berliner Hofkreisen als eine hervorragende Kraft.

Zwischen Bismarck und Lutz bestanden stets die herzlichsten Beziehungen. Ueber seinen Aufenthalt in Versailles ist M. Busch, „Graf Bismarck und seine Leute", Volksausgabe S. 192, 336, 337 und 343 zu vergleichen. Am 15. August 1871 und 1. August 1886 besuchte Bismarck Lutz in München auf dem Wege nach Gastein. Besuche von Lutz in Kissingen erfolgten am 23. August 1880, im Juli 1881,[2]) am 27. August 1883, am 18. Juni 1885, am 12. Juli 1886, am 20. August 1887.

Am 1. April 1885 eilte auch der Staatsminister v. Lutz nach Berlin, um an der Feier des siebenzigsten Geburtstags von Bismarck teilzunehmen.

Der Bundesrat war die erste offizielle Körperschaft, die durch den bayerischen Minister dem Reichskanzler ihre Glückwünsche darbrachte. v. Lutz ergriff das Wort zu folgender Rede: „In allen deutschen Landen ist heute ein Festtag! Die Nation gedenkt heute in gehobener Stimmung und mit herzlicher Teilnahme des Reichskanzlers. Sie feiert ein Familienfest mit Ihnen, der Sie als der ersten einer den Gedanken des neuen Deutschen Reichs gefaßt haben und unserem erhabenen Kaiser mit weisem Rate zur Seite gestanden sind, als es die Einigung der deutschen Fürsten und Völker zu einem achtunggebietenden Alldeutschland

[1]) Die Minister Lutz und Crailsheim trafen am 16. Februar 1881 abends in Berlin ein.

[2]) Die „Frankfurter Zeitung" erhielt aus Kissingen einige Mitteilungen über die Konferenz der bayerischen Minister Lutz und Crailsheim mit dem Fürsten Bismarck, die ich wiedergebe, obgleich sie wohl lediglich auf Kombinationen beruhen. „Die Minister v. Lutz und v. Crailsheim konferirten gestern etwa fünf Stunden mit dem Reichskanzler, der über den Ausfall der bayerischen Landtagswahlen sich dahin äußerte, v. Lutz ‚könne mit der Kammer, deren Zusammensetzung sich ausnützen lasse, zufrieden sein'. Weiter sprach Bismarck sich sehr ungnädig darüber aus, daß Bayern bei den Verhandlungen der Immediat-Kommission zur Beratung einer einheitlichen Militärstrafprozeßordnung an seinem öffentlichen, mündlichen Verfahren mit Geschworenen festhalte. Der Minister v. Crailsheim erklärte, Krone und Volksvertretung würden dieses Reservatrecht niemals aufgeben. Noch weniger, meinte Bismarck, werde Preußen der Einheit zuliebe durch Einführung des öffentlichen Verfahrens die Autorität der militärischen Vorgesetzten erschüttern und die Machtbefugnisse der Obern verringern. Die Disziplin werde erheblich leiden, das sei so klar wie das Ziel gewisser liberaler und fortschrittlicher Blätter. Zum Schluß soll der Kanzler noch des Wachstums der Demokratie in Bayern Erwähnung gethan haben. Die Minister konnten nur ihr ‚lebhaftes Bedauern' über diese ‚unangenehme Thatsache' ausdrücken."

galt. Die Nation beglückwünscht Eure Durchlaucht, der Sie seit der Begründung des von Generationen ersehnten Reichs unter der Aegide des Kaisers und der mit ihm verbündeten Regierungen die Geschicke Deutschlands als ein Hort des Friedens leiten — des Friedens unter den Völkern und unter den verschiedenen Schichten der Gesellschaft. An diesem denkwürdigen Tage, am siebenzigsten Geburtstage Eurer Durchlaucht, können auch die Bevollmächtigten zum Bundesrate, von denen so mancher ein unmittelbarer Zeuge Ihrer Großthaten ist und in politischer Arbeit seit langer Zeit Freud und Leid mit Ihnen geteilt hat, es sich nicht versagen, Eurer Durchlaucht die innigsten Glückwünsche darzubringen und der Hoffnung lebhaften Ausdruck zu geben, daß es denselben vergönnt sein möge, Eure Durchlaucht, den tapferen Ritter des Reichs und seiner Verfassung, noch lange, lange Jahre in Kraft und Gesundheit an ihrer Spitze zu sehen. Möge diese Hoffnung sich erfüllen zum Heile des geliebten deutschen Vaterlandes."

Fürst Bismarck antwortete, indem er hinwies auf den Geist, das Wesen und Wirken des heutigen Bundesrats, der ein mächtiger Förderer des nationalen Gedankens und ein Helfer der deutschen Einheit geworden sei, im Gegensatze zu dem, gottlob, beseitigten alten Bundestage, der ein Hemmschuh gewesen für unsere Gesetzgebung.

Oberst Fries[1])

(geboren 6. November 1823)

machte die Bekanntschaft Bismarcks, als er im Oktober 1870 zu den Verhandlungen über die Bündnisverträge den bayerischen Kriegsminister nach Versailles begleitete.

Der Schwerpunkt seiner Thätigkeit als Mitglied des Bundesrats (1871 bis 1878), die sich wesentlich auf militärische Angelegenheiten beschränkte, lag in den Verhandlungen mit dem preußischen Kriegsministerium, sodann im Bundesratsausschuß für das Landheer. Zu direkten amtlichen Verhandlungen mit dem Reichskanzler war kein Anlaß.

Ober-Appellationsgerichtspräsident, Reichsrat v. Neumayr

(geboren 21. März 1810, gestorben 4. März 1895).

1831 Eintritt in die Landgerichtspraxis, 1835 Zulaß zum Appellgerichts-Acceß, Februar 1838 Assessor des Kreis- und Stadtgerichts München, 1840 Assessor des Appellationsgerichts von Niederbayern, 1845 Rat am Appellationsgericht von Schwaben und Neuburg,

---

[1]) Theodor Fries, geboren zu Nürnberg; die ersten vierzehn Dienstjahre im Truppendienst, von 1856 ab fast fünfzehn Jahre lang Referent im Kriegsministerium, 1864 Oberst des Generalstabes, 1871—1878 bayerischer Militär-Bevollmächtigter in Berlin, demnächst ernannt zum Kommandeur der 1. Feldartillerie-Brigade, März 1880 zum Kommandeur der Fußartillerie-Brigade, Oktober 1882 Chef des Ingenieur-Corps und Inspekteur der Festungen, 1879 Ernennung zum lebenslänglichen Reichsrat der Krone Bayern.

1849 Rat am Ober-Appellationsgericht, September 1849 Einberufung zur Geschäftsfunktion beim Justizministerium, 2. März 1851 Justizministerialrat, 27. Oktober 1860 Präsident des Appellationsgerichts von Oberbayern, 7. Dezember 1868 Präsident des Ober-Appellationsgerichts, 31. März 1870 Ernennung zum erblichen Reichsrat der Krone Bayern, 15. September 1871 Ernennung zum Vertreter Bayerns im Bundesrat für die bevorstehende Session, 7. Februar 1874 Ernennung zum Mitglied der vom Bundesrat niedergesetzten Kommission zur Beratung der deutschen Konkursordnung, 12. September 1884 Versetzung in den erbetenen Ruhestand.

3. Königreich Sachsen.

Finanzrat v. Nostitz-Wallwitz[1])

(geboren 28. Februar 1830, gestorben Frühjahr 1885)

ist identisch mit dem im Jahre 1873 ernannten sächsischen Gesandten am Berliner Hofe, dem späteren stimmführenden Bevollmächtigten Sachsens im Bundesrat,[2]) auf den wir später zurückkommen werden.

Herr v. Nostitz lernte den Kanzler in Versailles kennen, wohin er sich am 10. Januar 1871 begeben hatte, um die Stelle eines Zivilkommissars bei dem zum Generalgouverneur für mehrere Departements ernannten Minister v. Fabrice zu übernehmen. Am 15. Januar wurde Nostitz dem König von Preußen vorgestellt und am 17. Januar machte er die Bekanntschaft Bismarcks bei Gelegenheit einer Tischeinladung bei demselben.[3]) Am 27. Februar 1871 dinirte Nostitz zum zweitenmale bei Bismarck, der sehr interessante Details über den Gang der Friedensverhandlungen zum besten gab. Er klagte sehr über die Redseligkeit von Thiers und verglich ihn mit einem Glase Berliner Weißbier, welches immerfort schäumt, ohne daß man zum Bier selbst kommt. Zugleich verkündete Graf Bismarck dem General Fabrice und Nostitz, daß das Generalgouvernement mit der bevorstehenden Räumung des linken Seine-Ufers außer Wirksamkeit treten würde. Am 18. Juni kehrte Nostitz wieder in die Heimat zurück. Am 23. Juni empfing ihn der Minister Friesen mit der Nachricht seiner Ernennung in den

---

[1]) Oswald v. Nostitz-Wallwitz, geboren zu Dresden. Besuch der Kreuzschule und des Blochmannschen Gymnasiums zu Dresden, Studium der Rechte in Heidelberg und Leipzig. 1856 Eintritt in den sächsischen Staatsdienst, 1857 Hilfsarbeiter im Finanzministerium, daselbst als Referent für Land- und Wasserbauwesen bis zu seiner 1873 erfolgten Ernennung zum Gesandten am Hofe in Berlin. 1860 von der Ritterschaft des Leipziger Kreises zum Mitglied der ersten Kammer der sächsischen Ständeversammlung erwählt. Im Kriege von 1870/71 Zivilkommissar in dem Generalgouvernement von Versailles. Nachdem Nostitz ständigen Aufenthalt in Berlin genommen, wurde er auch noch Mitglied der Verwaltung des Reichs-Invalidenfonds und des Disziplinarhofes.

[2]) Nostitz vertrat das Königreich Sachsen in den Ausschüssen für Zoll- und Steuerwesen, für Rechnungswesen, für Elsaß-Lothringen und für die Verfassung sowie (in Vertretung) für auswärtige Angelegenheiten.

[3]) In Kohls Bismarck-Regesten nicht erwähnt; ebenso wenig die sogleich folgende Tischeinladung.

Bundesrat und zwar zunächst in den Ausschuß für Elsaß-Lothringen. Bezeichnend für den politischen Scharfblick Bismarcks ist folgender Vorgang. Bekanntlich strebte Bismarck schon 1866 sofort nach der Besiegung Oesterreichs ein engeres Bündnis Deutschlands und Oesterreichs an, wie dasselbe erst 1879 zu stande gekommen ist. Derselbe Gedanke eines Bündnisses mit Oesterreich erfüllte Bismarck auch im Jahre 1871 nach dem Ende des Krieges mit Frankreich. Als sich Herr v. Nostitz damals in Berlin bei Bismarck abmeldete, richtete er die Frage an ihn, ob die Franzosen, um die Kriegskostenentschädigung zu ersparen, den Krieg wieder aufnehmen würden. Nostitz verneinte diese Frage. Darauf ging Bismarck zu einer Erörterung der politischen Lage über und äußerte, daß Frankreich sich mit Rußland gegen Deutschland zu verbinden trachten werde. Wie aber im Jahre 1870 Rußland das Schwert Oesterreichs in der Scheide zurückgehalten habe, so werde in einem zweiten Kriege mit Frankreich Oesterreich dieselbe Rolle Rußland gegenüber zufallen.

Am 1. Oktober 1871 traf Herr v. Nostitz in Berlin ein, um das Königreich Sachsen beim Bundesrat des Deutschen Reichs in Gemeinschaft mit dem Geheimen Regierungsrat Schmalz, und zwar speziell in den Ausschüssen für Rechnungswesen, Zoll und Steuerwesen und für Elsaß-Lothringen, zu vertreten. So ungern sich derselbe auf längere Zeit von den Seinigen trennte und so wenig die Existenz im Gasthof und in der Kneipe seinen Neigungen entsprach, so gewährten ihm doch die Geschäfte, und namentlich der Einblick in das Parteitreiben beim Reichstag und die mehrfach verschlungenen Fäden, welche im Bundesrat wie im Reichstag ihren Einfluß auf die Entschließungen der Mehrheit wie der einzelnen äußerten, großes Interesse. v. Nostitz überzeugte sich bald, daß die Stellung der Vertreter der Mittelstaaten den offenen und verdeckten Einheitsbestrebungen der Mehrheit des Reichstags gegenüber um so mißlicher erschien, als man häufig darüber im unklaren war, inwieweit dieselben insgeheim von der preußischen Regierung begünstigt und gefördert wurden. Gegen früher war diesen Bestrebungen gegenüber allerdings infolge des Eintritts von Bayern, Württemberg und Hessen in den Reichsverband ein stärkerer Damm gezogen. Mindestens waren, wenn die drei Königreiche Bayern, Württemberg und Sachsen, sowie Hessen und Mecklenburg zusammenhielten, Abänderungen der Verfassung im unitarischen Sinne länger aufzuhalten, als dies im Norddeutschen Bunde möglich war, sobald nicht Preußen den guten Willen dazu hatte. Nostitz stellte es sich deshalb zur besonderen Aufgabe, nicht bloß sächsischerseits ein gutes Verhältnis mit den Bevollmächtigten von Bayern (Minister v. Pfretzschner, v. Lutz, Ober-Appellationsgerichtspräsident v. Neumayr, Ministerialrat Berr) und von Württemberg (Minister v. Mittnacht, v. Scheurlen, Gesandter v. Spitzemberg) aufrecht zu erhalten, sondern auch die beiden süddeutschen Nachbarstaaten zusammenzuführen. Dank diesem Zusammenhalten gelang es ihm, den Einzelstaaten die Ausübung des Münzrechts und das Symbol der Landeshoheit, das Bildnis der Landesherren auf den gemeinsamen Reichsmünzen zu erhalten.

Nach Schluß der Bundesratssession begab sich Herr v. Nostitz, der damals in Berlin noch keine ständige Wohnung genommen hatte, vielmehr im Hotel Windsor wohnte, nach Dresden. Erst am 5. Mai 1872 kehrte er nach Berlin zurück, wo er sich seit dem 15. März durch den Geheimen Finanzrat Wahl hatte vertreten lassen. Wegen seiner verspäteten Ankunft in Berlin fielen ihm in der Hauptsache nur Referate über den Landeshaushalt von Elsaß-Lothringen zu.

Der nächste Aufenthalt des Herrn v. Nostitz zu den Beratungen des Bundesrats währte im November und Dezember 1872 drei Wochen lang und demnächst vom 18. Februar 1873 ab. Nachdem im März 1873 Herr v. Könneritz zum Ober-Hofmarschall ernannt worden war, wurde Herr v. Nostitz zum außerordentlichen Gesandten und bevollmächtigten Minister am Berliner Hofe ernannt und erhielt damit die Führung der sächsischen Stimmen im Bundesrat. Am 25. Mai 1873 erfolgte seine Antrittsaudienz bei dem König Wilhelm; im Herbste desselben Jahres wurde er auch noch zum Mitgliede der Verwaltung des Reichs-Invalidenfonds und des Disziplinarhofs für die Reichsbeamten in Leipzig erwählt. Da Bismarck von 1873 ab nur höchst selten den Vorsitz im Bundesrat übernahm, so sprach v. Nostitz ihn seit Antritt seines Amtes in der Hauptsache nur gelegentlich im Reichstag.

Von den Arbeiten des Bundesrats interessirte Nostitz besonders das Bankgesetz; Bismarcks (später aufgegebenes) Projekt, alle Eisenbahnen zu Reichseisenbahnen zu machen, erfüllte ihn mit Sorge, ebenso der unerwartete Rücktritt Delbrücks vom Reichskanzler-Amt. Infolge der Ernennung zum Mitgliede der Kommission, welche über Beschwerden gegen die Ausführung des Gesetzes gegen die Ausschreitungen der Sozialdemokratie durch die Lokalpolizeibehörde zu entscheiden hatte, legte Nostitz im Oktober 1878 die seit 1873 bekleideten Funktionen eines Mitgliedes des Reichs-Disziplinarhofs nieder.

Im Laufe seiner ganzen Thätigkeit im Bundesrat ist es Herrn v. Nostitz gelungen, jeden Konflikt mit Bismarck zu vermeiden, ohne seiner Regierung etwas zu vergeben. Wenn gleichwohl seine Berufsfreudigkeit mitunter nahe daran war, zu erlahmen, so lag dies wohl mehr in den Verhältnissen der bundesrätlichen Thätigkeit selbst, der das Bewußtsein einer schöpferischen Leistung stets, einer nutzbringenden vielfach fehlte.

Im März 1884 hatte Herr v. Nostitz drei lange, sehr interessante Unterredungen mit dem Reichskanzler,[1]) welcher verjüngt und voll neuer Pläne und politischer Kampfeslust von Friedrichsruh zurückgekehrt war. Dieselben betrafen zunächst die im Programm der neugebildeten „deutsch-freisinnigen“ Partei aufgestellte Forderung eines verantwortlichen Reichsministeriums, hiernächst aber

---

[1]) In Kohls Bismarck-Regesten nicht erwähnt.

eine große Anzahl anderer Fragen, welche namentlich die Gestaltung der Dinge nach dem Tode des Kaisers Wilhelm berührten. „Mag auch" — so bemerkte Herr v. Nostitz kurze Zeit darauf — „die Herrschsucht des Fürsten Bismarck, seine Ungeduld, seine Unduldsamkeit gegen jeden Widerspruch vielfach verstimmen und Unzufriedenheit und Gegensatz hervorrufen, welche Pygmäen sind doch seine politischen Widersacher gegen den Riesen! Schon die meisterhafte, zielbewußte, weit ausschauende Art, mit der er seit vierzehn Jahren die auswärtige Politik des Deutschen Reichs geleitet, Deutschland und der Welt den Frieden bewahrt hat, sichern ihm die Anerkennung des deutschen Volkes und ganz Europas auf lange Zeit hinaus. Auch sein Streben, die Macht der Regierungen vor den Einflüssen des querköpfigen, kurzsichtigen Parlamentarismus und dem Strebertum der parlamentarischen Führer möglichst sicher zu stellen, verdient nur den Beifall aller, die es wohl mit Deutschland meinen. Den Deutschen thut es vor allem not, sich als Nation zu fühlen und als solche zusammenzuwachsen, ein Gesichtspunkt, welcher bei dem Parteigezänke nur zu oft aus den Augen schwindet." Und am Schlusse desselben Jahres bemerkt Herr v. Nostitz im Hinblick auf den Reichstagsbeschluß vom 15. Dezember 1884, welcher dem Kanzler das Gehalt für einen zweiten Direktor im Auswärtigen Amt verweigerte: „Fürst Bismarck hat in den letzten Jahren durch die Herbeiführung eines innigen Verständnisses zwischen den drei Kaisermächten durch die Zusammenkunft in Skierniewice im September dieses Jahrs, durch die Anbahnung eines freundschaftlichen Verhältnisses mit Frankreich und durch die ebenso geschickt wie vorsichtig getroffenen Einleitungen zur Erwerbung deutscher Kolonien und noch in letzter Zeit durch die Einberufung einer Konferenz behufs friedlicher Verständigung über die bei der europäischen Ansiedlung am Kongo entstehenden Fragen seine Meisterschaft in Leitung der auswärtigen Politik wieder in so hervorragender Weise bewährt, daß die Nation eine nörgelnde Opposition und die Beschneidung der Mittel zur Aktion auf dem Felde der auswärtigen Politik nicht versteht."

Am 17. Januar 1885 reiste v. Nostitz nach Erlangen zur Heilung eines Darmleidens, welchem er sechs Wochen darauf erlag.

Mit Nostitz verlor der Bundesrat unzweifelhaft einen seiner bedeutsamsten Köpfe. Ihm waren Gaben eigen, die sich nicht so leicht wieder bei einem andern Mitgliede desselben vereinen: treue Anhänglichkeit an sein engeres Vaterland, aber weit entfernt von engherzigem Partikularismus, daneben ein warmes Herz für Deutschland, die größte Gewissenhaftigkeit in Erfüllung seines dienstlichen Berufes, gepaart mit einem großen politischen Blick, ein durch und durch ehrlicher Charakter, dem alles Strebertum ferne lag, eine innerlich harmonische Natur, die ihre Befriedigung im Verkehr mit den hochgebildeten deutschen Kollegen im Bundesrat fand. In den Bundesratsdebatten griff er als geschickter Debatter und gewandter Dialektiker ein, stets neue Gesichtspunkte zu Tage fördernd, immer nur die Sache im Auge habend und niemals persönlich werdend.

v. Nostitz war kein blinder Verehrer Bismarcks, kein enthusiastischer Anhänger des Kanzlers, der bei ihm nur Licht sah und jede seiner Maßregeln von Haus aus billigte; dazu war er zu kritisch veranlagt. Aber eben dieser kritische Geist ließ der Größe Bismarcks doch die weiteste Anerkennung zu teil werden, und das Vertrauen, welches der Kanzler Nostitz gegen das Ende seiner amtlichen Laufbahn schenkte, beweist, daß umgekehrt auch Bismarck zum Schlusse ihm ein Gefühl entgegenbrachte, welches bei seiner sonstigen Menschenverachtung besonderen Wert hat, nämlich das des Respekts.

4. Württemberg.

Justizminister v. Mittnacht[1])

(geboren 17. März 1825)

machte die Bekanntschaft Bismarcks als Mitglied des Zollparlaments, dem derselbe von 1868—1870 angehörte. Am 1. Mai 1868 hatte Mittnacht eine Zusammenkunft mit Karl Braun wegen der württembergischen Wahlen, die damals viel von sich reden machten. Vom 21. bis 27. September 1870 nahm Mittnacht in München an den Besprechungen der bayerischen Minister mit dem Bundeskanzler-Amts-Präsidenten Delbrück über die deutsche Verfassungsfrage teil. Ueber diese Besprechungen[2]) sagte Delbrück am 6. Dezember 1870 im Nord-

[1]) Hermann v. Mittnacht, geb. in Stuttgart, studirte Jura in Tübingen und Heidelberg und trat 1849 in den württembergischen Justizdienst, in welchem er als Staatsanwalt, Stadtgerichts-Vorstand in Stuttgart sowie als Ober-Tribunalsrat und Mitglied des Ober-Handelsgerichts thätig war. Mitglied der Bundes-Liquidations-Kommission in Frankfurt a. M. vom Februar bis April 1867. Am 27. April 1867 erfolgte seine Ernennung zum Chef des Justiz-Departements. In weiteren Kreisen war der neue Minister bereits bekannt geworden durch seine Thätigkeit in der Abgeordnetenkammer, welcher er seit Juli 1861 als Abgeordneter von Mergentheim ohne Unterbrechung bis heute angehört. Von 1868—1870 war v. Mittnacht auch Mitglied des Zollparlaments. Nach dem Rücktritt des Ministers Freiherrn v. Varnbüler am 31. August 1870 übernahm zufolge Königlichen Dekrets vom 2. September 1870 der Justizminister die Leitung der Geschäfte des Königlichen Geheimen Rats. Durch Königliches Dekret vom 19. Januar 1872 wurde Mittnacht mit dem Vorsitze im Ministerrat förmlich betraut. Am 27. August 1873 übernahm er nach dem Rücktritt des Freiherrn v. Wächter die interimistische Verwaltung auch des Ministeriums der auswärtigen Angelegenheiten und der damit verbundenen Verkehrsanstalten, worauf am 23. November 1873 seine Ernennung zum Minister der Familienangelegenheiten des Königlichen Hauses und der auswärtigen Angelegenheiten erfolgte. Am 1. Juli 1876 nach Erlaß des Gesetzes über die Bildung eines Staatsministeriums wurde der Staatsminister der Justiz und der auswärtigen Angelegenheiten zum Präsidenten des Staatsministeriums ernannt. Am 21. Dezember 1878 wurde v. Mittnacht, seiner Bitte entsprechend, von der Verwaltung des Justizministeriums entbunden. Die übrigen von ihm bekleideten Aemter hat er beibehalten.

[2]) Vgl. darüber Georg Meyer: „Die Reichsbegründung und das Großherzogtum Baden," Heidelberg 1896, S. 61 f.

deutschen Reichstag, daß sie durch Mittnachts Teilnahme wesentlich gefördert worden seien. Durch hinterlassene und veröffentlichte Briefe Laskers ist bekannt geworden, daß Mittnacht bei den Münchener Besprechungen die Anregung gegeben hat zur Ausdehnung der Kompetenz der Reichsgesetzgebung auf Presse und Vereinsrecht.

Am 20. Oktober 1870 reiste Mittnacht mit dem Kriegsminister v. Suckow nach Versailles, wo mit den Vertretern der süddeutschen Staaten über die bundesstaatliche Neugestaltung Deutschlands die entscheidenden Unterhandlungen gepflogen wurden. Am 25. November 1870 unterzeichneten beide Minister in Berlin die zwischen dem Norddeutschen Bund, Baden, Hessen und Württemberg über die Gründung eines Deutschen Bundes abgeschlossenen Verträge. Am 8. Dezember 1870 nahm v. Mittnacht an der Verhandlung in Berlin teil, in welcher der Beitritt Bayerns zu der neuen Verfassung festgestellt ward, und am 20. Februar 1871 als stimmführender württembergischer Bevollmächtigter an der ersten Sitzung des Bundesrats, dessen Mitglied er seither geblieben ist. Kurz darauf reiste er von Berlin nach Versailles, wo er am 26. Februar 1871 die Friedenspräliminarien zugleich mit dem Minister der auswärtigen Angelegenheiten Freiherrn v. Wächter unterzeichnete.

Von M. Busch wissen wir, daß derselbe in Versailles am 1. März 1871 an dem Diner des Kanzlers teilnahm und dort eine Geschichte zum besten gab von einem hohen Herrn: „Ich weiß nicht, ob sie Ihnen schon bekannt ist," — sagte er — „wie er gegen einen, der ihm vorgestellt worden ist, bemerkt hat: ‚Ah, freut mich sehr, ich habe so ungemein viel Rühmliches von Ihnen gehört — was war's nur gleich.'" Allgemeines Gelächter.[1])

Mittnacht kam in Versailles natürlich auch mit dem deutschen Kronprinzen öfter zusammen. In dessen Tagebuch finden wir am 25. Oktober 1870 den Eintrag: „Die süddeutschen Minister speisen bei mir, Mittnacht gilt als der fähigste, er spricht sich in erbetener Privataudienz günstig aus, ebenso Suckow." Und unterm 12. November 1870: „Die württembergischen Minister sind plötzlich auf schlechte Nachrichten abgereist, als sie unterzeichnen wollten; das ist eine Intrigue Gassers; Suckow und Mittnacht sind ehrlich."

Sehr interessante Aufschlüsse gab Mittnacht in der Sitzung der württembergischen Kammer der Abgeordneten vom 8. Februar 1872 über die Entstehung der Reichsverfassung, im besonderen die Bedeutung der Art. 4 und 78 der Verfassungsurkunde. Die württembergische Regierung habe bei Gründung des Deutschen Reichs als Schutz gegen übereilte Verfassungsänderungen eine Dreiviertelmehrheit erstreben und unter dieser Voraussetzung unter „Verfassungsänderung" auch die „Kompetenzerweiterung" mit verstehen wollen.

---

[1]) M. Busch, „Graf Bismarck und seine Leute", Volksausgabe, S. 629; vgl. auch S. 192.

Mit dem Wunsch einer Dreiviertelmehrheit für Verfassungsänderungen sei der Redner (Mittnacht) also nach München gegangen, wo sich nun herausgestellt, daß Bayern für sich verlangte, daß ihm erstens bezüglich aller eine Erweiterung der Bundeskompetenz und zweitens aller das Stimmrecht sowie die Sonderstellung Bayerns betreffenden Verfassungsänderungen ein Veto eingeräumt werde. Dieses speziell bayerische Veto wäre, zum mindesten gesagt, doch sehr eigentümlich gewesen, und Redner habe deshalb alsbald ein gemeinsames Veto einiger weniger Bundesglieder gegen Verfassungsänderungen befürwortet. Außerdem aber habe er auch den Gedanken angeregt, ob nicht in die Verfassung eine besondere Bestimmung aufgenommen werden sollte des Inhalts, daß Kompetenzerweiterungen im einzelnen Fall zugelassen werden sollten unter Wahrung der für Verfassungsänderungen vorgeschriebenen Formen, eine Bestimmung, die sich schon im § 63 der deutschen Reichsverfassung vom März 1849 fand. Einen auf dieses letztere gehenden Zusatz habe Mittnacht auch in Versailles bei den Verhandlungen angeregt. „Dieser Zusatz wurde dann aber schließlich nicht beigefügt deshalb, weil von anderer Seite in einem solchen Zusatz eine gar zu direkte Einladung zu Verfassungsänderungen erblickt wurde.“ Bei jenen Versailler Konferenzen waren aber die Vertreter des Norddeutschen Bundes, Württembergs, Badens und Hessens ausdrücklich darin einig, daß unter Verfassungsänderungen auch Kompetenzerweiterungen zu verstehen und die besondere Erwähnung dessen in dem Verfassungsvertrage überflüssig sei.

Dies sei bei Art. 4 besprochen worden. Bei Art. 78 sei dann die etwaige Modifikation der Reservatrechte zur Sprache gekommen. Daß solche nur mit Zustimmung des beteiligten Staates erfolgen könne, wurde zwar für selbstverständlich erklärt, aber auch noch protokollarisch festgestellt. Von einer Zustimmung der Landesvertretungen war, soviel sich Mittnacht erinnern zu können glaubte, nicht die Rede.

So oft Mittnacht von 1868 an nach Berlin kam, und dies war jährlich zwei- bis dreimal, war derselbe der freundlich aufgenommene Gast an Bismarcks Tafel, und bekannt ist die Gepflogenheit des Kanzlers, nach Tisch mit seinen Gästen alle wichtigeren aktuellen Fragen durchzusprechen. Außerhalb Berlins besuchte Mittnacht den Reichskanzler 1875 in Varzin, 1879 in Gastein unmittelbar vor der Reise Bismarcks nach Wien,[1]) verschiedenemale in Friedrichsruh, einmal in Kissingen.

Zum siebenzigjährigen Geburtstag Bismarcks (1. April 1885) spielte sich beim Frühschoppen im Kanzlerpalais eine reizende Scene ab. Mittnacht nahm bei seinem Toaste der Fürstin Bismarck gegenüber Aufstellung und sprach eine Zeit lang von all den deutschen Volksstämmen, die hier vertreten seien, von Vandalen, Märkern und Alemannen. Studentenverbindungen dieser Namen hatte er wohl

[1]) Beide Besuche sind in Kohls Bismarck-Regesten nachzutragen.

nicht im Sinne und man merkte aus der ganzen Anlage seiner Rede, daß er ganz anderswohin ziele. Plötzlich wandte er sich direkt an die Fürstin Bismarck, welche mit leuchtenden Augen und reizender Schalkheit bei all dem Guten und Schönen, was Herr v. Mittnacht an ihr zu rühmen wußte, ihre Blicke auf den etwas entfernt stehenden Fürsten fallen ließ, der alles, was Herr v. Mittnacht von seiner Gattin behauptete, durch behagliches Kopfnicken beglaubigte. Nicht die Fürstenwürde, die sie schmücke, wäre es, nach welcher das deutsche Volk ihren Wert bemesse, dieses verehre in der Fürstin die Frau von einfachem, schlichtem Sinn, die Stütze und Freude des Mannes, das Muster einer deutschen Hausfrau. Als Herr v. Mittnacht in seiner Rede so weit gekommen war, wußte sich Fürst Bismarck in unauffälliger Weise seiner Gemahlin zu nähern und gab ihr vor allen Anwesenden — einen herzhaften Kuß auf die Wange! Dies kam so unverhofft und war so echt herzlich und menschlich, daß die Versammlung ganz darüber vergaß, daß sie beim Kanzler des Deutschen Reichs war, und im Ausbruche menschlichen Vergnügens über den Kuß „Bravo! Bravo!" rief und fröhlich in die Hände klatschte.

Mittnacht war Bundesrats-Referent unter anderem über den Gesetzentwurf, betreffend die Vereinigung von Elsaß-Lothringen mit dem Deutschen Reich (1871) und den Reichstagsbeschluß wegen Abänderung der Ziff. 13 des Art. 4 der Reichsverfassung (1872), über die Strafprozeßordnung (1874), und hat derselbe überhaupt an allen Beratungen und Anträgen des Ausschusses für Justizwesen, zum Gerichtsverfassungsgesetz, zur Strafprozeß-, Zivilprozeß- und Konkursordnung teilgenommen. Als Referent zur Strafprozeßordnung war Mittnacht für die Beibehaltung der Schwurgerichte thätig. Endlich war Mittnacht 1880 Referent in Betreff der Revision der Geschäftsordnung des Bundesrats.[1])

Von großem Interesse waren die Bemerkungen, welche v. Mittnacht in der Sitzung des Reichstags vom 29. Mai 1872 über die Stellung des Bundesrats zu dem Laskerschen Antrage, betreffend die Ausdehnung der Bundesgesetzgebung auf das gesamte bürgerliche Recht, gemacht hat. Herr v. Mittnacht sagte: „Die süddeutschen Regierungen wissen aus Zeitungen und aus einer Etatsposition, daß zufolge eines Beschlusses des Norddeutschen Bundesrats Gesetzentwürfe über den Strafprozeß, über die Gerichtsorganisation und den Konkurs, glaube ich, u. s. w. im königlich preußischen Justizministerium vorbereitet werden. (Hört, hört!) Nun erlauben Sie mir, es offen zu sagen, es muß bei diesem Anlasse gesagt werden (sehr gut! links): Wenn nach vielleicht jahrelanger Vorbereitung ein von den Rechtsverständigen eines Staates festgestellter Gesetzentwurf zum Vorschein kommt, und wenn er, wie vorauszusetzen ist, noch so vortrefflich ist, wie glauben Sie dann, daß die übrigen Bundesregierungen noch einen großen Einfluß auf die Gestaltung dieses Gesetzgebungswerkes geltend machen

[1]) Vgl. Schulthess „Europäischer Geschichtskalender" 1880, S. 102, 103 ff., 119.

sollten? Im Bundesrat können sie es nicht gut, dort gebricht es an Zeit und noch an einigem anderen. (Große Heiterkeit; Sehr gut! links.) Nun, meine Herren, so kann es denn doch vorkommen, daß ein solcher Gesetzentwurf ein gewisses Gepräge, einen gewissen Stempel erhält, vor dem man wenigstens nicht unbedingt sicher ist, daß er den Stempel der allumfassenden Gemeinschaft darstellt. Hierin, meine Herren, liegt eine Gefahr, daß die Rechtsanschauungen und die Rechtsbildung eines Staates, und wenn er auch der größte und bedeutendste aller derjenigen ist, die allen Anspruch auf größte Beachtung haben, doch vorzugsweise bestimmt sind, nationales Recht zu werden (hört, hört!), und hierin liegt die Gefahr, daß die einzelnen Bundesregierungen aber schließlich doch auf den Standpunkt kommen können, die rechte Liebe zur Mitwirkung zu verlieren, schließlich aus Bequemlichkeit zuzustimmen oder weil ihnen klar ist, daß sie doch nichts mehr erreichen könnten, sich auf Kompetenzstudien zurückzuziehen. In Wirklichkeit, glaube ich, sollte jeder, der Befähigung und Interesse hat, an dieser nationalen Rechtsgesetzgebung mitwirken, und zwar rechtzeitig von Anfang an in dem Stadium mitwirken, wo der Stoff geformt wird, und nicht erst dann, wenn er schon geformt ist und wenn eventuell Meinungsverschiedenheiten wesentlich zu unliebsamen Weiterungen und Schwierigkeiten führen. Was ich, meine Herren, hier in aufrichtig reichsfreundlichem Sinne angedeutet oder vielleicht mehr als angedeutet habe (große Heiterkeit), das soll gewiß gar keinen Vorwurf enthalten, denn bisher war man in den gesetzgeberischen Arbeiten in ganz außerordentlicher Weise gedrängt, die Verhältnisse waren noch nicht geordnete geworden, manches befand sich, wie der Herr Abgeordnete Miquel sagt, in einem Uebergangszustande. Endlich haben wir ja auch gar kein formelles Recht des einzelnen Staatsministeriums, formell hat ja jeder Staat, jede Regierung das Recht, Gesetzentwürfe für sich zu machen; aber Sie werden es doch vielleicht erklärlich finden und entschuldigen, wenn die Regierungen der mittleren Staaten, bevor sie zu einer so wichtigen und ausgedehnten Kompetenzerweiterung aus vollem Herzen Ja sagen, doch noch etwas Näheres zu erfahren gewünscht haben darüber, wie man sich den Gang der nationalen Privatrechtsgesetzgebung und die Beteiligung der einzelnen Staaten an dieser nationalen Privatrechtsgesetzgebung hier und im Bundesrate denkt. Im Bundesrate werden wir aus Gründen, die uns nicht zur Last fallen, erst in späterer Zeit, in einigen Monaten, zu der erwünschten Klarheit in dieser Beziehung gelangen."

v. Mittnachts Klagen über die Zurücksetzung der nicht preußischen Regierungen bei der Vorbereitung der Reichsgesetze riefen eine gewaltige Sensation hervor[1]) und zogen ihm lebhafte Angriffe zu.

[1]) Die „National-Zeitung" bemerkte in einem Artikel vom 1. Juni 1872: „Ohne Grund sind ja die Beschwerden des Herrn Mittnacht nicht, nur kehren sie sich gegen den

So schlossen die „Hamburger Nachrichten“ einen seine Aeußerungen über die Vorgänge im Bundesrat scharf verurteilenden Artikel: „Herr Mittnacht rügt es an Preußen, daß es von seinen Rechten als Reichsglied Gebrauch macht, während es doch nur die Trägheit und Saumseligkeit der anderen, von ihren gleichen Rechten den gleichen Gebrauch zu machen, ist, welche die Schuld trägt, wenn sie etwa wirklich das Maß der ihnen gebührenden Mitwirkung sich verkürzt sehen. ‚Nur immer langsam voran, nur immer langsam voran, damit Herr Mittnacht hübsch behaglich nachfolgen kann!‘ Wir begreifen sehr wohl, um wie vieles gemütlicher sich der schwäbische Staatsmann in einem Bundesrate fühlen würde, welcher diese Forderung zur Maxime seiner Gesetzgebung erhöbe. Nichtsdestoweniger können wir dem deutschen Volke nur Glück dazu wünschen, daß Preußen sich weniger um die Gemütlichkeit des Herrn Mittnacht, als um das Wohl des Reichs besorgt zeigt und die ganze Kraft seiner Initiative aufbietet, die gegenwärtige Gunst der Umstände auf das rascheste und entschlossenste für Befestigung der großen Errungenschaften unseres nationalen Lebens zu verwerten. Herr v. Mittnacht bewahre den gleichen patriotischen Eifer, und die Nation wird es ihm danken. Fühlt er sich dazu aber unvermögend, so thut er sicherlich klüger daran, zu schweigen, als Anklagen zu erheben, die nur sein eigenes Unvermögen bloßstellen.“

Die Nachricht, daß der in Varzin weilende Reichskanzler sich über die Aeußerungen Mittnachts über den Bundesrat telegraphisch nach Berlin geäußert habe, erwies sich als unrichtig. Dagegen enthielten viele auswärtige Blätter eine Berliner Korrespondenz, welche so lautete:

„Die Aeußerungen des württembergischen Ministers v. Mittnacht bei der

---

Gesamtorganismus des Reichs. Wo die Einzelstaaten dem ihnen innewohnenden Gewicht nicht nur entsprechend, sondern sogar über ihr Gewicht hinaus vertreten sind, das ist im Bundesrat. Dieser aber ist zur Ausarbeitung größerer organischen Gesetzentwürfe für das Reich ungenügend: es fehlt seinen Mitgliedern zu diesem Zweck sowohl an Zeit als an Sachkenntnis für das technische Detail, und der letztere Mangel trifft in noch erhöhtem Maße die aus dem Schoße des Bundesrats gebildeten engeren Ausschüsse. Das Reichskanzler-Amt aber ist zu unentwickelt und nebenbei auch thatsächlich eine zu vorwiegend preußische Behörde, um der Ausarbeitung größerer Gesetzesvorlagen unter Berücksichtigung der nichtpreußischen Einzelstaaten zu genügen. Das preußische Ministerium dagegen bietet den Stützpunkt, von welchem aus auch die größten Gesetzvorlagen in Angriff genommen werden können. Es hat in seinen Räten schon die erforderlichen Sachverständigen, welche leicht noch durch Zuziehung geeigneter Personen vermehrt werden können. Noch sind wir auch mit dieser Art der Vorbereitung der Gesetze durch Preußen im Norddeutschen Bunde und im Reich nicht schlecht gefahren, während ein abweichender Versuch durch Berufung von Sachverständigen aus allen norddeutschen Einzelstaaten bei der Vorbereitung einer Zivilprozeßordnung zu einer totalen Mißgeburt geführt hat. Eine weitere organische Ausbildung, sei es des Bundesrats, sei es des Reichskanzler-Amts, zu einem aktionsfähigeren und zugleich die Staatengesamtheit vertretenden Körper wird unausbleiblich erfolgen müssen.“

Beratung des Laskerschen Antrags im Reichstage haben große Sensation erregt. Die radikale deutschfeindliche und französische Presse nutzt mit Vergnügen diese Aeußerungen für ihre Zwecke aus, ein Umstand, aus dem Herr v. Mittnacht ersehen wird, wie wohl er gethan hätte, mit diesen Aeußerungen wenigstens im Reichstage nicht hervorzutreten. Es ist allseitig nur als ein Provisorium bezeichnet worden, daß die Ausarbeitung der für den Reichstag bestimmten Vorlagen durch das preußische Ministerium erfolgt. Die Bedenken darüber gehören nicht vor den Reichstag, sie müssen, wenn sie ausgesprochen werden sollen, von Regierung zu Regierung oder im Schoße des Bundesrats zum Ausdruck gelangen. Herr v. Mittnacht hat es vorgezogen, seine Kritik vor den Reichstag zu bringen und zwar in einer Weise, die noch mehr ahnen läßt, als wirklich ausgesprochen wird. Das entspricht jedenfalls nicht den bundesfreundlichen Gesinnungen, die der König von Württemberg erst jüngst hier kundgegeben hat." [1])

Ich habe die betreffende Zeitungsstimme absichtlich sorgsam registrirt, um zu zeigen, wie nervös gewisse ultrapreußische Offiziöse waren. In der Sache hatte Mittnacht unzweifelhaft recht. Wenn der Minister eines der größeren Bundesstaaten im Reichstag nicht mehr aussprechen durfte, was sich die Mehrzahl seiner Kollegen auch sagte, daß die augenblickliche Methode der Gesetzfabrikation verbesserungsfähig sei, wozu war denn dann der Art. 9 der Reichsverfassung, der sogar die Opposition eines Bundesbevollmächtigten im Reichstag gegen die Beschlüsse des Bundesrats sanktionirte? [2])

Noch thörichter war es, Bismarck die kleinliche Absicht unterzuschieben, den Minister wegen seiner offenen Aussprache zu rektifiziren. Er wird sich weit eher darüber gefreut haben, denn die Erfahrungen, die Mittnacht gemacht hatte, waren ihm selbst nicht fremd. Wiederholt hat er sich darüber beklagt, daß ihm die preußischen Entwürfe in einem Stadium vorgelegt wurden, daß er moralisch zu ihrer Annahme fast gezwungen war. Wir werden auf diesen Fall später noch zurückkommen.

Mittnacht war ganz der Mann, wie er sich ihn für den Bundesrat wünschte. Bismarck vermißte es, wie wir der weiter unten mitgeteilten Aeußerung desselben gegenüber dem Abgeordneten Wichmann entnehmen, geradezu schmerzlich, daß sich insbesondere die Vertreter der kleineren Staaten im Bundesrat nicht mit mehr Offenheit auszusprechen wagten: „Ich möchte in der That mehr Opposition haben." Er wünschte sich im Bundesrat sogar die Wahl von „demokratischen Krakehlern".

---

[1]) Auf die Bestrebungen Mittnachts, den Bundesregierungen bei Ausarbeitung der Gesetzentwürfe größeren Einfluß zu sichern (Antrag Bayerns vom 11. Mai 1873, Bundesratsbeschluß vom 31. Mai 1873 auf Mittnachts Antrag) werden wir später zurückkommen. Vgl. Schultheß, Geschichtskalender 1873, S. 141.

[2]) Mittnacht hat von diesem seinem Rechte auch noch im Januar 1894 Gebrauch gemacht.

Als der hessische Gesandte Hofmann in der Sitzung des Zollparlaments vom 18. Mai 1868 eine von Bismarck verschiedene Ansicht über die Kompetenz des Zollparlaments in Fragen der inneren Besteuerung in Hessen äußerte, nahm ihm Bismarck das oppositionelle Auftreten an sich nicht übel. „Nur dies“ — so sagte er ihm nach der Sitzung — „war unrecht, daß Sie die Kompetenzfrage bestritten. In öffentlicher Versammlung bestreitet man nicht die Kompetenz.“

Ein Auftreten eines Bevollmächtigten zum Bundesrat wie dasjenige Mittnachts in Fragen, in denen er selbst noch nicht entschiedene Stellung genommen hatte,[1]) konnte also Bismarck nur sympathisch berühren, und in der That ist er derjenige, der mit Bismarck am besten zu verkehren verstand. Kein anderes Mitglied des Bundesrats darf sich rühmen, bei Bismarck ein so freies Wort gehabt zu haben als Mittnacht. In vielen Fragen drang aber auch er nicht durch, beispielsweise als es sich darum handelte, das Schicksal von Elsaß-Lothringen zu entscheiden. Mittnacht sprach sich Bismarck gegenüber dahin aus, es sei das Beste, die neu erworbenen Länder mit Preußen zu vereinigen.

Welche Gründe dafür ausschlaggebend waren, daß Bismarck diese Lösung perhorreszirte, mag dahingestellt bleiben. Aber es ist mir erst kürzlich noch von einem deutschen Staatsmann versichert worden, Mittnacht habe, wenn man heute nach 25 Jahren zurückblicke, recht gehabt. Die Anschließung der beiden Provinzen an Deutschland — so meinte jener Staatsmann — wäre so schneller vor sich gegangen; so, wie es sei, könne es doch nicht bleiben; früher oder später würde Elsaß-Lothringen doch ein Bundesstaat werden, mit eigener Vertretung im Bundesrat, und schließlich würde doch kaum etwas anderes erübrigen, als eine Secundogenitur für einen Prinzen des kaiserlichen Hauses zu schaffen.

Zu den Angelegenheiten, bei welchen Mittnacht den Anregungen Bismarcks nicht zu folgen vermochte, gehörte die Frage der Reichseisenbahnen und die Befassung der Reichsgesetzgebung mit der Regelung des Güter-Tarifwesens. Beide Fragen wurden bekanntlich vom Reichskanzler schließlich nicht weiter verfolgt.

Bei Gelegenheit seines fünfundzwanzigjährigen Ministerjubiläums wurde Mittnacht durch ein Handschreiben des Kaisers vom 20. April 1892 ausgezeichnet, in welchem auch dessen Thätigkeit als Bundesratsmitglied rühmlich anerkannt wurde.[2]) Ein ähnliches Handschreiben erhielt Mittnacht unter Ver-

[1]) Bismarck duldete nur nicht eine Opposition im Bundesrat gegen seine eigenen Absichten, wenn er davon überzeugt war, daß deren Durchführung für das Wohl des Reiches unerläßlich sei. (Reform des Zolltarifs 1879, Hamburger Zollanschluß.)

[2]) Das vom preußischen Gesandten übergebene Handschreiben des Kaisers hat folgenden Wortlaut:

„Es ist zu Meiner Kenntnis gelangt, daß am 27. April d. J. der Tag wiederkehrt, an welchem Sie, Herr Ministerpräsident, vor 25 Jahren von weiland Seiner Majestät dem hochseligen Könige Karl von Württemberg in das Ministerium berufen worden sind. Sie haben sich während dieser Zeit, welcher die glorreichsten und folgenschwersten Ereignisse

leihung der Büste Kaiser Wilhelms I. zum 18. Januar 1896. Den Schwarzen Adler-Orden hatte ihm dieser letztere bereits bei dem fünfundzwanzigjährigen Jubiläum des Königs Karl[1]) übergeben.

Ein schöner Zug Mittnachts ist es, daß derselbe jenen Herren nicht nachahmte, welche Bismarck ohne Maß huldigten, solange er der Allmächtige war, nach seinem Sturze aber ihn nicht mehr kannten. Er scheute sich nicht, Bismarck im Mai 1890 in Friedrichsruh und im August 1893 in Kissingen zu besuchen. Ein Münchener Blatt, welches im Sinne des „alten Kurses" redigirt wird, protestirte energisch gegen die Behauptung, daß Herr v. Mittnacht den früheren Reichskanzler gebeten habe, nicht mehr in der bisherigen schroffen Form die gegenwärtige Regierung anzugreifen. Demnächst wurde demselben Organ, der „Allgemeinen Zeitung", aus Württemberg noch geschrieben: „Wir Württemberger rechnen es unserem *Ministerpräsidenten* hoch *zur Ehre* an, daß er, abgesehen von Hamburgs Vertretern, das *einzige* Mitglied des Bundesrats ist, welches nach den Märztagen von 1890 die alten Beziehungen zum Fürsten Bismarck nicht abgebrochen, sondern ihre Aufrechthaltung durch persönliche Besuche in Friedrichsruh und Kissingen bethätigt hat. Herrn v. Mittnachts Name findet sich unter den Versailler Verträgen, er selbst gehört zu den Erbauern des Reiches, zu dessen Kaisern und zu dessen altem Kanzler er stets in vollster Loyalität gestanden hat. Den Gesinnungen treuer Anhänglichkeit an eine so große Zeit gemeinsamen Wirkens konnte er um so mehr volle Befriedigung gewähren, als er sich hierin mit den Anschauungen der

der vaterländischen Geschichte unter treuer Mitwirkung Württembergs angehören, um Ihr engeres Vaterland unvergängliche Verdienste erworben, welchen Ihr Landesherr, des Königs *Wilhelm* Majestät, Mein Bundesgenosse und Freund, die gebührende Anerkennung zollt. Mir liegt es ob — und ich glaube hier zugleich im Sinne Meines in Gott ruhenden Herrn Großvaters, des Kaisers und Königs *Wilhelm*, sowie in jenem Meines hochseligen Vaters, des Kaisers und Königs *Friedrich* zu sprechen —, Ihnen für Ihre treue Mitarbeit in der Pflege der bundesfreundlichen Beziehungen, in der Befestigung der Errungenschaften der letzten Jahrzehnte, im Ausbau der Verfassung des Reiches, welche Sie als Mitglied des Bundesrats zu bethätigen in der Lage waren, Meinen Kaiserlichen Dank auszusprechen. Ich verbinde hiermit den Wunsch, daß Sie, Mein lieber Freiherr v. Mittnacht, noch lange Jahre dem Dienste Ihres Königs, Ihrem Vaterlande Württemberg und dem Deutschen Reiche erhalten bleiben mögen. — *Berlin*, den 20. April 1892. *Wilhelm* I. R. — An den Präsidenten des Königlich württembergischen Staatsministeriums, Königlich württembergischen Staatsminister der auswärtigen Angelegenheiten, Bevollmächtigten zum Bundesrat Freiherrn v. *Mittnacht* Excellenz."

[1]) Der letztere hatte Mittnachts Wirksamkeit bei jedem Anlaß anerkannt und voll gewürdigt; noch an seinem letzten Geburtsfest, 6. März 1891, hatte der verewigte König eine äußerst warme Zuschrift an den Minister gerichtet, in welcher er ihm als „treuem, wahrhaftigem Ratgeber", mit dessen Beistand Er vieles habe durchführen können, dankt. Daß auch der jetzt regierende König dem Minister der vorausgegangenen Regierungsperiode sein Vertrauen zugewendet hat, beweist das am 27. April 1892 an Mittnacht gerichtete Königliche Handschreiben, abgedruckt im „Schwäbischen Merkur" Nr. 98 vom 28. April 1892.

höchsten Stelle Württembergs, des hochseligen wie des jetzt regierenden Königs, vollkommen eins wußte und weiß. Daß Herr v. Mittnacht den Fürsten Bismarck, den uns Württembergern tief in die Herzen gepflanzten Schöpfer unseres Deutschen Reiches, bei seiner Anwesenheit in Süddeutschland besucht, ist ein Vorgang, der für unbefangene Leute gar keiner weiteren Erläuterung bedarf. Vor 1890 pflegten ja auch mehrere bayerische Minister regelmäßig zum Besuch des Fürsten nach Kissingen zu gehen. Seitdem er nicht mehr im Amt ist, hat das aufgehört, aber die Beziehungen jener Herren zum alten Kanzler sind auch nie so persönlicher Art gewesen und beruhten nicht auf so großen gemeinsamen Erinnerungen wie bei Herrn v. Mittnacht. Lebte Herr v. Lutz noch und wäre er noch Ministerpräsident in Bayern — wir sind überzeugt, er würde auch 1890 seine Besuche in Kissingen nicht unterlassen haben. Der Inhalt der Gespräche, welche Herr v. Mittnacht mit dem Fürsten Bismarck gepflogen, ist natürlich kein Geheimnis; sie werden sich ja wahrscheinlich nicht auf das Wetter und die Kurliste, sondern auf solche Dinge bezogen haben, die uns Deutschen allen am Herzen liegen, und jedenfalls ist Herr v. Mittnacht, wenn nicht der einzige, so doch zweifellos einer der wenigen deutschen Minister, mit welchen der Fürst sich in vollster Offenheit aussprechen kann. Erinnert man sich, daß der Besuch zwischen der Thüringer und der Frankfurter Rede erfolgte, so darf man allerdings wohl annehmen, daß ein Gegenstand, welcher den Fürsten so lebhaft beschäftigt, auch in seinen Gesprächen mit Herrn v. Mittnacht nicht unberührt geblieben ist."

Zum Schluß wird noch erzählt, daß Herr v. Mittnacht auch im Sommer 1892 den Fürsten Bismarck habe besuchen wollen, aber behindert gewesen sei, seinen Entschluß auszuführen.

Alles in allem genommen, kann Württemberg darauf stolz sein, in den Bundesrat zwei Männer geschickt zu haben, von denen der eine ein intimer Freund des Bismarckschen Hauses war (Freiherr v. Spitzemberg), der andere, Mittnacht, einer der bedeutendsten politischen Köpfe im Bundesrat, auf dessen Stimme Bismarck viel hielt. Der Minister keines der anderen Staaten hat dort eine so bedeutsame Thätigkeit entfaltet als Mittnacht. Unwillkürlich kommt einem der Gedanke, wie sehr sich der Bundesrat Glück dazu hätte wünschen können, wenn eine Kraft wie die Mittnachts dauernd für seine Beratungen hätte gewonnen werden können.

Minister des Innern v. Scheurlen[1])

(geboren 3. September 1824, gestorben 1. April 1872).

Scheurlen wurde 1870 an Stelle Geßlers Minister des Innern, weil man einen energischen Minister für dieses Portefeuille brauchte, angesichts der

[1]) Karl Friedrich v. Scheurlen, geboren zu Tübingen, 1847 Gerichtsaktuar bei dem Oberamtsgericht Heilbronn, 1850 Kollegialhilfsarbeiter bei dem Königlichen Gerichtshof für

Forderung der Ultramontanen, mit dem Allianzvertrage mit Preußen unverträgliche Ersparnisse am Militäretat vorzunehmen.

Scheurlen sagte damals zu einem Kollegen im Ministerium wiederholt, man höre bei Hof jetzt nur noch, der König wolle Frieden haben mit seinem Volk; diese Phrase sei in der Umgebung des Königs und der Königin so im Schwunge wie eine ausgegebene Parole. Verwerfe die Kammer den kriegsministeriellen Ersparnisetat und löse man sie deshalb auf, so bekomme man das erstemal eine noch schlechtere, und erst bei der zweiten oder dritten Wahl werde es besser. Also dazu müsse man entschlossen sein; ob aber der König stand halten werde gegen seine russische, großdeutsche und ultramontane Umgebung? Auf die Frage, ob Varnbüler und Mittnacht stand halten würden, schwieg Scheurlen.

Am 24. Juli 1870 stürzte Scheurlen todesblaß, den Hut auf dem Kopf, in das Zimmer des Kriegsministers v. Suckow mit dem Schreckensruf: „Excellenz, die Franzosen sind auf dem Kuhstein bei Baiersbronn im Schwarzwald!“ So hatte es ihm der Oberamtmann von Freudenstadt telegraphirt. Es waren die badischen Pioniere, welche in lang voraus getroffener Verabredung die Schwarzwaldpässe zur Verteidigung und Zerstörung für alle Fälle vorbereiteten.

Am 30. September 1870 sagte Scheurlen, der bayerische Gesandte Gasser habe in Abwesenheit v. Suckows auf das lebhafteste gegen den Anschluß Württembergs an das Deutsche Reich geschürt.

Im Bundesrat hat Scheurlen eine nennenswerte Thätigkeit nicht entfaltet.

Kriegsminister v. Suckow

(geboren 13. Dezember 1828, gestorben 15. April 1893).

Albert Heinrich Wilhelm Ludwig Anton Karl v. Suckow, geboren zu Ludwigsburg, vermählt mit Sophie, Tochter des Königlich württembergischen Direktors des Ober-Kriegsgerichts v. Schweizerbarth. 1848 Lieutenant im 8. Infanterie-Regiment, 1849 Feldzug gegen die badischen Insurgenten, 1853 Ober-Lieutenant, 1855 in den Generalquartiermeisterstab versetzt, Mai 1859 zum Hauptmann befördert und in das Hauptquartier des 8. Armeecorps kommandirt, August 1859 zum Generalquartiermeisterstab zurückversetzt, 1861 Kommandant der Kriegsschule als Generalstabsoffizier, 1866 zum Major im Generalstab befördert, während des Feldzuges 1866 als Delegirter ins Hauptquartier des 7. (bayerischen) Armeecorps kommandirt, 1867 zum Oberstlieutenant befördert und zum Adjutanten des Kriegsministers ernannt, 1868 zum Oberst befördert unter Ernennung zum Generalquartiermeister und Chef des Generalstabs, 1870 zum Generalmajor befördert, 1870 zum

---

den Neckarkreis in Eßlingen, 1851 Ober-Justizassessor und Staatsanwalt bei dem Königlichen Gerichtshof für den Jagstkreis in Ellwangen, 1856 Oberamtsrichter in Mergentheim, 1863 Ober-Justizrat in Eßlingen, 1865 vortragender Rat im Justizministerium und Generalstaatsanwalt sowie außerordentliches Mitglied des Königlichen Geheimen Rats, 1867 Wirklicher Staatsrat und ordentliches Mitglied des Königlichen Geheimen Rats, 1870 Minister des Innern. 1867 während einiger Monate als Nachfolger des zum Minister ernannten Freiherrn v. Mittnacht bei den Verhandlungen der Bundes-Liquidationskommission in Frankfurt als Vertreter Württembergs thätig.

Chef des Kriegsdepartements ernannt, Juli 1870 zum Generallieutenant befördert und zum Kriegsminister ernannt, 13. August 1870 zum Generalgouverneur von Württemberg ernannt auf die Dauer des Krieges, 1874 unter Enthebung von der Verwaltung des Kriegsdepartements mit Pension zur Disposition gestellt, 1890 General der Infanterie. Nekrologe Suckows finden sich in der „Kölnischen Zeitung“ Nr. 347 vom 27. April 1873, in der „Schwäbischen Kronik“, Abendblatt des „Schwäbischen Merkurs“, Nr. 93 vom 22. April 1893 und Nr. 109 vom 12. Mai 1893, „Badische Presse“ Nr. 97, Jahrg. 1893, Stuttgarter „Neues Tagblatt“ Nr. 88 vom 16. April 1893, „Münchener Allgemeine Zeitung“ Nr. 106 vom 17. April 1893, „Militär-Wochenblatt“ Nr. 41 vom 10. Mai 1893. Wir werden auf seine politische Wirksamkeit weiter unten zurückkommen.

Major v. Gleich[1])

(geboren 25. Juni 1831, gestorben 18. März 1896).

Ueber die Thätigkeit desselben im Bundesrat sind nur für die Monate Oktober bis Dezember 1871 Tagebuchaufzeichnungen vorhanden. Für eine derartige Thätigkeit nicht speziell vorgebildet und in erster Linie Soldat, scheint sich derselbe im Bundesrat eine gewisse Zurückhaltung auferlegt zu haben, und wenn auch in seinen Briefen sehr häufig recht bestimmte Ansichten hervortraten, so hat er dieselben wohl in den Sitzungen selten zum Ausdruck gebracht.

Hauptmann v. Gleich traf am 7. Oktober 1871 in Berlin ein, um seine Stelle als Bevollmächtigter zum Bundesrat als Stellvertreter des Kriegsministers v. Suckow, welcher mit Reorganisationsgeschäften in Stuttgart überhäuft war, zu übernehmen. Preußischerseits wurde an der niederen Charge Anstoß genommen, weshalb auf die Veranlassung des Ministers v. Mittnacht am 12. Oktober die Charakterisirung als Major erfolgte.

Damals war das Festungsrayongesetz fast ganz zu Ende beraten worden.

Ich lasse nunmehr Auszüge aus seinem Tagebuch folgen:

10. Oktober: Meldung bei dem Kaiser, dann Fahrt ins Reichskanzler-Amt zu Geheimrat Radtke.

Teilnahme an der Sitzung des Ausschusses I (Heer); anwesend: Kamele, Neumayr, Fries, Hofmann, Schmalz, Holleben, Krüger, Bertrab, Bülow, Liebe, Kohlhaas, Falk, Mittnacht, Türckheim; die Sitzung dauerte bis ¼6 Uhr. Fries wehrte sich gegen Berufung einer ständigen Reichskommission (§ 7), aber vergeblich; das Regulativ verursachte viel Heiterkeit.

12. Oktober: ½3 Uhr Sitzung der vereinigten Ausschüsse I und VI (Heer

---

[1]) Karl Anton Alarich v. Gleich, geboren zu Kapfenburg. 1859 Hauptmann, vom 2. Dezember 1871 bis 27. Januar 1873 Bevollmächtigter zum Bundesrat, 1871 Major, 1871—1874 zum preußischen Großen Generalstab kommandirt, 1876 in das Feldartillerie-Regiment Nr. 13 eingeteilt, 1877 zum Kommandeur dieses Regiments ernannt, 1877 Oberstlieutenant, 1881 Oberst, 1883 mit der Führung der 13. Feldartillerie-Brigade (Königlich württembergischen) beauftragt, 1883 zum Kommandeur dieser Brigade ernannt, 1886 Generalmajor, 1888 Generallieutenant, 1890 in Genehmigung seines Abschiedsgesuches zur Disposition gestellt.

und Justiz); der von Krüger erstattete Bericht über die Beratungen wurde mit wenigen, von Falk beantragten Modifikationen angenommen und unterzeichnet. Kameke äußerte gegen mich Zweifel, ob das Gesetz im Reichstage durchgehen werde.

13. Oktober: Ich war noch nicht im Besitz der Majorsabzeichen. Es blieb mir also nichts anderes übrig, als mich in der Plenarsitzung des Bundesrats noch als Hauptmann vorzustellen. Dieselbe fand um 1 Uhr statt; ich erhielt indessen die Einladung dazu erst um $^1/_2$2 Uhr. Ich trat vor Bismarck, welcher präsidirte, mich selbst vorstellend, da es unser Stimmführer Minister v. Mittnacht unterlassen hatte, und erklärte mein verspätetes Erscheinen mit der eben erst erhaltenen Einladung. Der Fürst bedauerte diese verspätete Anzeige und stellte mich der Versammlung vor. Bismarck machte vertrauliche Mitteilungen über die mit Frankreich getroffenen Vereinbarungen, betreffend Räumung weiterer Departements vor Abtragung der stipulirten Zahlungen, und entfernte sich dann, um mit dem französischen Gesandten die Verhandlungen abzuschließen. Als Referenten der Ausschüsse sprachen Schmalz, Liebe, Stephan, Hofmann, Riede, Pfretzschner. Ich hatte Mühe, den Vorträgen zu folgen, teils weil mir der Stoff fremd war, teils weil mehrere Herren sehr leise und undeutlich sprachen. Nach der Sitzung Unterredung mit Mittnacht über mein verspätetes Erscheinen.

Auf die Verleihung der Majorsauszeichnung darf ich mir übrigens nicht viel einbilden; denn diese wurde von Bismarck verlangt, falls ich Sitz und Stimme im Bundesrat haben soll. Ich hatte ganz recht, als ich seinerzeit dem Kriegsminister vorstellte, ich würde als Hauptmann einen schweren Stand haben.

14. Oktober: Um 1 Uhr Bundesratssitzung über Marineetat. Referent Bülow, über den Etat des Rechnungshofes u. s. w. Es sprachen Nostitz, Riede, Jachmann, Liebe. Delbrück präsidirte und teilte mit, daß der Vertrag mit Frankreich unterzeichnet sei.

16. Oktober: Eröffnung des Reichstags. Mittnacht holte mich $^1/_2$12 Uhr ab. Nach der kirchlichen Feier zog sich der Bundesrat in das grüne Zimmer zurück und stärkte sich mit Madeira und Pastetchen. Mich dem Fürsten Bismarck persönlich vorzustellen, fand sich keine Gelegenheit; er war stets von Excellenzen umschwärmt. Er lud den Bundesrat ein, sich mit ihm in den Weißen Saal zu begeben, wo sich derselbe zur Linken des Thrones aufstellte. Der Kaiser, von Simson mit dreimaligem Hoch empfangen, bestieg den Thron und bedeckte sich. Bismarck überreichte ihm mit einer Würde und Hoheit die Thronrede, wie man es sich nicht erhabener denken kann. Der Kaiser verlas sie stehend; als die lange Botschaft verlesen war, übernahm sie Bismarck wieder mit tiefer Verbeugung und erklärte mit sonorer Stimme, auf Befehl des Kaisers sei der Reichstag eröffnet. Der bayerische Minister Pfretzschner brachte hierauf ein dreimaliges Hoch aus.

17. Oktober: $^1/_2$1 Uhr Sitzung der vereinigten Ausschüsse I, V und VII,

wo zunächst der Militäretat beraten und ohne große Schwierigkeiten angenommen wurde. 3—½4 Uhr Bundesratssitzung, in welcher die Tagesordnung möglichst rasch erledigt wurde, weil ½5 die kaiserliche Tafel begann.

Vor derselben stellte mich der württembergische Gesandte v. Spitzemberg dem Fürsten Bismarck vor; derselbe bemerkte: „Nun, jetzt ist er ja Major; anders hätten wir es schon nicht gethan!“

18. Oktober: 2 Uhr Sitzung der Ausschüsse I und II über die Ersatz-Repartition. Holleben referirte. Bayern, Württemberg und Baden berührte diese Angelegenheit nicht, da dort die Ersatz-Instruktion noch nicht eingeführt ist. Anwesend waren nur Kamele, Jachmann, Seebach, Fries, Holleben und ich.

19. Oktober: Im Reichstag wohnte ich der Wahl des Präsidenten Simson und Vize-Präsidenten Hohenlohe an.

20. Oktober: Sitzung im Kriegsministerium; anwesend: Kloß, Bonin, Brauchitsch, Fainaigle, Fries, Thilo, Weyland und ich. 1 Uhr Reichstagssitzung: Militäretat und Rayongesetz (mit alleiniger Beanstandung des § 8) angenommen.

23. Oktober: Aus der sehr erregten Reichstagssitzung begab ich mich in die Bundesratssitzung; Pfretzschner übernahm den Vorsitz; die Tagesordnung hatte wenig Ansprechendes. Nach dem Essen machte ich Abschriften der Militäretat-Notizen für Mittnacht.

25. Oktober: 1 Uhr Reichstagssitzung, in welcher Bismarck seinen Vertrag mit Frankreich kommentirte, der sodann ohne Widerspruch angenommen wurde; er sprach etwas „holperig“ und verschluckte sehr viel.

Ich wunderte mich, daß Hölder die Interpellation wegen der Unterstützung an Reserve und Landwehr so lebhaft verteidigte.

½3 Uhr Sitzung der vereinigten Ausschüsse I und VII wegen § 8 des Rayongesetzes. Hofmann zog seinen Antrag zurück.

26. Oktober: Sitzung der vereinigten Ausschüsse IV und VII. Es wurde beschlossen, den auszuprägenden Goldmünzen Zwangskurs zu geben, Stücke von 10, 20, 30 ℳ zu fertigen, nicht aber von 15 ℳ. Pfretzschner wollte das Zwanzigmarkstück als Hauptmünze haben, fand aber unbegreiflicherweise bei den Süddeutschen keine Unterstützung, somit wurde das nicht dezimale Dreißigmarkstück zur Hauptmünze deklarirt. Minister Scheurlen sprach so unsicher, daß man oft gar nicht wußte, was er wollte. Delbrück und Camphausen wechselten vielsagende Blicke. Wollte ich meine Anschauung verfechten, so ginge es mir aber am Ende auch nicht besser als Scheurlen.

28. Oktober: Um 2 Uhr Sitzung des Bundesrats. Vorher machte mir Mittnacht die Mitteilung, daß einem Beschluß des Ministerrats zufolge die hier anwesenden fünf württembergischen Bevollmächtigten sich darüber zu verständigen hätten, wer von ihnen an den Sitzungen des Bundesrats teilnehme. Ich entgegnete, daß ich mich nicht für berechtigt halte, auf den Sitz des Kriegsministers zu verzichten und deshalb bei diesem anfragen müsse, eine jedesmalige Ver-

ständigung werde übrigens nicht wohl ausführbar sein, sondern es scheine mir angezeigt, daß Mittnacht hierüber entscheiden solle. Dieser entschloß sich, die Sache abends bei Bismarck mündlich abzumachen. Um 9 Uhr ging ich mit Wiedenmann ebenfalls zum Kanzler. Derselbe begrüßte mich freundlich und sprach sein Bedauern aus, daß seine Frau wegen Unwohlsein nicht erscheinen könne und darum seine Tochter die Honneurs machen müsse. Die letztere ist sehr gesprächig, weniger sind es die Söhne des großen Mannes.

Spitzemberg war etwas ärgerlich, als ich ihm sagte, daß der Kriegsminister mich angewiesen habe, nicht auf meinen Sitz im Bundesrat zu verzichten. Ich wollte, die Geschichte wäre aus; ich überließe diese Ehren sehr gerne Spitzemberg oder Faber oder wer sie sonst will.

Der Abgeordnete Probst fragte mich, wie es mit den württembergischen Ansprüchen auf die Kriegskontribution stehe. „Nicht glänzend," entgegnete ich, „wir haben zu wenig Soldaten ins Feld gestellt."

30. Oktober: Reichstagssitzung. Reichshaushalt und Militärbudget; Richter, Bebel, Mohl, Bethusy sprachen. Mohl berief sich bezüglich der Präsenzverminderung auf die Zugeständnisse des württembergischen Kriegsministers vor dem Feldzug! Ich hatte große Lust, zur Rechtfertigung des Kriegsministers gegen ihn das Wort zu ergreifen, war aber zu schüchtern.

1. November: Um 11 Uhr ging ich in die Kommission zur Verteilung der französischen Kriegskosten-Entschädigung, wo es sehr hitzig herging. Fries sprach die Ueberzeugung aus, daß auf dem vorgeschlagenen Weg, d. h. Aufstellung der militärischen Leistungen, zu keinem der Billigkeit angemessenen Resultate zu gelangen sei; ich machte den Vermittlungsvorschlag, die Küstenarmee halbmobil zu rechnen, welchem Hessen und Baden beistimmte, auch Bayern — vielleicht nur zum Schein, denn Fries kam schließlich wieder auf die Bevölkerungszahl und will damit an den Bundesrat appelliren. Klotz und Bonin erklärten, man müsse sich an den Wortlaut des 25. Protokolls halten, da gebe es nur mobile und immobile Truppen und nichts dazwischen. Klotz drohte die Sitzung aufzuheben, besann sich aber eines andern. Statt der Vertagung wurde auf morgen eine neue Sitzung anberaumt.

Um 2 Uhr sofort in die Sitzung des Bundesrats, welche indes erst um $^1/_2$3 begann.

2. November: Sitzung des Reichstags, wo die mecklenburgische Verfassungsfrage verhandelt wurde. Es sprachen Busing, Westphal, Bülow, Windthorst, Treitschke, Völk, Helldorff, Wiggers, Ketteler und Reichensperger.

3. November: Separatvotum geschrieben; 11 Uhr Sitzung der Verteilungskommission, in der das Protokoll endgiltig festgestellt wurde. Oberst Fries liest sein Votum ab, kann es aber noch nicht übergeben, weil es noch nicht ins Reine geschrieben ist. Meinem Votum schließen sich Hessen und Baden an. Um 2 Uhr wird das Protokoll unterschrieben. Ich teilte das Resultat unter

Anschluß des Konzeptprotokolls und mit meinem Votum dem Kriegsminister v. Suckow mit. Mit Wiedenmann ging ich abends noch zu Beyer; müde und unzufrieden begab ich mich zur Ruhe.

4. November: 9 Uhr zu Weyland gefahren und mit diesem Rücksprache wegen Zurücknahme des Separatvotums genommen; er war aber nicht damit einverstanden; ich erklärte ihm, daß ich es von dem Wortlaut des bayerischen Votums abhängig machen werde. Im Ministerium erhielt ich von Hauptmann v. Brauchitsch die Zusage, daß mein Votum (das bereits metallographirt war) nicht offiziell ausgegeben werde und selbst niemand privatim mitgeteilt werde, ehe ich nicht das bayerische Votum gelesen und mich erklärt hätte, ob ich das meinige nicht zurückziehen wolle. Hierauf ging ich zu Thilo, der mit mir ganz einverstanden war. Minister Mittnacht ersuchte mich heute, den Platz in der Bundesratssitzung Herrn v. Spitzemberg zu überlassen. Ich setzte ihm meine Absicht auseinander, das Separatvotum zurückzuziehen.

In der Reichstagssitzung wurde lebhaft über den Reichskriegsschatz debattirt. Im Leipziger-Garten traf ich um 1/24 Uhr verabredetermaßen Weyland und Thilo; ich erfuhr, daß Weyland bereits im Besitz meines metallographirten Votums ist, daß er dem Generallieutenant Kloß erklärt hat, er könne seine Zustimmung nicht dazu geben, daß ich das Votum zurückziehe. Ich versuchte vergeblich, ihn zu bewegen, seine Erklärung zurückzunehmen, d. h. ein selbständiges Votum abzugeben.

Um 9 Uhr ging ich zu Bismarck in verdrießlicher Stimmung, die sich aber bald hob; ich sprach mit dem Prinzen Wilhelm von Baden, Prinzen Hohenlohe-Langenburg, Fabrice, Neumayr. Die Fürstin und seine Tochter waren nicht anwesend wegen Trauer um den Großvater.

5. November: Generallieutenant Kloß gebeten, mich von dem Eintreffen des bayerischen Votums gleich zu benachrichtigen, indem ich mir bis dahin die Zurückziehung des meinigen vorbehalte.

Mittnacht war der Ansicht, ich solle bei meinem Votum beharren. Auf ein Telegramm an den Kriegsminister v. Suckow erhielt ich zur Antwort: „Beharren Sie bei Ihrem Votum, Brief unterwegs.“ Ich war froh, daß mein Votum nicht verworfen wurde.

8. November: Reichstagssitzung. Mecklenburgische Verfassungsfrage. Bebel wurde das Wort entzogen, Lasker sprach ausgezeichnet, ebenso Simson.

2 Uhr Bundesratssitzung, von der ich aber zurücktrat, da Spitzemberg auch zugegen war. Die Bevollmächtigten gingen nachher noch in den Reichstag zur Verhandlung über die Unterstützung für Kriegsleistung.

9. November: 10 Uhr Kommissionssitzung für den Militäretat. Lasker, Richter, Hoverbeck, Hölder, Forckenbeck stellten eine Reihe von Fragen, welche Karczewski und Glogau entweder nicht beantworten konnten oder wollten; denn ihre Antworten waren ausweichend oder nichtssagend.

In der Reichstagssitzung verabschiedete sich Mittnacht von mir und teilte mit, daß nunmehr Spitzemberg Stimmführer im Bundesrat sei. Ueber Schaffung eines gemeinsamen Wahlrechts wurde lange und sehr lebhaft debattirt, schließlich stieg auch Mohl auf die Tribüne, drei- bis viermal mußte ihm der Präsident mit der Glocke Gehör verschaffen — eine bedauernswürdige Rolle.

10. November: Wenn ich alles erwäge, so kann ich nicht leugnen, daß die hiesige Stellung meinem Geschmack entsprechen würde . . . Schade, daß ich nicht zehn Jahre jünger bin und Jus studirt habe

11. November. Nach der Reichstagssitzung um 2 Uhr in den Ausschuß I, wo Holleben über Bayerns Antrag zur Annahme des preußischen Kriegsdienstgesetzes mündlich referirte. Auf meinen Antrag wurden § 2 und 3 vertauscht; sodann kam Badens Antrag zur Annahme des Quartierleistungsgesetzes zur Beratung. Zuletzt berichtete Bülow über die Schulkommission, indem er vorschlug, Preußen, Sachsen und Württemberg eine permanente Stimme einzuräumen und die beiden anderen Stimmen unter den übrigen Staaten alterniren zu lassen. Damit konnte ich mich natürlich nur einverstanden erklären.

$^1/_2$7 Uhr in die Sitzung der Rayonkommission, die wieder bis nach 10 Uhr dauerte.

12. November: 2 Uhr Bundesratssitzung, in der Delbrück präsidirte; Bayern in seinen Vorbehalten betreffend Maaß und Gewicht wurde überstimmt. Auf die Tagesordnung wurde noch die Paßvorschrift gesetzt.

13. November: Reichstagssitzung 11 Uhr, heftiger Wortwechsel zwischen Bebel und Lasker, ersterer schließlich durch allgemeines „Pfui“ zum Schweigen gebracht.

Abends erhielt ich das Friessche Votum. Ich ging in die Garnisonvorlesung, in welcher Major Blume einen Abriß der Operationen der Südarmee gab. Hierdurch versäumte ich die Rayonkommissionssitzung; die Vorlesung war mir aber jedenfalls interessanter.

14. November: 12 Uhr in Gruppe III, wo Richter u. s. w. ihr Fragesystem fortsetzten. Michaelis wollte nur eine vertrauliche Antwort über die Bezahlung seitens Frankreichs erteilen, Hoverbeck wies dies aber stolz zurück. Karczewski beschränkte sich auf möglichst unbestimmte Antworten. Er bat uns, d. h. Fries, Holleben und mich, morgen 2 Uhr zu ihm zu kommen, um die Richtersche Berechnung zu prüfen und weitere Fragen zu beantworten.

15. November: Nach der Reichstagssitzung um 2 Uhr Konferenz bei Karczewski wegen Beantwortung der Richterschen Etatsfragen. Fries wollte erklären, daß er gar nicht nötig habe, Aufschlüsse zu geben; Karczewski und Holleben aber waren der Ansicht, er solle nichts brüskiren, und dazu entschloß er sich denn auch. Für Württemberg sei durch die Konvention alles auf drei Jahre gesichert.

16. November: $^1/_2$11 Uhr Sitzung des I. Ausschusses. Fries referirte

über die Unterstützung der Reservisten und Ersatzmänner und glaubte, die Notwendigkeit eines besondern Gesetzes nicht in Abrede stellen zu können, doch wurde er auf die Erklärung Türckheims hin überstimmt. Die Zeit drängte; um 11 Uhr begann die Plenarsitzung, in welchem Bülows Vorschlag, betreffend die Schulkommission, von seiten Badens auf heftigen Widerspruch stieß. Delbrück machte daher den Vermittlungsvorschlag, Baden und Württemberg vorerst auf drei Jahre einen ständigen Sitz in dieser Kommission einzuräumen. Nach Ablauf dieser Frist soll dann über die Notwendigkeit ständiger Mitglieder Beschluß gefaßt werden. Die Tagesordnung wurde nicht ganz abgewickelt, weil Delbrück eilte, um in den Reichstag zu kommen. Dort war auch Bismarck; derselbe ergriff zu Gunsten des Auswärtigen Amts mehrmals das Wort und interpretirte den Ausspruch des großen Friedrich: „Dann gehe Er zu Fuß und sage Er, hunderttausend Mann marschirten hinter ihm.“

Bismarck erhielt das Haus bei guter Laune, so daß es alles bewilligte.

Das Diner bei Bismarck war das großartigste, das ich bis jetzt eingenommen habe; die Tochter machte wieder die Honneurs, rechts von ihr saß Hohenlohe-Schillingsfürst, links der sächsische Minister, rechts von Bismarck Präsident Weber, links Pfretzschner. Ich kam neben Kirchenpauer und Kohlhaas zu sitzen und unterhielt mich gut.

17. November: 12—½5 Uhr Reichstagssitzung über das Münzgesetz, in der Bismarck, Camphausen, Delbrück und noch ein Bundeskommissar das Wort ergriffen. Trotzdem wurde der Groschen und das Dreißigmarkstück verworfen. Auch der Antrag des Grafen Münster, bezüglich Ausprägung der Goldstücke mit dem Bildnis des Kaisers, wurde gegen drei Stimmen abgelehnt.

18. November: Sitzung der Militärbudgetkommission, wo sich Hoverbeck mit der Antwort Württembergs begnügte, aber von Fries eine bestimmtere verlangte, der sich hierauf in staatsrechtliche Verwahrung hüllte, welcher Lasker zu Leibe ging. Richter bemühte sich vergeblich, mehr Aufschluß zu bekommen, sowohl Karczewski als Michaelis entschlüpften ihm stets wie ein Aal.

Im Reichstag kämpfte Mohl für die Doppelwährung, fiel aber durch, auch Camphausen hatte kein Glück. Im ganzen war die Debatte etwas langweilig, weshalb ich mich mit Holleben in den Justizausschuß begab.

19. November: 2 Uhr Bundesratssitzung, in welcher der bayerische Antrag gegen die Geistlichen mit Stimmenmehrheit angenommen wurde. Sachsen wollte diesen Strafartikel allgemeiner in Hinblick auf die Bewegungen der Sozialisten, Mecklenburg trat dem bei, Hessen enthielt sich der Abstimmung, weil ohne Instruktion, Bismarck betonte die Bundespflicht, Lutz stellte die Gefahr der Zögerung mit beredten Worten dar. — Die bayerischen Anträge betreffs der Volkszählung fanden kein Bedenken.

20. November: 10 Uhr fuhr ich zu Moltke wegen Uebernahme des Anteils der Württemberger, betreffend die kriegsgeschichtlichen Arbeiten des Großen General-

stabes. Moltke fragte mich, ob ich diese Aufgabe mit den Funktionen eines Bundesratsbevollmächtigten vereinigen könne, und sprach die Erwartung aus, daß ich möglichst bald an das Geschäft gehe; im übrigen wies er mich an den Oberst v. Verdy.

Im Reichstag heftige Debatte über Einführung des deutschen Wehrgesetzes in Bayern.

21. November: 1/22 Uhr Beratung im Ausschuß I, ob der Rayongesetzentwurf der Reichstagskommission en bloc angenommen werden soll. Kein bestimmtes Resultat, §§ 34, 35 erschienen bedenklich, Kohlhaas war damit einverstanden, bekundete dies aber auf eine eigentümliche Art.

Im Reichstag ergriff Hölder das Wort wegen der Versailler Verträge. Bebel protestirt gegen den Beschluß der Geschäftsordnungskommission, das Haus verleugnet seine Kommission und seinen Präsidenten, der deshalb das Amt niederlegt. Mittnacht ersuchte mich im Beisein von Riede, dem Abgeordneten Mohl Aufschluß bezüglich der 13 Thaler Beitrag zu den Zentralkosten zu geben; ich bezeichnete sie als den Quotienten der Summe der Zentralkosten und der Kopfstärke des Heeres.

23. November: Höchst interessant war im Reichstag die Diskussion über die Strafartikel gegen die Geistlichen. Lutz stellte die Gefahr als äußerst drohend dar, Reichensperger sprach dagegen wie ein Jesuit, Fischer begründete das Ausnahmegesetz mit den Privilegien und wies mit Zeitungsartikeln nach, daß letztere mißbraucht wurden. Bischof Ketteler donnerte wie von der Kanzel. Der Antrag auf Schluß der Debatte wurde angenommen. Wahl des 1. Präsidenten 8 Uhr: Simson mit 219 Stimmen.

7 Uhr Sitzung der Gruppe III, wo Bethusy zu meinem größten Erstaunen den Antrag stellt, das 1 % und die 225 Thaler für weitere drei Jahre zu gewähren.

24. November: Im Reichstag Annahme des Rayongesetzes. Hinsichtlich des Münzgesetzes verbleibt es bei den bisherigen Beschlüssen.

25. November: 10 Uhr Sitzung des Ausschusses I und VII über die Vorlage, die Pauschalsumme für den Militäretat auf drei Jahre zu gewähren. Riede wahrte im Einvernehmen mit mir die konventionsmäßigen Rechte Württembergs; ich hätte gewünscht, daß dies im Gesetze Ausdruck fände. Holleben meinte, man gebe hiermit die günstige Position auf, die man im Frühjahr 1872 für die Gewährung eines Bedarfsetats gehabt hätte. Nach drei Jahren werde die Situation nicht mehr so günstig sein. Da wir Württemberger noch ohne Instruktion waren, so wurde die Sitzung des Bundesrats auf abends 8 Uhr angesetzt. Im Reichstag wurde über den Gesetzentwurf gegen den Klerus debattirt; Windthorsts Anträge fielen der Reihe nach durch.

26. November: Bundesratssitzung. Den Mitteilungen des Reichstags wurde teils die Zustimmung erteilt, teils wurden dessen Resolutionen an die Kommissionen verwiesen. Ueber das Wegemaaß wurden die Berichte der Regierungen einverlangt.

28. November: Um 12 Uhr Bundesratssitzung.

29. November: Um 1 Uhr Sitzung. Kurze Debatte über die den Gemeinden zu gewährenden Kriegsentschädigungen, um so längere über das dreijährige Pauschquantum. Treitschke viel zu ideal, Bethusy viel Worte, um nichts zu sagen, Lasker sehr gut gesprochen, aber als Gegner, Roon diesen Eindruck wieder abgeschwächt, hernach Kardorff, der jedoch kaum angehört wurde.

30. November: Die zweite Beratung über das dreijährige Pauschquantum dauerte sehr lange. Delbrück sprach sehr gut.

1. Dezember: Dritte Beratung über denselben Gegenstand. Delbrück schloß ganz überraschend schnell den Reichstag im Namen des Königs. Telegramm vom Kriegsminister, daß ich zum Generalstab versetzt sei.

4. Dezember: Meldung bei Sr. Majestät und dem Kronprinzen.

7. Dezember: Eintreffen der Feldzugsakten der württembergischen Felddivision im Großen Generalstabe. 1—5 Uhr Bundesratssitzung.

Hier bricht das Tagebuch des Majors v. Gleich ab, vermutlich aus dem Grunde, weil zu seinen Pflichten als Bevollmächtigter zum Bundesrat noch die ihm von Moltke aufgetragenen kriegsgeschichtlichen Arbeiten hinzukamen.

Regierungsrat Bätzner

(geboren 21. April 1824, gestorben 12. Februar 1893).

Besuch der Universität Tübingen, 1848 und 1849 Oberamtsaktuar in Rottenburg und Waiblingen, 1851 Kanzlei- und Kollegialhilfsarbeiter bei der Zentralstelle für Gewerbe und Handel, 1852 Regierungsassessor, 1857—1866 Oberamtmann in Neuenbürg, 1866 bis 1870 Oberamtmann in Tübingen, 1870 Regierungsrat im Ministerium des Innern, 1873 Rang und Titel eines Ober-Regierungsrats, 1877 Ober-Regierungsrat, 1878 Vorstand der Ober-Regierung, 1878 Titel und Rang eines Direktors, 1891 desgleichen eines Präsidenten. In dieser Eigenschaft war er der ständige Vertreter des Staatsministers des Innern und der laufenden Geschäfte. Dezember 1884 lebenslängliches Mitglied der Kammer der Standesherren, 1887 außerordentliches Mitglied des Geheimen Rats.

Ober-Tribunalrat v. Kohlhaas[1])

(geboren 1829)

war in den Jahren 1871—1878 zeitweilig als stellvertretender Bevollmächtigter speziell in dessen Justizausschusse sowie bei der Justizkommission des Reichstags im Jahre 1876 thätig, er hat an den Arbeiten der Kommission für Beratung der Zivilprozeßordnung (1871/73) und der Konkursordnung (1874) als vom Bundesrat gewähltes Mitglied teilgenommen.

---

[1]) 1868 vortragender Rat im Justizministerium mit Titel und Rang eines Ober-Tribunalsrats, 1879 Senatspräsident an dem Oberlandesgericht in Stuttgart, 1886 Präsident dieses Gerichts, 1894 in den Pensionsstand getreten.

5. Baden.

Präsident des Staatsministeriums und Minister des Innern v. Jolly
(geboren 21. Februar 1823, gestorben 14. Oktober 1891)

hat keine Gelegenheit versäumt, die deutsch-nationale Politik Badens zu bethätigen. Seit Auflösung des Deutschen Bundes wirkte er für einen möglichst engen Anschluß Badens an den Norddeutschen Bund, schloß mehrfache Verträge in der Uebergangszeit von 1867—1871 in diesem Sinne mit dem Bundespräsidium ab und führte in Versailles die zur Bildung des Deutschen Reichs führenden Verhandlungen.[1]) Zu diesem Behufe reiste Jolly mit Freydorf am 20. Oktober 1870, der Einladung des Bundeskanzlers folgend, in das Hauptquartier. Am 15. November kam der Vertrag mit Baden zu stande. Aktenmäßige Aufzeichnungen über die Verhandlungen liegen nicht vor. Die badische Landesgesetzgebung suchte er nach Gründung des Norddeutschen Bundes möglichst dessen Gesetzgebung in allen neuen legislatorischen Bestimmungen anzupassen. In dem Streit mit den extremen Parteien der katholischen Kirche war er bemüht, die Rechte des Staates möglichst zu wahren.[2])

Minister der auswärtigen Angelegenheiten v. Freydorf[3])
(geboren 28. Februar 1819, gestorben 15. November 1882).

Im Bundesrat[4]) war Freydorf Mitglied der Ausschüsse für Justizwesen (Stellvertreter), der auswärtigen Angelegenheiten, für Elsaß-Lothringen und für

---

[1]) M. Busch, „Graf Bismarck und seine Leute". Volksausgabe S. 235.

[2]) Ueber Jollys Eintritt in das Ministerium und seine Politik vgl. Georg Meyer, „Die Reichsbegründung und das Großherzogtum Baden". Heidelberg 1896.

[3]) Rudolf v. Freydorf, geboren zu Karlsruhe. 1839 Hofjunker, 1843 Rechtspraktikant, 1845 Kammerjunker, 1848 Rechtsanwalt in Mannheim, 1849 Hofgerichtsassessor in Freiburg, 1851 aushilfsweise Staatsanwalt, 1855 Hofgerichtsrat, 1857 in Mannheim und Staatsanwalt beim Oberhof- und Hofgericht, 1858 Kammerherr, 1860 Justizministerialrat, 1866 Ministerialrat im Ministerium des Innern, im gleichen Jahre Präsident des Ministeriums des Großherzogl. Hauses und der auswärtigen Angelegenheiten, 1868 auch einstweilige Führung des Handelsministeriums, im gleichen Jahre hiervon enthoben und die provisorische Verwaltung des Justizministeriums übertragen, in demselben Jahr dieser provisorischen Leitung enthoben, 1871 Präsident des Ministeriums des Großherzogl. Hauses, der Justiz und des Auswärtigen, 1872 Geheimer Rat I. Klasse, 1876 in Ruhestand versetzt. Freydorf ist Verfasser der „Badischen Prozeßordnung mit Erläuterungen". Heidelberg 1865, „Der Prozeß von Baumbach". Karlsruhe 1866. Die politisch-parlamentarische Thätigkeit begann 1849 als Anwalt, dann Staatsanwalt. 1860 bearbeitete er einen Teil der die Ordnung des Verhältnisses zwischen Staat und Kirche betreffenden Gesetze und der neuen Justizgesetzgebung Badens. Seit August 1867 Abgeordneter zur badischen II. Kammer für die Stadt Durlach. Eingehende Mitteilungen über Minister Rudolf v. Freydorf finden sich in Weechs „Badische Biographien", vierter Teil (Karlsruhe, Braunsche Hofbuchhandlung 1891, S. 137—142); auch abgedruckt in der „Augsburger Allgemeinen Zeitung" von 1882 Nr. 343.

[4]) 26. Nov. 1874 Teilnahme an einem Diner bei Bismarck zu Ehren des Bundesrats.

die Verfassung. In den Kreisen der Reichstagsabgeordneten erfreute er sich bei Gelegenheit seiner mehrfachen Besuche in Berlin einer besonderen Beliebtheit.

In Berlin war derselbe anwesend zur Teilnahme an den Verhandlungen des Bundesrats: vom 23. November bis 9. Dezember 1870, vom 21. Februar bis 1. April 1871, vom 7. Dezember bis 23. Dezember 1872, vom 8. März bis 8. April 1873, vom 2. bis 18. November 1873, vom 13. Februar bis 20. März 1874, vom 20. April bis 6. Mai 1874, vom 20. November bis 22. Dezember 1874, vom 14. bis 22. Januar 1875, vom 17. Oktober bis 18. November 1875, vom 2. bis 12. April 1876.

Ueber die ersten Beziehungen Freydorfs zu Bismarck finden sich wertvolle Notizen [1]) in der Schrift: „Die Reichsbegründung und das Großherzogtum Baden" von Georg Meyer (Heidelberg 1896, Verlag von Gustav Koester). Im einzelnen ist nachstehendes zu bemerken. Am 3. August 1866 waren Mathy, v. Freydorf und Jolly in das badische Ministerium berufen worden. Kurz darauf begab sich der Präsident des Ministeriums v. Freydorf zu den Friedensunterhandlungen nach Berlin. Am 9. August fand die erste Unterredung zwischen ihm und dem Grafen Bismarck statt. [2]) Den Eintritt Badens in den Norddeutschen Bund, überhaupt die Herstellung eines staatsrechtlichen Verhältnisses des Großherzogtums zu demselben lehnte Bismarck mit Entschiedenheit ab. Er berief sich auf die vertragsmäßigen Verbindlichkeiten, welche Preußen in dieser Beziehung sowohl Frankreich als namentlich auch Oesterreich gegenüber übernommen habe. Aber die Ausdehnung des Norddeutschen Bundes, meinte er, sei nur eine Frage der Zeit. Es ließen sich Fälle denken, wo dieselbe unbedenklich erfolgen könne, zum Beispiel wenn Frankreich über seine dermaligen Anforderungen hinausgehen sollte. Auch später sei sie möglich, wenn die süddeutsche Bevölkerung selbst den Anschluß an Preußen entschieden verlangen würde. Bei der jetzigen Stimmung in Bayern und Württemberg aber werde ein solches engeres Verhältnis immer als ein durch Krieg, Sieg, Frieden erzwungenes angesehen werden und ein Odiosum bleiben. Freydorf bemerkte dem gegenüber, in Baden liege die Sache anders. Die auf engen Anschluß an Preußen gerichtete Politik der Regierung finde eine entschiedene Stütze im Volke, namentlich in dem besseren und gebildeten Teile desselben.

Mit der Herstellung eines völkerrechtlichen Verhältnisses war Bismarck einverstanden. Aber er wünschte die Verhandlungen darüber bis nach Konstituirung des Norddeutschen Bundes zu verschieben. Wesentliches Gewicht

---

[1]) Wertvoll besonders um deswillen, weil der Verfasser bei Abfassung der Schrift mit Genehmigung des Ministers v. Brauer die Akten des badischen Ministeriums der auswärtigen Angelegenheiten benutzen durfte.

[2]) In Kohls Bismarck-Regesten ist bloß das Datum der Unterredung vermerkt (ohne Inhaltsangabe). Uebrigens schreibt Kohl „Freidorff" statt „Freydorf".

legte er auf die Erhaltung des Zollvereins, dessen Reorganisation beabsichtigt werde.

Als Freydorf die Frage der Militärkonvention zur Sprache brachte, bot Bismarck ein Schutz- und Trutzbündnis an. Die Militärkonvention, meinte er, werde die Folge desselben sein. Auf diesen Vorschlag ging die badische Regierung mit Freuden ein. In diesem Anerbieten, so bemerkte Freydorf in seinem Bericht an das Staatsministerium, liege ein Mehr von Zusage Baden gegenüber und ein Minder von Forderungen Preußens. Das Mehr erblickte er in der Garantie des Territorialbestandes, das Minder darin, daß kein Oberbefehl Preußens im Frieden, kein Ernennungsrecht von Offizieren, keine Befugnis zur Verlegung von Truppen in Anspruch genommen werde.

Sehr entschieden verwahrte sich Freydorf gegen den Eintritt in einen Süddeutschen Bund. Er erhielt von Bismarck die Zusicherung, daß ein Zwang zum Eintritt nicht stattfinden werde.[1])

Ueber die späteren persönlichen Berührungen Freydorfs mit Bismarck geben die seinerzeit in der „Deutschen Revue" veröffentlichten[2]) Briefe und Tagebücher desselben näheren Aufschluß. Wir erfahren daraus, daß Freydorf der Einladung Bismarcks zu den Verhandlungen über den Eintritt der süddeutschen Staaten in den Norddeutschen Bund mit dem Minister Jolly und dem Legationsrat Hardeck am 20. August 1870 nach dem Kriegsschauplatz folgte und im August und im Oktober mehrfache Verhandlungen geführt hat, die als bekannt vorausgesetzt werden können.

Nachstehend lasse ich noch eine Anzahl bisher unveröffentlichter Stellen aus seinen Briefen und Tagebüchern folgen.

---

[1]) Ueber die Stellung des Ministers Freydorf in Sachen des Abschlusses einer Militärkonvention mit Preußen: Angebot Bismarcks vom 8. Mai 1867 (in Kohls Bismarck-Regesten nachzutragen) und Antwort Freydorfs vom 19. Mai 1867 a. a. O. S. 12; über die Herstellung eines Bundes zwischen den süddeutschen Staaten und dem deutschen Norden: Erlaß Freydorfs an den badischen Gesandten in Berlin d. d. 11. Mai 1867 a. a. O. S. 21 und 40; über einen Erlaß Freydorfs an den badischen Gesandten in Paris d. d. 16. Juli 1867, betreffend die politische Neugestaltung in Deutschland S. 24 f.; Erlaß Freydorfs an den badischen Gesandten in Berlin d. d. 29. November 1867, betreffend den von Bayern lancirten Verfassungsentwurf für einen Süddeutschen Bund S. 26, Unterredung Freydorfs mit dem preußischen Gesandten Grafen Flemming vom 26. November 1867, betreffend die Aufnahme Badens in den Norddeutschen Bund S. 42, desgleichen am 2. März 1870 über den Antrag Laskers wegen Eintritt Badens in den Norddeutschen Bund S. 50, Erlaß Freydorfs an den badischen Gesandten in Berlin d. d. 6. März 1870, betreffend die Haltung Bismarcks in dieser Angelegenheit, Immediatbericht Freydorfs d. d. 16., 17. und 29. September 1870, betreffend den Eintritt Badens in den Norddeutschen Bund S. 61 und 63. Mitteilung des Gesandten Grafen Flemming an Freydorf d. d. 2. Oktober 1870, betreffend den Zeitpunkt für Badens Eintritt in den Norddeutschen Bund S. 63.

[2]) Jahrg. VIII. 1883, 12. Heft.

Karlsruhe, 1. September 1866.

An einen Freund und Landtagskollegen.

Unsere vormals erhitztesten Offiziere sind durch ihre neuesten Studien von der Bundeskriegsverfassung, bayerischen und württembergischen Führung abgekommen, und sieht man die Heilsamkeit und Vollständigkeit dieser Kur, so muß man es selbst vom entgegengesetzten Standpunkte für zweckmäßig halten, daß wir in der letzten Krise mit Oesterreich und den Südstaaten gegangen sind. Man hat seine Freunde und alles kennen gelernt, was nötig ist, um künftig ernstlich und gemeinsam einen andern Weg zu gehen.

*

Aus einem Brief vom 14. September 1866.

Welche unpraktischen, politisch kurzsichtigen Leute die Berliner Fortschrittspartei in ihren Reihen zählt, mag folgende Anekdote vergegenwärtigen:

Sie wissen, daß man vor zwölf Tagen über die Adresse auf die Thronrede debattirte und acht Entwürfe einbrachte. Als endlich die Adresse zu stande kam, hatte sich die Gestalt aller Dinge verändert, hatte Bismarck 4 Staaten annektirt, 18 in den Norddeutschen Bund aufgenommen, mit 5 Frieden geschlossen.

In der Zwischenzeit begegnet D., der Redakteur des „Kladderadatsch", dem Abgeordneten R. von Berlin, der gehört haben will, daß man über die Verzögerung der Adreßdebatte und über die acht Entwürfe Glossen mache. D.: „So, das haben Sie nur gehört, haben Sie nicht derartiges selbst gelesen, vielleicht empfunden?" R. „Der Tadel ist ganz unbegründet; nach meiner Ansicht hat jeder Abgeordnete das Recht, einen Adreßentwurf einzubringen."

Ich bemerkte, daß bei uns im Lande kein von einem Landbezirke gewählter Bürgermeister oder Gemeinderat eine so einfältige, den Fleck neben das Loch setzende Antwort gegeben hätte.

*

Brief vom 25. Mai 1869.

Wir haben Hoffnung, das System, mit dem wir stehen und fallen, noch über den nächsten Landtag hinaus zu retten, obgleich der gehoffte Anschluß an Norddeutschland noch nicht erreicht sein wird. Aber dazu bedarf es einiger Aufmunterung.

*

Aus den Tagebüchern.

20. Juli 1870.

General v. Beyer brachte abends in den Museumsgarten ein Telegramm des Kronprinzen von Preußen, wonach derselbe zum Kommandirenden der süddeutschen Truppen ernannt sei. Jolly, Beyer und ich waren einig, daß die Veröffentlichung beider Aktenstücke vorerst und bis zu definitiver Erklärung des

Kriegsstandes gegen Frankreich unterbleiben müsse. Ich telegraphirte sofort an unsere Gesandten in Stuttgart und München, um einen gleichzeitigen Bruch der diplomatischen Beziehungen der süddeutschen Staaten zu Frankreich herbeizuführen.

*

5. August 1870.

In der Landschaft, durch die wir im Elsaß auf der Fahrt nach Sulz kamen, stehen die Saaten und Früchte sehr schön. Ueberall waren die noch bebauten Felder von den Truppen mit möglichster Sorgfalt vermieden und geschont. Ueberall hörte man nur eine Stimme des Lobes über das rücksichtsvolle, anständige und freundliche Betragen unserer Truppen. Die Bewohner der Städte und Dörfer standen und saßen gegen Abend nach gewohnter Sitte, plaudernd und schmausend, auf der Straße und vor ihren Häusern und gaben auf Befragen willige Auskunft. Nur in der Bierstube zu Sulz herrschte unter dem Drucke der Anwesenheit eines ancien militaire mit schwarzem Schnurr- und Knebelbart, der blaß, scheu und zornig unter einem horizontalen Kappenschilde hervorsah, eine unangenehme Temperatur. Uebrigens lobte auch der dortige Maire, Herr Benke, das Benehmen der zahlreich durchgezogenen Truppen, das gewaltig und wohlthuend abstichl gegen die frivolen, ebenso erbärmlichen als frechen Drohungen der französischen Minister als die beklatschten Rodomontaden einzelner Abgeordneten.

*

6. August 1870.

Nähere Daten über die vorgestrigen Gefechte an der Saar laufen ein. Am 5. abends war der Großherzog durch leere Ortschaften von Weißenburg nach Sulz gefahren und hatte hier das Hauptquartier des Kronprinzen getroffen. Am frühen Morgen hörte er Schüsse. Weder der Kronprinz noch der Großherzog fanden es der Mühe wert, nach Wörth, wohin das Feuer zielte, zu reiten, und der Großherzog reiste ab. Sich durch Train hindurchwindend, hörte er nach 9 Uhr stärkeres Feuer, konnte aber nicht mehr umkehren.

*

Karlsruhe, 18. August 1870.

Nachricht über die Schlacht von Mars-la-Tour vom 16. Der Angriff vom 14. hatte offenbar den Zweck, den Abzug der Franzosen von Metz so lange zu verzögern, bis Prinz Friedrich Karl von Pont-à-Mousson aus auf die Rückzugslinie marschirt sei. Dies gelang. Am 16. konnte die II. Armee die französische Armee auf ihrem Rückzug nach Verdun und Chalons angreifen, stellen und zum Zurückgehen nach Metz nötigen. Dort ist die französische Armee nun wahrscheinlich von der preußischen umklammert. Dies schien mir für den günstigen Ausgang des Krieges entscheidend und ich flaggte. Wenige folgten dem Beispiel. Man sprach von einem Pyrrhussieg.

*

Karlsruhe, 19. August 1870.

Abends kam die Nachricht von gestriger Schlacht bei Metz aus dem Hauptquartier des Königs in Rezonville. Sieg unter Führung des Königs. Der Feind auf Metz zurückgeworfen, von der Verbindung mit Paris abgeschnitten. Ich ging mit A. vor das Schloß, wo einer großen Menschenmenge zuerst von einem Hauptmann der hier einquartierten Garde-Landwehr, dann von Edelsheim (neben der auf dem Ballon erschienenen Frau Großherzogin und der Prinzessin Wilhelm) das Siegestelegramm verlesen wurde.

Hoch! Heil unserm Fürsten, Heil! Die Wacht am Rhein wurde begeistert gesungen und ein Fackelzug improvisirt. Mein Schwiegervater nahm zwei Landwehrleute aus Charlottenburg und Coeslin mit nach Hause, mit denen wir bis 12 Uhr Champagner tranken.

*

Samstag, 1. Oktober 1870.

Nachdem die Kunde von der Einnahme Straßburgs gekommen, fuhren wir dahin, um Bruder Berthold[1]) zu besuchen. Es war ein schöner Herbsttag. Wir sahen die Sonne über den Bergen des Murgthals aufgehen und kleine Nebelstreifen an den Bergen erleuchten und verscheuchen. Es war ein ergreifender Augenblick, da wir das nun wieder deutsche Straßburger Münster aus der Ferne erblickten. An allen Stationen war der Andrang sehr groß, verschiedenemale mußten Wagen angehängt werden, so daß der Zug eine beträchtliche Länge bekam. Bei Dorf Kehl wurde ausgestiegen, da die Bahn zerstört war. Wir hatten wohl eine halbe Stunde bis an den Rhein zu gehen und kamen durch den von französischen Kugeln vollständig zerstörten Stadtteil. Kaum erheben sich einzelne nackte Wände aus dem allgemeinen Schutthaufen. Auf beiden Seiten der Straße sieht man durch die Trümmer von vier-, fünffachen Häuserreihen. Kamine ragen einzeln in die Höhe — manche so übergebogen, daß man fürchten muß, sie können jeden Augenblick zusammenstürzen. Auch ein intensiver Brandgeruch macht sich noch sehr unangenehm bemerkbar.

An der Eisenbahnbrücke ist nur der diesseitige Landpfeiler mit darauf befindlichem beweglichem Teil der Brücke zerstört. Wir überzeugten uns übrigens, daß die Beschießung von Kehl, das ein kleines Fort an der Brücke hat, von dem rechts und links drei bis fünf Batterien von Mörsern und gezogenen Kanonen die Citadelle von Straßburg zusammenschossen, nicht völkerrechtswidrig war.

Auf dem Strom entwickelte sich ein reges Treiben, viele kleine und große Kähne ruderten herüber und hinüber, um die Reisenden zu befördern. Wir warteten auf die Fähre, auf der auch Wagen und Pferde transportirt wurden.

---

[1]) Der Bruder des Ministers Freydorf war seit 1. Juli 1870 Kommandeur des Badischen Feldartillerie-Regiments.

Eine dicke Oberländerin mit großer Markgräflerschleife, dem sogenannten Heimatschein, blieb hoch in ihrem Bernerwägelchen sitzen, obgleich die Pferde abgespannt waren.

Wir eroberten auf dem jenseitigen Ufer ein Fuhrwerk und fuhren die Chaussee entlang, zu deren beiden Seiten die mächtigen alten Bäume: Platanen, Pappeln, Kastanien, Nußbäume, gefällt am Boden lagen. Bald mußten wir ihnen ausweichen und zur Seite fahren.

An der Säule kamen wir vorbei, auf der in goldenen Buchstaben steht: „Voie de Paris à Vienne par Strasbourg et Kehl“. — Jetzt heißt es: „Voie de Berlin à Paris“.

Durch das Austerlitzerthor, das ganz erhalten ist, kamen wir in die Stadt.

Unsere Soldaten füllten die Straßen, in denen sich auch viele Einwohner mit ziemlich vergnügten Gesichtern herumtrieben. Viele zogen jetzt erst wieder in verlassene Wohnungen und brachten auf Schiebkarren ihren armseligen Hausrat herein.

Wir trafen Berthold und andere Bekannte in der „Ville de Paris“; diese erzählten, und auch Oberstlieutenant v. L., dem wir später begegneten, stimmte darin überein, daß nicht nur die Zerstörung der Citadelle und anderer Festungswerke, die Breschen, sondern hauptsächlich die Insubordination der Truppen den General Uhrich zur Uebergabe genötigt habe. Straßburg war für eine Belagerung schlecht vorbereitet; die Soldaten hatten kein Unterkommen unter den Wällen, überhaupt, sogar in der Citadelle, wenig kugelfeste, bombensichere Räume. Bei der Uebergabe war die Mehrzahl der Soldaten betrunken; sie zerbrachen ihre Waffen und zündeten vor ihren Generalen und Offizieren Pfeifen und Cigarren an. Die französischen Offiziere hatten keine Autorität, die deutschen mußten ihnen zu Hilfe kommen und einschreiten.

Nach einem kurzen Frühstück gingen wir nach den Ruinen der Steinvorstadt; sieht man vom Steinthor auf sie herab, so erinnert es an die Ruinen von Pompeji. Hier erhebt sich kein einzig unversehrtes Haus aus dem allgemeinen Chaos der Trümmer. Der Zugang war dem Publikum untersagt, nur unter Bertholds Leitung konnten wir vorwärts kommen. Wir ließen die Damen hier zurück und gingen über den Wall und durch das Steinthor, das zerschossen und mit Säcken teilweise verrammelt war, auf die Straße nach dem Kirchhof St. Helene, dann durch die III. Parallele und die Approche in die Lünette 53. Von hier konnte man nicht weiter zu der Bastion 11 und 12 und dem Hauptwall vordringen, ohne sich zuvor der Lünette 52 bemächtigt zu haben. Auf anderem Weg gingen wir über eine in der Nacht gefertigte Faßbrücke in die Lünette 52. Hier gegenüber sind in die Bastionen 11 und 12 Breschen geschossen, die aber erst noch mit großen Opfern hätten gangbar gemacht werden können.

Zurückgekehrt in die Stadt, kamen wir an den Illkanälen vorüber. Sie liegen einige Meter unter dem Straßenniveau, und längs den Mauern der Nordseite ebenso wie unter der Brücke kampirten Haushaltungen im Freien; höchstens waren einige Bretter schräg an die Wand gestellt, um die Schlafstelle dahinter zu verbergen. Es waren teils obdachlose Familien, teils solche, die sich hier gegen die Bomben geschützter glaubten. Ein kleiner etwa siebenjähriger Knabe lief da unten in roten Hosen, blauem Uniformrock und Soldatenkäppi herum. Berthold erzählte, daß eine Menge dieser kleinen Kadetten, die auf Staatskosten erzogen werden, auch bei der Uebergabe mit herausgekommen wären, mit kleinen Gewehren bewaffnet. Man hatte sie natürlich laufen lassen.

Wir besuchten das Münster, das verhältnismäßig sehr wenig gelitten hat. Ein Trupp Soldaten wurde gerade von ihren Offizieren darin herumgeführt; wir konnten nicht auf die Plattform, da die Treppe von Soldaten gedrängt voll war.

Noch wanderten wir über die Esplanade zur Citadelle, doch durften wir, da innerhalb an den den Einsturz drohenden Thoren gearbeitet wird, nur über die Brücke einen Blick in die Verwüstung werfen. Mitten auf dem Platz stand ein roter Plüschsessel, wahrscheinlich hatte sich den der wachhaltende französische Offizier hieher transportiren lassen. Hinter dem Wall gesichert war die Pontonbrücke, und im Hof des Arsenals standen unzählige Kanonen und lag eine Unmasse Munition aufgehäuft.

Wir verabschiedeten uns von den Freunden, ihnen Glück auf den Weg nach Paris wünschend, fuhren auf einem Kahn über den Rhein und in dem überfüllten Eisenbahnzug — zwanzig Personen im Coupé, das für zwölf berechnet war — zurück nach Karlsruhe.

*

12. Februar 1871.

Gestern kamen 1500 Gefangene der Armee Bourbakis hier durch. Ein Elsässer Soldat der Linie erzählte, er sei eben mit mehreren Kameraden beim Frühstück gewesen, als ein badischer Dragoner erschienen sei und sie für gefangen erklärt habe. Ihnen sei's recht gewesen und sie hätten den Reiter nur gebeten, noch mehr Dragoner herbeizuholen, weil es sich schlecht ausnehmen würde, wenn sich so viele von einem transportiren ließen. Der Dragoner willfahrte, und die Gesellschaft ging vergnüglich mit.

*

Erinnerungen aus der Reise nach Versailles,

welche v. Freydorf in Begleitung von Staatsminister Jolly, Legationsrat Handegg und einem Sekretär am 20. Oktober 1870 antrat.

Auszüge aus Briefen und Tagebuch.

Donnerstag, 20. Oktober 1870.

Wir konnten mit der Bahn, die von Straßburg nun auch seit dem 16. dieses Monats wieder in Betrieb ist, heute schon bis Vitry-le-Français kommen; so waren wir weiter, als wir erwartet, denn wir hatten uns nur bis Nancy sichere Hoffnung gemacht. Ein Bediensteter der Eisenbahn führte uns in das etwas befestigte Städtchen, welches sich einigen Husaren auf Aufforderung übergeben hatte, und klopfte die Wirtin des kleinen „Hotel du Renard" heraus.

Den andern Morgen 5 Uhr wieder auf den Weg über Loisy und Vitry-la-Ville nach Chalons-sur-Marne. Vor Chalons war kürzlich eine Schiene losgelöst, gebogen und wieder lose an Ort und Stelle gelegt worden. Der Lokomotivführer beachtete wohl einen falschen Spiegel auf der Schiene, fuhr aber, weil sie in richtiger Lage schien, darauf zu. Der Zug mit verwundeten Bayern entgleiste, es wurden mehrere Mann getötet und verletzt. Die Trümmer der Wagen liegen noch links der Bahn. Eine durch ähnlichen Anlaß entgleiste Lokomotive nebst Wagen lag jenseits Epernay rechts der Bahn. Die wegen ersterer That verhafteten Leute behaupteten, vom Grafen X., dessen Schloß man mir zeigte, mit 1000 Franken für die That erkauft zu sein. Der Graf ward, ruhig beim Frühstück sitzend, verhaftet.

Vor Nanteuil hört die Eisenbahn auf. Es steht zwar noch die Brücke über die Marne, welche die Bahn bei diesem Ort zu passiren hat, aber der gleich dahinter liegende gesprengte und verschüttete Tunnel ist ein unüberwindliches Hindernis. Wir verließen Nanteuil in einer Art Omnibus, den der Etappenkommandant stellte. — Die Dörfer, durch die wir fuhren, waren meist verlassen; das Militär war gewaltsam in die Häuser eingedrungen. Die Brücken über die Marne sind gesprengt; wir mußten auf Umwegen und über Notbrücken über den Fluß fahren. Wir begegneten zurückkehrenden Einwohnern.

Es war dunkel, als wir in Meaux ankamen. Der Etappenkommandant machte wenig Hoffnung auf Quartier für die Nacht und Weiterbeförderung für den kommenden Tag. Doch bekamen wir, nachdem wir an einem halben Dutzend Wirtshäuser abgewiesen, ein Zimmer mit drei Betten im „Hotel aux trois Rois". Die Wirtschaft war schlecht, schmutzig, teuer. Für die zwei Diener zum Beispiel, die irgendwo am Boden schlafen mußten, betrug die Rechnung 16 Franken.

Früh am andern Morgen kam zuerst in weißer Krawatte der Maire von Meaux an mein Bett, hielt dem kaum Erwachten eine lange Rede, daß und warum es ihm, trotz eindringlicher Requisition des Etappenkommandanten, unmöglich sei, einen Wagen zu stellen. Ich suchte ihm ins Wort zu fallen, um ihm, ehe er sich zu sehr in die Unmöglichkeit hineinredete, begreiflich zu machen, daß wir den Wagen zahlen und gut zahlen wollten. Vergebliche Mühe; so oft ich den Mund aufthat, machte der weiße Glacéhandschuh des Maire eine abwehrende Bemerkung: „Permettez" — der Maire redete fort, und bald waren alle Wagen seit acht bis vierzehn Tagen, ohne daß die Eigentümer um deren Schicksal wußten, unterwegs, und waren alle noch in der Stadt befindlichen Wagen und Pferde, wie der Maire, qui s'était occupé lui-même de cette affaire, selbst gesehen, vom harten Dienst zerbrochen und lahm und krank. Auch die Drohung, wenn man uns nicht gegen Zahlung ein Gefährt stelle, werde solches requirirt, verfing nicht, weil die Stellung auch im Zwangswege unter die Regel fiel: Wo nichts ist, hat der Kaiser sein Recht verloren. Da trat der Oberst herein: „Meine Herren, Sie haben Wagen und Pferde".

Ehe wir Meaux verlassen, erwähne ich noch die vielen schönen Parks mit hübschen Landhäusern im Stil Louis' XV., zum Teil mit großen Schlössern, an denen wir vorüber fuhren. Sie sind sämtlich, wie auch kleinere Anwesen, von Mauern umgeben und spielen in den Kämpfen, wie zum Beispiel um Metz, als kleine befestigte Stellungen eine Rolle. Wir fanden deren am folgenden Tag mit Schießscharten förmlich zur Verteidigung eingerichtet. Die Gegend ist hübsch; die bei uns wenig kultivirte Schwarzpappel, hoch, schlank, jetzt mit gelblichem Laube, nicht so spitz und einförmig wie unsere Silberpappel, spielt eine große Rolle. Die Wälder sind meist Buchenwälder. Der Boden ist hügelig, ohne entschiedene Berge. Die Straßen sind schön und gut, meist förmliche Alleen, welche geraden Wegs bergauf und bergab gehen. Ueberall flattern Elstern, die schwarz-weißen Vögel, welche den Einzug der preußischen Fahne längst vorher verkündeten, und von denen mich wundert, daß sie noch existiren und nicht als preußische Spione herabgeschossen sind.

In Lagny mußten wir die Pferde ruhen lassen und suchten vergeblich nach einem andern zweiräderigen Einspänner für das Gepäck. — Während wir im Hotel Bohnen und Kartoffeln aßen (die boucherie arbeite nur für die Truppen und es sei kein Fleisch zu haben), nahte sich ein Luftballon mit Gondel. Obgleich er so nahe kam, daß er in der Größe des Mondes erschien, trafen ihn Schüsse nicht. Einwohner und Soldaten verfolgten ihn neugierig: „Wir kriegen ihn! Hat ihm schon!" sagte im Restaurant ein Offizier. „Vous croyez toujours avoir la victoire — mais nous l'aurons à la fin" — gab eine Aufwärterin schnippisch zur Antwort.

Um 2½ Uhr fuhren wir von Lagny weiter. Wir hatten von diesem gerade östlich von Paris gelegenen Städtchen die heilige Weltstadt südlich zu umfahren, um im Bogen zu dem westlich gegenüber gelegenen Versailles zu kommen. Wir mußten einerseits der Stadt so fern bleiben, daß wir nicht in die Ausfälle und Gefechte hineingerieten, andererseits so nahe, daß wir noch innerhalb der deutschen Aufstellungen blieben und nicht den außerhalb sich umhertreibenden Franctireurs begegneten.

Bis Pontault standen Württemberger. Diese waren in der vorigen Nacht bei Emerinville (zwischen Les Gres und Tournant) von Franctireurs angegriffen worden, wollten heute wieder solche „Blaublusen" gesehen haben: „Die wellet mer schon fange!"

Während bis Lagny die Felder ziemlich geschont waren, mehrten sich hier in zertretenen und verlegenen Aeckern kleine Stroh- und Laubhütten, zerbrochene Flaschen, umhergestreute Papierumhüllungen von Liebesgaben, die Spuren von

Bivouacs. Die württembergische Aufstellung ging noch bis La Queue-en-Brie und Moiseau.

Auf dem Wege nach Boissy-St.-Leger begegneten wir einem großen Artilleriepark: Belagerungsgeschütz für Paris.

Da bei Limeil in vergangener Nacht einige Pferde mit Wagen und Insassen verschwunden waren, auch öfters geschossen wurde, verließen wir die Hauptstraße und fuhren einen sicheren Feldweg. In Boissy waren wir zu den Mecklenburgern gekommen. Es war schon dunkel. Von hier hatten wir den Anblick der Bivouacfeuer um Paris und den hellen Abglanz der Stadtbeleuchtung stets zu unserer Rechten.

Villeneuve-St.-Georges war der letzte Ort, wo wir möglicherweise übernachten konnten; wir blieben daher und suchten Quartier. Im Orte war nur ein Wirtshaus, und dessen zwei Gastzimmer waren besetzt. Ein Zug verwundeter Bayern, von Orleans zurückgeführt, hielt uns einige Zeit auf. Ein am Knie verwundeter Bayer, der ungeschickt aus dem Wagen gehoben wurde, schrie und ächzte so erbarmungswürdig, daß ich dachte, es sei ein sehr geringes Uebel, wenn die Herren Minister heute einmal schlecht untergebracht wären.

Wir ließen uns zum Kommandanten Major v. Z. führen, der uns sehr freundlich in seiner Wohnung aufnahm. Er bewohnte den oberen Stock, ließ uns in das Zimmer neben dem Gartensalon des unteren Stocks zwei Matratzen legen und eine Chaiselongue stellen. Wir verzehrten bei einer eleganten Lampe und einer in eine Flasche gesteckten Unschlittkerze von unseren eigenen Vorräten. Des Schwiegervaters Portwein fand abermals großen Beifall. Das Kaminfeuer flackerte lustig die ganze Nacht. Die Wagenpolster als Kopfkissen benützend, schliefen wir gut. Bisher waren die Mecklenburger hier jede Nacht, die letzte Nacht zweimal, durch Ausfälle der Franzosen aus Paris alarmirt worden. Bei solchem Alarm wird alles gepackt, um, wenn die Gefahr vorüber, wieder ausgepackt zu werden. Wir richteten uns darauf ein, hatten aber das Glück, ungestört zu bleiben. Morgens wuschen wir uns am Brunnen im Garten, der Major servirte uns einen vortrefflichen Kaffee ohne Milch und Brot, und wir fuhren, herzlich dankend, um 7 Uhr weiter. Die Villa gehört einem alten Sünder von Pariser Notar, der sein Leben mit Lektüre medizinischer Bücher und einer solchen Menge Arzneien fristet, daß das Lazaret von Villeneuve sich daraus versorgen konnte. Er, wie fast alle Einwohner, ist entflohen.

Die Kettenbrücke, welche über die Seine führte, liegt im Wasser, die steinerne Brücke ist gesprengt, die neu hergerichtete sogenannte große Kriegsbrücke durften wir nicht passiren, kamen über eine kleinere Schiffbrücke über den Fluß nach Villeneuve-le-Roi. Hier kommt man von den Mecklenburgern zu den preußischen Aufstellungen.

Ein Bauer sagte: „Nous sommes quinze cultivateurs ici; moi seul je suis resté, les autres auraient mieux fait de ne pas quitter.“

Als die Truppen hier zuerst einzogen, waren die meisten Häuser leer, vollständig ausgeräumt. Da bemerkte einige Tage später ein durchziehender Pionieroffizier, daß die Rebpflanzungen frisch umgegraben waren, was sonst um diese Jahreszeit nicht zu geschehen pflegt, auch steckten die Rebstöcke etwas unordentlich darauf; man forschte nach, und siehe, die Möbel und Habe der Einwohner fand sich unter den künstlichen Rebpflanzungen, Betten, Kanapees und Stühle kamen unter der Erde hervor. Seither machen es sich die Soldaten bequemer.

Gegen 3 Uhr fuhren wir in Versailles ein. Erstmals seit fast vier Monaten hörte ich wieder Militärmusik, bei deren Klang ein preußisches Bataillon bei der „Place d'Armes" vor dem Schloß aufmarschirte. Sie klang schön in dieser Umgebung.

Boulevard du Roi Nr. 3 war unser Quartier. Die Wohnung ziemlich elegant — Staub und Schmutz waren bald beseitigt; ein Schlosser öffnete die verschlossene Kommode, damit ich meine Sachen einräumen konnte. Alles andere ließ und lasse ich verschlossen.

Einen Drachen von Weib, das Frau v. J. als Hüterin zurückließ, und das, je bescheidener und anspruchsloser ich auftrat, um so mehr gegen das Nötigste opponirte und räsonnirte, brachte ich mit der Erklärung zur Ruhe: „Ich bin nicht nach Versailles gekommen, um mit bösen Weibern zu händeln; ich werde angeben, was ich brauche; Sie werden das thun, und wenn nicht, quartiere ich mich aus und empfehle Sie dem Kommando für ein Dutzend Mann Einquartierung, die besser mit Ihnen zu Streich kommen werden." Seitdem ist Bettwäsche, Licht und Feuer angekommen. Kaffee besorgt mir die Concierge, zu essen pflege ich im „Hotel des Reservoirs" und im übrigen ist Ruhe.

Ich verlangte noch, daß die Fenster, welche ganz trübe waren, geputzt würden. Bald darauf erschien ein eleganter Herr im Cylinderhut: „Le vitrier, Monsieur," führte er sich ein. — Nachdem die Fenster gereinigt waren, stellte er eine Rechnung auf, für jede Scheibe 1 Franken, also fast 10 Franken für ein Fenster. Das erhielt er natürlich nicht.

Der Transport unseres Gepäcks hatte uns unterwegs viel Schwierigkeit gemacht. Wir bedurften stets zu dessen Beförderung eines zweiten Wagens, der schwer aufzutreiben war. Ich hatte zwar nur das Nötigste bei mir und wunderte mich im stillen, was wohl J. und H. alles mit sich führten in den verschiedenen großen und kleinen Koffern. Nun kommt heraus, daß auch sie nicht recht begreifen konnten, warum ich mit solch übermäßigem Gepäck nach Versailles ziehe. Bei der Verteilung bleiben zwei große Koffer und zwei Hutschachteln übrig, die unsere Diener in allzu großem Eifer, jeder verneinend, sie gehören dem andern Herrn, in Straßburg fälschlich aufgepackt hatten. Wir telegraphiren zurück und fragen, was zu machen sei. Antwort: „Sehr erfreut, daß die Koffer endlich gefunden, sie gehören zwei Engländern, die nach Nizza gehen, um den Winter dort zu verbringen. Sie wollten zuerst ohne ihr Gepäck nicht weiter reisen. Aber es sei nichts zu machen; wir müßten die Koffer bis zu unserer Rückreise behalten und hatten dann dieselben Schwierigkeiten wegen des Rücktransports, nur diesmal ohne den geheimen mißbilligenden Verdacht gegen den Genossen und gemeinsam scheltend auf die reisenden Engländer mit ihren ungefügen Koffern.

*

24. Oktober.

Beim Kronprinzen, der mich zum Frühstück behielt, wurde von dem Ausfall gesprochen, den die Franzosen am 21. gegen das V. Armeecorps, Versailles zu, gemacht hatten. Sie ließen dabei 90 Kanonen spielen, töteten und verwundeten 250 Mann, wurden aber mit Verlust zweier Kanonen zurückgeschlagen. Alle diese Ausfälle sind sinn- und zwecklos. Man vermutet, daß dieser letzte nur ein von der Armee den Parisern gegebenes Schauspiel war. Die Dispositionen, welche bei einem getöteten französischen Offizier gefunden wurden, die ordre de bataille, waren so widersinnig und zweckwidrig wie möglich. 11000 Franzosen wurden von 4000 Preußen mit 2 Kanonen zurückgeschlagen. Und das alles um eines Schauspiels und der Gewinnung und Zerstörung einer unbedeutenden von den Preußen errichteten Barrikade willen. Die Herren Flourens und Rochefort halten eine Barrikade für einen militärisch und politisch sehr wichtigen Gegenstand, dulden keinen Eingriff in ihr Monopol. Sonntag mittags pflegen die Pariser Damen die Forts und Batterien zu besuchen, und da wird dann zu deren Belustigung ohne weiteren Zweck und Erfolg mit grobem Geschütz auf einzelne Preußen, Fuhrwerke und dergleichen geschossen, die sich am Horizont zeigen.

Metz ist auf dem Punkte, sich zu ergeben, die Pferde haben kein Futter mehr, man gibt ihnen altes Stroh aus Strohsäcken, sie fressen sich selbst gegenseitig die Mähnen und Schweife ab.

*

Versailles, 26. Oktober 1870.

Hier liegen nirgends Zeitungen aus, und zum Aufsuchen in Privathänden fehlt mir Zeit und Lust. So leben wir, wie zu Homers Zeiten, von mündlicher Ueberlieferung.

Bei Metz kommen französische Ueberläufer in solcher Menge zu den Deutschen, daß sie neuerdings ins französische Lager zurückgewiesen werden. Sie bitten um Salz, nichts als Salz, das sie ohne Zugabe verschlingen.

Eine Anekdote wird Dich amüsiren:

Neulich fielen einige Schüsse auf einen einzeln durch ein Dorf reitenden preußischen Offizier. Er fand vor dem Dorf eine Abteilung Bayern, sagte, was ihm begegnet, und meinte, man müsse die Bauern dafür abstrafen. „Herr Kamerad," fragte eifrig der bayerische Offizier, „soll ich moderirt verwüste, oder das Nescht an alle vier Ecke anzünde?"

*

Versailles, 27. Oktober 1870.

Soeben, morgens 10 Uhr, erhalte ich die Nachricht, daß Metz kapitulirt hat. Die Armee Bazaines lag außerhalb Metz, innerhalb der Befestigungen. In der Festung selbst kommandirte wahrscheinlich Canrobert (nein, Changarnier!).

Bazaine hatte bisher nur angeboten, sich selbst mit der um Metz herum liegenden Armee zu übergeben, während der Kommandant der Festung sich noch halten wollte. Hierauf ward natürlich nicht eingegangen.

Der Fall von Metz ist von äußerster Wichtigkeit, einmal, weil 200 000 Mann Deutsche verfügbar werden, mit denen man noch nicht occupirte Teile Frankreichs besetzen und die Verpflegung besser verteilen kann, dann weil nun zwei Bahnlinien von Deutschland, behufs Zufuhr von Material und Lebensmitteln, frei sind. Ohne den Fall von Metz wäre die Verpflegung der Armeen vor Metz und Paris den Winter über sehr schwer geworden. Hier fehlt schon manches, zum Beispiel Petroleum, und das Pfund Zucker kostet fünf Franken. Auch die Rinderpest erschwert die Ernährung der Armee.

Gestern feierte General v. Moltke seinen 70. Geburtstag.

Eben kommt die Nachricht von einem glücklichen Gefechte eines Bataillons Württemberger mit Gardes mobiles und Franctireurs. Sie hatten 300 Gefangene gemacht. Es waren die Blaublusler, von denen uns die Württemberger am 22. d. M. gesagt hatten: „Die wellet mer scho fange!"

*

Versailles, 28. Oktober 1870.

Darüber, ob nun, nach dem Falle von Metz, Paris kapitulirt oder Friede angeboten wird, sind die Ansichten verschieden. In den nächsten 8 bis 14 Tagen rechnet man nicht hierauf. Meine Concierge explizirt mir soeben bei Quittirung ihrer Rechnung, daß es unmöglich sei, Paris einzunehmen, da es noch für über ein Jahr verproviantirt sei. Ihr Mann, an 60 Jahre alt, steht dort in der Garde nationale. Jedenfalls müsse man von einer andern Seite angreifen als von Versailles. (Sie gönnt die Einquartierung den anderen Umwohnern von Paris.)

Heute glaubte ich einen Augenblick, es werde Alarm geschlagen. Es war aber ein Trommler der Gemeinde, der überall in den Straßen so lange Lärm machte, bis sich hinreichendes Publikum um ihn gesammelt hatte, worauf dann eine andere Magistratsperson eine Bekanntmachung verlas, wonach die Einwohnerschaft 6000 wollene Decken für die Truppen zu liefern hat. Man hörte den Ausrufer ruhig an, ging, ohne zu räsonniren, seiner Wege.

Die Concierge kündet an, daß sie in der ganzen Stadt keinen Zucker mehr auftreiben könne, auch nicht um schweres Geld. Auch die Zündhölzer gehen zur Neige.

*

29. Oktober 1870.

Der größte Schimpf, welcher der in Paris eingeschlossenen Armee angethan werden konnte, ist die äußerst schwache Cernirung. Wenn die Franzosen eine Linie durchbrechen könnten, wären sie im Freien. Denke Dir über die vordersten um Paris herum stehenden Vorposten eine Kreidelinie rings um Paris gezogen. Die Deutschen haben hier im ganzen nur so viele Mannschaft, um diese Kreidelinie, Mann an Mann im Zirkel gestellt, einfach zu besetzen; dahinter wäre nichts mehr. Seit gestern nähern sich die Têten des bisherigen Belagerungscorps von Metz, und nun kann die Umschließung dichter werden.

Am 29. abends kam ein Kurier mit einem Packet, eine goldene mit Brillanten besetzte Feder enthaltend, welche Pforzheimer Bijoutiers dem Grafen Bismarck zur Unterzeichnung des Friedensvertrags senden.

*

30. Oktober 1870.

Der Kronprinz und Prinz Friedrich Karl sind (gegen bisherige Uebung, wonach in Preußen kein Prinz Marschall wurde) zu Marschällen ernannt.

Soeben marschirten drei Regimenter Landwehr, von Limoges kommend, hier ein. Ein Teil des Belagerungscorps von Metz soll zur Verstärkung des Werderschen Corps nach dem Süden gehen.

Heute ging ich mit Minister J. nach Grand- und Petit-Trianon, dem Englischen Garten, dem Schweizerdorfe. Neu war mir in einer salonartigen Remise eine Sammlung von alten Schlitten, Portechaisen und von prachtvollen vergoldeten Wagen aus der Zeit Napoleons I. und Karls X., welche letztmals bei der Taufe des kaiserlichen Prinzen 1856, mit 8, 6 und 4 Pferden bespannt, in Bewegung gesetzt wurden. Zurückkehrend trafen wir R. und den Prinzen von W., die uns zu einer mir bisher unbekannten, mit großen Felsmassen angelegten Grotte Apollos führten. Die Gruppe des ruhenden, von den Musen umgebenen und bedienten Apollo und seinen zur Seite in anderen Höhlen stehenden Pferden ist sehr schön.

*

31. Oktober 1870.

Gestern und vorgestern machten die Franzosen wieder Ausfälle gegen St.-Denis zu, gegen das preußische IV. Corps und die Garde. Sie wurden glänzend, mit Abnahme von 1200 Gefangenen, zurückgeschlagen, kosteten aber wieder 400 Mann und 25 Offiziere, tot und verwundet. Der Kommandeur des Garde-Regiments Königin Augusta, Graf Waldersee, der von der Wunde, die er bei Metz erhielt, geheilt vor acht Tagen zu seinem Regimente zurückkehrte, blieb.

Nun mußt Du wieder einen Spaziergang mit mir machen. Nachdem man die Dir bekannte lange, gerade Allee hinaufgegangen, tritt man in den Park von Trianon durch ein Gitterthor, vor dem rechts und links große

Schilderhäuser für Schildwachen zu Pferd stehen. Solche Tierquälerei wird meines Wissens nur noch vor den Tuilerien in Paris und vor dem Palast in London getrieben.

Im Petit-Trianon, dem Lieblingsaufenthalt Marie Antoinettes, sind gute Porträts in ganzer Figur von Marie Antoinette und Louis XVI. von Wernmeller, einem Schweden. In den hübschen holzgetäfelten Zimmern stehen noch die Möbel der Königin, unter anderem ihr großer Schmuckkasten mit Säbelhieben und Bajonettstichen aus der Revolution, ihr Klavier mit zugehörigen Noten, ihr Bett, ihr einfacher Toilettetisch.

Aus dem Fenster hat man einen schönen Ausblick auf den Englischen Garten, den ersten, der in Frankreich angelegt wurde. Dieser Garten gewährt einen wohlthuenden Anblick nach den kerzengeraden Alleen und zugestutzten Bäumen des Parks von Versailles, die übrigens in ihrer großartigen Anlage imponiren.

Bei dem vorgestrigen Ausfall nahmen die Franzosen das schwach besetzte Dorf Le Bourget, das gestern von den Preußen wieder erstürmt wurde. Letztere verloren 400 Mann tot und verwundet, 13 Offiziere tot, 12 verwundet, machten 1200 Gefangene.

Wir kamen abends 5½ Uhr von St.-Germain zurück. Es war ein schöner Tag und eine schöne Fahrt. Man fährt vom nördlichen Thore des Parks von Trianon in gepflasterter, gerader Allee nördlich bei Rocquencourt vorbei nach Marly, an dem aufgegebenen, verfallenen und verwilderten alten königlichen Park dieses Ortes hin, und an dem Aquädukt vorüber, welcher die Wasserkünste zu Versailles speist, kommt man durch St.-Germain-en-Laye hindurch zum Schlosse. Dasselbe hat eine hübsche eigentümliche Architektur; man scheint eben bei Beginn des Krieges mit Restaurirung beschäftigt gewesen zu sein, hat an dem schönsten Teile die schwarze Kruste von den weißen Steinen abgerieben.

Das Schloß ward schon von Franz I., dann von Heinrich II. und Heinrich IV. viel bewohnt. Heinrich II., Karl IX. und Ludwig XIV. sind hier geboren. Letzterer gab den Aufenthalt in St.-Germain auf und baute Versailles. Es ward unter Napoleon I. Schule für Kavallerie-Offiziere, später Militärgefängnis.

Die Stadt ist kleiner, enger bei einander als Versailles; alle Läden sind offen, mit reichen Auslagen ausgestattet und trotz einer sehr starken Einquartierung ist der Verkehr friedlich und rege. Die Photographien des Schlosses sind aufgekauft. Von dem Schlosse zieht sich an der Anhöhe, auf der das Schloß liegt, eine über Rebberge aufgemauerte Terrasse mit einer Reihe schöner alter Linden hin. Von hier hat man die schönste Aussicht der ganzen Umgegend von Paris. Nur diejenige von der Lanterne de Diogène bei St.-Cloud kann damit verglichen werden. Zu Füßen fließt die Seine in Windungen von

Paris über St.-Denis her. Eine Holzbrücke über den Fluß ist zerstört, die Brücke der Eisenbahn Paris—St.-Germain aber erhalten. Der Bahnhof liegt aber sehr tief, man kommt nicht gut herauf, und so bleibt die Brücke unbenützt, und es ist weiter oberhalb bei Le-Plocq eine Pontonbrücke geschlagen. Unterhalb bei Maisons-sur-Seine sieht man eine zweite, wie es scheint erhaltene Eisenbahnbrücke.

Rechts und südlich ist die ganze Landschaft von bewaldeten, an dem linken Ufer der Seine sich hinziehenden Hügeln eingesäumt. Man sieht zunächst auf einem derselben den bezeichneten Aquädukt. Vor uns, östlich, auf etwa eine Stunde erhebt sich der bekannte Mont Valérien mit seinem Fort, dem stärksten von Paris, das wir auf unserer Fahrt stets zur Rechten hatten.

Links davon, in weiterer Ferne, sieht man den Montmartre mit seinen Häusern und zwischen beiden einen Teil des Häusermeers von Paris, das im Rücken von der Hügelreihe umgeben ist, auf welcher der Père Lachaise liegt. Dann folgt weiter links und nördlich St.-Denis mit seinem Dome. Oestlich, ganz nahe von St.-Denis, liegt Le Bourget, um das die Kämpfe vom 29. und 30. spielten.

Diesseits St.-Denis sieht man Argenteuil und westlich, gerade vor sich, Montesson, Carrières-St.-Denis, während Carrières-sous-Bois nördlich, diesseits der Seine liegt. Das Bild ist auch nördlich von Hügeln eingeschlossen. Die ganze hügelige Landschaft ist von Dörfern, Landhäusern, Aeckern, Wiesen, Wäldchen bedeckt. Von hier bis hinüber nach Paris folgt Dorf auf Dorf und Haus an Haus.

Der Mont Valérien, der gestern vielen Lärm gemacht, schwieg heute. Franzosen, Französinnen, Landwehrleute, Garde-Dragoner und Kürassier-Offiziere vom gelben sogenannten Bismarckschen Regimente eilten hin und her. Es ist überraschend, überall gut gehaltene, wohlgenährte, zum Teil schöne Pferde bei der Armee zu sehen.

Nach Versailles zurückkehrend, machten wir einen Gang in den öden, verlassenen Park von Marly, von dessen Häusern kaum mehr Mauerreste stehen, dessen Teiche ausgetrocknet sind und auf dessen steinernen Eingangspforten Gras und Gesträuch wächst. Nur die Umfassungsmauer ist noch so ziemlich erhalten.

Auch auf diesem Wege sahen wir viele Schlößchen und Landhäuser mit mauerumgebenen Parks. Die Franzosen sind reicher als wir, umgeben sich mit mehr Luxus und leben mit mehr Comfort. Das sieht man schon an den Wohnungen mittlerer Leute, in die wir kamen und kommen.

Versailles hat nicht mehr Einwohner als Karlsruhe, ist aber sehr weitläufig gebaut, sicher dreimal so groß. Jeder Gang durch die breiten Straßen ist eine Viertelstunde weit, man kommt ohne Wagen kaum zu Ende.

*

2. November 1870.

Dadurch, daß die Verhandlungen mit Bayern etwas stocken, bekommen wir leider freie Zeit, aber dafür auch die Aussicht, länger, als für unsere Geschäfte nötig wäre, hier verweilen zu müssen.

Ich war im Park, auch dort blühen noch Blumen aller Farben. Der Blick von der hinter dem Schloß beginnenden großen Terrasse über die zwei obersten Bassins, dann über das weiter unten liegende Bassin d'Apollon und den Grand-Canal nach Westen hinaus, wo wir über den Wasserspiegeln und zwischen den Bäumen der mittleren Allee hindurch die Sonne untergehen sahen, ist sehr schön. Alles aber ist herbstlich gelichtet. Wir gingen zum Bassin d'Apollon, der inmitten des Wassers die vier Sonnenpferde lenkt, von Tritonen und Delphinen umgeben. Die Gruppe ist in Bleiguß von Tuby ausgeführt. Auch dies Bassin ist von Statuen umstellt. Der Marmor ist da, wo er dem Wetter am meisten ausgesetzt ist, überall schwarz geworden und beginnt zu verwittern. Er verträgt im Freien unser Klima nicht. Durch eine Seitenallee kamen wir auf die sogenannte Kolonnade, ein von einer doppelten Reihe von 64 Säulen und zwischenliegenden Wasserbecken umstelltes Rondel, in dessen Mitte sich eine gute Gruppe von Girardon befindet, den Raub der Proserpina darstellend. Neptun stehend, Proserpina schwebend in den Armen haltend, zu seinen Füßen ein zweites Weib, wohl eine überwundene Hofdame Proserpinas. — Unweit davon in einem abgeschlossenen Garten steht einzeln eine korinthische Säule mit einer weiblichen Figur auf dem Kapitäl. Am Piedestal fand ich die Verse:

Badois, Saxons, Bavarois,
Dupes d'un Bismarck plein d'astuces,
Il vous fait bücher tous trois
Pour le roi de Prusse.

7 oct. 1870.

*

8. November 1870.

Hier in Frankreich ist es gegenwärtig unangenehm, ein Hammel zu sein. Man geht nicht aus, ohne einer von Soldaten getriebenen Schafherde zu begegnen, die, wie es scheint, aus allen Ecken und Enden zur Ernährung der Armee beigetrieben werden.

Wenn Begegnung von Schafherden Glück bedeutet, kann es uns nicht fehlen.

Gestern fand ein Ausfall bei Vanvres, Südwest von Paris, statt, und heute nacht ward ungewöhnlich viel geschossen.

Zur Beruhigung unseres Gewissens höre ich, daß die Masse von Schafen, welche hier ein- und durchpassirt, nicht requirirt, sondern in den besetzten, meist östlichen Provinzen gekauft ist.

Bei den Vorposten traf die Nachricht ein, daß in Paris der Pöbel die

Herrschaft an sich gerissen, Jules Favre und Trochu verhaftet und einige Stunden gefangen gesetzt, die Herrschaft von Blanqui, Felix Pyat, den ehemaligen Redakteur des Reveil (Rappel?) — (alle von der äußersten Linken und Sozialisten) übertragen ist.

*

4. November 1870.

Ich ging mit H. nochmals nach den Trianons, wir betrachteten die schönen Marmorbüsten Ludwig XVI., Napoleon I., Ludwig XVIII. und Karl X. Letzteren beiden steht die Unfähigkeit auf der Stirne geschrieben.

Bei Petit-Trianon sind sehr schöne Exemplare von Zedern, ab und zu Felspartien und absichtlich unregelmäßige Teiche. Der Park von Grand-Trianon ist in demselben Stil angelegt wie der bei Versailles, mit Terrassen, geraden Alleen, Bassins, Wasserkünsten, Statuen. In beiden Parks blühen noch Herbstblumen in Menge; jeder derselben ist weit größer als der Schloßgarten zu Karlsruhe, enthält außer den bekannten Schlößchen eine Menge zum Teil selbst wieder schloßähnlicher Gebäude und Pavillons. Wir kamen in den nördlich vom Tapis-Vert gelegenen Teil, wo aber unsere Entdeckungsreisen nicht so ergiebig waren wie neulich. Die Emelades und Les Domes sind zerfallen. Alles ist hier abgesperrt und man muß sich durch durchbrochene Geländer und Gestrüppe hindurcharbeiten. Die Abteilungen, in denen wir neulich waren, heißen la Colonnade, bosquet du Roi et de la Reine. All das ist sonst unzugänglich, und es ist nur durch von den „Eroberern" in die Geländer gerissene Oeffnungen dahin zu gelangen.

Später nahmen wir einen Wagen, um den Aquädukt von Marly zu besichtigen. Wir fuhren, um nicht denselben Weg zu machen wie neulich nach St.-Germain, über Rocquencourt. Der Aquädukt besteht aus wohl zwanzig ungehauenen, hoch aufgemauerten Brückenbogen und gleicht einer langen in freier Luft errichteten Brücke. Das Wasser wird an dem einen Ende aus der tief unten fließenden Seine heraufgetrieben, um die Wasserwerke von Versailles, das etwa 1½ Stunden entfernt liegt, zu speisen. Man steigt ungefähr in die Höhe eines siebenten Stockwerkes hinauf, hat aber eine sehr schöne, ausgebreitete Aussicht, derjenigen von der Terrasse von St.-Germain-en-Laye ähnlich, das kaum drei Viertelstunden entfernt liegt. Von hier aus übersieht man den Lauf der Seine bis Argenteuil hinauf und über Maisons (Bahn nach Rouen) hinab; der Mont Valérien liegt gerade gegenüber, so nahe, daß man von dort in das dem Aquädukt zunächst liegende Städtchen Bougival (linkes Ufer der Seine) Kugeln senden kann. Wir sahen eine Kavallerie-Patrouille den Mont Valérien herabkommen, Infanteristen dort Kartoffeln ausmachen. Rechts und links hinter dem Fort dehnt sich Paris aus; wir konnten deutlich den Dom der Invaliden erkennen. Leider steckte die Pantheonkuppel im Nebel.

Zufällig kam auch der König mit seinem Adjutanten, Fürsten R., und einem Stallmeister, mit denen er dahin geritten, herauf und betrachtete sich mit gutem Doppelperspektiv das Fort und die an demselben angelegten neuen Werke. Das Fort schwieg; während der Fahrt hatten wir zwei Schüsse dort gehört und am Rauch gesehen. Hier erstmals hörte ich das Geknatter einer Mitrailleuse, mit der im Bois de Boulogne, hinter dem Fort, Uebungen gemacht zu werden scheinen.

An einer Stelle in Paris stieg dichter Rauch, wie von einem Gefechte auf.

*

7. November 1870.

Du solltest sehen, wie die Damen in Versailles den Zufall ausnützen, ihre Zimmer festlich zu schmücken. Sie sind froh der durch die Kriegszeit verminderten Aufsicht und Ordnung in den Parks von Versailles und versehen sich täglich mit riesenhaften Bouquets, die sie höchst eigenhändig in den dortigen noch sehr reichen Blumenbeeten pflücken.

*

Versailles, 10. November 1870.

Heute schneit es den ganzen Tag. Der Schnee liegt auf den Dächern und Linden vor meinen Fenstern.

Der Maler Anton v. Werner erzählte mir, wie er in den ersten Tagen, die er hier malte, einst in sein Atelier gekommen sei, habe er laut schluchzen hören. Da er sich umsah, fand er den alten Konservator ganz gebrochen vor Schmerz auf einem Stuhl sitzend, weinend wie ein Kind. Er trat zu ihm, um ihn zu trösten. Der alte Mann entschuldigte sich, aber der Gedanke habe ihn überwältigt, daß unter diesem Dache, dem Tempel von Frankreichs Ruhm, nun die Niederlagen seines früher so glorreichen Volkes verewigt werden sollten.

Ich schrieb noch nicht, daß das Hotel des Reservoirs, wo wir oft diniren, einst den Hofstaat der Pompadour enthielt, welche selbst im linken Flügel des Schlosses wohnte. Es steht ihre Marmorbüste im Vorsaal des Hotels; ihr Gesicht ist feiner und edler, als man es sich nach ihrem Wandel vorstellt.

*

11. November 1870.

Hatte mir gestern in einem Zimmer des zweiten Stockwerkes des Schlosses der Conservateur du Musée die Tapetenthür gezeigt, durch welche am 5.—6. Oktober 1789 Marie Antoinette dem von Paris heranziehenden Pöbel entkommen war, so besuchte ich heute das Theater, wo am 1. und 3. Oktober 1789 der Hof der Garde du Corps Bankette gegeben hatte. In Versailles schlief seit jener Zeit kein Souverän mehr; dagegen wurde im Theater im Jahre 1836 unter Louis Philipp das historische Museum von Versailles eingeweiht, wurden hier unter ihm und Napoleon III. zum Beispiel bei Anwesenheit der Königin Viktoria von England und des Königs von Spanien (Gemahls der Isabella) Opern aufgeführt. Die Haut- und Basreliefs an den Galerien und im Foyer sind in Eichenholz geschnitzt, vergoldet oder weiß angestrichen. Das Foyer enthält an seinen Wänden ganze geschnitzte Statuen, alle Arten des Schauspieles darstellend.

Das Theater wurde bei der Vermählung Ludwigs XVI. mit Marie Antoinette, jetzt vor hundert Jahren (1770), eingeweiht.

Heute erhielt der Großherzog die Nachricht von dem Fall der Festung Neu-Breisach mit 100 Kanonen und 5000 Gefangenen.

*

13. November 1870.

Um die Mittagszeit ging ich mit H. durch den Park von Versailles, an der Ferme de la Menagerie vorbei nach St.-Cyr. Es ist ein kleiner Ort mit dürftigen Cafés und Läden, meist kleinen Häusern.

Im Orte rechts etwas abwärts gehend, kommt man zu der Ecole de St.-Cyr, ursprünglich Mädchen-Pensionat (les demoiselles de St.-Cyr), seit Ludwig XIII. Offizierschule. Ein Diener führte uns in dem meist zweistöckigen, vier viereckige Höfe einschließenden, ziemlich weitläufigen Gebäude umher. Wir besuchten Hörsäle, den Speisesaal, die Küche, den Raum, in welchem morgens die Toilette an einer gemeinschaftlichen Waschanstalt gemacht wird, die Badeanstalt, den Turnraum und das Kasino mit Billard. Es ist für das leibliche und geistige Wohl der Schüler hier sehr gut gesorgt. Die Schüler frühstückten im Sommer morgens um 4, im Winter um 6, hatten ein Gabelfrühstück um 12 Uhr, um abends 8 Uhr zu Mittag zu essen und um 9 Uhr schlafen zu gehen.

Sie treten im Alter von 18 Jahren ein und bleiben bis zum 20. Ein General ist Kommandant der Schule und hat ein ganzes Haus als Dienstwohnung.

Auch hat die Schule eine eigene Gasanstalt.

Abends besuchte ich das vom Herzog von Coburg in seiner Wohnung im Hotel des Reservoirs eingerichtete Kasino. Ich spielte mit dem Herzog Whist. Dabei erzählte er, daß, als er heute mit einer Gesellschaft den Aquädukt bei Marly besucht habe, von dem ich am 4. d. M. den Mont Valérien betrachtet hatte, die Franzosen, welche jetzt weitertragende Geschütze aufgestellt haben (angeblich auf 9000 Schritt), herüberschossen. Die Kugeln trafen den Aquädukt noch nicht, platzten aber in der Nähe. Also auch diese Aussicht ist verdorben.

In späteren Jahren kam in einer französischen Zeitung eine Erklärung über den Anlaß zum Transport der weittragendsten französischen Kanonen auf den Mont Valérien. Dieses Riesengeschütz warf seine Granaten bis in den Park von Beauregard (siehe „Der deutsch-französische Krieg von 1870—71“ III. 544).

Deutscher Soldatenwitz gab ihm später den Namen „Onkel Baldrian“.

Die Erklärung nun war folgende:

Man habe einmal vom Mont Valérien aus den Aquädukt von Marly mit dem Fernrohr beobachtet, als gerade einige Herren dort gewesen. Zu diesen seien nach kurzer Zeit noch drei andere hinzugetreten, worauf die zuerst dagewesenen sich tief verbeugt hätten. Man schloß daraus, daß der eine dieser Herren der König sein müsse. Große Aufregung habe sich aller Offiziere bei dieser Entdeckung bemächtigt, da sie keine so weittragenden Geschütze gehabt, um auf den Aquädukt schießen zu können, aber sie hofften, der König würde diesen Observationspunkt noch öfter besuchen, und sogleich sei beschlossen worden, die große Riesenkanone trotz aller Schwierigkeiten herauf zu transportiren.

Daher, als der Herzog von Coburg am 13. November den Aquädukt von Marly bestieg, wurde vom Mont Valérien aus herübergeschossen.

*

15. November 1870.

Gestern bei Tisch erhielt der König ein Telegramm, wonach die Kavallerie-Division von Rheinbaben bei Dreux, 6 Stunden westlich von hier, auf französische Truppen aller Gattungen, Infanterie, Kavallerie, Artillerie, gestoßen sei. Wir sind gegen Westen nicht gedeckt. Die Division Rheinbaben zog sich zurück; heute nacht wurden dem französischen Corps rasch ein Dutzend hier in der Umgegend liegende Landwehr-Bataillone entgegengeworfen.

Das Hauptquartier und der Großherzog rüsteten sich zu eventuellem raschen Aufbruch. Auch wir sollten packen. Ich dachte, es sei noch Zeit, wenn es zu schießen beginne. Das Corps v. d. Tann hat sich bis 6 Stunden südwestlich von hier zurückgezogen. —

Ich schließe noch einen humoristischen Brief bei, der so recht den schlagenden Witz des Ministers v. Freydorf illustrirt. Die Gelegenheit, über die geographische Unwissenheit eines französischen Diplomaten harmlos zu scherzen, ließ er sich nicht entgehen.

1878.

Monsieur le chargé d'affaires,

Mr. A. m'écrit de L. que son domestique doit un de ces jours transporter des caisses contenant des effets de ménage de Darmstadt à Bade et me prie de lui procurer une dispense de visite de bagages.

Je sais que l'esprit de notre ami A. plane au-dessus des misères de cette terre, qu'il s'occupe des visions de Lourdes et de Louise Lateau et je pense que dans ce moment, pendant les beaux jours de ses fiançailles, il a passé en vol les nuages et qu'il est arrivé au ciel.

Mais un jour peut-être il redescendra sur terre et il rentrera dans le bureau de la légation de K. Et alors, je vous en prie, mettez à la place du Syllabus, des Encyclica, des traités sur l'Immaculée conception et de l'infaillibilité du pape un système de géographie politique et une Constitution de l'empire germanique. Notre ami verra alors, que depuis quarante ans nous avons un „Zollverein", qui aujourd'hui fait partie de notre Constitution et que depuis un demi-siècle il n'existe plus de douane entre les villes de Darmstadt et de Bade. Le domestique peut donc passer les frontières sans obstacles et sans frais, et n'a qu'à payer quelques droits que si les caisses contiennent du vin.

*

In Uebersetzung lautet der Brief:

Herr Geschäftsträger,

Herr N. schreibt mir aus L., daß sein Bedienter an einem dieser Tage Kisten, welche Haushaltungsgerätschaften enthalten, von Darmstadt nach Baden befördern soll und bittet mich, ihm Befreiung von der Gepäckdurchsuchung zu verschaffen.

Ich weiß, daß der Geist unseres Freundes N. über den Nichtigkeiten dieser Erde schwebt, daß er sich mit den Erscheinungen von Lourdes und den Visionen der Louise Lateau beschäftigt, und ich denke, daß er in diesem Augenblick, während der schönen Tage seiner Verlobung, im Fluge durch die Wolken gestreift und im Himmel angelangt ist.

Aber eines Tages wird er vielleicht wieder zur Erde herabsteigen und in die Kanzlei der Gesandtschaft zu K. eintreten. Und dann legen Sie, ich bitte Sie darum, an die Stelle des Syllabus, der Encykliken, der Abhandlungen über die unbefleckte Empfängnis und die Unfehlbarkeit des Papstes ein System der politischen Geographie und eine Verfassung des Deutschen Reiches. Unser Freund wird alsdann sehen, daß wir seit vierzig Jahren einen „Zollverein" haben, welcher heute einen Bestandteil unserer Verfassung bildet, und daß es seit einem halben Jahrhundert zwischen den Städten Darmstadt und Baden keine Zollgrenze mehr gibt. Der Bediente kann also die Grenzen ungehindert und kostenfrei passiren und hat nur dann einige Abgaben zu zahlen, wenn die Kisten Wein enthalten.

*

Nach dem Ableben Freydorfs richtete Bismarck an dessen Schwiegervater, Freihern v. Cornberg, das nachstehende, bisher unveröffentlichte Schreiben.[1])

Varzin, den 23. November 1882.

Euerer Hochwohlgeboren danke ich verbindlichst für die Mitteilung vom 17. d. M. Ihr Herr Schwiegersohn ist früher, als seine Gesundheit es erwarten ließ, aus dem Leben und der politischen Thätigkeit abberufen, und ich beklage diesen Verlust um so mehr, als ich stets mit Dankbarkeit der thätigen Mitwirkung des Herrn v. Freydorf bei der Grundsteinlegung unserer Reichszustände gedenke.

v. Bismarck.

---

[1]) In Kohls Bismarck-Regesten nicht erwähnt.

Das Telegramm des Kaisers lautete:

19. November.

An den Gesandten Graf Flemming.

Berlin, Palais.

Sie wollen der nunmehr verwitweten Frau v. Freydorf meine aufrichtige Teilnahme an dem Verlust ihres Gemahls aussprechen, dem ich seit Jahren meine ganze Achtung und mein Vertrauen geschenkt habe.

Wilhelm.

Finanzminister Ellstätter[1])

(geboren 11. März 1827)

war von März 1871 bis März 1893 Mitglied des Bundesrats,[2]) desgleichen nach Errichtung der Reichsbank mehrjähriges Mitglied des Reichsbank-Kuratoriums und hat an den Konferenzen der bundesstaatlichen Finanzminister (1878 Heidelberg, 1880 Coburg) teilgenommen.

Minister Ellstätter hatte das Glück, während der großen Epoche der nationalen Erhebung unseres Volkes zu dem großen Staatsmann, wenn auch nicht in sehr nahen Verkehr zu treten, doch aus ehrerbietiger Entfernung seine hohe Persönlichkeit beobachten und bewundern, auch ab und zu in engerem Kreise in dem gastfreien Hause des Kanzlers und gelegentlich in spezieller Audienz, die er ihm freundlich gewährte, sich dem Fürsten nähern zu dürfen.

Zunächst waren es die Plenarsitzungen des Bundesrats, in denen er den Kanzler sah. Unvergeßlich ist dem Minister Ellstätter aus jener Zeit der Eindruck seines überlegenen Eingreifens sowie seiner hinreißenden politischen Darlegungen, mit welchen er zeitweise den Bundesrat von der momentanen Lage unterrichtete.

In etwas nähere Beziehung zum Fürsten führte ihn sodann die Mitgliedschaft im Bank-Kuratorium. Auch hierüber nahm in der ersten Zeit Fürst Bismarck einigemal den Vorsitz und lud jeweils die Mitglieder zum Diner ein.

Geschäftliche Berührungen spezieller Art hatte Ellstätter außerdem im Jahre 1875 sowie 1887.

Im Dezember 1875 hatte derselbe den Auftrag, sich zu informiren, wie ein etwaiger Antrag Badens auf Eintritt in die norddeutsche Branntweinsteuer-Gemeinschaft aufgenommen werden würde.

---

[1]) Moritz Ellstätter, geboren zu Karlsruhe. Besuch des Lyceums in Karlsruhe und der Universitäten Heidelberg und Bonn als Studirender der Rechte. Mehrere Jahre an der Diskontogesellschaft in Berlin thätig, demnächst Rechtsanwalt in Durlach, 1864—1866 Mitglied des Kreis- und Hofgerichts in Mannheim, August 1866 Ministerialrat im Finanzministerium. 1868 Chef des Finanzministeriums als Nachfolger Mathys. 1893 Rücktritt aus dem Staatsdienst.

[2]) Von Ellstätter wurden im Jahre 1873 im Bundesrat die Referate über die Münzgesetze erstattet.

Fürst Bismarck empfing den badischen Minister am 15. Dezember mittags 2 Uhr.[1]) Er sprach sich in offenster, den Wünschen Badens entgegenkommendster Weise aus und sagte sofort zu, seinen Einfluß bei Seiner Majestät dem Kaiser und im preußischen Staatsministerium zu Gunsten Badens geltend zu machen. Ihm sei es recht, wenn Baden in die Branntweinsteuer-Gemeinschaft eintrete; er verlange nicht den gleichzeitigen Eintritt in die Biersteuer-Gemeinschaft, wie dies Camphausens Meinung war. Eine halbe Erweiterung der Reichsgemeinschaft sei ihm lieber als gar keine.

Am 18. Dezember 1875, auf einer Soirée bei Ihren kaiserlichen Majestäten, teilte der Fürst dem Minister Ellstätter mit, daß Seine Majestät den badischen Wünschen gewogen und daß die Sache in gutem Gang sei . . .

Im Jahre 1887 hatte Ellstätter wegen der strategischen Umgehungsbahnen an der schweizer Grenze zu verhandeln. Aus gleichem Anlaß waren die Staatsminister v. Crailsheim und v. Mittnacht in Berlin.

Nach Abschluß der Verhandlungen wurden dieselben mit Einladung zum Diner beehrt.

Wie üblich, fesselte der Fürst nach der Tafel seine Gäste durch das anregendste Gespräch aus Vergangenheit und Gegenwart.

Außerordentlicher Gesandter und bevollmächtigter Minister Freiherr v. Türckheim.

Zur Ergänzung dessen, was wir oben S. 40 beim Zollbundesrat über den Freiherrn v. Türckheim bemerkt haben, lassen wir nachstehend noch einige Bemerkungen folgen, welche seine allgemeine politische Auffassung und speziell sein Verhältnis zu Bismarck noch in ein helleres Licht setzen.

Freiherr Hans v. Türckheim bekleidete vom Jahre 1864 bis zum Jahre 1883 mit der kurzen Unterbrechung, in welcher im Jahre 1866 die diplomatischen Beziehungen zwischen Preußen und dem Großherzogtum abgebrochen waren, die Stelle eines Großherzoglichen Gesandten am Königlich preußischen Hofe. Mit dem Fürsten Bismarck, zu dessen eifrigsten Verehrern er gehörte, trat er, wie aus seinen Berichten zu entnehmen ist, im ganzen nicht gerade häufig in unmittelbare persönliche politische Beziehungen. Seiner schlichten und anspruchslosen Natur entsprach überhaupt mehr eine ruhige und abwägende Betrachtung der Verhältnisse, deren Gang und Entwicklung er mit staatsmännischem Blick sofort zu erkennen und zu beurteilen verstand. Er selbst betrachtete auch als Hauptaufgabe eines diplomatischen Agenten eines kleineren Staates „nicht die Entfaltung einer selbständigen Teilnahme an der großen Politik, sondern neben der Vertretung der verschiedenen Interessen von Landesangehörigen die Beobachtung bemerkenswerterer Vorgänge im politischen und Kulturleben des Staates,

[1]) In Kohls Bismarck-Regesten nicht erwähnt.

bei welchem er beglaubigt ist". Während der politisch tiefbewegten Zeit des Verfalls des Deutschen Bundes und der Neuerrichtung des Deutschen Reichs, während welcher er den badischen Gesandtschaftsposten in Berlin innehatte, hat er, durchdrungen von der Liebe für die deutsche Nation und im Glauben an deren Größe, stets die Bildung eines kraftvollen deutschen Einheitsstaats erhofft.

Gleich nach der Beendigung des Krieges im Jahre 1866 schreibt er: „Die Errungenschaften des Krieges können der Unterbau sein für eine neue glückliche Staatsordnung in Deutschland, wenn die gelegten Keime einen günstigen Boden und die weiter nötige Pflege finden. Wir haben vor allem gewonnen die lebendige Einsicht von der Schwäche kleinstaatlicher Zustände, namentlich der Unzulänglichkeit eines an Zahl selbst überlegenen Agglomerats militärischer Kräfte gegenüber einem einheitlich geführten, mit Entschlossenheit vorgehenden Gegner — gewonnen nicht im Unterliegen gegen einen äußeren Feind, dessen Sieg sofort ein gleicher Verlust für das ganze Deutschland war, sondern in einem inneren Kampfe um die Formen unserer eigenen Entwicklung. Wir haben gewonnen einen freien Blick auf eine Bahn nach dem höchsten Ziel möglichster Entfaltung deutschen Geistes und deutscher Kraft im Innern und nach Außen."

Der Weg zu dieser Machtentfaltung der deutschen Nation war für ihn eine möglichst baldige und feste Vereinigung der deutschen Südstaaten mit dem Norden, der er stets das Wort redete.

Mit Eifer verfolgte er die Vorgänge in der preußischen Kammer und im Norddeutschen Bundestag und insbesondere das Auftreten des damaligen Grafen Bismarck; so berichtet er unterm 8. Februar 1868 über die Vorgänge im preußischen Landtage im Februar 1868:

„Graf Bismarck war in der Donnerstagssitzung in einem Grade innerlich aufgeregt, wie selten noch, und wenn er dennoch in seinen Antworten ruhig blieb und sich zu beherrschen wußte, so war doch unverkennbar die innere Bewegung und der Aerger über die geringe Willfährigkeit der konservativen Partei darum nur desto größer.

„So wie die Stellung des Ministeriums zu den Parteien der Kammer augenblicklich sich befindet, kann dieselbe auf die Dauer nicht bleiben, und man fragt sich mit Recht, wohin wird dies in weiterer Entwicklung führen?

„Wird der Königliche Ministerpräsident aus eigener Wahl oder notgedrungen zur Ausführung des eventuell in Aussicht gestellten Programms schreiten, sich eine zuverlässige Kammermajorität außerhalb der vorzugsweise gouvernementalen und konservativen Partei zu schaffen, wird er den Versuch machen, sich neben der gemäßigt konservativen auf die freikonservative und nationalliberale Fraktion zu stützen?

„Viele halten dies nicht für unwahrscheinlich und betrachten es als die fast notwendige Folge der in neuerer Zeit wiederholt zu Tage getretenen Divergenzen zwischen den Bestrebungen der verschiedenen Fraktionen der Rechten des Abgeordnetenhauses und dem Ministerium und die offenbar tiefgehende Verstimmung des Grafen Bismarck über die hieraus entstandenen Konflikte.

„Mir scheint bei näherer Betrachtung mehr Wahrscheinlichkeit dafür zu sprechen, daß der Herr Ministerpräsident auch ferner den bis jetzt mit Erfolg von ihm eingeschlagenen Weg verfolgen wird, sich vorzugsweise auf die konservativen Fraktionen zu stützen, aber diese durch Veranschaulichung der Gefahren für sie selbst, wenn sie ihm nicht ihre volle und unbedingte Unterstützung gewähren wollten, möglichst zu beeinflussen und dahin zu lenken, wo er sie zu haben wünscht. Dieser Weg allein beläßt den Ministerpräsidenten in dem unbeschränkten Vollbesitze der Gewalt, auf welche er freiwillig nicht verzichten wird, während eine Verständigung und Koalition mit den unabhängigen Mittelparteien wohl nur durch bestimmte Zugeständnisse erkauft werden könnte.

„Mag der unglückliche Streit über den hannoverschen Provinzialfonds auch augenblicklich das gute Einvernehmen gestört, mag er auf seite der Gegner der Regierung vielfach beschränkte und engherzige Anschauungen, von welchen Graf Bismarck sich frei weiß, zu Tage gefördert haben, bei ruhigerer Betrachtung wird man den dabei in Rechnung zu bringenden mildernden Umständen mehr Gerechtigkeit widerfahren lassen als im Augenblicke des jetzigen Kampfes.“

Nach Gründung des Deutschen Reichs folgte Herr v. Türckheim nicht minder mit großem Interesse den Gruppirungen der Parteien und ihrer Stellung zum Fürsten Bismarck im Reichstag wie im preußischen Abgeordnetenhause. So äußert er bei Anlaß der Debatten über das Schulaufsichtsgesetz im preußischen Abgeordnetenhause im Februar 1872 über Bismarcks Verhältnis zur konservativen Partei und zum Abgeordneten Windhorst:

„Die tiefere Bedeutung, welche die Debatte hatte und es der Regierung schließlich als Ehrensache erscheinen ließ, die Vorlage durchzubringen, liegt in der Haltung der hochkonservativen Partei, deren Hinneigung zu einer Opposition gegen die Regierung und zu einer Verbindung mit der Zentrumspartei und den regierungsfeindlichen Elementen schon seit längerer Zeit unangenehm empfunden wurde.

„Diese drohende Verbindung zu brechen, war die Aufgabe, welche Fürst Bismarck sich stellte, und sein Charakter spricht dafür, daß er auf dem einmal betretenen Weg beharren und seine Ziele mit der ihm eigenen Energie weiter verfolgen wird. Es ist einmal ausgesprochen und wird für den weiteren Gang der Ereignisse bestimmend sein, daß die dermalige preußische Regierung nicht mehr ihre festeste Stütze in jenen Kreisen findet, deren Gehalt, Verständnis für die Außenwelt unverkennbar sehr zurückgegangen ist, sondern eine freisinnigere Richtung verfolgen und sich hierin nicht beirren lassen will. Die Worte des Fürsten Bismarck in der Sitzung vom 13. Februar 1872, daß das Ministerium entschlossen ist, in Verfolgung seiner Zwecke fortan jedes konstitutionelle Mittel zur Anwendung zu bringen, haben nicht verfehlt, Eindruck zu machen.“

Ueber die Finanz- und Steuerpolitik des Fürsten Bismarck schreibt der Gesandte zu Ende des Jahres 1878:

„Wir stehen jetzt vor den großen finanzpolitischen Fragen, und sehen Berge von Material für künftige Arbeiten aufgehäuft, ohne daß zur Klärung bis jetzt viel geschehen ist oder sich absehen ließe, in welchem Sinn die Entscheidung schließlich ausfallen werde.

„In den ersten Tagen des beginnenden Jahres wird sich die Enquetekommission hier versammeln. Der zum Vorsitz berufene Freiherr v. Varnbüler, dessen Ernennung wohl an sich schon eine Art Programm enthält, wird sich vermutlich zuerst nach Friedrichsruh begeben, um mit dem Herrn Reichskanzler persönlich Rücksprache zu nehmen.

„Das Wesen der Gedanken, welche der Herr Reichskanzler auf seinen Schild geschrieben hat, ist bekanntlich eine wesentliche Erhöhung der indirekten Abgaben, teils um damit den immer wachsenden Anforderungen an die Finanzkräfte des Reichs gerecht zu werden, teils um die zu hoch belasteten Objekte der direkten Besteuerung etwas entbürden und den Regierungen und Gemeindeverwaltungen wieder mehr Mittel überweisen zu können, um den an sie zu stellenden Forderungen gerecht zu werden.

„Dieses Programm ist ja an sich ein ganz schönes und verlockendes, wenn auch über die Art seiner Durchführung noch viel gestritten werden kann, die Anschauungen in der Bismarckschen Denkschrift ihre sehr schwachen Seiten haben und die Erfahrungen mit der Tabaksteuer-Enquete das Vertrauen auf große Erfolge nach vorausgegangenem großem Anlauf sehr zu vermindern geeignet sind. — Ich möchte mir aber beinahe die ketzerische Idee auszusprechen erlauben, daß es auf das schließliche Ergebnis für die Finanz- und Steuerpolitik des Reichs dem Herrn Reichskanzler weniger ankommen dürfte, als auf ein neues Mittel, den Zersetzungsprozeß unter den bisherigen Parteien, welche mit ihrer Weisheit etwas auf den Grund gefahren sind, weiter zu fördern, dadurch, daß die materiellen Interessen des ländlichen Grundbesitzes und der indirekt zu besteuernden Städte und Beamten sich gegenübergestellt werden. Man nimmt zudem in Regierungskreisen an, daß die Drohung mit neuer Reichstagsauflösung nach dem Ergebnis der letzten Wahlen auf die Nationalliberalen mehr Eindruck machen würde als früher."

Ueber die Unterhaltung des Fürsten Bismarck bei einem Essen, welches derselbe den Mitgliedern des Bundesrats am 16. November 1881 gab,[1]) äußert sich Herr v. Türckheim wie folgt:

„Gestern waren die hier anwesenden Mitglieder des Bundesrats zu dem Herrn Reichskanzler zum Essen geladen. Der Fürst sah wohl aus, klagte aber

[1]) Ein anderweitiges Referat darüber findet sich in meinem Werke: „Fürst Bismarck und die Parlamentarier" Bd. I. S. 231 f.

über heftige neuralgische Schmerzen, an denen er während des ganzen Sommers bald in heftigen, kaum zu ertragenden Anfällen, teils wieder in niederem Maße zu leiden gehabt habe und noch leide, und suchte auch die Unterhaltungen, welche er stehend zu führen hatte, so viel wie möglich abzukürzen.

„Nach der Tafel erging er sich wieder in einer jener ungezwungenen Unterhaltungen, bei welchen es mitunter nicht leicht ist, zwischen scherzhaft hingeworfenen Aeußerungen, Ausflüssen augenblicklicher Verstimmung über unerwünschte Vorgänge und ernst zu nehmenden Entschließungen die feste Grenzlinie zu ziehen, welche aber gerade im gegenwärtigen Augenblick allgemeiner Spannung doch ein größeres Interesse beanspruchen können, als dies sonst bei Tischreden der Fall zu sein pflegt. Der Fürst wurde zunächst auf das Thema der Gambettaschen Reise in Deutschland gebracht und äußerte in dieser Beziehung, zu einem Besuch in Varzin sei es nicht gekommen. Was Gambetta davon abgehalten habe, wisse er nicht, einer höflichen Aufnahme hätte er so gut wie jeder andere bedeutende Mann versichert sein können. Derselbe scheine sich übrigens allerdings mit dem Gedanken eines Besuches getragen zu haben, da seine Anwesenheit in Schlave konstatirt sei und der Fürst sonst nicht wisse, was ein Fremder in jener wüsten Gegend zu suchen haben sollte. Ob Gambetta durch ein ihm zugegangenes Telegramm oder durch eine eigene Aenderung seiner Entschließung von der Ausführung abgehalten worden sei, entziehe sich der Beurteilung. Der Fürst glaube jedenfalls, daß nicht sowohl das Bedürfnis, sich gegen den Verdacht aggressiver Absichten zu reinigen, oder der Wunsch, militärische oder Handelsfragen zu studiren, Gambetta in seine Nähe geführt habe, als vielleicht der Wunsch, mit ihm oder seinem Ratgeber, Herrn Lohmann, über das Thema des Arbeiterversicherungsgesetzes sich zu unterhalten, da man diesen von ihm angeregten Ideen in Frankreich augenblicklich mehr Beachtung zu schenken scheine als in Deutschland.

„Dies bildete die Brücke, um auf die Lage gegenüber den Neuwahlen und dem neuen Reichstag überzugehen.

„Der Kanzler bemerkte: Die Wahlen hätten ihm gezeigt, daß das deutsche Volk in seiner Mehrheit von den Reformideen, mit welchen er gehofft habe, eine vierzigjährige Thätigkeit zu krönen, nichts wissen wolle. Er habe sich das Ziel gesteckt, die öffentlichen Lasten in einer entsprechenderen und leichter zu tragenden Weise neu zu regeln und dem bedrohlichen Uebel des Sozialismus durch Befriedigung der auf einem wahren Gedanken beruhenden Forderungen seinen Boden zu entziehen.

„Die Wahlen hätten ihm gezeigt, daß die Mehrheit der Nation seine Gedanken zurückweise. Es sei gleichgiltig, ob dies wirklich der Ausdruck der Wünsche der Nation sei, oder ob die Wähler so gestimmt hätten, weil sie den Agenten des Fortschritts, welche jedenfalls die Kunst des Lügens und des Verdächtigens offener und erfolgreicher üben könnten, augenblicklich wenigstens thatsächlich einen größeren Einfluß einräumten als den Freunden der Regierungspolitik. Er machte an dieser Stelle einige nebenher eingefügte Bemerkungen über einzelne Persönlichkeiten, welche er als besondere Meister in der Kunst, die Ziele der Regierung zu verdächtigen, hinstellte. Er nannte vor allen Herrn Professor Mommsen, indem er frug, was man von dem Urteile eines Geschichtsschreibers über Zustände vergangener Jahrhunderte halten solle, welcher die Gegenwart, in der er lebe, so grundfalsch beurteile. Wenn er, Fürst Bismarck, als Ergebnis seines aufrichtigen Bemühens und ernsten Studiums über die Wege, um der deutschen Nation wenigstens für die Zukunft die Grundlagen des Gedeihens und der Macht zu sichern, Vorschläge einbringe, welche jedenfalls auf eine eingehende Prüfung Anspruch hätten, so schreie diese Gesellschaft sofort über Reaktion mit den beliebten Schlagworten von Despotismus, Fesselung der Gewerbe, Hörigkeit, Junker, Pfaffen, jus primae noctis 2c., und der große Haufe falle sofort auf diese Melodie ein. Man werfe ihm persönlich vor, er sei herrschsüchtig, unzugänglich gegen entgegengesetzte Meinungen und dergleichen. Nichts sei unwahrer als dies; er persönlich habe nur eine Liebhaberei, dies sei die freie Natur, besonders ein schöner Wald, er hätte ja die Mittel, dieser Neigung sich voll hinzugeben, und wenn er dies nicht thue, so sei es nicht seine Herrschsucht, sondern seine Liebe zum Vaterland und seine Treue gegen den Kaiser, welche ihn davon abhalte. Ebenso falsch sei es, wenn man ihm Neigung zu einer despotischen Regierungsform vorwerfe. Er glaube allerdings, daß die absolute Herrschaft eines einzelnen vielleicht die idealste Regierungsform sein würde, vorausgesetzt, daß dieser eine immer der Verständigste, von dem reinsten Willen und größten Eifer für das öffentliche Wohl beseelt und von fremdem Einflusse vollkommen frei sei, aber ein solches Ideal werde sich selten finden und nie für alle Zeit zu gewähren sein. Abgesehen von der Frage persönlicher Fähigkeit, seien es immer Einflüsse weiblicher Umgebungen, welche sich geltend machten (und die Einflüsse dieser Art aus ehelichen Beziehungen seien noch nicht immer die schlimmsten); ein andermal suche sich der Herrscher thunlichst allen Regierungssorgen zu entziehen — um nicht Anstoß zu erregen, citirte er hier einige Kaiser vergangener Jahrhunderte. Aus diesen und ähnlichen Gründen sei er durchaus kein Verteidiger, noch Bewunderer absoluter Regierungsformen.

„Dies alles seien Verdächtigungen, welche gegen ihn verbreitet und welche meist um so williger geglaubt würden, als der hungrige Deutsche, welcher die Mehrzahl bilde, leichter zu belügen und mit falschen Vorspiegelungen an die Wahlurnen zu treiben sei als der satte.

„Er selbst würde gewiß lieber auf diese Thätigkeit als Staatsmann ganz verzichten, als von den Gegnern seiner Politik stets zur Zielscheibe aller Angriffe und unwahren Beschuldigungen, gleichsam zum Prügelknaben gemacht zu werden; wenn er dieser Neigung nicht längst Folge geleistet habe, so sei es, wie schon bemerkt, hauptsächlich die Liebe und Treue für seinen Herrn, den er nicht nach zwanzigjähriger Dienstleistung als Minister jetzt in die Lage versetzen könne, in seinem fünfundachtzigsten oder sechsundachtzigsten Jahre sich an neue Ratgeber noch zu gewöhnen.

„Deshalb werde er auch im Angesicht der heutigen Sachlage ausharren und weiter versuchen, wie die Sache vielleicht im Sinn der neuesten Wahlergebnisse fortzuführen sein werde. In der Weise, wie sich manche die Sache zu denken schienen, werde es allerdings nicht gehen. Dazu, daß er sich zwingen lasse, gleichsam in den Dienst einer Fraktion einzutreten, dieser gewissermaßen als Hausknecht oder als Mädchen für Alles dienstbar zu werden, vielleicht sich auf sein Altenteil der auswärtigen Politik zurückzuziehen, von welcher auch seine Gegner allenfalls noch anerkennen, daß er einiges verstehe, während seine Gedanken über innere Politik als verwerflich bezeichnet würden — davon könne keine Rede sein. Aber vielleicht ließe sich in dem Gesetz über die Stellvertretung des Reichskanzlers ein möglicher Ausweg finden. Er werde zunächst einmal einige Sitzungen des Reichstags abwarten und zusehen, wie dieser sich zu dem bei der Eröffnung bekannt zu gebenden Programm stelle. Verhalte sich eine geschlossene Majorität dagegen ablehnend, so könne er ja einmal mit den Führern der stärksten Parteien Rücksprache nehmen. Er könne zum Beispiel Herrn v. Franckenstein anbieten, die Stelle als Staatssekretär anzunehmen und dem Reichstag vorschlagen, einige Reichsminister mit je etwa 20000 Mark zu dotiren."

Es ist, wie gesagt, schwierig, die Linie zu ziehen, wie weit diese vertraulichen Tischgespräche eine ernste Grundlage haben, und allenfalls nur die Schatten künftiger Gesuche, zu einer leidlichen Verständigung zu kommen, voraus werfen sollen. Beachtenswert ist immerhin, daß manches in dem vorstehend Wiedergegebenen ziemlich in Uebereinstimmung steht mit dem Leitartikel in der gestrigen Abendnummer (16. November 1881) der „Norddeutschen Allgemeinen Zeitung", mit dem Unterschied, daß hier eventuell von Vereinbarungen mit den Parteien vereint oder getrennt die Rede ist, während der Herr Reichskanzler gestern nur successive Besprechung mit Zentrum und, wenn diese zu nichts führen würde, mit den Führern der liberalen Parteien in Aussicht nahm.

Ich werde vorläufig und vorbehaltlich späterer Berichtigung dieser Ansicht zu nachstehenden Annahmen geleitet:

1. Die Wärme und Ausführlichkeit, mit welcher in der verlesenen Botschaft auf alle Reformpläne des Kanzlers gleichsam als ein Vermächtnis und Abschluß der ruhmvollen Lebenslaufbahn des Kaisers zurückgekommen wird, scheint mir darzuthun, daß es dem Kanzler mit deren weiterer Verfolgung voller Ernst ist und bleibt.

2. Ein Zurückweichen durch Amtsniederlegung scheint mir in keiner Weise zu besorgen, vielmehr scheint der Kanzler zu hoffen, durch die warme Ueber=

zeugung, welche aus der Botschaft spricht, eine Majorität für seine sämtlichen Projekte oder doch vorerst für einen Teil derselben auch von dem jetzigen wenig fügsamen Reichstag zu erlangen.

Jedenfalls scheint

3. der Herr Reichskanzler geneigt, die Lage von der wenigst tragischen Seite aufzufassen und in dem reichen Schatz seiner Auskunftsmittel nach den Formen eines annehmbaren Ausgleichs Umschau zu halten, wenn auch wohl nicht anzunehmen ist, daß er selbst darüber schon zu einer festen Entschließung gekommen ist und sein letztes Wort bereits vor Beginn der Verhandlungen sprechen wird. —

Schon aus diesen wenigen Auszügen aus Türckheims Berichterstattung wird man ersehen, welch ausgezeichnete Kraft Baden in seinem Berliner Gesandten besaß. Alles in allem genommen, war er ein Mann von hohem innerem Wert, ganz für die Stellung im Bundesrat geschaffen und ganz des Ansehens würdig, das er in dieser hohen Körperschaft genoß.[1])

---

[1]) Einem in der „Karlsruher Zeitung" Nr. 351 vom 21. Dezember 1892 enthaltenen Nekrologe entnehme ich noch folgende Schilderung: Wahr, treu, gewissenhaft, schlicht, den Schein gering achtend, immer bedacht, das Wesen der Dinge zu erfassen, war er anderen gegenüber bescheiden und milde, streng nur in der Beurteilung seiner Person und seiner Leistungen. Für sich selbst spartanisch einfach und bedürfnislos, scheute er kein Opfer, um anderen eine Freude, einen Lebensgenuß zu bereiten. Jeder Uebermut war ihm zuwider, übermütige Aeußerungen wies er wohl mit einer sonst an ihm ungewohnten Schärfe zurück. Er besaß umfassende und gründliche Kenntnisse auf vielen Gebieten des menschlichen Wissens, aber er verschmähte es, mit denselben hervorzutreten oder gar zu prahlen. Wer jedoch an sein Wissen appellirte, konnte einer eingehenden, das Gebiet seiner Frage erschöpfenden Antwort sicher sein.

Vielleicht wäre der Beruf, der ihm die meiste innere Befriedigung gewährt hätte, das stille Wirken am Arbeitstisch und die Lösung gelehrter Aufgaben gewesen. Zur Wirksamkeit eines hohen Beamten und des Vertreters seines Souveräns und Landes berufen, füllte er aber voll und ganz diese Stellung aus. Es gereichte seinem patriotischen Empfinden zu hoher Genugthuung, in diesem Amte an dem großen Werke der Wiederherstellung des Deutschen Reichs mit thätig sein zu dürfen. Er war kein Redner, und als es zu den Aufgaben der Gesandten zu gehören begann, die verbündeten Regierungen wohl auch im Reichstag am Tische des Bundesrats zu vertreten, fühlte er sich nicht veranlaßt, bei den öffentlichen Verhandlungen des Reichstags das Wort zu ergreifen. Aber in der Mitte des Bundesrats genoß er hohes Ansehen. Seine Ausarbeitungen waren durch gründliche Durchdringung und Beherrschung des Stoffes, durch Fülle und Sicherheit seines juristischen Wissens, durch Schärfe seines Urteils und besonnenes Abwägen aller für und wider eine bestimmte Entscheidung sprechenden Gründe ausgezeichnet. Allen badischen Landsleuten, die nach Berlin kamen, war er in den Angelegenheiten, die sie ihm vortrugen, ein wohlwollender und eifriger Berater. Vgl. noch v. Weech, Badische Biographien, Bd. I. S. 366 ff.

6. Mecklenburg-Schwerin und Mecklenburg-Strelitz.

Staatsminister v. Bülow

(cf. Bd. I. S. 73).

Am 21. Oktober 1871 hatte v. Bülow in der mecklenburgischen Verfassungsfrage eine längere Unterredung mit dem Fürsten Bismarck.[1]) Die ganze Sache, sagte der Fürst, gehöre nicht vor den Reichstag; man müsse dem im Prinzip durch Bestreitung der Kompetenz widerstehen. Er denke nicht daran, Verfassungsänderungen von solcher Tragweite zuzugeben; wenn der Reichstag in der Weise dränge, komme man bei der Frage der Gewalt, und wer der stärkste sei, an. Grundrechte habe die Verfassung absichtlich nicht aufgenommen. Bei dem Großherzoge von Mecklenburg-Schwerin oder dem mecklenburgischen Staat bleibe einfach der Satz entscheidend, den Herr v. Bülow seinerzeit im Reichstag entwickelt und der den Bundesratsbeschluß motivirt. Der Großherzog von Mecklenburg sei in den Bund getreten unter der Voraussetzung und Bedingung, daß er dieselben Rechte hätte wie alle anderen Glieder, daß also auch die in rechtlicher Wirksamkeit damals bestehende Verfassung als solche geschützt sei; sollten Abänderungen vorgenommen werden, so könnten die nicht vom Reichstage oktroyirt werden, müßten vielmehr aus freien Stücken geschehen und gingen das Reich nicht an. Die mecklenburgische Verfassung, sagte der Reichskanzler, sei gerade so rechtsgiltig wie alle anderen. Er betrachte das Drängen nach weiterer Unifikation Deutschlands als unnötig und verderblich, den Charakter und die freie Entwicklung unserer Institutionen gefährdend. Völlige Einheit führe zum Despotismus und zur Herrschaft der Laune. Herr v. Bülow könne ja bezeugen, daß von Berlin aus die Bundesgenossen nie terrorisirt seien und jetzt weniger als je, wo drei Königreiche zum Bunde gehörten und manches so anders liege als bei unsern norddeutschen Anfängen. Wir lebten ja jetzt in einem Bund von Fürsten unter einem erblichen Präsidenten — der Name thue nichts zur Sache. Darum empfehle er auch, die Aktion und die öffentliche Stellung des Bundesrats zu erweitern und zu beleben; derselbe sei eine Korporation so gut wie der Reichstag und müsse seine Rechte behaupten. Er selbst werde über die mecklenburgische Angelegenheit schwerlich das Wort ergreifen; er müsse sich für schwerere Fälle, namentlich die Armeefrage, thunlichst reserviren, wolle auch nicht zugeben, daß der Reichstag den Kanzler als für alles direkt verantwortlich behandle; seine Sympathien gerade für Mecklenburg seien ja unzweifelhaft.

---

[1]) Ich habe diese Unterredung in diesen Band aufnehmen zu müssen geglaubt, weil die Frage 1871 und in den folgenden Jahren auch den Bundesrat beschäftigte, und dieselbe besser im Zusammenhange hiermit gewürdigt wird. In Kohls Bismarck-Regesten ist das obige Datum nachzutragen.

Der Fürst zeigte Herrn v. Bülow im weiteren Verlauf der Zusammenkunft noch eine Sammlung der Originalberichte des Grafen Benedetti und anderer Aktenstücke, wie solche im Schloß des Ministers Rouher, wie es scheint von der siebenzehnten Division, in einem Versteck vorgefunden, teilweise zerstreut und vernichtet, aber zum Teil doch an den Fürsten gekommen waren, nachdem ein intelligenter Offizier deren Bedeutung erkannt hatte. Es gehört zu den unberechenbaren und unvergleichlichen Glücksfällen, daß darunter gerade die auf das französische Drängen wegen Belgien und auf den von Benedetti geleugneten famosen Vertrag bezüglichen Schriftstücke aufgefunden wurden (das Konzept jenes Vertrags, von Napoleon eigenhändig amendirt, liegt jetzt vor) — und es gehört zu den Beweisen von des Fürsten unglaublicher Selbstbeherrschung, daß er mit jeder Veröffentlichung dieses Fundes zurückgehalten, bis nun Benedetti, der nichts vom Schicksal gerade dieser Papiere ahnen konnte, sich durch die Ableugnung kompromittirte.

Offenbar sind die geheimen auswärtigen Papiere Napoleons, um nicht in die Hände der Pariser zu fallen, bei Rouher auf dem Lande versteckt worden, aber leichtsinnigerweise, ohne daß für ihre Bewachung oder eventuelle Vernichtung irgend gesorgt war.[1])

7. Großherzogtum Sachsen.

Staatsminister Dr. Stichling

(cf. Bd. I. S. 287).

Ueber die Wirksamkeit dieses Staatsmanns nach Gründung des Deutschen Reichs sind noch einige kleine Züge nachzutragen.[2])

Am 22. März 1871, dem Geburtstage des Kaisers, wurde der Bundesrat in besonderer Audienz empfangen, um seine Glückwünsche darzubringen. Wie bereits oben S. 136 bemerkt, gab der bayerische Minister v. Pfretzschner den Gefühlen des Bundesrats Worte. Der Kaiser dankte in ungekünstelten, ernsten und herzlichsten Worten, und dann ging er die ganze Reihe der in einem Halbkreise aufgestellten Bevollmächtigten durch, mit jedem einige Worte wechselnd. Als er an Stichling herankam, schüttelte er ihm auf das herzlichste die Hand und hieß ihn willkommen.

Am 16. Juni 1871 nahm Staatsminister Stichling an einem Diner im Königlichen Schlosse teil, zu welchem der Bundesrat geladen war. „Da waren sie alle beisammen, die Helden des großen Krieges, um ihren obersten Führer und

---

[1]) Ludwig v. Hirschfeld, „Friedrich Franz II.“ Bd. II. S. 299 f., 301 f.: v. Bülows Immediatberichte über seine Verhandlungen wegen der mecklenburgischen Verfassungsfrage am Strelitzer Hofe.

[2]) Dem Werke Dr. Gottfried Theodor Stichlings: „Aus 53 Dienstjahren“, Weimar, 1891, entnommen.

Kriegsherrn, eine glänzende Reihe! Und bald erhob der Kaiser das Glas und sprach zum Andenken an seinen hochverehrten Vater. Er las von einem von ihm beschriebenen Blatte ab, das er in zitternder Hand hielt, denn er war zu tief bewegt. Wer dieser Stunde mit beigewohnt, wird sie nie vergessen."

Die Sitzungen des Bundesrats, in denen Bismarck nach Gründung des Deutschen Reichs selbst präsidirte, hatten, wie Stichling bemerkt, ein besonderes Interesse; denn Bismarck war nichts weniger als zurückhaltend mit seinen großen Anschauungen. Recht deutlich trat dabei unter anderem auch hervor, wie frei er von spezifisch preußischer Vorliebe und Voreingenommenheit war, wie beflissen vielmehr, die Interessen und sogar Gefühle der nichtpreußischen Staaten und Regenten im Reiche zu berücksichtigen und zu schonen, soweit es sich irgend mit dem Interesse des Ganzen vereinigen ließ. „So erinnere ich mich einer Sitzung, in welcher ein Antrag Bayerns auf eine — ich weiß nicht mehr welche — minderwichtige Konzession zu seinen Gunsten zur Verhandlung kam und von Bismarck warm befürwortet wurde. Im Bundesrate aber waren die Ansichten sehr geteilt, und als es zur Abstimmung kam, zeigte es sich, daß Stimmengleichheit in Aussicht stand. Da gab ich die weimarische Stimme für den bayerischen Antrag ab, und mit dieser einen Stimme Majorität wurde der Antrag zum Beschluß erhoben. Am Abend desselben Tags war beim Reichskanzler eine der sogenannten parlamentarischen Soiréen, zu welchen viele Mitglieder des Bundesrats und des Reichstags eingeladen zu werden pflegten. Auch ich war geladen. Als ich an den Fürsten herantrat, reichte er mir die Hand mit den Worten: Ich danke Ihnen für Ihre heutige Abstimmung; mir war an der Annahme des bayerischen Antrags viel gelegen, weil der König von Bayern sich lebhaft für diese Sache interessirt."

8. Mecklenburg-Strelitz.

Minister der auswärtigen Angelegenheiten, Präsident des Staatsministeriums Graf v. Bassewitz[1])

(geboren 27. Oktober 1814, gestorben 15. Dezember 1885)

schätzte die mecklenburgische Verfassung hoch und gehörte zu denjenigen ritterschaftlichen Deputirten, welche es bewirkten, daß im Jahre 1850 durch den

---

[1]) Henning Friedrich Karl Graf von Bassewitz, Erbherr auf Schwiesel, Walkendorf und Dorotheenwalde, geboren zu Schwerin. Wissenschaftliche Ausbildung auf der Ritterakademie zu Brandenburg a. H., Universitätsstudium in Berlin 1836—1842, Auskultator und Referendar bei dem Stadtgerichte in Berlin und der Regierung in Potsdam, 1842 vom Großherzog von Mecklenburg-Strelitz zu der Stellung eines Regierungsrats nach Neustrelitz berufen, in welcher er bis zum Jahre 1848 verblieb, um dann seinen Wohnsitz auf seinem Gute Schwiesel zu nehmen. Auf dem Malchiner Frühjahrs-Landtage des Jahres 1851 erfolgte einstimmig seine Wahl zum Deputirten des Herzogtums Güstrow im engern

Freienwalder Schiedsspruch die aus der Bewegung von 1848 hervorgegangene Verfassung beseitigt und die alte ständische wieder hergestellt wurde. Als Minister bewahrte er diese Gesinnung und war bestrebt, der Tendenz der liberalen Majorität des Reichstags auf Einführung einer modernen Verfassung durch Beschlüsse des Reichstags und des Bundesrats entgegen zu wirken. Er wurde hierin unterstützt durch die Abneigung des Großherzogs, sich von außen in seiner inneren Politik bestimmen zu lassen. Denn, wenn derselbe auch meinte, daß in einem gewissen Maße eine Aenderung der alten Verfassung wünschenswert sei, so sagte er doch, „Mecklenburg müsse sich seinen Rock selbst zuschneiden". Graf Bassewitz operirte mit großem Geschick. Es kam ihm zu gute, daß Bismarck ihn hochschätzte und durchaus Verständnis für seine Haltung hatte. Aber Bismarck war andererseits sehr belästigt durch die wiederholten Anträge der Liberalen in Betreff der sogenannten mecklenburgischen Frage, um so mehr, als die Mehrheit im Bundesrat anfing, sich jenen Anträgen zuzuneigen. Deshalb suchte er Bassewitz zu bestimmen, Mecklenburg möge nur selbständig mit Verfassungsreform vorgehen. Letzteres geschah denn auch in den Jahren 1872—1874; zunächst zwar ohne Resultat, doch genügte dies, um den Reichstag einstweilen zu beruhigen. Und auch später ward er damit beruhigt, daß die Verfassungsverhandlungen zwischen Regierung und Ständen wieder aufgenommen werden sollten. Dabei ist es geblieben.

Graf Bassewitz und Bismarck kannten sich schon von Jugend her, und diese Freundschaft hat sich bis zum Tode des Grafen erhalten. Graf Bassewitz war stets von der größten Verehrung für Bismarck erfüllt. Im Bundesrat war derselbe nur für Mecklenburg-Schwerin, nicht auch für Strelitz beglaubigt, da nur der jedesmalige Gesandte gemeinsamer Bevollmächtigter war; seine Ernennung zum Bundesratsbevollmächtigten erfolgte, als Fürst Bismarck den Wunsch äußerte, die leitenden Minister der Bundesstaaten im Bundesrat zu haben. An den Arbeiten desselben dürfte sich derselbe kaum beteiligt haben.

Ausschuß, gleichzeitig seine Präsentation und demnächst seine Allerhöchste Ernennung zum Landrat. In dieser Stellung entwickelte er sowohl bei den Arbeiten des engern Ausschusses wie bei den Verhandlungen des Landtags fast zwei Jahrzehnte hindurch eine von dem lebendigsten Interesse für das Wohl des Landes getragene umfassende und in hohem Grade einflußreiche Thätigkeit, bis ihn im Jahre 1869 das Vertrauen des Großherzogs Friedrich Franz II. von Mecklenburg-Schwerin zu der Stellung eines Vorsitzenden des Staatsministeriums, in Verbindung mit der Leitung des Ministeriums der auswärtigen Angelegenheiten und des Großherzoglichen Hauses, berief. Vor seiner Ernennung zum Staatsminister hat Graf Bassewitz als Vertreter eines mecklenburgischen Wahlkreises drei Jahre hindurch dem Reichstage des Norddeutschen Bundes angehört. Ueber seine politische Wirksamkeit vgl. das Werk von Ludwig v. Hirschfeld über den Großherzog von Mecklenburg-Schwerin Friedrich Franz II. Ein ehrender Nachruf seines Großherzogs befindet sich im Regierungsblatt für das Großherzogtum Mecklenburg-Schwerin, Amtliche Beilage Nr. 39, d. d. 17. Dezember 1885, ein ausführlicher Nekrolog in dem „Mecklenburgischen Anzeiger" vom 16. Dezember 1885.

9. Oldenburg.

Geheimer Ministerialrat Ruhstrat

(geboren 10. Februar 1818, gestorben 1896).

Ruhstrat trat am 11. Juli 1842 als Amtsauditor in den Staatsdienst, wurde 1845 zweiter, 1850 erster Kammersekretär und im selben Jahre Hilfsarbeiter beim Staatsministerium, erhielt 1851 den Titel Amtsassessor, 1852 den Titel Kammerassessor, 1856 den Titel Kammerrat, 1858 Ministerialrat, 1869 vortragender Rat im Staatsministerium, Departement der Finanzen mit dem Titel Geheimer Ministerialrat, am 6. Februar 1872 in das Staatsministerium berufen, unter Ernennung zum Vorstande des Departements der Finanzen mit dem Titel Geheimer Staatsrat, März 1876 Geheimer Rat, Oktober 1876 Vorsitzender des Staatsministeriums, am 4. Februar 1880 Minister und am 16. Januar 1888 Staatsminister; am 9. Februar 1877 wurde ihm das Prädikat Excellenz beigelegt. Am 14. März 1890 trat er auf sein Ansuchen in den Ruhestand.

10. Coburg und Gotha.

Staatsminister Freiherr v. Seebach

(cf. Bd. I. S. 81).

Auch in dieser Periode (1871—1873) fuhr der Minister fort, seine Tochter Wanda v. Koethe in Betreff aller wichtigeren politischen Vorgänge auf dem Laufenden zu erhalten.

Ich lasse einige Auszüge aus der betreffenden Korrespondenz hier folgen.

Gotha, den 12. Januar 1871.

An Frau Wanda v. Koethe.

„Ueber die Einberufung des Bundesrats ist noch keine Bestimmung getroffen; da aber der neue Reichstag schon Mitte Februar zusammentreten soll, so wird sie wahrscheinlich noch vor Ablauf dieses Monats erfolgen. Mir ist der Gedanke, schon wieder meine Häuslichkeit und meine hiesigen Geschäfte verlassen zu müssen, ein recht wenig angenehmer. Es wird aber doch nichts helfen, denn bei dem Beginn der Diät kann ich nicht füglich fehlen. Erfüllt sich dagegen meine Annahme, daß wir Kleinen jetzt, nachdem noch eine Reihe größerer Staaten ihre Vertreter in den Bundesrat entsendet, wenig Chance haben, in die Ausschüsse gewählt zu werden, so denke ich meinen Berliner Aufenthalt diesmal auf die möglichst kurze Dauer zu beschränken.“

*

Gotha, den 29. Januar 1871.

An Frau Wanda v. Koethe.

„Das ist ein köstlich Stück Papier, meine Wanda, auf dem ich Dir jetzt schreibe.[1]) Gott sei Lob und Dank, daß wir endlich so weit sind, denn nun

[1]) v. Seebachs Zeilen an seine Tochter sind auf einem Telegramm geschrieben, in welchem Kaiser Wilhelm, d. d. Versailles den 29. Januar 1871, der Kaiserin und Königin den Abschluß eines dreiwöchentlichen Waffenstillstandes mitteilt.

dürfen wir doch wohl mit voller Zuversicht erwarten, daß der am Schlusse des Kaiserlichen Telegramms ausgesprochene Wunsch sich erfüllen werde.

Wie freue ich mich auch für unser armes Regiment, daß ihm jetzt Ruhe und Erholung vergönnt ist. Es hat in den letzten beiden Monaten durch die furchtbaren Strapazen und die feindlichen Kugeln dergestalt gelitten, daß es in diesem Augenblick trotz der ihm schon zu wiederholten Malen nachgesandten Verstärkungen bis auf die Häfte seines Bestandes reduzirt ist, keine Compagnie mehr als einen Offizier hat und einige sogar zeitweise von Feldwebeln kommandirt sind."

*

Gotha, 30. Januar 1871.

An Frau Wanda v. Koethe.

„Mit dem Bundesrate hat es ja nun aber bis zum 20. künftigen Monats Zeit,[1]) und bis dahin denke ich doch, daß mindestens einer der beiden Kollegen wieder vollständig auf den Beinen und somit im stande sein wird, mich zu vertreten. So wenig mir auch überhaupt an dem Berliner Aufenthalt gelegen ist, so möchte ich doch gerade bei dem Beginn dieser ersten Diät unter dem Kaiserlichen Scepter nicht gern fehlen."

*

Gotha, den 6. Februar 1871.

An Frau Wanda v. Koethe.

„Von dem Herzog habe ich die telegraphische Weisung erhalten, vor seiner Rückkehr, die noch in ungewisser Aussicht stehe, nicht nach Berlin zu gehen.

Vor dem 20., dem Tage des Zusammentritts des Bundesrats, wird er jedenfalls nicht zurück sein, und gerade bei der Eröffnung dieser ersten Diät unter dem neuen Kaiserreich würde ich gern anwesend gewesen sein. Vielleicht hat meine Abwesenheit zur Folge, daß ich in keinen Ausschuß gewählt werde, und diese Konsequenz würde mir persönlich insofern ganz angenehm sein, als ich mich dann auch nicht verpflichtet fühlen würde, im weiteren Verlauf der Diät einen längeren Aufenthalt in Berlin zu erdulden."

*

Gotha, 12. Februar 1871.

An Frau Wanda v. Koethe.

„Unser Regiment ist wieder auf dem Marsche und zwar nach St.-Cyr, wo es die Ehre haben wird, vor Seiner Kaiserlichen Majestät zu paradiren. Morgen geht von hier und Coburg eine große, drei Waggons füllende Sendung Liebesgaben unter der Begleitung der Herren v. Löwenfels und Muschwitz an dasselbe ab; ich denke, sie wird willkommen sein. Gott gebe, daß ihm weitere Opfer erspart bleiben. Der Ausfall der französischen Wahlen läßt dies ja nun mit ziemlicher Sicherheit erwarten."

*

[1]) Die Einberufung des Bundesrats war auf den 20. Februar 1871 erfolgt.

Berlin, 30. März 1871.

An Frau Wanda v. Koethe.

„Heute steht die Adreßdebatte auf der Tagesordnung des Reichstags, die wahrscheinlich dadurch ein größeres Interesse erhalten wird, daß die katholische Fraktion einen besonderen Adreßentwurf aufgestellt hat und daher zu erwarten ist, daß der Gegensatz, in welchem diese Fraktion zu den übrigen Parteien des Hauses steht, bei dieser Gelegenheit mit aller Schärfe hervortreten wird. Herr v. Savigny ist einer der Führer der Fraktion, wird sich aber wohl ziemlich schweigsam verhalten. Wie man ihn beurteilt, magst Du aus dem Witz entnehmen, der neulich über ihn gemacht wurde: Sein Anschluß an die katholische Partei zeige recht deutlich, daß er am ‚zurückgetretenen Bundeskanzler' leide." [1])

*

Berlin, den 18. Oktober 1871.

An Frau Wanda v. Koethe.

„Die ersten Tage sind mir hier schnell vorübergegangen; Besuche, Ausschuß- und Bundesratssitzungen, Festlichkeiten, Konferenzen unter uns Thüringern, von denen Larisch und Harbou bereits heute den Rückzug angetreten haben, auch einige „Eiligst" aus der Heimat wirken dabei zusammen.

Das neue Parlamentsgebäude ist sehr zweckmäßig eingerichtet, und bei seinem Umfang ist es kaum glaublich, daß ein Zeitraum von nur drei Monaten, in den noch überdies der hiesige Maurerstrike fällt, hingereicht hat, es fix und fertig herzustellen.[2]) Allerdings macht sich die Neuheit noch etwas geltend; der Oelgeruch ist überall noch ziemlich stark, namentlich in den für den Bundesrat bestimmten Räumlichkeiten, die wohl auch deshalb bis jetzt noch unbenützt geblieben sind.

Gestern war großes Diner bei dem Kaiser, zu dem sämtliche Mitglieder des Bundesrats geladen waren; ich habe die Gelegenheit wahrgenommen, meinen Dank für das Eiserne Kreuz dem hohen Herrn zu Füßen zu legen, der, wie immer, die Liebenswürdigkeit selbst war und vortrefflich aussah."

*

Berlin, 11. November 1871.

An Frau Wanda v. Koethe.

„Die heutige Soirée bei Fürst Bismarck ist wegen des Todes seines Schwiegervaters schriftlich abgesagt worden, und zwar mit dem Bemerken, daß der Herr Reichskanzler hoffe, die Herren am 18. und 25. zur gewohnten

---

[1]) Ueber die Feindschaft, die Savigny gegen Bismarck hegte, seitdem er die Hoffnung hatte aufgeben müssen, Bundeskanzler zu werden, vergleiche mein Werk: „Fürst Bismarck und die Parlamentarier" Bd. II. S. 162 f., vergleiche auch Bd. III. S. 256 u. 257.

[2]) Dies war nur möglich infolge des energischen Eingreifens Bismarcks; vergleiche die von mir herausgegebenen „Erinnerungen aus dem Leben von Hans Viktor v. Unruh" S. 334 f.

Stunde bei sich zu sehen. Darnach wäre also der Schluß des Reichstags, auf den viele schon in nächster Woche hofften, noch nicht so bald zu erwarten.

Die Veranlassung zu Beusts jähem Sturz ist immer noch unaufgeklärt, wenigstens so weit meine Nachrichten reichen. Für die Annahme, daß vorzugsweise persönliche, nicht politische Motive denselben herbeigeführt, spricht sehr entschieden auch die Wahl seines Nachfolgers, des Grafen Andrassy, der ja mit ihm in der äußeren Politik bis jetzt Hand in Hand gegangen. Uebrigens wohl auch ein kaum dagewesener Fall, daß ein mit der Todesstrafe bedrohter ‚Hochverräter' ohne politischen Umsturz zu einer solchen Stellung gelangt.

Das Münzgesetz steht heute auf der Tagesordnung, und so kann ich doch noch an der ersten Beratung desselben teilnehmen. Daß sich der . . . ebenfalls für die ‚Porträtsammlung'[1]) interessirt und von dem Kaiserbildnis nichts wissen will, habe ich Dir wohl schon — vertraulich — mitgeteilt. Sollte der Reichstag sich für das letztere entscheiden[2]) und somit das Zustandekommen des ganzen Gesetzes auf dem Spiele stehen, so hoffe ich ihn aber doch noch mit demselben zu versöhnen."

11. Hamburg.

Senator Dr. Schroeder[3])

(geboren 25. August 1822).

Seine Thätigkeit in Berlin wurde gleich nach dem Kriege gegen Frankreich, als es sich um die Verwendung der fünf Milliarden Kriegskostenentschädigung handelte, eingeleitet durch die Ernennung zum Mitgliede der aus den deutschen

---

[1]) Gemeint ist der Vorschlag, die Bildnisse der einzelnen Bundesfürsten auf den Goldmünzen anzubringen, nicht ausschließlich das des Kaisers.

[2]) Dies ist nicht geschehen.

[3]) Oktavio Schroeder, geboren zu Hamburg, evangelisch, besuchte das Gymnasium in Halberstadt, das Johanneum in Hamburg, die Universitäten Heidelberg und Berlin. Nachdem derselbe in Heidelberg das juristische Doktorexamen absolvirt hatte, wurde er in Hamburg Rechtsanwalt und war als solcher fünfundzwanzig Jahre lang thätig. Als Konsulent der Norddeutschen Bank und anderer großen Bankgeschäfte hatte er Gelegenheit, weite Geschäftsreisen zu unternehmen, unter anderen nach Schweden (zur Kontrahirung einer Anleihe mit einem schwedischen Pfandbriefinstitut), nach San Francisco (als Beirat eines mit Hamburg eng liirten Handlungshauses), ferner nach Galatz (zur Verhandlung und Abschließung eines Anleihegeschäftes mit der Europäischen Donaukommission, der bekanntlich die Regulirung der Donaumündungen obliegt) u. s. w. Im Jahr 1869 mußte er einer obligatorischen Bestimmung der hamburgischen Staatsverfassung zufolge die Wahl in den Senat annehmen und seine sehr einträgliche Praxis aufgeben. Schroeder trat in die Finanzverwaltung ein und war zehn Jahre lang Chef des hamburgischen Finanzwesens, in welche Zeit auch der Eintritt Hamburgs in den Zollverein fiel. Zu Ende des Jahres 1884 sah er sich durch Kränklichkeit genötigt, die Entlassung aus dem aufreibenden Staatsamte zu nehmen. Der Aufforderung des Senats entsprechend, behielt er jedoch seine Stellung als Mitglied des Bundesrats bei.

Seeuferstaaten nach Berlin berufenen Kommission für die Entschädigung der durch feindliche Aufbringung oder durch Stilliegen ihrer Schiffe in Verlust geratenen Rhedereien (der Reichs-Liquidationskommission für Rhedereischäden). Die Kommission trat im Sommer 1871 zusammen und bestand aus zehn Mitgliedern, von denen Preußen sieben Mitglieder, Mecklenburg, Hamburg und Bremen je ein Mitglied gestellt hatten. Die Kommission ernannte den damaligen Direktor im Reichskanzler-Amt Eck zum Vorsitzenden und Schroeder zum Stellvertreter desselben. Da Eck anderweitig sehr in Anspruch genommen war, so hat Schroeder regelmäßig den Vorsitz geführt. Die Kommission hatte ein sehr umfangreiches Material zu bearbeiten. Es handelte sich um 95 aufgebrachte Schiffe und 2573 Stillieger, denen eine Gesamtentschädigung von 5834702 Thalern 28 Gr. 3 Pfg. zuerkannt wurde. Die Verantwortlichkeit der Kommission war durch die Bestimmung erhöht, daß ihre Entscheidungen keiner Berufung unterlagen. Sie hat ihre Aufgabe erfolgreich durchgeführt, so daß von einer Beschwerde über ihre Verfügungen in keinem einzigen Falle verlautbart ist und ihr auch die Anerkennung ihrer Wirksamkeit durch das folgende Schreiben des Reichskanzlers [1]) zu teil geworden ist.

Berlin, den 1. Januar 1873.

„Nachdem der Bundesrat durch Beschluß vom 21. Dezember 1872 die in der Reichs-Liquidationskommission für Rhedereischäden gestellte Aufgabe für erledigt erachtet und die Auflösung der Kommission mit dem Schlusse des Jahres 1872 genehmigt hat, ist es mir eine angenehme Pflicht, Ew. Hochwohlgeboren für Ihre erfolgreiche Beteiligung an den wichtigen und mühevollen Kommissionsarbeiten dieser Behörde den Dank der verbündeten Regierungen auszusprechen. Ew. Hochwohlgeboren haben durch Ihre Thätigkeit in der Kommission, namentlich während ihrer Funktionen als stellvertretender Vorsitzender derselben wesentlich dazu beigetragen, daß die durch das Reichsgesetz vom 14. Juni 1871 bezweckte Ausgleichung der Schäden, welche die deutsche Rhederei während des Krieges erlitten hatte, in befriedigender Weise zur Ausführung gebracht worden ist. Es gereicht mir zur Befriedigung, Ew. Hochwohlgeboren die vollste Anerkennung der wertvollen Dienste auszusprechen, welche Sie bei dieser Gelegenheit den vaterländischen Interessen geleistet haben.

Der Reichskanzler:
v. Bismarck."

•

Schroeder gehört dem Bundesrat vom November 1871 bis auf den heutigen Tag ohne Unterbrechung als stellvertretender Bevollmächtigter für Hamburg an. Im Jahre 1876 wurde er vom Bundesrat in das Kuratorium der Reichsbank gewählt, und im Jahre 1878 wiedergewählt. Im Jahre 1880 mußte er dem

[1]) Bisher unveröffentlicht.

Bevollmächtigten des Königreichs Sachsen weichen, da Sachsen auf einen Turnus Wert legte. Im Jahr 1886 berief ihn die Wahl des Bundesrats in die Reichsschulden-Kommission, in der er noch heutigentags thätig ist.

Schroeders erste Sitzung im Bundesrat fand unter dem Vorsitz des Fürsten Bismarck am 19. November 1871 statt. Es handelte sich um die Eröffnung des Kulturkampfes durch den Kanzelparagraphen. Erinnerlich aus dieser Sitzung ist dem Senator Schroeder nur die Ungeduld des Reichskanzlers geblieben bei einem etwas reichlich ausführlichen Referat eines Mitgliedes des Bundesrats über einen ziemlich untergeordneten Gegenstand. Geschäftlich und gesellschaftlich ist derselbe öfters mit dem Fürsten in Berührung gekommen; von einigem Interesse aber dürfte nur eine hier folgende Mitteilung über eine Sitzung des Reichsbank-Kuratoriums sein, welche derselbe an einen Freund in Hamburg richtete. Seitdem ist der Kanzler bis zu seiner Entlassung nie wieder in einer Versammlung des Kuratoriums der Reichsbank erschienen.

Berlin, den 7. April 1876.

Die Versammlung des Reichsbank-Kuratoriums[1]) fand im Auswärtigen Amte statt und zwar am 31. März 1876.[2]) Bekanntlich ist der Raum dort sehr beschränkt, und so tagten wir denn im Billardzimmer des Fürsten. Außer den fünf Mitgliedern des Kuratoriums, welches aus dem Reichskanzler als Präsidenten, dem Finanzminister Camphausen als vom Kaiser ernannten Mitgliede und den drei Deputirten des Bundesrats, dem bayerischen Ministerialrat v. Landgraf, dem badischen Finanzpräsidenten Ellstätter und dem Schreiber dieses besteht, war nur noch der Bankpräsident v. Dechend erschienen.

Nach kurzer Begrüßung erteilte der Reichskanzler dem Bankpräsidenten das Wort, der in ausführlichem Vortrage ein allgemeines Bild über den Zustand der Bank und über die neuen Geschäftseinrichtungen gab.

Der Verlauf des Bankgeschäftes ist im ersten Quartal ein durchaus normaler gewesen. Trotz der ungünstigen Zeiten war der Umsatz nicht wesentlich geringer als im vorigen Jahre. Was zuvörderst die Banknotenausgabe betrifft, so ist bekanntlich der Betrag, welchen die Reichsbank ohne der Steuer zu verfallen ungedeckt ausgeben kann, jetzt, nachdem verschiedene Privatbanken auf ihr Notenausgaberecht verzichtet haben, von 250 Millionen auf $272^1/_2$ Millionen erhöht. Die Bank hat aber im Laufe dieser letzten drei Monate nie mehr als

---

[1]) § 25 des Bankgesetzes vom 14. März 1875 (Reichs-Gesetzbl. S. 177) bestimmt: Die dem Reiche zustehende Aufsicht über die Reichsbank wird von einem Bank-Kuratorium ausgeübt, welches aus dem Reichskanzler als Vorsitzenden und vier Mitgliedern besteht. Das Kuratorium versammelt sich vierteljährlich einmal. In diesen Versammlungen wird über den Zustand der Bank und alle darauf Bezug habenden Gegenstände Bericht erstattet und eine allgemeine Rechenschaft von allen Operationen und Geschäftseinrichtungen der Bank erteilt.

[2]) In Kohls Bismarck-Regesten nicht erwähnt.

130 Millionen ungedeckte Noten im Umlauf gehabt, so daß sie immer noch eine Reserve von 140 Millionen hatte, abgesehen davon, daß es in kritischen Zeiten ja kein Bedenken haben kann, ausnahmsweise das steuerfreie Quantum zu überschreiten.

Es kam sodann der sehr beträchtliche Silberbestand der Bank zur Sprache. Ich schaltete dabei ein, daß die Bank selbst aus diesem Besitze kein Schaden oder doch kein erheblicher treffen kann, da ihr Vorrat meist aus geprägtem Gelde besteht. Sehr stark ist aber das Reich dabei interessirt, und so entwickelte sich eine lebhafte Diskussion über die Silberentwertung und den mutmaßlichen Verlauf dieser Frage. Die allgemeine Ansicht sprach sich dahin aus, daß zwar auf eine Wiederkehr des früheren Normalpreises nicht zu rechnen, daß aber die gegenwärtige kolossale Entwertung einer Art Panik zuzuschreiben sei, und daß die Sache für das Reich nicht so ungünstig verlaufen werde, da es in der glücklichen Lage sei, abwarten zu können. Der badische Bevollmächtigte klagte bei dieser Gelegenheit sehr über den Mangel an silbernen Fünfmark- und Zweimarkstücken. Der Thaler habe nämlich im Süden, seitdem man seine Degradirung zur Scheidemünze in Aussicht genommen, allen Kredit verloren und dem Bauer sei nicht auszureden, daß die ohnedies nicht beliebte Münze durch diese Maßregel so gut wie wertlos geworden sei. Ich konnte konstatiren, daß bei uns der Thaler nach wie vor ein courantes Zahlmittel sei, schloß mich aber dem Wunsche nach Ausfüllung der Lücke zwischen dem Einmarkstück und dem goldenen Zehnmarkstück entschieden an. Die Sache gehörte, streng genommen, nicht in das Ressort der Versammlung, es wurde aber zugesagt, den Gegenstand am rechten Orte weiter zu verfolgen.

Der Präsident berichtete sodann, daß die Zweiganstalten der Bank jetzt überall in Wirksamkeit getreten seien und das Geschäft namentlich in Hamburg und in Leipzig eine überraschend große Ausdehnung gewonnen habe. Wenn ich die Ziffern recht gehört habe, so haben die Anlagen in Diskonten und im Lombardverkehr während des ersten Quartals in Hamburg die Höhe von 113 Millionen, in Leipzig von 70 Millionen erreicht. Ueber die Giro-einrichtung der Hamburger Stelle sprach sich der Präsident mit großer Befriedigung aus, die sich sogar zu einem förmlichen Enthusiasmus steigerte, als er über die in den nächsten Tagen bevorstehende Ausdehnung dieser Einrichtung auf das ganze Bankgebiet berichtete. Dabei ist im wesentlichen unsere Methode zu Grunde gelegt, nur mit dem Unterschiede, daß die persönliche Einreichung der Uebertragungszettel, wie sie bei uns zur Gewohnheit geworden, nicht überall durchführbar erscheint und an ihre Stelle daher wie in England und Frankreich die Verfügung durch unterschriftlich vollzogene Anweisungen tritt. Und zwar sollen dabei alle Bankstellen ein gemeinschaftliches Checkgebiet werden, so daß man provisionsfrei auch von seinem Conto an ein Conto auf einem andern Platz übertragen kann. Zu dem Zwecke sollen gedruckte Listen aller Conteninhaber im ganzen Bankgebiet aufgestellt werden, wobei freilich beabsichtigt wird, nur zuverlässigen Personen, einerlei, welchem Berufe sie angehören, ein Conto zu bewilligen. Der Präsident verspricht sich großen Erfolg von dieser Einrichtung, nicht allein für das Publikum, sondern auch für die Bank durch den Zuwachs, den ihr Betriebsfonds durch die Girosaldi erhalten wird. Er meinte, in Berlin werde man bald alle seine Zahlungen durch Checks und Uebertragungszettel effektuiren; er habe für seine Person bereits beschlossen, keine Cassazahlungen mehr zu machen, und bitte vornehmlich den Reichskanzler, ebenso zu verfahren und zu dem Ende ein Conto zu nehmen, damit er mit ihm Reklame machen könne. Fürst Bismarck antwortete ausweichend, daß der Präsident sich dieserhalb an seine Frau wenden müsse; sie führe seine ganze Hausstandsrechnung und er empfange nur ein Taschengeld.

Im übrigen berichtete der Präsident noch über die Aufbewahrung von Wertpapieren und die damit verbundene Einziehung von Coupons und ausgelosten Stücken, welche eine sehr große Ausdehnung zu gewinnen versprechen, so daß er in Aussicht genommen habe, den Provisionssatz von 1/6 per Mille demnächst zu erhöhen.

Bis dahin hatte der Reichskanzler mit Geduld zugehört. Jetzt aber gab er durch ein immer heftigeres Geräusch mit der Feder zu erkennen, daß er genug habe, und der Präsident schien die Gewohnheiten seines Gebieters hinreichend zu kennen, um sofort rasch und kaum vermittelt abzubrechen. Der Stoß von Papieren, den er vor sich hatte, schien anzudeuten, daß er uns noch vielerlei zugedacht hatte. Es war aber mittlerweile Essenszeit geworden, und der Fürst schloß daher die Versammlung mit dem Bemerken, daß uns selbstverständlich jede etwa weiter gewünschte Auskunft zur Verfügung stehe und wir ersucht seien, uns dieserhalb mit dem Präsidenten in Verbindung zu setzen.

Bei dem darauf folgenden Diner [1]) trafen wir mit einer Deputation aus Hanau zusammen, welche dem Reichskanzler als Zeichen der Verehrung ein überaus kunstreich gearbeitetes Kästchen überreicht hatte, sowie mit dem Professor v. Pettenkofer, der hier mit der Cholerakommission tagt. Da mir die Ehre zu teil wurde, zur Linken des Reichskanzlers zu sitzen, so konnte ich die Wahrnehmung machen, daß er sich eines ganz vortrefflichen Appetits erfreute und sich in sehr aufgeräumter Stimmung befand. Es ging überhaupt sehr ungenirt, fast möchte ich sagen burschikos her; bei der Cigarre blieben Fürstin und Tochter mit der Gesellschaft zusammen, der Fürst schmauchte seine Pfeife, und zwei große Hunde vollendeten das Ensemble.

Als Protokollführer des Bundesrats fungirte, nachdem Eck diese Stelle wegen Ueberhäufung mit anderen dienstlichen Arbeiten hatte aufgeben müssen, der

---

[1]) Auch von diesem Diner ist in Kohls Bismarck-Regesten unterm 31. März 1876 nichts vermerkt.

Landrat und Hilfsarbeiter im Reichskanzler-Amt v. Pommer-Esche[1])

(geboren 1837)

und zwar ohne Unterbrechung seit dem Sommer 1871 bis Ende Juli 1879, wo derselbe wegen seiner Ernennung zum Unterstaatssekretär in Straßburg dieses Nebenamt abgab. Vertretungen fanden nur in Ausnahmefällen statt, in denen Pommer-Esche behindert war, an einer Sitzung teilzunehmen. Derselbe hat also bei Beratung aller der bedeutenden Reichsgesetze, welche in den Jahren seit Herbst 1871 bis Herbst 1879 erlassen sind, das Protokoll geführt. Bei dieser Sachlage werden die folgenden Notizen, deren Benutzung er mir für mein Werk überlassen hatte, von besonderem Werte sein.

„Den Vorsitz im Bundesrat führte meistens der Staatsminister Dr. Delbrück;[2]) der Reichskanzler Fürst Bismarck übernahm ihn nur ausnahmsweise. Dies war meines Erinnerns namentlich bei solchen Vorlagen der Fall, welche den Zweck hatten, das Reich finanziell auf eigene Füße zu stellen, insbesondere bei Gesetzentwürfen über indirekte Steuern. Die Anwesenheit des Fürsten-Reichskanzlers machte für den Protokollführer, obgleich er dem Vorsitzenden gegenüber saß, besondere Aufmerksamkeit nötig. Denn während die anderen Bevollmächtigten auf Wunsch des Protokollführers in der Regel eine Formulirung ihrer Anträge und Erklärungen gaben, vermied es der Protokollführer, den Fürsten-Reichskanzler um eine solche zu bitten, er suchte vielmehr selbst für die Aeußerungen des Reichskanzlers eine möglichst knappe Fassung zu finden. Die

---

[1]) Albert v. Pommer-Esche, 1865 Landrat des Kreises Moers am Rhein, 1867 bis 1869 Mitglied des Abgeordnetenhauses, der freikonservativen Fraktion beigetreten, am 7. September 1870 im Gefolge des Heeres in den Dienst des General-Gouvernements in Straßburg berufen und mit der Verwaltung des französischen Arrondissements Sarreguemines (jetzigen Kreises Saargemünd und Forbach) beauftragt. Am 15. Juli 1871 wurde er dem Reichskanzler-Amt überwiesen und hauptsächlich mit der Bearbeitung von Geschäften von Elsaß-Lothringen im Bundesrat beauftragt. Im Juni 1872 unter Gegenzeichnung des Fürsten Bismarck zum vortragenden Rat im Reichskanzler-Amt (Geheimer Regierungsrat, später Geheimer Ober-Regierungsrat) ernannt. Als dann am 1. Oktober 1879 die Zentralverwaltung von Elsaß-Lothringen nach Straßburg verlegt und der Generalfeldmarschall Freiherr v. Manteuffel Statthalter von Elsaß-Lothringen wurde, erfolgte seine Ernennung zum Unterstaatssekretär in dem neu begründeten Ministerium von Elsaß-Lothringen und zum Vorstand der Abteilung dieses Ministeriums für Inneres, Kultus und Unterricht. Meinungsverschiedenheiten mit Herrn v. Manteuffel wegen der Behandlung der deutschen Beamten in Elsaß-Lothringen veranlaßten 1883 seinen Rücktritt in den preußischen Staatsdienst, in dem er bis Oktober 1888 als Regierungspräsident in Stralsund (seiner elterlichen Heimat), dann bis Oktober 1890 als Regierungspräsident in Trier, seit Oktober 1890 als Oberpräsident der Provinz Sachsen zu Magdeburg thätig ist.

[2]) Beiläufig bemerkt, hat sich Delbrück im Jahre 1875 mit einer Schwester Albert v. Pommer-Esches verheiratet.

gewaltige Persönlichkeit des Fürsten schloß übrigens in der Regel längere Diskussionen aus.

„Die Protokollführung war gegen frühere Zeiten dadurch vereinfacht, daß nur der Gegenstand der Verhandlung, der Name des Referenten, die gestellten Anträge und die gefaßten Beschlüsse registrirt wurden. Ausführungen und Erklärungen der einzelnen Bevollmächtigten wurden nur ausnahmsweise, in der Regel nur dann zu Protokoll genommen, wenn es ausdrücklich gewünscht wurde. Dennoch war die Arbeit des Protokollführers mitunter anstrengend, denn die Sitzungen fanden sehr häufig statt, oft mehrere in einer Woche und sogar an auf einander folgenden Tagen. Das Protokoll wurde jedesmal in der nächsten Sitzung festgestellt, was nur dadurch möglich war, daß es noch an demselben Abend, an dem die Sitzung stattgefunden hatte (vielfach nachts), geschrieben, sofort zur Druckerei befördert und in Bürstenabzügen den Bevollmächtigten zugestellt wurde, so daß es schon am Tage nach der Sitzung in deren Händen war. Nur selten war dies nicht der Fall."

Pommer-Esches geschäftliche Berührungen mit dem Fürsten-Reichskanzler gingen, abgesehen von der Protokollführung, in der Regel durch Vermittlung von Delbrück, später von Herzog. Auch gesellschaftlich ist derselbe, abgesehen von der Teilnahme an Empfangsabenden, dem Reichskanzler nicht näher getreten. Persönlichen Dank schuldet er ihm aber nicht nur für das, was er aus seiner Behandlung der Personen und Sachen gelernt hat, sondern auch dafür, daß er zu seinem Rücktritt in den preußischen Dienst die Hand bot.

III. Abschnitt.

Aus der Werkstatt des Bundesrats.

Die Vorarbeiten für die regelmäßige Gesetzgebung hatten durch den Krieg Verzögerungen und Unterbrechungen erlitten. Die Vorlagen, welche zuerst dem Bundesrat zugingen, leiteten sich daher unmittelbar aus der neuen Gestaltung Deutschlands ab. Als die Hauptpunkte, welche eine Lösung durch Bundesrat und Reichstag erheischten, stellten sich dar: eine neue Redaktion der Reichsverfassung, die Beteiligung der einzelnen Bundesstaaten an den laufenden Ausgaben des Reichs, die Einführung norddeutscher Gesetze in Bayern, die Verfügung über die von Frankreich zu leistende Kriegsentschädigung, die Rechenschaft über die zur Kriegführung verwendeten Mittel, die Lage der für Deutschland zurückerworbenen Gebiete sowie die Pensionsansprüche der Offiziere und Soldaten und die Unterstützung ihrer Hinterbliebenen. Das ungefähr war das ursprüngliche Programm für die ersten Arbeiten des Bundesrats. Dasselbe wuchs aber gewaltig, da fast jeder Tag neue Lücken ergab, welche durch die Reichsgesetzgebung oder die dem Bundesrat zustehende Verwaltung auszufüllen waren. Für die Mitte Oktober 1871 beginnende zweite Session des Reichstags ließ sich das Arbeitspensum des Bundesrats schon mit mehr Sicherheit feststellen. Dasselbe umfaßte den Reichshaushaltsetat für 1872, dessen Voranschlag zum erstenmal die Einrichtungen des Deutschen Reichs in seiner Gesamtheit umfaßte, die Stellung der Reichsbeamten, ihre Gehälter und Pensionsverhältnisse, die Münzreform und die Verwendung der Kriegskontribution.

Wenn wir nunmehr einen Blick in die Werkstatt des Bundesrats werfen, so erscheint es unerläßlich, sich auf die Mitteilung derjenigen Materien zu beschränken, welche besonderes Interesse beanspruchen — teils wegen des Gegenstandes selbst, teils weil über denselben lebhafte Meinungsverschiedenheiten unter den Bundesstaaten zu Tage getreten sind. Von diesen letzten ein Bild zu haben, ist jedenfalls für den von Wert, der einmal die Geschichte des inneren Aufbaues des Deutschen Reichs schreiben wird. Auch für die Kommentare zu den einzelnen Reichsgesetzen wird ein wertvoller Beitrag geschaffen, wenn man nicht bloß die Abänderungen kennt, welche die bezüglichen Entwürfe im Reichstag gefunden haben, sondern auch weiß, wie die Entwürfe nach den Vorschlägen

Bismarcks lauteten und welche Modifikationen dieselben in den Ausschüssen und im Plenum des Bundesrats gefunden haben.[1])

Im einzelnen ist in Einhaltung der in der Reichsverfassung adoptirten Reihenfolge nachstehendes zu bemerken:

1. Reichsgesetzgebung (Art. 4 und 5 der Verfassung).

Unterstützungswohnsitz. Baden und Württemberg hatten bei dem Bundesrat die Einführung des Bundesgesetzes über den Unterstützungswohnsitz vom 1. Januar 1873 ab[2]) beantragt (Gesetz vom 8. November 1871, Reichs-Gesetzbl. S. 391). Bei Beratung dieses Gesetzes im Reichstag wurde von demselben auf Antrag des Abgeordneten v. Bonin beschlossen, den Reichskanzler zu ersuchen: 1. durch Vermittlung bei den Bundesregierungen feststellen zu lassen, ob die sowohl nach dem Gesetze über den Unterstützungswohnsitz vom 6. Juni 1870 als nach dem Gesetze über die Freizügigkeit vom 1. November 1867 unerläßliche Feststellung des Personenstandes der Bundesangehörigen geregelt und sichergestellt ist, und 2. wenn sich ergeben sollte, daß dies nicht in vollem Umfang der Fall ist, die durchgreifende und gleichmäßige Regelung dieser Angelegenheit im Wege der Reichsgesetzgebung herbeizuführen. In Betreff dieser Resolutionen wurde in der Sitzung des Bundesrats vom 8. Dezember 1871 auf den mündlichen Bericht des sächsischen Bevollmächtigten, Geheimen Regierungsrats Schmalz beschlossen, auf den Antrag unter Nr. 2 der Resolution nicht einzugehen, dagegen dem Reichskanzler anheimzugeben, den Antrag unter Nr. 1 den Bundesregierungen zur Aeußerung mitzuteilen. Der mit überwiegender Majorität gefaßte Beschluß wurde damit motivirt, daß die Verhandlungen im Reichstag über den Antrag Bonin in keiner Weise den Beweis geliefert hätten, daß die reichsgesetzliche Regelung der Feststellung des Personenstandes (durch Uebertragung der Führung der Zivilstandsregister auf die bürgerlichen Behörden) eine Notwendigkeit sei behufs gleichmäßiger Durchführung der in der Resolution erwähnten Reichsgesetze über die Freizügigkeit und den Unterstützungswohnsitz.[3]) Auf dies hin wurden sämtliche Bundesregierungen im Sinne dieses Beschlusses um Aeußerung über den in den einzelnen Staaten zurzeit bestehenden Rechtszustand ersucht. Das Ergebnis wurde in einer Nachweisung der in den ein-

---

[1]) In der Hauptsache handelt es sich darum, ein Quellengebiet zu erschließen, das die Reichstagsverhandlungen ergänzt. Was von den Bundesratsverhandlungen in die Reichstagsverhandlungen übergegangen ist, braucht hier nicht wiedergegeben zu werden.

[2]) „National-Zeitung“ Nr. 499 vom 25. Oktober 1871 und Nr. 501 vom 26. Oktober 1871.

[3]) Ueber die Stimmung im Ausschuß über diese Frage vgl. die „National-Zeitung“ Nr. 579 vom 10. Dezember 1871. Mitteilung des „Reichsanzeigers“ über die Ausführung des Bundesgesetzes über den Unterstützungswohnsitz vom 6. Mai 1870 s. Nr. 327 vom 16. Juli 1871.

zelnen Bundesstaaten über die Feststellung des Personenstandes geltenden Vorschriften zusammengestellt und seitens des Reichskanzlers dem Reichstag vorgelegt.

In der Sitzung vom 8. Juli 1871 wurden vom Bundesrat die Mitglieder für das neu ins Leben getretene **Bundesamt für das Heimatwesen** gewählt.[1]) Von der Befugnis, die letztinstanzliche Entscheidung in Streitsachen zwischen Armenverbänden eines und desselben Bundesstaates diesem Amte zu übertragen, machten eine Reihe norddeutscher Staaten Gebrauch.[2])

Gewerbeordnung. Als in der Frühjahrssession des Reichstags ein Antrag wegen einheitlicher Besteuerung des **Hausirgewerbes** in Deutschland zur Verhandlung kam, brachte der Abgeordnete Dr. Braun eine seltsame Bestimmung der **bremischen** Ausführungsverordnung zur deutschen Gewerbeordnung zur Sprache, wonach den Hausirern für das Gebiet der Freien Stadt Bremen das Betreten der Häuser ohne Erlaubnis der Eigentümer bei Strafe untersagt war. Wie der Abgeordnete für Bremen, Mosle, mitteilte, schwebten schon damals Verhandlungen über diesen Punkt zwischen dem Reichskanzler-Amt und dem Bremer Senate. Dieselben führten aber zu keiner Verständigung, worauf der Reichskanzler die Sache dem **Bundesrat** unterbreitete, dessen Ausschuß für Handel und Verkehr sich nicht von der Zulässigkeit des bremischen Verbots überzeugen konnte. Derselbe beantragte: „Der Bundesrat wolle seine Ansicht dahin aussprechen, daß das in Bremen bestehende Verbot, fremde Wohnungen zum Zwecke des Gewerbebetriebes im Umherziehen ohne vorgängige Aufforderung oder Einwilligung der Bewohner zu betreten, mit den Absichten, welche zur Feststellung des Tit. III der Gewerbeordnung in seiner jetzigen Fassung geführt hatten, **nicht** im Einklang steht." Der Bundesrat trat dieser Auffassung bei.[3])

Maaß- und Gewichtsordnung. Bei Beratung des von Bayern eingebrachten Gesetzentwurfs wegen Einführung der deutschen Maaß- und Gewichtsordnung in Bayern (Gesetz vom 26. November 1871, Reichs-Gesetzbl. S. 397) hatte der Bundesrats-Ausschuß einen Paragraphen vorgeschlagen, wonach die nach Maßgabe der Maaß- und Gewichtsordnung vom 17. August 1868 außer-

[1]) „National-Zeitung" Nr. 321 vom 13. Juli 1871, Nr. 309 vom 6. Juli 1871.

[2]) „National-Zeitung" Nr. 325 vom 15. Juli 1871, Nr. 330 vom 18. Juli 1871, Nr. 337 vom 22. Juli 1871, Nr. 361 vom 5. August 1871, Nr. 373 vom 12. August 1871.

[3]) Württemberg und Baden brachten im Bundesrat den Antrag wegen Einführung der Gewerbeordnung vom 1. Januar 1872 ab ein. (Gesetz vom 10. November 1871, Reichs-Gesetzbl. S. 392.) Ueber die Haltung Württembergs in dieser Frage vgl. die „National-Zeitung" Nr. 305 vom 4. Juli 1871, Nr. 491 vom 20. Oktober 1871. Beschluß des Bundesrats wegen Publikation der Namen der approbirten Aerzte und Apotheker s. „National-Zeitung" Nr. 536 vom 15. November 1871. Antrag der preußischen Regierung auf Abänderung der seitherigen Paßformulare s. „National-Zeitung" Nr. 548 vom 22. November 1871.

halb des Königreichs Bayern geaichten Maaße, Gewichte, Waagen und sonstigen Werkzeuge auch in Bayern im öffentlichen Verkehr zugelassen werden sollten. Dieser Paragraph wurde jedoch auf Antrag Bayerns gestrichen, woraus ersichtlich ist, mit welcher Wachsamkeit und Ausdauer Bayern von Anfang an in allen Stücken seine Partikularrechte zu wahren bestrebt war. [1])

Münzwesen. Ende September 1871 erhielt das Münzreformprojekt die Zustimmung des Reichskanzler-Amts. Hervorgegangen war es aus dem preußischen Finanzministerium. Es beruhte auf dem Zehngroschenstück oder der Mark als Rechnungseinheit auf vollständiger Zehnteilung, so daß also auch der Groschen künftig in 10 Pfennige, nicht in 12 geteilt wurde, und auf reiner Goldwährung. Doch hatte man der Abneigung des Reichskanzler-Amts gegen Goldmünzen, welche zu nahe an vorhandene fremde Goldstücke grenzen, das Zugeständnis machen müssen, daß außer den Zwanzigmarkstücken (= $6^2/_3$ Thaler, oder ungefähr gleich dem Sovereign und dem Fünfundzwanzigfrankenstück) auch Stücke von 15 und von 30 Mark geprägt werden, also nach dem damaligen Sprachgebrauch von 5 und von 10 Thalern.

Mitte Oktober 1871 gelangte der Entwurf eines Gesetzes, betreffend die Ausprägung von Goldmünzen, vom Kanzler an den Bundesrat. [2])

Ueber die Vorschläge der Ausschüsse verlautete, daß sie die Mark als Rechnungsmünze acceptirten (mit der Einteilung in 10 Pfennige) und die Ausprägung von Goldmünzen zu 10, 20 und 30 Mark empfahlen; die Goldmünze zu 15 Mark wurde dagegen abgelehnt, man war übrigens darauf gefaßt, daß auch die Stücke von 30 Mark im Reichstag fallen würden. Die Reichsgoldmünze wurde nur äußerlich angenommen, denn fünf Staaten, Bayern, Württemberg, Sachsen, Hessen, Hamburg, setzten die Partikular- oder Landesmünze durch das den Einzelstaaten zugewiesene Recht der Prägung durch. Dasselbe sollte derart ausgeübt werden dürfen, daß auf der Rückseite der Reichsmünze das Reichswappen, auf der Vorderseite aber das Wappen oder Bildnis des Landesherrn geprägt werden sollte. Das Verbot an die Einzelstaaten, fernerhin Silber prägen zu lassen, scheiterte gleichfalls an dem Widerspruche Bayerns, welches den Umstand geltend machte, daß Bayern augenblicklich einen zu großen Vorrat an Fünffrankenstücken habe. Die Minorität der Ausschüsse, welche aus

---

[1]) Ueber die Aufnahme des Wunsches der bayerischen Regierung, für das Königreich in Bezug auf das Feldmaaß (nach Tagwerken) es bei den daselbst geltenden Bestimmungen zu belassen, vgl. die „National-Zeitung" Nr. 531 vom 12. November 1871. Beschluß des Bundesrats, betreffend die Beibehaltung der Berechnung nach Zentnern und Pfunden bei Zolldeklarationen und Verzollungen s. „National-Zeitung" Nr. 293 vom 27. Juni 1871 und Nr. 337 vom 22. Juli 1870.

[2]) Wortlaut der Bundesratsvorlage s. „National-Zeitung" Nr. 480 vom 13. Oktober 1871; ausführliche Besprechung an der Hand der Motive Nr. 482 vom 14. Oktober 1871.

den vier Staaten Preußen, Baden, Braunschweig, Lübeck bestand, wollte dem Reich die Prägung sowie die Kosten der Einziehung verschlechterter Münzen zuweisen. Eine andere wesentliche Modifikation der Regierungsvorlage stellte der Vorschlag der Ausschüsse dar, daß die neue Reichsgoldmünze nicht nur von den öffentlichen Kassen, sondern auch im allgemeinen Verkehr zwangsmäßig als legales Zahlungsmittel angenommen werden sollte.[1])

Bei der zweiten Beratung der Vorlage beschlossen die Ausschüsse noch einige Abänderungen, welche aber in der Hauptsache nur redaktioneller Natur waren.[2])

In der Sitzung des Bundesrats vom 6. November 1871 wurde die Münzvorlage erledigt. Preußen hatte hierbei die Genugthuung, daß durch die neue Fassung des § 6[3]) die Partikular- oder Landesmünze wenigstens einigermaßen eingeschränkt wurde. Das Reich sollte nämlich die Kosten der Prägung derjenigen Stücke tragen, die von den Einzelstaaten gemünzt werden, so daß diese gleichsam die Prägung im Auftrage des Reichs bewirken würden. Die Mittelstaaten gingen darauf ein, augenscheinlich deswegen, damit Preußen nicht mehr geradezu majorisirt vor dem Reichstag erschien, sondern seine eigenen nachträglichen Anträge zu vertreten hatte. Die Mittelstaaten hofften, dadurch den Kern der Sache, nämlich die Partikularmünze, in ihrem Sinne zu erhalten. Der Reichstag ging auf dieses Kompromiß des Bundesrats ein (Gesetz, betreffend die Ausprägung von Reichsgoldmünzen, vom 4. Dezember 1871, Reichs-Gesetzbl. S. 404).[4])

Ausdehnung der Reichskompetenz auf das gesamte Zivilrecht. Bei der am 8. Dezember erfolgten Beratung der Ausschüsse für Justizwesen und für die Verfassung über den vom Reichstag mit großer Majorität angenommenen Laskerschen Antrag waren die drei Königreiche Bayern, Sachsen, Württemberg, sowie auch Braunschweig gegen den Antrag. Preußen war dafür; Baden und Lübeck sprachen sich (vorbehaltlich definitiver Instruktionen über einige Punkte) günstig aus. Der württembergische Bevollmächtigte, Ministerialrat v. Kohlhaas war es dort namentlich, der dem Antrage am energischsten entgegentrat. Er fand es formell bedenklich, die so junge Reichsverfassung schon jetzt zu erweitern, zumal da für eine Kodifikation ein dringendes Bedürfnis in

[1]) Vergleiche hierzu den Artikel: „Zur Münzreform“ in der „National-Zeitung“ Nr. 513 vom 2. November 1871. Die Motive des dem Plenum des Bundesrats erstatteten Berichts sind veröffentlicht in der Nr. 514 vom 2. November 1871, daselbst auch der Wortlaut des Entwurfs, wie er aus den ersten Ausschußberatungen hervorging. Eine Kritik desselben befindet sich in Nr. 515 vom 3. November 1871.

[2]) Das Nähere erhellt aus der „National-Zeitung“ Nr. 517 vom 4. November 1871.

[3]) Vergleiche die „National-Zeitung“ Nr. 520 vom 6. November 1871.

[4]) Die zur Ausführung des Münzgesetzes beschlossenen Direktiven des Bundesrats findet man in der „National-Zeitung“ Nr. 571 vom 6. Dezember 1871.

keiner Weise vorliege und man an der Hand des Antrags dahin kommen müsse, die Justizhoheit der Einzelstaaten illusorisch zu machen. Vergeblich suchten die preußischen Bevollmächtigten, der Staatsminister Delbrück und der Geheimrat Dr. Falk, diese Bedenken zu zerstreuen und auszuführen, wie ja die Verfassung nur eine Zusammenstellung zerstreuter Rechtsmaterien sei, welche man bei der Kürze der Zeit einer Revision nicht hätte unterwerfen können, und daß materiell gewisse Rechtsgebiete bereits der Reichskompetenz unterstellt seien, wodurch angesichts der schwierigen Begrenzung derselben schon allerlei Unzuträglichkeiten vorgekommen seien, wobei an das Hypothekenrecht, an das Eherecht, an das Obligationenrecht erinnert wurde, unter ausdrücklicher Betonung, daß die gemeinsame Zivilprozeßordnung Uebergriffe in das Zivilrecht doch unvermeidlich machen würde.

Die Mehrheit der beiden Ausschüsse empfahl gleichwohl dem Plenum des Bundesrats die Ablehnung des genannten Antrags. Der darüber erschienene Ausschußbericht entwickelte ausführlich die verschiedenen Gesichtspunkte.

Die Mehrheit war zunächst dagegen, jetzt schon die kaum vereinbarte Verfassung wieder abzuändern, zumal weder bezüglich des Zivilrechts noch bezüglich der Gerichtsorganisation ein dringendes sachliches Bedürfnis für die vorgeschlagene Abänderung vorliege. Mit Vorbedacht und aus guten Gründen sei bei der Schöpfung der Verfassung die Kompetenz der Reichsgesetzgebung auf das Obligationen-, Handels- und Wechselrecht beschränkt worden. Eine gleichheitliche Ordnung auch des nur in beschränkteren Kreisen wirkenden Personen-, Familien-, Sachen- und Erbrechtes werde bei den verschiedenartigen Verhältnissen nicht ohne empfindliche Schädigung berechtigter Interessen möglich sein. Die Annahme des Antrags würde auch die nachteilige Folge haben, daß, obwohl das Zustandekommen eines deutschen Zivilgesetzbuchs erst von einer entfernteren Zukunft zu erhoffen wäre, doch schon jetzt die Thätigkeit der Landesgesetzgebungen in allen Gebieten des Zivilrechts lahm gelegt und die Abhilfe selbst empfindlicher Mißstände im Wege der Landesgesetzgebung faktisch unmöglich gemacht werden würde. In Betreff der Gerichtsorganisation würde allerdings die Einführung der Reichs-Prozeßgesetze die Aufstellung gewisser einheitlichen Normen zur Folge haben müssen, hiezu werde es aber einer Verfassungsänderung nicht bedürfen, wofern das notwendige Maß nicht überschritten würde. Es gebe viele Punkte, welche über dieses Maß hinausfallen und doch in das Gebiet der Gerichtsorganisation gezogen werden können. Die Folge würde dann sein, daß von der den Bundesstaaten durch die Verfassung gewährleisteten Justizhoheit nichts übrig bliebe, ein um so bedenklicherer Zustand, als in diesen Staaten die Gerichtsorganisaton im allgemeinen mit der Organisation anderer staatlichen Institutionen verwachsen sei.

Die Minderheit teilte den formellen Gesichtspunkt der Unangemessenheit der Verfassungsänderung schon im gegenwärtigen Augenblick nicht und erhob gegen die materiellen Bedenken der Mehrheit Einspruch. Das Obligationenrecht, wurde von ihr geltend gemacht, stehe mit dem übrigen bürgerlichen Rechte in einer so engen Verbindung, daß ohne Uebergriffe in das letztere eine gedeihliche Lösung der in Nr. 13 der Reichsgesetzgebung für einzelne Zweige des Obligationenrechts gestellten Aufgabe nicht möglich sei. Der Antrag gebe nur der Reichsgesetzgebung die zur Lösung ihrer Aufgaben erforderliche Freiheit der Bewegung, ohne die besorgten Nachteile praktisch herbeizuführen. Man könnte, um alle Bedenken zu beseitigen, der Reichsgesetzgebung zum Beispiel zwar die Zuständigkeit für das bürgerliche Recht im allgemeinen gewähren, von derselben aber gewisse Rechtsmaterien ausschließen, doch sei auch dies nicht nötig, werde auch nicht zum Ziele führen. Eine Lahmlegung der Landesgesetzgebung durch die Ausdehnung der Kompetenz der Reichsgesetzgebung sei nicht zu fürchten. An eine Modifikation des bürgerlichen Rechts durch die Landesgesetzgebung sei bei dem Ausdruck dieser Besorgnis offenbar nicht gedacht, sondern nur an die Regelung einzelner Rechtsbeziehungen und Materien; an diese werde man aber im Falle wirklichen und dringenden Bedürfnisses immer gehen können. — Das Gebiet der Gerichtsorganisation stehe schon jetzt dem Reiche zu, da ohne eine solche einheitliche Organisation eine gemeinsame Zivilprozeßordnung oder Strafprozeßordnung gar nicht geschaffen werden könne. Schon um der Klarstellung der Frage wegen der Kompetenz willen sei aber auch die Aenderung der Nr. 13, wo der Gerichtsorganisation nicht gedacht sei, notwendig. Auch das sei nicht zu befürchten, daß die Reichsgesetzgebung über das für die Lösung ihrer Aufgabe nötige Maß hinausgehen werde. Es handle sich hier nicht um abstrakte Rechtssätze und deren Aenderung, sondern um Beseitigung oder Modifizirung konkreter Gestaltungen, wie der Gerichtsbehörden, deren große Bedeutung und weitreichender Zusammenhang mit anderen konkreten Beziehungen des Lebens die Bürgschaft ausreichender Kraft zum Widerstand gegen unberechtigte Einwirkung der Gesetzgebung gewähre.

Die Angelegenheit kam in dieser Session des Bundesrats nicht mehr zur Erledigung.

Zivilprozeßordnung. Der Ausschuß für das Justizwesen erstattete in Betreff der Herstellung des Entwurfs einer Prozeßordnung in bürgerlichen Rechtsstreitigkeiten einen umfassenden Bericht und knüpfte hieran Anträge, welche dahin gingen, zur definitiven Feststellung des Entwurfs eine Kommission von 15 Juristen zu berufen, welche vom Bundesrat gewählt werden sollte. In dieser Kommission sollten die verschiedenen Rechts- und Staatsgebiete möglichst vertreten sein, auch der Stand der Rechtsanwälte.[1])

---

[1]) „Norddeutsche Allgemeine Zeitung" Nr. 105 vom 6. Mai 1871 und Nr. 110 vom 12. Mai 1871.

Die Gründe, aus denen der Justizausschuß dem Plenum diese Maßregel empfahl, sind in einem Berichte enthalten, dem ich bei der großen Wichtigkeit des dabei in Frage kommenden Gesetzgebungswerkes das Folgende entnehme: Der Entwurf der norddeutschen Kommission, welcher durch den Druck veröffentlicht wurde, erregte die öffentliche Aufmerksamkeit in hohem Maße und gab zu zahlreichen Beurteilungen Anlaß. Es erschien eine ziemlich erhebliche Anzahl kleiner Broschüren hierüber und in mehreren juristischen Kreisen wurden eingehende kritische Beratungen über ihn gepflogen. Außerdem nahm insbesondere auch die Königlich preußische Staatsregierung Veranlassung, eine eingehende Prüfung des Entwurfs vorzunehmen. Diese Prüfung ergab verschiedene wichtige Bedenken, deren sachliche und formelle Tragweite dazu führte, daß im Königlich preußischen Justizministerium ein förmlicher Gegenentwurf ausgearbeitet und dem Bundesrat in Vorlage gebracht wurde. Es stand somit fest, daß mindestens die Königlich preußische Regierung es nicht für thunlich hielt, den von der Kommission ausgearbeiteten Entwurf trotz seiner unzweifelhaften Vorzüge ohne neue Revision zum Gesetze zu erheben. Dieser Thatsache gegenüber konnte es keines Nachweises mehr bedürfen, daß die Versuche, durch kommissionelle Beratungen zu einem für die Einführung sich eignenden Gesetzentwurfe zu gelangen, fortgesetzt werden mußten. Es fragte sich nur, ob es sich empfehle, die frühere Kommission zur Wiederaufnahme ihrer Arbeiten zu berufen. Der Ausschuß glaubte sich gegen diese Maßregel aussprechen zu müssen, weil die frühere Kommission nicht mehr vollzählig war, sondern erhebliche Verluste erlitten hatte und andere Mitglieder derselben in Berufsverhältnisse eingetreten waren, die eine längere Abwesenheit derselben vom Hause geradezu als unmöglich erscheinen ließen, weil ferner das Verlangen, die Kommission solle das als recht und gut Befundene fallen lassen und an dessen Stelle etwas wesentlich Neues setzen, das Maß des Zulässigen zu überschreiten schien, hauptsächlich aber um deswillen, weil aus rein objektiven Gründen nunmehr eine anderweitige Zusammensetzung der Kommission als notwendig sich darstellte. Zunächst kam in Betracht, daß nunmehr durch den Beitritt der Südstaaten zum Bunde mehrere neue Prozeßrechtsgebiete hinzugekommen waren, für deren Vertretung Fürsorge getroffen werden mußte, wenn man dieselben Grundsätze bei den nun bevorstehenden kommissionellen Beratungen maßgebend sein lassen wollte, die früher als die entscheidenden betrachtet worden waren. Sodann bedurfte die Frage einer besonderen Erwägung, ob es nicht angezeigt sei, in der Kommission künftig auch den Stand der Rechtsanwälte zur Vertretung seiner Anschauungen zuzulassen. Gewiß entsprach es der Natur der Sache, daß bei der Beratung eines Gesetzbuchs, bei dessen Anwendung dem Anwaltsstande eine so hervorragende Aufgabe zufiele, dieser Stand auch in den Kreis der Beratenden mit hereingezogen werde. Man durfte diese Berücksichtigung des Anwaltstandes um so minder ablehnen, als schon bald nach dem Zusammentritte der früheren

Kommission der Wunsch des Anwaltstandes, an den Kommissionsberatungen teilzunehmen, sehr laut sich vernehmen ließ, und als selbst der Norddeutsche Reichstag sich diesen Wunsch angeeignet hatte, indem derselbe nach Beschluß vom 10. Juni 1868 eine bezügliche Petition der Rechtsanwälte Fischer, Korb und Genossen zu Breslau dem Bundesrat „zur Berücksichtigung" übergab. Demzufolge schlug der Ausschuß vor, eine neue Kommission niederzusetzen.

Der Bundesrat genehmigte den Antrag des Justizausschusses. Am 7. September 1871 [1]) wurde die Kommission durch den Königlich preußischen Justizminister Dr. Leonhardt als Vorsitzenden eröffnet. Derselbe machte ihr zuvörderst Mitteilung von folgendem an ihn gerichteten Schreiben des Reichskanzlers, d. d. Gastein, den 4. September 1871:

Als ich am 3. Januar 1868 die vom Bundesrat des Norddeutschen Bundes berufene Kommission zur Ausarbeitung des Entwurfs einer Prozeßordnung in bürgerlichen Rechtsstreitigkeiten für die Staaten des Norddeutschen Bundes bei ihrem ersten Zusammentreffen willkommen hieß, deutete ich auf die Möglichkeit hin, daß auch die süddeutschen Staaten Veranlassung nehmen könnten, sich das Werk der Kommission anzueignen, und daß auf diese Weise eine Prozeßordnung für ganz Deutschland zu stande komme. Indem ich heute Eure Excellenz ganz ergebenst ersuche, die vom Bundesrat des Deutschen Reichs berufene Kommission für eine deutsche Zivilprozeßordnung an meiner Stelle zu begrüßen, kann ich das, was mir damals als eine mögliche Folge der bevorstehenden Beratungen vorschwebte, mit lebhafter Genugthuung als die bestimmte Aufgabe der jetzt beginnenden Arbeiten bezeichnen. Der Größe dieser Aufgabe entspricht das Interesse des deutschen Volkes an der Einheitlichkeit einer in alle Verhältnisse des bürgerlichen Verkehrs eingreifenden Gesetzgebung, und der Lösung dieser Aufgabe wird der Dank der Nation gesichert sein. Ich bin gewiß, daß in den durch Einsicht und Sachkenntnis hervorragenden Männern, welche unter Eurer Excellenz bewährter Leitung zusammentreten, das Bewußtsein der nationalen Bedeutung des Werkes lebt, zu dessen Aufbau sie berufen sind, und ich schöpfe aus dieser Gewißheit die Zuversicht auf das Gelingen ihrer großen Aufgabe.

v. Bismarck. [2])

---

[1]) Sie bestand für Preußen, außer dem Vorsitzenden, aus dem Geheimen Ober-Justizrat Dr. Falk, Ober-Tribunalsrat Freiherrn v. Diepenbroick-Grüter, Appellationsgerichtsrat Planck, Justizrat Dorn und Justizrat v. Wilmowski, sodann aus dem Königlich bayerischen Appellationsgerichtsrat und Referenten im Justizministerium Dr. Schmitt, dem Königlich sächsischen Geheimen Justizrat Abeken, dem Königlich württembergischen Ober-Tribunalsrat v. Kohlhaas, dem Großherzoglich badischen Ministerialrat Dr. Gebhard und dem Großherzoglich mecklenburgischen Geheimen Ministerialrat v. Amsberg.

[2]) Ueber den weiteren Gang der Beratungen vergleiche die „National-Zeitung" Nr. 421 vom 9. September 1871.

Der aus der dritten Lesung der Kommission hervorgegangene Entwurf wurde am 8. März 1872 dem Reichskanzler überreicht. [1])

Reichs-Oberhandelsgericht. Mit Schreiben vom 20. Januar 1872 [2]) legte der Kanzler dem Bundesrat eine Zusammenstellung der bisherigen gesamten Geschäftsthätigkeit des Reichs-Oberhandelsgerichts vor.

Kanzelparagraph. Bekanntlich beabsichtigten die Mitglieder der liberalen Reichspartei im Reichstag einen Antrag gegen den Mißbrauch des geistlichen Amtes zu politischen Zwecken. Nachdem aber dieselben, namentlich Fürst Hohenlohe und v. Bernuth, die Frage mit den Vertretern anderer Fraktionen erörtert hatten, stellte sich die Ansicht dahin, daß ein derartiger Antrag besser von seiten der Regierungen ausgehen würde als vom Reichstag, und man verständigte sich leicht mit dem Minister v. Lutz dahin, daß er von seiten der bayerischen Regierung die Frage im Bundesrat anrege. Dies that er in der Plenarsitzung vom 16. November 1871, nachdem er telegraphisch die Zustimmung seines Souveräns eingeholt hatte, mit einem beredten Vortrage, in welchem er die Bedeutung ausführte, die jener Mißbrauch in manchen katholischen Gegenden erreicht habe; es sei ein Gebot der Selbsterhaltung für die Regierungen, ihr Hausrecht zu wahren, wie dies in Frankreich und Belgien geschehen sei, und dem Mangel abzuhelfen, welchen das Fehlen einer entsprechenden Strafandrohung im deutschen Strafgesetzbuch involvire, indem eine der belgischen ähnliche Bestimmung eingefügt werde.

In der Bundesratssitzung, in der der bayerische Antrag zur Verhandlung kam, übernahm Bismarck den Vorsitz und griff zu Gunsten desselben lebhaft in die Debatte ein. Das Referat hatte der Bevollmächtigte Braunschweigs, Geheimer Rat v. Liebe übernommen. Einwendungen wurden nur von seiten der sächsischen Regierung erhoben, welche indessen auch nicht auf eine Verwerfung, sondern vielmehr auf eine Ausdehnung des Antrags abzielten, die möglicherweise die Eventualität ins Auge gefaßt hatte, zugleich den sozialdemokratischen Ausschreitungen wirksam begegnen zu können. [3])

---

[1]) „National-Zeitung" Nr. 116 vom 9. März 1872. Vergleiche auch die „Norddeutsche Allgemeine Zeitung" Nr. 59 vom 10. März 1872. Der Bundesrat wurde auch 1872 mit dem Entwurfe nicht befaßt. Vergleiche die „National-Zeitung" Nr. 331 vom 18. Juli 1872 und Nr. 362 vom 6. August 1872.

[2]) In Kohls Bismarck-Regesten nicht erwähnt. Bundesratsverhandlungen, betreffend die Bestellung des Bundes-Oberhandelsgerichts zum obersten Gerichtshof für Elsaß-Lothringen, „National-Zeitung" Nr. 209 vom 31. Mai 1871 und „Norddeutsche Allgemeine Zeitung" Nr. 121 vom 26. Mai 1871; betreffend die Vermehrung der Mitglieder desselben durch Juristen aus Bayern, Württemberg und Baden, „National-Zeitung" Nr. 149 vom 28. März 1871; betreffend dessen Geschäftsregulativ, Nr. 118 vom 10. März 1871.

[3]) Der Wortlaut des sächsischen Antrags war: „Wer öffentlich die Verfassung des Deutschen Reichs oder eines Bundesstaats, oder Staatseinrichtungen, oder die Rechts-

Schließlich wurde der Antrag Bayerns mit allen gegen die Stimmen von Sachsen und beider Mecklenburg angenommen. Der hessische Bevollmächtigte enthielt sich der Abstimmung wegen Mangels an Instruktionen. Zur Motivirung erklärte der sächsische Bevollmächtigte: Die Regierung würde bereitwillig für ein allgemein gehaltenes Gesetz gestimmt haben, durch welches öffentliche Schmähungen und Beschimpfung der Verfassungen oder Gesetze des Deutschen Reichs und der einzelnen Bundesstaaten, sowie Versuche, die öffentliche Ordnung und Ruhe durch aufregende Aeußerungen zu stören, im allgemeinen mit Strafe bedroht würden. Die Herausgreifung einer einzelnen Klasse, der Geistlichen und Religionsdiener, um gegen sie und sie allein die Strafgesetze in dieser Richtung zu verschärfen, scheint ihr dagegen nicht empfehlenswert, eine solche einseitige Behandlung der Geistlichen, die doch nur in einzelnen Gegenden Deutschlands durch die Verhältnisse erklärlich werden dürfte, erscheint ihr weder dem Prinzipe der Gerechtigkeit entsprechend, noch politisch unbedenklich. Wenn man auf der einen Seite die Beschimpfungen und Angriffe der Sozialdemokraten gegen die Verfassung und die Gesetze, die täglich in öffentlichen Versammlungen und in der Presse vorkommen, hinnimmt, ohne deswegen eine Aenderung der Strafgesetze zu verlangen, auf der andern Seite aber die Geistlichen bestrafen will wegen eines Verhaltens, welches den öffentlichen Frieden zu stören geeignet erscheint, also ohne Unterschied, ob eine solche Störung in der Absicht gelegen, oder ob sie wirklich erfolgt ist oder nicht, so ist zu befürchten, daß die Betroffenen dadurch tief verletzt werden, und die hier und da schon vorhandene Verbitterung nur noch mehr gesteigert werden wird. Kommen dann infolge dessen erneute Uebergriffe vor und ist man genötigt, deshalb Strafen zu erkennen, so können leicht Verhältnisse eintreten, die man gewiß nicht beabsichtigt hat. Da die sächsische Regierung schon aus diesen allgemeinen Erwägungen sich genötigt sieht, gegen das Gesetz zu stimmen, so kann sie die erheblichen juristischen Bedenken gegen die Fassung des Entwurfs nicht unerwähnt lassen. Dieselbe hat jedoch die Abgabe dieser Erklärung für nötig erachtet, um außer Zweifel zu setzen, daß sie nur aus diesen allgemeinen Gründen gegen den Antrag stimmt, daß sie sich aber in Bezug auf die Verurteilung und Mißbilligung derartiger Ueberschreitungen seitens der Geistlichen in vollständiger Uebereinstimmung mit ihren hohen Bundesgenossen befindet.

Der mecklenburgische Bevollmächtigte schloß sich den Erklärungen Sachsens an und stimmte demzufolge auch gegen den Hauptantrag. Der württembergische Bevollmächtigte konstatirte, daß er bei der Ausschußberatung für Androhung einer Geldstrafe bis zu 200 Thaler oder Gefängnisstrafe bis zu zwei Jahren sich ausgesprochen habe. — In der Sitzung vom 25. November

---

institutionen der Ehe, der Familie oder des Eigentums beschimpft, wird mit Gefängnis bis zu drei Jahren oder mit Geldbuße bis zu 300 Thaler bestraft."

bemerkte alsdann der hessische Bevollmächtigte, daß ihm unmittelbar nach dem Schlusse der vorigen Sitzung telegraphisch die Weisung zugekommen sei, der Vorlage, betreffend die Ergänzung des Strafgesetzes, zuzustimmen. Gesetz, betreffend die Ergänzung des Strafgesetzbuchs für das Deutsche Reich, vom 10. Dezember 1871 (Reichs-Gesetzbl. S. 442).

Vollstreckung der Freiheitsstrafen. Der Beschluß des Bundesrats auf die vom Norddeutschen Reichstage bei Annahme des Strafgesetzbuchs gefaßte Resolution, welche den Bundesrat aufforderte, auf einheitliche Bestimmungen über die Vollstreckung der Freiheitsstrafen, sowie Einsetzung einer obersten, die Strafvollstreckung im ganzen Bunde beaufsichtigenden Behörde Bedacht zu nehmen, ging dahin, „mit Rücksicht auf die gegenwärtige Lage der Strafprozeßgesetzgebung ohne materielle Prüfung dem Königlich preußischen Justizminister die Resolution zur Kenntnisnahme zu überweisen."

Auslieferungsverträge mit Italien und Großbritannien. Die italienische Regierung hatte bereits vor Gründung des Deutschen Reichs den Wunsch ausgesprochen, mit dem Norddeutschen Bund einen Auslieferungsvertrag abzuschließen. Dabei hatte sich dieselbe bereit erklärt, den zwischen dem Norddeutschen Bund und Belgien am 9. Februar 1870 abgeschlossenen Auslieferungsvertrag den Verhandlungen zu Grunde zu legen. Da die vertragsmäßige Regelung dieser Materie zwischen dem Deutschen Reich und Italien auch im deutschen Interesse nur wünschenswert erschien, so beschloß der Bundesrat in der Sitzung vom 1. Mai 1871 auf Antrag des Reichskanzlers und nach Anhörung des Ausschusses für Justizwesen, sich mit dem Abschlusse eines Auslieferungsvertrags mit Italien einverstanden zu erklären. Vertrag vom 31. Oktober 1871 (Reichs-Gesetzbl. S. 446).

Eine weitere Vorlage des Reichskanzlers betraf den Entwurf eines Auslieferungsvertrags mit Großbritannien, das Resultat der über diesen Gegenstand auf Grund des Bundesratsbeschlusses vom 17. April 1871 gepflogenen Verhandlungen. Der Entwurf schloß sich den Vorschriften des englischen Gesetzes über Auslieferung von Verbrechern (The Extradiction Act. 1870) in allen wesentlichen Punkten an. Vertrag vom 14. Mai 1872 (Reichs-Gesetzbl. S. 229).[1])

Seemannsordnung. In Bezug auf die Seemannsordnung, welche in der letzten Plenarsitzung des Bundesrats im Jahre 1871 den Gegenstand

[1]) Eine Eingabe des Deutschen Handelstags, betreffend den Erlaß eines Gesetzes zum Schutze der Handels- und Fabrikzeichen, beantragte der Ausschuß für Handel und Verkehr, ablehnend zu bescheiden. Der eingehende Bericht darüber findet sich abgedruckt in der „National-Zeitung" Nr. 2 vom 3. Januar 1872.

der Verhandlungen gebildet hatte, beschloß der Bundesrat, eine Kommission von Bevollmächtigten der Seeuferstaaten einzusetzen, um den Entwurf einer deutschen Seemannsordnung definitiv festzustellen.

Haftpflichtgesetz. Der Gesetzentwurf, betreffend die Verbindlichkeit zum Schadenersatz für die bei dem Betriebe von Eisenbahnen, Bergwerken 2c. herbeigeführten Tötungen und Körperverletzungen, wurde von Bismarck dem Bundesrat in derjenigen Fassung vorgelegt, welche im vorigen Jahre (cf. Bd. I. S. 312) die Genehmigung des Bundesrats erlangt hatte. Bei seiner jetzigen Beratung konnte der Ausschuß, sowohl was das Bedürfnis einer Revision der Grundsätze über die Haftbarkeit als auch was die allgemeinen Gesichtspunkte anbelangt, von denen die Reichsgesetzgebung hierbei auszugehen habe, im wesentlichen den Ansichten sich anschließen, welche bei der Behandlung dieses Gegenstandes bisher im Bundesrate des Norddeutschen Bundes zur Geltung gekommen waren.[1]) Gesetz vom 7. Juni 1871 (Reichs-Gesetzbl. S. 207).

Inhaberpapier mit Prämien. Die vereinigten Ausschüsse für Handel und Verkehr und für das Rechnungswesen befürworteten gegen eine Stimme die Annahme des Gesetzentwurfs wegen der Prämienanleihen. Sie ergänzten nur das Verzeichnis der bereits konzessionirten und daher in ihrer Giltigkeit nicht zu alterirenden Anleihen.

Man war darüber einig, daß das Reich allein als Organ zur Erteilung der Konzession für Prämienanleihe zu betrachten sei und daß diese Konzessionirung einer Prämienanleihe durch die Reichsgesetzgebung nie stattfinden könne, ohne daß der Regierung des betreffenden Bundesstaates Gelegenheit gegeben sei, ihre Ansicht über die Zulässigkeit und Zweckmäßigkeit des Unternehmens geltend zu machen. In der später vom Reichstag angenommenen Fassung wurde das Gesetz vom 8. Juni 1871 (Reichs-Gesetzbl. S. 210) angeblich nur von Bayern und Hamburg bekämpft.[2])

Rinderpest. In der Bundesratssitzung vom 24. März 1871 wurde eine Note Oesterreichs, die Berufung einer internationalen Konferenz über Maßregeln gegen die Rinderpest-Einschleppung[3]) verlesen. Der Bundesrat

[1]) Vgl. die „National-Zeitung“ Nr. 72 vom 11. Februar 1871, Nr. 76 vom 14. Februar 1871 und die „Norddeutsche Allgemeine Zeitung“ Nr. 38 vom 14. Februar 1871, Nr. 70 vom 23. März 1871.

[2]) Vgl. die „National-Zeitung“ Nr. 162 vom 5. April 1871, Nr. 266 vom 10. Juni 1871 und die „Norddeutsche Allgemeine Zeitung“ Nr. 68 vom 21. März 1871 (Notiz von der Vorlage), Nr. 82 vom 6. April 1871 (Ausschußbericht). Ueber die Bestimmungen des Bundesrats, betreffend das Abstempelungsverfahren, „National-Zeitung“ Nr. 279 vom 18. Juni 1871. Aus der Abstempelung erwachsene Einnahmen, „National-Zeitung“ Nr. 559 vom 29. November 1871.

[3]) Abgedruckt in der „National-Zeitung“ Nr. 154 vom 31. März 1871.

beschloß, dem Bundeskanzler die zustimmende Beantwortung der Note anheimzugeben. Weiter wurde der Bundesrat noch beschäftigt mit einer Vorlage Bismarcks wegen Auslegung des § 3 des Rinderpestgesetzes vom 7. April 1869 [1]) und mit der Einführung dieses Gesetzes als Reichsgesetz in Bayern und Württemberg. (Gesetz vom 2. November 1871 (Reichs-Gesetzbl. S. 372).

Preßgesetz. Veranlaßt durch eine Resolution des Reichstags, beschloß der Bundesrat, den Reichskanzler zu ersuchen, die schleunige Ausarbeitung eines Preßgesetzes für das Deutsche Reich zu veranlassen. Gleichzeitig wurde mit Rücksicht auf den in solcher Weise angeregten Erlaß eines umfassenden Preßgesetzes das nähere Eingehen auf die Anträge des Reichstags in Betreff des Kautionswesens bei periodischen Druckschriften abgelehnt.

Privatrechtliche Stellung der Vereine. In Bezug auf die Haltung, welche gegenüber dem Gesetzentwurfe des Abgeordneten Schulze und Genossen, betreffend die privatrechtliche Stellung der Vereine, im Falle seiner Wiederaufnahme in der nächsten Reichstagssession, im Bundesrat einzunehmen sein möchte, beschloß der Bundesrat in der Sitzung vom 8. Juli 1871, die Bundesregierungen um eine Aeußerung über den Entwurf zu ersuchen, und zwar insbesondere darüber, ob derselbe — sei es in seiner ursprünglichen, sei es in der ihm durch die Reichstagskommission gewordenen Fassung — überhaupt oder in Bezug auf die Vereinskategorien, auf welche er sich erstrecken soll, und in seinen übrigen Grundprinzipien annehmbar sei, sowie welche Bestimmungen im Hinblick auf die in den einzelnen Staaten geltenden Gesetze und bestehenden Einrichtungen zugefügt oder abgeändert werden müßten. Der Entwurf gelangte erst in der Session 1873 zur weiteren Verhandlung im Bundesrat.[2])

2. Bundesrat.

Geschäftsordnung. Dem Bundesrat des Deutschen Reichs ging in seiner ersten Sitzung der Entwurf einer neuen Geschäftsordnung[3]) zu, welche sich in vier Abschnitten und 22 Paragraphen über die Ordnung der Sitzungen, die Gegenstände der Verhandlungen und ihre Beratung, den Geschäftsgang in den Sitzungen und den Ausschüssen verbreitete. Unter anderem wurde bestimmt

[1]) Vgl. hierüber die „National-Zeitung" Nr. 429 vom 14. September 1871. Ergänzung der Verordnung, betreffend die Maßregeln gegen die Rinderpest, Nr. 15 vom 10. Januar 1872.

[2]) Ueber den Stand der Frage im Frühjahr 1872 „National-Zeitung" Nr. 126 vom 15. März 1872, Nr. 158 vom 5. April 1872. Aeußerung Delbrücks über den Gang der bundesrätlichen Vorarbeiten im Jahre 1872, „Provinzial-Korrespondenz" Nr. 17 vom 24. April 1872.

[3]) „Norddeutsche Allgemeine Zeitung" Nr. 47 vom 24. Februar 1871, Nr. 50 vom 28. Februar 1871, „National-Zeitung" Nr. 92 vom 23. Februar 1871.

daß zu einem Bundesratsbeschluß, der nicht eine Veränderung der Verfassung betrifft, die einfache Stimmenmehrheit genügt. Bei Stimmengleichheit entscheidet die Stimme des Präsidiums. Diese Stimme muß verfassungsgemäß in der Majorität sein, wenn diese wirksam werden soll bei einem Beschluß über Vorschläge bezüglich Aenderungen des Militärwesens und der Kriegsmarine, des Zollwesens, der Salz-, Tabak-, Branntwein-, Bier-, Rübensteuer rc., über die Auflösung des Reichstags während der Legislaturperiode und über Vorschläge auf Abänderung der Verwaltungsnormen und Einrichtungen der gedachten Zoll- und Steuergesetze rc. Bei allen Abstimmungen werden nur die vertretenen und instruirten Stimmen gezählt.

Im großen und ganzen entsprach der vorliegende Entwurf der früheren Geschäftsordnung. Es sei nur noch hinzugefügt, daß der Ausschuß für Rechnungswesen die Aufgabe erhielt, den Entwurf des Reichshaushaltsetats und die Jahresrechnung über die Verwendung der Einnahmen des Reichs, welche ihm vom Reichskanzler vorgelegt worden, und zwar den ersteren im Einvernehmen mit den bei den einzelnen Etatstiteln beteiligten anderen Ausschüssen, zu prüfen und zur Beschlußnahme des Bundesrats vorzubereiten; ferner auf Grund der von den Direktivbehörden der Bundesstaaten eingesandten Quartalextrakte und Finalabschlüsse von drei zu drei Monaten den von der Kasse jedes Bundesstaats der Reichskasse schuldigen Betrag an Zöllen und Verbrauchssteuern vorläufig festzustellen, von dieser Feststellung den Reichskanzler und die Bundesstaaten in Kenntnis zu setzen und alljährlich die Beschlußnahme des Bundesrats über die schließliche Feststellung dieser Beträge vorzubereiten, endlich von dem Kassen- und Rechnungswesen des Reichs sich in Kenntnis zu erhalten. Wegen der Organe und Einrichtungen, deren er zur Erfüllung dieser Obliegenheit bedurfte, sollte besondere Bestimmung getroffen werden.

3. **Präsidium** (Reichsbeamte, Behördenorganisation).

Reichsbeamtengesetz. Zu dem in Vorbereitung für die Vorlage an den Bundesrat befindlichen Gesetzentwurf über die Verhältnisse der Reichsbeamten hatte der Reichskanzler eine Reihe von Veränderungen vorgeschlagen. Die erste Abänderung betraf die Ausdehnung derjenigen Bestimmungen des Entwurfs, wonach kein Reichsbeamter ohne vorherige Genehmigung der obersten Reichsbehörde ein Nebenamt oder eine Nebenbeschäftigung, mit welchen eine fortlaufende Remuneration verbunden ist, übernehmen oder ein Gewerbe treiben darf. Die zweite Abänderung bezog sich auf das Verhältnis der Pension bei Nebenämtern und sollte lauten: „Das mit Nebenämtern oder Nebengeschäften verbundene Gehalt begründet nur dann einen Anspruch auf Pension, wenn eine etatsmäßige Stelle als Nebenamt bleibend verliehen ist.“ Ferner waren die Verhältnisse gesandtschaftlicher oder besoldeter Konsulatsbeamten in außereuropäischen Ländern, wo die betreffenden Beamten teils durch die lange Entfernung von der Heimat, teils durch klimatische Einflüsse mancherlei Opfer bringen, in angemessener Weise berücksichtigt. Sodann sollten zu den Beamtenkategorien, welche von gewissen Bestimmungen des Gesetzes ausgenommen sind, die Mitglieder des Rechnungshofs des Deutschen Reichs hinzutreten, und endlich das frühere „Bundes-Oberhandelsgericht" als „Reichs-Oberhandelsgericht" in dem Gesetze aufgeführt werden.

Den Bundesrat beschäftigte die betreffende Vorlage erst in der folgenden Session.

Am 23. Januar 1873 richtete Bismarck an den Bundesrat ein Schreiben in Sachen der Errichtung einer Zentralbehörde für die deutsche Reichsstatistik.[1])

Am 9. März 1872 genehmigte der Bundesrat die Vorschläge des Reichskanzlers in Betreff der Errichtung eines Statistischen Amts.[2])

4. Reichstag.

D i ä t e n und R e i s e k o s t e n f ü r d i e A b g e o r d n e t e n. In seiner ersten Session hatte der Reichstag, von seinem Recht der Initiative Gebrauch machend, einen Gesetzentwurf angenommen über die Zahlung von Diäten an die Reichstagsmitglieder. Derselbe ging an den Bundesrat, verschwand aber in dem Dunkel, welches dessen Beratungen umgibt. Der Reichstag erfuhr in authentischer Weise nicht, welche Stellung der Bundesrat zu seinen Beschlüssen genommen, und er mußte nach seinem Wiederzusammentritt im Oktober erst von einem andern ihm zustehenden Rechte Gebrauch machen, um diese Kenntnis zu erlangen. Im Wege der I n t e r p e l l a t i o n erfuhr er, daß der Bundesrat dem Diätenantrage seine Zustimmung versagt habe. Dagegen verlautete, Bismarck sei geneigt, dem Beschlusse des Reichstags insoweit nachzukommen, als den Abgeordneten freie Fahrt zweiter Klasse auf den Eisenbahnen bewilligt werden sollte.[3])

R e i c h s t a g s g e b ä u d e. In einer dem Bundesrat unterbreiteten Vorlage betonte Bismarck die Notwendigkeit der Errichtung eines Parlamentsgebäudes.

---

[1]) Die hierüber gepflogenen Verhandlungen des Bundesrats lassen sich vollständig verfolgen in dem oben (S. 102) erwähnten Exemplar der Bundesratsverhandlungen. In Kohls Bismarck-Regesten ist das Schreiben vom 23. Januar 1873 übersehen.

[2]) Vorlage Bismarcks, enthaltend eine Denkschrift über die Aufbesserung der Besoldungen der Reichsbeamten, „National-Zeitung" Nr. 495 vom 22. Oktober 1871. Einer Notiz der „Norddeutschen Allgemeinen Zeitung" (Nr. 44 vom 22. Februar 1872) zufolge beabsichtigte der Bundesrat eine gleichmäßige Uniformirung der Zoll- und Steuerbeamten für das gesamte Deutsche Reich einzuführen.

[3]) Die Angelegenheit wird uns in der II. Session des Bundesrats wieder beschäftigen. Bundesratsvorlage, betreffend die Reichswahlkreise und die nach dem Wahlreglement zuständigen Behörden in Bayern, Württemberg, Baden und Hessen, „National-Zeitung" Nr. 95 vom 24. Februar 1871, Nr. 103 vom 1. März 1871.

Als das zunächst vorliegende Projekt war von neuem der Bau in dem Garten des Bundeskanzler-Amts, Wilhelmstraße 74, bezeichnet; für den Fall eines größeren monumentalen Baues dagegen vornehmlich auf zwei Grundstücke hingewiesen, nämlich einerseits auf die Verbindung des Reichstagsgebäudes mit dem preußischen Parlamentsgebäude auf dem sehr ausgedehnten Terrain der Porzellanmanufaktur, andererseits auf den Teil des Königsplatzes, welcher damals von der Raczynski-Galerie teilweise eingenommen wurde (Standort des jetzigen Reichstagsgebäudes).

Der Bundesratsausschuß (Referent v. Schlör) hielt es für angemessen, zu den Beratungen Reichstagsmitglieder und Architekten zuzuziehen; diese Beratungen sollten zunächst die Herstellung eines genügenden Provisoriums und alsdann erst den Bau eines neuen Gebäudes betreffen.

5. Zoll- und Handelswesen.

Brausteuergesetz. Am 13. Januar 1872 unterbreitete der Kanzler (in Vertretung Delbrück) dem Bundesrat den Entwurf eines Gesetzes wegen Erhebung der Brausteuer im Deutschen Reich,[1]) welcher für die norddeutsche Biergemeinschaft die Herstellung eines allgemein giltigen Gesetzes über die Besteuerung des Bieres und der sogenannten Malzsurrogate bezweckte. Der Entwurf gelangte erst in der folgenden Session des Bundesrats zur Erledigung.

Tarifreform. Dieselbe ruhte in unserer Session vollständig. Von Handelsverträgen ist nur ein untergeordneter mit Honduras zu erwähnen, der nicht einmal in Rechtskraft trat.[2]) Groß war dafür aber die Zahl der Zoll- und Steuersachen administrativen Charakters, welche der Bundesrat zu erledigen hatte.[3])

---

[1]) Abgedruckt in dem in der Reichstagsbibliothek befindlichen Exemplar der Zoll- und Steuersachen des Bundesrats. In Kohls Bismarck-Regesten nicht erwähnt.

[2]) Bismarck beantragte beim Bundesrat, derselbe möge sich damit einverstanden erklären, daß das Präsidium wegen eines solchen Vertrags mit der Republik Honduras ins Benehmen trete, „National-Zeitung" Nr. 92 vom 23. Februar 1871. Beitritt Bremens und Hamburgs zum Handels- und Schiffahrtsvertrage mit den Niederlanden, „National-Zeitung" Nr. 226 vom 16. Mai 1871.

[3]) Bundesratsverhandlungen, betreffend eine neue Uebersicht der zur Erhebung kommenden Uebergangsabgaben, „National-Zeitung" Nr. 569 vom 5. Dezember 1871 und Nr. 588 vom 15. Dezember 1871; betreffend die Verladung der zu einem Frachtbrief gehörigen Waren in mehr als einem Wagen, Nr. 551 vom 24. November 1871; betreffend die Aufhebung der Deklarationsregister und Führung der Begleitzettel-Empfangsregister, Nr. 555 vom 26. November 1871; betreffend die Abfertigung von Heringen aus den Privattransitlagern, Nr. 557 vom 28. November 1871; betreffend das Regulativ für Zollerleichterungen für den Handel mit Wein und fremden Spirituosen, Nr. 299 vom 30. Juni 1871; betreffend das Regulativ für Privatlager, Nr. 175 vom 14. April 1871; betreffend den Zollrabatt für den zur Niederlage gebrachten und nach dem 1. Januar 1872 zur

Anfangs Juli 1871 war eine Deputation elsaß-lothringischer Industrieller, namentlich Vertreter der Eisenindustrie in Lothringen, nach Berlin gekommen, um der Reichsregierung eine Erleichterung der allerdings verzweifelten Lage ihrer Industrie nahe zu legen. Um wie große Interessen es sich hierbei handelte, ging aus dem Umstande hervor, daß die Produktion der Eisenindustrie in Elsaß-Lothringen ein volles Drittel der gesamten Zollvereinsindustrie ausmachte. Die Klagen gingen hauptsächlich dahin, daß diese Industrien gar nicht in der Lage seien, von der im Friedensvertrag stipulirten Vergünstigung der zollfreien Einfuhr ihrer Fabrikate in Frankreich bis zum 1. September Gebrauch zu machen, da es den betreffenden Eisenbahnverwaltungen vollständig an Material fehle, um die Fabrikate nach Frankreich zu exportiren. Die bei der französischen Regierung erhobenen Reklamationen führten zu keinem Resultate, da Frankreich kein Interesse hatte, sich den abgetretenen Gebieten entgegenkommend zu zeigen. Auf der einen Seite also die französische Grenze, die sie aus Mangel an Transportmaterial nicht überschreiten konnten, auf der andern die Zollvereinsgrenze, welche sie hinderte, jetzt schon Absatzquellen auf dem deutschen Markte zu suchen, befanden sich diese großartigen Industrien in einer wahrhaft verzweifelten Lage, um so mehr, als sie seit dem Aufhören der Feindseligkeiten ihren Betrieb mit aller Kraft wieder aufgenommen hatten. Die Deputation wurde sofort nach ihrem Eintreffen von dem Fürsten Bismarck und dem Präsidenten des Reichskanzler-Amts empfangen. Fürst Bismarck erteilte ihr das Versprechen, den in Frage stehenden Industrien in jeder möglichen Weise zu Hilfe zu kommen; es handle sich eben darum, Mittel und Wege dafür ausfindig zu machen. Der Bundesrat wurde mit dieser Frage nicht beschäftigt.[1])

Verzollung gelangenden Wein, Nr. 565 vom 2. Dezember 1871; betreffend die gleichmäßige Anwendung des § 445 des Vereinszollgesetzes, Nr. 162 vom 5. April 1871; betreffend die Verwiegung des mit Anspruch auf Abgabenvergütung ins Ausland gehenden Rohzuckers, Nr. 466 vom 5. Oktober 1871 und Nr. 567 vom 3. Dezember 1871; betreffend die Beaufsichtigungskosten von Rübenzuckerfabriken, Nr. 164 vom 6. April 1871; betreffend die Abfertigung des mit dem Anspruch auf Steuervergütung ausgehenden Tabaks, Nr. 309 vom 6. Juli 1871; betreffend Ausführungsbestimmungen zum Tabaksteuergesetz, Nr. 429 vom 14. September 1871 und Nr. 545 vom 21. November 1871; betreffend die Steuervergütung für das aus Preußen respektive Hessen nach Elsaß-Lothringen ausgeführte Bier und die in Nr. 28 des Begleitscheinregulativs enthaltene Verlängerung der Transportfrist, Nr. 541 vom 18. November 1871; betreffend die Verlegung der Zolllinie bei Konstanz, Nr. 222 vom 13. Mai 1871; Antrag Mecklenburgs, betreffend weiteren Nachlaß in der Nachsteuer, Nr. 88 vom 22. Februar 1872; Bundesratsbeschluß, betreffend ermäßigte Nachsteuersätze für Brauereibesitzer, welche aus Korn unter Bereitung von Preßhefe Branntwein fabriziren, „Norddeutsche Allgemeine Zeitung“ Nr. 42 und 45 vom 20. und 23. Februar; Ausschußbericht d. d. 14. Februar 1872, betreffend die Zollbefreiung von Kartoffelstärke zur Stärkezuckerfabrikation, abgedruckt in der S. 102, Note, citirten Quelle.

[1]) Durch kaiserliche Verordnung wurde im wesentlichen schon vom 27. August 1871 ab die zollfreie Einfuhr aus dem neuen Reichslande nach Deutschland zugelassen.

6. Eisenbahnwesen.

Differentialtarife. Das Schreiben des Präsidenten des Reichstags, demzufolge der Reichstag beschlossen hatte, die Petition des Sagan-Sprottauer land- und volkswirtschaftlichen Vereins, die Differentialtarife der Eisenbahnen betreffend, „dem Reichskanzler mit dem Ersuchen zu überweisen, die Frage der Differentialtarife auf den Eisenbahnen einer eingehenden Prüfung unter Mitwirkung von Sachverständigen der Landwirtschaft, des Handels, der Industrie und der Eisenbahnverwaltungen unterziehen zu lassen und dem Reichstag von dem Resultat dieser Untersuchung Mitteilung machen zu wollen," wurde von dem Reichskanzler in der Sitzung vom November 1871 dem Bundesrat vorgelegt und von letzterem dem Ausschuß für Eisenbahnen, Post und Telegraphen überwiesen.

Mit der demnächst vom Bundesrat beschlossenen Vornahme näherer Erhebungen erklärt sich zwar auch der bayerische Bevollmächtigte einverstanden, derselbe glaubte aber im Hinblick auf die Bestimmung des Artikels 46 Absatz 2 der Reichsverfassung bezüglich etwaiger weiteren Beschlüsse in dieser Angelegenheit seiner Regierung die volle Freiheit ihrer Entschließungen vorbehalten zu müssen.[1])

Gotthardbahn-Subvention. In dieser Angelegenheit richtete Bismarck unterm 14. Oktober 1871 das nachstehende Schreiben[2]) an den Bundesrat:

Durch das Bundesgesetz vom 31. Mai 1870 wurde das Bundes-Präsidium ermächtigt, dem zwischen Italien und der Schweiz am 15. Oktober 1869 über die Herstellung und Subventionirung der Gotthardbahn abgeschlossenen Staatsvertrage beizutreten und dem Unternehmen eine nach Maßgabe des Artikels 17 jenes Vertrages zahlbare Subvention in Höhe von zehn Millionen Franken zuzusichern. Diese Ermächtigung beruhte auf der Erwägung, daß die Bedeutung der seit einer Reihe von Jahren angestrebten direkten Eisenbahnverbindung zwischen der Schweiz und Italien über jene zwei zunächst beteiligten Länder weit hinausreiche, und für einen großen Teil des übrigen zentralen Europas, insbesondere aber für das westliche und südwestliche Deutschland so sehr hervortrete, daß das Unternehmen sich als ein internationales im weiteren Sinne darstelle, dessen materielle Unterstützung durch Deutschland in den internationalen, politischen und kommerziellen Verhältnissen, sowie in der Höhe der vormaligen zu den finanziellen Kräften der beiden zunächst beteiligten Länder außer Verhältnis stehenden Kosten eine Begründung finde. Die in Bezug auf

---

[1]) Ueber die Zusammensetzung der Enquetekommission vgl. die „National-Zeitung" vom 2. Januar 1872; Verhandlungen des Bundesrats über das Eisenbahnpolizei-Reglement, Nr. 529 vom 11. November 1871 und 587 vom 15. Dezember 1871; Ablehnung einer Petition, gerichtet auf den Bau einer Main-Lahn-Sieg-Eisenbahn, Nr. 271 vom 13. Juni 1871.

[2]) In Kohls Bismarck-Regesten übersehen.

die Herstellung der Alpenbahn gepflogenen Verhandlungen haben eine gedrängte Darstellung in derjenigen Denkschrift gefunden, welche dem Bundesrat unter Nummer 51 der Drucksachen von 1870 vorgelegt worden ist. Sie erlangten einen vorläufigen Abschluß durch die im Herbst 1869 zu Bern abgehaltene internationale Konferenz, in welcher unter der Beteiligung von Delegirten der Schweiz, Italiens, des Norddeutschen Bundes, Württembergs und Badens die Ausführbarkeit des Unternehmens in einer sehr eingehenden Weise geprüft und außer Zweifel gestellt, die Höhe des Anlagekapitals auf 187 Millionen Franken veranschlagt und die dem Unternehmen zur Sicherung der Ausführung notwendige Subvention auf 85 Millionen Franken berechnet wurde. Diese internationale Konferenz hatte zugleich den eingangs erwähnten — der Denkschrift gleichfalls angefügten — Vertrag vom 15. Oktober 1869 zur Folge, inhalts dessen zur Deckung der Subvention von der Schweiz 20 Millionen, von Italien 45 Millionen übernommen, die Beschaffung des Restes aber von Deutschland erwartet wurde. Der Norddeutsche Bund ist diesem Vertrage auf Grund des Gesetzes vom 31. Mai d. J., inhalts der dem Bundesrat unter Nr. 85 der Drucksachen von 1870 vorgelegten Konvention vom 20. Juni pr. beigetreten und hat in derselben, neben der Uebernahme einer Subvention auf Höhe von 10 Millionen Franken, zugleich die Zusage erteilt: die Schritte der Schweiz und Italiens zur Erlangung der auf 85 Millionen Franken bemessenen Totalsumme der Subvention zu unterstützen und insbesondere seine guten Dienste den Bemühungen zu leihen, welche darauf gerichtet sind, den von Deutschland beanspruchten Teil der Subvention sicher zu stellen. In den Artikeln 2 und 3 der Konvention wurde hierfür eine Frist bis zum 31. Januar d. J. mit der Maßgabe vereinbart: daß, wenn bis dahin die Subventionssumme durch Deutschland nicht gesichert sein sollte, die Konvention sowohl als auch der schweizerisch-italienische Vertrag vom 15. Oktober 1869, dessen Ratifikation von vornherein bis zur Beschaffung der vollen Subventionssumme hinausgeschoben war, als nicht geschlossen zu betrachten wäre. Da indessen die behufs Komplettirung der Subventionssumme eingeleiteten Verhandlungen durch den deutsch-französischen Krieg unterbrochen wurden, so wurde die vorerwähnte Frist durch einen zwischen dem Norddeutschen Bund, Italien und der Schweiz vereinbarten und am 15. Januar d. J. in Bern vollzogenen Additionalakt mit gleicher Folge bis zum 31. Oktober d. J. verlängert. Der Subsidienanteil der Schweiz ist nach Mitteilungen der schweizerischen Bundesregierung vollständig gedeckt, und nachdem auch die italienische Regierung durch die im Monat Juni d. J. ausgesprochene Zustimmung ihres Parlaments in den Stand gesetzt ist, die durch den Vertrag vom 15. Oktober 1869 eingegangenen Verpflichtungen zu erfüllen, kommt es nunmehr darauf an, die Komplettirung der von Deutschland beanspruchten 20 Millionen Franken vor Ablauf der vorbestimmten Frist, für welche eine abermalige Verlängerung nicht in Aussicht steht, herbeizuführen und dadurch die Ausführung des für die wirtschaftlichen und politischen Interessen Deutschlands so überaus wichtigen Unternehmens zu sichern. In den vom Norddeutschen Bund durch das Gesetz vom 31. Mai v. J. übernommenen 10 Millionen Franken waren miteinbegriffen: 1. ein Beitrag von 1500000 Franken, zu dessen Hergabe sich die Königlich preußische Regierung als Eigentümerin einiger in den westlichen Provinzen belegenen Bahnen verbindlich gemacht hatte, 2. ein Betrag von 2000000 Franken, welcher mit je 1000000 Franken von den Verwaltungsorganen der Bergisch-Märkischen und Rheinischen Eisenbahn-Gesellschaft in Anerkennung ihres speziellen Interesses an dem Zustandekommen des großen Werkes zugesichert war. Außerdem haben aus gleicher Veranlassung die Verwaltungsorgane der Cöln-Mindener Eisenbahn-Gesellschaft dem Reiche 1000000 Franken zur Verfügung gestellt. Da die hessische Ludwigsbahn und die pfälzischen Bahnen vermöge ihrer Lage noch mehr als jene drei rheinischen berufen sind, an den durch die Hebung des Verkehrs und der Rentabilität zu erwartenden Vorteilen einer Alpenbahn teilzunehmen, so sind dieselben durch Vermittlung der hohen Regierungen von Bayern und Hessen zu einer entsprechenden pekuniären Leistung aufgefordert worden, und es ist diese Leistung im Betrage von zusammen 2000000 Franken als gesichert zu betrachten. Von den deutschen Regierungen hat außer den dem früheren Norddeutschen Bund angehörigen nur die Großherzoglich badische Regierung eine Teilnahme an der Subvention, und zwar auf Höhe von 3000000 Franken, zugesichert. Bei dem großen Interesse, welches diese hohe Regierung an dem Zustandekommen eines Unternehmens hat, dessen Verkehrsgebiet ihr ganzes Land umfaßt, und welches ihren Eisenbahnlinien den schon jetzt nicht unerheblichen, demnächst aber jedenfalls sich vervielfältigenden Verkehr zwischen dem westlichen Deutschland, den Häfen der Nordsee, England, Holland und Belgien mit Italien, der Levante zuführen wird, darf auch unter den gegenwärtigen Verhältnissen auf die Gewährung dieser Summe gezählt und deshalb für Baden ein Prinzipuum von 2717000 Franken in Ansatz gebracht werden, welches sich durch die Matrikularbeiträge zur Summe von ungefähr 3000000 Franken vervollständigen würde. Eine gleich hohe Summe von 2717000 Franken würde der Unterzeichnete als besonderen Beitrag für die Eisenbahnen in Elsaß-Lothringen für gerechtfertigt halten, welche in Vereinigung mit den pfälzischen Bahnen und der hessischen Ludwigsbahn auf dem linken Rheinufer eine den badischen und den hessischen Staatsbahnen parallel laufende Verbindung zwischen der Schweiz und der preußischen Rheinprovinz, beziehungsweise Belgien, Holland und England, herstellen und wenigstens einen Teil des sich zwischen diesen Ländern bewegenden Verkehrs aufnehmen werden. Durch diese speziellen Beisteuern würden 11934000 Franken gedeckt werden und von den durch Deutschland aufzubringenden 20 Millionen Franken noch 8066000 Franken von dem Reich zu übernehmen sein. Bei der unzweifelhaften Thatsache, daß das ohne Subvention nicht herzustellende Unternehmen, wie es schon den gemeinsamen Interessen des nunmehr geeinigten Deutschlands dienen wird, und diesem Gesichtspunkte gegenüber eine alle Einzelheiten erschöpfende Abwägung des besonderen Interesses der verschiedenen Staaten nicht am Platze sein dürfte, dem hervortretenden speziellen Interesse auch durch die besonderen Zuwendungen Rechnung getragen wird, nimmt der Unterzeichnete keinen Anstand, den ganz ergebensten Antrag zu stellen: der Bundesrat wolle sich damit einverstanden erklären, daß das Reich dem zwischen Italien und der Schweiz am 15. Oktober 1869 über die Herstellung und Subventionirung der Gotthardbahn abgeschlossenen Staatsvertrag beitrete und dem Unternehmen eine nach Maßgabe des Artikels 17 des Vertrages zahlbare Subvention in Höhe von 20 Millionen Franken zu sichern.

Der Reichskanzler.
v. Bismarck.

Der Bundesrat trat dem Antrag Bismarcks bei und ermächtigte den Reichskanzler zur Vorlage eines Gesetzentwurfs an den Reichstag, welcher die Kaiserliche Regierung bevollmächtigte, namens des Deutschen Reichs dem italienisch-schweizerischen Vertrage vom 15. Oktober 1869 beizutreten und zur Ausführung desselben eine Subvention von 20 Millionen Franken zuzusichern.[1]) Gesetz vom 2. November 1871 (Reichs-Gesetzbl. S. 375).

7. Marine und Schiffahrt.

Flößerei-Abgaben. Der Kuriosität halber sei erwähnt, daß die erste Kaiserliche Verordnung, welche im Namen des Deutschen Reichs erging (vom 19. Februar 1871, Bundes-Gesetzbl. S. 31), die Aufhebung der auf dem Neckar bisher üblichen Flößerei-Abgaben betraf. Für Süddeutschland handelte es sich dabei um das erste Eingreifen der Reichsgewalt in bisher als „innere Angelegenheiten" behandelte Verhältnisse.

Aufsichtsrecht über den Zustand der mehreren Staaten gemeinsamen Wasserstraßen. In unserer Session kam der Bundesrat zum erstenmal in die Lage, das obige Recht auszuüben, und zwar in Bezug auf die untere Weser. Das Fahrwasser derselben befand sich, wie eine auf Anregung des Senats von Bremen im Juli 1870 durch Kommissarien der Uferstaaten stattgefundene Untersuchung ergeben hatte, namentlich in der Strecke unterhalb Vegesack in einem keineswegs befriedigenden, den Anforderungen der Schiffahrt entsprechenden Zustande. Nach dem dringlichen Antrage der genannten Kommission sollte deshalb ein festgestellter Korrektionsplan für die

---

[1]) Fassung des von den Bundesrats-Ausschüssen vorgeschlagenen Gesetzentwurfs, „National-Zeitung" Nr. 502 vom 26. Oktober 1871.

Strecke Vegesack=Käseburg schleunigst ausgeführt und ein Korrektionsplan für die Strecke Käseburg-Sterhausen aufgestellt werden. Diese Kommissionsvorschläge waren dann auch von dem preußischen Geheimen Baurat Gercke, welchen der Reichskanzler als Präsidialkommissar delegirt hatte, nachdrücklich befürwortet worden und hatte demzufolge der Reichskanzler die oldenburgische Regierung um Ausführung der Strombauten für die Strecke Vegesack-Käseburg, sowie um eine Verständigung mit Preußen bezüglich der Korrektion der Strecke Käseburg-Sterhausen ersucht. Oldenburg wollte nun zwar Verhandlungen mit Preußen einleiten, hatte aber die Uebernahme einer bestimmten vertragsmäßigen Verpflichtung zur baldigen Ausführung des zu vereinbarenden Korrektionsplanes abgelehnt, während Preußen den Eintritt in die Verhandlungen ohne vorgängige Feststellung solcher Verpflichtung für nutzlos erklärte. Aus Anlaß dieser Differenz stellte der Reichskanzler, auf den Artikel 4 Nr. 9 der Reichsverfassung gestützt, beim Bundesrat den Antrag, daß durch technische Kommissare des Reiches der Zustand des Fahrwassers der Weser von Vegesack abwärts einer eingehenden Untersuchung unterzogen und behufs Abstellung der etwa vorgefundenen Mängel ein von den beteiligten Uferstaaten auszuführender Korrektionsplan festgestellt werde.

Die Frage, ob die infolge der Aufhebung der Elbzölle in den Nachtragsetat aufgenommene Ausgabe von 100054 Thalern von den Staaten des vormaligen Norddeutschen Bundes allein oder von sämtlichen Staaten des Deutschen Reichs aufzubringen sei, entschied der Bundesrat bei Feststellung des Nachtragsetats für das Jahr 1871[1]) in letzterem Sinne. Hierbei erklärte der württembergische Minister v. Mittnacht: Die württembergische Regierung lege entschieden mehr Wert auf die Erzielung eines Einvernehmens in solchen Fragen mit den verbündeten Regierungen als auf ein pekuniäres Opfer, bezüglich dessen die Rechtsverbindlichkeit etwa zweifelhaft wäre. Er habe deshalb zu erklären, daß, wofern die Regierungen des vormaligen Norddeutschen Bundes eine Rechtsverbindlichkeit der süddeutschen Staaten als vorliegend betrachten oder auch es nur politisch rätlich oder zweckmäßig finden, daß an der fraglichen Last die süddeutschen Staaten partizipiren, die württembergische Regierung keinen Widerspruch zu erheben gesonnen ist. Der badische Bevollmächtigte fügte hinzu, daß auch Baden gegen die Beteiligung der süddeutschen Staaten mit Rücksicht auf die Wünsche der Staaten des Norddeutschen Bundes und um der Bereitwilligkeit zur Förderung der gemeinsamen Zwecke Ausdruck zu geben, sich bereit erkläre, zur Deckung jener Ausgabe auch seinerseits beizutragen. Durch diese Erklärung sollte indes die Rechtsfrage nicht entschieden, auch nicht zu der Folgerung Anlaß gegeben werden, daß in allen ähnlichen Fällen das Deutsche Reich als Rechtsnachfolger des Norddeutschen Bundes zu gelten habe.

---

[1]) „National-Zeitung" Nr. 114 vom 8. März 1871, Nr. 170 vom 12. April 1871. Vgl. auch die Nr. 149 vom 28. März 1871 und die „Norddeutsche Allgemeine Zeitung" Nr. 86 vom 14. April 1871 (Vorschläge des Ausschusses).

8. Post- und Telegraphenwesen.

Vom Reichskanzler wurden dem Bundesrat vorgelegt die Entwürfe eines Gesetzes, betreffend das Reichspostwesen[1]) (Gesetz vom 28. Oktober 1871, Reichs-Gesetzbl. S. 347) und betreffend das Posttaxwesen.[2]) Die Beschlußfassung des Bundesrats über das Posttaxgesetz (wobei der Reichstag gegen die Ansicht der Bundesregierungen den Wegfall des Landbriefbestellgeldes vom Jahre 1872 ab beschlossen hatte) wurde einstweilen ausgesetzt, und es sollten zunächst weitere finanzielle und statistische Erhebungen stattfinden. Indessen war von vornherein Aussicht vorhanden, daß der streitige Reichstagsbeschluß nicht ganz werde von der Hand gewiesen werden. Man verhehlte sich im Bundesrat nicht, daß eine strikte Ablehnung jenes Beschlusses den Reichstag dazu bewegen könnte, bei der Beratung des Bundeshaushaltsetats pro 1872 für die Postverwaltung den Einnahmesatz aus dem Landbriefbestellgeld zu streichen, nachdem eine so große Majorität des gesetzgebenden Körpers an jenem Beschlusse auch in der dritten Lesung des Taxgesetzes festgehalten hatte. Unter diesen Umständen, und um das Zustandekommen des Etats nicht zu gefährden, machten sich Stimmen im Bundesrat geltend, welche der Aufhebung des Landbriefbestellgeldes das Wort mit der Maßgabe redeten, daß die Publikation des Taxgesetzes bis zum 1. Januar 1872 hinausgeschoben werde.

Die Frage kam im Herbst 1871 bei Vorberatung des Etatsentwurfs der Reichspostverwaltung pro 1872 zur erneuten Beratung. Die Gegner der Erleichterung meinten, das Landbriefbestellgeld sei nur eine unbedeutende Last für die ländliche Bevölkerung und es könne andererseits niemand verlangen, daß die Postverwaltung ihre Dienste unentgeltlich leiste. Die Majorität des Ausschusses aber wies auf die wahrscheinlichen bedeutenden Ueberschüsse hin, welche die Postverwaltung im Jahre 1872 haben werde. Die Bevollmächtigten mehrerer Staaten hoben auch die Notwendigkeit einer gleichmäßigen Behandlung der Korrespondenz für das Land hervor, welche beeinträchtigt würde, wenn in Sachsen, Baden, Bayern, Württemberg, Oldenburg das Landbriefbestellgeld nicht, in anderen Bundesstaaten aber erhoben würde. Entscheidend war der Hinweis auf den Umstand, daß, wenn das neue Postgesetz nicht zu stande käme, in Baden, dessen Postverwaltung vom 1. Januar 1872 auf das Reich überging, von diesem Tage ab das Postgesetz von 1867 in Kraft treten würde, wodurch das dort abgeschaffte exklusive Recht der Post auf Personenbeförderung wieder eingeführt würde. Schließlich entschied sich der Ausschuß und auch das

[1]) Analyse desselben „National-Zeitung" Nr. 168 vom 9. April 1871.

[2]) Abweichungen von dem Bundesgesetz vom 4. November 1867, „National-Zeitung" Nr. 170 vom 12. April 1871. Redaktionelle Aenderungen des Bundesrats-Ausschusses über das obige Gesetz, Nr. 196 vom 27. April 1871, „Norddeutsche Allgemeine Zeitung" Nr. 99 vom 28. April 1871.

Plenum des Bundesrats für die Beseitigung des Landbriefbestellgeldes,[1]) worauf das Zustandekommen des Gesetzes über Posttaxwesen (vom 28. Oktober 1871, Reichs-Gesetzbl. S. 358) gesichert war.[2])

Erwähnenswert sind noch nachstehende drei Vorlagen des Kanzlers: eine Uebereinkunft mit den Vereinigten Staaten von Amerika, betreffend den Austausch von Postanweisungen[3]) (Vorlage vom 16. September 1871), der Additional-Postvertrag mit demselben Staate vom 14. Mai / 31. März 1871 (Reichs-Gesetzbl. S. 245), und der Postvertrag mit Frankreich, vom 14. Februar 1872.[4])

9. Konsulatswesen.

Dem Bundesrat wurden vom Reichskanzler zwei Vereinbarungen zugestellt, mittelst deren die vom Norddeutschen Bunde am 22. Februar 1870 mit Spanien und die vom Norddeutschen Bunde am 21. Dezember 1868 mit Italien abgeschlossenen Konsularkonventionen auf das Deutsche Reich ausgedehnt wurden. Die Konventionen waren fast gleichlautend und erhielten Gesetzeskraft. Konvention mit Italien vom 7. Februar 1872 (Reichs-Gesetzbl. S. 134), desgleichen mit Spanien vom 12. Januar 1872 (Reichs-Gesetzbl. S. 211).

Bei der Zahl und den ausgedehnten Amtsbezirken der in den Vereinigten Staaten von Amerika angestellten deutschen Konsuln erschien es wünschenswert, die amtliche Stellung derselben auch hier vertragsmäßig zu regeln. Nachdem die Geneigtheit der Vereinigten Staaten zum Abschluß einer Konsularkonvention festgestellt worden war, hatten Besprechungen mit dem amerikanischen Gesandten in Berlin zu einem dessfallsigen Vertragsentwurf geführt. Dieser Entwurf schloß sich gleichfalls der zwischen dem Norddeutschen Bunde und Italien am 21. Dezember 1868 abgeschlossenen Konsularkonvention an. Der Reichskanzler beantragte unter dem 15. November 1871[5]) bei dem Bundesrat, derselbe wolle zum Abschluß eines Konsularvertrages zwischen dem Deutschen Reiche und den Vereinigten Staaten von Amerika, nach Maßgabe des bezeichneten Entwurfes,

---

[1]) Vgl. die „National-Zeitung“ Nr. 477 vom 12. Oktober 1871. Notiz von Beschlüssen des Bundesrats hinsichtlich der Postüberschüsse, „Norddeutsche Allgemeine Zeitung“ Nr. 290 vom 12. Dezember 1871.

[2]) Württemberg soll gegen das Posttaxgesetz gestimmt haben, weil durch die im § 8 verfügte Aufhebung der Gebühren für Postscheine für Württemberg ein jährlicher Einnahmeausfall von 20000 Gulden zu gewärtigen war.

[3]) „National-Zeitung“ Nr. 452 vom 27. September 1871 und Nr. 457 vom 30. September 1871.

[4]) „National-Zeitung“ Nr. 92 vom 24. Februar 1872. Vorlage an den Bundesrat, betreffend die Thätigkeit des Feldpostwesens während des Krieges von 1870/71, „National-Zeitung“ Nr. 180 vom 18. April 1871; Beschlußfassung infolge des Minimalanteils Badens an den Postüberschüssen, Nr. 79 vom 10. Dezember 1871.

[5]) In Kohls Bismarck-Regesten unerwähnt.

seine Zustimmung erteilen. Die Konvention vom 11. Dezember 1871 erhielt Gesetzeskraft (Reichs-Gesetzbl. 1872 S. 95).

Eine vierte Vorlage Bismarcks betraf die Ausdehnung der Konvention mit den Niederlanden über die Zulassung der Konsuln in den niederländischen Kolonien auf das Reich. Konvention vom 11. Januar 1872 (Reichs-Gesetzbl. S. 67).

Nachdem vom 15. September 1871 bis zum 5. Februar 1872 in 167 Orten deutsche Konsuln bestellt worden waren, beantragte der Bundesrats-Ausschuß für Handel und Verkehr beim Bundesrat, derselbe wolle anerkennen, daß an diesen Plätzen die Vertretung der Einzelinteressen aller Bundesstaaten durch die daselbst errichteten Konsulate des Deutschen Reichs gesichert sei und die beteiligten Regierungen ersuchen, Anordnung zu treffen, daß die Landeskonsulate an diesen Plätzen, soweit dieselben noch bestanden, aufhörten,[1]) sobald die Reichskonsulate in Wirksamkeit getreten waren, und daß von den ersteren die laufenden Akten und die Archive baldigst an die letzteren abgeliefert würden. Der Bundesrat genehmigte am 3. März 1872 diesen Antrag.

10. Kriegswesen.

Die Friedenspräsenzstärke des deutschen Heeres. Bis zum 31. Dezember 1871 waren (nach Art. 62 der Verfassung) zur Bestreitung des Aufwandes für das gesamte Heer so viel mal 225 Thaler, als die Kopfzahl des Heeres betrug, zur Verfügung gestellt. Nach Ablauf des Uebergangsjahrs mußten die Ausgaben für das Reichsheer durch das Haushaltsgesetz festgestellt werden. Auf den Antrag des Reichskanzlers setzte der Bundesrat die Friedenspräsenzstärke des Heeres für eine dreijährige Finanzperiode (1872, 1873, 1874) fest.[2]) Gesetz vom 9. Dezember 1871 (Reichs-Gesetzbl. S. 411). Der ursprüngliche Antrag der Regierung ging auf einjährige Bewilligung.

Unterstützung der aus dem Kriege zurückkehrenden Landwehrmänner und Reservisten. In der ersten Session des Reichstags hatte der Abgeordnete v. Bunsen mit Unterstützung fast aller Parteien einen Gesetzentwurf eingebracht, betreffend die Bildung eines Fonds aus der französischen Kriegskostenentschädigung zum Besten derjenigen Reservisten und Landwehrmänner, welche bei ihrer Heimkehr aus dem Kriege einer Unterstützung dringend bedürften.

Die Stellung dieses Antrags war nicht recht verständlich, da Bunsen

---

[1]) Insbesondere wurden die bisherigen bayerischen Konsulate in Paris, Havre und Marseille aufgehoben.

[2]) Vgl. die „National-Zeitung“ Nr. 555 vom 26. November 1871, und den Aufsatz in der „Provinzial-Correspondenz“ vom 6. Dezember 1871: Die Entscheidung über das Reichsheer.

wußte, daß sich der Reichskanzler auf das entschiedenste gegen seinen Antrag erklärt hatte. Bunsen hatte die Frage dem Reichskanzler schriftlich unterbreitet und umgehend zur Antwort erhalten, daß er nicht geneigt sei, auf den Antrag einzugehen, weil es dem Reich an Organen zur Verteilung fehle, und weil diese Aufgabe kleine Kreise und Vereine zu erfüllen hätten.

Ueber das Schicksal dieses Antrags gibt das nachstehende Schreiben Bismarcks an den Bundesrat vom Juni 1871 [1]) näheren Aufschluß:

Der Reichstag hat in seiner Sitzung vom 23. vorigen Monats den Antrag des Abgeordneten Bunsen und Genossen, betreffend die Bildung eines Reichsfonds zur Unterstützung der aus dem Felde zurückkehrenden Reservisten und Landwehrmänner, ungeachtet des dagegen von seiten des Bundesrats erhobenen Widerspruchs, angenommen. Die bezügliche Mitteilung des Präsidenten des Reichstags ist laut Beschlusses vom 24. vorigen Monats dem ersten und zweiten Ausschusse überwiesen. Bei der Beratung über den Antrag ist die Bedürfnisfrage an sich im Namen der verbündeten Regierungen keineswegs verneint, sondern der Antrag ist nur aus dem Gesichtspunkte der Unmöglichkeit bekämpft worden, die ihm zu Grunde liegende wohlwollende Absicht von Reichs wegen zu verwirklichen. Bei dieser Sachlage und mit Rücksicht auf die im Reichstage abgegebenen Erklärungen ist nach der Ansicht des Unterzeichneten die in dem Bundesrat in dieser Angelegenheit einzunehmende Haltung von selbst vorgezeichnet. Der Bundesrat wird die eigentliche Initiative zur Abhilfe des in der gedachten Beziehung obwaltenden Notstandes den einzelnen hohen Bundesregierungen zu überlassen und seinerseits auf eine allgemeine Anregung und auf die Andeutung des zweckmäßigen Weges, um zu dieser Abhilfe zu gelangen, zu beschränken haben. Dieser Weg möchte darin zu finden sein, daß die einzelnen hohen Bundesregierungen à conto des ihnen demnächst zu überweisenden Anteils an der französischen Kriegsentschädigung den Kommunalverbänden (Kreisen, Städten, Ortsbezirken oder Vereinen), welchen die Unterstützung der Landwehr- und Reservistenfamilien obliege, die Mittel überweisen, um den durch die Einziehung zur Fahne in ihren Erwerbs- und Vermögensverhältnissen besonders schwer geschädigten Reserve-Offizieren und Mannschaften die Wiederaufnahme ihres bürgerlichen und gewerblichen Berufs nach Möglichkeit zu erleichtern. Der Unterzeichnete beehrt sich hiernach, dem Bundesrat die dementsprechende Beschlußfassung ganz ergebenst anheimzustellen.

Der Reichskanzler.

v. Bismarck.

Dem Vorschlage Bismarcks, diese ganze Sache den einzelnen Regierungen zu überlassen, stand nur eines entgegen, daß keiner der deutschen Landtage zur Sommerszeit versammelt war. Es trat also doch an den Bundesrat die

---

[1]) In Kohls Bismarck-Regesten nicht erwähnt.

Aufgabe heran, der Abhilfe dieses Bedürfnisses gewissermaßen vorschußweise nahe zu treten, und denjenigen Regierungen, welche Mittel dazu verwenden wollten, aber keine konstitutionelle Möglichkeit hatten, sich die Mittel im Augenblick zu verschaffen, diese Mittel vorschußweise zu gewähren. Einen auf dieser Basis eingebrachten Gesetzentwurf, mit dessen Tendenz sich auch Bismarck versöhnt hatte, nahm der Bundesrat an. Gesetz, betreffend die Gewährung von Beihilfen an Angehörige der Reserve und Landwehr, vom 22. Juni 1871 (Reichs-Gesetzbl. S. 271).[1])

Das Reichsinvaliden-Pensionsgesetz begegnete im Bundesrat keinen Schwierigkeiten, nachdem das Reichskanzler-Amt auf Befragen zu erkennen gegeben hatte, daß es die Absicht sei, zur Deckung dieser Bedürfnisse aus einem Teile der französischen Kriegskontribution einen Fonds zu bilden und eine betreffende Vorlage an den Bundesrat gelangen zu lassen. Man vermochte bei dieser Erklärung um so mehr Beruhigung zu fassen, als man hiernach voraussetzen durfte, daß die Ausführung des Gesetzes nicht zu einer Erhöhung der Matrikularbeiträge führen werde.[2]) Gesetz vom 27. Juni 1871, betreffend die Pensionirung und Versorgung der Militärpersonen des Reichsheeres und der Kaiserlichen Marine, sowie die Bewilligungen für die Hinterbliebenen solcher Personen (Reichs-Gesetzbl. S. 275).[3])

Rayongesetz. Der von Bismarck dem Bundesrat vorgelegte Entwurf eines Gesetzes über die Beschränkung des Grundeigentums in der Umgebung von Festungen entsprach im wesentlichen dem im vorigen Jahr dem Norddeutschen Reichstag gemachten. Aus dem Schoße der Ausschüsse des Bundesrats verlautete, daß es in der ausgesprochenen Absicht der Reichsregierung liege, den Interessen und Wünschen der Festungsstädte, soweit es nur irgendwie mit den strategischen Forderungen vereinbar war, Berücksichtigung

---

[1]) Nicht zu verwechseln ist hiermit das Gesetz vom 4. Dezember 1871, betreffend den Ersatz der den bedürftigen Familien zum Dienste einberufenen Reserve- und Landwehrmannschaften gewährten oder noch zu gewährenden gesetzlichen Unterstützungen. (Reichs-Gesetzbl. S. 407.) Ueber die Genesis dieses Gesetzes im Bundesrat vgl. die „National-Zeitung" Nr. 527 vom 10. November 1871. — Vorlage der Militärkonvention mit Hessen Nr. 453 vom 28. September 1871, der Verordnung, betreffend die Kautionen der bei der Militär- und Marineverwaltung angestellten Beamten, Nr. 183 vom 19. April 1871. Bemerkungen über die Anwendung des Gesetzes, betreffend Unterstützung der bedürftigen Familien der zum Dienst einberufenen Reserve- und Landwehrmannschaften, auf Mannschaften der Seewehr: „Norddeutsche Allgemeine Zeitung" Nr. 41 vom 17. Februar 1871.

[2]) Vgl. die „National-Zeitung" Nr. 202 vom 29. April 1871, Nr. 212 vom 7. Mai 1871. (Vorschläge der vereinigten Ausschüsse für das Landheer und die Festungen und für das Rechnungswesen.)

[3]) Antrag Bayerns auf Einführung des norddeutschen Gesetzes über die Verpflichtung zum Kriegsdienst s. „National-Zeitung" Nr. 517 vom 4. November 1871.

angedeihen zu lassen. [1]) Eine dissentirende Stellung nahm, so viel bekannt, nur die braunschweigische Regierung ein, welche zu dem betreffenden Gesetzentwurf formulirte Abänderungsanträge stellte. [2]) Gesetz vom 21. Dezember 1871 (Reichs-Gesetzbl. S. 459).

---

[1]) „National-Zeitung" Nr. 148 vom 28. März 1871, Nr. 471 vom 8. Oktober 1871; „Norddeutsche Allgemeine Zeitung" Nr. 76 vom 30. März 1871.

[2]) Dieselben waren in drei Abschnitten in folgender Weise erläutert:

I. Die Rayonbeschränkungen sind keine im Expropriationswege aufzulegende Servituten. Sie dienen nicht zum Nutzen oder zur Annehmlichkeit eines andern Grundstückes, sondern werden für den Staatszweck der Verteidigung des Landes aufgelegt. Es ist überhaupt nicht richtig, gesetzliche Eigentumsbeschränkungen schlechthin als Servituten zu behandeln und ihre Einführung aus dem Gesichtspunkte der Expropriation anzusehen. Eine Festung kann nicht umbaut sein; hat man keine Rayonbestimmungen, und sind Vorstädte, Straßen oder einzelne Gebäude entstanden, die dem Angriffe dienen oder die Verteidigung erschweren, so werden dieselben, wenn es zu Krieg oder Belagerung kommt, entweder vom Belagerer oder zunächst von dem Belagerten selbst zerstört. Dann erhält für solche Kriegsschäden niemand Entschädigung. Ordnet man also Rayonbeschränkungen an und verbietet das Bauen in der Nähe der Festung, so hat das den zweifachen Sinn, daß man die große Schwierigkeit, eine plötzlich notwendige Zerstörung auszuführen, vermeidet, und daß man das Publikum vor Schaden bewahrt. Es ist zuzugestehen, daß die Gesetzgebung wohlerworbene Rechte nicht ohne Grund und nicht ohne Entschädigung aufheben soll. Dagegen ist allgemein nicht zuzugestehen, daß für jede durch Gesetz dem Privatus auferlegte Beschränkung seines Eigentums oder der freien Benutzung desselben nach Geist und Absicht der allgemein grundrechtlichen Sätze (§§ 29—31 des allgemeinen Landrechtes und § 33, der von den Beschränkungen des Eigentums handelt) Entschädigung gegeben werden müsse. Es bleibt lediglich Frage der legislativen Politik, ob in einer besonderen Materie eine Entschädigung überwiegende Gründe der Billigkeit für sich habe und an sich ohne zu große Belastung des Fiskus ausführbar sei. Die Frage wird regelmäßig verneint werden müssen, wenn es sich a) nicht um Entziehung der Substanz der Sachen, sondern bloß um Beschränkungen des freien Gebrauchs, und b) nicht um Maßregeln gegen einzelne Individuen, sondern allgemeine gesetzliche Anordnungen handelt. Festungen können einmal nicht wie offene Städte nach außen über die Enceinte hinauswachsen und sich ausdehnen. Das Verbot trifft kein Individuum, sondern eine ganze Klasse von Städten, berührt in seiner Anwendung jeden und unterscheidet sich nicht von anderen baupolizeilichen Verboten. Die Konsequenzen, die aus einer Verschiebung des Prinzips und einer Vermischung hierher gehöriger Fälle mit eigentlichen Expropriationsfällen folgen, lassen sich kaum übersehen. Mit gleichem Rechte würden alle Hauseigentümer, die in ihren Häusern keine Pulvermühlen oder Petroleumniederlagen haben dürfen, alle Pferdehändler bei Ausfuhrverboten, alle Branntweinfabrikanten bei Verboten des Brennens aus Kartoffeln oder Getreide in Notzeit 2c., Entschädigung beanspruchen. Dann kann auch schwerlich von überwiegender Billigkeit die Rede sein; die Benutzung der Grundstücke als Anger, Aecker, Wiesen und Gärten bleibt ganz frei; für wirklich weggenommene Anlagen wird entschädigt, und nur der Gewinn, der sich durch die Preissteigerung bei Bauplätzen in der Nähe großer Städte machen läßt, wird vereitelt. Die Bestimmung des Entwurfs endlich, daß nur für künftig entstehende Beschränkungen entschädigt werden soll, ist lediglich Folge der Besorgnis vor ganz unerträglichen Lasten. An sich begründet ist die Unterscheidung nicht; man sieht, wie der Zeitpunkt, zu dem die Einziehung in den Rayon erfolgt, auf die rechtliche Seite der Sache Einfluß haben soll.

Die auf die Bildung eines Reichs-Kriegsschatzes abzielende Vorlage legte Bismarck dem Bundesrat am 19. September 1871 vor. [1]) Gesetz vom 11. November 1871 (Reichs-Gesetzbl. S. 403).

Das Gesetz über Ersatz von Kriegsschäden und Kriegsleistungen bestimmt im Art. 3, daß der Bundesrat zur Wahrung einer angemessenen und gleichmäßigen Handhabung des Gesetzes Festsetzungen treffen werde, an welche die mit der Feststellung der Entschädigungen betrauten Kommissionen bei ihrer Entscheidung gebunden sind. Bisher hatte sich kein Bedürfnis nach solchen Festsetzungen herausgestellt, jetzt aber hatten die in Elsaß-Lothringen

---

Praktisch führt die Sache zu Uebelständen, weil selbst in neuerer Zeit noch Erweiterungen und Veränderungen der Rayons vorgekommen sind, und also die Agitationen und Petitionen noch nicht abgethan sein werden. Es wird also vorgeschlagen, anstatt §§ 15, 19 zu setzen: § 15. Wenn Baulichkeiten, Anlagen und Vorrichtungen infolge davon, daß das Grundstück, auf dem sie sich befinden, bei neuen Festungsanlagen an einen Rayon gezogen oder bei bestehenden Festungen in einen andern Rayon verlegt werden, beseitigt oder geändert werden müssen, so wird dafür volle Entschädigung geleistet. Diese besteht in dem Betrage, um welchen das Vermögen des Beteiligten durch die Beseitigung oder Abänderung der Baulichkeit, Anlage oder Vorrichtung verringert wird, also in dem dadurch entstandenen Schaden und entzogenen Gewinn. § 16. Die Besitzer von Grundstücken, welchen hiernach Entschädigungsansprüche zustehen, haben dieselben innerhalb einer sechswöchentlichen Präklusivfrist, vom Tage der ihnen eröffneten Anordnung der Kommandantur an gerechnet, bei dieser durch den Gemeindevorstand anzumelden und zu begründen. § 17 wie § 20 des Entwurfs. In § 21: statt Entschädigungsrente „Entschädigung".

II. Will man eine Entschädigung dennoch gewähren, so scheint jedenfalls der im Entwurf vorgeschlagene Modus der Ausmittlung kaum acceptabel, da man Dinge abschätzen lassen will, die sich gar nicht schätzen lassen. Es wird vorgeschlagen: In § 15 Alinea 1, die Worte „durch Gewährung einer nach § 16 festzustellenden Rente" zu streichen. §§ 16—18 zu streichen und dafür zu setzen: § 16. Behufs Feststellung der Entschädigung wird der gemeine Kaufwert des Grundstückes ermittelt und von diesem Kaufwerte für die Auferlegung der Rayonbeschränkungen im ersten Rayonbezirke $1/10$, und für die Auferlegung der Rayonbeschränkungen im zweiten Rayonbezirke $1/20$ als Entschädigung gewährt. Im § 20 im zweiten Alinea zu setzen: die Abschätzung des Kaufwerts.

III. Bedenklich ist, daß nach § 20 der Spruch der Verwaltungsbehörde über den Entschädigungsbetrag im Rechtswege anzufechten ist. Man muß sich entscheiden, ob man Ausmittlung im Verwaltungs- oder im Rechtswege will. Der Rechtsweg paßt, wenn überhaupt das regelmäßige Verfahren nicht eingehalten oder die gesetzliche Entschädigung versagt wird. Schreibt das Gesetz aber einmal die Ausmittlung der Entschädigung im Verwaltungswege vor, so ist damit den Beteiligten ihr Recht geschehen. Mißtraut man der Verwaltung, so mag man ihre Kompetenz ganz ausschließen. Es wird daher beantragt, für den Fall der Annahme eines der Anträge sub I. und II., sowie für den Fall der Ablehnung beider Anträge in § 21 Alinea 2 zu sagen: derselbe setzt den Entschädigungsantrag nach ihrem aus der Verhandlung und den Umständen geschöpften pflichtmäßigen Ermessen endgiltig fest. Das ꝛc. Alinea 3, 4, 5 und 6 wegzulassen, und in Alinea 7 zu sagen: „Innerhalb einer Präklusivfrist ꝛc".

[1]) In Kohls Bismarck-Regesten nicht erwähnt.

gebildeten Kommissionen beschlossen, daß auch solche Zivilpersonen, welche infolge von Körperverletzung im letzten Kriege Schäden erlitten, Anspruch auf Schadloshaltung haben. Diese Auslegung des Gesetzes war unrichtig, da in demselben ausdrücklich nur von Schäden an Mobilien und Immobilien die Rede ist, und da der Beschluß der elsässer Kommissionen das finanzielle Interesse des Reiches zu schädigen geeignet war, so beantragte der Reichskanzler beim Bundesrat, eine richtige Deklaration des Gesetzes zur Nachachtung zu erteilen. Darauf beschloß der Bundesrat in der Sitzung vom 23. Januar 1872 nach Anhörung des Ausschusses für das Rechnungswesen, daß das gedachte Gesetz auf solche Fälle, in welchen Personen infolge von Kriegsoperationen körperliche Beschädigungen erlitten haben, keine Anwendung finde.

Schließlich erwähne ich noch, daß der Bundesrat beschloß, die schon bisher bestehende Bundes-Schulkommission[1]) um zwei Mitglieder zu verstärken, von welchen das eine durch die württembergische, das andere durch die badische Regierung ernannt werden sollte, und nach Ablauf von drei Jahren die Frage in Erwägung zu ziehen, ob nicht die Zusammensetzung der Kommission für die Folgezeit anderweitig und etwa in der Weise zu ordnen sei, daß hinsichtlich sämtlicher Mitglieder der Kommission diejenigen Regierungen, welchen die Ernennung zustehen sollte, für eine bestimmte Reihe von Jahren durch die Bundesregierung bezeichnet werden.

11. Finanzen.

Neue Kriegsanleihe. In der Sitzung des Bundesrats vom 12. April 1871 legte Bismarck dem Bundesrat einen Gesetzentwurf, betreffend die Beschaffung weiterer Geldmittel zur Bestreitung der durch den Krieg veranlaßten außerordentlichen Ausgaben, vor, worin er für sich die Ermächtigung nachsuchte, zur Bestreitung der Kriegsausgaben über die bereits bewilligten 220 Millionen Thaler hinaus weitere Geldmittel bis zur Höhe von 120 Millionen im Wege des Kredits flüssig zu machen, und zu diesem Zwecke in dem Nominalbetrage, wie er zur Beschaffung von 120 Millionen erforderlich sein wird, eine verzinsliche Anleihe aufzunehmen und Schatzanweisungen auszugeben. Aus dem Wortlaute des Gesetzentwurfes selbst ging strikte nicht hervor, daß die Kreditforderung nur eine eventuelle sein solle. Wohl aber sprach sich Bismarck bei der Motivirung der Vorlage dahin aus, daß von dieser Kreditgewährung nur dann Gebrauch gemacht werden solle, wenn und solange nicht durch den Eingang der von Frankreich konventionsmäßig zu zahlenden Summen anderweit die nötigen Geldmittel flüssig werden sollten. Fürst Bismarck sprach hierbei sogar den Wunsch und die Hoffnung aus, daß

---

1) Vgl. Bd. I. S. 181 f.

nicht die Notwendigkeit eintreten möge, von der Kreditbewilligung, wie sie der Entwurf in Aussicht nahm, in vollen Umfange Gebrauch zu machen. Aber die augenblickliche Lage mache es der Bundesverwaltung zur Pflicht, sich sowohl in Bezug auf die Höhe des Kredits als auch in Bezug auf die Modalitäten etwaiger weiterer Kreditoperationen diejenigen Vollmachten erteilen zu lassen, welche sie in den Stand setzen möchten, nötigenfalls allen Eventualitäten zu begegnen. Gesetz vom 26. April 1871 [1]) (Reichs-Gesetzbl. S. 91).

Tabakmonopol. Ein von der württembergischen Regierung dem Bundesrat eingereichter Antrag auf höhere Besteuerung des Tabaks, eventuell Einführung des Tabakmonopols im Deutschen Reich, lautete wie folgt:

Die Reichsfinanzen sind in dem 12. Abschnitte] der Verfassung durch Art. 70 in der Weise geordnet, daß zur Bestreitung der gemeinschaftlichen Ausgaben zunächst die etwaigen Ueberschüsse der Vorjahre, dann diejenigen Einnahmen dienen sollen, welche aus den Zöllen, den gemeinschaftlichen Verbrauchssteuern sowie aus dem Post- und dem Telegraphenwesen fließen. Soweit diese Einnahmen zur Deckung der Ausgaben nicht hinreichen, müssen die erforderlichen Mittel durch Beiträge der einzelnen Bundesstaaten nach Maßgabe der Bevölkerung aufgebracht werden. Allerdings ist die Einführung von Reichssteuern vorbehalten, und wird eine solche auf Grund des Gesetzes vom 10. Juni 1869 in der Wechselstempelsteuer erhoben.

Zu einem beträchtlichen Teile seines finanziellen Bedarfs ist indessen derzeit das Reich auf die Zuschüsse aus den Kassen der einzelnen Bundesstaaten angewiesen. Der ordentliche, durch die Erfüllung der verfassungsmäßigen Aufgaben des Reichs bedingte Aufwand kann zu einem erheblichen Betrage aus den unmittelbaren Einnahmequellen des Reichs noch nicht bestritten werden. Der Finanzhaushalt des Reichs ist bis jetzt kein selbständiger, in sich abgeschlossener. Die Organe des Reichs beschließen über dessen Aufwand, über volkswirtschaftliche Reformen auf dem Gebiete der gemeinschaftlichen Einnahmen, ohne sich zugleich auch der Sorge unterziehen zu müssen, die Mittel vom Reich aus vollständig herbeizuführen, deren Ergänzung sie vielmehr von den einzelnen Bundesstaaten verlangen können.

Ein solches Verhältnis kann auf die Dauer weder dem Reich noch den einzelnen Bundesstaaten frommen. Den letzteren nicht, sofern ihre Budgets durch die Ausgaben für die Reichszwecke, auf deren Höhe sie unmittelbar einen bestimmenden Einfluß nicht haben, sehr erheblich belastet werden und ihnen überhaupt durch die fortgesetzte Abhängigkeit von den Anforderungen der Reichskasse

---

[1]) Näheres über den Inhalt der Vorlage „National-Zeitung" Nr. 174 vom 14. April 1871 und „Vossische Zeitung" Nr. 93 vom 14. April 1871.

die Erhaltung der notwendigen Ordnung im eigenen Haushalt wesentlich erschwert wird. Dem Reiche nicht, weil dieses in der Verfolgung seiner Aufgabe auf den Gebieten der Gesetzgebung und der Verwaltung nur bei voller finanzieller Unabhängigkeit frei und ungehemmt vorgehen kann. Diese Erwägungen führen auf die Frage, ob nicht dem Reich weitere eigene Einnahmen von dauernder Ergiebigkeit verfügbar gemacht werden können. Soll dabei in die bestehenden Steuersysteme der einzelnen Bundesstaaten nicht störend eingegriffen und doch ein Steuerobjekt gefaßt werden, das einen hohen Ertrag abwerfen kann, so bietet sich als ein solches der Tabak dar, dessen Verbrauch nach Art. 35 der Verfassung bereits dem Reich ausschließlich zur Besteuerung überwiesen ist, bis jetzt aber faktisch nicht so hoch besteuert wird, als er nach den Erfahrungen anderer Staaten herangezogen werden könnte.

Die finanziellen Ergebnisse der gemeinschaftlichen Tabaksteuer in Deutschland sind bis jetzt ganz geringfügige gewesen. Sehr hohe Einnahmen werden dagegen aus der Besteuerung des Tabakverbrauchs namentlich in denjenigen Staaten erzielt, in welchen der Tabakverkehr der Privatindustrie entzogen und dem Monopol unterworfen ist. Im Hinblick hierauf haben die württembergischen Bevollmächtigten bei den Verhandlungen, welche dem Abschlusse des Vertrages vom 25. November 1870 über den Beitritt zu der zwischen dem Norddeutschen Bunde, Baden und Hessen vereinbarten Verfassung des Deutschen Bundes vorhergegangen sind, den Wunsch ihrer Regierung auszusprechen gehabt, daß der Bundesrat sobald als thunlich die Einführung des Tabakmonopols in Erwägung nehmen möge. Die Königlich württembergische Regierung erachtet es an der Zeit, auf den Gegenstand zurückzukommen. In ihrem Auftrage haben die Unterzeichneten die Ehre, der Beschlußfassung des Bundesrats den Antrag zu unterstellen: die Frage einer höheren Besteuerung des Tabakverbrauchs im Deutschen Reiche, insbesondere auch die Frage der Einführung des Tabakmonopols, einer näheren Prüfung und Erörterung zu unterziehen. Die Annahme ist wohl eine gerechtfertigte, daß der Gegenstand so wird gefördert werden können, daß der Bundesrat über die Vorlage der betreffenden Ausschüsse in der Herbstsession zu beschließen in der Lage sein wird.

Der württembergische Antrag fand bei den preußischen Mitgliedern des Bundesrats (Camphausen, Delbrück), wie man sich denken kann, wenig Anklang. Man hielt es für inopportun, für den auf dem Prinzip der Handelsfreiheit aufgebauten Zollverein ein Institut zu empfehlen, welches zu den schwierigsten und kompliziertesten Finanzeinrichtungen gehöre, langer Vorbereitungen zu seiner Realisirung bedürfe und die Beschaffung eines nach Millionen zählenden Anlage- und Betriebskapitals erfordere. Der Antrag wurde denn auch in aller Stille begraben. Es scheint, daß das Plenum des Bundesrats gar nicht damit befaßt wurde.

Bundeshaushaltsetat. Aus den dem Bundesrat zugegangenen Belägen ergab sich pro 1870 ein Ueberschuß der Bundeskasse von 1092190 Thalern.[1])

In Bezug auf den Nachlaß, welcher Bayern an den Kosten für die Reichsgesandtschaften gewährt werden sollte, ging der ursprüngliche Antrag der bayerischen Regierung dahin:

1. In Erwägung des Umstandes, daß an den Orten, an denen Bayern eigene Gesandtschaften unterhält, die Vertretung der bayerischen Angelegenheiten dem Bundesgesandten nicht obliegt, erhält Bayern hinsichtlich der Kosten der betreffenden Bundesgesandtschaften den dem Beschlusse des Bundesrats des Norddeutschen Bundes in § 65 Pos. I. des Protokolls vom 12. März 1869 entsprechenden Nachlaß von dem Matrikularbeitrage. 2. In Anbetracht der Leistungen, welche Bayern laut Pos. VII. des Schlußprotokolls, d. d. Versailles, 23. November 1870, für den diplomatischen Dienst in Bundesangelegenheiten leistet, erhält Bayern eine weitere Vergütung.

Der bayerische Bevollmächtigte sprach dabei noch den Wunsch aus, daß diese letztere Vergütung höher gegriffen werden möge, als die unter I. erwähnte, so daß der an Bayern zu vergütende Betrag im ganzen nicht bloß als ein Nachlaß des einfachen Matrikularbeitrags Bayerns zu dem Besoldungsaufwande für die hier in Betracht kommenden Bundesgesandtschaften erscheine, sondern der bayerischen Regierung noch eine weitere Vergütung gewähre. Dem wurde von anderer Seite widersprochen, indem man meinte, daß für Bayern eine angemessene Ausgleichung schon darin zu finden sei, daß es seinen einfachen Matrikularbeitrag zu dem gesamten Besoldungsaufwand für die in Betracht kommenden Bundesgesandtschaften im ungefähren Betrage von 33460 Thalern vergütet erhalte. Schließlich gelangte ein mittlerer Vorschlag im Bundesrat zur Annahme, welcher bei Vergütung des einfachen Matrikularbeitrages an Bayern nicht allein den Besoldungsaufwand, sondern auch die sächlichen Ausgaben der betreffenden Bundesgesandtschaften berücksichtigte. Da der Matrikularbeitrag Bayerns zu diesen sächlichen Ausgaben nach einer von seiten des Bundeskanzler-Amts vorgelegten ungefähren Berechnung auf etwa 7000 Thaler anzuschlagen war, so war für Bayern von der für die Vertretung des Reichs in Ansatz gebrachten, durch Matrikularbeiträge aller Staaten aufzubringenden Summe von 310355 Thalern ein Gesamtnachlaß von 38810 Thalern beschlossen.

Bereitstellung der Geldmittel zu den Reichsausgaben pro 1872. In der Sitzung des Bundesrats vom 29. Dezember 1871 wurden die erforderlichen Beschlüsse hierüber gefaßt. Es sollten darnach die dem Reiche zustehenden Zölle und Steuern, sowie die an deren Stelle zu zahlenden Accisen,

[1]) „National-Zeitung“ Nr. 448 vom 22. September 1871. Antrag des Bundeskanzlers, betreffend eine anderweitige Feststellung der Matrikularbeiträge zur Deckung der Gesamtausgaben für das Jahr 1869, Nr. 83 vom 17. Februar 1871.

ferner die für den unmittelbaren Ausgabebedarf der Reichs-Hauptkasse nicht in Anspruch genommenen Teile der Matrikularbeiträge und die sonstigen Eingänge für Rechnung des Reichs der Reichs-Hauptkasse monatlich zur Verfügung gestellt werden. Von denjenigen Staaten, welche ihr Militärkontingent selbst verwalteten, wurden die genannten Beträge zunächst zur Deckung der Militärausgaben herangezogen. An eisernen Vorschüssen für die einzelnen Militärkontingente waren zu überweisen an Preußen 4765000 Thaler, an Bayern 753000 Thaler, an Sachsen 378000 Thaler, an Württemberg 278000 Thaler und an Mecklenburg 96000 Thaler.[1])

Verteilung der von Frankreich zu zahlenden Kriegsentschädigung. Der Abschluß des definitiven Friedens mit Frankreich und die durch diesen Abschluß gewonnene Gewähr für die Zahlung der von Frankreich im Präliminarfrieden übernommenen Kriegsentschädigung gestatteten es, eine Entscheidung über die Verwendung dieser Entschädigung herbeizuführen. Dem Bundesrat wurden vom Reichskanzler unterm 15. Mai 1871[2]) Vorschläge über den Inhalt der zu treffenden Entscheidung gemacht mit der Bemerkung, daß nach seiner Ansicht diese Entscheidung zum Gegenstande haben werde: 1. die Kriegsentschädigung von 5 Milliarden Franken, einschließlich der von drei Fünfteilen dieser Entschädigung aufkommenden Zinsen; 2. die von der Stadt Paris gezahlte und vorläufig unter Vorbehalt schließlicher Regelung nach dem Maßstabe der Bevölkerung verteilte Kontribution von 200 Millionen Franken; 3. die in Frankreich erhobenen Steuern und nicht sofort für besondere Kriegszwecke verwendeten örtlichen Kontributionen nach Abzug der Kosten für Verwaltung derjenigen Teile Frankreichs, in welchen diese Steuern und Kontributionen aufgenommen sind. Bei der Verfügung über die solchergestalt gewonnene Masse, so lautete Bismarcks Vorschlag, werden zunächst:]

I. Die allgemeinen Bedürfnisse des Reichs in das Auge zu fassen sein, und zwar 1. die Versorgung der Invaliden aus dem Kriege mit Frankreich nach Maßgabe des Militärpensionsgesetzes, welches dem Reichstage vorliegt. Es soll hierzu ein Fonds auf Höhe von 240 Millionen Thalern gebildet werden. 2. Die Bildung eines gemeinschaftlichen Kriegsschatzes von 40 Millionen, welcher bestimmt ist, im Falle des Krieges die ersten Kosten der Mobilmachung zu bestreiten. 3. Die Bildung eines Betriebsfonds für das Reichskanzler-Amt, welcher dazu bestimmt ist, einmal die Bundesregierung der Notwendigkeit zu überheben, die nach der Reichsverfassung gemeinschaftlichen Zölle und Steuern

[1]) Ueber die Stellungnahme des Bundesrats zu der Reichstagsresolution zum Etat: „bei der Verteilung der Matrikularbeiträge nicht wie bisher die Ortsanwesenheit und Staatsangehörigkeit, sondern nur die Ortsanwesenheit der Bevölkerung zu Grunde zu legen“, vgl. die „National-Zeitung“ Nr. 571 vom 6. Dezember 1871.

[2]) In Kohls Bismarck-Regesten nicht erwähnt.

dem Reich zur Verfügung zu stellen, bevor dieselben wirklich bezahlt sind, beziehungsweise die Militärverwaltung mit eigenen Betriebsfonds auszustatten, sodann dem Reichskanzler-Amt die zur Führung einer geordneten Verwaltung der dem Reiche überwiesenen Angelegenheiten unentbehrlichen eisernen Fonds zu gewähren. 4. Die Entschädigung der Eigentümer und deutschen Mannschaften der von Frankreich aufgebrachten, nach Maßgabe des Friedensvertrages vom 10. Mai 1871 nicht herauszugebenden oder nicht zum vollen Wert zu ersetzenden Schiffe und Ladungen. 5. Eine Entschädigung an die Bewohner solcher Orte, sowohl in dem bisherigen Reichsgebiet als auch in Elsaß-Lothringen, welche im Laufe des letzten Krieges von dem französischen oder deutschen Heer beschossen worden sind, für die durch die Beschießung verursachten Schäden an Immobilien und Mobilien. Ueber die Grundsätze, nach welchen diese Entschädigung zu gewähren sein wird, bleibt eine besondere Vorlage vorbehalten. Nur nachrichtlich möge hier erwähnt werden, daß bisher liquidirt sind, und zwar für Straßburg 50 900 000, Schlettstadt 2 500 000, Breisach 1 300 000, Thionville 3 000 000 Franken. — Summa 57 700 000 Franken. 6. Der Ersatz derjenigen Kriegsleistungen, welche von den Bewohnern von Elsaß-Lothringen auf Anordnung der deutschen Militärbehörden und gegen Anerkenntnis der letzteren geleistet sind, nach Maßgabe der über die Vergütung von Kriegsleistungen im Norddeutschen Bunde bestehenden gesetzlichen Bestimmungen. 7. Die Wiederherstellung der in Elsaß-Lothringen belegenen Festungen. 8. Zur Gewährung von Beihülfen an die während des letzten Krieges aus Frankreich ausgewiesenen Deutschen werden den einzelnen Regierungen die für diesen Zweck in Frankreich erhobenen besonderen Kontributionen zum Betrage von ungefähr 7 Millionen Franken aus der Masse zur Verfügung zu stellen sein, und zwar nach dem Verhältnis der jedem einzelnen Staate angehörenden Ausgewiesenen zur Gesamtzahl aller Ausgewiesenen.

II. Der durch die vorstehend bezeichneten Bedürfnisse nicht in Anspruch genommene Teil der zur Verfügung stehenden Masse wird zwischen dem Norddeutschen Bunde, Bayern, Württemberg, Baden und Südhessen zu verteilen sein. Denn wenn auch der Krieg gemeinschaftlich als Sache ganz Deutschlands geführt worden ist und deshalb der Gedanke nahe liegen könnte, daß die Kosten dieses gemeinschaftlichen Krieges als gemeinschaftliche anzusehen und aus der gemeinschaftlichen Masse zu decken seien, so steht dieser Folgerung die Erwägung entscheidend entgegen, daß die politisch-militärische Gemeinschaftlichkeit des Krieges zu keiner Zeit eine finanzielle war, daß vielmehr jeder der genannten Teile den Krieg nicht aus gemeinschaftlichen, sondern aus besonderen Mitteln geführt hat, und daß unter solchen Umständen die Erstattung der Kriegskosten aus der gemeinschaftlichen Masse nicht nur den thatsächlichen Verhältnissen nicht entsprechen, sondern auch die Auseinandersetzung zwischen den Beteiligten in nachteiliger Weise verzögern würde. Es wird daher die Deckung der Kriegskosten als eine innere Angelegenheit des Norddeutschen Bundes, Bayerns, Württembergs, Badens, Südhessens zu betrachten sein. Als der den thatsächlichen Verhältnissen am meisten entsprechende Maßstab der vorzunehmenden Verteilung erscheinen die militärischen Leistungen der einzelnen Teile. Denn da die Masse, um welche es sich handelt, durch militärische Leistungen erworben ist, so ist es folgerichtig, wenn dieselbe in dem Verhältnis verteilt wird, in welchem die Beteiligten zu ihrem Erwerbe mitgewirkt haben. Die militärische Leistung aber wird am richtigsten dargestellt durch den durchschnittlichen Effektivbestand der von jedem Teile gestellten Mannschaften und Pferde, und zwar sowohl derjenigen, welche sich auf dem Kriegsschauplatz befanden, als auch derjenigen, welche in der Heimat zum Schutze der Küsten, zur Bewachung der Gefangenen und zum Garnisondienste verwendet wurden. Es dürfte keine Schwierigkeit darbieten, diesen Effektivstand aus den halbmonatlichen Rapporten zu ermitteln, und es wird zur Feststellung des Grundsatzes nur noch darauf ankommen, den Faktor richtig zu wählen, durch welchen der Effektivstand an Pferden demjenigen an Menschen gleichnamig zu machen ist. Indessen reicht der angegebene Maßstab nicht aus, um allen militärischen, für die gemeinsame Kriegführung unentbehrlichen Leistungen vollständig gerecht zu werden. Die Kriegführung hat gewisse Ausgaben nötig gemacht, zu welchen einzelne Beteiligte weit über das Verhältnis ihres Effektivstandes an Mannschaften und Pferden hinaus beigetragen haben. Diese Ausgaben bestehen in dem Aufwande für die Belagerungsartillerie, in den durch den Krieg veranlaßten außeretatsmäßigen Ausgaben für die Kriegsmarine, in dem Aufwande für vorübergehende Einrichtungen zur Küstenverteidigung, für die Anlegung und Wiederherstellung von Eisenbahnen im Interesse der Kriegführung und für die nicht in den Bereich der Feldtelegraphie fallenden Telegraphenanlagen und deren Betrieb, sowie in einigen minder wichtigen, durch die Notwendigkeit von Organen der Zivilverwaltung in Frankreich bedingten persönlichen und sachlichen Ausgaben. Alle diese Ausgaben würden noch speziell zu liquidiren und aus der Masse vorweg zu erstatten sein. [1])

Die von dem Bundesrat in der Sitzung vom 23. Juni 1871 gefaßten Beschlüsse betreffs Verwendung der Kriegskontribution hatten folgenden Wortlaut:

I. Von der in der Präsidialvorlage aufgeführten Entschädigung und sonstigen aus der Kriegführung geflossenen Einnahmen sind außer den durch besondere Gesetze bereits genehmigten Ausgaben folgende Verwendungen zu machen:

1. Zur Versorgung der aus dem Kriege zurückgekehrten Invaliden und der Hinterlassenen der Gebliebenen nach Maßgabe des mit dem Reichstage ver-

---

[1]) Die Ausschüsse des Bundesrats für das Landheer und die Festungen und für das Rechnungswesen schlossen sich den Vorschlägen und Ausführungen des Reichskanzlers in allem Wesentlichen an. „National-Zeitung" Nr. 285 vom 22. Juni 1871.

einbarten Gesetzes ist ein Betrag von 240 Millionen Thalern zu reserviren, über dessen Verwaltung weitere Entschließung vorbehalten bleibt.

Man war allseitig darüber einverstanden, daß eine Berichtigung der Zahl von 240 Millionen Thalern bei der künftigen Aufstellung der weiteren Vorlage für den Bundesrat und den Reichstag nach Maßgabe des bis dahin zu beschaffenden vollständigen Materials vorbehalten werden müsse.

2. Zur Bildung eines gemeinsamen Kriegsschatzes, welcher den Zweck hat, im Falle eines Krieges die ersten Kosten der Mobilmachung zu bestreiten, bleiben unter Vorbehalt der noch zu treffenden näheren Bestimmungen 40 Millionen Thaler reservirt. Im Falle der Mobilmachung wird den ihr Kontingent selbst verwaltenden Staaten der entsprechende Teil dieses Kriegsschatzes sofort zur Verfügung gestellt.

3. Zur Bildung des in der Präsidialvorlage als „Betriebsfonds" bezeichneten Fonds soll ein der Höhe nach später noch festzustellender Betrag verwendet werden. — Staatsminister v. Pfretzschner stimmte dem Beschlusse zu 3. vorbehaltlich der in der Herbstsession festzustellenden Details bei.

4. Zur Wiederherstellung, Vervollständigung und Ausrüstung der in Elsaß-Lothringen gelegenen Festungen werden die erforderlichen Mittel verwendet.

5. Nachstehende, durch die Kriegführung erwachsene oder mit derselben in unmittelbarem Zusammenhange stehende Ausgaben sind als gemeinsame Ausgaben zu betrachten und demgemäß aus den oben bezeichneten Einnahmen zu bestreiten:

a) die Kosten für die Armirung und Desarmirung der Festungen;

b) der Aufwand für das Belagerungsmaterial;

c) die durch den Krieg veranlaßten außeretatsmäßigen Ausgaben für die Kriegsmarine;

d) die Ausgaben für die vorübergehenden Einrichtungen zur Küstenverteidigung und, insoweit hierzu die Kosten der Sperre auf den in die See mündenden Flüssen zu rechnen, auch die Kosten der Stromsperre auf dem Rhein;

e) die Kosten für Anlegung und Wiederherstellung von Eisenbahnen im Interesse der Kriegführung, soweit dieser Aufwand sich nicht als eine nützliche Anlage im Interesse der dabei beteiligten Reichsgebiete darstellt, und soll hiermit der künftigen Beschlußfassung über die Großherzoglich badischerseits angeregte Frage, ob die Wiederherstellung der Kehler Rheinbrücke auf allgemeine Kosten zu bewerkstelligen sei, nicht vorgegriffen werden;

f) die Kosten der nicht in den Bereich der Feldtelegraphie fallenden Telegraphenanlagen und deren Betrieb unter der sub e bemerkten Beschränkung;

g) der Aufwand, welcher durch einstweilige Zivilverwaltung in Frankreich entstanden ist, soweit derselbe nach der Präsidialvorlage bereits gedeckt ist.

Der Reichskanzler wird ersucht, die Liquidation der nach dem Vorstehenden von den einzelnen Regierungen geltend zu machenden Ansprüche in Anregung zu bringen.

II. Der nach den Anträgen unter I. nicht zur Verwendung gelangende Teil der Einnahmen ist zunächst zwischen dem vormaligen Norddeutschen Bund einerseits und den mit demselben während des Krieges verbündet gewesenen süddeutschen Staaten — Bayern, Württemberg, Baden und Südhessen — andererseits zu verteilen und hierbei von folgenden Grundsätzen auszugehen:

1. Die Verteilung erfolgt nach dem Verhältnisse der militärischen Leistungen jedes Teiles, wie es sich aus dem Effektivstand der von ihm gestellten Mannschaften und Pferde ergibt.

2. Zur Ermittlung dieses Effektivstandes wird die Zeit vom 16. Juli 1870 bis 1. Juli 1871 zu Grunde gelegt.

3. Die ungleichartigen Leistungen an Pferden und an Mannschaften, sowie an den mobil gemachten und an den immobilen Mannschaften und Pferden werden nach folgenden Verhältniszahlen ausgeglichen: ein mobiler Mann wird gleich 1, ein nicht mobiler desgleichen gleich $^1/_2$, ein mobiles Pferd gleich $1\,^1/_2$, ein nicht mobiles dergleichen gleich $^3/_4$ berechnet.

4. Die vom 1. Juli 1871 ab erfolgten militärischen Leistungen werden als gemeinsame Lasten im Sinne von Punkt I. Nr. 5 oben behandelt und vergütet.

Behufs Ausführung vorstehender Grundsätze wird eine besondere Kommission, bestehend aus Bevollmächtigten des vormaligen Norddeutschen Bundes, Bayerns, Württembergs, Badens und Südhessens, zusammentreten und dem Bundesrat demnächst die geeigneten Vorschläge machen.

Man war darüber einverstanden, daß die vorstehend erwähnte Kommission hauptsächlich aus militärischen Mitgliedern zu bestehen und daß dieselbe nicht per majora Entscheidungen zu treffen, sondern nur die Beschlußnahme des Bundesrats vorzubereiten haben werde.

III. Ueber die Verteilung des nach Nr. II. dem vormaligen Norddeutschen Bunde zufallenden Anteils der Einnahme bleibt die Beschlußfassung ausgesetzt. [1])

---

[1]) Im Anschluß an diese allgemeinen Anträge war von dem Bundesrats-Ausschuß noch der Antrag gestellt: „Die erste Rate der Kriegsentschädigung von 125 Millionen Franken zur Deckung der gemeinsamen Ausgaben, welche durch die fünf beschlossenen Reichsgesetze festgesetzt waren, zu verwenden und die demnächst fällige Rate von 375 Millionen Franken unter Vorbehalt der definitiven Abrechnung zwischen dem Norddeutschen Bund und den süddeutschen Staaten nach Maßgabe der Zollabrechnungs-Bevölkerung zu verteilen." Dieser letztere von dem Bundesrat angenommene Vorschlag enthielt allerdings insofern eine Abweichung von den Vorschlägen des Reichskanzlers, als nach letzteren nur der Rest der Kriegsentschädigung nach Deckung aller gemeinsamen Ausgaben verteilt werden und diese Verteilung auch nach dem Verhältnisse der militärischen Leistungen jedes Teiles geschehen sollte; wie verlautete, sollte die Verteilung der 375 Millionen Franken nach Maßgabe der Zollabrechnungs-Bevölkerung aber auch nur provisorisch und deshalb in Vorschlag gebracht worden sein, weil die Verteilung der Summe vielleicht früher erfolgen könnte als die Feststellung des definitiven Verteilungsmaßstabes. Dieser letztere sollte jedenfalls nach Verhältnis der militärischen Leistungen jedes Teiles bestimmt werden, wie sich solches aus dem Effektivbestande der gestellten Mannschaften und Pferde ergab.

Bei der Beratung des Bundesrats über die Verwendung der zweiten Rate der von Frankreich zu entrichtenden Kriegsentschädigung sprach der bayerische Staatsminister v. Pfretzschner den Wunsch aus, daß den Bundesregierungen über den Eingang der von Frankreich noch fernerhin vertragsmäßig zu leistenden Zahlungen und über das Maß, in welchem die gezahlten Beträge für diejenigen 5 Gesetze in Anspruch genommen würden, für welche, wie bereits mitgeteilt, 125 Millionen Franken zu gemeinsamen Ausgaben reservirt werden sollten, fortlaufende Mitteilung gemacht werden möge. Der Vorsitzende, Minister Delbrück, sagte die Erfüllung dieses Wunsches zu.

Im Bundesrat stellte sich bald die Ueberzeugung fest, daß die große Vorlage über die Grundsätze der Kriegskontributionsverteilung nicht auf einmal ausgeführt werden könne, und da auch Bismarck es als wünschenswert erklärt hatte, für jetzt nur die allernächsten Bedürfnisse in das Auge zu fassen und als solche die Entschädigung der durch Beschießung mitgenommenen Städte in Deutschland und Elsaß-Lothringen, ferner die Entschädigung der deutschen Rhederei und endlich die Beihülfen für die aus Frankreich vertriebenen Deutschen bezeichnet hatte, so entstanden im Bundesrat fünf Gesetzesvorlagen.

1. Betreffs der Entschädigung der deutschen Rhederei erschien die ursprünglich von dem Kanzler gemachte Anregung [1]) den kleineren deutschen Küstenstaaten nicht weit genug gehend, und so richteten, und zwar bevor die eigentliche Vorlage des Reichskanzlers an den Bundesrat gelangte, die Vertreter von Mecklenburg-Schwerin, Oldenburg, Lübeck, Bremen und Hamburg einen entsprechenden Antrag an den Bundesrat. [2]) Der Antrag wurde vom Bundesrat den Ausschüssen für das Seewesen und für das Rechnungswesen überwiesen. Unter Berücksichtigung desselben arbeiteten diese den Entwurf eines Rhederei-Entschädigungsgesetzes aus und legten ihn unter dem 26. Mai dem Bundesrat vor, worauf derselbe ihn in der Sitzung vom 27. desselben Monats mit wenigen stilistischen Aenderungen annahm. Nachdem der Reichstag das Gesetz in der vom Bundesrat vorgelegten Fassung angenommen hatte (Gesetz vom 14. Juni 1871, Reichs-Gesetzbl. S. 249), wählte der Bundesrat am 9. Juli 1871 die Mitglieder und Stellvertreter der Liquidationskommission.

2. Gesetzentwurf, betreffend die Entschädigung der aus Frankreich ausgewiesenen Deutschen. Gesetz vom 14. Juni 1871 (Reichs-Gesetzbl. S. 253 f.).

---

[1]) Vgl. zum folgenden den Aufsatz von Professor William Lewis in Berlin: „Die Entschädigung der deutschen Rhederei nach dem deutsch-französischen Kriege" und die „National-Zeitung" Nr. 236 vom 23. Mai 1871, Nr. 248 vom 31. Mai 1871, Nr. 249 vom 31. Mai 1871 und Nr. 331 vom 19. Juli 1871. Der Kanzler hatte mit der Vorlage vom 15. Mai 1871 dem Bundesrat ein Regulativ unterbreitet, worin angedeutet war, wie er sich die Entschädigung der Rhederei dachte.

[2]) Wortlaut abgedruckt in dem in der vorigen Note erwähnten Lewisschen Aufsatz.

3. Gesetzentwurf, betreffend die Entschädigung der durch den Krieg gelittenen deutschen und elsaß-lothringischen Städte. Gesetz vom 14. Juni 1871 (Reichs-Gesetzbl. S. 247).[1]

4. Gesetzentwurf, betreffend die Bildung eines Kriegsschatzes. Gesetz vom 11. November 1871 (Reichs-Gesetzbl. S. 403).

5. machte der Reichskanzler zur Ausführung des in der Präsidialvorlage vom 15. Mai 1871 als Betriebsfonds bezeichneten Fonds dem Bundesrat eine Vorlage, der wir das folgende entnehmen:

Bei der Abbürdung der Zoll- und Steuerkredite handelt es sich darum, daß die Reichskasse den kreditirten Betrag der Zölle und Steuern bis zum Fälligkeitstermin vorschießt, wogegen den Landesregierungen, welche die Kredite erteilen, die Haftung für den vollen und rechtzeitigen Eingang der kreditirten Beträge verbleibt. Sollen nun die Bundesregierungen vom 1. Januar 1872 ab den Ertrag der Zölle ꝛc. erst nach Ablauf der gewährten Kreditfristen abliefern, so entsteht für die Reichskasse in den ersten Monaten ein einmaliger Ausfall in Höhe der ausstehenden Kredite, welcher sich auf etwa 17 300 000 Thaler beziffern läßt und der am Schlusse des Jahres als Mindereinnahme auftritt. Die angegebene Summe wird also etwa die sein, welche der Reichskasse zur Deckung des Ausfalles aus der französischen Kriegskontribution zu überweisen wäre.

Was den Betriebsfonds der Reichskasse betrifft, so ist bekannt, daß bisher Stockungen in der Verwaltung der Bundesfinanzen nur durch Pränumerandozahlungen der Matrikularbeiträge, durch Vorschüsse, welche die preußische Generalstaatskasse leistete, sowie durch den besonderen Umstand haben vermieden werden können, daß die aus der Rübenzuckersteuer für die letzten vier Monate jedes Jahres an die süddeutschen Staaten zu leistenden Herauszahlungen erst am 1. September des folgenden Jahres fällig wurden, wodurch der Bundeskasse jedes Jahr während längerer Zeit eine Summe von circa 1½ Millionen Thalern zur Verfügung blieb. Es wird sich nun darum handeln, die Reichskasse mit einer baren Reserve auszustatten, welche sie in den Stand setzt, auch unter ungünstigen Verhältnissen den an sie herantretenden Forderungen eine Zeit lang aus eigener Kraft zu genügen, ohne sofort zu außerordentlichen Mitteln greifen zu müssen. Hierzu bedarf sie zunächst einer Summe von 2 Millionen

---

[1]) Vorlage Bismarcks an den Bundesrat und Beschluß des letzteren wegen der Entschädigungsansprüche von Schiffs- und Mühlenbesitzern, welche infolge der militärischen Maßnahmen zum Schutze der Festungen Trier und Saarlouis erhoben worden waren und sich auf Ersatz versenkter Schiffe und dadurch bewirkter Wertverminderung der Fahrzeuge und Geschäftsverluste bezogen, s. „National-Zeitung“ Nr. 598 vom 21. Dezember 1871. Beschluß des Bundesrats vom 17. März 1871, betreffend die Vergütung für geleisteten Militärvorspann, „National-Zeitung“ Nr. 150 vom 29. März 1871, Nr. 180 vom 18. April 1871; cf. auch Nr. 579 vom 10. Dezember 1871. Antrag Badens auf Entschädigung der Bewohner von Stadt und Dorf Kehl, „National-Zeitung“ Nr. 168 vom 9. April 1871.

Thalern für die Zentralverwaltung und für die Verwaltungszweige, welche sämtlichen Bundesstaaten gemeinschaftlich sind, also auch für die Post- und Telegraphenverwaltung in Elsaß-Lothringen, und außerdem eines besonderen Betriebsfonds von 1750000 Thalern für die Post- und Telegraphenverwaltung.

Den Betriebsfonds für die Militärverwaltung anlangend, liegen die Verhältnisse so: Die Ausgaben für diese Verwaltung sind in den verschiedenen Monaten verschieden, in den ersten und letzten Monaten des Jahres stärker als in den Monaten Mai bis Oktober, und die hierbei obwaltenden Verhältnisse sind andere als diejenigen, auf welchen die Einnahmen der Reichskasse beruhen. Die Militärverwaltung bedarf in den ersten vier Monaten eines Zuschusses gegenüber den gleichzeitigen Einnahmen an Zöllen, Verbrauchssteuern und Matrikularbeiträgen, und wenn auch dieser Bedarf in den nächsten Monaten seinen Ausgleich findet, so muß er doch in Höhe von 8 Millionen Thalern zunächst vorschußweise aufgebracht werden. Indessen handelt es sich danach doch nur darum, eine finanzielle Reserve herzustellen, welche die Reichskasse der Notwendigkeit überhebt, in den ersten vier Monaten an Matrikularbeiträgen einen Mehrbetrag bis fast 8 Millionen Thaler über den Monatsdurchschnitt einzuziehen. Diese Reserve braucht nicht in baren Mitteln aufgebracht zu werden; eine solche Summe würde das ganze Jahr hindurch Zinsen kosten, während der Bedarf nur wenige Monate anhält. Es wird vielmehr zur Ausgleichung der vorübergehenden Unregelmäßigkeit in dem Zusammentreffen der Einnahmen und Ausgaben genügen, wenn mit der Feststellung des Etats zugleich für den Reichskanzler die Ermächtigung verbunden wird, kurzfristige Schatzanweisungen, die nur nach Bedarf ausgegeben werden und nur so lange eine Zinsausgabe veranlassen, als ein Bedarf vorhanden ist, bis zu einer gewissen Maximalhöhe auszugeben.

Die Abbürdung der Zoll- und Steuerkredite, meinte die Vorlage, konnte durch entsprechende Bestimmungen im Etatsgesetze, die Errichtung des Betriebsfonds der Reichskasse ebenfalls im Etat pro 1872 durch Ueberweisung von 3750000 Thalern aus den Kontributionsgeldern geregelt werden.[1])

12. Elsaß-lothringische Angelegenheiten.

Die wichtigste unter allen die Reichslande betreffenden Vorlagen war der von Bismarck vorgelegte Entwurf eines Gesetzes, betreffend die Vereinigung von Elsaß-Lothringen mit dem Deutschen Reich.[2]) Sein Inhalt

[1]) Ueber die Anträge Preußens, Bayerns und Württembergs, betreffend die Behandlung gewisser von einem Ort auf einen andern ausgestellten Anweisungen als Platzanweisungen, vgl. die „National-Zeitung" Nr. 285 vom 22. Juni 1871.

[2]) Der Wortlaut des ursprünglichen Entwurfs findet sich abgedruckt in der „National-Zeitung" Nr. 159 vom 3. April 1871; Kritiken desselben Nr. 161 vom 4. April 1871, Nr. 164 vom 6. April 1871, Nr. 199 vom 28. April 1871.

war dieser: Die Verfassung des Deutschen Reichs soll erst am 1. Januar 1874 in Elsaß und Lothringen in Wirksamkeit treten. Von da an soll aber dem Reiche für Elsaß und Lothringen das Recht der Gesetzgebung auch in denjenigen Angelegenheiten zustehen, welche sonst den einzelnen deutschen Staaten vorbehalten sind. Bis zum 1. Januar 1874 soll das gesamte Gesetzgebungsrecht für die genannten Lande vom Kaiser mit Zustimmung des Bundesrats, aber ohne Mitwirkung des Reichstags, ausgeübt werden. Einzelne Teile der Reichsverfassung sollen schon vor jenem Zeitpunkt durch Verordnung des Kaisers mit Zustimmung des Bundesrats eingeführt werden können. Endlich, der Kaiser allein soll in Elsaß-Lothringen alle anderen Rechte der Staatsgewalt außer dem der Gesetzgebung ausüben.

Die Quintessenz der Vorlage lag darin, daß die Gefahr einer Teilung von Elsaß-Lothringen, aber auch infolge der von Bayern gestellten Ansprüche die einer Angliederung an Preußen beseitigt war.[1])

Die Vorlage wurde dem Verfassungsausschuß des Bundesrats überwiesen. Derselbe betraute mit dem Referat den württembergischen Staatsminister v. Mittnacht. Zuerst fand eine einzige, gewissermaßen informirende Besprechung statt, in welcher der preußische Kommissar, Geheimrat Eck, die erforderlichen Erläuterungen zu dem Entwurfe gab und so gewissermaßen die fehlenden Motive ergänzte. Es stellte sich indessen heraus, daß die Meinungen über den Entwurf noch sehr aus einander gingen. Teils schien die Dauer der Diktatur zu lange, anderenteils die Vertretung der Landesteile im Reichstag und im Bundesrat zu lückenhaft geordnet; es wurde unter anderem darauf hingewiesen, daß der Kaiser als solcher im Bundesrat nicht vertreten sei. Es eröffneten sich nach dieser Richtung hin eine ganze Fülle dehnbarer Punkte.

[1]) Treffend führte die „National-Zeitung“ Nr. 210 vom 6. Mai 1871 diesen Gedanken aus, indem sie bemerkte: „Die bayerische Regierung schien nicht bloß mit Wünschen nach Berlin gekommen zu sein, sondern auf Zusagen, oder mindestens auf begünstigte Aussichten sich zu stützen. Der Widerstand der öffentlichen Meinung mußte in allen Kreisen ihres Berufs geschlossen auftreten, um den halb vollendeten Fehler abzuwenden; die Presse that kräftigen Einspruch, von der Mehrheit des Reichstags konnte mit aller Bestimmtheit vorausgesagt werden, daß sie die Teilung des Gebietes niemals zugeben würde; aus Elsaß kam der heftigste Protest, und so mußte die bayerische Regierung nachgeben, wenn sie nicht sich selbst und die deutsche Politik schlimmer Verlegenheit aussetzen wollte. Da der Preis ohnehin nicht zu haben war, so ließ sich die patriotische Entsagung leicht mit der Klugheit vereinen; denn für die bayerische Regierung war es viel klüger, Anspruch auf Ersatz zu erwerben, als sich zum Mittelpunkt des Angriffes zu machen, welcher mit sicherem Unterliegen bedrohte. Aber ganz ohne Nachwirkung sind die bayerischen Gebietsforderungen nicht geblieben. Während das Publikum den Gedanken der Teilung zurückwies, gewöhnte es sich an den Namen des „Reichslandes“ und der Plan, Elsaß und Lothringen unmittelbar an Preußen anzuschließen oder in Personalunion mit Preußen zu vereinigen, trat auch in Kreisen der Anhänger vielfach zurück. Wir wissen nicht, wie weit früher der engere Anschluß an Preußen auf Erfolg zu rechnen hatte, aber seit die bayerischen Ansprüche bekannt und glücklich bekämpft worden, betrachteten wir die Angelegenheit als entschieden im Sinne derjenigen, welche den Besitz von Elsaß und Lothringen dem Reiche zuwiesen.“

Der Verfassungsausschuß begründete die von ihm vorgenommenen Abänderungen der Vorlage [1]) in einem ausführlichen Bericht, dem wir folgendes entnehmen: Ueber die erste Frage, in welcher Weise die neu erworbenen Lande mit Deutschland vereinigt werden sollen, bemerkte der Bericht, können verschiedene Ansichten obwalten. Einerseits könne geltend gemacht werden, daß die Wiedergewinnung von Elsaß und Lothringen ein Ergebnis gemeinsam vom deutschen Volke ausgeführter Thaten sei, in denen das deutsche Volk seine Einigkeit und Größe wiedergefunden habe, und daß deshalb die wiedererworbenen Lande dem ganzen Reiche einverleibt, weder einem Einzelstaate zugewiesen noch zugeteilt werden dürfen. Andererseits könne hervorgehoben werden, daß es sich bei dem Friedensabschluß nicht um Ländererwerb und Eroberung, sondern lediglich um Sicherheit der deutschen Grenzen gegen einen vielleicht wieder zu bekämpfenden Feind handle. Von diesem Standpunkt aus käme es nur darauf an, das Erworbene sicher zu behaupten, und dies würde gewiß ebenso gut wie durch Einverleibung in das Reich, auch durch Vereinigung mit Preußen, dem mächtigsten Staate, herbeigeführt werden können. Denn die Interessen des Reichs und Preußens seien in dieser Beziehung identisch, und kein Glied des Reichs würde sich beeinträchtigt fühlen, wenn Preußen nicht als Mandatar, sondern zu eigenem Recht die Souveränität über Elsaß und Lothringen überkäme. Eine solche Regelung hätte sogar vielleicht noch andere Vorteile. Es wäre die Vereinigung mit einem Großstaate den erworbenen Landen vielleicht zuträglicher als die Einverleibung in das Reich, eine neue, von Fernerstehenden noch schwer verstandene Schöpfung. Auch sei die Reichsverfassung auf ein unmittelbares Reichsland eigentlich nicht berechnet, dieselbe sei auf Bundesstaaten berechnet, die noch eine besondere Landesverfassung hätten. Elsaß und Lothringen aber solle kein selbständiger Bundesstaat werden, und die Reichsverfassung enthalte auch nichts, was die Landesverfassung zu ersetzen im stande wäre. Auch das Reich selbst, so könne man sagen, das ohnehin verwickelt genug sei, dürfte durch eine weitere Komplikation, wie sie die Verwaltung der Landesangelegenheiten des Elsaß herbeiführe, schwerlich gewinnen. Indessen habe freilich Preußen zu entscheiden, ob es eine unmittelbare Annexion wünsche oder nicht; der Ausschuß habe nur konstatiren wollen, daß einer solchen hier besprochenen Lösung wenigstens kein Widerstreben entgegentreten würde. Gelegentlich führte der Bericht aber an, daß die Bevölkerung von Elsaß und Lothringen das unmittelbare Verhältnis zum Reiche wünsche, dafür lägen thatsächliche Anhaltspunkte vor. [2])

Der Bericht fuhr dann im wesentlichen weiter fort: 2. Wenn die Ver-

---

[1]) Dieselben sind in der „National-Zeitung" Nr. 186 vom 21. April 1871 in dem ursprünglichen Entwurfe mit gesperrter Schrift hervorgehoben.

[2]) Die vorstehenden Erwägungen, welche für eine Einverleibung von Elsaß-Lothringen in den preußischen Staat geltend gemacht wurden, fehlten in den später dem Reichstag zugegangenen Motiven.

fassung des Deutschen Reichs in Elsaß und Lothringen in Kraft treten soll, so werden gewisse Abänderungen respektive Ergänzungen der Verfassung notwendig werden. Es wird dies zum Beispiel zutreffen bei der Beschreibung des Bundesgebiets, bezüglich der Feststellung der Zahl der im Elsaß und Lothringen zu wählenden Reichstagsabgeordneten und wohl auch hinsichtlich der Bildung des Bundesrats. Wenigstens entsendet der Kaiser als solcher keinen Bevollmächtigten zum Bundesrat und sind überhaupt diese Bevollmächtigten nicht bloß Vertreter der Regierungen, sondern Mitglieder einer Versammlung, die in gewissem Maße Funktionen eines Staatenhauses übt und bei deren Beschickung auch die Bevölkerungen wesentlich interessirt sind. Es kann allerdings gesagt werden, daß sich solche Abänderungen und Ergänzungen der Verfassung von selbst verstehen. Es dürfte aber doch an sich richtiger und insbesondere zur Verhütung des möglichen Mißverständnisses, als wolle Elsaß und Lothringen eine Vertretung im Bundesrat durch den Gesetzentwurf versagt werden, geeignet sein, wenn eine bezügliche Hinweisung in die Vorlage aufgenommen würde. Das preußische Gesetz, betreffend die Vereinigung der 1866 annektirten Staaten, besage nach der Bestimmung, daß die preußische Verfassung in diesen Landesteilen am 1. Oktober 1867 in Kraft trete: „Die zu diesem Behufe notwendigen Abänderungs-, Zusatz- und Ausführungsbestimmungen werden durch besondere Gesetze festgestellt". Die Aufnahme eines ähnlichen Satzes auch in die gegenwärtige Vorlage möchte sich empfehlen. Daß eine Uebergangsperiode erforderlich, bevor das neue Reichsland in die Gemeinschaft des Reichs mit den verfassungsmäßigen Rechten und Pflichten eintreten kann, daß die abgetretenen Bevölkerungen selbst einen solchen Uebergang wünschen müssen, wird einer besonderen Begründung nicht bedürfen. Der Termin des 1. Januar 1874, zusammenfallend mit der Erneuerung der Legislaturperiode des Reichstags, scheint nach allen obwaltenden Verhältnissen richtig gewählt zu sein.

3. Daß einzelne Abschnitte und Bestimmungen der Reichsverfassung schon vor dem 1. Januar 1874 in Wirksamkeit sollten gesetzt werden können, erscheint als durchaus zweckmäßig, ja wohl notwendig. Man denke an die Bestimmungen über Indigenate, Zoll- und Handelswesen, Eisenbahnen, Posten und Telegraphenwesen, Kriegswesen. Eine Mitwirkung des Reichstags hierbei, bevor die Stellung des Landes nach allen Seiten eine normale geworden, bei Anordnungen, für welche die jeweiligen Verhältnisse und mancherlei nicht näher zu erörternde Momente maßgebend sind, möchte um so eher auszuschließen sein, als der Reichstag in außerordentlicher Weise **nur** behufs der Einführung einzelner Teile der Verfassung in den neuen Gebieten doch nicht wohl berufen werden kann.

4. Daß in der Uebergangsperiode bis zum 1. Januar 1874 das Gesetzgebungsrecht überhaupt — auf dem Gebiete der Reichs- und Landesgesetzgebung — von Kaiser und Bundesrat ausgeübt werde, wurde vom Ausschusse nicht beanstandet. Ein Benehmen mit Notabeln und Sachkundigen des Reichslandes

ist damit nicht ausgeschlossen. Eine Mitwirkung des Reichstags erscheint schon deshalb als unthunlich, weil die Thätigkeit der Gesetzgebung in den neuen Gebieten in der Uebergangszeit gerade eine ununterbrochene und jederzeit bereite wird sein müssen. Vorauszusetzen wird sein, daß insbesondere auch die Einführung schon erlassener Reichsgesetze in Elsaß und Lothringen hierher zu rechnen. Aus der Einführung zum Beispiel des Abschnitts „Zoll- und Handelswesen" würde nicht folgen, daß über die Besteuerung des Verbrauchs von Branntwein, Bier ꝛc. nunmehr sofort nur durch Reichsgesetz Bestimmung getroffen werden könnte.

5. Es würde eine besondere Verfassungsbestimmung für Elsaß und Lothringen zugleich eine Abweichung von dem bisherigen Reichs-Staatsrechte bilden, wenn das Recht der Gesetzgebung auch in den der Reichsgesetzgebung in den Bundesstaaten nicht unterliegenden Angelegenheiten für Elsaß und Lothringen von dem Reiche in dauernder Weise ausgeübt würde. Damit wäre nicht ausgeschlossen eine Provinzialvertretung im Gebiete der Administration, eine Landesvertretung mit konsultativem Votum überhaupt, wohl aber jede entscheidende Mitwirkung einer Vertretung des Reichslandes auf dem Gebiete auch der Landesgesetzgebung. Daraus, daß als Träger der Staatshoheit über das Reichsland das Reich erscheint, folgt streng genommen, daß das Recht der Gesetzgebung dem Reiche zusteht, im Reiche ruht. Dessenungeachtet konnte unter Umständen eine Mitwirkung bei Ausübung der Landesgesetzgebung vom Reiche einer Landesvertretung übertragen werden zur Wahrnehmung solcher Interessen, welche vornehmlich als Interessen der Landesangehörigen erscheinen. Um hier in keiner Weise zu präjudiziren, vereinigte sich der Ausschuß zu einem Vorschlage, mit welchem ausgedrückt wird, daß die Meinung nicht die ist, es solle und müsse für alle Dauer die ganze Gesetzgebung für Elsaß und Lothringen vom Reich unmittelbar ausgeübt werden.

6. Sämtliche übrigen Hoheitsrechte außer der Gesetzgebung werden vom Kaiser ausgeübt. Dieser Satz kennzeichnet das Verhältnis des unmittelbaren Reichslandes. Der Deutsche Kaiser als erblicher Vertreter der Gesamtheit, in welcher die Souveränität über das Reichsland liegt, übt die landesherrlichen Rechte über das Reichsland aus. Als selbstverständlich betrachtet der Ausschuß, daß die landesherrlichen Anordnungen und Verfügungen des Kaisers zu ihrer Giltigkeit der Gegenzeichnung eines Ministers bedürfen, welcher dadurch die Verantwortlichkeit übernimmt. Dieser Minister wird der Reichskanzler sein, es mag nun die gesetzgebende Gewalt dem Reichstag allein oder dem Reichstag und in Landesangelegenheiten einer Landesvertretung zugewiesen werden. Denn die letztere wirkt an der Landesgesetzgebung kraft Uebertragung seitens des Reichs mit; für das Reich wird verwaltet, dem Reiche ist Verantwortung zu legen, wobei die Einräumung des Rechts, Wünsche und Beschwerden vorzutragen an eine Landesvertretung im engeren Sinne nicht ausgeschlossen ist.

In der ihm von dem Bundesratsausschuß gegebenen Fassung nahm der Bundesrat die Vorlage an. Es fehlte nicht viel, daß aus Anlaß dieses Gesetzes ein Konflikt zwischen dem Bundesrat und dem Reichstag sich entwickelte, da der letztere es für erforderlich erachtete, ausdrücklich die Verantwortlichkeit des Reichskanzlers auszusprechen, und die Befugnisse der leitenden Staatsbehörde erheblich einzuschränken, indem man die Uebergangszeit schon mit dem Jahr 1873 abschließen und die Aufnahme von Darlehen für Bedürfnisse des neuen Gebiets von der Genehmigung des Reichstags abhängig machen wollte. Erfreulicherweise wurden die aufgetretenen Schwierigkeiten durch ein Kompromiß zwischen Reichskanzler und Bundesrat beseitigt. Bismarck nahm den Antrag an, daß die Bestimmung wegen Genehmigung von Anleihen durch den Reichstag auf solche Anleihen beschränkt werden sollte, durch welche irgend eine Belastung des Reichs herbeigeführt werde. Dagegen hielt der Reichstag an dem kürzeren Termin für die Einführung der Reichsverfassung (1. Januar 1873) fest.

Die vom Reichstag beschlossenen Abänderungen [1]) fanden dessen Zustimmung. Das Gesetz wurde publizirt in dem ersten Stück des „Gesetzblattes für Elsaß-Lothringen" [2]) (S. 1—12).

Welch große Verantwortung mit dem Gesetze in Bismarcks Hand gelegt wurde, bedarf keiner Bemerkung. [3])

---

[1]) Vgl. die „National-Zeitung" Nr. 238 vom 24. Mai 1871.

[2]) Dasselbe wurde ins Leben gerufen durch Gesetz vom 3. Juli 1871 (Gesetzbl. für Elsaß-Lothringen). Es war dies das erste vom Kaiser mit Zustimmung des Bundesrats erlassene Gesetz, welches sich auf Elsaß-Lothringen bezog.

[3]) Die „National-Zeitung" Nr. 240 vom 25. Mai 1871 äußerte sich wie folgt: Noch nie in seinem ereignisreichen Leben hat Fürst Bismarck einer gleich schwierigen Aufgabe gegenübergestanden. Wenn bisher das Schwergewicht seines Wirkens in die Verhandlungen mit deutschen und fremden Staaten fiel, so konnte er sich auf seine eigene Kraft verlassen und alle dienstthuenden Diplomaten wurden von seinem Willen und seinem Verständnis geleitet. Aber die gesamte Regierung eines Landes läßt sich nicht an einem Faden leiten, nicht mit einem einzigen festen Vorsatz bewältigen. Die Verwaltung des kleinen Kreises Lauenburg unter dem Namen eines Staates übersteigt nicht die Beschwerlichkeiten eines etwas ausgedehnten Domänenbesitzes, und es ist leicht, den kleinen Wagen in den alten, ausgefahrenen Spuren weiter rollen zu lassen. In den neu erworbenen preußischen Provinzen fielen die Einzelheiten der Verwaltung den preußischen Ressorts zu, der preußische Staat stellte seine besten Kräfte zur Verfügung, die Minister und ihre Stäbe teilten sich in die Verantwortlichkeit, die vermeidlichen Fehler und unvermeidlichen Härten wurden auf Rechnung der anderen gesetzt und der preußische Ministerpräsident trat in die Oeffentlichkeit nur wo ein Fehler noch gut gemacht, Abhilfe gewährt werden konnte oder ein über dies Gewöhnliche hinausragender Gedanke zu vertreten war. Und dabei waren die neuerworbenen Provinzen ganz deutsch, und mit wenigen unwürdigen Ausnahmen überstieg der Widerstand nicht das Maß einer heimischen Opposition. In Elsaß und Lothringen steht, nach Vorschrift des Reichsgesetzes, Fürst Bismarck allein vor der ungemein schwierigen Aufgabe. Wir sprechen nicht allein und nicht einmal vorwiegend von der förmlichen Verantwortlichkeit, welche das Gesetz dem Reichskanzler für alle Anordnungen des Kaisers

Die große Anzahl sonstiger elsaß-lothringischer Gesetzentwürfe, welche Bismarck dem Bundesrat vorlegte, hat daselbst zu keinen großen Erörterungen und Meinungsverschiedenheiten Anlaß gegeben. [1])

---

auferlegt; es ist schon öfter die Frage aufgeworfen worden, was diese Verantwortlichkeit bedeute, und niemand hat sich die unfruchtbare Mühe gegeben, die Frage zu beantworten. Aber Fürst Bismarck tritt in eine ganz neue Phase seines staatsmännischen Wirkens; vor dem ganzen Deutschland und ohne jede Deckung durch mitverantwortliche Genossen legt er die schwere Probe ab, was er für das Wohl eines tief erschütterten Landes durch die Friedensarbeit der innern Verwaltung zu leisten vermag. In dieser Rolle hat sich Fürst Bismarck bisher noch nicht bewährt, kaum versucht. So untergeordneten Wert legte er selbst auf seine Teilnahme an der innern Verwaltung, daß er wiederholt mit dem Gedanken umging, seinen Posten als Ministerpräsident niederzulegen, und thatsächlich den Geschäften dieses für die Verwaltung bedeutenden Amtes sich entzog. Jetzt aber kann Fürst Bismarck nicht von den Geschäften sich zurückziehen, für welche die kaiserliche Regierung eine unbeschränkte Vollmacht erhalten hat. Denn weit weniger von den Gesetzen, an denen der Bundesrat mitwirkt, als von der Art, in welcher die Verwaltung gehandhabt werden wird, hangen Gewinn oder Schaden ab, welchen das Provisorium stiften wird. Fürst Bismarck persönlich besitzt nicht alle Kenntnisse und Geschicklichkeiten, welche eine gute Verwaltung, besonders ihre wichtigen Einzelheiten voraussetzen; wir wissen nicht, ob es je ein solches Verwaltungsgenie gegeben hat. Doch die hohe Bedeutung des Staatsmannes besteht nicht darin, alles selbst thun zu können, sondern die wahre Größe sucht die tüchtigsten Männer sich zu Gehilfen und richtet das vorzüglichste Streben darauf, den richtigen Mann herauszufinden. Die Auswahl der Beamten war nie von so entscheidender Wichtigkeit, wie jetzt für Elsaß und Lothringen.

[1]) Zu vergleichen über den Gesetzentwurf, betreffend: a) die Verwaltungseinrichtung in den Reichslanden, „National-Zeitung" Nr. 594 vom 19. Dezember 1871, Nr. 4 vom 4. Januar 1872, „Norddeutsche Allgemeine Zeitung" Nr. 298 vom 21. Dezember 1871, Nr. 4 vom 6. Januar 1872; b) Veränderungen in der innern Einrichtung der Gerichte, „National-Zeitung" Nr. 303 vom 2. Juli 1871, Nr. 315 vom 9. Juli 1871, „Norddeutsche Allgemeine Zeitung" Nr. 151 vom 2. Juli 1871; c) Einführung der Bestimmungen über das Reichs-Kriegswesen, „National-Zeitung" Nr. 485 vom 17. Oktober 1871; d) Einführung des das Eisenbahnwesen betreffenden Abschnittes 7 der Reichsverfassung, Nr. 559 vom 29. November 1871, „Norddeutsche Allgemeine Zeitung" Nr. 280 vom 30. November 1871; e) Bestellung des Bundes-Oberhandelsgerichts zum obersten Gerichtshof, „National-Zeitung" Nr. 250 vom 1. Juni 1871; f) den außerordentlichen Geldbedarf für die Reichseisenbahnen, Nr. 250 vom 1. Juni 1871; g) die Einführung von Art. 33 der Reichsverfassung, Nr. 319 vom 12. Juli 1871; h) die Einführung der deutschen Zollgesetzgebung, Nr. 319 vom 12. Juli 1871, Nr. 373 vom 12. August 1871; i) die Aufhebung des Zwangskurses der französischen Banknoten, Nr. 443 vom 22. September 1871, Nr. 446 vom 23. September 1871; k) das Etatsgesetz für die Verwaltung von Elsaß-Lothringen, Nr. 584 vom 13. Dezember 1871; l) die Einrichtung der Forstverwaltung, Nr. 572 vom 6. Dezember 1871; m) die amtliche Geschäftssprache, „Norddeutsche Allgemeine Zeitung" Nr. 42 vom 20. Februar 1872; n) die Einsetzung außerordentlicher Kommissare zur Verwaltung einzelner Gemeinden, „National-Zeitung" Nr. 56 vom 3. Februar 1872; o) die Dispensation von Ehehindernissen ꝛc., „National-Zeitung" Nr. 56 vom 3. Februar 1872; p) den Waffengebrauch des Militärs im Friedensdienst, Nr. 104 vom 2. März 1872; q) Beitrag zu den Kosten der Garnisonen, Nr. 61 vom 6. Februar 1872; r) die Kriegergräber, Nr. 29 vom 18. Januar 1872, Nr. 96 vom 27. Februar 1872; s) Vorlage Bismarcks vom 26. Januar

13. Verschiedene Angelegenheiten.

Die Verfassung des Deutschen Reichs. Am 17. Februar 1871[1]) legte Bismarck dem Bundesrat den Entwurf der Verfassung des Deutschen Reichs vor. Materiell enthielt derselbe nichts Neues. Der Verfassungsausschuß, an welchen die Vorlage überwiesen wurde, war mit den in der Vorlage entwickelten Gründen für die Notwendigkeit einer neuen Redaktion der Verfassung und mit den hierbei leitend gewesenen Gesichtspunkten einverstanden. Der Ausschuß ging davon aus, daß diese neue Redaktion nur bezweckte, alles dasjenige, was in Bezug auf die Verfassung in diesem Augenblick in materieller Hinsicht bereits zu Recht bestand, aber in verschiedenen, einander zum Teil abändernden und ergänzenden Urkunden gedruckt vorlag, in ein einziges Dokument zusammenzufassen und sodann in formeller Hinsicht die Konsequenz der Terminologie wieder herzustellen, welche durch die Einfügung der Namen „Kaiser" und „Reich" an zwei einzelnen Stellen der Verfassung gestört worden war, und dadurch den Text der letzteren in Uebereinstimmung mit der neuesten Entwicklung der Verfassung zu bringen. Der Ausschuß legte dem Bedenken, mit der Aenderung der Ausdrucksweise könnte auch eine Aenderung des Sinnes an einzelnen Stellen herbeigeführt werden, kein zu großes Gewicht bei, weil es außer Zweifel gestellt war, daß die neue Redaktion eine Veränderung des zu Recht Bestehenden nicht beabsichtigt und daß bei künftig etwa entstehenden Meinungsverschiedenheiten über den Sinn und die Absicht einzelner Bestimmungen der Verfassung also auf den Grundsatz, daß das zu Recht Bestehende durch die neue Redaktion nicht abgeändert sei, werde zurückgegangen und die neue Verfassung überhaupt in diesem Sinne wird interpretirt werden müssen. Die Bedenken gegen die Thatsache, daß die zu der Verfassung und zu den Verträgen gehörenden Schlußprotokolle und einzelne Bestimmungen des Vertrages vom 23. November bei der neuen Redaktion der Verfassung nicht berücksichtigt worden waren, wurden vom Ausschusse dadurch beseitigt, daß er den Antrag stellte, die neu redigirte Verfassung nicht durch einen einfachen Abdruck im Reichs-Gesetzblatt, sondern in der Form einer Beilage zu einem besonderen Publikationsgesetze zur Veröffentlichung zu bringen. Der § 1 dieses Publikationsgesetzes sollte aussprechen, daß an die Stelle der mit Baden und Hessen vereinbarten Verfassung und der mit Bayern und Württemberg abgeschlossenen Verträge

---

1872, betreffend die Einrichtung und Erhaltung der Universität zu Straßburg, Nr. 53 vom 1. Februar 1872; t) Einführung des Rayongesetzes, Nr. 53 vom 1. Februar 1872; u) die Einführung des Gesetzes über die ausländischen Prämienanleihen, Nr. 26 vom 17. Januar 1872; v) die Diäten und Reisekosten für die elsaß-lothringischen Zivilbeamten (Vorlage Bismarcks vom 10. Januar 1872, in Kohls Bismarck-Regesten nicht erwähnt), Nr. 26 vom 17. Januar 1872, Nr. 98 vom 28. Februar 1872.

[1]) Das obige Datum ist in Kohls Bismarck-Regesten nicht erwähnt.

nachstehende (die neue) Verfassungsurkunde für das Deutsche Reich treten solle. Der § 2 sollte festsetzen: die Bestimmungen in Artikel 80 der Verfassung, unter III. § 8 des Vertrags mit Bayern, und in Artikel 2 Nr. 6 des Vertrags mit Württemberg, über die Einführung der im Norddeutschen Bund ergangenen Gesetze in diese Staaten bleiben in Kraft. Die dort bezeichneten Gesetze sind Reichsgesetze. Wo in denselben von dem Norddeutschen Bund, dessen Verfassung, Gebiet, Mitgliedern oder Staaten, Indigenat, verfassungsmäßigen Organen, Angehörigen, Beamten, Flagge und so weiter die Rede ist, sind das Deutsche Reich und dem entsprechende Bezeichnungen zu verstehen. Dasselbe gilt von denjenigen im Norddeutschen Bund ergangenen Gesetzen, welche in der Folge in einem der genannten Staaten eingeführt werden. — Im § 3 sollte dann festgesetzt werden, daß die Vereinbarungen in dem Versailler Protokoll vom 15. November, in der Berliner Verhandlung vom 25. November, in dem Schlußprotokolle vom 23. November und unter IV. des bayerischen Vertrags vom 23. November durch dieses Gesetz nicht berührt werden. Der Ausschuß hatte im einzelnen in seiner Majorität nichts dagegen, daß die Ausdrücke „Bund" und „Reich" neben einander in der Verfassung gebraucht werden.

Im Artikel 3 der Verfassung (vom Indigenat) ist das Wort „Deutschland" als Ausdruck für das gesamte Bundesgebiet und der Ausdruck „Deutsche" für alle Angehörige dieses Gebiets gebraucht. „In nationaler Hinsicht," sagte der Ausschuß, „ist der Ausdruck nicht ganz zutreffend, denn das Deutsche Reich umfaßt Landesteile mit Bewohnern nichtdeutscher Nationalität, während neben und unabhängig vom Deutschen Reich große Gebiete bestehen, die von echt deutschen Volksstämmen bewohnt sind. Diese Ausdrücke ‚Deutschland' und ‚Deutsche' deuten aber keinen ausschließlichen Anspruch an, treten keiner Berechtigung zu nahe; sie sanktioniren vielmehr nur einen staatsrechtlichen Namen für das gesamte Bundesgebiet und seine Bewohner, das durch die Thatsache gerechtfertigt ist, daß das Bundesgebiet den weitaus größten Teil Deutschlands und der deutschen Nation umfaßt und dagegen die von Volksstämmen nicht deutscher Nationalität bewohnten Landesteile von nur geringer Größe und Anzahl sind."

Die Berichterstattung an das Plenum des Bundesrats wurde in die Hände des sächsischen Staatsministers v. Friesen gelegt. Gesetz, betreffend die Verfassung des Deutschen Reichs, vom 16. April 1871 (Bundes-Gesetzbl. S. 63).

In der Plenarsitzung des Bundesrats vom 21. März 1871 macht Fürst Bismarck demselben Mitteilungen über die gegenwärtige Lage der Insurrektion in Paris und über die von deutscher Seite den dortigen Verhältnissen gegenüber eingenommene Haltung.

Zusatzverträge mit Frankreich. Am 12. Oktober 1871 wurden von Bismarck mit Frankreich zwei Zusatzverträge zum Frankfurter Frieden abgeschlossen. Der eine derselben betraf die sofortige Räumung der französischen Departements, welche nach den Friedensbedingungen erst zum Mai 1872 in Aussicht genommen war, und die an Stelle dieses aufgegebenen Pfandes von Frankreich zu gewährenden finanziellen Bürgschaften, der andere die von deutscher Seite beantragten Zollerleichterungen für Elsaß-Lothringen und einige damit zusammenhängende weitere Vereinbarungen. Beide Uebereinkünfte (Reichs-Gesetzbl. 1871 S. 363 f.) legte Bismarck dem Bundesrat mit einer Denkschrift vor.

Die in Frankfurt a. M. am 11. Dezember 1871 vollzogene Zusatzkonvention zu dem Friedensvertrage vom 10. Mai 1871 nebst Schlußprotokoll wurde vom Reichskanzler dem Bundesrat zur Beschlußnahme mit dem Bemerken vorgelegt, daß die Konvention Bestimmungen enthalte, welche ihr den Charakter eines Gesetzes für Elsaß-Lothringen geben, und daß sie daher auch in Elsaß-Lothringen zu publiziren sein werde. Nach Artikel 18 der Konvention sollten, abgesehen von den internationalen Vereinbarungen, welche in dem Friedensvertrage vom 10. Mai 1871 erwähnt waren, die verschiedenen Verträge und Konventionen wieder in Kraft gesetzt werden, welche vor dem Kriege zwischen den deutschen Staaten und Frankreich bestanden hatten, und es sollten darüber Zustimmungserklärungen der beiderseitigen Regierungen bei Austausch der Ratifikationen beigebracht werden. Es wurde als erwünscht bezeichnet, wenn die beteiligten Bundesregierungen ihre bezüglichen Erklärungen bei Gelegenheit der Beratung der Konvention im Bundesrat abgeben wollten, damit diejenigen Konventionen und Verträge bezeichnet werden könnten, welche von seiten Deutschlands, außer den im Artikel 18 bereits hervorgehobenen, als unter die Vertragsbestimmung fallend, angesehen werden.

Die Konvention (Reichs-Gesetzbl. 1872 S. 7) wurde in der Sitzung des Bundesrats vom 8. Januar 1872 nach dem Antrage der Ausschüsse für auswärtige Angelegenheiten und für Elsaß-Lothringen genehmigt. Dabei wurde vom Bundesrat beschlossen:

Den Reichskanzler zu ersuchen, das Erforderliche zu veranlassen, damit in dem den Austausch der Ratifikationen beurkundenden Protokolle das Einverständnis der beiden vertragschließenden Teile über folgende zwei Punkte konstatirt werde: a) daß der Ausdruck „die Uebereinkunft wegen gegenseitigen Schutzes der Rechte an literarischen Erzeugnissen und Werken der Kunst“ im vierten Absatze des Artikels 11 des Friedensvertrages vom 10. Mai 1871 nicht bloß einen, sondern alle unter diesem Titel zwischen deutschen Staaten und Frankreich abgeschlossenen Konventionen begreift; b) daß die in den Handels- und Schiffahrtsverträgen zwischen dem Großherzogtum Mecklenburg und Frankreich und zwischen den freien Hansestädten und Frankreich vom 9. Juni beziehungsweise 4. März 1865 enthaltenen Bestimmungen, welche die Schiffahrt betreffen, von dem Ausdrucke „die Schiffahrtsverträge“ in dem unter a) bezeichneten Absatze des Artikels 11 des Friedensvertrages mit umfaßt werden.

Die Bevollmächtigten für Preußen, Bayern, Königreich Sachsen, Württemberg, Baden, Mecklenburg-Schwerin, Großherzogtum Sachsen und Oldenburg übergaben schriftliche Erklärungen ihrer Regierungen, durch welche die letzteren auf Grund der Verabredungen in Artikel 18 der Konvention vom 11. Dezember 1871 ihre Zustimmung zur Wiederinkraftsetzung der in dem Artikel bezeichneten, vor dem Kriege zwischen den deutschen Staaten und Frankreich in Geltung gewesenen Verträge und Konventionen aussprachen. Die Bevollmächtigten für Hessen, Mecklenburg-Strelitz und die freien Städte behielten die Beibringung entsprechender Erklärungen vor. Für die übrigen Regierungen wurde bemerkt, daß eine Veranlassung zur Erteilung solcher Erklärungen nicht vorliege.

Beteiligung des Reichs an der Wiener Weltausstellung. Die Frage, ob die Beteiligung der deutschen Landwirtschaft, Industrie und Kunst an der Wiener Ausstellung im Jahre 1873 als Angelegenheit des Reichs behandelt werden sollte, wurde von dem Ausschuß für Handel und Verkehr bejaht, weil, nachdem das Deutsche Reich ein einheitliches Wirtschaftsgebiet bildete, gefordert werden mußte, daß seine Beteiligung an der Wiener Weltausstellung als ein geschlossenes Ganzes sich darstelle, dies aber nur zu erreichen sei, wenn die Beschickung der Ausstellung als Angelegenheit des Reichs behandelt und durch die Organe des Reichs geleitet werde. Der Ausschuß erachtete sich aber zurzeit außer stande, ins Einzelne gehende Bestimmungen darüber vorzuschlagen, in welcher Weise die Behandlung der Beteiligung an der Ausstellung als Angelegenheit des Reichs auszuführen sei, Bestimmungen, welche sich insbesondere auf die Bildung des zur Leitung der Sache zu bestellenden Reichsorgans, die demselben zuzuweisenden Aufgaben, die Abgrenzung ihrer Befugnisse gegenüber den für die Ausstellung thätigen Organen der einzelnen Staaten und Produktionsgebiete, sowie auf die Bestreitung des Kostenaufwandes zu beziehen hätten. Der Reichskanzler sollte daher erst bei der österreichischen Regierung unter Mitteilung des vorstehenden Beschlusses nähere Erkundigung über die Anordnung der Ausstellung in räumlicher Beziehung und über die Verhältnisse der einzelnen an der Ausstellung sich beteiligenden Länder und Produktionsgebiete unter sich, sowie gegenüber der österreichischen Ausstellungskommission und Generaldirektion der Ausstellung einziehen, und zum Zweck der Vorberatung und Begutachtung aller die Behandlung der Ausstellung betreffenden Fragen, insbesondere der Fragen: welche Aufgabe den Reichsorganen zuzuweisen, wie diese zu bestellen seien, was den einzelnen Staaten und Produktionsgebieten und ihren Vertretern zu überlassen sei, wie es mit der Bestreitung des Aufwands gehalten werden solle, eine aus Vertretern der Regierungen der einzelnen Bundesstaaten bestehende Kommission berufen und die Regierungen der Bundesstaaten einladen, sofort sachverständige Vertreter für diese Kommission zu bezeichnen.

Später einigte sich der Bundesrat über eine Summe von circa 500 000 Thalern für die Wiener Weltausstellung. Man fand diese Summe insofern für nicht zu hoch, als man die Verpflichtung anerkannte, der infolge bisheriger Erfahrungen ersichtlich vorhandenen Abneigung an der Beteiligung bei internationalen Ausstellungen entgegenzutreten. Die württembergische Regierung beantragte, daß das Reich auch die Kosten für erforderlich werdende Fundamentirungen tragen sollte, und ferner, daß den Einzelstaaten, welche bereits zu den Kosten des Reichs beizutragen hätten, nicht noch besondere Kosten für die Unterstützung ihrer Industriellen erwachsen sollten. Beide Anträge wurden abgelehnt; dagegen beschloß man, womöglich einen gemeinsamen Modus für den Kostenbetrag, welcher den Einzelstaaten zufallen sollte, zu vereinbaren.

Das Ergebnis der Beratung der oben erwähnten, aus Vertretern der deutschen Regierungen gebildeten Ausstellungskommission wurde von dem Reichskanzler am 19. Januar 1872 [1]) dem Bundesrat zur Beschlußnahme vorgelegt.

Die mecklenburgische Verfassungsfrage wurde im Herbst 1871 durch einen erneuten Beschluß des Reichstags vor den Bundesrat gebracht. Der Bundesrat vertagte seine Beratung, da Herr v. Bülow die Erklärung abgab, die mecklenburgische Regierung hätte bereits einleitende Schritte zu einer Umgestaltung der Verfassung gethan. Bald darauf wurden die Grundzüge des Reformplanes dem Bundesratsbevollmächtigten v. Bülow mit dem Auftrage mitgeteilt, dem Reichskanzler [2]) und dem Bundesrat vertraulich davon Kenntnis zu geben.

Anerkennung der Rechtsfähigkeit der Aktiengesellschaften. Bei Gelegenheit der Unterzeichnung der vom Norddeutschen Bund mit der Schweiz am 13. Mai 1869 abgeschlossenen Literarkonvention war zugleich eine protokollarische Verabredung über die Anerkennung der Rechtsfähigkeit der beiderseitigen Aktiengesellschaften getroffen worden. Darnach sollten die Aktiengesellschaften des Norddeutschen Bundes und der Schweiz gegenseitig als zu Recht bestehend, insbesondere als zum Auftreten vor Gericht für befähigt anerkannt sein, sofern die Errichtung nach den Gesetzen des Landes, wo die Gesellschaft ihr Domizil hatte, giltig erfolgt war. Dagegen entschieden über die Zulassung solcher Gesellschaften zum Gewerbe- und Geschäftsbetriebe lediglich die Landesgesetze. Die Abschließung gleichartiger Abkommen zwischen dem Deutschen Reich einer- und den Regierungen anderer außerdeutschen Staaten andererseits war bereits mehrfach in Anregung gekommen; Italien und Belgien hatten sich bereits hier zu ähnlicher Abrede bereit erklärt, deutsche Aktiengesellschaften wünschten

[1]) In Kohls Bismarck-Regesten nicht erwähnt. Ueber die Zusammensetzung und Arbeit der Kommission vgl. die „Norddeutsche Allgemeine Zeitung" Nr. 47 vom 25. Februar 1872.

[2]) Ueber die Unterredung, welche Bülow in dieser Frage am 21. Oktober 1871 mit Bismarck hatte, vgl. oben S. 197.

ihrerseits die Verallgemeinerung dieser Stipulationen. Mit Rücksicht hierauf stellte der Reichskanzler beim Bundesrat den Antrag, derselbe wolle sich mit dem Abschlusse solcher Uebereinkünfte allgemein einverstanden erklären.[1])

Im Jahre 1871 erschien in Graz von Hermann Bischof eine Denkschrift, betreffend das Fürstliche und Gräfliche Gesamthaus Schönburg und dessen Anrecht auf Einräumung von Sitz und Stimme im hohen Bundesrat des Norddeutschen Bundes, die natürlich kein praktisches Ergebnis hatte, obwohl versichert wurde, daß Fürst Bismarck sich darüber Vortrag erstatten ließ.[2])

14. Rückblick.

Bei einem Rückblick muß man sagen, daß sich in der ersten Session des Bundesrats die Vereinigung Süddeutschlands mit dem ehemals Norddeutschen Bund überraschend leicht und unmerklich vollzogen hatte. Die erste Session des Deutschen Bundesrats hatte die freudige Gewißheit gegeben, daß das nationale Band, welches nunmehr alle deutschen Staaten umschlingt, nicht bloß in dem Buchstaben der Verträge und der Verfassung, sondern in dem Geiste aller deutschen Stämme Leben und Kraft gewonnen hatte zu segensvollem gemeinsamen Schaffen und Wirken.

Zu Konflikten zwischen dem Bundesrat und dem ersten Reichstag ist es in den ersten beiden Sessionen des letzteren nicht gekommen. Alle aufgetretenen Meinungsverschiedenheiten wurden, wenn auch teilweise unter lebhaften Diskussionen, doch ohne tiefern Zwiespalt durch gegenseitige Nachgiebigkeit beseitigt.

---

[1]) Kohl, Bismarck-Regesten Band II. S. 36, spricht hier irrtümlicherweise von einem „Gesetzentwurf", den Bismarck am 12. Februar 1872 dem Bundesrat vorgelegt haben soll.

[2]) Bundesratsverhandlungen, betreffend eine Uebereinkunft mit Italien wegen wechselseitiger Verpflegung hilfsbedürftiger Staatsangehöriger, „National-Zeitung" Nr. 162 vom 5. April 1871 und Nr. 216 vom 10. Mai 1871; desgleichen mit den Niederlanden wegen des Geschäftsverkehrs zwischen den beiderseitigen Gerichtsbehörden, Nr. 499 vom 25. Oktober 1871; Gesetzentwurf, betreffend die Herstellung einer Kriegsdenkmünze für das ganze deutsche Heer zur Erinnerung an den Krieg von 1870/71, Nr. 192 vom 25. April 1871; Bericht über die Beobachtung des Venusdurchgangs, Nr. 172 vom 13. April 1871 und Nr. 176 vom 15. April 1871; Beschlußfassung des Bundesrats vom 29. April 1871 wegen Erweiterung des Geltungsgebiets der Pharmakopöe, Nr. 220 vom 12. Mai 1871; Ausschußbericht und Beschluß des Bundesrats über die Gewährung der Mittel zur Vollendung des Hermann-Denkmals, Nr. 325 vom 15. Juli 1871; Notifikation seitens des Präsidiums wegen der von Schweden beabsichtigten Besitzergreifung der Spitzbergischen Inseln, Nr. 184 vom 20. April 1871; Ablehnung einer Petition, betreffend die Einlösung der westfälischen Obligationen, Nr. 285 vom 22. Juni 1871; Unterstützung des römisch-germanischen Zentral-Museums in Mainz, Nr. 106 vom 3. März 1872 und „Norddeutsche Allgemeine Zeitung" Nr. 54 vom 5. März 1872; betreffend die Volkszählung in Hessen, „National-Zeitung" Nr. 223 vom 14. Juli 1871.

Die zweite Session des Bundesrats des Deutschen Reichs.

(Vom 9. März 1872 bis 10. Februar 1873.)[1])

1. Abschnitt.

Einleitung.

Die Einberufung der zweiten Session des Bundesrats erfolgte durch Kaiserliche, von Bismarck gegengezeichnete Verordnung vom 1. März 1872 auf den 13. März 1872. Die Session währte bis 10. Februar 1873, also gegen 11 Monate, während die vorige Session $12^1/_2$ Monate gedauert hatte. Die Zahl der Sitzungen betrug 48.[2]) Neben den „geschäftlichen" Sitzungen fanden noch „vertrauliche" Besprechungen statt.[3]) Dazu kamen 15 bis 17 Sitzungen des Bundesrats des Deutschen Reichs für Elsaß-Lothringen.

Die Zahl der Ausschüsse des Bundesrats[4]) (bisher XI) wurde zur Vor-

---

[1]) In diese Bundesratssession fällt die dritte Session der ersten Legislaturperiode des Reichstags vom 8. April bis 19. Juni 1872.

[2]) Die offiziellen Mitteilungen über die Sitzungen des Bundesrats finden sich in der „National-Zeitung" Jahrgang 1872 Nr. 124, 145, 149, 156, 158, 161, 162, 164, 166, 172, 178, 179, 180, 192, 194, 199, 202, 210, 215, 218, 235, 239, 242, 244, 246, 247, 249, 255, 256, 258, 266, 268, 272, 278, 283, 287, 294, 300, 304, 310, 346, 500, 518, 523, 526, 533, 544, 559, 560, 562, 566, 576, 580, 590, 600, 601, 610 und Jahrgang 1873 Nr. 1, 13, 30, 31, 38, 70, 71. In der „Norddeutschen Allgemeinen Zeitung" sind die Berichte enthalten im Jahrgang 1872 Nr. 60, 63, 65, 73, 75, 79, 81, 82, 84, 87, 90, 97, 100, 102, 106, 108, 109, 110, 118, 119, 120, 122, 125, 129, 131, 134, 135, 137, 140, 142, 143, 144, 145, 147, 150, 151, 152, 153, 155, 156, 161, 171, 174, 250, 262, 272, 279, 288, 294, 300 und Jahrgang 1873 Nr. 1, 5, 8, 13, 16, 17, 20, 37, 38.

[3]) Vgl. die „Norddeutsche Allgemeine Zeitung" Nr. 215 vom 15. September 1872.

[4]) Ueber die Wahl der Staaten in die Ausschüsse und die Veränderungen, welche in dieser Session vorkamen, vgl. die „National-Zeitung" Nr. 132 vom 19. März 1872.

bereitung des Gesetzentwurfs wegen Erhebung der Brausteuer noch um einen vermehrt. Außerdem wurde der bisherige außerordentliche Ausschuß für Elsaß-Lothringen in die Reihe der stehenden Ausschüsse aufgenommen.

In der Ordre vom 1. Januar 1873, in welcher der König Roon zum Ministerpräsidenten ernannte, fiel auf, daß der Minister als „Vorsitzender des Bundesratsausschusses für Landheer und Festungen" in Beziehung auf das Reich die obere Leitung und Vertretung der Armeeangelegenheiten behalten sollte. Die Vertretung Roons durch Kameke erhielt also hierin eine Einschränkung. Bismarck behielt den Vortrag bei dem Kaiser in den Angelegenheiten des Reichs und wurde, im Falle seiner Behinderung an der persönlichen Teilnahme an einer Sitzung des Staatsministeriums, befugt, sein Votum in den die Interessen des Reichs berührenden Angelegenheiten unter seiner Verantwortlichkeit durch den Staatsminister Delbrück abgeben zu lassen.[1])

Bismarck führte den Vorsitz nur in den Sitzungen des Bundesrats vom 3., 9. und 12. April, für alle übrigen Sitzungen hatte er sich den Staatsminister Delbrück substituirt, der seinerseits in der Sitzung vom 25. und 29. April den Vorsitz dem bayerischen Staatsminister Dr. v. Fäustle und in der Sitzung vom 22. Mai dem Präsidenten des bayerischen obersten Gerichtshofs v. Neumayr abtrat.

Die Namen der Bevollmächtigten zum Bundesrat zu Beginn der Session finden sich in der Bekanntmachung vom 13. März 1872 (Reichs-Gesetzbl. S. 78). Neu hinzu gekommen waren hiernach: der Staatsminister der Justiz Dr. v. Fäustle an Stelle des Kultusministers v. Lutz, der Major v. Gleich (bisher Stellvertreter) an Stelle des württembergischen Ministers des Innern v. Scheurlen. Im Laufe der Session traten ein: an Stelle des Präsidenten des lippeschen Kabinetsministeriums Heldmann der Kabinetsminister v. Flottwell (Bekanntmachung vom 1. Mai 1872, Reichs-Gesetzbl. S. 109), der Oberst v. Hartmann vom Kriegsministerium für die Dauer der Abwesenheit des Generals à la suite, Generalmajors v. Stiehle, für Waldeck an Stelle des Landesdirektors v. Flottwell der Landesdirektor v. Sommerfeld (Bekanntmachung vom 23. Juni 1872 Reichs-Gesetzbl. S. 228), für Hessen an Stelle des Ober-Steuerdirektors Ewald der Ministerialrat vom Ministerium des Großherzoglichen Hauses und des Aeußern Dr. Neidhardt (Bekanntmachung vom 23. November 1872, Reichs-Gesetzbl. S. 435) und an Stelle des Generals v. Stiehle der Staatsminister Generallieutenant v. Kameke (bisher nur Stellvertreter, Bekanntmachung vom 25. Januar 1873, Reichs-Gesetzbl. S. 38).

Als stellvertretende Bevollmächtigte zum Bundesrat kamen in Betracht: für Preußen: der Geheime Ober-Finanzrat Burghart und der Oberst von Voigts-

[1]) Es ist eine Frage von geringer praktischer Bedeutung, ob, strenge genommen, der Präsident des Staatsministeriums oder der Auswärtige Minister Preußens dafür zu sorgen habe, auf welche Weise die Stimme Preußens im Bundesrat abzugeben sei.

Rheß, für Bayern: der Ober-Zollrat Keller, Freiherr v. Schleitheim, der Ober-Rechnungsrat Höß, der Ober-Rechnungsrat Landgraf und der Ober-Regierungsrat Riedel, für Königreich Sachsen: der Geheime Justizrat Held, für Württemberg: der Ministerialrat Heß und der Ober-Steuerrat Wintterlin, für Baden: der Geheime Finanzrat Lepique, für Oldenburg: der Geheime Ministerialrat Selkmann.

Als die Hauptarbeiter des Bundesrats sind in dieser Session zu verzeichnen: Dr. Friedberg, Hasselbach, der bayerische Ministerialrat Berr, die Sachsen Held und Wahl, endlich Hofmann, v. Liebe, Oldenburg und Dr. Krüger. Delbrück mußte sich mehr auf die leitende Stellung zurückziehen; Referate zu übernehmen, wie er es im Norddeutschen Bunde oft gethan hatte, ging nicht mehr an.

Ueber die Art, wie Bismarck über die Stellung eines Bevollmächtigten zum Bundesrat und die Zusammensetzung desselben dachte, äußerte er sich auf der parlamentarischen Soirée vom 20. April 1872 dem verstorbenen lübeckischen Reichstagsabgeordneten Wichmann gegenüber: „Es ist doch angenehm, beim jedesmaligen Zusammentreten des Reichstags wieder alte Bekannte zu sehen; man hat dabei noch den Vorteil, aus Norden und Süden, von allen Seiten die verschiedenen Stimmungen und Wünsche immer frisch und neu kennen zu lernen. Das sollte eigentlich auch der Bundesrat leisten, aber der Vorteil geht bei seiner gegenwärtigen Zusammensetzung verloren. Ich halte es für einen großen Vorzug unserer Verfassung, daß das Reich aus sehr verschiedenen Staaten, großen und kleinen, besteht; der Bundesrat sollte nun die demnach verschiedenen Wünsche und Bestrebungen als ein Substrat des ganzen Reichs in einem Gesamtbilde zum Ausdruck bringen. Ich vermisse aber schmerzlich, daß die kleinen Staaten und ihre Vertreter dies nicht zu erkennen scheinen oder sich nicht offen auszusprechen wagen. Ich möchte in der That mehr Opposition haben und empfinde diese Zurückhaltung als einen Mangel an Vertrauen in meine ehrlichen Absichten. Es ist eigentlich ein Unglück, daß Preußen 1866 so groß geworden ist, und ich für meinen Teil hätte sehr gerne Hannover, Hessen und Nassau als souveräne Staaten erhalten gesehen. Aber es ging leider nicht. Die Dynastien waren ja ganz verkommen, sie waren nicht mehr in der Lage, ihre Stellung und ihre Aufgabe zu verstehen. Die Thorheit ging so weit, daß sie die Menschen einteilten in Männer, Weiber und Fürsten. Es hieß anfangs nach dem Frieden, der Kaiser habe die Absicht, mich mit einer ansehnlichen Dotation zu begnadigen und mich zum Herzog von Lauenburg zu machen. Ich hätte das sehr gerne gesehen und mich sehr gefreut, ein Stück souveränen Bodens unter den Füßen zu haben. Ich würde dann ganz anders aufgetreten sein, wenn ich als solcher Mitglied des Bundesrats geworden wäre. Im Bundesrat müßte wie im Hause der englischen Lords eine viel rücksichtslosere und festere Haltung der Einzelregierungen der Bundesregierung gegenüber sich geltend machen. Aber jetzt sitzen alte, geschulte Bureaukraten darin, die immer erst hören wollen, wie die großen und mächtigen Staaten über die Sache denken. Warum könnte nicht zum Beispiel der Fürst von Schwarzburg-Rudolstadt ebenso oppositionell auftreten wie ein englischer Lord? Aber er fürchtet, wenn er zum Geburtstag des Kaisers oder zur Parade hierher kommt, von dem ein unfreundlich Gesicht zu sehen. Was kann ihn das viel kümmern? Ich würde mich außerdem gern verpflichten und alles dazu thun, daß mein gnädiger Herr von solchen Dingen, die im Bundesrat vorgehen, nichts erführe. — Mir wäre es ganz recht, wenn in den Bundesrat demokratische Krakehler gewählt würden, die, ohne Rücksicht auf Preußen zu nehmen, ihre Ansichten scharf und rückhaltslos aussprächen. Aus solchem Kampfe würde sich der große Vorzug, den nach meiner Ansicht unsere Verfassung hat, erst recht herausstellen, aber bei den Herren, wie sie jetzt sind, ist darauf nicht zu rechnen. Nun, mit der Zeit wird sich das auch wohl noch machen."

In der Sitzung des Abgeordnetenhauses vom 25. Januar 1873 bemerkte Bismarck, der Zusammenhang zwischen dem Reichskanzler und dem preußischen Ministerium würde dadurch in keiner Weise gestört werden, daß der erstere vollständig aufhört, Mitglied des preußischen Ministeriums zu sein. „Wie ist denn der Geschäftsbetrieb im Bundesrat? Die Faktoren, welche den Haupteinfluß auf die Vorbereitung der Vorlagen für den Reichstag haben, sind die Ausschüsse des Bundesrats. In jedem dieser Ausschüsse hat, wenn Se. Majestät der Kaiser es nicht ausdrücklich anders befiehlt, ein preußischer Minister, der betreffende Minister des preußischen Ressorts, den Vorsitz, oder dieser Vorsitz wird ausgeübt durch einen der höchsten Vertrauensbeamten des Ministeriums. In der Sitzung des Bundesrats findet sich wieder das preußische Ministerium in seiner Majorität zusammen und arbeitet dort und in seinen Ausschüssen unter Vorsitz des Reichskanzlers mit den übrigen Ministern. Die Bänder, die beide Organisationen an einander befestigen, sind also viel stärker, als man äußerlich anzunehmen pflegt." —

Die „National-Zeitung" hatte Mitte Dezember 1872 zu einem auswärtigen Blättern zugegangenen Telegramm die ganz beiläufige Bemerkung gemacht, daß dasselbe in der Fassung inkorrekt sei, da die Instruktion der preußischen Bundesratsstimmen nicht vom Minister des Auswärtigen, sondern vom Gesamtstaatsministerium ausgehe. Gegen diese Bemerkung richtete sich in der „Norddeutschen Allgemeinen Zeitung" ein durch den Druck als hochoffiziös angegebener und offenbar von der Preßstelle im Auswärtigen Amt ausgehender Artikel, welcher lautete:

„Der Behauptung, welche die ‚National-Zeitung' in ihrem gestrigen Abendblatt aufgestellt hat, daß ‚die Instruktion der preußischen Bundesratsstimmen nicht vom Minister des Auswärtigen, sondern vom Gesamtstaatsministerium ausgeht', läßt sich der Reiz der Neuheit nicht absprechen; dagegen entbehrt sie den Vorzug irgend welcher Begründung und steht mit den wirklichen Verhältnissen in offenkundigem Widerspruch. Zum Ressort des Ministers der auswärtigen Angelegenheiten in England wie in Rußland und überall sonst in der Welt gehört alles, was die Staaten nach außen angeht. Die wichtigsten Beziehungen des preußischen Staates nach außen betreffen seine Stellung zum Reich. Ihre Pflege bildet die hauptsächliche Obliegenheit des preußischen Ministers der auswärtigen Angelegenheiten. Wie von ihm die preußischen Gesandten ihre Weisungen empfangen, so ist es seines Amtes, die preußischen Bevollmächtigten im Bundesrat des Reichs dahin zu instruiren, in welchem Sinne die Stimmen Preußens dort abzugeben sind. Das ist vollkommen selbstverständlich. Innerhalb seines Departements, zu welchem die bezeichnete Funktion unzweifelhaft gehört, ist der preußische Minister des Auswärtigen nicht mehr, aber auch nicht minder selbständig wie jeder andere Ressortchef innerhalb seines Bereichs. Diese Selbstständigkeit findet ihre Grenze in denjenigen Fällen, wo das Vorgehen des einzelnen Ministers in außergewöhnlicher Weise den Staat im ganzen und großen tangirt. Solche Fälle ergeben sich in allen Ressorts; wenn die Ausführung eines Eisenbahnnetzes, also eine Angelegenheit des Handelsministeriums, in Betracht kommt, können die Staatsinteressen in dem Grade berührt sein, daß der Handelsminister allein dafür die Verantwortung nicht zu übernehmen vermag und daher, um schwerem Vorwurf seitens seiner Kollegen vorzubeugen, sich genötigt erachten wird, diese Frage seines Ressorts im Ministerrate zur Sprache zu bringen und einen Staatsministerialbeschluß dieserhalb zu veranlassen; ebenso und aus keinem andern Grunde hat der Minister des Auswärtigen solche Fragen, wie über Schließung eines Vertrages oder über Krieg und Frieden, dem Gesamtministerium zur Entscheidung vorzulegen. Daß der preußische Minister der auswärtigen Angelegenheiten da, wo die Bevollmächtigten zum Bundesrat Dinge von großer Tragweite, deren Erledigung nicht in der Anwendung vorhandener gesetzlicher Bestimmungen vorgezeichnet ist, und die auf den preußischen Staat eine mächtige Rückwirkung üben, die Beratung der von ihm demnächst zu erteilenden Instruktion im Ministerrat anregt und eine Verständigung mit seinen Kollegen in Betreff dessen herbeizuführen sucht, was er den Bevollmächtigten dann zur Norm ihres Verhaltens zu machen hat, steht im Einklang mit seiner den übrigen Ministern ebenbürtigen Amtsstellung. Wäre er oder ein anderer Ressortchef in seiner eigenen Verwaltung nach der Meinung der Kollegen zu weit gegangen und hätte Entscheidungen getroffen, die nach Ansicht der übrigen von einem Beschluß des Gesamtministeriums hätten abhängig gemacht werden sollen, so würde diese vermeintliche oder wirkliche Eigenmächtigkeit nicht ohne Folgen bleiben für das fernere Zusammenwirken der Mitglieder des Staatsministeriums. Aber weder bevorzugt noch benachteiligt im Vergleich mit den sonstigen Departementschefs ist darin der Minister des Auswärtigen. Und dies gilt in Preußen unweigerlich für die Befugnisse des letzteren, sein Ressort nach eigenem Ermessen gewissenhaft zu verwalten, somit auch die preußischen Bevollmächtigten zum Bundesrate mit den erforderlichen Instruktionen zu versehen, wobei, wie gesagt, nicht anders als bei anderen Ministerien, Fälle eintreten können, in welchen der Minister des Auswärtigen den Inhalt der von ihm zu erteilenden Instruktionen zum Gegenstand einer Beratung und Beschlußfassung im Ministerrat zu machen hat. Erteilt werden aber diese Instruktionen — und regelmäßig ohne Mitwirkung der anderen Minister — durch den preußischen Minister der auswärtigen Angelegenheiten. Von dem also, was die ‚National-Zeitung' frischweg als gewiß angenommen hat, darf das diametrale Gegenteil als feststehend gelten." [1])

Nach dem Rücktritte Bismarcks vom Präsidium des Staatsministeriums brachte auch die „Kreuz-Zeitung" unter der Ueberschrift: „Staatsministerium und Bundesrat" eine Studie, die beweisen sollte, daß Bismarck fortan in Betreff der Erteilung von Instruktionen an die preußischen Mitglieder des Bundesrats auf einen Bruchteil von Einfluß beschränkt sein solle. Nach der Rechnung der „Kreuz-Zeitung" betrug derselbe ein Neuntel. Die „Norddeutsche Allgemeine Zeitung" (Nr. 12 vom 15. Januar 1873) bezeichnete die von der „Neuen Preußischen Zeitung" aufgeworfene Doktorfrage, ob der Reichskanzler als solcher die preußischen Bevollmächtigten zu instruiren habe, als naiv. „Wenn aber die Alternative der ‚Kreuz-Zeitung' dahin lautet, daß, wenn nicht der Reichskanzler als solcher, dann das Staatsministerium in corpore die Instruktionen beschließt, so ist das unrichtig und stimmt auch nicht mit der citirten Kabinetsordre vom 21. vorigen Monats. Die Instruirung der preußischen Bevollmächtigten gehört zum Ressort des preußischen Ministers der auswärtigen Angelegenheiten, der eben diese beiden Funktionen hat, den Anteil Preußens an den Reichssachen und die preußischen Missionen an den deutschen Höfen zu bestimmen. Wie bei jedem Ressort, so kommt es auch bei diesem vor, daß Angelegenheiten desselben von dem Ressortchef zur Entscheidung des Gesamtministeriums gestellt werden, die aber dadurch nicht aufhören, zum Ressort dieses Ministers zu gehören."

Folgen wir der bisherigen Uebung in einer näheren Betrachtung der neuen Bundesratsmitglieder.

[1]) In einer Erwiderung (Nr. 593 vom 19. Dezember 1872) nannte die „National-Zeitung" die obenstehenden offiziösen Ausführungen eine „Spiegelfechterei". „Sie hat allerdings einen praktischen Zweck. Fürst Bismarck will den Vorsitz im preußischen Staatsministerium aufgeben, aber dabei den preußischen Einfluß auf den Bundesrat wahren und — was wir selbst eifrigst befürwortet haben — den Zusammenhang zwischen Reichsleitung und preußischer Staatsleitung aufrecht erhalten. Dazu soll jetzt dem preußischen Minister des Auswärtigen ein kräftigerer Odem wieder eingeblasen werden. Von diesem Minister wußte der Oberoffiziöse vor acht Tagen in seiner Korrespondenz an die „Augsburger Allgemeine Zeitung" gar nichts mehr, wie wir gestern ausführten; jetzt aber hat er dessen Herold auf Geheiß seines Herrn und Meisters zu sein, und dieser Pflicht entledigte er sich durch Schulmeistern über uns."

II. Abschnitt.

Die neuen Bevollmächtigten zum Bundesrat.

1. Preußen.

Oberst v. Hartmann

(geboren 6. Mai 1824, gestorben 14. November 1891).

1858 Hauptmann im Kriegsministerium, 1863 Major, Dezember 1866 mit der Wahrnehmung der Geschäfte eines Abteilungschefs im Kriegsministerium beauftragt und zum Oberstlieutenant befördert. April 1867 wurde er Abteilungschef im Kriegsministerium, Juli 1870 Oberst. Vom 18. August 1870 bis zum 25. Juli 1871 war er Chef des Generalstabes beim Generalgouvernement im Elsaß. Am 10. Juli 1873 wurde ihm der Rang eines Brigadekommandeurs verliehen, und am 2. Mai des folgenden Jahres wurde er zum Generalmajor befördert. Am 2. Januar 1875 wurde er mit der Inspektion der Kriegsschulen betraut, und am 22. März 1880 zum Generallieutenant befördert. Am 22. November 1881 wurde ihm das Invalidendepartement des Kriegsministeriums unterstellt, welch letzterem Departement er bis zum 14. Juni 1883 vorstand, an welchem Datum er zum Gouverneur der Festung Ulm ernannt wurde. In dieser Stellung verblieb er bis zum 8. November 1887. An diesem Datum reichte er seinen Abschied ein, und wurde mit dem Titel eines Generals der Infanterie zur Disposition gestellt. Stellvertretender Bevollmächtigter zum Bundesrat war er vom 18. Juni 1872 bis zum 2. Januar 1875.

Oberst v. Voigts-Rhetz [1])

(geboren 16. Februar 1822).

Seine politische Thätigkeit begann nach dem Feldzuge von 1870/71 durch die Kommandirung in das Kriegsministerium zunächst zur Disposition Roons und später als Departementsdirektor. Roon übertrug Voigts-Rhetz die parlamentarische Vertretung der Heeresverwaltung in den politischen Körperschaften:

---

[1]) Vorbildung in Schulpforta. 20. Januar 1840 Eintritt in die Garde-Artilleriebrigade, 1840—1843 Besuch der Artillerie- und Ingenieurschule, von 1850—1853 der allgemeinen Kriegsschule, jetzt Kriegsakademie, 1857, nachdem er in der Front und außerhalb derselben eine Reihe von verschiedenen Kommandos durchgemacht, als Hauptmann in den Generalstab versetzt, dem 3. Armeecorps zugeteilt, welches damals der Feldmarschall v. Wrangel führte. 24. Dezember 1860 als Major und Abteilungskommandeur in die

Bundesrat, Reichstag, Abgeordnetenhaus; auch wurde derselbe 1876 zum Kongreß nach Brüssel geschickt, welcher sich mit der Humanisirung des Krieges zu beschäftigen hatte.

In seiner Eigenschaft als Mitglied des Bundesrats hatte Voigts-Rhetz den Vorzug, dem Fürsten Bismarck dienstlich und gesellschaftlich näher zu treten, und er hat sich seiner besonderen Gewogenheit jederzeit zu erfreuen gehabt. Namentlich trug sein Kommando nach Brüssel viel dazu bei, dem Fürsten näher zu treten, nicht bloß in den parlamentarischen Soiréen, sondern auch sonst in seinem Hause.

Eines Tages war bei Tische die Rede von der polnischen Wirtschaft auf den polnischen Edelhöfen, und es kam dabei auch die Rede auf die Hofjuden. Der Fürst erzählte, daß diese Einrichtung gar nicht übel sei, und daß er selbst auch einen sogenannten Hofjuden — ich glaube er hieß Itzigsohn — gehabt, welcher ihm sehr ergeben und alles Mögliche und Unmögliche besorgt habe. So zum Beispiel habe er (der Fürst) während der Schonzeit dem Itzigsohn gegenüber einmal geäußert, daß er gar nichts zu schießen habe, da alle Katzen schon totgeschossen seien. Der Jude habe gesagt: „Wie haißt, Katzen so viele Sie wollen, werde ich bringen." Drei Tage später sei er vorgefahren, habe einen großen Sack, in dem es nur so gegrabelt habe, abgeladen, und seien darin anderthalb Dutzend der verschiedensten Katzen gewesen, welche von den Hunden gejagt, auf allen Bäumen im Garten gesessen, so daß er nun hübsche Jagd gehabt habe.

In den parlamentarischen Abendversammlungen pflegte bekanntlich der Fürst in scheinbar harmloser Weise die ernstesten politischen Fragen mit Abgeordneten und Bundesratsmitgliedern zu besprechen. Er benutzte sie aber auch, um gelegentlich einige Belehrungen und Zurechtweisungen an allerlei Persönlichkeiten zu richten. So hatte einer der Minister die Gewohnheit, in seinen Reden oft das „Ich" statt „der Bundesrat" oder „die verbündeten Fürsten" zu verwenden.

Artillerie versetzt, wurde derselbe 1863 in den Generalstab zurückversetzt und als Lehrer zur Kriegsakademie kommandirt. Dies war ihm für spätere Zeiten auch deshalb förderlich, weil daselbst die Vorträge frei gehalten zu werden pflegten, so daß er bei seiner parlamentarischen Thätigkeit durch sprachliche Schwierigkeit weniger behindert wurde. Während des Feldzugs 1866 fand Voigts-Rhetz als Generalstabsoffizier bei der 2. Garde-Infanteriedivision Verwendung, machte mit derselben die Schlacht von Königgrätz und mehrere Gefechte mit, wurde nach dem Feldzuge Chef des Generalstabs des 3. Armeecorps, wodurch er dem Prinzen Friedrich Karl, welcher dasselbe kommandirte, näher trat, nachdem er schon seit dem Jahre 1857 in seine kleinen Zirkel gezogen war. Den Feldzug 1870/71 machte er beim 3. Armeecorps in der Stellung als Generalstabschef desselben mit. 1879 schied derselbe mit der Versetzung aus dem Kriegsministerium auch aus der politischen Thätigkeit, wurde Inspekteur der 4. Feldartillerie-Inspektion und 1882 Inspekteur der Artillerie. 1889 schied er aus dem aktiven Dienst und lebt jetzt als Domherr des Hauptstiftes Naumburg in diesem Orte.

Nachdem der Fürst sich schon mehrmals dahin ausgesprochen, daß mit dem „Ich“ eine persönliche Verantwortung, welche keinem einzelnen Ministerkommissarius oder Bundesratsmitgliede zustehe, verbunden sei, hielt er es später für erforderlich, in einem Schreiben an das Präsidium des Hauses sich darüber auszusprechen, wodurch der betreffende Minister natürlich sehr unangenehm berührt war.

Daß der Fürst seine Meinung über Personen häufig in halblauten Selbstgesprächen am Bundesratstische zu erkennen gab, so daß die vor ihm sitzenden konservativen Mitglieder sie deutlich hörten, ist wohl bekannt. Diese Aeußerungen wurden dann fleißig kolportirt.

So nannte er einen sehr geschwätzigen Abgeordneten „Infamer krummbeiniger Judenjunge“. Bei einer andern Gelegenheit sagte er: „Rührt man den Kerl an, so springt eine zweistündige Rede heraus“.

Ein sehr hoch stehender Abgeordneter hatte sich, wie man hörte, über die Einführung der Getreidezölle sehr abfällig geäußert und ihrer Einführung widerstrebt. Der Fürst äußerte in hörbarem Monologe: „Der Jude braucht mehrere tausend Wispel Korn für seine Schnapsbrennereien“.

2. Bayern.

Justizminister Dr. v. Fäustle[1])

(geboren 28. Dezember 1828, gestorben 17. April 1887).

Nachdem Dr. Fäustle im März 1872 zum Vertreter Bayerns im Bundesrat ernannt worden war, nahm er in der Folge, da der Minister v. Lutz gerne zu Hause blieb, an den Verhandlungen in den Bundesratsausschüssen, im Bundesrat selbst[2]) sowie späterhin in der Justizkommission des Reichstags und im Reichstag[3])

[1]) Dr. Johann v. Fäustle, geboren zu Augsburg, katholisch, Besuch des Gymnasiums zu Augsburg und der Universität zu München. 1857—1858 Assessor bei dem Kreis- und Stadtgericht zu Augsburg, 1858—1860 Rat am Bezirksgericht Donauwörth, 1860—1862 Assessor am Appellationsgericht zu Neuburg, 1862—1865 Vorstand des Stadtgerichts München, 1865—1871 Referent im Staatsministerium der Justiz, 21. August 1871 bis zu seinem Tode Justizminister. Ausführlicher Nekrolog in der „Münchener Allgemeinen Zeitung“ Nr. 195 vom 26. Mai 1887. Seine gute deutsche Gesinnung bethätigte er bereits 1869 durch Teilnahme an einer Versammlung in Heidelberg, die unter Hölders Vorsitz den Eintritt der süddeutschen Staaten in den Norddeutschen Bund beriet.

[2]) Fäustle erstattete Vortrag im Bundesrat in der Sitzung vom 30. Mai 1872 über die sächsische Ausführungsverordnung zum Strafgesetzbuch; er brachte am 5. Juni 1873 gemeinsam mit dem Freiherrn v. Perglas den Antrag im Bundesrat ein, betreffend die Einführung des Gesetzes über die privatrechtliche Stellung der Erwerbs- und Wirtschaftsgenossenschaften in Bayern, und war Referent des Gesetzes, betreffend die Einführung der Verfassung des Deutschen Reichs in Elsaß-Lothringen (Session 1873).

[3]) Teilnahme Fäustles an den Verhandlungen des Reichstags vom 29. Mai 1872, betreffend die Abänderung der Nr. 13 des Art. 4 der Reichsverfassung, stenographischer Bericht S. 601 f. (vgl. dazu die „Augsburger Allgemeine Zeitung“ Nr. 156 vom 4. Juni 1872), an der Sitzung des Reichstags vom 27. März 1874 (Beratung des Antrags

wiederholt persönlich teil, und wie er sich stets als einen der wärmsten Förderer des nationalen Gesetzgebungswerkes erwies und es mit freudigem Stolze begrüßte, daß er berufen war, im Jahre 1874 als Mitglied des Bundesratsausschusses für Justizwesen das Referat über die Zivilprozeßordnung [1]) zu erstatten, so war er auch mit Umsicht und Ausdauer auf die Wahrung der besonderen Interessen Bayerns sowie auf die Erhaltung der in diesem Volk eingewurzelten Einrichtungen bedacht. Seinen Bemühungen zumeist ist es zu danken, daß die (in dem ersten Entwurf des Gerichtsverfassungsgesetzes und der Strafprozeßordnung durch die sogenannten großen Schöffengerichte ersetzte) Institution der Schwurgerichte in das neue Verfahren herübergenommen wurde und daß Bayern seinen obersten Gerichtshof als „Oberstes Landesgericht" beibehielt.

Die Aufzählung der unter Fäustles Amtsführung ins Leben getretenen, das justizielle Gebiet berührenden Neuerungen wäre nicht vollständig, wenn nicht des hervorragenden Anteils gedacht würde, den er an den Beratungen über das Reichsgesetz vom 6. Februar 1875, betreffend die Beurkundung des Personenstandes und die Eheschließung, genommen hat.

Große Verdienste erwarb sich Fäustle für sein engeres Vaterland durch die im Gegensatz zu den ursprünglichen preußischen Vorschlägen überaus günstige Regelung des Anteils Bayerns an der französischen Kriegskontribution.

Am 19. Dezember 1872 war Fäustle zum Diner beim Reichskanzler eingeladen. [2]) Anwesend waren Fürst Bismarck mit Fürstin, Sohn und Tochter, Minister v. Mittnacht aus Stuttgart, Minister Abeken aus Dresden, die preußischen Minister Graf zu Eulenburg, Graf v. Itzenplitz, Camphausen, der Präsident des Reichskanzler-Amts Delbrück, Ministerialrat Neidhardt aus Darmstadt, der Präsident des Abgeordnetenhauses v. Forckenbeck, Kabinetsrat v. Wil-

Dr. Hinschius-Völk, betreffend den Gesetzentwurf über die Beurkundung des Personenstands und die Form der Eheschließung), an der Sitzung vom 24. und 25. November 1874 (Beratung des Entwurfs eines Gerichtsverfassungsgesetzes nebst Einführungsgesetz), an der Sitzung vom 12., 16. und 23. Januar 1875 (Beratung des Gesetzentwurfs über die Beurkundung des Personenstandes und die Eheschließung). Desgleichen an den Verhandlungen der Reichs-Justizkommission über § 7 des Einführungsgesetzes zum Gerichtsverfassungsgesetz („Kölnische Zeitung" vom 14. Februar 1876 und „Augsburger Abendzeitung" Nr. 46 vom 15. Februar 1876). Desgleichen an den Sitzungen des Reichstags vom 5. Juni 1872 bei Beratung des Antrags auf Unterstützung der Postbeamten, 17. Juni 1872 Jesuitengesetz, 21. Juni 1873 Vorlage des Spezialetats des bayerischen Kontingents zur Kenntnis des Reichstags. Von bayerischen Verhandlungen in Reichsangelegenheiten, in welchen Fäustle auftrat, erwähne ich den stenographischen Bericht über die Verhandlungen der bayerischen Kammer der Abgeordneten vom 8. November 1873 (Antrag Völk-Herz auf Abänderung der Nr. 113 des Art. 4 der Reichsverfassung) und Sitzung der Kammer der Reichsräte vom 4. Dezember 1873 (betreffend denselben Gegenstand).

[1]) Ueber das Fortschreiten seines Referats vgl. die „National-Zeitung" Nr. 226 vom 16. Mai 1873, Nr. 231 vom 21. Mai 1873 und Nr. 292 vom 26. Juni 1873.

[2]) In Kohls Bismarck-Regesten nicht erwähnt.

mowsky, Geheimer Legationsrat Baron v. Brinken und Professor Geltsch aus Karlsruhe.

Am 15. Mai 1873 [1]) folgte v. Fäustle einer Tischeinladung des Fürsten Bismarck. Anwesend waren der Fürst mit Frau und Tochter und Graf Herbert; der württembergische Minister v. Mittnacht, der Minister a. D. Freiherr v. Varnbüler, der württembergische Militärbevollmächtigte v. Faber, der württembergische Armeecorps-Kommandant v. Stülpnagel, der Chef des Militärkabinets, General v. Albedyll, und der Kriegsminister v. Kameke.

Nach dem Jahre 1878 hat er an den Verhandlungen des Bundesrats persönlich nicht mehr teilgenommen.

Ich schließe mit der Mitteilung von drei Handschreiben des Königs von Bayern an Fäustle, welche ersehen lassen, mit welch wachsamem Auge Ludwig II. die Vertretung der spezifisch bayerischen Interessen in Berlin verfolgte.

„Herr Minister Dr. v. Fäustle! Wie ich von maßgebender Seite erfahren habe, ist der für Bayern günstige Beschluß des Bundesrats über die Verteilung der Kriegsentschädigung wesentlich Ihrer umsichtigen und kräftigen Vertretung des gestellten Antrags zu verdanken. Hocherfreut über Ihre erfolgreiche Thätigkeit im Bundesrat, nehme Ich hiervon Anlaß, Ihnen Meine volle Anerkennung auszusprechen, und erblicke in diesem Ihren Wirken eine neue Bürgschaft dafür, daß Sie auch künftighin mit gleicher Wärme und gleichem Nachdruck für das Landesinteresse eintreten werden.

Ich verbleibe mit besonderer Wertschätzung

Ihr gnädiger König

Vorderriß, den 16. Mai 1872. Ludwig."

„Herr Minister Dr. v. Fäustle! Sie haben bei den jüngst in Berlin stattgehabten Konferenzen in der Frage der Gerichtsorganisation den Standpunkt Meiner Regierung mit ebenso viel Entschiedenheit als Erfolg zur Geltung gebracht. Ich drücke Ihnen hierfür Meine vollste Anerkennung aus und gebe Mich dem Vertrauen hin, daß Sie auch bei den folgenden Beratungen über diesen Gegenstand für die bayerische Justizhoheit und insbesondere für die dauernde Erhaltung des obersten Gerichtshofes Ihre ganze Kraft und Umsicht einsetzen werden. Indem Ich Ihnen zum bevorstehenden Jahreswechsel als Zeichen Meiner geneigten Gesinnung die besten Glück- und Segenswünsche sende, verbleibe Ich mit besonderer Wertschätzung

Ihr gnädiger König

Hohenschwangau, den 30. Dezember 1872. Ludwig."

---

[1]) In Kohls Bismarck-Regesten ist obiges Datum nicht erwähnt. 26. November 1874 Teilnahme v. Fäustles an einem von Bismarck zu Ehren des Bundesrats gegebenen Diner.

„Herr Justizminister Dr. v. Fäustle! Mit dem Ende der Reichstagssession ist für Sie eine Zeit außergewöhnlicher Inanspruchnahme Ihrer Kräfte zum Abschlusse gekommen. Sie hatten durch hingebenden Eifer für die Interessen der Krone und des Landes neue Beweise Ihrer Treue und Anhänglichkeit gegeben, und gerne zolle Ich durch gegenwärtige Zeilen Ihrem Wirken Meine besondere Anerkennung. Möge die aufgewendete Mühe zur Erstarkung des föderativen Prinzips beitragen! Dies ist Mein Wunsch, Der Ich mit fortdauerndem Wohlwollen bleibe

Ihr gnädiger König

Schloß Berg, den 28. Juni 1873. Ludwig."

Ober-Zollrat Keller Freiherr v. Schleitheim

(geboren 29. August 1828, gestorben 11. Dezember 1886).

Wilhelm Keller v. Schleitheim, Freiherr v. und zu Isenburg, Besuch des Gymnasiums in München, der Universitäten Heidelberg und München, 1857 Zollrechnungskommissär, März 1860 Zollinspektor und Vereinskontrolleur bei den Königlich preußischen Hauptzollämtern Gransee, Warnow und Prenzlau, vom 1. November 1860 in gleicher Eigenschaft an das vereinsländische Hauptzollamt in Bremen unter Uebertragung der Vereinskontrolle über das Hauptzollamt Delmenhorst versetzt, 1863 Oberzoll-Assessor bei der Generalzolladministration, 1868 Ober-Zollrat, 1880 Ober-Regierungsrat bei der Generaldirektion der Zölle und indirekten Steuern.

Ober-Rechnungsrat Höß[1])

(geboren 3. September 1825)

war wohl im Jahre 1871 zu denkwürdiger Zeit als Begleiter der Königlich bayerischen Staatsminister viele Monate in Berlin gewesen, dem Bundesrat gehörte er jedoch nur kurze Zeit im Jahre 1872 und nur als stellvertretendes Mitglied an.

Ober-Rechnungsrat Landgraf[2])

(geboren am 20. August 1827).

Als stellvertretender Bevollmächtigter Bayerns beim Bundesrat vom 14. November 1872 bis 1. Oktober 1877 gehörte derselbe den Bundesrats-

[1]) Joseph Bernard Ritter von Höß, katholisch, vollendete die Gymnasial- und Universitätsstudien 1847 in München. 1852—1862 Fiskalbeamter (Justitiar), 1862—1872 Geheimsekretär, Regierungsrat und Ober-Rechnungsrat im Königlich bayerischen Staatsministerium der Finanzen, 1872—1876 Kronanwalt (Kronsyndikus) im Staatsministerium der Finanzen, 1876—1883 Ministerialrat (vortragender Rat), 1883 Staatsrat im ordentlichen Dienst, seit 1893 Präsident des Königlichen Obersten Rechnungshofes, seit April 1896 Staatsrat im außerordentlichen Dienst.

[2]) Ferdinand v. Landgraf, geboren zu Schwarzach in Oberfranken, Gymnasium zu Bayreuth, juristische Studien auf den Universitäten Erlangen und München, 1858 erste

Ausschüssen für Rechnungswesen, dann für Zoll- und Steuerwesen als Mitglied an. Er hatte sich vornehmlich an den Verhandlungen und der Beratung der Reichshaushaltsetats, des Münzgesetzes vom 9. Juli 1873 und des Bankgesetzes vom 14. März 1875 zu beteiligen und wurde, als letzterwähntes Gesetz in Vollzug zu setzen war, vom Bundesrat als Mitglied des Reichsbank-Kuratoriums gewählt, welches „die dem Reiche zustehende Aufsicht über die Reichsbank auszuüben hat".

Der Eröffnungssitzung des Reichsbank-Kuratoriums präsidirte der Reichskanzler Fürst Bismarck. In dieser Sitzung wurden die ersten Stücke der neu geprägten Reichs-Silbermünzen vorgezeigt. Mit praktischem Blick erkannte der Reichskanzler sofort, daß die silbernen Zwanzigpfennigstücke im Norden Deutschlands keine günstige Aufnahme finden würden, indem er bemerkte: „Diese Stücke sind für die rauhen Hände unserer Märker viel zu klein; sie lassen sich ja kaum angreifen."

In der That mußten zum teilweisen Ersatz der silbernen Zwanzigpfennigstücke schon bald solche aus Nickel geprägt und in den Verkehr gebracht werden.

Landgraf wurde außerdem noch vom Bundesrat in die Verwaltung des Reichs-Invalidenfonds als Mitglied gewählt und hatte bei der Einrichtung genannter Verwaltung in umfassender Weise thätig zu sein.

Ministerialrat Riedel[1])

(geboren 6. April 1832).

Bei Riedels Eintritt in das Finanzministerium waren die finanziellen Verhältnisse Bayerns ziemlich mißlich; seitdem ist es gelungen, durch zahlreiche

Anstellung als Rechnungskommissär, 1862 Regierungsassessor, 1864 in das Staatsministerium der Finanzen als Geheimer Sekretär einberufen, 1868 daselbst zum Regierungsrat, 1872 zum Ober-Rechnungsrat, 1874 zum Ministerialrat befördert. Seit 1. Oktober 1877 unter Verleihung des Titels und Ranges eines Ministerialdirektors zum Vorstand der Königlichen Bankdirektion in Nürnberg berufen, in welcher Stellung er sich noch befindet.

[1]) Freiherr v. Riedel, geboren in Kurzenaltheim, im Gebiete des ehemaligen Markgrafentums Ansbach, als Sohn eines protestantischen Geistlichen, studirte von 1850 bis 1854 in München die Rechtswissenschaften, widmete sich dann vorzugsweise der inneren Verwaltung und wurde im Jahre 1859 im Staatsministerium des Innern angestellt, avancirte in demselben bis zum Ministerialdirektor und übernahm am 1. Dezember 1877 die Leitung des Finanzministeriums. Im Ministerium des Innern war Riedel vom Jahre 1866 an, außer mit den Gegenständen des inneren Staatsrechtes, vorzugsweise mit gesetzgeberischen Arbeiten beschäftigt; die Entwürfe der Gesetze über Heimat, Verehelichung und Aufenthalt, dann über das Armenwesen, ferner der Gemeindeordnungen für die bayerischen Landesteile rechts des Rheins und der Pfalz, sowie die Gesetze über die Revision des Polizeistrafgesetzbuches, über den Verwaltungsgerichtshof und andere, sind von seiner Hand und wurden von ihm auch im Landtage vertreten, so daß Riedel seit 1868 eine umfassende parlamentarische Thätigkeit zu entfalten hatte. — Seine Kommentare über das Heimatsgesetz, das Armengesetz, das Polizeistrafgesetzbuch und die Reichsverfassung erfreuten sich einer günstigen Aufnahme. 26. November 1874 Teilnahme Riedels an einem von Bismarck dem Bundesrat gegebenen Diner.

einschneidende Maßnahmen auf dem Gebiete der Gesetzgebung und Verwaltung, deren Aufzählung zu weit führen würde, das anfänglich beträchtliche Defizit allmälich in zum Teil namhafte Ueberschüsse zu verwandeln. Ich nenne von jenen Maßnahmen nur die Einführung des Malzaufschlags in der Pfalz und die Erhöhung des Aufschlagsatzes für das ganze Königreich, den Erlaß einer umfassenden Gebührenordnung, die Neuregelung der Branntweinbesteuerung, die Reform der sämtlichen Gesetze über direkte Steuern, die Umwandlung der $4^1/_2$%igen Staatspapiere in 4%ige und nunmehr der 4%igen in $3^1/_2$%ige, die Organisation des forstlichen Unterrichts und der gesamten Forstverwaltung u. s. w., die Aufbesserung der Gehälter sämtlicher pragmatischen und nicht pragmatischen Bediensteten und die Neuregelung der Verhältnisse der letzteren.

Im Jahre 1871, kurz vor Eröffnung des ersten deutschen Reichstags, wurde Riedel nach Berlin abgeordnet und beteiligte sich dort, jedoch ohne ständigen Aufenthalt in Berlin, zunächst als bayerischer Kommissar und dann vom Jahre 1872 an als Bundesratsbevollmächtigter an den Arbeiten des Bundesrats. Solange Riedel dem bayerischen Ministerium des Innern angehörte, lag ihm namentlich in seiner Eigenschaft als Mitglied des Bundesrats-Ausschusses für Handel und Verkehr vorzugsweise die Beschäftigung mit den in den Bereich der inneren Verwaltung fallenden Angelegenheiten ob, und derselbe war insbesondere als Referent über das Reichsbankgesetz, über verschiedene Fragen des gewerblichen und Handelsverkehrs, des Medizinalwesens u. s. w. in umfassender Weise thätig.

Während der Jahre 1871 bis 1877 ist Riedel niemals in einem direkten geschäftlichen Verkehr mit dem Fürsten Bismarck gewesen; der Fürst war immer auch gegenüber denjenigen Bundesratsbevollmächtigten, welche nicht Minister oder Gesandte waren, bei zufälligen Begegnungen sehr freundlich, und er hat dieselben auch verschiedenemale, namentlich zu den parlamentarischen Abenden eingeladen, aber in geschäftlichem Verkehr pflegten sich dieselben immer zunächst an den betreffenden Ressortchef oder Ausschußvorstand, also zum Beispiel Riedel während der Jahre 1871 bis 1877 an Delbrück und dessen Nachfolger, oder an Friedberg u. s. w. zu wenden.

Handelte es sich um große, namentlich die Interessen des Heimatstaates besonders berührende Fragen, so kamen die beteiligten oder leitenden Staatsminister selbst nach Berlin und wendeten sich eventuell direkt an Bismarck, und zwar regelmäßig nach vorherigen eingehenden Verhandlungen mit den Ministern Preußens und anderer Bundesstaaten.

Dasselbe war auch seitens Riedels der Fall, seitdem er das bayerische Finanzministerium übernommen hatte. — In diese Zeit fallen bekanntlich die Revision des Zolltarifs, die Tabakbesteuerung, die Reichsbranntweinsteuer, die Frage der Verlängerung des Reichsbankprivilegiums und der Privatnotenbanken, die Erörterungen über die Besteuerung des Zuckers u. s. w.;

in Bezug auf alle diese Fragen war es natürlich, daß Riedel bei seiner Anwesenheit in Berlin mit dem Reichskanzler direkt verkehrte, der stets auf das beste informirt war und dem bayerischen Minister immer auf das liebenswürdigste begegnete. Seinen ersten Besuchen folgte regelmäßig eine Einladung zum Diner, und nach Tisch nahm der Fürst alsdann jedesmal die Gelegenheit wahr, die schwebenden Fragen bei der Pfeife resp. Cigarre wiederholt in der zwanglosesten, aber immerhin sehr eingehenden Weise zu besprechen, und dabei noch oft mit der größten Offenheit und äußerst interessant über frühere Erlebnisse und schwebende Zeitfragen zu reden, wie er das ja auch bekanntlich nach seinen offizielleren Diners und bei den parlamentarischen Abenden den Gruppen gegenüber, die sich nach Tisch um ihn zu bilden pflegten, fast stets gethan hat. — Bei dieser Gelegenheit war es dem bayerischen Minister besonders interessant, wahrzunehmen, wie ernst und wie lange der Fürst einzelne große Gedanken, die er oft viel später in Vollzug setzte, erwogen und mit sich herumgetragen hat. — Auch überraschte Herrn Riedel jedesmal auf das höchste der eminent praktische Blick desselben.

Fürst Bismarck begegnete Bayern immer außerordentlich bundesfreundlich. In der Frage der Stempelpflichtigkeit der Postquittungen für Anweisungen stimmte Bayern bei der Ausschußberatung auch mit der Opposition. In der Zwischenzeit bis zur Plenarsitzung hatte sich aber der Minister Riedel glücklicherweise mit Preußen geeinigt, so daß der Groll des Kanzlers aus Anlaß der Ueberstimmung Preußens im Bundesrat Bayern nicht mittraf.

Alles in allem kann man wohl sagen, Riedel zählt zu den bedeutendsten Köpfen, welche im Bundesrat gewirkt haben.

3. Königreich Sachsen.

Geheimer Justizrat Held [1])

(geboren 5. August 1830, gestorben 20. Dezember 1894)

hat dem Bundesrat von 1872 bis 1894, also 22 Jahre angehört, und hier wie auch in seinem engeren Vaterlande ein dankbares Angedenken hinterlassen.

---

[1]) In Leipzig geboren, wurde Held nach Absolvirung der juristischen Studien in Leipzig am 1. November 1852 als Auditor beim Appellationsgericht in Dresden zugelassen, am 1. Juli 1854 zum Aktuar beim vormaligen Landgerichte Dresden, am 1. Januar 1857 zum Staatsanwalt beim damaligen Bezirksgerichte Dresden ernannt und am 19. August 1869 zum Stellvertreter des Generalstaatsanwaltes Dr. v. Schwarze mit dem Titel Justizrat befördert. Mit dem Range eines Geheimen Justizrats als vortragender Rat am 1. Juni 1870 in das Justizministerium berufen, ernannte ihn der König am 16. Oktober 1879 zum Geheimrate und übertrug ihm nach dem Uebertritte Schwarzes in den Ruhestand die Stelle des ersten Staatsanwaltes beim Ober-Landesgericht mit dem Dienstprädikate Generalstaatsanwalt, welche Stelle er bis zu seinem Tode bekleidete. Daneben fungirte er als Referent im Gesamtministerium.

Sein treffendes Urteil, die Gabe kurzer und formvollendeter Ausdrucksweise und seine tiefe Auffassung von seinem Berufe sicherten ihm hier wie dort einen außergewöhnlichen Einfluß. Held hat an zahlreichen gesetzgeberischen Arbeiten großen Anteil gehabt, so ist zum Beispiel die Ausführungsverordnung zur Strafprozeßordnung von 1879 sein Werk; auch schriftstellerisch ist er vielfach thätig gewesen.

4. Württemberg.

Ministerialrat v. Heß [1])

(geboren 22. Juni 1836)

hat dem Bundesrat in der Zeit von 1872—1887, und zwar in den Jahren 1875—1880 als ordentlicher Bevollmächtigter angehört. Vom 11. Mai 1880 bis 6. Dezember 1887 war derselbe wieder als stellvertretender Bevollmächtigter bestellt, kam aber nicht mehr in die Lage, die Funktion in Berlin auszuüben. In den Jahren 1875 und 1876 nahm Heß an den Beratungen der Reichstagskommission über die Reichs-Justizgesetze teil. Von 1874—1879 war er Mitglied der Verwaltung des Reichs-Invalidenfonds.

Obersteuerrat Wintterlin [2])

(geboren 14. Februar 1839).

Seit November 1872 stellvertretender und in den Jahren 1873 und 1874 wirklicher Bevollmächtigter zum Bundesrat, war Wintterlin Mitglied von dessen Ausschüssen für Zoll- und Steuerwesen sowie für Rechnungswesen; er

[1]) Albert v. Heß, geboren in Ludwigsburg, evangelisch, studirte die Rechtswissenschaft in Tübingen und Heidelberg, legte die Dienstlaufbahn im Justizdienst teils in richterlicher Stellung bei dem Kreisgerichtshof in Stuttgart, dem Landes-Oberhandelsgericht und dem Ober-Landesgericht in Stuttgart, teils bei dem Justizministerium zurück, wurde 1885 zum vortragenden Rat bei dem Staatsministerium, 1886 zum Wirklichen Staatsrat und ordentlichen Mitglied des Geheimen Rats ernannt. Seit 1894 Geheimrat und Vorstand des Verwaltungsgerichtshofs in Stuttgart.

[2]) Hermann Wintterlin, geboren zu Stuttgart, besuchte daselbst das Eberhard Ludwig-Gymnasium, studirte 1852—1855 Rechtswissenschaft auf der Universität Tübingen, war 1858 und 1859 Hilfsrichter bei dem Oberamtsgericht in Stuttgart, trat in den Verwaltungsdienst über als rechtskundiger Hilfsarbeiter bei der Königl. Zoll- und Steuerdirektion (Steuerkollegium), bekleidete bei diesem Kollegium als Assessor (1863) und Rat (1868) die Stelle eines Justiziars bis 1872, versah in den Jahren 1861—1872 auch die Geschäfte des Justiziars bei der Königlichen Ober-Rechnungskammer und der Königlichen Staatskassenverwaltung, wurde in den Jahren 1873 und 1874 bei dem Königlichen Finanzministerium als vortragender Rat verwendet. 1876 Ober-Finanzrat im Königlichen Finanzministerium, 1885 Direktor bei demselben, 1887 Vorstand des Königlichen Steuerkollegiums, 1892 Titel und Rang eines Präsidenten.

nahm als solches in den genannten Jahren an der Beratung der die Reichsfinanzen berührenden, grundlegenden Gesetze thätigen Anteil.

Unvergeßlich bleibt Wintterlin der Eindruck, als derselbe zum erstenmal am 17. Februar 1873 den Fürsten Bismarck eine Sitzung des Bundesrats präsidiren sah. Er imponirte nicht, wie ferner Stehende so gerne annahmen, durch strammes Auftreten und gewaltige Rede, sondern durch ein vornehm-leichtes, freundliches, herzgewinnendes, durchaus kollegialisches Benehmen. Bei wiederholten Anlässen wurde es offenbar, wie der Kanzler den Gedanken vertrat, daß eine dauernde und unüberwindliche Stärke des Deutschen Reiches nicht durch die Schaffung eines uniformen Einheitsstaates, sondern durch die unverletzliche Aufrechterhaltung und Achtung der Selbständigkeit und der Rechte der einzelnen Bundesglieder und ihrer Volksstämme gewonnen werde. Und diese Willensmeinung des Kanzlers hatte ihre unverkennbaren guten Rückwirkungen auf ein freies und offenes Verhältnis zwischen den Vertretern der Bundesstaaten unter sich und gegenüber den oberen Beamten des Reichs.

„Es waren — so bemerkte einmal Wintterlin bei einem Rückblick auf seine Thätigkeit in Berlin — die ersten Jahre dieser erlauchten Versammlung; alle Mitglieder waren freudig bewegt über das neugeschaffene, groß und mächtig dastehende Deutsche Reich; es war ein gemeinsames Arbeiten in vollem, gegenseitigem Vertrauen und in dem erhabenen Bewußtsein, unter der sicheren Führung des großen Kanzlers mithelfen zu dürfen, eine feste gesetzliche Unterlage für den inneren Aufbau des Reiches zu schaffen.“

5. Baden.

Geheimer Finanzrat Lepique [1])

(geboren 13. April 1824)

entfaltete als stellvertretender Bevollmächtigter zum Bundesrat bis 1879 eine rege Hauptthätigkeit in den Ausschüssen für Zoll- und Steuerwesen und für Rechnungswesen; seine freihändlerische Richtung brachte ihn bei Durchführung der Zolltarifreform (1879) in die Opposition. 1891 verweilte derselbe als Unterhändler bei Abschluß des österreichischen Handelsvertrags in Wien.

---

[1]) Heinrich Lepique, geboren zu Karlsruhe, evangelisch. Besuch des Lyceums in Karlsruhe und der Universitäten Heidelberg und Jena. 1847 Eintritt in den badischen Zolldienst, 1857 Ober-Zollinspektor, 1863 Mitglied der badischen Zolldirektion mit dem Titel Finanzrat, 1872 Geheimer Finanzrat, 1874 Ministerialrat im Finanzministerium. 1879 Geheimer Referendär, 1882 Zolldirektor, 1891 Geheimrat.

6. Hessen.

Ministerialrat Dr. Neidhardt [1])

(geboren 10. November 1831)

gehört seit seiner am 3. Oktober 1872 erfolgten Ernennung zum Bevollmächtigten zum Bundesrat bis auf den heutigen Tag ununterbrochen dieser Körperschaft an. Neidhardts Thätigkeit daselbst liegt hauptsächlich in der Beteiligung an den Arbeiten der Ausschüsse, für welche er in den ersten acht bis neun Jahren zahlreiche Berichte zu erstatten hatte; von größeren Referaten hat derselbe nur noch dasjenige über den Militäretat beibehalten. Durch seine großen Kenntnisse, seine Loyalität und persönliche Liebenswürdigkeit sowie durch seinen politischen Takt hat er sich im Bundesrat eine Stellung geschaffen, um die ihn mancher seiner Kollegen beneiden mag.

Dienstliche Unterredungen hat Neidhardt mit Bismarck nicht gehabt, aber bei Gelegenheit der dem Bundesrat und dem Reichstag gegebenen Gesellschaften viel in seinem Hause verkehrt. Eine Wolke hat sich über das sonst stets gute Verhältnis nur kurze Zeit gezogen, da der Kanzler dem hessischen Gesandten wegen der Abstimmung über den Quittungsstempel im Jahre 1880 grollte. Fürst Bismarck ließ sich aber später gerne überzeugen, daß der Gesandte genau nach seinen Instruktionen gehandelt hatte, und daß demselben überhaupt nichts entfernter lag, als ihm Opposition zu machen. Von da ab war das Verhältnis wiederum ein so freundliches wie ehedem.

7. Sachsen-Coburg-Gotha.

Staatsminister Freiherr v. Seebach. [2])

Aus dem Briefwechsel desselben mit seiner Tochter Wanda v. Koethe mögen folgende Auszüge hier Platz finden.

[1]) Karl v. Neidhardt, geboren in Alsfeld, Großherzogtum Hessen, Sohn des damaligen Landrats, späteren Ober-Studiendirektors des Bezirks Alsfeld. Gymnasium in Darmstadt. Universitäten Gießen (Corps Teutonia) und Heidelberg (Corps Rhenania) Herbst 1849 bis Frühjahr 1853. Fakultätsexamen und Promotion als Dr. jur. utr. Frühjahr 1854. Staatsprüfung nach zweijährigen Vorbereitungsaccessen in Justiz und Verwaltung Frühjahr 1856. April 1856 bis Oktober 1858 beschäftigt beim Stadtgericht Darmstadt in Zivil- und Kriminalsachen. Oktober 1858 bis April 1861 beschäftigt in der Advokatur 6. April 1861 Verwendung beim Großherzoglichen Ministerium des Großherzoglichen Hauses und des Aeußern. 1. November 1861 Anstellung daselbst als Ministerial-Sekretariats-Accessist. September 1864 Ministerialsekretär 2. Klasse. Oktober 1866 Ministerialsekretär 1. Klasse. Mai 1867 Legationsrat. Oktober 1868 vortragender Rat mit Titel Geheimer Legationsrat. April 1870 Ministerialrat. 1871—1876 Mitglied der Zentralkommission für die Rheinschiffahrt. Juni 1876 Ernennung zum außerordentlichen Gesandten und bevollmächtigten Minister am Königlich preußischen Hof. 1878 Titel Staatsrat. 1884 Ernennung zum Wirklichen Geheimen Rat mit dem Prädikat Excellenz. 27. Januar 1896 Erhebung in den erblichen Adelstand des Großherzogtums Hessen.

[2]) Vgl. oben S. 201.

Berlin, den 26. März 1872.

An Frau Wanda v. Koethe.

„Ich fürchte, daß sich mein Aufenthalt hier ziemlich lange hinausziehen wird, da ich jedenfalls so lange bleiben muß, bis das unglückliche Brausteuergesetz,[1]) bei dem wir so wesentlich interessirt sind, und mit dem jetzt noch der Ausschuß beschäftigt ist, im Plenum des Bundesrats und in dem Reichstag durchberaten worden ist. Zwar werde ich versuchen, bei Herrn Delbrück einen Aufschub bis zur Woche nach den Feiertagen auszuwirken, habe aber wenig Hoffnung, daß mir der Versuch gelingen wird, da die Hetzerei diesmal fast noch ärger ist als gewöhnlich. Bis jetzt habe ich, mit Ausnahme des Kaiserlichen Geburstages, jeden Tag, selbst am lieben Sonntag, langatmige Sitzungen gehabt, gestern zum Beispiel von 10 bis 12 im Biersteuerausschuß, von 12 bis 3 im Militärausschuß, und von 3 bis nach 5 im Plenum. Zu Besuchen bin ich deshalb noch nicht gekommen.“

*

Berlin, den 8. April 1872.

An Frau Wanda v. Koethe.

„Anbei die Thronrede des Reichstags, der heute eröffnet werden wird. Fürst Bismarck wird sie verlesen, denn der Kaiser eröffnet nicht in Person, leider, wie ich glaube, weil seine körperlichen Kräfte der Zeremonie kaum gewachsen sein dürften. Von der in der Thronrede angekündigten Vorlage wegen Verteilung der Kriegsentschädigungsgelder wissen wir noch nichts; ich bin daher über diesen Passus doppelt erfreut und will nur wünschen, daß mir die Art und Weise, wie man verteilen will, keine Enttäuschung bringt.[2])

Mit meinem Antrage zum Brausteuergesetz[3]) bin ich im Bundesrat glücklich durchgedrungen; nun wird es darauf ankommen, was der Reichstag dazu sagt. Bis dahin, wo derselbe darüber Beschluß gefaßt haben wird, muß ich nun natürlich hier aushalten.“

*

---

[1]) Dasselbe bezweckte für die norddeutsche Biersteuergemeinschaft die Herstellung eines allgemein giltigen Gesetzes über die Besteuerung des Bieres, und außerdem die Besteuerung der Malzsurrogate. Es entwickelte sich aus dieser Vorlage das Gesetz vom 31. Mai 1872.

[2]) Angespielt ist auf den dem Reichstag mit Schreiben vom 16. Mai 1872 mitgeteilten Gesetzentwurf, betreffend die französische Kriegsentschädigung, Sten. Ber., Anl. Nr. 92.

[3]) Der Antrag Seebachs findet sich im § 40 des dem Reichstag vorgelegten Gesetzentwurfs wegen Erhebung der Brausteuer. (Drucksache Nr. 11, I. Legislaturperiode, III. Session 1872.) Er bezweckte, den Betrag, um welchen in Sachsen-Coburg-Gotha, Meiningen, Reuß älterer Linie die daselbst bestehende Malzschrotsteuer den Satz von 20 Silbergroschen pro Zentner überstieg, den gedachten Bundesstaaten auch fernerhin zu bewilligen. Es war also eine Konzession im Sinn der Erhaltung einer bestehenden Landeseinnahme (zu vergleichen auch die Motive zu § 40).

Berlin, den 20. April 1872.

An Frau Wanda v. Koethe.

„Ich muß wegen des unglücklichen Brausteuergesetzes immer noch hier aushalten, ohne in diesem Augenblick auch nur annähernd bestimmen zu können, wie lange das noch dauern wird. Das Gesetz ist an eine Kommission verwiesen, und in dieser muß ich den Punkt, der unser Interesse berührt, jedenfalls vertreten.[1]) Wann dasselbe aber dort zur Beratung kommen wird, weiß Gott. Es ist in der That eine harte Geduldsprobe, und eine um so härtere, als ich mit ziemlicher Sicherheit voraussehen kann, daß mein Antrag in dem Reichstage fallen, demnach all meine Mühe und das Opfer, welches ich mit meinem langen Hiersein bringe, nutzlos aufgewendet sein wird."

*

Berlin, den 6. Mai 1872.

An Frau Wanda v. Koethe.

„Eben komme ich aus der Kommissionssitzung des Reichstags, und zwar mit einem den Umständen nach mindestens nicht ungünstigen Resultat. Die Bestimmung, auf die es mir ankam,[2]) ist schließlich mit großer Majorität angenommen worden, jedoch mit einer vorläufigen Zeitbeschränkung ihrer Gültigkeit bis zum 1. Januar 1876.[3]) Nun, weiter hinaus wird sie für mich persönlich schwerlich noch eine Bedeutung haben.

„Ich sehne mich, wie immer, nach Haus zurück, und überdies ist auch meine Anwesenheit in Gotha wegen des Landtags, der seit gestern dort tagt, dringend erforderlich."

*

Gotha, den 30. April 1872.

An Frau Wanda v. Koethe.

„In Berlin ist Hofrat Briegleb vorgestern abend infolge einer Operation gestorben. Sein Tod wird in England Verlegenheiten bereiten und namentlich die Königin, deren volles Vertrauen er besaß, schmerzlich berühren. Auch ich beklage ihn, denn trotz aller geschäftlichen Differenzen hat er sich zu mir persönlich doch immer freundschaftlich zu stellen gewußt, und gerade jetzt würde er mir im Reichstage als treuer Bundesgenosse zur Seite gestanden haben.

„Nach der ‚Independance' befindet sich der Herzog schon seit einigen Tagen in Neapel, hat also das Glück, das großartige Naturereignis — das ja freilich auch recht traurige Folgen hat — mitzuerleben. Die Frau Herzogin wird wohl

---

[1]) Vgl. den Bericht der Reichstagskommission, Drucksache Nr. 67.

[2]) Vgl. oben.

[3]) Zu vergleichen § 44 des Gesetzes wegen Erhebung der Brausteuer, Reichs-Gesetzblatt S. 153.

etwas um ihn in Sorge gewesen sein. Von Schrabisch[1]) erfuhr ich, daß der Kaiser dem Herzog Ernst — in Anerkennung der tapferen Haltung seiner Landeskinder, ebenso wie dem Herzog von Meiningen — zwei Kanonen zum Geschenk gemacht hat, und der gnädigste Herr darüber sehr erfreut gewesen ist. Wem er es zu danken hat, weißt Du wohl."

*

Gotha, den 2. September 1872.

An Frau Wanda v. Koethe.

„Mein gnädiger Herr geht Mittwoch zu der Kaiserzusammenkunft[2]) nach Berlin. Da Euer Herzog mich deshalb bei unserem Zusammentreffen befragte, so habe ich nicht verfehlt, ihm die Frage noch nachträglich telegraphisch zu beantworten. Der Spektakel wird dort ein ganz gewaltiger werden, ich bin aber doch recht froh, daß ich ihn nicht mit ansehen muß."

*

Berlin, den 4. November 1872.

An Frau Wanda v. Koethe.

„Ich habe mich entschlossen, noch die volle nächste Woche hier auszuharren, da mir Bertrab seine Bereitwilligkeit ausgesprochen hat, sich am 12. wieder hier einzufinden, um dadurch die unerwünschte Eventualität zu vermeiden, unsere gemeinsame thüringische Vertretung in die Hand eines Nicht-Thüringers legen zu müssen. Den gestrigen Tag habe ich, bis auf eine kurze Unterbrechung zu Mittag, fast ausschließlich an meinem Schreibtisch zugebracht.

„Auch dem gnädigsten Herrn habe ich bereits über die wichtigeren Vorkommnisse ausführlich berichtet und ihm meine Rückkehr bis zum 12. in Aussicht gestellt. Heute ist wieder Reichstagssitzung und dann auch Plenarsitzung des Bundesrats, in der das Münzgesetz zur Erledigung kommen wird. Den Abend werde ich wohl dem Fürsten Bismarck widmen, doch besinne ich mich möglicherweise auch noch anders. Seine Visitenkarte, die Du vergessen, lege ich bei."

*

Berlin, den 18. November 1872.

An Frau Wanda v. Koethe.

„Ich bin ganz zu rechter Zeit hier eingetroffen, da morgen die Beratungen über die Steuerfragen im Ausschuß[3]) beginnen werden. Soll aus denselben eine Minderung der Matrikularbeiträge herausspringen, so werden die neuen

[1]) Der Adjutant des Herzogs von Coburg.

[2]) 3.—11. September 1872 Dreikaiser-Zusammenkunft in Berlin. Bismarck kehrt dazu von Varzin zurück. Die Kaiser von Oesterreich und Rußland waren gleichfalls von ihren Ministern des Auswärtigen begleitet.

[3]) Welche Steuerfragen hier gemeint sind, hat nicht festgestellt werden können.

Steuern einen sehr ansehnlichen Ertrag liefern müssen, denn mit den jetzigen Matrikularbeiträgen wird der nächste Etat — wenn ich recht berichtet bin — schon ein Defizit von 35 Millionen aufweisen. Wie ich von Neidhardt hörte, hat Gerstenberg diesen in der Sache mit Instruktionen versehen, und werde ich also wohl nicht die Freude haben, ihn hier zu sehen."

*

Gotha, den 28. Januar 1873.

An Frau Wanda v. Koethe.

„Du möchtest gern von mir hören, wie ich über die Berliner Ministerkrisis denke. Ueber diese Frage hat sich inzwischen der Herr Reichskanzler selbst so ausführlich und bestimmt ausgesprochen,[1]) daß damit die Sache vielleicht als erledigt betrachtet werden könnte. Indes bin ich doch im Zweifel, ob er wirklich alles gesagt hat, und ob namentlich der von ihm angegebene Grund seines Rücktritts von dem Ministerpräsidium der richtige und nicht bloß ein Vorwand ist. Ich bin auch heute noch geneigt, das letztere anzunehmen. Vergegenwärtige ich mir die Schärfe, mit der Fürst Bismarck die Notwendigkeit, daß die Funktionen des preußischen Ministerpräsidenten und des Reichskanzlers in einer Person vereinigt seien, zu wiederholtenmalen betont hat, so kann ich mir unmöglich denken, daß lediglich der Wunsch, seine Arbeitslast vermindert zu sehen, ihn bestimmt habe, die ersteren aufzugeben, und dies um so weniger, als sich ihm sicher die eine oder die andere Möglichkeit dargeboten haben würde, diesen Wunsch zu erreichen, ohne dem von ihm früher mit solcher Entschiedenheit vertretenen Standpunkt untreu zu werden.

„Ueber das eigentliche Motiv bin ich freilich vollständig im unklaren, halte aber doch für meine Person für das Wahrscheinlichste, daß er in Bezug auf die Reform des Herrenhauses[2]) in dem Ministerium auf Widerstand gestoßen, und es ihm nicht möglich geworden ist, denselben zu brechen.

„Dagegen bin ich allerdings überzeugt, daß die eingetretene Veränderung auf die politische Haltung des Ministeriums ohne allen Einfluß bleiben wird, und seine Worte in dieser Beziehung vollen Glauben verdienen. Er ist nicht der Mann, sich unterzuordnen oder eine Vergangenheit zu verleugnen, die seinen Namen zu einem weltgeschichtlichen macht. So lange er also an der Spitze der Reichsverwaltung bleibt, so lange wird er auch für die preußische Politik die maßgebende Persönlichkeit bleiben, und so lange der jetzige Kaiser lebt, wird es auch den ihm feindlich gesinnten Elementen, an denen es ja gewiß nicht fehlt,

---

[1]) In der Reichstagssitzung vom 25. Januar 1873. Am 1. Januar 1873 war Graf Roon an Stelle des Fürsten Bismarck zum Vorsitzenden des Staatsministeriums ernannt worden.

[2]) Ueber Bismarcks Ansichten in Betreff desselben ist zu vergleichen mein Werk: „Erinnerungen aus dem Leben von Hans Viktor v. Unruh" S. 276, 349, 350.

nicht gelingen, ihn in seiner Stellung zu erschüttern. Einen Grund zur Beunruhigung kann ich daher in seinem Rücktritt nicht erkennen."

8. Oldenburg.

(Geheimer Ministerialrat Selkmann[1])

(geb. 7. März 1818).

Selkmann kannte Herrn v. Bismarck schon vom Erfurter Reichstag her, woselbst er ihn häufig sprach und auch mitunter mit demselben speiste. Bismarck vertrat damals noch den Standpunkt des preußischen Junkers; in geselligem Verkehr hatte er noch etwas vom Corpsstudenten übrig; daß dieser Bismarck das Deutsche Reich schaffen, ja, daß ihm auch nur eine große Zukunft beschieden sein würde, ahnte damals keiner. Es währte 22 Jahre, da Bismarck und Selkmann sich wieder trafen, wieder als Mitglieder einer und derselben Körperschaft, nur nicht mehr wie 1850 als Kollegen; Selkmann trat als Ministerialbeamter, und noch dazu als stellvertretendes Mitglied, in den Bundesrat ein, dem Fürst Bismarck als Reichskanzler präsidirte. Die Beziehungen zwischen Bismarck und Selkmann haben niemals einen warmen Charakter angenommen; das beruhte zu Anfang darauf, daß das Verhältnis des Kanzlers zu dem Großherzog von Oldenburg nicht immer das beste war; von größerem Einfluß war noch der Umstand, daß Oldenburg bei Uebergang Bismarcks in das schutzzöllnerische Lager so lange als möglich die Fahne des Freihandels hoch zu halten versuchte. Da die Abstimmungen Selkmanns im Bundesrat in den handelspolitischen Fragen — den ihm erteilten Instruktionen gemäß — vielfach nicht im Sinne der Reichspolitik lauteten, so lag auch hier (wie bei dem mecklenburgischen Bundesbevollmächtigten) für Oldenburg der Keim zu Konflikten in der Luft. Wer die Verhandlungen des Bundesrats genau verfolgte, dem konnte es nicht entgehen, nach welcher Richtung hin diese Spannung ihren Ausdruck fand. Seit den siebenziger Jahren war Oldenburg in den Ausschuß für das Seewesen gewählt und infolge davon Selkmann in diesem Ausschuß stimmberechtigt.[2]) Im Jahre 1881 erfolgte zum erstenmal auf Bismarcks

[1]) Gerhard Heinrich Bernhard Wilhelm Selkmann, geboren zu Kloppenburg, katholisch. Besuch des Gymnasiums zu Osnabrück, der Akademie zu Münster und der Universitäten zu Heidelberg und Göttingen. Vortragender Rat beim Staatsministerium in den Departements der Justiz und des Innern. Mitglied der Gesetzkommission, der Ablösungsrevisionsbehörde und der Kommission zur Wahrnehmung der staatlichen Rechte hinsichtlich der katholischen Kirche. 1848 Mitglied des die Verfassung vereinbarenden Landtags, und später wiederholt Mitglied des Landtags. 1850 Mitglied des Abgeordnetenhauses des Erfurter Landtags. 1874 Geheimer Ober-Regierungsrat, 1877 Staatsrat, später Geheimer Staatsrat und Wirklicher Geheimer Rat.

[2]) 1880 waren Mitglieder desselben: Preußen, Mecklenburg-Schwerin, Oldenburg, Lübeck und Hamburg.

Wunsch eine anderweitige Bildung dieses Ausschusses unter Ausscheidung Oldenburgs.[1]) Nach Bismarcks Entlassung wurde Oldenburg wieder in den gedachten Ausschuß gewählt.[2])

Daß Sellmanns persönliche Beziehungen zum Reichskanzler unter dem angedeuteten Verhältnis litten, bedarf keiner Bemerkung. Sellmann ist eine politisch ausgeprägte, im Grunde aber verschlossene Natur, ein sehr gescheiter Kopf, Preußen gegenüber reservirt, dabei aber durchaus deutsch gesinnt. Da Oldenburg den wichtigsten Ausschüssen des Bundesrats nicht angehört, ist seine Thätigkeit daselbst naturgemäß eine beschränkte. Eine bedeutsame Thätigkeit entwickelte er in dem 1879 gebildeten Ausschuß für das Eisenbahn-Gütertarifwesen.

9. Waldeck.

Landesdirektor v. Sommerfeld[3])

(geb. 5. Januar 1833)

hat, wie das seitens der Vertreter der kleineren Staaten allgemein geschieht, alljährlich nur kürzere Zeit an den Bundesrats-Verhandlungen teilgenommen. Nicht seltene Berührung mit dem großen Kanzler, namentlich in seinem eigenen Hause.

10. Lippe (Detmold).

Kabinetsminister v. Flottwell

ist bereits aus der bisherigen Darstellung (Band I. S. 140) bekannt als früherer Bevollmächtigter zum Bundesrat für Waldeck. Indessen waren einzelne Plenarsitzungen, denen damals Bismarck noch nicht persönlich beiwohnte, von so hohem Interesse, daß einige Momente hier hervorgehoben zu werden verdienen.

[1]) 1881 wurden in den Ausschuß gewählt: Preußen, Bayern, Königreich Sachsen, Mecklenburg-Schwerin und Hamburg.

[2]) 1891 (also unter Caprivi) wurden in den Ausschuß gewählt: Preußen, Bayern, Mecklenburg-Schwerin, Oldenburg, Hamburg. Oldenburg ist jetzt außerdem noch vertreten in den Ausschüssen für Eisenbahnen, Post und Telegraphen, für die Verfassung und für das Eisenbahn-Gütertarifwesen.

[3]) Hugo v. Sommerfeld, evangelisch, studirte nach dem Besuch der Gymnasien in Bonn und Coblenz von 1851 bis 1854 jura et cam. auf den Universitäten zu Bonn und Berlin. Nach bestandenem Regierungsassessor-Examen im Jahre 1859 beschäftigt bei der Regierung zu Stettin, von 1865 ab beim Ober-Präsidium daselbst. Von 1872 bis 1881 preußischer Landesdirektor der Fürstentümer Waldeck und Pyrmont und Mitglied des Bundesrats als Bevollmächtigter des Fürsten zu Waldeck und Pyrmont. Von 1881 bis 1887 Regierungs-Vizepräsident in Posen, seit 1887 Regierungspräsident in Stettin.

In einer Sitzung entspann sich über das Unfallgesetz eine eingehende Debatte. Bismarck vertrat den Standpunkt, daß der Richter nach freiem Ermessen entscheiden sollte, erwähnte aber scherzend, daß manchmal dies freie Ermessen doch zu eigentümlichen Resultaten führe. So habe ein Gericht in einem Beleidigungsprozeß gegen ihn und das Ministerium in der Konfliktszeit dem Beleidiger mildernde Umstände zuerkannt, da „das Ministerium wirklich nichts tauge"! Bei einer späteren Abstimmung erhob sich der Fürst mit seiner preußischen Stimme ganz allein, alle übrigen Bundesräte blieben sitzen. Flottwell führte damals die waldecksche Stimme und dachte, es sei doch seine Pflicht, mit Preußen zu stimmen. Er erhob sich also auch am Ende des Tisches, und der Fürst sah höchst verwundert mit der Lorgnette hin, wer das wäre, der mit ihm gestimmt hätte.

III. Abschnitt.

Aus der Werkstatt des Bundesrats.

Die Thätigkeit des Bundesrats in seiner zweiten Session wurde in erster Linie durch die Fortführung der im Vorjahre begonnenen gesetzlichen Regelung und Ausbildung der gemeinschaftlichen Einrichtungen des Reiches in Anspruch genommen. Im einzelnen ist Nachstehendes zu bemerken:

1. **Reichsgesetzgebung** (Artikel 4 und 5 der Verfassung).

Gewerbeordnung. Mit dem Vorschlage wegen Einführung der deutschen Gewerbeordnung in Bayern verband die dortige Regierung einen Antrag auf Beseitigung der deutschen Theaterfreiheit. Der Bundesrat lehnte diesen Vorschlag ab.[1])

Am 6. Februar 1873 unterbreitete der Reichskanzler (in Vertretung: Delbrück) dem Bundesrat Vorschläge bezüglich der Legitimationsscheine und -karten nach § 44 der Gewerbeordnung.[2])

---

[1]) Vgl. die „National-Zeitung" Nr. 221 vom 14. Mai 1872, Nr. 230 vom 19. Mai 1872, Nr. 232 vom 22. Mai 1872, Nr. 249 vom 31. Mai 1872, und „Norddeutsche Allgemeine Zeitung" Nr. 124 vom 31. Mai 1872.

[2]) In Kohls Bismarck-Regesten nicht erwähnt. Vorlage des Kanzlers, betreffend die Prüfungsvorschriften für Apotheker, „Norddeutsche Allgemeine Zeitung" Nr. 39 vom 5. Februar 1873; Antrag Bayerns, betreffend die Erteilung der Approbationen an die Medizinalpersonen in Bayern, „National-Zeitung" Nr. 310 vom 6. Juli 1872; Bundesratsbeschluß wegen Gleichstellung des Besuches der polytechnischen Schule zu Stuttgart und Karlsruhe mit dem Besuche einer Universität bei Apothekern, Nr. 218 vom 12. Mai 1872; Beschluß des Bundesrats auf eine Eingabe, betreffend den Erlaß gesetzlicher Bestimmungen über die Feststellung des Feingehalts der Silberwaren, Nr. 604 vom 25. Dezember 1872; Vorlage des Kanzlers über den Geschäftsgang des Bundesamts für das Heimatswesen, „Norddeutsche Allgemeine Zeitung" Nr. 13 vom 16. Januar 1873.

Münz-, Maaß-, Gewichts- und Bankwesen. Verhandlungen des Bundesrats über die Ausprägung von Reichsgoldmünzen, „National-Zeitung" Nr. 296 vom 28. Juni 1872; über den Gesetzentwurf wegen Ausgabe von Banknoten, Nr. 260 vom 7. Juni 1872; über die Maaß- und Gewichtsordnung, Abänderung des Artikels 4, Nr. 586 vom 14. Dezember 1872, und Zusatzbestimmung zu Artikel 3, Nr. 254 vom 4. Juni 1872.

Antrag Lasker=Miquel wegen Erweiterung der Kompetenz der Reichsgesetzgebung auf das gesamte bürgerliche Recht und die Gerichtsverfassung. Noch aus der vorigen Session lagen dem Bundesrat zwei Anträge aus dem Justizausschusse (ein die Abweisung des Reichstagsbeschlusses befürwortender Mehrheitsantrag und ein die Zustimmung empfehlender Minderheitsantrag) vor,[1]) welche der Erledigung harrten. Die Angelegenheit kam in der Sitzung des Bundesrats vom 9. April 1872 zur Sprache, gelangte aber auch da noch nicht zum Abschluß.

Der als Referent fungirende württembergische Bevollmächtigte, Staatsminister v. Mittnacht führte aus: Indem er den Mehrheitsantrag (auf Zurückweisung des Reichstagsbeschlusses) befürworte, sei es nicht seine Meinung, daß die durch Nr. 13 des Artikels 4 der Reichsverfassung gezogene Grenze der Reichskompetenz strikte für alle Zukunft einzuhalten wäre. Die württembergische Regierung werde angemessenen Erweiterungen der Zuständigkeit der Reichsgesetzgebung im einzelnen Fall nicht entgegentreten und insbesondere der Abfassung eines bürgerlichen Gesetzbuchs für das Reich lebhaftes Interesse und jede ihr mögliche Förderung zuwenden. Zufolge Beschlusses des Norddeutschen Bundesrats vom 21. Februar 1870 sei der Entwurf eines Bundesgesetzes über die Gerichtsverfassung und die gerichtlichen Institutionen in Vorbereitung. Für eine Mitteilung über den Stand dieser Arbeit an den Deutschen Bundesrat würde die von ihm vertretene Regierung besonders dankbar sein. Er sei der Ansicht, daß bei einem in die einzelstaatlichen Verhältnisse so tief eingreifenden Gegenstande eine Mitwirkung der Bundesstaaten schon bei der ersten Aufstellung des Gesetzentwurfs von besonderem Interesse wäre. Das Ziel, die Grundzüge einer gemeinsamen Gerichtsorganisation auch ohne strikte Einhaltung der durch die bestehende Reichsverfassung gezogenen, ohnedem etwas zweifelhaften Grenze durch Reichsgesetze zu erhalten, ließe sich auch ohne Aenderung der Reichsverfassungsurkunde durch gemeinsame Arbeit und Verständigung erreichen. Würde dieser Gedanke Anklang finden, so wäre wohl seine nähere Erörterung freier Besprechung innerhalb oder außerhalb der Ausschüsse anheim zu geben.

Der bayerische Bevollmächtigte gab die Erklärung ab, daß er sich den fraglichen Reichstagsbeschlüssen gegenüber ablehnend verhalten werde. Er bezog sich in allen Punkten auf die Gründe des Mehrheitserachtens im Berichte der Ausschüsse für die Verfassung und das Justizwesen vom 9. Dezember 1871 und wollte hinsichtlich der beantragten Erweiterung der Reichskompetenz in Absicht auf das gesamte bürgerliche Recht nur noch darauf aufmerksam machen, wie die dem Gesetzentwurfe gegebene Fassung die Befugnis des Reichs in sich

[1]) Vgl. oben S. 215 und zum folgenden die „National-Zeitung“ Nr. 169 vom 11. April 1872, Nr. 274 vom 15. Juni 1872, Nr. 287 vom 22. Juni 1872. Schulthes Geschichtskalender 1872 S. 113 (Debatte in der sächsischen Ersten Kammer über die Abgabe der sächsischen Stimme im Bundesrat, a. a. O. S. 99).

schließen würde, nach dem jeweiligen Ermessen der gesetzgebenden Faktoren in Betreff der Bedürfnisfrage, schon bevor eine umfassende Kodifikation des Privatrechts notwendig und möglich geworden ist, durch Erlaß spezieller, nur einzelne Materien betreffenden Gesetze vorzugehen. Durch die Möglichkeit eines solchen regellosen Erlasses von Reichs-Spezialgesetzen auf dem ganzen Gebiete des Privatrechtes würde nicht nur schon jetzt die Thätigkeit der Landesgesetzgebungen in allen Zweigen des Zivilrechts lahm gelegt, sondern auch eine erhöhte Rechtsunsicherheit geschaffen, da die Spezialbestimmungen zu dem in Kraft bleibenden übrigen Inhalte der Partikularrechte selten vollständig passen würden, letztere daher in ihrem organischen Zusammenhange immer mehr alterirt werden würden. Anbelangend die Gerichtsorganisation, so könne von der bayerischen Regierung dem Reichstagsbeschlusse in seiner allgemeinen Fassung um so weniger beigepflichtet werden, als derselbe den Verlust der den Bundesstaaten durch die Reichsverfassung nicht entzogenen Justizhoheit zur notwendigen Konsequenz hätte. Dagegen sei anzuerkennen, daß es auf diesem Gebiete eine Reihe von Fragen gebe, ohne deren gleichmäßige Regelung die in Aussicht genommenen Gesetze über das Zivil- und Strafverfahren nicht zum Abschluß gebracht werden könnten. Zur Erreichung dieses Zweckes erscheine aber jene Veränderung der Reichsverfassung nicht erforderlich, weil viele Punkte schon im Bereiche des „gerichtlichen Verfahrens“ im Sinne des Artikels 4 Nr. 13 der Reichsverfassung liegen und da, wo die Grenzen streitig sind, sich der Weg loyaler Verständigung empfehlen dürfte. Unter allen Umständen sei wünschenswert, daß die einseitige Aufstellung eines ersten Entwurfes des Gesetzes über gemeinsame Bestimmungen für die Gerichtsverfassung vermieden werde, und daß sich Vertreter der am meisten beteiligten Staaten schon bei dem ersten Aufbau des Gesetzes durch persönlichen Zusammentritt und eingehende mündliche Beratungen aller sich darbietenden Fragen beteiligten.

Sachsen schloß sich den Ausführungen Bayerns und Württembergs im wesentlichen an.

Fürst Bismarck, der in der Sitzung den Vorsitz führte, konstatirte, daß Meinungsverschiedenheiten mehr in der Form als in der Sache vorhanden schienen, und auf seinen Antrag wurden diejenigen Regierungen, die gegen den Antrag waren, eingeladen, ihre Ansichten und Vorschläge zu formuliren; damit wurde der Antrag behufs weiterer Anträge den Ausschüssen nochmals überwiesen.[1])

[1]) Die „Norddeutsche Allgemeine Zeitung“ Nr. 84 vom 11. April 1872 bemerkte in ihrem Referat über die Bundesratssitzung: „An Stelle des abwesenden Referenten der Ausschüsse, des württembergischen Geheimrats v. Kohlhaas, referirte der württembergische Justizminister v. Mittnacht und erklärte sich im Sinne des Berichtes und des Antrages der Ausschüsse, besonders unter Bestreitung der Bedürfnisfrage gegen den Antrag. In der an das Referat sich knüpfenden Debatte traten zwei Richtungen hervor: die eine im Sinne des Antrages für die Kompetenzerweiterung im Prinzip, die andere nicht gegen eine Kom-

Nachdem inzwischen der Antrag Lasker im Reichstag (29. bis 31. Mai 1872) aufs neue — unter dem Widerspruch der Vertreter von Bayern, Sachsen und Württemberg — mit großer Majorität angenommen worden war, sprach bei Gelegenheit der Beratung des bezüglichen Beschlusses im Bundesrat der württembergische Bevollmächtigte den Wunsch aus, daß die den Ausschüssen am 9. April 1872 aufgetragene, seither wegen der Abwesenheit des preußischen Vorsitzenden des Justizausschusses unterbliebene erneute Beratung des Gegenstandes nicht verschoben werden möge, bis im nächsten Jahre der Bundesrat seine volle Thätigkeit wieder aufnehme.

Die Beschlußfassung zog sich aber doch bis in die nächste Session des Bundesrats hinaus.[1])

Militärstrafgesetzbuch. Die Beratung desselben[2]) nahm im Bundesrat wenig Zeit in Anspruch, weil sich der Entwurf so viel als möglich den Rechtsgrundsätzen des bürgerlichen Strafgesetzbuches anschloß, welches vor zwei Jahren nach gründlicher Beratung mit dem Reichstag vereinbart worden war. Ueber mehrere Punkte, welche der Reichstag an dem Entwurfe beanstandet hatte, kam es zwischen Bundesrat und Reichstag zu einer Einigung. Militärstrafgesetzbuch vom 20. Juni 1872 (Reichs-Gesetzbl. S. 174).

Strafprozeßordnung. Die Ausarbeitung eines bezüglichen Entwurfes beruhte auf dem Bundesratsbeschluß vom 5. Juni 1868,[3]) und war, wie erinnerlich,[4]) in die Hände des damaligen Geheimen Ober-Justizrats Dr. Friedberg gelegt worden. Nachdem der Entwurf im Sommer 1871 wiederholten Beratungen im preußischen Justizministerium unterzogen worden war, legte ihn

---

petenzerweiterung überhaupt, für eine solche jedoch nur in dem gegebenen Falle eines dringenden Bedürfnisses, zu dessen Abstellung, und jedenfalls gegen eine Lösung der Frage in einem einseitigen Sinne, wie er etwa der Auffassung oder dem Bedürfnisse eines oder des andern Staates entsprechen möchte. Unter solchen Umständen wurde auf Anregung des Präsidiums beschlossen, den Antrag zur weiteren Erwägung noch einmal an die Ausschüsse zu verweisen."

[1]) Bundesratsverhandlungen über den Gesetzentwurf, betreffend die dem Reichs-Oberhandelsgerichte gegen Rechtsanwälte und Advokaten zustehenden Befugnisse, „National-Zeitung" Nr. 221 vom 14. Mai 1872; Geschäftsübersicht des Gerichtshofs, Nr. 90 vom 23. Februar 1872; Anstellung eines Beamten, betraut mit Wahrnehmung der Verrichtung der Staatsanwaltschaft bei dem gedachten Gericht, Nr. 548 vom 22. November 1872 und Nr. 550 vom 23. November 1872; Meinungsverschiedenheiten mit Sachsen in Betreff einiger Bestimmungen des Reichsstrafrechts, Nr. 244 vom 29. Mai 1872.

[2]) Analyse des dem Bundesrat in der Sitzung vom 9. März 1872 vorgelegten Entwurfes, „National-Zeitung" Nr. 128 vom 16. März 1872; Ausschußvorschläge, Nr. 149 vom 28. März 1871; Stellungnahme des Bundesrats zu den Reichstagsbeschlüssen, Nr. 239 vom 25. Mai 1872 und Nr. 282 vom 20. Juni 1872.

[3]) Vgl. Band I. S. 164.

[4]) Vgl. oben S. 131.

Bismarck mit Schreiben vom 23. Januar 1873[1]) dem Bundesrat mit dem Antrag vor, zunächst eine aus deutschen Juristen bestehende Kommission mit der Prüfung desselben zu beauftragen.[2])

Der politische Schwerpunkt des preußischen Elaborates lag darin, daß nach demselben die Strafurteile erster Instanz überall unter Mitwirkung von Laien, durch Schöffengerichte, gefällt werden sollten. Die Schöffengerichte zerfielen in große, welche an die Stelle der Geschworenengerichte treten sollten, mittlere und kleine. Gegen die Urteile der Schöffengerichte sollte Appellation unzulässig sein.[3])

Die Erledigung dieser Materie beschäftigte den Bundesrat noch mehrere Sessionen.

Stellung unter Polizeiaufsicht. Das deutsche Strafgesetzbuch hatte der Landespolizeibehörde gegen verurteilte Inländer (Deutsche) folgende Befugnisse beigelegt: 1. Nach § 38 a. a. O. kann in den durch das Gesetz vorgesehenen Fällen neben einer Freiheitsstrafe auf die Zulässigkeit von Polizeiaufsicht erkannt werden. Durch ein solches Erkenntnis erhält die „höhere Landespolizeibehörde" die Befugnis, nach Anhörung der Gefängnisverwaltung den Verurteilten auf die Zeit von höchstens fünf Jahren unter Polizeiaufsicht zu stellen. 2. Infolge des § 362 a. a. O. kann ferner gegen eine nach Maßgabe des § 361 Nr. 3 bis 8 zur Haft verurteilte Person zugleich erkannt werden, daß dieselbe nach verbüßter Strafe der „Landespolizeibehörde" zu überweisen sei. Die Landespolizeibehörde erhält hierdurch die Befugnis, die verurteilte Person entweder bis zu zwei Jahren in ein Arbeitshaus unterzubringen oder zu gemeinnützigen Arbeiten zu verwenden. Der Umstand, daß das Strafgesetzbuch darüber, welche „höhere Landespolizeibehörde" für die Ergreifung der angegebenen Maßregeln kompetent ist, eine Bestimmung nicht enthält, hatte bei Ausführung jener Vorschriften zu einem verschiedenen Verfahren in den einzelnen Bundesstaaten geführt.

Behufs einheitlicher Regelung der Praxis der verschiedenen Bundesregierungen bei Ausführung der genannten Vorschriften wurde daher dem Bundesrat unter dem 19. März 1872[4]) von dem Reichskanzler eine Vorlage gemacht. Der infolge dessen mit der Berichterstattung beauftragte Ausschuß für Justizwesen beantragte bei dem Bundesrat: Derselbe wolle den Wunsch aussprechen, daß die Bundesregierungen im Verhältnisse zu einander bezüglich der Stellung unter Polizeiaufsicht und der Unterbringung eines Verurteilten in ein Arbeitshaus oder

[1]) In Kohls Bismarck-Regesten nicht erwähnt. Der Entwurf erschien im Druck. Eine Analyse in der „Norddeutschen Allgemeinen Zeitung" Nr. 35 vom 11. Februar 1873 und Nr. 38 vom 14. Februar 1873.

[2]) Das Nähere in der „National-Zeitung" Nr. 59 vom 5. Februar 1873.

[3]) Vgl. auch oben S. 131.

[4]) In Kohls Bismarck-Regesten unerwähnt.

der Verwendung desselben zu gemeinnützigen Arbeiten folgende Grundsatze annehmen und zur Ausführung bringen: 1. Bezüglich solcher Personen, gegen welche in einem Bundesstaate auf Zulässigkeit von Polizeiaufsicht erkannt worden ist, kann, falls sie sich in einen andern Bundesstaat begeben, die Stellung unter Polizei-Aufsicht auch von derjenigen Landespolizeibehörde ausgesprochen werden, in deren Bezirk sie Aufenthalt nehmen. Jede Landespolizeibehörde, von welcher die Stellung eines Verurteilten unter Polizeiaufsicht angeordnet wird, hat hiervon, sofern derselbe in einem andern Bundesstaat verurteilt worden, oder heimatsangehörig ist, oder seinen Aufenthalt hat, jeder der hierbei beteiligten Landespolizeibehörden des andern Staates Mitteilung zu machen. 2. Die im § 362 Absatz 2 und 3 des Strafgesetzbuchs für das Deutsche Reich erwähnten Befugnisse werden in allen Fällen durch die Landespolizeibehörde desjenigen Bundesstaates ausgeübt, in welchem die Verurteilung erfolgt ist.

Seitens des Bundesrats wurde diesem Antrage in der Sitzung vom 16. Mai 1872 zugestimmt.

Seemannsordnung. Das Elaborat der infolge Bundesratsbeschlusses vom 29. Dezember 1871 (cf. oben S. 222) gebildeten Kommission zur Beratung einer deutschen Seemannsordnung übergab der Bundesrat zunächst den Regierungen der Seeuferstaaten zur gutachtlichen Aeußerung,[1]) da besonders aus den Seestädten die auf Ablehnung dringenden Stimmen immer lauter wurden.[2])

In der Sitzung vom 27. November 1872 vertagte der Bundesrat die Entscheidung der Frage, ob die Seemannsordnung in der vom Reichstag überwiesenen Form anzunehmen, oder ob die Vorlage in anderer Fassung nochmals an den Reichstag gehen solle. Die Regierungen hatten ihre Beanstandung einzelner Bestimmungen des Gesetzes in Form umfassender Denkschriften eingereicht. Preußen stimmte für die Annahme des Entwurfs. Bezüglich des Seefahrtsbuchs und der Musterrollen waren die Ausschüsse für Seewesen, Handel und Justizwesen mit der Prüfung der Frage betraut worden, ob und in welchen Punkten die bisherigen Bestimmungen infolge der vom Reichstage der Seemannsordnung gegebenen Fassung einer Aenderung bedürften.

Bei der Abstimmung erklärten Lübeck und Hamburg, ihre Senate hätten ihre Bedenken gegen den § 47 der Seemannsordnung (Entscheidung der Konsuln über die Seeuntüchtigkeit der Schiffe) schon früher dargelegt und begründet, die

[1]) Beschäftigung des Bundesrats mit der Materie in der Sitzung vom 12. April 1872, „National-Zeitung" Nr. 172 vom 13. April 1872; über die Vorarbeiten der Kommission Nr. 102 vom 1. März 1872, Nr. 116 vom 9. März 1872, Nr. 170 vom 12. April 1872, Nr. 201 vom 1. Mai 1872, und „Norddeutsche Allgemeine Zeitung Nr. 59 vom 10. März 1872, Nr. 66 vom 19. März 1872, Nr. 86 vom 13. April 1872, Nr. 87 vom 14. April 1872.

[2]) „National-Zeitung" Nr. 304 vom 3. Juli 1872, Nr. 310 vom 6. Juli 1872, Nr. 320 vom 12. Juli 1872, und „Norddeutsche Allgemeine Zeitung" Nr. 181 vom 6. August 1872.

Senate erachteten eine Abänderung dieses Paragraphen für unerläßlich und sähen sich daher außer stande, der Seemannsordnung zuzustimmen. Eine ähnliche Erklärung ließ Oldenburg abgeben.

Schließlich erfolgte doch die Annahme gegen die Stimmen der Seeuferstaaten nach dem Votum des preußischen Bevollmächtigten. Derselbe führte folgendes aus: „Die dem angefochtenen § 47 des Gesetzentwurfs zu Grunde liegende Absicht, nämlich der Schutz der Schiffsmannschaft gegen die Fahrt auf einem seeuntüchtigen oder mit verdorbenem Proviant versehenen Schiffe, sei unbestreitbar berechtigt, und wenn die zur Ausführung dieser Absicht getroffenen Bestimmungen zwar keineswegs durchaus zweckmäßig seien, so seien sie doch auch nicht in dem Maße bedenklich, um ihretwegen dem Gesetze die Zustimmung zu versagen. Bei richtiger Auffassung dieser Bestimmung ergibt sich, daß es nicht so gar leicht sein werde, durch frivole Behauptungen eine Untersuchung des Schiffs oder der Vorräte und die mit derselben verknüpften Nachteile herbeizuführen. Zum Begriff einer Beschwerde, welche die Amtshandlung einer Behörde veranlassen soll, gehöre deren vollständige Substantiirung, also die spezielle Angabe der der Beschwerde zu Grunde liegenden Thatsachen und der Beweismittel zur Feststellung der letzteren. Es entspreche ferner dem Verfahren bei der Instruktion von Beschwerden vor den Behörden, daß die Beschwerdeführer einzeln vernommen werden. Es verstehe sich endlich von selbst, daß die Behörde, bevor sie etwas Weiteres veranlaßt, die Frage prüfe, ob die der Beschwerde zu Grunde liegenden Thatsachen, wenn sie erwiesen werden, die Seeuntüchtigkeit des Schiffes oder die vorschriftsmäßige Beschaffenheit des Proviants darthun würden, und, wenn es sich um die Beschwerde dreier Seeleute handelt, ob die angeführten Thatsachen identisch seien, also in der That eine Beschwerde dreier Seeleute vorliege. Der Begriff Schiffsoffizier sei allerdings unbestimmt, eben deshalb aber werde jeder Seemann, welcher nicht Steuermann ist, wenn er behauptet, Schiffsoffizier zu sein, diese Eigenschaft besonders nachzuweisen haben. Würden in diesem Sinne die Seemannsämter instruirt, so würden die besorgten Uebelstände jedenfalls auf ein geringes Maß zu beschränken, schlimmsten Falls würde aber, wenn solche ernstlich hervortreten sollten, eine Abhilfe auf legislativem Wege unschwer zu erreichen sein. Endlich habe Preußen auf den Umstand Gewicht zu legen, daß das Bedürfnis des Gesetzes von allen Bundesregierungen einstimmig anerkannt sei, daß der Entwurf seine gegenwärtige Gestalt dem einmütigen Zusammenwirken aller Parteien des Reichstags verdanke und daß es unter solchen Umständen nicht zu empfehlen sei, das Werk an einer einzigen Bestimmung scheitern zu lassen, welche kein politisches Prinzip in sich schließe, deren Zweck nicht zu verwerfen sei und welche nur wegen der Unzweckmäßigkeit ihres Inhalts im einzelnen anzufechten sei."

Diesen Gründen stimmte die Mehrheit des Bundesrats um so mehr zu, als die Reichsregierung, der eigentlich die Feststellung der Ausführungsanordnungen allein zustand, auch noch das weitere Zugeständnis gemacht und den Entwurf der zum Artikel 47 zu erlassenden Instruktion den Ausschüssen für Seewesen, für Handel und Verkehr und für Justizwesen zur Begutachtung vorgelegt hatte. Seemannsordnung vom 27. Dezember 1872 (Reichs-Gesetzbl. S. 409).

Der Bundesrat hatte sich vorbehalten, die Bedenken gegen den § 47 der Seemannsordnung, wonach von seiten der Mannschaft eine Untersuchung der Seetüchtigkeit des Schiffes oder der Güte und Hinlänglichkeit des mitgenommenen Proviants beantragt werden kann, durch eine Instruktion zu mildern, welche Chikanen gegen den Kapitän oder den Rheder ziemlich ausschlösse. Diese Instruktion wurde noch hart am Schlusse unserer Session des Bundesrats erlassen.[1])

Maßregeln der Medizinal- und Veterinärpolizei.[2])

Jesuitengesetz. Mit dieser Materie wurde das Plenum des Bundesrats zuerst in seiner Sitzung vom 22. Mai 1872 anläßlich des Reichstagsbeschlusses über die ihm vorliegenden Jesuitenpetitionen befaßt. Der betreffende Reichstagsbeschluß wurde dem Justizausschuß überwiesen.[3]) In dem Referate über die betreffende Sitzung des Bundesrats bemerkte die „Norddeutsche Allgemeine Zeitung“ Nr. 119 vom 25. Mai 1872: „Es dürfte das Resultat der Beratungen dieses Ausschusses, wie man in eingeweihten Kreisen anzunehmen sich berechtigt glaubt, schon binnen kurzem die Vorlegung eines Gesetzentwurfs ergeben, welcher, dem Beschlusse des Reichstags entsprechend, einen Zustand des öffentlichen Rechts wieder herstellt und den religiösen Frieden, die Parität der Glaubensbekenntnisse und den Schutz der Staatsbürger gegen Verkümmerung ihrer Rechte durch geistliche Gewalt sicher stellt — die rechtliche Stellung der religiösen Ordenskongregationen und Genossenschaften, die Frage ihrer Zulassung und deren Bedingungen regelt, sowie die staatsgefährliche Thätigkeit derselben, namentlich der ‚Gesellschaft Jesu‘, unter Strafe stellt. — Gut unterrichtete Kreise erwarten mit Bestimmtheit, daß dieser Gesetzentwurf noch in der gegenwärtigen Session dem Reichstag vorgelegt werden wird.“

---

[1]) Ueber ihren Inhalt vgl. die Nr. 37 der „Norddeutschen Allgemeinen Zeitung“ vom 13. Februar 1873.

[2]) Ueber die Organisation des Gesundheitsamts siehe unten den III. Abschnitt (Präsidium, Beamte, Behördenorganisation). Antrag Mecklenburgs, betreffend Maßregeln gegen die Cholera, „National-Zeitung“ Nr. 1 vom 1. Januar 1873; Vorlage Bismarcks, enthaltend eine Denkschrift über Maßregeln gegen die Rinderpest, „Norddeutsche Allgemeine Zeitung“ Nr. 105 vom 7. Mai 1872; Antrag des Reichskanzlers auf Abschluß einer Konvention mit Belgien wegen gegenseitiger Zulassung der in den Grenzgemeinden beider Teile wohnhaften Medizinalpersonen, „Norddeutsche Allgemeine Zeitung“ Nr. 126 vom 2. Juni 1872.

[3]) Zum Referenten im Ausschuß wurde Präsident Friedberg bestellt.

Die erste Fassung des Jesuitengesetzes rührt von dem Justizausschuß her.[1] Der von ihm ausgearbeitete Entwurf war am 11. Juni im Bundesrat gegen die Stimme Oldenburgs angenommen worden. Die Sonderstellung Oldenburgs hatte indessen nicht darin ihren Grund, daß die oldenburgische Regierung die Tendenz des Gesetzes mißbilligte. In dieser Beziehung befand sich dieselbe vielmehr in vollständigem Einverständnis mit den übrigen Bundesregierungen. Sie war jedoch der Ansicht, daß das zu erstrebende Ziel durch das vorgelegte Gesetz nicht wohl erreicht werden könne, und es war deshalb der oldenburgische Bundesbevollmächtigte angewiesen worden, wie geschehen, zu stimmen. Baden stimmte zu, erklärte aber, daß es eine erhebliche Wirkung von diesem Gesetze nicht erwarte, daß dasselbe vielmehr möglicherweise eine prinzipielle Lösung der Aufgabe, sei es im Reiche, sei es in den Einzelstaaten, erschweren könnte. Mecklenburg hätte gewünscht, daß die Fälle, in denen die Ausweisung stattfinden kann, näher präzisirt worden wären.[2]

Bei der ersten Besprechung der von dem Reichstag demnächst zu dem Gesetz gefaßten Beschlüsse (19. Juni) kam es zu keiner Einigung, da noch nicht alle Bevollmächtigte mit Information der einzelnen Regierungen versehen waren. Wohl aber kam man dahin überein, daß dem Reichstag gegenüber — wie dies durch den Präsidenten Delbrück geschah — die Zustimmung des Bundesrats zu den Paragraphen 2 und 3, welche der früheren Vorlage entsprachen, ausgesprochen werde. Wie es hieß, hatte von den Bundesregierungen die württembergische sich am meisten beeilt, ihre Zustimmung zu dem Gesetze, wie es der Reichstag in zweiter Lesung angenommen hatte, melden zu lassen.[3]

Auch bei der zweiten, am 21. Juni stattgehabten Beratung kam es zu keinem definitiven Beschlusse des Bundesrats, da noch die sächsischen und bayerischen Bevollmächtigten sich nicht im Besitz ihrer Instruktion befanden. Im übrigen ergab die Diskussion, daß viele Bedenken, welche bei Feststellung des ursprünglichen Entwurfs des Gesetzes im Bundesrat zum Ausdruck gelangt waren, durch die Fassung, welche der Reichstag dem Gesetze gegeben hatte, als beseitigt erkannt wurden. Nur die oldenburgische Regierung hielt ihre Opposition gegen das Gesetz fest.[4]

Bei der entscheidenden Abstimmung am 25. Juni 1872 nahm der Bundesrat die vom Reichstag beschlossene Fassung an. Bei der Abstimmung erklärte der Staatsminister v. Pfretzschner, daß die bayerische Regierung, indem sie dem Gesetzentwurfe beistimme, es als selbstverständlich betrachte, daß die Bestimmung im Artikel 4 Ziffer 1 der Reichsverfassung, wonach das Recht der

[1]) Abgedruckt „National-Zeitung" Nr. 268 vom 12. Juni 1872.
[2]) „National-Zeitung" Nr. 274 vom 15. Juni 1872.
[3]) „National-Zeitung" Nr. 283 vom 20. Juni 1872.
[4]) „National-Zeitung" Nr. 287 vom 22. Juni 1872.

Handhabung der Aufsicht seitens des Reichs über die Heimats- und Niederlassungsverhältnisse und dessen Recht der Gesetzgebung über diesen Gegenstand sich nicht auf Bayern erstreckt, von dem Gesetze unberührt bleibe, und bei Erlassung der Vollzugsvorschriften zu demselben die entsprechende Beachtung finden werde. Die Versammlung trat dieser Auffassung bei. — Der Geheimrat v. Koenneritz bemerkte: „Die sächsische Regierung hat bei der bekannten Bestimmung der sächsischen Verfassungsurkunde (welche die Jesuiten in Sachsen verbietet) an und für sich kein unmittelbares Interesse an der vorliegenden Frage und auch keine Gelegenheit gehabt, die Wirksamkeit der Jesuiten im eigenen Lande aus Erfahrung kennen zu lernen. Sie muß daher denjenigen ihrer hohen Bundesgenossen, bei welchen dies letztere der Fall ist, auch die Beantwortung der Frage überlassen, ob die von dem Reichstag beschlossene, über den ursprünglichen Entwurf der verbündeten Regierungen hinausgehende Maßregel durch die thatsächlichen Verhältnisse geboten sei. Erklärt sich daher die Mehrzahl für die Annahme des Reichstagsbeschlusses, so stimmt auch die sächsische Regierung demselben bei."

Ein dissentirendes Votum gab nur Reuß älterer Linie ab, indem es Bedenken der Kompetenz und Souveränität geltend machte.

Der Kanzler beantragte demnächst bei dem Bundesrat, das Jesuitengesetz auch in Elsaß-Lothringen in Kraft treten zu lassen. Die Stellung des Deutschen Reichs gegenüber den römisch-jesuitischen Ansprüchen erhielt durch das Gesetz vom 4. Juli 1872 (Reichs-Gesetzbl. S. 253) jedenfalls eine breite Signatur, welche wieder auszulöschen der Zentrumspartei trotz ihrer großen Machtfülle bisher noch nicht gelungen ist.

Die Ausführung des Jesuitengesetzes wurde rasch ins Werk gesetzt. Bereits in der Sitzung vom 28. Juni beschloß der Bundesrat folgende Ausführungsbestimmungen zum Gesetz, betreffend den Orden der Gesellschaft Jesu:

1. Da der Orden der Gesellschaft Jesu vom Gebiet des Deutschen Reichs ausgeschlossen ist, so ist den Angehörigen dieses Ordens die Ausübung einer Ordensthätigkeit, insbesondere in Kirche und Schule, sowie die Abhaltung von Missionen nicht zu gestatten.

2. Die Niederlassungen des Ordens der Gesellschaft Jesu sind spätestens binnen sechs Monaten von dem Tage der Wirksamkeit des Gesetzes an aufzulösen.

3. Die zur Vollziehung des Gesetzes in den einzelnen Fällen zu treffenden Anordnungen werden durch die Landespolizeibehörden verfügt.

4. Es wird den hohen Landesregierungen empfohlen, die nach dem Gesetze zulässige Anweisung des Aufenthalts in bestimmten Bezirken oder Orten der Regel nach auf diejenigen Fälle zu beschränken, in welchen der betreffende Angehörige des Ordens sich außer stande erklärt, selbst einen bestimmten, ihm nicht versagten Aufenthaltsort zu wählen.

5. Die hohen Landesregierungen sind zu ersuchen:

a) von der vollzogenen Auflösung von Niederlassungen des Ordens der Gesellschaft Jesu dem Reichskanzler-Amt in jedem Falle Nachricht zu geben;

b) baldthunlichst dem Reichskanzler-Amt Mitteilung darüber zu machen, ob ausländische Angehörige des Ordens der Gesellschaft Jesu ausgewiesen worden, ob deutschen Angehörigen des Ordens der Aufenthalt in bestimmten Bezirken oder Orten versagt oder in solchen angewiesen worden ist, und endlich die Namen und die persönlichen Verhältnisse der von solchen Maßregeln betroffenen Personen anzugeben;

c) Erhebungen darüber zu veranstalten, ob in ihrem Gebiete Orden oder ordensähnliche Kongregationen bestehen, welche mit dem Orden der Gesellschaft Jesu verwandt sind, und das Ergebnis dieser Erhebungen dem Reichskanzler-Amt binnen drei Monaten mitzuteilen.[1])

Bei Genehmigung vorstehender, ihm von dem Justizausschusse vorgelegten Ausführungsbestimmungen sprach der Bundesrat den Vorbehalt aus, daß ergänzende und abändernde Anordnungen zu treffen seien, wenn im Laufe der Zeit auf Grund der bei Ausführung des Gesetzes gemachten Erfahrungen sich die Notwendigkeit des Erlasses weiterer Bestimmungen ergeben sollte.

2. Der Bundesrat.

Die Veröffentlichung der Bundesratsverhandlungen. Das Verdienst, eine intensivere Publizität der Bundesratsverhandlungen angeregt zu haben,[2]) darf Württemberg beanspruchen, welches in dieser Session folgenden Antrag einbrachte: „Die Verhandlungen des Bundesrats werden durch das Reichskanzler-Amt regelmäßig zur öffentlichen Kenntnis gebracht. Die nähere Feststellung hierüber ist besonderer Beschlußnahme des Bundesrats vorbehalten.“ Bei der Begründung des Antrags wies der württembergische Bevollmächtigte unter anderem darauf hin, daß durch eine angemessene offizielle Veröffentlichung auch Interpellationen über die Verhandlungen des Bundesrats im Reichstag sowohl als in den Einzellandtagen, in welchen letzteren sie namentlich häufig

[1]) Beschlüsse des Bundesrats auf die Reichstagsresolutionen über Einführung der obligatorischen Zivilehe und über Ordnung der Zivilstandsregister und das Vereins- und Versammlungsrecht vgl. die „National-Zeitung“ Nr. 280 vom 19. Juni 1872, Nr. 296 vom 28. Juni 1872.

[2]) Der betreffende Wunsch wollte im Reich ebensowenig verstummen als seinerzeit im seligen Bundestag. Vom Jahre 1852 bis zum Jahre 1858 war Bismarck für die Veröffentlichung der Vorgänge im Bundestag thätig. Im Sommer 1858 ergriff er namentlich für seinen 1852 gestellten Antrag das Wort und hob hervor, nur auf dem Weg der Veröffentlichung der Thätigkeit des Bundes könne die rege Teilnahme im gesamten öffentlichen Leben Deutschlands gesichert werden. Baden betonte, die Veröffentlichung sei nötig, um dem allgemeinen Mißtrauen, was die ganze Zeit charakterisire, entgegenzutreten; Resumés sollten nach den Sitzungen in den Tagesblättern veröffentlicht werden.

erschienen, während die Einzelregierungen nicht wüßten, wie weit sie in der Beantwortung gehen dürften, abgeschnitten würden.[1])

Der Bundesratsausschuß für die Geschäftsordnung, welcher mit der Berichterstattung über den Antrag betraut worden war, stellte den Antrag, der Geschäftsordnung, wie sie durch die Beschlüsse vom 27. Februar 1871 und vom 25. März 1872 festgestellt war, folgende Bestimmungen hinzuzufügen: „5) Veröffentlichung der Verhandlungen. § 22. Unmittelbar nach jeder Sitzung des Bundesrats wird ein Bericht, welcher die Gegenstände der Verhandlung und den wesentlichen Inhalt der Beschlüsse kurz zusammenfaßt, durch den ‚Reichsanzeiger' zur allgemeinen Kenntnis gebracht. — § 23. In größeren Zeitabschnitten wird eine für die Oeffentlichkeit bestimmte Ausgabe der Bundesratsverhandlungen, welche den Inhalt der Protokolle und der Drucksachen, soweit sich dieselben zur Veröffentlichung eignen, enthält, durch das Reichskanzler-Amt, im Einvernehmen mit dem Ausschusse für die Geschäftsordnung, veranstaltet."

Die vorstehend formulirten Anträge wurden vom Bundesrat mit der Maßgabe angenommen, daß mit dieser Veröffentlichung in der nächsten Session begonnen werden sollte.

Auch der Reichstag drängte gleichzeitig auf größere Publizität der Bundesratsverhandlungen. So beschloß derselbe am 12. Juni 1872, an den Reichskanzler das Ersuchen zu richten, dem Reichstag die von dem Bundesrat gefaßten Entschließungen auf die von dem Reichstag beschlossenen Gesetzentwürfe und Anträge spätestens bei Beginn der nächsten Session in schriftlicher Form mitzuteilen.[2])

Einen großen praktischen Erfolg hatte der obenerwähnte Bundesratsbeschluß nicht. Die Referate im „Reichsanzeiger" bewegten sich nach wie vor in engen

---

[1]) Die „National-Zeitung" Nr. 187 vom 18. April 1872 schrieb hierzu: Dem Antrag ist auf das dringendste die Zustimmung des Bundesrats zu wünschen. Der jetzige Zustand, wo über die im Bundesrat schwebenden wichtigen Angelegenheiten das öffentliche Interesse auf mehr oder minder gewagte Kombinationen angewiesen ist, ist unerträglich. Die Presse insbesondere, welche die Pflicht hat, dem natürlichen Verlangen der Nation, über die Stellung und Thätigkeit der Regierungen unterrichtet zu werden, Genüge zu thun, kann jetzt nicht anders als die ihr bruchstückweise zufließenden, meist der Zuverlässigkeit entbehrenden Andeutungen und Notizen wiedergeben und durch deren wiederholte und mannigfache Zusammenstellung ein Bild von den Absichten und Leistungen der Regierungen hervorrufen, von welchem sie sich selbst sagen muß, daß es durchaus zweifelhafter Natur ist. Die Schuld dafür bleibt allein auf den Bundesregierungen haften, deren amtliche oder offiziöse Veröffentlichungen über die Bundesratssitzungen noch hinter denen des begrabenen Frankfurter Bundestags zurückbleiben.

[2]) Die stets gut unterrichtete „Spenersche Zeitung" wußte zu berichten, daß der württembergische Antrag von Bayern unterstützt und auch von Preußen demselben zugestimmt wurde. Vgl. auch die „Norddeutsche Allgemeine Zeitung" Nr. 91 vom 19. April 1872, Nr. 128 vom 5. Juni 1872, Nr. 144 vom 23. Juni 1872, Nr. 157 vom 9. Juli 1872.

Grenzen. Der Beschluß in Betreff einer periodischen Ausgabe der Bundesratsverhandlungen ist aber völlig in Vergessenheit geraten.

Fernere Abänderung der Geschäftsordnung des Bundesrats. In der ersten Sitzung des Bundesrats der Session 1872 wurde noch eine weitere Abänderung der bisherigen Geschäftsordnung desselben beschlossen. Dieselbe bestand darin, daß es den Staaten fortan gestattet sein sollte, neben ihren Bevollmächtigten auch Beamte in die Ausschüsse zu entsenden und sogar an den Plenarberatungen teilnehmen zu lassen.

3. Präsidium (Reichsbeamte, Behördenorganisation).

Reichs-Beamtengesetz. In Bezug auf dasselbe setzte es die preußische Regierung durch, daß das Plenum des Bundesrats unter Abänderung des mitgeteilten Ausschußantrags in Bezug auf die Pensionirung der Reichsbeamten die Grundsätze des jüngst erlassenen preußischen Zivilpensionsgesetzes annahm. Auch die Pension der Reichsbeamten sollte also jährlich nur um $^1/_{80}$ (statt $^1/_{60}$ des letzten Gehalts) steigen. Gegen den Anspruch auf Pensionirung nach Verlauf einer gewissen Dienstzeit oder bei Erreichung eines gewissen Alters ohne Nachweis der Invalidität fand der Bundesrat nichts einzuwenden. Dagegen beschloß er, abweichend von den Ausschußanträgen, in Bezug auf den in letzter Instanz über Dienstvergehen der Reichsbeamten entscheidenden Disziplinarhof, daß demselben drei Mitglieder des Bundesrats selbst angehören sollten.

Da der Reichstag Beschlüsse faßte, welche der Bundesrat nicht annehmen zu können glaubte, so zog sich das Perfektwerden des Beamtengesetzes bis in die nächste Session des Reichstags hinaus.[1])

Der Plan eines Reichsamts für die Gesundheitspflege. Ein von Bismarck dem Bundesrat unterbreiteter Vorschlag wegen Einrichtung einer Reichsinstitution zur Förderung der öffentlichen Gesundheitspflege knüpfte an die den Gegenstand betreffenden, vom Reichstag der Reichsregierung überwiesenen Petitionen an, von welchen hervorgehoben wurde, daß sie insofern einander widersprächen, als die einen ein unmittelbar eingreifendes und ver-

---

[1]) Vgl. die „National-Zeitung“ Nr. 292 vom 26. Juni 1872 (Stellungnahme des Bundesrats zu den Resolutionen des Reichstags). Vorlage des Kanzlers, betreffend den Entwurf einer Verordnung über die Aufbringung gewisser Kautionserhöhungen, „National-Zeitung“ Nr. 320 vom 12. Juli 1872; Umzugskosten an die Hinterbliebenen der im Zollvereinsdienst verstorbenen Beamten, Nr. 218 vom 12. Mai 1872; Befreiung der Zollvereinsbevollmächtigten von den direkten Staatsabgaben, Nr. 302 vom 2. Juli 1872; Aufbesserung des Gehalts der Stationskontrolleure, Nr. 580 vom 11. Dezember 1872; Verweigerung des Eides der Marinebeamten und wegen der Heranziehung der Reichsbeamten zu der Kommunalsteuer, Nr. 202 vom 2. Mai 1872 und Nr. 212 vom 8. Mai 1872.

waltendes Reichsorgan für den genannten Zweck geschaffen und den einzelnen Bundesstaaten die betreffenden Kompetenzen entzogen wissen wollten, während die anderen die eigentliche Sorge für die Gesundheitspflege den Einzelstaaten belassen und von Reichs wegen nur eine gewisse Oberaufsicht geübt und eine statistische Sammlung der auf den Gesundheitszustand innerhalb des Reichs bezüglichen Thatsachen vorgenommen wissen wollten. Die daran angeschlossene Darstellung der Bewegung, welche sich in den letzten Jahren zu dem Zwecke, die öffentliche Gesundheitspflege besser zu organisiren, in Deutschland geltend gemacht hatte, teilte auch ein Gutachten der preußischen wissenschaftlichen Deputation für das Medizinalwesen mit, welches jede Thätigkeit des Reichs in dieser Beziehung bei der Verschiedenheit der Verwaltungseinrichtungen innerhalb der einzelnen Bundesstaaten für unthunlich und bedenklich erklärte.

Bismarck hatte sich dieser letzteren Auffassung aber nicht angeschlossen. Indem bereits der Artikel 4 Nr. 15 der Reichsverfassung der Beaufsichtigung und der Gesetzgebung des Reichs die „Maßregeln der Medizinal- und Veterinärpolizei" übertragen hatte, wies derselbe nach Ansicht des Reichskanzlers vielmehr schon auf die Schaffung auch eines Zentralorgans hin, welches vermöge seiner Sachkenntnis das Reich in den Stand setzen sollte, die Angemessenheit der zutreffenden Maßregeln vom technischen Standpunkte aus zu beurteilen. Zur Organisation dieser Zentralbehörde wurde also von Bismarck der Vorschlag gemacht, dieselbe in solcher Weise zu ordnen, daß dadurch sowohl eine Zentralisirung als eine weitere Ausdehnung ihrer Thätigkeit ermöglicht werde. Zu diesem Behufe sollte dieselbe aus ordentlichen und aus außerordentlichen Mitgliedern gebildet werden. Die ersteren müßten in Berlin ihren Wohnsitz haben und könnten vorerst aus einem Verwaltungsbeamten und zwei Aerzten (oder — statt der beiden Aerzte — aus einem Arzt und einem Statistiker) bestehen. Ihre Aufgabe würde sein, das Reich in der Ausübung der ihm zugewiesenen Aufsicht über die medizinal- und veterinärpolizeilichen Angelegenheiten zu unterstützen, von den hierfür in den einzelnen Bundesstaaten bestehenden Einrichtungen Kenntnis zu nehmen, die vom Reiche ausgehende Gesetzgebung vorzubereiten, die im Interesse der öffentlichen Gesundheitspflege ergriffenen Maßnahmen zu beobachten und in geeigneten Fällen den Staats- und Gemeindebehörden Auskunft zu erteilen, die Entwicklung der Medizinalgesetzgebung in außerdeutschen Ländern zu verfolgen und die Herstellung einer genügenden medizinischen Statistik für Deutschland zu organisiren. Die außerordentlichen Mitglieder würden aus Persönlichkeiten zu wählen sein, welche außerhalb Berlins ihren Wohnsitz haben und aus Gemeindebeamten größerer deutscher Städte, aus Professoren der Medizin, Staats-Medizinalbeamten und Technikern aus dem Bereiche der Chemie und des Bauwesens bestehen könnten. Ihre Aufgabe würde sein, auf Erfordern des Vorsitzenden sich gutachtlich über einzelne Fragen zu äußern, die Vorgänge auf dem Gebiet der öffentlichen Gesundheitspflege in ihrer näheren

Umgebung zu beobachten und darüber an den Vorsitzenden zu berichten, und von Zeit zu Zeit sich zu gemeinsamen Beratungen in Berlin zu versammeln. Fürst Bismarck verkannte nicht, daß die Thätigkeit, welche die Zentralbehörde hiernach zu entwickeln haben würde, in mehrfacher Beziehung einer festen Begrenzung entbehrte und zumal für die erste Zeit eine mehr beobachtende als sichtbar eingreifende sein würde. Eine andere Stellung ließ sich jedoch seiner Ansicht nach dem gedachten Organ für jetzt überhaupt nicht zuweisen, wenn von einem selbständigen Eingreifen des Reichs in die Verwaltung der öffentlichen Gesundheitspflege abgesehen werden sollte. Es werde vieles, wenn nicht alles, auf die Wahl der geeigneten Persönlichkeiten für die Zentralbehörde ankommen. Wenn es jedoch gelingen sollte, in dieser Beziehung die rechte Wahl zu treffen, so dürfe erwartet werden, daß das Reich auch auf diesem Gebiet im stande sein werde, eine gedeihliche Wirksamkeit zu entfalten. Im Falle des Einverständnisses des Bundesrats würden die durch die vorgeschlagene Einrichtung erwachsenden Kosten vorläufig bis zu deren Etatisirung auf den Dispositionsfonds des Reichskanzler-Amts übernommen werden können.

Die Beschlußfassung über diesen Antrag Bismarcks, für den er sich während des kurzen Aufenthalts in Berlin aus Anlaß der Dreikaiserzusammenkunft persönlich interessirte, fällt in die nächste Session des Bundesrats. Referent in der Angelegenheit war der Ministerresident Dr. Krüger.

4. Zoll- und Steuerwesen.

Brausteuergesetz. Ueber den in der vorigen Session dem Bundesrat vorgelegten Gesetzentwurf wegen Erhebung der Brausteuer im Deutschen Reich erstattete der Ausschuß am 1. April 1872 seinen Bericht,[1]) indem er gleichzeitig den aus der Beratung hervorgegangenen, mehrfach modifizirten Entwurf dem Bundesrat zur Beschlußfassung vorlegte. In der Bundesratssitzung vom 6. April 1872 wurde derselbe auf den Vortrag des Finanzrats Dr. Heerwart nach den Anträgen des Ausschusses angenommen. Zu umfassenden Erörterungen führte eigentlich nur die Bestimmung in dem letzten Paragraphen (40), wonach in den Herzogtümern Sachsen-Meiningen und Sachsen-Coburg und Gotha von dem Zentner Malzschrot derjenige Betrag, um welchen die dort damals gesetzlich bestehende Brausteuer vom Malzschrot den Satz von 20 Silbergroschen überstieg, bis auf weiteres für private Rechnung der genannten Bundesstaaten forterhoben werden sollte. Die Aufrechterhaltung der Bestimmung wurde ganz besonders von dem gothaischen Bevollmächtigten durch Hinweis auf ihre rechtliche Basis wie auf die Billigkeitsrücksicht verteidigt, so daß schließlich die An-

[1]) Abgedruckt findet sich der Bericht in dem in der Reichstagsbibliothek aufbewahrten Exemplar der Bundesratsverhandlungen über Zoll- und Steuersachen (Nr. 35 der Drucksachen, Session 1872).

nahme aus dieser Festsetzung erfolgte. Gesetz, betreffend die Erhebung der Brausteuer, vom 31. Mai 1872 (Reichs-Gesetzbl. S. 153).

Antrag Hoverbeck, betreffend Ermäßigung der Salzsteuer. Der Abgeordnete Freiherr v. Hoverbeck und Genossen hatten im Reichstag einen Antrag eingebracht, betreffend den Entwurf eines Gesetzes wegen Abänderung des Gesetzes über die Erhebung einer Abgabe von Salz vom 12. Oktober 1867. Um den Bundesrat in die Lage zu setzen, über seine Stellung zu dem Antrag noch vor der Beratung desselben im Reichstag sich schlüssig zu machen, hatten der III. und VII. Ausschuß den Gegenstand in Beratung genommen. In ihrem Namen berichtete der Ministerialrat Eisenlohr, die Ausschüsse hätten von der Einbringung eines Antrags im Bundesrat Abstand genommen, durch die Aeußerungen der Bevollmächtigten der in den Ausschüssen vertretenen Regierungen sei aber konstatirt worden, daß die Mehrheit der verbündeten Regierungen es nicht für zweckmäßig erachten würde, dem Hoverbeckschen Antrage so, wie er gestellt sei, zuzustimmen, es vielmehr für ratsam halte, bei Gelegenheit der Beratung des Antrags im Reichstag zu erklären, die verbündeten Regierungen seien nicht abgeneigt, der Frage wegen gänzlicher Aufhebung der Abgabe von Salz unter der Voraussetzung näher zu treten, daß an Stelle des dadurch für das Reich erwachsenden Ausfalles an eigenen Einnahmen demselben ein Ersatz in anderer Weise, als durch Erhöhung der Matrikularbeiträge, gewährt werde. Es würde eine besondere Kommission[1]) zu bilden sein, welche die Frage zu prüfen und einen Plan für die an Stelle der Salzsteuer einzuführenden anderen Reichssteuern so zeitig vorzulegen hätte, daß dem Reichstag bei seinem nächsten Zusammentritte Vorlage gemacht werden könne. Die Mehrheit des Bundesrats war mit der Abgabe einer Erklärung in diesem Sinne einverstanden.[2])

Ueber die Dispositionen der Bundesregierungen verlautete folgendes: Für die Aufhebung der Salzsteuer als einer besonders unpopulären Abgabe hatte sich an erster Stelle Mecklenburg ausgesprochen. Freilich kannte man dort bisher diese Steuer nicht und hatte sie erst mit dem Anschluß an den Zollverein überkommen. Man wollte sie daher auch so schnell als möglich wieder los sein. Dagegen wollten die süddeutschen Staaten nichts von Ermäßigung

[1]) Ueber die Zusammensetzung der Kommission und die hierbei leitenden Gesichtspunkte vgl. die „National-Zeitung" Nr. 306 vom 4. Juli 1872; über die Strömungen innerhalb der Kommission, Nr. 388 vom 21. August 1872, Nr. 528 vom 10. November 1872; Vorschläge wegen Erhöhung der Tabaksteuer, Nr. 29 vom 18. Januar 1873 und Nr. 75 vom 14. Februar 1873.

[2]) Die dementsprechend abgegebene Erklärung Delbrücks in der Sitzung des Reichstags vom 1. Mai 1872 findet sich in der „Provinzial-Korrespondenz" Nr. 19 vom 8. Mai 1872.

oder Aufhebung der Steuer wissen, weil sie davon eine Erhöhung der Matrikularbeiträge besorgten. Preußen war für die Aufhebung, jedoch unter keinen Umständen um den Preis einer Erhöhung der Matrikularbeiträge. Bei den Erwägungen über Kompensationen zum Zweck einer Einnahmevermehrung verlor man sich wieder in allerlei Finanzoperationen und kam in der That auf jenes „Steuerbouquet" zurück, mit dessen Ueberreichung der frühere Finanzminister v. d. Heydt bei dem Norddeutschen Bunde so übel angekommen war. Der Finanzminister Camphausen soll sogar einige Neigung für die „Börsensteuer" zu erkennen gegeben, ein solches Auskunftsmittel aber sonst im Bundesrat und namentlich bei dem Präsidenten Delbrück keine Zustimmung gefunden haben. Der Bevollmächtigte Hamburgs erklärte sich mit der Aufhebung der Salzsteuer nur dann einverstanden, wenn eine weniger unwirtschaftliche Steuer an ihre Stelle trete, und hatte ausdrücklich gegen eine Börsensteuer als eine unwirtschaftliche opponirt. Auch die Erhöhung der Tabaksteuer wurde ventilirt. Wir kommen in der nächsten Session des Bundesrats auf die Angelegenheit zurück.

Schiffahrtsvertrag mit Rußland. Die russische Regierung hatte sich bereit erklärt, einen Schiffahrtsvertrag mit Deutschland abzuschließen, und zwar auf Grundlage eines der von Deutschland in letzter Zeit abgeschlossenen Schiffahrtsverträge, jedoch mit Ausschluß von Bestimmungen über den Tarif und über die Befugnisse der Konsulate. Der Reichskanzler hielt es nicht für zweifelhaft, daß der Abschluß eines Schiffahrtsvertrags auch in einer solchen Begrenzung im deutschen Interesse liege und beantragte deshalb am 10. Januar 1873 [1]) eine Ermächtigung des Präsidiums bei dem Bundesrat, um wegen eines auf der bezeichneten Grundlage abzuschließenden Vertrags mit der russischen Regierung in Verhandlung zu treten. Der Vertrag kam nicht zu stande. Von sonstigen internationalen Verträgen ist nichts Bedeutsames zu erwähnen. [2])

Revision des Zolltarifs. Hierauf gerichtete Agitationen fanden im Bundesrat kein Echo. [3])

Sonstige Vorlagen des Reichskanzlers, betreffend verschiedene Zollverwaltungs- und Steuerfragen. Es genügt, dieselben hier nur aufzuzählen mit dem Beifügen, daß sie in Kohls Bismarck-Regesten sämtlich übersehen sind: [4])

---

[1]) In Kohls Bismarck-Regesten nicht erwähnt.

[2]) Ueber den Handelsvertrag mit Portugal, „National-Zeitung" Nr. 126 vom 15. März 1872, Nr. 320 vom 12. Juli 1872; über den Niederlassungsvertrag zwischen dem Deutschen Reich und der Schweiz, Nr. 594 vom 19. Dezember 1872 (Verwirklichung erst 1876).

[3]) Vgl. „National-Zeitung" Nr. 410 vom 3. September 1872. Ausschußverhandlungen über die Beschwerden der deutschen Zuckerraffinerie-Interessenten gegenüber Frankreich, Nr. 283 vom 20. Juni 1872.

[4]) Der Wortlaut der Schreiben kann der S. 304 (Note) erwähnten Quelle entnommen werden.

11. März 1872.

Schreiben des Reichskanzlers (in Vertretung Delbrück), betreffend Abänderungen des amtlichen Warenverzeichnisses; Nr. 22 der Drucksachen, Session von 1872.

•

12. März 1872.

Schreiben des Reichskanzlers (in Vertretung Delbrück), betreffend die von Elsaß-Lothringen dem Reiche in Anrechnung zu bringenden Zollverwaltungskosten; Nr. 23 der Drucksachen.

•

13. April 1872.

Schreiben des Reichskanzlers (in Vertretung Delbrück), betreffend die abgabenfreie Verabfolgung des Viehdung- und Gewerbesalzes; Nr. 42 der Drucksachen. Ausschußbericht d. d. 10. Juni 1872, Nr. 94 der Drucksachen. Beschluß § 392 der Protokolle.

•

30. April 1872.

Schreiben des Reichskanzlers (in Vertretung Delbrück), betreffend den Antrag Preußens wegen Vereinfachung der Zollverwaltungsliquidationen, Erhöhung der Bauschsummenvergütung und die Gewährung einer Vergütung für die von den Zollvereinsregierungen bisher aus eigenen Mitteln bestrittenen, mit der Zollverwaltung an den Grenzen verbundenen Ausgaben; Nr. 60 der Drucksachen. Ausschußbericht d. d. 17. Juni 1872, Nr. 101 der Drucksachen. Beschluß § 421 der Protokolle.

•

24. August 1872.

Schreiben des Reichskanzlers (in Vertretung Delbrück), betreffend die Berechtigung des Hauptsteueramts in Königsberg zur Abfertigung von Zucker gegen Zoll- und Steuervergütung; Nr. 120 der Drucksachen.

•

4. September 1872.

Schreiben des Reichskanzlers (in Vertretung Delbrück), betreffend die Aufbesserung des Gehalts der bei den Kaiserlichen Hauptzollämtern zu Lübeck, Hamburg und Bremen angestellten Beamten; Nr. 122 der Drucksachen.

•

30. September 1872.

Schreiben des Reichskanzlers (in Vertretung Delbrück), betreffend die Errichtung neuer Zollabfertigungsstellen auf dem Bahnhofe der Hamburg-Venloer Eisenbahn zu Hamburg; Nr. 123 der Drucksachen. Ausschußbericht d. d. 6. November 1872, Nr. 131 der Drucksachen. Beschluß § 466 der Protokolle.

•

22. Oktober 1872.

Schreiben des Reichskanzlers (in Vertretung Delbrück), betreffend die Erhöhung der Besoldung der Vereinsbevollmächtigten; Nr. 125 der Drucksachen.

•

1. November 1872.

Schreiben des Reichskanzlers (in Vertretung Delbrück), betreffend die Gewährung einer Vergütung an die preußische Regierung für die Beaufsichtigung der Hauptzollämter in den Hansestädten; Nr. 128 der Drucksachen.

•

23. November 1872.

Schreiben des Reichskanzlers (in Vertretung Delbrück), betreffend die von der Königlich sächsischen Regierung veranlaßten Versuche mit denaturirtem Viehsalz; Nr. 140 der Drucksachen.

•

8. Januar 1873.

Schreiben des Reichskanzlers (in Vertretung Delbrück), betreffend die Berechnung der Ausfuhrvergütung von Spiritus in Fässern; Nr. 3 der Drucksachen, Session 1872/1873.

•

10. Januar 1873.

Schreiben des Reichskanzlers (in Vertretung Delbrück), betreffend Vorschriften für das Verfahren bei zollfreier Einfuhr von Reis zur Stärkefabrikation; Nr. 6 der Drucksachen, Session 1872/1873.

•

20. Januar 1873.

Schreiben des Reichskanzlers (in Vertretung Delbrück), betreffend die Berechnung der Ausfuhrvergütung von Spiritus und Kölnischem Wasser; Nr. 12 der Drucksachen, Session 1872/1873. [1])

---

[1]) Ich erwähne noch folgende Bundesratsverhandlungen, enthalten in dem wiederholt erwähnten Reichstagsbibliotheks-Exemplar der Zoll- und Steuerverhandlungen des Bundesrats: Antrag Braunschweigs, betreffend die Kosten der Erhebung und Verwaltung der Zölle, Nr. 44 der Drucksachen; Ausschußbericht d. d. 12. Juni 1872, Nr. 99 der Drucksachen, Beschluß § 420 der Protokolle; Antrag der Großherzoglich mecklenburg-schwerinschen Regierung, betreffend die Verzollung von Seeschiffen und deren Inventarienstücke, Nr. 45 der Drucksachen; Ausschußantrag, betreffend den Zollanschluß eines Teils des Freihafens Brake, Nr. 52 der Drucksachen, Bericht und Beschluß § 195 der Protokolle; desgleichen, betreffend die zollamtliche Behandlung von Schiffen der deutschen Kriegsmarine, Nr. 66 der Drucksachen, Bericht und Beschluß § 404 der Protokolle; Antrag Mecklenburg-Schwerins, betreffend die Kosten der Erhebung und Verwaltung der Zölle und gemeinsamen Steuern d. d. 10. Mai 1872, Nr. 73 der Drucksachen, Ausschußbericht d. d. 12. Juni 1872, Nr. 99 der Drucksachen, Beschluß § 420 der Protokolle; Ausschußbericht, betreffend die aus der von Frankreich gezahlten Kriegskostenentschädigung zu deckenden Ausfälle durch Uebernahme der Zoll- und Steuerkredite auf die Reichskasse, Nr. 89 der Drucksachen, Bericht und Beschluß § 339 der Protokolle; Ausschußbericht, betreffend eine Meinungsverschiedenheit der Königlich preußischen und der Großherzoglich hessischen Regierung über Doppelbesteuerung, Nr. 90 der Drucksachen, Beschluß § 390 der Protokolle; Ausschußantrag über eine gleiche Meinungsverschiedenheit der Herzoglich sächsischen Staatsministerien zu Meiningen und Gotha, Nr. 91 der Drucksachen, Bericht und Beschluß § 391 der Protokolle; Ausschußbericht, betreffend mehrere Petitionen um Erhöhung des bestehenden Zollsatzes für raffinirten Zucker, Nr. 98 der Drucksachen, Beschluß § 433 der Protokolle; Ausschußantrag, betreffend die Vorbereitung der Ausführungsbestimmungen zu dem Gesetze wegen Erhebung der Brausteuer vom 31. Mai 1872, Nr. 103 der Drucksachen, Bericht und Beschluß § 431 der Protokolle; Ausschußbericht, betreffend die Zollfreiheit eiserner Materialien zum Bau der Elbbrücke bei Dömitz, Nr. 107 der Drucksachen, Beschluß § 432 der Protokolle; Ausschußantrag, betreffend eine Uebersicht der Steuersätze, welche in denjenigen Vereinsstaaten, wo innere Steuern auf die Hervorbringung oder Zubereitung gewisser Erzeugnisse gelegt sind, von den gleichnamigen vereinsländischen Erzeugnissen erhoben werden, Nr. 110 der Drucksachen, Bericht und Beschluß § 448 der Protokolle; Ausschußbericht, betreffend die badische Bauschsumme, Nr. 112 der Druck-

5. Eisenbahnwesen.

Eine von dem Reichskanzler dem Bundesrat zur Entscheidung vorgelegte Differenz zwischen der Verwaltung der Reichseisenbahnen in Elsaß-Lothringen und der badischen Eisenbahnverwaltung

---

sachen, Beschluß § 452 der Protokolle; Ausschußantrag, betreffend die Befreiung der Vereinsbevollmächtigten und Stationskontrolleure von den direkten Staatssteuern am Orte ihres dienstlichen Wohnsitzes, Nr. 113 der Drucksachen, Bericht und Beschluß § 449 der Protokolle; Antrag Sachsens, betreffend Zuckerabfertigung, Nr. 121 der Drucksachen, Beschluß § 483 der Protokolle; Ausschußbericht, betreffend die Ausführungsbestimmungen zu dem Gesetze wegen Erhebung der Brausteuer vom 31. Mai 1872, Nr. 130 der Drucksachen, Beschluß § 464 der Protokolle; Ausschußantrag, betreffend die Statistik der Brauereien und der Brausteuer, Nr. 133 der Drucksachen, Beschluß § 478 der Protokolle; Ausschußbericht, betreffend die Aufbesserung des Gehalts der Stationskontrolleure, Nr. 144 der Drucksachen, Beschluß § 519 der Protokolle; Ausschußantrag, betreffend die Vergütung für die Salzsteuerbeamten, Nr. 145 der Drucksachen, Bericht und Beschluß § 518 der Protokolle; Antrag Bayerns, betreffend die Ermäßigung des Eingangszolls für flüssige Bierhefe an der bayerisch-österreichischen Grenze, Nr. 148 der Drucksachen; Antrag Badens, betreffend die Errichtung des Kaiserlichen Hauptzollamts zu Basel, Nr. 155 der Drucksachen; Ausschußbericht, betreffend die definitive Feststellung der Nachsteuer aus den in den Jahren 1868 und 1869 dem Zollverein beigetretenen Ländern und Gebietsteilen, Nr. 2 der Drucksachen, Session von 1872/1873; Antrag Oldenburgs, betreffend die Erhöhung des dem Herzogtum Oldenburg gewährten Zuschusses zu den Kosten seiner Grenzzollverwaltung, Nr. 16 der Drucksachen, Session von 1872/1873; Ausschußanträge, betreffend Schutzmaßregeln gegen die Einschleppung kranker Weinreben, Nr. 20 der Drucksachen, Session 1872/1873; Ausschußbericht, betreffend die bei Durchführung der Venlo-Hamburger Eisenbahn durch das bremische Staatsgebiet im Interesse der Zollsicherheit nötigen Maßregeln in dem Anschluß bremischer Gebietsteile, Nr. 21 der Drucksachen, Session 1872/1873; Antrag Lübecks, betreffend die Besteuerung des Lübeck-Büchener Eisenbahn-Unternehmens, Nr. 26 der Drucksachen, Session von 1872/1873.

Durch die Presse wissen wir noch Näheres über Bundesratsverhandlungen, betreffend die Umrechnung der Uebergangsabgaben von Bier, Branntwein &c., „National-Zeitung" Nr. 483 vom 5. Oktober 1872; Verwiegung des mit Anspruch auf Abgabenvergütung ins Ausland gehenden Rohzuckers, Nr. 435 vom 17. September 1872; Zollfreiheit der Kriegsbeute, Nr. 340 vom 24. Juni 1872; Tara von Feigen und Korinthen, Nr. 312 vom 7. Juli 1872; Veredlungsverkehr mit Oesterreich und der Schweiz, Nr. 290 vom 25. Juni 1872; Höhe der auf das Reich übernommenen Steuer- und Zollkredite, Nr. 274 vom 15. Juni 1872; Einrichtung der Kontrolle der Branntwein- und Brausteuer, Nr. 272 vom 14. Juni 1872; Steuerfragen bei der Preßhefefabrikation, Nr. 242 vom 28. Mai 1872; Tarifirung von groben, lackirten Eisenwaren, Nr. 166 vom 10. April 1872; Zollregelung bei Umfüllung von Flüssigkeiten, Nr. 206 vom 4. Mai 1872; Zollvergütung für die zum Schiffbau verwandten metallenen Materialien, Nr. 208 vom 5. Mai 1872; Verrechnung der aus 1871 herrührenden, aber erst 1872 zur Vereinnahmung gelangenden Brausteuerbeträge, Nr. 302 vom 2. Juli 1872; Ausführungsbestimmungen zum Branntweinsteuergesetz a. a. O.; Feststellung des Handelsgewichts von Seide, Nr. 20 vom 1. August 1873; Errichtung einer Zollabfertigungsstelle in Basel, Nr. 586 vom 14. Dezember 1872; Erleichterungen im Grenzverkehr mit Frankreich, „Norddeutsche Allgemeine Zeitung" Nr. 82 vom 9. April 1872; Zollbehandlung der Wiener Weltausstellungsgegenstände, „National-Zeitung" Nr. 89 vom 22. Februar und Nr. 101 vom 1. März 1873.

bestand darin, daß die letztere aus dem Umstand, daß das elsaß-lothringische und das badische Eisenbahnnetz nur in einem Punkte, in Kehl, in unmittelbarer Schienenverbindung stehen, den Schluß zog, der Austausch der Güter müsse ausschließlich über Kehl stattfinden, während die Reichs-Eisenbahnverwaltung sich berechtigt glaubte, diesen Austausch für die aus Elsaß herstammenden Güter auch durch Vermittlung der pfälzischen Bahnen über Mazau und Mannheim stattfinden zu lassen, für welche Route sie in vielen Fällen die kürzere sei. Das Reichskanzler-Amt hatte sich infolge der aus süddeutschen industriellen Kreisen eingelaufenen Beschwerde und des Hinweises der elsaß-lothringischen Regierung auf die Nachteile, welche dem Lande durch die Beanstandung direkter Verkehre erwüchsen, für die Auffassung der Reichs-Eisenbahnverwaltung ausgesprochen, während die badische Regierung den Widerspruch der badischen Eisenbahnverwaltung billigte.[1])

6. Post- und Telegraphenwesen.

Bundesratsverhandlungen über den Postvertrag mit Oesterreich-Ungarn, „National-Zeitung" Nr. 229 vom 18. Mai 1872 und Nr. 308 vom 5. Juli 1872; desgleichen mit Luxemburg, Nr. 287 vom 22. Juni 1872 und Nr. 302 vom 2. Juli 1872. Vorlage des Reichskanzlers, betreffend den Gesetzentwurf wegen Abänderung des Paketportos und des Portos für Sendungen mit Wertangabe, Nr. 586 vom 14. Dezember 1872; desgleichen wegen Einführung des Gesetzes, betreffend die Portofreiheiten, in Bayern und Württemberg, Nr. 189 vom 23. April 1872; desgleichen über die Verwendung des Ueberschusses aus der Verwaltung der französischen Landesposten durch die deutsche Reichspost, Nr. 224 vom 16. Mai 1872. Antrag des Kanzlers auf Herabsetzung der Gebühr für die extraordinären Zeitungsbeilagen, Nr. 29 vom 18. Januar 1873; desgleichen wegen anderweitiger Festsetzung der Gebühr für Korrespondenzkarten, Nr. 198 vom 30. April 1872 und Nr. 206 vom 4. Mai 1872. Ermittelung der zu verteilenden Posteinnahmen, Nr. 160 vom 6. April 1872. Anschlag der gesteigerten Posteinnahmen pro 1872 und 1873, Nr. 598 vom 21. Dezember 1872; die den Postverwaltungen für den Debit der Wechselstempelmarken-Blankets zu gewährende Entschädigung, „Norddeutsche Allgemeine Zeitung" Nr. 71 vom 24. März 1872.

7. Marine und Schiffahrt.

Bundesratsverhandlungen über den Gesetzentwurf, betreffend die Verpflichtung deutscher Kauffahrteischiffe zur Mitnahme hülfsbedürftiger Seeleute, „National-Zeitung" Nr. 180 vom 18. April 1872; die Schiffsvermessungsordnung, Nr. 228 vom 18. Mai 1872, Nr. 290 vom 25. Juni 1872 und Nr. 310 vom 6. Juli 1872; die Eintragung der Seeschiffe in die Schiffsregister, Nr. 326 vom 16. Juli 1872 und Nr. 525 vom 8. November 1872.

[1]) Bundesratsvorlage, betreffend die Uebernahme der Verwaltung der Wilhelm-Luxemburg Eisenbahn, „National-Zeitung" Nr. 272 vom 14. Juni 1872 und Nr. 40 vom 24. Januar 1873. Ergebnisloser Ausgang der Enquête über die Frage der Differenzialtarife, Nr. 56 vom 3. Februar 1872, Nr. 257 vom 5. Juni 1872 und Nr. 288 vom 23. Juni 1872. Zustimmung Württembergs und Badens zu gewissen Tarifherabsetzungen beziehungsweise Einführung des Einpfennigtarifs in den betreffenden Staaten, „Norddeutsche Allgemeine Zeitung" Nr. 26 vom 31. Januar 1873. Reichskanzlervorlage, betreffend die Entschädigung der Staats- und Privatbahnen für die regulativwidrige Benutzung ihrer Wagen für Kriegszwecke, „Norddeutsche Allgemeine Zeitung" Nr. 30 vom 5. Februar 1873.

8. Konsulatswesen.

Dem Gesetz, betreffend die Konsulatsgebühren,[1]) stimmte der Bundesrat gegen die Stimme Hamburgs in der vom Reichstag beschlossenen Fassung zu. Der Bevollmächtigte für Hamburg erklärte: Hamburg könne zwar den übrigen Aenderungen, nicht aber der für die Schiffsexpedition angenommenen Tarifposition zustimmen. In derselben müsse eine nicht gerechtfertigte Besteuerung der Rhederei und namentlich der größeren Schiffe um so mehr erblickt werden, als jedes Maximum für die Gebühr beseitigt sei. Da überdies die bevorstehende Einführung des Kubikmeters als Maaßeinheit für die Schiffsvermessung eine gleichzeitige Umänderung jener Tarifposition notwendig mache, zu der es der Zustimmung des Reichstags bedürfen werde, so müsse Hamburg sich gegen die Annahme des Gesetzes aussprechen. Gesetz vom 1. Juli 1872 (Reichs-Gesetzbl. S. 245).

Die Einziehung der Landeskonsulate machte auf Veranlassung des Bundesrats weitere Fortschritte.[2])

9. Kriegswesen.

Reichs-Invalidenfonds. Nach einem dem Bundesrat zugegangenen Gesetzentwurf sollte aus der französischen Kriegskostenentschädigung ein Reichs-Invalidenfonds mit einer Kapitalsumme von 187 Millionen Thalern gebildet werden.[3]) Die Erledigung dieser Vorlage fällt in die nächste Session des Bundesrats.

10. Reichsfinanzen.

Bereitstellung der Geldmittel zur Bestreitung der Reichsausgaben im Jahre 1873. Hierüber unterbreitete der Ausschuß des Bundesrats für Rechnungswesen dem Bundesrat folgende Anträge:

---

[1]) Wortlaut in der „National-Zeitung" Nr. 199 vom 30. April 1872.

[2]) Eintreten der Reichskonsulate an Stelle der Landeskonsulate, „National-Zeitung" Nr. 606 vom 28. Dezember 1872; Einziehung aller außerhalb Deutschlands bestehenden bayerischen Konsulate, Schultheß' Staatskalender 1873, S. 55, und „Norddeutsche Allgemeine Zeitung" Nr. 27 vom 1. Februar 1873.

[3]) Ueber die Details der Vorlage vergleiche die „Norddeutsche Allgemeine Zeitung" Nr. 33 vom 8. Februar 1873. — Vorlage des Kanzlers, betreffend Geldmittel zur Umgestaltung der deutschen Festungen, ausschließlich derjenigen in Elsaß-Lothringen, „National-Zeitung" Nr. 59 vom 5. Februar 1873 und Nr. 63 vom 7. Februar 1873; desgleichen, betreffend die Deklaration des Artikels 98 des Militärpensionsgesetzes, Nr. 276 vom 16. Juni 1872; desgleichen, betreffend die Untersuchung militärpflichtiger Deutscher in Rußland, Nr. 156 vom 4. April 1872. Stand der kleinstaatlichen Militärkonventionen, Nr. 312 vom 7. Juli 1872.

1. Die von den Bundesstaaten erhobenen, dem Reiche zustehenden Zölle und Steuern, die an deren Stelle zu zahlenden Aversen und der für den unmittelbaren Ausgabebedarf der Reichs-Hauptkasse nicht in Anspruch genommene Teil der etatsmäßigen Matrikularbeiträge, sowie die etwaigen sonstigen Eingänge für Rechnung des Reichs werden der Reichs-Hauptkasse monatlich zur Verfügung gestellt.

2. Von denjenigen Staaten, welche ihr Militärkontingent selbst verwalten, werden die unter 1. bezeichneten Beträge zunächst zur Deckung der Militärausgaben herangezogen und, soweit sie in dieser Weise verwendet sind, im Berechnungswege abgeliefert.

3. Die Grenzen, innerhalb welcher die ihr Kontingent nicht selbst verwaltenden Staaten von der Militärverwaltung zur Zahlung der unter 1. bezeichneten Beträge unmittelbar in Anspruch genommen werden können, werden vom Reichskanzler-Amt in Gemeinschaft mit dem Ausschusse für Rechnungswesen festgestellt.

4. Die Reichs-Hauptkasse ist befugt, über die nach Nr. 2 und 3 von der Militärverwaltung nicht in Anspruch genommenen, also bar abzuführenden Beträge erforderlichenfalls schon im Laufe jedes Monats durch Anweisung zu verfügen.

5. Nach dem Abschlusse jedes Monats wird zwischen den Landes-Hauptkassen und der Reichs-Hauptkasse über Schuld und Forderung abgerechnet und die etwa nötige Herauszahlung von der Reichs-Hauptkasse geleistet.

Kriegskostenentschädigung. Die Verteilung der französischen Kriegskontribution kam im Bundesrat nicht ohne Schwierigkeit zu stande.[1]) Es handelte sich vornehmlich um den Verteilungsmaßstab. Es standen sich die Meinungen so gegenüber, daß einerseits die militärischen Leistungen allein entscheiden sollten, andererseits aber verlangt wurde, daß bei der Verteilung des nach Ausgleichung der anfänglichen Kriegsleistungen, der sogenannten „Präzipualleistungen", verbleibenden Restes die Bevölkerungszahl entscheiden solle. Nach dieser Richtung war von Bayern und Württemberg folgender Antrag gestellt worden:

Zwischen dem vormaligen Norddeutschen Bund einerseits und den mit demselben während des Krieges verbündet gewesenen süddeutschen Staaten Bayern, Württemberg, Baden und Südhessen andererseits werden die nicht für Zwecke sub 1 des Bundesratsbeschlusses vom 23. Juni 1871 zur Verwendung gelangenden Einnahmen aus der französischen Kriegsentschädigung: 1. zu $^{5}/_{8}$ ihres Betrages nach dem Verhältnis der militärischen Leistungen jedes beteiligten

[1]) Die in der Bundesratssitzung vom 4. April 1872 vorgelegten Beschlüsse der Spezialkommission über die Verteilung derselben findet man in der „National-Zeitung" Nr. 160 vom 6. April 1872.

Staates in der Zeit vom 16. Juli 1870 bis 1. Juli 1871, wie diese Leistungen nach dem Effektivstande der gestellten Mannschaften und Pferde von der hierzu niedergesetzten Kommission ermittelt wurden; 2. zu 3/4 nach dem Maßstabe der Bevölkerungszahl verteilt.

Die Antragsteller motivirten ihren Vorschlag damit, daß es jetzt erst möglich sei, die Verhältnisse zu übersehen und zu würdigen, und daß die militärischen Leistungen mit dem bloß quantitativen Ausdruck durch die Zahlen des Effektivstandes nur einseitig getroffen würden. Die Unzulänglichkeit des bisher ins Auge gefaßten Verteilungsmodus trete klar hervor, wenn neben den militärischen auch andere Leistungen der beteiligten Staaten in Betracht gezogen, und insbesondere wenn auch die politischen Momente gewürdigt würden.

In den Bundesratsausschüssen wurde vorstehender Antrag nicht angenommen,[1]) und ebenso wurde derselbe anfänglich im Plenum zurückgewiesen. Von preußischer Seite wurde hervorgehoben: die preußische Regierung halte daran fest, daß bezüglich der Verteilung der Bundesratsbeschluß vom 23. Juni 1871, der nicht auf einem Majoritätsbeschlusse, sondern auf einer allseitigen Verständigung beruhe, maßgebend bleiben müsse, was nicht ausschließe, daß Preußen bereit sei, bei der Ausführung des Beschlusses den Wünschen der Bundesgenossen, so weit thunlich, entgegen zu kommen. Die preußischen Bevollmächtigten hielten an dieser Erklärung selbst dann fest, als die süddeutschen Stimmen sich bereit erklärten, die Verteilung zu 3/4 nach Maßgabe der militärischen Leistungen, zu 1/4 nach Maßgabe der Bevölkerung stattfinden zu lassen. In diesem Stadium der Verhandlung stellte der hessische Bevollmächtigte einen sogenannten Vermittlungsantrag, der den Bundesratsbeschluß vom 23. Juni 1871 nicht nur in einem Punkte, sondern in allen wesentlichen Punkten abändern sollte. Demnach sollten aus der Kriegsentschädigung vorab bestritten werden nicht nur die gesetzlich gemeinsamen Ausgaben und die sogenannten Präzipualleistungen der einzelnen Staaten, welche von der preußischen, bayerischen, württembergischen und badischen Regierung in Verfolg der Feststellung vom 23. Juni 1871 liquidirt worden waren, sondern auch die gesamten Kriegskosten der verbündeten Staaten, welche nach dem Beschlusse vom 23. Juni 1871 aus dem Anteile der einzelnen Staaten und durch diese selbst gedeckt werden sollten. Der dann noch verbleibende Rest der Kriegsentschädigung sollte alsdann nach Maßgabe der Bevölkerung zur Verteilung gelangen. Infolge dieses Antrages wurde die Beratung ausgesetzt, um den einzelnen Regierungen Zeit zu lassen, sich über ihre Stellung zu verständigen.

Erfreulicherweise kam demnächst eine Verständigung zu stande. In der Sitzung vom 11. Mai 1872 beschloß nämlich der Bundesrat, nachdem Preußen

[1]) Ueber das Stadium der Ausschußverhandlungen vgl. die „National-Zeitung" Nr. 212 vom 8. Mai 1872. Wortlaut des aus den Ausschußverhandlungen hervorgegangenen Gesetzentwurfs Nr. 210 vom 7. Mai 1872.

eine entgegenkommende Erklärung abgegeben hatte, ohne weitere Debatte einstimmig, den unter den Bundesstaaten zu verteilenden Betrag der französischen Kriegsentschädigung zu drei Vierteilen nach dem Maßstabe der militärischen Leistungen, ausgedrückt in dem durchschnittlichen Effektivstande an Mannschaften und Pferden mit Wertsunterscheidung zwischen immobilen und mobilen Truppen, zu einem Vierteile nach der Bevölkerungszahl zur Verteilung zu bringen. Die Wertsunterscheidung zwischen immobilen und mobilen Truppen war schon im vorigen Frühjahr auf Anregung Württembergs angenommen worden. Mit ihren Bemühungen, auch den Maßstab der Bevölkerungszahl zur Geltung zu bringen, war damals die württembergische Regierung nicht durchgedrungen. Um so erfreulicher war die jetzige endliche Erledigung der Frage, durch welche die guten Beziehungen im neuen Reiche nur befestigt werden konnten.

Ueber die Entstehung der Vereinbarung in der entscheidenden Bundesratssitzung ist noch folgendes zu bemerken: Die Zustimmung Preußens, dessen Opfer sich auf circa 5 Millionen Thaler belief, beruhte nicht auf den für den Antrag geltend gemachten, nach der Ansicht Preußens nicht zutreffenden Gründen, sondern auf der Würdigung der Thatsache, daß ein Teil der verbündeten Regierungen das unbedingte Festhalten des Maßstabes der militärischen Leistungen als eine nicht berechtigte Beeinträchtigung auffaßte, und auf dem Wunsche, in dem Bundesverhältnis einer solchen Auffassung keinen Raum zu lassen. Der Staatsminister Dr. Fäustle gab die Erklärung ab, daß er es vor allem als seine Pflicht erachte, den Gesinnungen freudiger Anerkennung der loyalen Berücksichtigung der Verhältnisse und Wünsche der süddeutschen Staatengruppe Ausdruck zu geben und daß diese Art der Erledigung des Gegenstandes nur dazu beitragen könne, die Festigkeit des nationalen Bandes in dem Maße zu stärken, wie es für ein gesundes Gedeihen und die dauernde Größe des Reichs nur immer erstrebt werden könne. Demnächst sprach der Minister Dr. Fäustle den Wunsch aus, daß, wenn einzelne Staaten — sei es bei bisherigen Verteilungen oder infolge der auf Abrechnung erfolgten Ueberweisung von Gold an die Münzstätten — bereits größere Beträge erhoben hätten, als ihnen nach dem zunächst in Anwendung kommenden Verteilungsmaßstabe zukommen, und wenn die zurzeit weiter verteilbare Masse die sofortige Ausgleichung nicht zuließe, doch eine effektive Rückzahlung nicht stattfinden solle, sondern nur der betreffende Staat bei neuen Verteilungen frühere Mehrempfänge sich anrechnen zu lassen habe. Die Bevollmächtigten für Württemberg, Baden und Hessen schlossen sich dieser Erklärung an. — Nachdem der Vorsitzende konstatirt hatte, daß, dem von dem bayerischen Bevollmächtigten ausgedrückten Wunsche entsprechend, Herauszahlungen empfangener Beträge nicht stattzufinden haben würden, die erforderliche Ausgleichung vielmehr bei der in Aussicht stehenden weiteren Verteilung zu bewirken sei, war das allseitige Einverständnis über den bei der Verteilung zwischen dem Norddeutschen Bund einerseits, Bayern, Württemberg, Baden und Südhessen andererseits anzuwendenden Maßstab hergestellt.

Die Könige von Bayern und von Württemberg bekundeten ihre besondere Genugthuung über die Regelung der Frage.[1])

Nach den in Gemäßheit obigen Beschlusses aufgestellten und vom Bundesrat genehmigten Rechnungen belief sich der den süddeutschen Staaten zukommende Anteil an den bisher erfolgten Zahlungen auf circa 60 Millionen, von denen Bayern 36, Württemberg 10, Baden 9 und Hessen südlich des Mains 4 erhielt. An die Staaten des Norddeutschen Bundes, welche eine militärische und finanzielle Einheit bildeten, sollte eine Verteilung nicht stattfinden, wenigstens so lange nicht, bis die aus Anlaß des Krieges gemachten Ausgaben nicht vollständig gedeckt waren, wozu damals der auf Norddeutschland aus den bisherigen Zahlungen fallende Anteil nicht ausreichte.

Reichs-Liquidationskommission für Rhedereischäden. Unterm 17. Dezember 1872 beantragte dieselbe, daß ihre Auflösung mit dem Schlusse desselben Jahres seitens des Bundesrats genehmigt würde. Der Bundesrat gab dem gedachten Antrage in der Sitzung vom 21. Dezember 1872 statt, und die Kommission beschloß demgemäß mit dem 31. desselben Monats ihre Thätigkeit.

Einrichtung des Rechnungshofes. Nachdem in Preußen die Einrichtung und die Befugnisse der Oberrechnungskammer durch Gesetz geregelt worden, war auch für das Deutsche Reich durch ein Gesetz dem bisherigen provisorischen Zustand ein Ende zu machen. In der zweiten Session des Norddeutschen Reichstags wurde bekanntlich das Gesetz vom 4. Juli 1868 vereinbart, welches die Kontrolle des gesamten Bundeshaushalts durch Prüfung und Feststellung der Rechnungen über Einnahmen und Ausgaben von Bundesgeldern, über Zugang und Abgang von Bundeseigentum und über die Verwaltung der Bundesschulden der preußischen Oberrechnungskammer unter der Benennung „Rechnungshof des Norddeutschen Bundes", und zwar nach Maßgabe derjenigen Vorschriften übertrug, welche damals für ihre Wirksamkeit als preußische Rechnungs-Revisionsbehörde galten. Die Wirksamkeit dieses Gesetzes wurde jedoch auf die Rechnungsjahre 1867 bis 1869 beschränkt, nicht sowohl deshalb, weil die dauernde Verbindung der obersten Rechnungsbehörde des Bundes mit derjenigen Preußens als bedenklich erschien, sondern aus dem

[1]) Vgl. oben S. 275. — Bundesratsbeschluß zur Ausführung des Gesetzes über die französische Kriegskostenentschädigung, „National-Zeitung" Nr. 312 vom 7. Juli 1872. Denkschrift des Reichskanzlers über die Ausführung der den Geldbedarf für die Kriegführung betreffenden Gesetze, Nr. 248 vom 31. Mai 1872; Beschluß, betreffend die Höhe der der Reichskasse aus der französischen Kriegsentschädigung zu überweisenden Summe, Nr. 282 vom 20. Juni 1872.

Grunde, weil die für die Kontrolle des Bundeshaushalts als maßgebend erklärten Vorschriften über die Kontrolle des preußischen Staatshaushalts nicht für geeignet erachtet wurden, im Bunde eine andere als provisorische Geltung zu erhalten. Die große Anzahl anderer legislativen Aufgaben, die Schwierigkeit der Materie und der Wunsch, die Vorschriften über die Wirksamkeit beider Rechnungs-Revisionsbehörden übereinstimmend zu gestalten, gaben Veranlassung, daß die Geltung des Gesetzes vom 4. Juli 1868 durch Gesetz vom 11. März 1870 auf das Rechnungsjahr 1870, und durch Gesetz vom 28. Oktober 1871 auf das Rechnungsjahr 1871 ausgedehnt wurde. Nunmehr legte der Reichskanzler dem Bundesrat einen Gesetzentwurf, betreffend die Einrichtung und die Befugnisse des Rechnungshofs, vor, dazu bestimmt, an die Stelle dieses provisorischen Zustandes einen definitiven zu setzen. Derselbe hatte das preußische Gesetz über die Ober-Rechnungskammer zur Grundlage genommen, weil es im Interesse des Reichs lag, seine Gesetzgebung über diese Materie der preußischen anzupassen. [1])

Das Gesetz scheiterte aber auch in dieser Session, da der Bundesrat die von dem Reichstag beschlossenen Amendements nicht annehmen zu können glaubte. Bei dieser Sachlage schlug Bismarck dem Bundesrat vor, die Kontrolle des gesamten Haushalts des Reichs auch für das Jahr 1872 der preußischen Ober-Rechnungskammer in der bisherigen Weise zu übertragen. Gesetz vom 5. Juli 1872 (Reichs-Gesetzbl. S. 265). [2])

Eigentum an den von den Verwaltungen des Reichs besessenen Grundstücken der einzelnen Bundesstaaten. Zur Regelung dieser schon mehrfach im Reichstag und Bundesrat angeregten Frage legte der Reichskanzler am 28. April 1872 [3]) einen Gesetzentwurf vor, welcher bestimmte, daß das Eigentum an denjenigen einem Bundesstaat angehörenden Grundstücken, welche zum dienstlichen Gebrauch einer verfassungsmäßig aus Reichsmitteln unterhaltenen Verwaltung bestimmt und in deren Besitz übergegangen sind, fortan dem Reiche zustehe, und zwar ohne Entschädigung vorbehaltlich der Uebernahme noch rückständiger Kaufgelder, sowie vorbehaltlich der Rechte Dritter. Die Auffassung des Reichskanzlers schien indessen von den Regierungen der einzelnen Bundesstaaten nicht, ja nicht einmal von der preußischen Regierung geteilt zu werden. [4])

---

[1]) Wortlaut „National-Zeitung" Nr. 146 vom 27. März 1872. Vgl. auch die „Norddeutsche Allgemeine Zeitung" Nr. 74 vom 28. März 1872.

[2]) Vierter Bericht der Reichsschulden-Kommission an den Bundesrat, „National-Zeitung" Nr. 234 vom 25. Mai 1872. Feststellung eines Nachtrags zum Haushaltsetat pro 1872, Nr. 137 vom 21. März 1872. Rechnung über den Etat des vormaligen Norddeutschen Bundes pro 1869, Nr. 398 vom 27. August 1872.

[3]) In Kohls Bismarck-Regesten nicht erwähnt.

[4]) Vgl. die „National-Zeitung" Nr. 200 vom 1. Mai 1872, Nr. 202 vom 2. Mai 1872, Nr. 541 vom 18. November 1872, Nr. 51 vom 31. Januar 1873, Nr. 75 vom 14. Februar 1873, und die „Norddeutsche Allgemeine Zeitung" Nr. 269 vom 17. November 1872.

Schon in den Ausschüssen gingen die Ansichten weit aus einander. Die eine Ansicht erachtete die Lösung der Auseinandersetzungsfrage für im Prinzip bereits durch die Reichsverfassung gegeben. Durch den Uebergang der Verwaltungen auf das Reich — so deduzirte man — seien die Bundesstaaten in eine Gemeinschaft der bezüglichen Hoheitsrechte getreten, und insofern die Hoheitsrechte zugleich einen privatrechtlichen Gehalt haben und namentlich das Eigentum an den zur Ausübung bestimmten Sachen mit umschließen, sei das Reich in dieses Eigentum in gleicher Weise succedirt, wie es als dominus negotii in alle zur kritischen Zeit vorgefundenen Kontraktsverhältnisse der einzelstaatlichen Verwaltungen ohne weiteres eingetreten sei. Es sei auch selbstverständlich, daß das Reich die auf dasselbe übergegangenen Verwaltungen nicht ohne eine zu ihrem Betriebe erforderliche Ausrüstung habe übernehmen können. Bei der Uebertragung der Verwaltungen müsse daher subintelligirt gewesen sein, auf das Reich als notwendige Ausstattungen diejenigen Gegenstände mit übergehen zu lassen, welche zur Zeit jener Uebertragung dem Dienste der betreffenden Verwaltungen gewidmet gewesen seien. Rücksichtlich der Mobilien sei dieser Gedanke sofort zur thatsächlichen Herrschaft gelangt. Man habe von Anfang an dieselben als in das Eigentum des Reichs übergegangen betrachtet. In Ansehung der Immobilien dagegen sei zwar die Frage bisher eine schwebende geblieben und man habe vorläufig dieselben als nach wie vor im Eigentum der Bundesstaaten befindlich angesehen. Es liege aber kein zureichender Grund vor, diese Gegenstände einer andern Beurteilung zu unterwerfen als die Mobilien, und es sei nur eine Konsequenz, die man aus den in den Motiven des Gesetzentwurfs hervorgehobenen Verfassungsbestimmungen ziehe, wenn man bei der nun immer unabweisbarer werdenden Notwendigkeit einer endgiltigen Regelung der Verhältnisse auch für die Immobilien jenen Gedanken aufgreife und zum Gesetz erhebe. Das zu erlassende Gesetz lasse sich daher gewissermaßen als ein Vollzugsgesetz zu den erwähnten Verfassungsbestimmungen auffassen.

Von anderer Seite wurde nicht anerkannt, daß aus der Reichsverfassung ein Argument zu entlehnen sei, um das Eigentum an den den Bundesstaaten gehörigen Gegenständen, welche den auf das Reich übergegangenen Verwaltungen dienstbar gewesen und geblieben seien, für das Reich in Anspruch zu nehmen. Es wurde darauf hingewiesen, daß die Verfassung über diese Frage keinerlei Bestimmung enthalte, daß vielmehr in Konventionen das Eigentum an den Immobilien den betreffenden Bundesstaaten ausdrücklich vorbehalten worden sei, und wenn da, wo es an solchen Konventionen fehlt, von den Bundesstaaten die den Verwaltungen gewidmet gewesenen Gegenstände diesen Verwaltungen auch nach deren Uebergang auf das Reich belassen worden sind, so wurde der hierdurch begründete Zustand als ein rein faktischer bezeichnet, der keine rechtlichen Konsequenzen zulasse. Demzufolge erachtete man als den korrekten Weg, auf welchem eine Uebertragung des Eigentums an das Reich würde stattfinden können, den Weg der freien Vereinbarung zwischen dem Reiche und den Einzelstaaten, wobei mehrseitig betont wurde, daß diejenigen Regierungen, welche durch Vorschriften der Landesverfassungen oder sonst in der Verfügung über Staatseigentum beschränkt seien, sich nicht in der Lage befinden würden, einer Eigentumsübertragung zuzustimmen, ohne des Einverständnisses der Landesvertretungen sicher zu sein, eine Rücksichtnahme, welche von anderer Seite durch den Einwand zu entkräften versucht wurde, einesteils daß die Landesverfassungen, vor Errichtung des Reichs entstanden, in Bezug auf das eigenartige Verhältnis der Bundesstaaten zu letzterem etwas vorzusehen nicht beabsichtigt haben können, anderenteils, daß jeder Bundesstaat als Glied des Reichs im Miteigentum der von ihm dem Reiche zu überlassenden Gegenstände verbleibe und in das Miteigentum sämtlicher von anderen Bundesstaaten einzuwerfenden Gegenstände trete.

Eine dritte Ansicht stimmte mit der zuletzt erwähnten darin, daß ein Anspruch des Reichs auf das Eigentum an den fraglichen Gegenständen mit Grund sich nicht deduziren lasse, und ebenso in den hieraus sich ergebenden Folgerungen, insbesondere betreffs der landesverfassungsmäßigen Verantwortlichkeit der Einzelregierungen überein, vermochte aber der Auffassung des bestehenden Zustandes als eines rein faktischen, jeden rechtlichen Inhalts baren sich nicht anzuschließen. Sie wurde in folgender Weise entwickelt: Aus den Bestimmungen der Reichsverfassung über das Post-, Telegraphen-, Militärwesen und die Marine folge, daß diese Zweige der Staatsverwaltung ohne weiteres auf das Reich haben übergehen sollen. Die Notwendigkeit der Fortführung der Verwaltung habe bedingt, daß die ihnen bisher dienstbar gewesenen Grundstücke ihrer Bestimmung erhalten bleiben, und die Thatsache, daß dieselben ohne Anstand dem Reiche zu entsprechendem Gebrauche überlassen worden seien, enthalte das genügend deutliche allseitige Anerkenntnis einer desfallsigen Verbindlichkeit. Die Eigentumsfrage werde hierdurch nicht berührt. Das Reich stehe in dieser Beziehung zu den Einzelstaaten in demselben Verhältnisse, in welchem vordem die für die einzelnen Verwaltungszweige bestellten Behörden des betreffenden Einzelstaates zu letzterem gestanden haben, insofern zum Beispiel die Post- und Militärgrundstücke zwar der Verwaltung der Ressortministerien unterstanden, jedoch nicht Eigentum dieser Verwaltungen, sondern Eigentum des Staates gewesen seien. Der Unterschied liege nur darin, daß das Reich die Verwaltung kraft eigenen Rechts, nicht, wie die Landesverwaltungen, im Auftrage der Staatsregierung führe, und daraus folge, daß diesen Verwaltungszweigen die ihnen reichsverfassungsmäßig zustehende Benutzung der denselben bisher dienstbar gewesenen Staatsgrundstücke durch die Regierung des betreffenden Einzelstaats, dem sie eigentümlich gehören, nicht einseitig entzogen werden könne. Das dem Reiche übertragene Benutzungsrecht werde also — soweit nicht ein anderes aus besonderen Vereinbarungen sich ergebe — als ein immerwährendes aufzufassen sein, und insoweit sei diese Auffassung der in den Motiven zur Präsidialvorlage ausgesprochenen Ansicht verwandt, welche die Immobilien gewissermaßen als eiserne Wertbestände bezeichne. Dem Umfange nach müsse dieses Gebrauchsrecht nach der Natur der Sache umfassender sein als — wenn man eine Analogie aus dem Zivilrechte anziehen wolle — das des Zeitpächters oder des zeitweiligen Nutznießers, und werde daher die Vornahme von Veränderungen, welche durch die Verwaltungszwecke geboten seien, als in dem Rechte mit inbegriffen angesehen werden dürfen.

Diese letzte Ansicht lag einem von der sächsischen Regierung dem Entwurf der Reichsregierung gegenübergestellten Gegenvorschlage zu Grunde, welcher indessen von dem Standpunkte des Interesses des Reichs für entschieden unannehmbar erklärt wurde. Es wurde nachdrücklich betont, daß den Bedürfnissen des Reichs in anderer Weise als durch Eigentumsüberlassung überhaupt nicht Rechnung getragen werden könne. Wenn über Grundstücke verfügt werden solle, müsse andernfalls das Reich erst an den Bundesstaat als Eigentümer sich wenden, um dessen Assistenz zu gewinnen, die betreffende Regierung aber in dem Gehör ihrer Landesvertretung Deckung suchen, und so würde sich beziehentlich die Notwendigkeit eines Zusammenwirkens von vier Faktoren, der Reichsregierung, des Reichstags, der Landesregierung und der Landesvertretung, ergeben.

Durch das Anerkenntnis seitens der Ausschußmehrheit für das Bedürfnis der Ordnung der betreffenden Angelegenheit im Wege der Reichsgesetzgebung wurde auch ein von dem Bevollmächtigten für Mecklenburg gestellter Antrag, § 1 des Gesetzes so zu fassen: „Alle Bundesstaaten vereinbaren sich dahin, das Eigentum ꝛc. dem Reiche vertragsmäßig zu überweisen ꝛc.“ erledigt.

Die Frage gelangte erst in der nächsten Session des Bundesrats zur Entscheidung.

11. Elsaß-lothringische Angelegenheiten.

1. Veräußerung der Tabakmanufaktur in Straßburg. Im Oktober 1872 beantragte der Reichskanzler die Zustimmung des Bundesrats zu dieser Maßregel.[1]) Am 17. Dezember desselben Jahres soll sich Fürst Bismarck dahin ausgesprochen haben, daß er, ungeachtet der Bundesrat seine Zustimmung zur Ueberlassung des Tabakmonopols an eine Gesellschaft erteilt, die betreffenden Verkaufspropositionen zurückziehe. Es geschehe dies in Rücksicht auf die Mißstimmung, welche sich in den Abgeordnetenkreisen gegen die Umwandlung von Industrie-Etablissements in Aktiengesellschaften kundgebe. Bismarck beabsichtigte, die Tabakmanufaktur anderweitig auszunutzen.

---

[1]) „Norddeutsche Allgemeine Zeitung“ Nr. 251 vom 27. Oktober 1872.

Von Kontroversen, welche über die dem Bundesrat vorgelegten Gesetzentwürfe entstanden wären, hat nichts verlautet. [1])

Die Thatsache, daß Elsaß-Lothringen jetzt in das deutsche Handelsgebiet und damit in die Verträge eingetreten war, welche zwischen den dieses Zoll- und Handelsgebiet bildenden und anderen Staaten bestanden, wurde den Regierungen der europäischen Staaten, mit welchen derartige Verträge abgeschlossen sind und zu welchen Elsaß-Lothringen in näheren Handels- und Verkehrsbeziehungen stand, nämlich Großbritannien, Niederlande, Belgien, Oesterreich, Schweiz, Italien, Spanien, durch die Kaiserlichen Gesandtschaften angezeigt, und es war, wie der Reichskanzler dem Ober-Präsidenten in Straßburg eröffnete, ein Einwand dagegen nirgends erhoben worden.

12. Verschiedene Angelegenheiten.

Zwischen den Regierungen Preußens und Bayerns hatten auf Anregung der letzteren bereits in früherer Zeit Verhandlungen über die Frage stattgefunden, ob nicht eine wechselseitige kostenfreie Uebermittlung von Bescheinigungen über sämtliche in dem Gebiete des einen Teiles vorkommende Geburts- und Todesfälle von Angehörigen des andern Teiles einzuführen sein möchten. Die Verhandlungen führten jedoch derzeit nicht zu einer Vereinbarung, weil die preußische Regierung daran zweifelte, daß die von der vorgeschlagenen Einrichtung zu erwartenden Vorteile mit den aus derselben sich ergebenden geschäftlichen Inkonvenienzen im Verhältnis stehen würden. Indes hatte die bayerische Regierung aufs neue durch Vermittlung

---

[1]) Einführung der Gesetze: über Unterstützungswohnsitz und Freizügigkeit, „National Zeitung" Nr. 245 vom 29. Mai 1872; über Freizügigkeit und Staatsangehörigkeit, Nr. 582 vom 12. Dezember 1872 und Nr. 588 vom 15. Dezember 1872; über das Urheberrecht an Schriftwerken ꝛc., Nr. 546 vom 21. November 1872; Wechselordnung und Gesetz über die privatrechtliche Stellung der Wirtschaftsgenossenschaften, Nr. 200 vom 1. Mai 1872; Gewerbeordnung, Nr. 308 vom 5. Juli 1872; einer Anzahl Militärgesetze, Nr. 161 vom 6. April 1872; des Jesuitengesetzes, Nr. 302 vom 2. Juli 1872. Gesetzentwurf, betreffend die Aufhebung der Binnenschiffahrtsabgaben, Nr. 31 vom 19. Januar 1873; die Bezirksvertretungen, Kreisvertretungen und Wahlen zu den Gemeinderäten, Nr. 14 vom Januar 1873, Nr. 19 vom Januar 1873; die Weinsteuer, Nr. 14 vom Januar 1873; die Besoldung der Lehrer und Lehrerinnen an öffentlichen Elementarschulen, Nr. 206 vom 4. Mai 1872 und Nr. 264 vom 9. Juni 1872; die Verwendung der in der Landesverwaltung 1871 verbliebenen Bestände, Nr. 264 vom 9. Juni 1872; der Landeshaushalt für 1872, Nr. 222 vom 15. Mai 1872; die Aufnahme eines Anlehens für Kolmar, Nr. 407 vom 31. August 1872; den außerordentlichen Geldbedarf für die Reichseisenbahnen, Nr. 201 vom 15. Mai 1872; die Universität Straßburg, Nr. 192 vom 19. April 1872; die Vergütung der den Zivilbeamten bei Versetzungen erwachsenden Umzugskosten, Nr. 239 vom 25. Mai 1872; die amtliche Geschäftssprache, Nr. 142 vom 24. März 1872; die Besoldung der Hypothekenbewahrer, Nr. 470 vom 8. Oktober 1872; das Unterrichtswesen, Nr. 570 vom 5. Dezember 1872.

ihres Gesandten die Angelegenheit wieder angeregt, und der Reichskanzler hatte, davon ausgehend, daß eventuell eine gleichmäßige Regelung des Verfahrens für das Reich anzustreben sein werde, die betreffende bayerische Note vom 13. Februar 1872 [1]) dem Bundesrat übergeben und dadurch eine Erwägung der Angelegenheit eingeleitet. In der Note wurde zur Vereinfachung vorgeschlagen, daß die bezüglichen Mitteilungen nicht mehr auf diplomatischem Wege und mit höherer Beglaubigung, sondern einfach von Behörde zu Behörde erfolgen und daß die Einrichtung für das ganze Reich in Kraft treten solle. Zwischen Bayern und Württemberg bestand ein solches Abkommen bereits seit 1859. Auch mit anderen deutschen Regierungen hatte Bayern seit 1861 Verträge in derselben Richtung geschlossen, die aber noch den umständlichen Weg des diplomatischen Austausches der Mitteilungen feststellten.

Bayern hatte 1871 bei dem Bundesrat den Antrag gestellt, mit dem Reichstage ein Gesetz zu vereinbaren, durch welches die Todeserklärung der im letzten Kriege Verschollenen nach zeitgemäßen Grundsätzen geregelt werde. Diesem Antrage wurde nicht Folge gegeben, weil man es für zweckmäßig hielt, den Weg der Gesetzgebung der Einzelstaaten zu betreten.

Der Justizausschuß des Bundesrats beschäftigte sich in eingehendster Weise mit dem Reichstagsbeschluß vom 12. Juni 1872 über die Verfassungsverhältnisse des Fürstentums Ratzeburg [2]) und erstattete darüber einen Bericht. Derselbe begann mit einem geschichtlichen Rückblick und kam dann auf den früheren Beschluß des Bundesrats über dieselbe Angelegenheit vom 1. Mai 1870 zurück, welcher die Erklärung abgab, daß eine Verfassungsstreitigkeit im Sinne des Art. 76 der Bundesverfassung nicht vorliege und daß die Beziehungen des Fürstentums zu Mecklenburg-Strelitz nach den Erklärungen des Bundesbevollmächtigten als vollständig geregelt erachtet werden müßten.

Derselbe Ausschuß entschied ferner über einen Antrag eines elsaß-lothringischen Bürgers, betreffend Rechtshilfe gegen einen katholischen Geistlichen, auf Abweisung des Petenten. Es handelte sich um Zurückweisung eines Schreiners von der Teilnahme an einer Prozession durch einen Geistlichen. Der Schreiner beantragte wegen öffentlicher Beleidigung bei der Strafkammer des Kaiserlichen Landgerichts zu Saargemünd Bestrafung des Geistlichen. Das Landgericht hatte diese Klage als „zur Zeit“ unzulässig abgewiesen, weil im vorliegendem Falle nach Lage der französischen Gesetzgebung die Sache zur Kognition des Staatsrats zu bringen war. Da nun an Stelle desselben der Bundesrat getreten war, so verlangte der Schreiner von diesem die Ermächtigung zur Verfolgung des Geistlichen. Der Bundesrat wurde von dem Ausschuß

[1]) In Kohls Bismarck-Regesten nicht erwähnt.

[2]) Vgl. Bd. I. S. 193.

nicht für kompetent gehalten, hier zu entscheiden, indem dem Bundesrat nirgends die Aufgabe zugewiesen sei, über richterliche Urteile irgend welche maßgebenden Entscheidungen oder gar eine Abänderung richterlicher Entscheidung zu fällen, vielmehr würde er in diesem Falle nur wegen Amtsmißbrauchs angerufen werden können, was nicht geschehen sei.

Auf die an den Reichskanzler gerichtete Petition der Genossenschaft dramatischer Autoren und Komponisten wegen Staatshülfe zur Kontrolle der öffentlichen Aufführungen dramatischer 2c. Werke erfolgte eine abschlägige Antwort, da eine solche Staatshilfe Sache der einzelnen Regierungen sei. Auf den Abschluß von Verträgen zwischen dem Deutschen Reich und auswärtigen Staaten über den gegenseitigen Schutz der Rechte an literarischen Erzeugnissen und Werken der Kunst werde bei nächster Gelegenheit Bedacht genommen werden. Die Gründung einer deutschen Theaterakademie könne nicht in Aussicht genommen werden.[1])

13. Rückblick.

Wenn eine Zeit lang scheinen mochte, als sei die Kraft und Freudigkeit gemeinsamen Schaffens zwischen Bundesrat und Reichstag etwas erlahmt, so war das Schlußergebnis doch ein günstiges. Mit ganz wenigen Ausnahmen (Beamtengesetz, Rechnungshof) fanden alle Vorlagen der Regierung erwünscht Erledigung. Hart am Schlusse der Reichstagssession gewährte der Reichstag dem Bundesrat noch eine wirksame Vollmacht in Bezug auf den Kampf gegen kirchliche Uebergriffe (Jesuitengesetz).

[1]) Von sonstigen Bundesratsverhandlungen sind noch zu erwähnen: Verlängerung der Diktaturperiode für Elsaß-Lothringen, „National-Zeitung“ Nr. 256 vom 5. Juni 1872, Nr. 264 vom 9. Juni 1872; Maßregeln gegen die Reblaus, Nr. 71 vom 12. Februar 1873, Nr. 588 vom 15. Dezember 1872; Inkrafttreten der Pharmacopoea germanica, Nr. 218 vom 12. Mai 1872, Nr. 437 vom 18. September 1872; Verzicht Schwedens auf die Spitzbergischen Inseln, Nr. 571 vom 5. Dezember 1872; Unterstützung der Monumenta Germaniae, Nr. 298 vom 29. Juni 1872; Stellungnahme zu einer Eingabe des Herzogs von Arenberg, Nr. 77 vom 15. Februar 1873; Herausgabe des Centralblattes für das Deutsche Reich, Nr. 1 vom 1. Januar 1873; Verhandlungen mit Rußland wegen Sicherstellung und Regulirung der Hinterlassenschaften deutscher, im russischen Reiche sterbender Staatsangehörigen, Nr. 166 vom 10. April 1872; Erbauung eines deutschen Hospitals in Konstantinopel, Nr. 300 vom 30. Juni 1872; Feststellung der Kosten des Reichs für die Beteiligung an der Wiener Weltausstellung, Nr. 142 vom 24. März 1872, Nr. 558 vom 28. November 1872; Regelung des Durchtransports Ausgewiesener durch das Reich, Nr. 588 vom 15. Dezember 1872; Abschluß einer Uebereinkunft mit Dänemark wegen Unterstützung Hülfsbedürftiger und Uebernahme Auszuweisender, Nr. 12 vom 8. Januar 1873; Ermittlung der Viehhaltung in den deutschen Bundesstaaten, Nr. 445 vom 23. September 1872; Beschwerde des Strelitzer Magistrats wegen Zulassung des israelitischen Senators Sanders zum Schulvorstande, Nr. 206 vom 4. Mai 1872 und Nr. 23 vom 15. Januar 1873; Anerkennung von auswärtigen Aktiengesellschaften, Nr. 276 vom 16. Juni 1872.

Die dritte Session des Bundesrats des Deutschen Reichs.

(17. Februar bis 29. Dezember 1873.)[1]

I. Abschnitt.

Einleitung.

Die dritte Session des Bundesrats des Reichs währte nur zehnundeinhalb Monate. Die Einberufung erfolgte durch Kaiserliche, von Bismarck gegengezeichnete Verordnung vom 8. Februar 1873 (Reichs-Gesetzbl. S. 41) auf den 17. Februar 1873.

Die erste Bekanntmachung vom 24. Februar 1873 (Reichs-Gesetzbl. S. 48), welche die übliche Liste der Bevollmächtigten zum Bundesrat publizirte, weist folgende Veränderungen in dem Bestande desselben auf: Bayern. An Stelle des Reichsrats v. Neumayr war der Ministerialrat Riedel als ordentliches Mitglied (bisher Stellvertreter)[2] eingerückt. Königreich Sachsen. An Stelle des Geheimen Regierungsrats Schmalz trat der Staatsminister der Justiz Abeken. Württemberg. An Stelle des Ober-Finanzrats Riecke und des Majors v. Gleich traten der Oberst v. Faber du Faur und der Ober-Steuerrat Wintterlin; letzterer bisher Stellvertreter.[3])

Im Laufe der Session traten für Preußen an Stelle des Ober-Präsidenten Günther der Wirkliche Geheime Ober-Finanzrat und Direktor im Finanzministerium Meinecke (Bekanntmachung des Reichskanzlers, gezeichnet Fürst Bismarck, vom 20. Mai 1873, Reichs-Gesetzbl. S. 110); der im Laufe des Jahres ausgeschiedene Kriegsminister v. Roon bekam keinen Ersatz, da sein Nachfolger Kameke bereits Mitglied des Bundesrats war; für Königreich Sachsen

---

[1]) In diese Session des Bundesrats fällt die vierte Session der ersten Legislaturperiode des Reichstags vom 12. März bis 25. Juni 1873.

[2]) Vergleiche oben S. 277.

[3]) Vergleiche oben S. 280.

trat an Stelle des Oberstlieutenants Freiherrn v. Holleben der Generalmajor z. D. v. Brandenstein (Bekanntmachung vom 3. Juli 1873, Reichs-Gesetzbl. S. 215), und für Meiningen an Stelle des Staatsministers v. Krosigk der Staatsminister und Wirkliche Geheime Rat Gisele (Bekanntmachung vom 3. November 1873, Reichs-Gesetzbl. S. 366).

Als Stellvertreter kamen nach den Zeitungen [1]) noch neu hinzu: für Preußen der Wirkliche Geheime Ober-Regierungsrat Dr. Jacobi, für Bayern die Ober-Zollräte Schmidtkonz und Felier, und für Württemberg der Legationsrat Graf Uxkull.

Als Protokollführer des Bundesrats fungirte in einzelnen Sitzungen auch der Geheime Regierungsrat v. Puttkamer, der spätere Minister des Innern.

Bismarck führte den Vorsitz in der Eröffnungssitzung vom 17. Februar und in den Sitzungen vom 20. und 21. Juni 1873. [2])

Die Zahl der Sitzungen betrug 50. [3])

Am 1. März 1873 fand bei Bismarck das übliche Bundesratsdiner statt, woran teilnahmen: die Staatsminister Camphausen, Dr. Leonhardt, Delbrück, v. Kameke, Falk, Präsident der Seehandlung Günther, Präsident der Justizprüfungskommission Dr. Friedberg, der Königlich bayerische Finanzminister Berr, der Königlich württembergische Gesandte Freiherr von Spitzemberg, der Großherzoglich badische Präsident des Finanzministeriums Ellstätter, der Großherzoglich badische Gesandte Freiherr v. Türckheim, der Großherzoglich hessische Bevollmächtigte Ministerialrat Dr. Neidhardt, der Großherzoglich mecklenburg-schwerinsche Ober-Zolldirektor Oldenburg, der Großherzoglich sächsische Geheime Finanzrat Heerwart, der Großherzoglich oldenburgische Geheime Ministerialrat Selkmann, der Herzoglich sachsen-altenburgische Staatsminister v. Gerstenberg-Zech, der Fürstlich lippische Kabinetsminister v. Flottwell, der Fürstlich waldecksche Landes-

---

[1]) Im Reichs-Gesetzblatt 1873 wurden die Ernennungen der Stellvertreter nicht veröffentlicht.

[2]) Ueber die Fahrt des Bundesrats und des Reichstags nach Bremen und Wilhelmshaven, vergl. die „National-Zeitung“ Nr. 209 vom 6. Mai 1873 und Nr. 221 vom 14. Mai 1873.

[3]) Die Referate über die Sitzungen des Bundesrats in der Session 1873 finden sich in der „Norddeutschen Allgemeinen Zeitung“, Jahrgang 1873, Nr. 42, 43, 47, 48, 52, 59, 61, 63, 65, 67, 72, 74, 78, 79, 87, 91, 92, 100, 101, 106, 109, 110, 112, 114, 116, 118, 122, 124, 125, 127, 132, 134, 135, 137, 139, 140, 141, 143, 144, 145, 146, 147, 149, 151, 154, 156, 158, 161, 213, 233, 267, 269, 270, 277, 283, 284, 287, 292, 293, 297, 300, 301, 302, 304, und in der „National-Zeitung“, Jahrgang 1873, Nr. 83, 91, 103, 114, 120, 124, 133, 141, 142, 145, 152, 154, 156, 171, 180, 197, 199, 209, 215, 218, 222, 226, 228, 231, 233, 235, 241, 246, 251, 252, 255, 261, 263, 265, 266, 267, 272, 277, 280, 281, 284, 285, 287, 289, 290, 296, 297, 300, 301, 305, 310, 315, 319, 320, 321, 348, 397, 532, 535, 551, 553, 555, 564, 572, 574, 575, 582, 596, 601, 605, 606.

direktor v. Sommerfeld, der Bürgermeister Dr. Kirchenpauer aus Hamburg, der hanseatische Ministerresident Dr. Krüger.[1])

Am 9. November 1873 übernahm Bismarck wiederum das am 21. Dezember 1872 an Roon abgetretene Präsidium des preußischen Staatsministeriums.

[1]) Sonst waren noch geladen die Botschafter von Großbritannien, Oesterreich-Ungarn, Rußland und Frankreich, Lord Odo Russel, Graf Karolyi, Herr v. Oubril und Vicomte de Gontaut-Biron, ferner der Königlich belgische Gesandte Baron Nothomb, der Königlich italienische Gesandte Graf Launay, der Generalfeldmarschall Graf v. Moltke, der Wirkliche Geheime Rat von Balan, der Vize-Ober-Zeremonienmeister v. Röder, die Wirklichen Geheimen Ober-Regierungsräte Eck und Herzog und der Legationsrat Freiherr v. d. Brincken.

II. Abschnitt.

Die neu eingetretenen Mitglieder des Bundesrats.

1. Preußen.

Ministerialdirektor Meinecke[1]

(geb. 24. August 1817).

Die persönlichen Beziehungen Meineckes zu Bismarck begannen gelegentlich der Landtagsverhandlungen, welche den Grund- und Gebäudesteuergesetzen vom 21. Mai 1861 vorangingen, und bei dem Meinecke als Regierungskommissar fungirte, während Herr v. Bismarck ihnen als Mitglied des Herrenhauses mit Unterbrechungen beiwohnte, ohne sich an den Debatten zu beteiligen. Im Jahre 1873 äußerte er sich auf einer seiner Soiréen anerkennend gegen Meinecke

---

[1] Rudolph Meinecke, geboren in Cöslin. Ostern 1829 bis 1836 auf dem Gymnasium in Stettin, Ostern 1836 bis 1839 auf den Universitäten Bonn, Berlin und Königsberg. 2. Mai 1839 Auskultator beim Oberlandesgericht in Cöslin. 23. April 1841 Referendarius beim Oberlandesgericht in Stettin. 26. Oktober 1841 Referendarius bei der Regierung in Danzig. 25. Oktober 1845 Assessor bei der Regierung in Danzig, später in Magdeburg. 9. Mai 1848 Hilfsarbeiter beim Finanzministerium. 4. Februar 1854 Regierungsrat. 17. Dezember 1854 Vorsitzender der Einschätzungskommission für die klassifizirte Einkommensteuer in Berlin. 16. Oktober 1859 Geheimer Finanzrat und vortragender Rat im Finanzministerium. Daneben: seit 22. Juli 1861 Mitglied der Hauptverwaltung der Staatsschulden, vom Januar 1865 bis Mitte April 1866 Mitglied der nach dem Friedensvertrage vom 30. Oktober 1864 in Kopenhagen zusammengetretenen internationalen Finanzkommission. 15. Dezember 1865 Geheimer Ober-Finanzrat, seit 1869 Direktor der Allgemeinen Witwenverpflegungsanstalt, 1866/67 und 1870/71 Mitglied der Hauptverwaltung der Darlehnskassen. 6. März 1872 Präsident der Finanzdirektion in Hannover. 7. Oktober 1872 Direktor der Etats- und Kassenabteilung des Finanzministeriums. 24. Februar 1873 stellvertretender Bevollmächtigter zum Bundesrat. 20. Mai 1873 Bevollmächtigter zum Bundesrat. Seitdem Vorsitzender des Rechnungsausschusses und der Reichsschuldenkommission. 6. März 1879 Mitglied der Reichskommission (Bestrebungen der Sozialdemokratie, Gesetz vom 21. Oktober 1878). 8. August 1879 Unterstaatssekretär. 26. Januar 1881 Wirklicher Geheimer Rat. 11. Juni 1884 Mitglied des Staatsrats. 8. August 1888 Präsident des preußischen Disziplinarhofes für nicht richterliche Beamte. 10. Dezember 1889 Mitglied des Kaiserlichen Disziplinarhofes.

über die Art, wie derselbe jene Gesetze verteidigt hatte, schloß dann aber mit den Worten: „Wenn's nur für eine bessere Sache gewesen wäre". Meinecke überraschte diese Aeußerung sehr, da er nicht ahnte, daß Fürst Bismarck mit der seitherigen Finanzgebarung in Preußen, namentlich mit dem Verhältnisse der direkten zu den indirekten Steuern, nicht einverstanden sei; erst 1879 wurde dies urbi et orbi klar.

Bei der Rückkehr Meineckes aus Kopenhagen nach Schluß der Verhandlungen über die finanzielle Auseinandersetzung zwischen Dänemark und den Herzogtümern nach Maßgabe des Friedensvertrages vom Oktober 1864 erhielt derselbe das folgende Schreiben vom 22. April 1866.[1]) Es ist zwar nicht vom Fürsten selbst vollzogen, sondern in seinem Auftrag von dem Unterstaatssekretär v. Thile, doch läßt sich auf Grund von mündlichen Mitteilungen schließen, daß dasselbe den Intentionen seines Chefs entsprach.

Berlin, den 22. April 1866.

„Mit Eurer Hochwohlgeboren gefälligem Berichte vom 17. d. M. habe ich das an demselben Tage vollzogene Schlußprotokoll nebst 12 Anlagen erhalten. Nachdem damit die Arbeiten der internationalen Finanzkommission zum Abschluß gediehen sind, gereicht es mir zum Vergnügen, Ihnen meine ganze Anerkennung für die Umsicht und Gewandtheit auszusprechen, mit welcher Eure Hochwohlgeboren zur Beseitigung der zu überwinden gewesenen Schwierigkeiten mitgewirkt haben. Ich habe Ihren Berichten leicht entnehmen können, daß Ihre Geschäftskenntnis und Ihre richtige Beurteilung der Verhältnisse wesentlich zur befriedigenden Erledigung dieser wichtigen Angelegenheit beigetragen haben.

Der Minister der auswärtigen Angelegenheiten.
Im Auftrage:
v. Thile."

An den Königlichen Geheimen Ober-Finanzrat
Herrn Meinecke Hochwohlgeboren.

Bei Meineckes Abgang nach Hannover erhielt derselbe von Bismarck das folgende schmeichelhafte Abschiedsschreiben:[2])

5. April 1872.

„Eurer Hochwohlgeboren beehre ich mich auf das Schreiben vom 2. d. M. zu erwidern, daß ich Sie sehr gern vor Ihrer Abreise nach Hannover noch gesprochen haben würde, daß ich aber zu meinem lebhaften Bedauern durch meinen wieder sehr prekären Gesundheitszustand gänzlich verhindert bin, Besuche zu empfangen. Meine teilnehmenden Wünsche begleiten Sie in Ihre neue Bestimmung."

An den Präsidenten der Finanzdirektion
in Hannover Herrn Meinecke.

---

[1]) In Kohls Bismarck-Regesten nicht erwähnt.

[2]) Bei Kohl gleichfalls unerwähnt.

Von Bismarck mitunterzeichnet ist endlich auch das folgende Schreiben vom 2. Mai 1889, welches die Mitglieder des Bundesrats Meinecke aus Anlaß seines fünfzigjährigen Jubiläums als preußischen Beamten zugehen ließen.

Berlin, den 2. Mai 1889.

„Eure Excellenz dürfen heute mit gerechter Befriedigung auf eine fünfzigjährige reich gesegnete Wirksamkeit im Dienste Ihres Königs und Vaterlandes zurückblicken. Seit dem Jahre 1873 sind Sie durch Ihre Mitwirkung an den Arbeiten des Bundesrats auch für die Interessen des Reichs thätig und dadurch mit uns in treuer, nie getrübter Kollegialität verbunden gewesen. Indem wir daher in dankbarer Erinnerung an die gemeinsame Thätigkeit des für Eure Excellenz bedeutungsvollen Tages gedenken, können wir es uns nicht versagen, Ihnen unseren herzlichsten Glückwunsch und die Hoffnung auszusprechen, daß es uns vergönnt sein möge, Eure Excellenz noch lange Jahre in gleicher Kraft wie bisher in unserer Mitte zu sehen.

Die Mitglieder des Bundesrats:

v. Bismarck, v. Boetticher, v. Maybach, Freiherr v. Lucius, v. Goßler, v. Scholz, Graf v. Bismarck, Herrfurth, v. Schelling, v. Verdy, Freiherr v. Marschall, Krüger, Freiherr v. Stengel, Graf Zeppelin, Hasselbach, Burghart, Freiherr v. Maltzahn, Kühne, v. Marcard, Heusner, Schulz, Kraefft, Graf v. Hohenthal, Freiherr v. Cramm-Burgdorf, v. Oehlschläger, v. Stieglitz, Neidhardt, Magdeburg, Fleck, Berchem, Lohmann, Hellwig, Reichardt, Humbert, Aschenborn, Scherer, Hauschild, v. Neidhardt, v. Schlieben, Selkmann, v. Xylander, Heerwart, Oldenburg."

An den Bevollmächtigten zum Bundesrat, Königlich preußischen Wirklichen Geheimen Rat und Unterstaatssekretär im Finanzministerium Herrn Meinecke Excellenz.

2. Bayern.

Ober-Zollrat Schmidtkonz

(geboren 17. April 1825, gestorben 1895.)

wandte sich nach Absolvirung der Universität München dem Zolldienste zu und erhielt im Jahre 1859 seine erste Anstellung als Hauptzollamts-Kontrolleur zu Passau, woselbst er im Jahre 1861 Zollinspektor wurde. Im Jahre 1868 zum Ober-Zollinspektor in Waldsassen befördert, kam er als solcher 1871 nach München. Im Jahre 1873 wurde er zum Ober-Zollrat, 1880 zum Ober-Regierungsrat und 1890 zum Regierungsdirektor an der Königlichen Generaldirektion der Zölle und indirekten Steuern befördert. Dem Bundesrate gehörte er von 1873—1886 als stellvertretendes Mitglied an.

Ober=Zollrat Felser.

(geboren 20. April 1837, gestorben 6. Februar 1880).

1862 Eintritt in die bayerische Zollverwaltung, 1865 Rechnungskommissär bei der General-Zolladministration in München, 1866 zur Geschäftsaushülfe in das Staatsministerium des Handels und der öffentlichen Arbeiten einberufen. 1868 Beförderung zum Ober-Zollassessor. Als solcher trat er am 1. Januar 1872, da das Staatsministerium des Handels und der öffentlichen Arbeiten aufgehoben und die Zollverwaltung dem Königlichen Staatsministerium des Königlichen Hauses und des Aeußern unterstellt wurde, in den Dienst dieses letztern Ministeriums über. Hier wurde er am 1. Februar 1873 zum Ober-Zollrat befördert. Gleichzeitig erhielt er die Berufung zum stellvertretenden Bevollmächtigten Bayerns beim Bundesrat, sowie zum Mitglied der Bundesratskommission für Aufhebung der Salzsteuer. Seine Thätigkeit im Bundesrat war aber nicht von langer Dauer. Ende November 1873 schied er hier wieder aus. In dieser kurzen Zeit hat derselbe an den Arbeiten der hohen Körperschaft, wie die Verhandlungen ausweisen, als Referent und Antragsteller gewichtigen Anteil genommen. 1874 Uebertritt in das Finanzministerium.

Um dem Reiche wie den Einzelstaaten neue Einnahmequellen zu verschaffen, wurde in der zweiten Hälfte der siebenziger Jahre auf dem Gebiete der Zoll- und Steuergesetzgebung eine lebhafte Thätigkeit entfaltet. In Bayern war die erste wichtigere Maßnahme die Einführung des Malzaufschlags in der Pfalz im Jahre 1878. Im Reiche folgte die Einführung der Tabakgewichtsteuer und die Revision des Zolltarifs. Im Juli 1878 wurde eine Enquêtekommission zur Beratung über eine neue ergiebigere Tabaksteuerform berufen. Felser, welcher am 16. März 1878 zum Ober-Rechnungsrat befördert worden, wurde in dieselbe berufen und nahm an der umfassenden Thätigkeit derselben hervorragenden Anteil. Zeuge hiervon sind seine zahlreichen Arbeiten, welche in den Beilagebänden des Kommissionsberichts niedergelegt sind. So ist zum Beispiel die Zusammenstellung der Tabaksteuergesetzgebung der europäischen Staaten und der Vereinigten Staaten von Nordamerika, welche den dritten Band ausmacht, Felsers Werk. Daneben wurde dieser durch die tiefgreifende Revision des deutschen Zolltarifs auf das intensivste beschäftigt. Kaum aber war das neue Tabaksteuergesetz geschaffen und die Zolltarifrevision beschlossen, so wurde die Reform der Aufschlaggesetzgebung in Bayern in Angriff genommen. Im November 1879 wurde hier die Erhöhung des Malzaufschlages durchgeführt und im Juli 1880 der Branntweinaufschlag neu eingeführt. Beide Gesetze wurden von Felser vorbereitet. Es war eine aufreibende Arbeit, unter welcher zuletzt seine körperliche Kraft ganz kurz nach seiner Beförderung zum Ministerialrat (Januar 1880) zusammenbrach.

3. Württemberg.

Oberst von Faber du Faur[1])

(geboren 29. September 1819, gestorben 30. August 1885).

Als nach den Ereignissen von 1866 die Beziehungen Preußens zu den deutschen Regierungen in neuen Verträgen zu Schutz und Trutz auf dem Fuße

[1]) Wilhelm Karl Arthur Alfred v. Faber du Faur, geboren zu Rastatt. 1839 Lieutenant im Artillerieregiment, 1845 Oberlieutenant, 1852 Hauptmann, 1866 Charakter als Major, 1867 Major und Militärbevollmächtigter in Berlin, 1869 Oberstlieutenant, 1872 Oberst, 1878 Generalmajor, 1882 Generallieutenant.

gegenseitigen Vertrauens geregelt wurden, ward der damalige Oberstlieutenant v. Faber du Faur nach Berlin entsendet, um hier als militärischer Vertreter Württembergs die Annäherung seines Heimatlandes an den Norden auf militärischem Gebiete zu vermitteln und vorzubereiten. In jenen Tagen, „da es Frühling worden in Deutschland", als württembergische Stabsoffiziere in den Berliner Garderegimentern kommandirten, war der militärische Vertreter Württembergs in der alten württembergischen Uniform, mit dem lang herabwallenden schwarzen Barte, eine eigenartige, für die damalige Zeit so recht charakteristische Erscheinung in der Hauptstadt des jungen Norddeutschen Bundes. Am Königlichen Hofe sowohl wie in den gesellschaftlichen Kreisen Berlins fand Herr v. Faber allseitig die herzlichste Aufnahme, seine Stellung erleichterte sich ihm um so mehr, als er einerseits getragen war von dem vollsten Vertrauen seines Königs, andererseits in seiner eigenen Ueberzeugung das Heil Württembergs wie Gesamtdeutschlands nur in der engen bundesstaatlichen Vereinigung der deutschen Stämme erblickte. In diesem Sinne zu wirken, war er unablässig bemüht, und als die wenn auch geahnten, so doch überraschend schnell eintretenden großen Tage des Jahres 1870 heranbrachen, war Oberstlieutenant v. Faber berufen, in der Erfüllung der militärischen Bündnispflichten Württembergs ein wichtiges Bindeglied zu sein. In jenen Tagen der hochgehenden nationalen Bewegung hatte Faber du Faur eine Unterredung mit Bismarck, in dessen Hause er mit seiner Familie ein gern gesehener Gast geworden war. Während der Unterredung, welche sich auf die gesamte politische und militärische Aktion Württembergs erstreckte, lief von einer neutralen Großmacht ein Telegramm an den Kanzler ein, welches demselben die Erhaltung des Friedens an das Herz legte und sofort die Beantwortung dahin fand, daß die Adresse an Preußen und den Norddeutschen Bund nicht die richtige sei, da die Friedensstörung nicht von Deutschland ausgehe, welches sich nur zur Abwehr und Verteidigung rüste. Oberstlieutenant v. Faber wohnte im Hauptquartier der 3. (Kronprinzlichen) Armee dem Feldzuge dienstlich bei. Nach dem Kriege fiel dem Oberst v. Faber die Aufgabe zu, an der praktischen Herstellung des militärischen Anschlusses Württembergs an das Reichsheer, wie die Versailler Verträge ihn vorgesehen, mitzuwirken. Das Vertrauen, welches ihm gleichmäßig an den höchsten Stellen in Berlin und Stuttgart gezollt wurde, kam ihm dabei nicht minder zu statten wie seine eigene charaktervolle Gesinnung, welche ihn, der mit vollem treuem Herzen an seiner schwäbischen Heimat hing, dennoch den Sinn stets auf das Große, Ganze richten ließ. Vielen Besuchern des Reichstags wird die hohe, stattliche Gestalt in Erinnerung sein, welche fast in keiner Sitzung fehlte. Das Wort hat General v. Faber, wenn wir nicht irren, nur einmal zu einer kurzen Erklärung bei Beratung des württembergischen Militäretats ergriffen; sein Wirken war nicht für die Oeffentlichkeit. Aber die Art, wie der Reichskanzler den bescheidenen Mann begrüßte, ließ doch erkennen, daß dieser Gruß nicht nur dem württembergischen General und Bundesratsmitgliede galt.[1])

Kriegsminister von Suckow.

Zur Ergänzung dessen, was wir oben S. 155 über den General v. Suckow bemerkt haben, lassen wir nachstehend noch einige Bemerkungen folgen, welche seine politische Wirksamkeit und speziell sein Verhältnis zu Bismarck in ein helleres Licht setzen.

Sybel nennt im VI. Band seines Werkes „Die Begründung des Deutschen Reichs" Seite 216 Suckow einen „Feuerkopf von unaufhaltsamer Logik, unerschrockener Thatkraft und rastlosem Thatendrang, einen Mann von allseitig durchdachten Grundsätzen, einen Idealisten, der aus der Begeisterung für seine Ideale den felsenfesten Glauben an den Sieg der guten Sache zog und sich durch keine Feinde und keine Zweifel irre machen ließ". Suckow hatte das Glück, schon in verhältnismäßig jungen Jahren, als er noch Hauptmann war, einen Blick in das Getriebe der großen Politik zu werfen, als er am 28. Juni 1859 in Begleitung seines Chefs, des Generalquartiermeisters v. Wiederhold eine Reise nach Berlin machte, um dort an den Militärkonferenzen der deutschen Mittelstaaten, wegen des Krieges in Italien, teilzunehmen. Am 30. Juni empfing der Prinzregent, nachmalige Kaiser Wilhelm, die Offiziere mit folgender bisher unveröffentlichten Ansprache:

„Es hat mich sehr gefreut, daß mein Wunsch, Sie hier zu sehen, so schnell in Erfüllung gegangen ist. Wenn ich einerseits bedaure, daß ich Ihnen heute schon Lebewohl sagen soll, so kann ich Ihnen andererseits für die schnelle und einheitliche Erledigung Ihrer Geschäfte nur meine Befriedigung aussprechen.

„Da Politik Ihren Besprechungen fern bleiben sollte, halte ich es für angemessen, Ihnen eine kurze Darlegung der meinigen zu geben. Das Zustandekommen des Kongresses durfte erwartet werden; ich ließ den Kaiser von Oesterreich wiederholt und jetzt wieder durch den Erzherzog Albrecht beschwören, ja nichts zu thun, was demselben hinderlich sein könnte, andernfalls ich ihm meine Unterstützung nicht geben könne. Oesterreich hat darauf durch seinen Angriff den Krieg provozirt und dadurch dem Kaiser Napoleon das Recht gegeben, seinem Bundesgenossen zu Hülfe zu kommen; so ist die Kriegsfackel angezündet und der europäische Krieg heraufbeschworen worden.

„Nun führten die Ereignisse die Oesterreicher wieder über den Ticino zurück, der status quo ante war wieder hergestellt, und ich hoffte, der Kaiser Napoleon

---

[1]) Dem Nachruf entnommen, welchen die „Norddeutsche Allgemeine Zeitung" Faber du Faur nach seinem Hinscheiden widmete.

werde sich damit begnügen. Aber dem war nicht so, die Schlacht bei Magenta wurde geschlagen, und ich hielt es für meine Pflicht, dem französischen Uebermut jetzt ebenso entgegenzutreten wie vorher dem österreichischen; am 14. habe ich den Befehl zur Mobilmachung von sechs Armeecorps gegeben.

„Seitdem haben sich die Verhältnisse in einer für Oesterreich höchst bedauerlichen Weise verändert, dasselbe hat in drei Wochen zwei große Schlachten verloren, die österreichische Armee soll sich in einer Verfassung befinden, welche ein Wiederschlagen auf Wochen unmöglich macht, und soeben erhielt ich die Nachricht, daß die Franzosen über den Mincio gegangen sind. Nun hielt ich es für geraten, mich an Rußland und England um Vermittlung zu wenden, und zwar unter Bedingungen, die Oesterreich wohl annehmen kann, wo es nun einmal der Besiegte ist. Sollte auch dieses mißglücken, so werden wohl bald die eisernen Würfel rollen; wann, das weiß Gott.

„Noch eines muß ich sagen, meine Herren. Es hat mich tief gekränkt, indem man meine Politik für keine offene erklärt, mich gedrängt und sogar gesagt hat, ich wolle die preußische Armee gegen Deutschland führen. Meine Herren! Gehen Sie nach Hause und schlagen Sie dem, der Ihnen dies sagt, eins ins Gesicht in meinem Namen! In Hinsicht des ersteren aber liegt mein Charakter der Welt seit zweiundsechzig Jahren offen da. Ich war es, der es mit Freuden begrüßte, daß endlich einmal etwas Einheitliches geschehen soll und eine nationale Regung sich kundgibt. Aber, meine Herren, dieser Enthusiasmus ist in Uebermut ausgeartet, und ich halte es für meine Pflicht, demselben ebenso entgegenzutreten wie vorher dem österreichischen und dem französischen Uebermut. Ich wiederhole es, meine Herren, es hat mich tief gekränkt, dies Drängen und die Anschuldigung meiner Politik, aber mit dem ganzen Freimut meines Charakters, dem ich seit bald dreiundsechzig Jahren treu geblieben bin, sage ich Ihnen, und wiederholen Sie es zu Hause jedermann, daß ich mich durch kein Drängen, auch nicht im eigenen Lande, abhalten lasse, das zu thun, was ich für recht und notwendig halte. Seien Sie die Dolmetscher dieser meiner Gefühle bei Ihren Souveränen!"

Suckows politisches Programm liegt in einem Berichte niedergelegt, den er am 15. September 1866 seinem König über seine Erlebnisse während des deutschen Bruderkrieges erstattete, worin es am Schlusse heißt: „Daß wir den Grund unseres Daseins nur in dem nationalen Verband haben mit Preußen als führendem Staat, und so wenig wir politisch anders zu existiren vermögen, so unmöglich sei es, unseren Truppen einen Wert zu verleihen ohne den Anschluß an die preußische Armee, das solle uns dieser Krieg von 1866 gelehrt haben." Diese Aufrichtigkeit belohnte der König von Württemberg durch Verleihung des Ritterkreuzes der württembergischen Krone.

In den nächsten Jahren wirkte Suckow unablässig und mit Erfolg für die Reorganisation der württembergischen Armee nach preußischem Muster.

Am 6. Mai 1868 traf Suckow ein zweitesmal in Berlin ein, diesmal als Chef des württembergischen Generalstabs und in der Absicht, sich mit Moltke über die Mobilmachungsfragen ins Einvernehmen zu setzen. Noch am Tage seiner Ankunft in Berlin hatte er eine erste Unterredung mit Moltke, worüber seine Aufzeichnungen das Folgende besagen:

Die Besprechung begann damit, daß ich sagte, ich sei gekommen, um zu fragen, was wir bei einem plötzlichen Einbruch der Franzosen nach Süddeutschland herein zu thun haben. Moltke entgegnete, da müsse er zuerst fragen, was wir zu leisten im stande sind und wie schnell; aufrichtig sage er mir, daß er unsere Leistung nicht bloß als eine schwache, sondern auch unzuverlässige ansehen müsse; am besten wäre es, man würde uns sagen, sieh zu, wie du dir selber hilfst; die Dinge werden um so schneller gehen, je ungestörter man Varnbüler bei uns wirtschaften läßt, und für Preußen sei der Thüringer Wald eine viel bessere Flanke als der Oberrhein.

Das heißt also, Moltke weist bei einem Kriege gegen Frankreich die Verteidigung Süddeutschlands von sich und behandelt dasselbe als Vorglacis und Kriegsschauplatz, da auf falsche Bundesgenossen keine Rechnung zu stellen ist.

Ich erwiderte Moltke, daß — auch abgesehen von der nationalen Seite — es Preußen nicht gleichgiltig sein kann, wenn Süddeutschland dem Demagogentum verfällt und in französische Vasallenschaft gerät. Moltke erkannte dies gerne an, wie er sagte, ging dann auf das strategische Verhältnis zu Frankreich über, bestätigte die falsche Lage von Ulm wie aller süddeutschen Festungen und bemerkte dabei, daß die Verteidigung von Ulm den Bayern zufallen könnte, welche bei ihrer mangelhaften Organisation doch nur langsam mit der Mobilmachung zu stande kommen. Preußen könnte hier eine Konzession an Bayern machen, wenn dasselbe ein Aequivalent böte, als welches er sich freilich nichts zu denken vermöge.

Ich sagte, Ulm in den Händen der Bayern sei eine gefährliche Sache, Hohenlohe scheine gut gesinnt zu sein, aber man weiß nicht, wie lange er bleibt und was nachher kommt; wir haben deshalb unser linkes Ufer von Ulm in der Hand behalten, bis die Festung eine deutsche sein wird; sonst haben wir kein Interesse an Ulm, sondern sehen es als unsre Aufgabe an, möglichst viele und gute Truppen ins Feld zu stellen, haben deshalb auch im Mobilmachungsplan nur vier Ersatzbataillone für Ulm vorgesehen und geben kein Geld für die Festung aus.

Moltke war ersichtlich sehr befriedigt von dem, was ich sprach, und sagte wiederholt: „Ich sehe schon, daß wir zwei Generalstabsoffiziere uns leicht verstehen werden bei den richtigen Anschauungen, die Sie haben."

*

Die zweite Besprechung Suckows mit Moltke fand am 12. Mai statt, bei welcher Gelegenheit letzterer die Frage stellte, wie viel Offiziere in Württemberg so dächten wie Suckow; es werde aber wohl der Generalstab das entscheidende Wort haben.

„Ich sagte" — so schreibt Suckow in seinen Aufzeichnungen — „daß ich jetzt habe, was ich brauche: Klarheit; er sagte, wo ich ein Anliegen habe, solle ich ihm immer persönlich schreiben. Dann fand am 14. Mai noch eine dritte Besprechung unter uns statt, welche der Möglichkeit eines plötzlichen Einbruchs der Franzosen nach Süddeutschland herein galt, mit der Festsetzung, daß in diesem Falle wir uns auf Heilbronn und nötigenfalls Würzburg konzentriren sollen. Zuletzt sagte Moltke mit Betonung: ‚Es war gut, daß Sie gekommen sind.' Ich schied von ihm mit der Beruhigung, daß er auf meine Bürgschaft jetzt anders über das strategische Verhältnis Preußens zu uns denkt."

*

Eine Besprechung mit Bismarck hatte Suckow am 11. Mai 1868 im Park des Bundeskanzlerpalais. Bismarck sagte folgendes:

„Die Wahlen zum Zollparlament, wie sie nun einmal ausgefallen sind, haben gezeigt, daß der Süden vorerst keine weitere Verbindung mit dem Norden haben will als Zollvertrag und Allianzvertrag. Der Norden hat keinen Grund, mehr zu verlangen, denn militärisch ist die Verbindung mit dem Süden keine Verstärkung für uns, strategisch genommen, und politisch haben wir kein Bedürfnis, uns mit den heterogenen Elementen im Süden zu verschmelzen, wo man nicht weiß, ob die Partikularisten oder die Demokraten die ärgeren Feinde Preußens sind. Wir tragen alle die nationale Einigung im Herzen, aber für den rechnenden Politiker kommt zuerst das Notwendige und dann das Wünschenswerte, also zuerst der Ausbau des Hauses und dann dessen Erweiterung. Erreicht Deutschland sein nationales Ziel noch im neunzehnten Jahrhundert, so erscheint mir das als etwas Großes, und wäre das in zehn oder gar fünf Jahren, so wäre das etwas Außerordentliches, ein unerhofftes Gnadengeschenk von Gott.

Zuerst sollen also einmal die Vertreter im Zollparlament ein paar Jahre bei einander gesessen haben; dann wird Versöhnlichkeit eingetreten sein und werden die Süddeutschen sehen, daß es sich nicht um Vergewaltigung handeln kann. Zumal von diesem Zollparlament ist nichts Weiteres zu erwarten, und es könnte sich höchstens fragen, ob nicht dasselbe aufgelöst werden soll, wozu aber jetzt nicht die Zeit ist.

Unsere ganze Sympathie gehört dem süddeutschen Bruder, dem wir jederzeit die Hand reichen wollen, aber zwingen wollen und dürfen wir ihn nicht, dieselbe zu ergreifen, vielmehr bauen wir dreißig Millionen Deutsche unser Haus erst aus, dann werden die anderen acht Millionen mit der Zeit versöhnlich werden, zumal wenn wir ihnen keinen Zwang anthun und so ihre Vorurteile Lügen strafen. Den Nationalliberalen habe ich immer gesagt, daß ich die Sache vom Standpunkte des Jägers betrachte: wenn ich einen Kirreplatz anlegen will, schieße ich nicht gleich die erste Ricke weg, sondern warte, bis das Rudel die Fütterung angenommen hat.

Die Möglichkeit eines Krieges anlangend, so ist der Norddeutsche Bund eine Macht, welche einer jeden gewachsen ist. Für Süddeutschland liegt die Sache so, welchen Alliirten es sich wählen will; Oesterreich kann es nicht sein, wir hätten nichts dagegen, aber Oesterreich will entschieden nicht, und Frankreich wird Süddeutschland weniger Schutz gewähren als der Norddeutsche Bund. Thüngen hat zu mir gesagt, Bayern sei schlecht daran, zwischen Oesterreich und Frankreich eingeklemmt, ich habe ihn gefragt, ob er glaube, daß Bayern besser daran wäre, zwischen Preußen und Frankreich eingeklemmt.

Am 2. März 1869 erschien in Zürich Arkolays Broschüre: „Der Anschluß Süddeutschlands an die Staaten der preußischen Hegemonie, sein sicherer Untergang bei einem französisch-deutschen Kriege". Darauf antwortete Suckow durch eine Schrift: „Wo Süddeutschland Schutz für sein Dasein findet", ohne sich als Verfasser zu nennen.

Es war darin eingehend dargethan, daß Frankreich für sich allein einen Krieg mit Deutschland nicht zu führen vermöge und der Versuch dazu die deutschen Heere nach Paris führen wird, daß die Bürgschaft des Friedens einzig und allein in der Einigkeit der deutschen Nation beruht und die Kriegsgefahr in der Hoffnung auf den Abfall Süddeutschlands von der nationalen Sache liegt, daß dessen Neutralität in dem Krieg zwischen Deutschland und Frankreich ein Wahn ist oder eine Lüge zur Verdeckung des Bündnisses mit dem Ausland, und daß die Folge solcher Neutralität die Verheerung Süddeutschlands durch den Krieg und der Untergang der süddeutschen Staaten wäre.

General v. Moltke, welchem der Verfasser diese Arbeit einsandte, schrieb am 23. April nachstehenden Brief an Suckow:

Hochgeehrter Herr Oberst!

„Es ist leicht, sich zum Wortführer der augenblicklich herrschenden öffentlichen Meinung zu machen, schwer und verdienstvoll aber, die Wahrheit offen zu sagen, wo sie den Fels bildet, gegen welchen diese stets schwankende Strömung gerade anbrauset. Ich habe mit dem regsten Interesse Ihre vortreffliche Schrift gelesen, welche ebenso gründlich wie klar und gewandt mit einer unerbittlichen Logik zum allein richtigen Resultat führt. Die Schwierigkeit Ihrer persönlichen Stellung erhöht das Verdienst Ihrer Arbeit, denn den Verfasser wird man ex ungue leonem bald heraus erkennen. Ich glaube nicht, daß die Schrift alsbald einen Wechsel in der Politik Süddeutschlands bewirken wird, Meinungen müssen erst Wurzel fassen und Früchte tragen, aber die in so überzeugender Form dargelegte Wahrheit kann nicht ohne Einfluß bleiben.

Indem ich Ihnen für die gütige Zusendung meinen allerverbindlichsten Dank sage, verharre ich in wahrer Hochachtung und Ergebenheit

der Ihrige

v. Moltke."

Ueber die bedeutsame militärische und politische Thätigkeit, welche der seit dem 24. März 1870 mit der Leitung des württembergischen Kriegsministeriums betraute General v. Suckow entfaltete, geben dessen Tagebuchaufzeichnungen nachstehende Aufschlüsse.

Am 6. September 1870 trug der König Suckow auf, dem König von Preußen das Großkreuz des württembergischen Militärverdienstordens in das Hauptquartier nach Frankreich zu überbringen. Beim Abschied am 12. September sagte der König zu Suckow, er solle im Hauptquartier aus dem Herzen sprechen und dem König Wilhelm sagen, man solle nicht an seiner Gesinnung zweifeln, er sei zu jedem Opfer bereit, und er sei glücklich, daß Suckow hingehe, einen edleren Charakter hätte er nicht finden können.

Suckow überreichte den Orden an König Wilhelm in Meaux am 17. September vormittags; der König war überaus gnädig und gütig gegen Suckow, rühmte seine Mobilmachung als ein Meisterwerk, auf welches er stolz sein dürfe.

Nachher hatte Suckow eine Besprechung mit Bismarck;[1]) letzterer sagte: „Unser Grundsatz war und ist, wie Sie wissen, Süddeutschland keinen Zwang anzuthun, und gegen Bundesgenossen wäre dies nun vollends unmöglich. Also erwarten wir in der deutschen Sache Ihr freiwilliges Anerbieten. Um aber dieselbe anzuregen, so viel wir vermögen, haben wir eine Fürstenzusammenkunft von Preußen, Bayern und Württemberg in Versailles vorgeschlagen, was nun aber durch ein Verhandlungsanerbieten des bayerischen Ministers Bray gekreuzt worden und worauf Delbrück jetzt nach München abgereist ist. Aber die Fürstenzusammenkunft bleibt trotzdem festgehalten." Suckow sagte, es würden doch wohl die Verhandlungen mit Württemberg getrennt von den Bayern geführt werden, und Bismarck bestätigte dies auch als seine Ansicht.

Auf den 20. September war Suckow zum Diner bei dem König nach dem Rothschildschen Schloß Ferrières befohlen, wo er vorher eine Besprechung mit Roon hatte. Nach dem Diner sagte der König zu Suckow, er wisse, wie viel er ihm zu danken habe; ohne ihn (Suckow) wäre es anders gegangen in Deutschland; er solle mutig beharren, trotz aller Anfeindung.

Am 30. September aus Frankreich nach Stuttgart zurückgekehrt, meldete sich Suckow tags darauf, am 1. Oktober, bei dem König.

*

---

[1]) In Kohls Bismarck-Regesten unerwähnt.

Hinsichtlich der weiteren Verhandlungen über den Eintritt Württembergs in das Deutsche Reich schreibt Suckow in seinen Aufzeichnungen:

Nach vielen Ministerbesprechungen über unseren Eintritt in den neuen Bund übernahm ich es, vertraulich an Bismarck zu schreiben, daß Seine Majestät König Karl nicht zusammen mit dem König Ludwig von Bayern nach Versailles gehen wolle, und erst wenn die Grundlagen der neuen Bundesverfassung festgelegt sind, wofür meine und Mittnachts Entsendung nach Versailles jederzeit auf erfolgende Einladung geschehen könne. Dies war am 7. Oktober. Das Schreiben sandte ich zur Sicherheit durch Boten nach Versailles. Darauf telegraphirte mir Bismarck am 12., er erwarte uns mit lebhafter Genugthuung und sei zu den Verhandlungen mit uns ermächtigt. Ich gehe damit zu Mittnacht, der nun sagt, in Rücksicht auf die Münchener Konferenzen können wir nicht reisen, ehe wir wissen, daß die Bayern ebenfalls geladen sind. Diese Voraussetzung bestätigt mir Bismarck auf meine Anfrage durch Telegramm vom 14., ich teile es Mittnacht mit, der darauf durch den Telegraph in die Bayern dringt, mitzukommen. Die Antwort von Bray lautet, König Ludwig komme am 17. von Hohenschwangau herüber, vorher sei nichts zu machen, und nun sagt Mittnacht, vor dem 20. können wir ja doch nicht reisen wegen der noch zu entscheidenden Frage der Kammerauflösung behufs Neuwahl.

Die Bayern reisen am 20. nach Versailles. Mit diesem Telegramm des Gesandten Soden in München kommt Mittnacht am 15. zu mir und sagt, wir müssen nun um alles noch vor den Bayern reisen. Und in der That brachen wir am 19. nach Versailles auf, ich noch mit der besonderen Vollmacht für die abzuschließende Militärkonvention.

Am 22. Oktober in Versailles eingetroffen,[1]) hatten wir tags darauf[2]) Konferenz mit Bismarck in der Rue de Provence auf der von ihm bezeichneten Basis unseres Eintritts in den Norddeutschen Bund unter dessen Erweiterung zum Deutschen Bund und mit verfassungsmäßigen Privilegien für die einzelnen Staaten, und darauf begann Mittnacht seine Einzelverhandlungen mit Delbrück ohne mich. Ich hatte am 25. Oktober meine erste Besprechung mit Roon; wir waren einig, daß eine Militärkonvention zwischen uns abgeschlossen wird, durch welche die württembergischen Truppen als Bestandteil des deutschen Bundesheeres unter dem Befehl des Königs von Preußen ein Armeecorps nach preußischem Muster mit eigener Verwaltung bilden. Roon versprach hierfür einen Stärke- und Kostenetat des Armeecorps alsbald aufstellen zu lassen.

Am 5. November teilte mir Mittnacht die Redaktion der Verträge über unseren Eintritt in den Bund exklusive Militärkonvention nach seinen Verhandlungen mit Delbrück darüber mit. Ich erklärte meine Zustimmung, da Mittnacht

[1]) Kohl erwähnt in seinen Bismarck-Regesten dieses Eintreffen, nennt aber den württembergischen Minister Suckrow statt Suckow.

[2]) In Kohls Bismarck-Regesten gleichfalls nicht erwähnt.

der anderen Minister sicher ist und ein Widerspruch von mir hinsichtlich der Reservatrechte nach Art und Umfang nur die Sache hemmen und schließlich dem Konflikt darüber die in mir vertretene Militärkonvention zum Opfer fallen konnte. Meine Aufgabe muß sein, sie unter Dach zu bringen, dann ist für uns das nationale Band fest geknüpft und die Weiterentwicklung gesichert.

Am Abend des 8. November kamen endlich die von Roon am 25. Oktober mir zugesagten Nachweise, verzögert durch die Kapitulation von Metz und Kranksein Roons, und ich stellte darauf in der Nacht meinen Entwurf der Militärkonvention vollends fertig auf. Er hatte davon auszugehen, daß ich als bevollmächtigter Minister des Königs von Württemberg demselben als Bundesgenossen des Königs von Preußen in dem nationalen Krieg gegen Frankreich nicht „schlechtere Bedingungen" für seinen Eintritt in den neuen Deutschen Bund auferlegen kann, als dem König von Sachsen nach Königgrätz gewährt worden sind. Sonst ist es mit unserer Militärkonvention aus und wir fallen den Bayern in die Hände, wenn die Leute in Stuttgart dem König leichten Spiels sagen können, er sei von seinem Kriegsminister schlechter behandelt worden als der König von Sachsen von Bismarck.

Hiernach bestimmt mein Konventionsentwurf, daß die Königlich württembergischen Truppen als Teil des deutschen Bundesheeres ein Armeecorps nach preußischen Normen mit eigenen Fahnen und Feldzeichen in selbständiger Verwaltung unter dem Oberbefehl Sr. Majestät des Königs von Preußen als Bundesfeldherrn bilden, welchem sie den Gehorsam im Fahneneid schwören. Die Ernennung, Beförderung, Versetzung u. s. w. der Offiziere und Beamten des Königlich württembergischen Armeecorps geschieht durch Se. Majestät den König von Württemberg, diejenige des kommandierenden Generals nach vorgängiger Zustimmung Sr. Majestät des Königs von Preußen als Bundesfeldherrn. Se. Majestät der König von Württemberg genießt als Chef seiner Truppen die ihm Allerhöchst zustehenden Rechte und Ehren und übt die entsprechenden gerichtsherrlichen Befugnisse aus.

Diesen Konventionsentwurf sandte ich am 9. November je an Bismarck und an Roon vertraulich zur Einsicht und Aeußerung. Am andern Morgen kam Delbrück, um mir die Zustimmung beider zu dem Entwurf auszusprechen, und daß sie im Fall weitergehender Forderungen der Militärpartei zu mir stehen werden. Darauf teilte ich den Entwurf Mittnacht mit.

So war jetzt alles fertig zum Abschluß der Verträge, und die Schlußkonferenz zur Unterzeichnung wurde auf den 11. November mittags 1 Uhr anberaumt. Mittnacht verlangte Aufschub bis zum 12., damit er die Militärkonvention noch in Erwägung ziehen könne. Es geschah. Da kam nachmittags das Telegramm aus Stuttgart, welches ungefähr besagte: Se. Majestät befehlen, daß, ehe ohne die Bayern abgeschlossen wird, Bericht erstattet und ausdrückliche Erlaubnis eingeholt werden muß, keinesfalls darf anders verfahren werden. Ich sagte

Mittnacht, daß wir sofort nach Hause reisen müssen, um die Sache persönlich zum Austrag zu bringen, Stirn an Stirne, und daß wir damit nur die Schlußkonferenz von morgen abwarten wollen, um mit den fertigen Verträgen vor den König zu treten, entweder — oder. Mittnacht war einverstanden.

Wie bestimmt, fand die Schlußbesprechung am 12. November mittags 1 Uhr bei Bismarck in der Rue de Provence statt.[1]) Hierbei eröffneten wir Bismarck, daß und warum wir nicht unterzeichnen dürfen, sondern nach Hause reisen müssen. Der Kanzler war einen Augenblick betroffen und sagte dann ruhig: „Der Weg für Sie ist, etwas Bestimmtes zu wollen." Ich sagte ihm, daß ich mit der Unterschrift zurückkomme oder nicht mehr. Tags darauf reisten wir nach Stuttgart mit Eintreffen am 15. November.

Nach mehrfachen Ministerbesprechungen erstatteten Mittnacht und ich dem König am 19. November gemeinschaftlichen persönlichen Vortrag namens des Gesamtministeriums auf Annahme der Bundesverträge samt der Militärkonvention nach den Versailler Vereinbarungen. Der König genehmigte den Vertrag schweigend mit seiner Unterschrift. Nachmittags kam das Telegramm von Bismarck an den preußischen Gesandten Herrn v. Rosenberg in Stuttgart:[2]) „Wir haben die Berufung des Reichstags nicht länger verschieben können und deshalb heute mit Baden und Hessen in der vereinbarten Weise abgeschlossen. Bundesrat tritt Montag, Reichstag Donnerstag zusammen. Wenn die beiden Minister unmittelbar nach Berlin gehen, kann der Abschluß dort mit Delbrück erfolgen."

Darauf reisten Mittnacht und ich in der Nacht zum 21. November nach Berlin und hatten die beiden nächsten Tage Verhandlungen mit Delbrück.

Die Nachricht, daß die Bayern abgeschlossen haben, telegraphirten wir am 24. vormittags nach Hause, und daß uns nur das Unterzeichnen bleibe ohne Zögern. Abends erhielten wir das Telegramm, zu unterzeichnen, was tags darauf, am 25. abends 8 Uhr, geschah, als die letzten von allen.

Am 30. November sagte mir Mittnacht, ich müsse sogleich nach Stuttgart, als notwendig dort bei dem König gegen die Maulwurfsarbeit gewisser Reichsfeinde, und ich reiste darauf am Abend ab.

Am 23. Dezember wurden unsere Versailler Verträge samt dem Deutschen Kaiser von der schwäbischen Abgeordnetenkammer mit überwiegender Majorität angenommen, und die Standesherren folgten am 27. nach. Damit ist das Land Württemberg in alle Zeit dem deutschen Nationalbund eingefügt.

*

Am 17. Mai 1871 sagte Mittnacht zu mir, ich müsse sogleich nach Berlin in den Bundesrat wegen unseres Anteils an der französischen Kriegskontribution; ich reiste am 18. Mai und kehrte am 24. Juni zurück. Am 3. Juni saß ich im Reichstag am Tisch des Bundesrats, wo mich Bismarck herzlich als Kollege

---

[1]) In Kohls Bismarck-Regesten ist diese Zusammenkunft nicht erwähnt.

[2]) In Kohls Bismarck-Regesten unerwähnt.

begrüßte; ich sagte ihm: „Wir Süddeutsche sind jetzt im Himmel, Preußen hat das Opfer gebracht;“ er sagte: „Ja, aber ein notwendiges.“

*

Im Herbst 1876 nahm der Kaiser die Inspizierung des württembergischen Armeecorps zum erstenmal persönlich vor, und es wurden ihm dabei von der Bevölkerung begeisterte Huldigungen dargebracht. Von dort nach Baden-Baden gekommen, ging er in einer Abendgesellschaft bei der Kaiserin an allen anderen vorüber auf Suckow zu und sagte zu demselben, indem er ihm herzlich die Hand gab: „Was Sie gesät haben, das habe ich jetzt geerntet, ich danke Ihnen.“

*

Von Bismarck erhielt Suckow auf die Mitteilung, daß er den Abschied genommen, folgendes Schreiben:[1])

Varzin, den 21. September 1874.

Ew. Excellenz Schreiben vom 15. dieses Monats habe ich die Ehre gehabt, mit verbindlichem Dank zu erhalten. Von dem Inhalt desselben habe ich nicht Kenntnis nehmen können, ohne das Gefühl des Bedauerns über die Beendigung unseres gemeinsamen Wirkens, aus welchem Sie die Erinnerung mitnehmen werden, persönlich einen hervorragenden Anteil an der Herstellung des Reichs genommen zu haben. Zu dauerndem Dank fühle ich mich Ew. Excellenz besonders für die Unterstützung verpflichtet, welche Sie mir in der entscheidenden Zeit der Versailler Verhandlungen gewährten; und die Dienste, welche Ew. Excellenz damals der deutschen Sache geleistet haben, werden in der Geschichte unvergessen sein.

v. Bismarck.

Geheimer Legationsrat Graf Uxkull[2])

(geboren 3. Dezember 1828)

war im Jahre 1873 nur vom Mai bis Juni stellvertretender Bevollmächtigter zum Bundesrat. Seine kurze und aushülfsweise Wirksamkeit daselbst erfolgte aus Anlaß des Erlasses des Reichs-Eisenbahngesetzes, und sie blieb auf diesen Gegenstand beschränkt.

Graf Uxkull kam in Beziehungen zu dem Fürsten Bismarck durch seine

---

[1]) Bisher unveröffentlicht.

[2]) August Graf Uxkull-Gyllenband, Königlich württembergischer Kammerherr, Geheimer Rat a. D., Rittergutsbesitzer, wohnhaft in Stuttgart, geboren zu Neuenstadt am Kocher, lutherisch, besuchte das Gymnasium zu Stuttgart, studirte Rechtswissenschaft auf den Universitäten Tübingen und Heidelberg, nach Bestehung der Staatsprüfungen im Justizdienst, dann Legationssekretär bei der württembergischen Gesandtschaft in Berlin, 1866 Legationsrat, 1870 Geheimer Legationsrat, 1874 Staatsrat und Ministerialdirektor im Ministerium der auswärtigen Angelegenheiten, 1879 zugleich Direktor des Geheimen Haus- und Staatsarchivs, 1889 Geheimer Rat, 1892 in den Ruhestand getreten, 1870—1876 ritterschaftlicher Abgeordneter in der zweiten Kammer des württembergischen Landtags, 1871 März bis Mai württembergischer Bevollmächtigter bei den Friedensverhandlungen mit Frankreich in Brüssel, unterzeichnete in Berlin den Beitritt Württembergs zum deutsch-französischen Friedensvertrage, 1871 Juni bis Dezember Kaiserlicher Bevollmächtigter für die in Frankfurt geführten, am 11. Dezember abgeschlossenen Verhandlungen über die Zusatzkonvention zum Friedensvertrage mit Frankreich.

Teilnahme an den Friedensverhandlungen mit Frankreich. Zu den Friedensverhandlungen in Brüssel (März bis Mai 1871) waren neben den zwei Kaiserlichen Bevollmächtigten auch Bevollmächtigte von den süddeutschen Staaten und Graf Uxkull für Württemberg entsandt worden. Im Laufe der resultatlos gebliebenen Verhandlungen hatte derselbe Gelegenheit, einige der streitigen Punkte mit dem französischen Bevollmächtigten Dr. Clercq, dem eigentlichen Geschäftsmann der andern Seite, eingehend zu erörtern. Die Aufzeichnung darüber wurde dem Auswärtigen Amte vorgelegt und mehrfach benutzt.

Als im Mai 1871 die süddeutschen Bevollmächtigten von Brüssel nach Berlin kamen, um namens ihrer Regierungen dem inzwischen in Frankfurt a. M. abgeschlossenen Friedensvertrage beizutreten, war Graf Uxkull am 16. Mai 1871 [1]) zu einem Familienabend des Kanzlers und am folgenden Tage [2]) mit den süddeutschen Kollegen zum Diner bei Bismarck eingeladen, dem ein Spaziergang im Garten des Kanzlerpalais folgte.

Anfangs Juni 1871 erhielt Graf Uxkull dann von Bismarck die Aufforderung, mit dem Grafen Harry Arnim als Kaiserliche Bevollmächtigte die bereits im Friedensvertrage vorgesehenen Verhandlungen über eine Zusatzkonvention in Frankfurt a. M. zu führen. Als dritter Bevollmächtigter wurde nach einiger Zeit auf Wunsch der bayerischen Regierung der Staatsrat Weber zugezogen, mit dem Uxkull, nachdem Graf Arnim infolge seiner Ernennung zum Botschafter in Paris ausgeschieden war, allein blieb. Die Geschäftsleitung war dem Grafen Uxkull übertragen. Nach Abschluß der Konvention vom 11. Dezember 1871 (Reichs-Gesetzbl. 1872 S. 7) wurde Graf Uxkull Anfangs Januar 1872 nach Berlin berufen, um dieselbe im Ausschuß des Bundesrats zu vertreten. Am Abend des 8. Januar 1872 [3]) wurde derselbe in das Arbeitskabinet Bismarcks berufen, zu einer geschäftlichen Konferenz mit ihm allein. Der Eintritt in den diplomatischen Dienst des Reichs hätte ihm damals offen gestanden; persönliche Gründe hielten jedoch den Grafen ab, den Landesdienst mit dem Reichsdienst zu vertauschen. Später begegnete Graf Uxkull dem Kanzler nur mehr im Bundesrat und auf parlamentarischen Soiréen.

4. Sachsen-Meiningen.

Staatsminister Giseke. [4])

(geboren 17. März 1822, gestorben 28. August 1890).

Die Wirksamkeit Gisekes im Bundesrat — dem er von der Ernennung zum Staatsminister an bis zu seiner Versetzung in den Ruhestand angehörte

[1]) In Kohls Bismarck Regesten nicht erwähnt.

[2]) Vgl. mein Werk: „Fürst Bismarck, Neue Tischgespräche und Interviews" S. 72.

[3]) In Kohls Bismarck-Regesten nicht erwähnt.

[4]) Albrecht Otto Frhr. v. Giseke besuchte die Klosterschule zu Roßleben und bezog nach Ablegung der Abiturientenprüfung die Universitäten Jena und Leipzig, um die Rechte zu

und sein Verhältnis zum Fürsten Bismarck entsprach durchaus der bundestreuen und bundesfreundlichen Gesinnung seines Souveräns; an der Heidelberger Konferenz zur Vorbereitung der Zoll- und Finanzreform hat er teilgenommen.

5. Sachsen-Coburg und Gotha.

Staatsminister Freiherr v. Seebach.[1])

Aus dem Briefwechsel desselben mit seiner Tochter Wanda v. Roethe:

Gotha, den 22. März 1873.

An Frau Wanda v. Roethe.

„Mit meinem Landtag, das heißt mit seiner Finanzkommission, habe ich vorgestern lange zu verhandeln gehabt, bin aber jetzt noch ebenso wenig als vorher darüber im klaren, ob sich die Majorität in den wichtigeren Fragen auf die Seite der Regierung stellen wird. Ohne Kampf und ohne Aerger wird es sicher nicht abgehen. In einigen Punkten scheint mir sogar Herr Berlet entschiedene Opposition machen zu wollen. Eine angenehme Ueberraschung habe ich aber darin gehabt, daß ich jetzt, nachdem die Vorarbeiten für die Etatsaufstellung beendigt sind, sehe, daß wir mit unseren Finanzen doch nicht so schlecht stehen, als ich fürchtete. Ein Defizit springt freilich immer noch heraus, es hält sich aber doch in ziemlich mäßigen Grenzen."

*

Gotha, den 15. April 1873.

An Frau Wanda v. Roethe.

„Das prächtige Osterwetter hätte mich wohl etwas nach auswärts verlocken können; ich habe aber vorgezogen, mir ein ganz absonderliches Vergnügen zu machen, und vier Tage hart und fest gesessen, um zu versuchen, ob es möglich sein werde, auf der Basis des Morchutschen Antrags, durch dessen Annahme

studiren. Im Oktober 1844 bestand er die erste, im Oktober 1847 die zweite und im November 1850 die dritte juristische Prüfung; vom 1. Dezember 1850 an war er interimistischer Staatsanwalt am Kreisgericht Sonneberg, von wo aus er im Dezember 1851 als Hülfsarbeiter in das Staatsministerium berufen wurde. Am 10. Mai 1852 wurde Gisele Regierungsassessor, am 17. Dezember 1856 Regierungsrat und am 15. August 1857 — zunächst provisorisch — Vorstand der Abteilung des Innern im Herzoglichen Staatsministerium. Im Februar 1858 wurde ihm diese Stelle definitiv unter Ernennung zum Staatsrat übertragen. Am 21. Februar 1870 wurde ihm weiter die Abteilung der Finanzen übertragen und am 2. April 1870 wurde er Geheimer Staatsrat. Am 8. Oktober 1873 erfolgte seine Ernennung zum Staatsminister und Wirklichen Geheimen Rat mit dem Prädikat Excellenz unter Belassung der Stelle des Vorstands der Abteilung der Finanzen und unter Uebertragung der Geschäfte für die Angelegenheiten des Herzoglichen Hauses und der auswärtigen Angelegenheiten. Aus Anlaß des fünfundzwanzigjährigen Dienstjubiläums als verantwortliches Mitglied des Staatsministeriums — 15. August 1882 — erfolgte die Erhebung Giseles in den Freiherrnstand. 21. Februar 1890 Eintritt in den Ruhestand.

[1]) Vgl. oben S. 282.

die schwebende Krisis beseitigt würde, unsere verzwickten Verfassungszustände zu verbessern. In den nächsten Monaten denke ich zwar nicht daran, die Sache wieder an den Landtag zu bringen, geht mir aber einmal eine wichtigere Angelegenheit in dem Kopfe herum, so habe ich leider die schlechte Gewohnheit, daß es mir keine Ruhe läßt, bis ich das Ding schwarz auf weiß vor mir sehe. Jetzt liegt es denn auch in dem Entwurf eines neuen Staatsgrundgesetzes vor mir; so sehr ich mich aber auch bemüht habe, die gefährlichsten Klippen zu umschiffen, so hat doch diese neue Arbeit nur dazu beigetragen, mich in der Ueberzeugung zu bestärken, daß das einzige wirkliche Heilmittel in der vollständigen Vereinigung der beiden kleinen Herzogtümer liegt, alles andere aber trauriges Flickwerk bleibt. Bei der unverständigen und doch so entschiedenen Abneigung beider Teile gegen die Radikalkur sehe ich daher auch mit ziemlicher Sicherheit voraus, daß der abermalige Besserungsversuch scheitern wird und ich im Herbst — denn länger werde ich die diesfallsige Verhandlung doch nicht hinausschieben können — von neuem in das jetzt vorläufig beseitigte kritische Stadium eintreten werde. Führt es zum Ende, so darfst Du wenigstens überzeugt sein, daß ich darüber nicht jammern werde.

„Den Aufsatz in der ‚Augsburger Allgemeinen Zeitung' habe ich gelesen. Von wem er herrühren möge, darüber habe ich keine Vermutung; aus einer sachverständigen Feder ist er jedenfalls nicht geflossen, das beweist die zweifellos falsche Behauptung, daß die kleinen Staaten bei Einführung einer direkten Reichssteuer nicht besser daran sein würden als jetzt. Nach dem Schlusse, der die Verschmelzung der sämtlichen thüringischen Kleinstaaten zu einem Ganzen empfiehlt, möchte man fast auf einen ‚Weimaraner' raten, wenn der Verfasser seinen Vorschlag nicht selbst wieder als einen unausführbaren bezeichnete."

III. Abschnitt.

Aus der Werkstatt des Bundesrats.

In seinen beiden ersten Sessionen hatte der Bundesrat in Gemeinschaft mit dem Reichstag eine doppelte Aufgabe zu erfüllen gehabt, die Befestigung und Ausbildung der durch die Reichsverfassung geschaffenen Institutionen und die Ordnung und Regelung der durch einen großen Krieg herbeigeführten außerordentlichen Verhältnisse. In beiden Verhältnissen wurde demnächst die Thätigkeit der Legislative wiederum in Anspruch genommen, teils für den Abschluß der in ihren Grundlagen bereits festgestellten, teils für die Schöpfung neuer Einrichtungen.

Im einzelnen ist folgendes hervorzuheben:

1. **Reichsgesetzgebung** (Art. 4—5 der Verfassung).

Zivilstands-Register. Auf den Bericht des Ausschusses für Handel und Verkehr beschloß der Bundesrat über die Nachweisung der in den einzelnen Bundesstaaten über die Feststellung des Personenstandes geltenden Vorschriften, daß er sich nach genommener Kenntnis von der Vorlage zurzeit zu weiteren Schritten in der Angelegenheit nicht veranlaßt finde. Wie erinnerlich, war diese Zusammenstellung auf Grund eines Reichstagsbeschlusses als erster Schritt zu den Anträgen wegen eines Gesetzes über die obligatorische Zivilehe angefertigt worden.[1])

Novelle zur Gewerbeordnung. Bestrafung des Kontraktbruchs der land- und forstwirtschaftlichen Arbeiter. Die bedenkliche Entwicklung, welche das Verhältnis zwischen Arbeitgebern und Arbeit-

[1]) Schlichtung einer Meinungsverschiedenheit der Regierungen von Großherzogtum Sachsen und Sachsen-Coburg-Gotha über die Handhabung des Freizügigkeitsgesetzes, „National-Zeitung" Nr. 225 vom 16. Mai 1873. Ausschußbericht, betreffend die Gebühren für eine Reichsangehörigkeits-Bescheinigung, „Norddeutsche Allgemeine Zeitung" Nr. 50 vom 28. Februar 1873. Antrag des Reichskanzlers auf Anwendung der Eisenacher Uebereinkunft zwischen Elsaß und den übrigen deutschen Staaten, Nr. 257 vom 4. November 1873.

nehmern genommen, hatte zu der Ueberzeugung geführt, daß den hervorgetretenen Uebelständen zum Teil auch durch Aenderung der geltenden Gesetzgebung begegnet werden könne. Der Reichskanzler legte infolge dessen dem Bundesrat den Entwurf eines Gesetzes, betreffend die Abänderung einiger Bestimmungen der Gewerbeordnung nebst Motiven zur Beschlußfassung vor. Der Gesetzentwurf sollte den hervorgetretenen Bedürfnissen abhelfen, indem er im ersten Artikel die Behörden und das Verfahren in gewerblichen Streitigkeiten regelte und im zweiten Artikel die Strafbestimmungen der Gewerbeordnung in der angedeuteten Richtung vervollständigte, sowie gleichzeitig die Bestimmungen über die Anwendbarkeit der Vorschriften der Gewerbeordnung auf das Bergwesen den hervorgetretenen Bedürfnissen entsprechend modifizirte.[1]) Im Anschlusse hieran legte Fürst Bismarck als Minister des Auswärtigen im Auftrage der preußischen Regierung dem Bundesrat den Entwurf eines Gesetzes, betreffend die Bestrafung der Kontraktbrüchigkeit der land- und forstwirtschaftlichen Arbeitgeber und Arbeitnehmer zur verfassungsmäßigen Zustimmung vor. Der Entwurf lautete in seinem einzigen Paragraphen: „Die im zweiten Artikel des Gesetzes, betreffend die Abänderung einiger Bestimmungen der Gewerbeordnung vorgesehenen Strafen finden auch da Anwendung, wo die mit Strafen bedrohten Handlungen gegen land- und forstwirtschaftliche Arbeitgeber oder Arbeitnehmer (§ 153 daselbst) bezüglich von denselben (§ 153a) begangen werden. Auf das ländliche Gesinde und die Hausoffizianten findet dieses Gesetz keine Anwendung."

In der vereinigten Sitzung des Handels- und des Justizausschusses des Bundesrats wurde der Gesetzentwurf, betreffend die Abänderung einiger Bestimmungen der Gewerbeordnung, mit nur wenigen Modifikationen[2]) genehmigt.

Nur dieser (nicht auch der vorgenannte) Entwurf gelangte an den Reichstag (18. Juni 1873, Reichstagsdrucksache Nr. 198, I. Legislaturperiode, IV. Session) ohne aber daselbst durchberaten zu werden. Die Vorlage wird uns in der nächsten Session des Bundesrats aufs neue beschäftigen.[3])

[1]) Die Motive zu dieser Bundesrats-Vorlage findet man in der „Norddeutschen Allgemeinen Zeitung" Nr. 134 vom 12. Juni 1873.

[2]) Aufgezählt in der „National-Zeitung" Nr. 278 vom 18. Juni 1873. Bei dem Bundesrat eingereichter Protest gegen die Gewerbeordnungs-Novelle, Nr. 292 vom 26. Juni 1873.

[3]) Anträge des Reichskanzlers, betreffend die Abänderung der Prüfungsvorschriften für Apotheker, „Norddeutsche Allgemeine Zeitung" Nr. 141 vom 20. Juni 1873; betreffend die Freizügigkeit derselben, Nr. 269 vom 18. November 1873; betreffend die gegenseitige Beistandleistung der Gemeinden zum Zwecke der vorläufigen Vollstreckung ihrer auf Grund des § 10 der Gewerbeordnung ergehenden Entscheidungen, „National-Zeitung" Nr. 459 vom 2. Oktober 1873; betreffend den Abschluß einer Uebereinkunft zwischen dem Deutschen

Münzgesetz und Papiergeld. Der Entwurf des Münzgesetzes wurde im Februar 1873 dem Bundesrat vorgelegt.[1]) In den Ausschüssen — mit dem Referat wurde der Präsident der badischen Finanzverwaltung Ellstätter betraut — richtete sich das Hauptbedenken gegen diejenigen Bestimmungen, welche den Feingehalt des Silbers betrafen. Es sollten zu diesem Zwecke noch technische Gutachten von Sachverständigen eingeholt werden. Im weiteren war man auch darüber verschiedener Meinung, ob nicht in der Stückelung der Münzen insofern eine Aenderung anzubahnen, daß der Abstand zwischen der untersten und nächstfolgenden Stufe nicht zu groß sei, so daß der Gefahr einer Verteuerung vorgebeugt werden könnte. Hier und da wünschte man eine Zwischenstufe zwischen einer halben Mark und der höchsten Nickelmünze; es war die Rede von der Ausprägung von Zwanzigpfennigstücken. Die Ausprägung von Nickelmünzen im allgemeinen fand Beanstandung und sollte gleichfalls noch durch technische Begutachtung entschieden werden. Endlich kam es in Frage, ob man nicht zwischen Ein- und Fünfmarkstücken eine Zwischenstufe einfügen sollte; doch war man einig, daß hierbei das Dezimalsystem entscheidend sein müsse. Für die Prägung von Dreimarkstücken (also Beibehaltung des Thalers) erhob sich auch nicht eine Stimme. Endlich unterlagen die Bestimmungen über die Ausprägung seitens Privater noch weiteren Erwägungen.

Schließlich änderten die Bundesrats-Ausschüsse für Handel und Verkehr und für Rechnungswesen den Entwurf, betreffend die Münzverfassung, in mehreren Artikeln ab. Sie schlugen vor, das Gesetz einfach Münzgesetz zu nennen, und Einfünftelmarkstücke als Silbermünzen, von denen 500 auf ein Pfund feinen Silbers ausgebracht würden, zu prägen. Ferner sollten die Nickel- und Kupfermünzen auf der einen Seite den Reichsadler tragen, während im Entwurf Reichswappen stand. Von den bis zum Zeitpunkte des Eintritts der Reichs-Goldwährung einzuziehenden Landes-Scheidemünzen blieben ausgeschlossen die bayerischen Heller und die mecklenburgischen, nach dem Marksystem ausgeprägten Fünf- und Zweipfennigstücke. Niemand sollte verpflichtet sein, Reichssilbermünzen im Betrage von mehr als 20 Mark (der Entwurf sagte 50 Mark) in Zahlung zu nehmen. Ein weiterer Antrag der Ausschüsse bezog sich auf Art. 12 des Entwurfs, in welchem die Befugnis des Bundesrats festgestellt wurde, den Kurs

Reiche und den Niederlanden wegen gegenseitiger Zulassung der in den Grenzgemeinden wohnhaften Aerzte, Wundärzte und Hebammen zur Ausübung der Praxis, „Norddeutsche Allgemeine Zeitung“ Nr. 267 vom 15. November 1873; Ablehnung einer Petition, betreffend die Zulassung von Frauen zum Betriebe des Apothekergewerbes, „National-Zeitung“ Nr. 174 vom 15. April 1873; Beschluß, betreffend die Erweiterung des Verzeichnisses der gewerblichen Anlagen, welche nach § 16 der Gewerbeordnung einer besonderen Genehmigung bedürfen, „Norddeutsche Allgemeine Zeitung“ Nr. 158 vom 10. Juli 1873.

[1]) Inhalt der Bundesrats-Vorlage, „National-Zeitung“ Nr. 91 vom 23. Februar 1873; Motive des Gesetzentwurfs, Nr. 93 vom 25. Februar 1873; Wortlaut des Entwurfs, „Norddeutsche Allgemeine Zeitung“ Nr. 47 vom 25. Februar 1873.

der fremden Gold- und Silbermünzen zu bestimmen, ausländische Münzsorten gänzlich zu untersagen und über die Annahme ausländischer Münzen seitens der Reichs- oder Landeskassen zu bestimmen. Die Ausschüsse hielten es ferner für unerläßlich, Uebertretungen der vom Bundesrat erlassenen Bestimmungen mit Strafe zu bedrohen. Die Sachverständigen, in erster Linie die Münzmeister, hatten die Bedenken gegen den Feingehalt der Silbermünzen als haltlos bezeichnet und sich schließlich auch für die Zweckmäßigkeit der Nickelmünzen ausgesprochen.

Im Mai 1873 kamen die Verhandlungen über das Münzgesetz plötzlich ins Stocken, weil der Reichstag im Begriff stand, Beschlüsse über die Beseitigung des kleinen Staatspapiergeldes zu fassen, an welchen das Zustandekommen des ganzen Gesetzes hätte scheitern können, und welche man deshalb einstweilen aussetzte, um den Regierungen Zeit zu lassen, ihrerseits den Boden für eine Verständigung zu bereiten.

Es war nämlich bei der zweiten Lesung des Gesetzes eine Bestimmung aufgenommen worden, daß ebenso wie die Banknoten auch das Staatspapiergeld künftig nur in Stücken von mindestens 100 Mark (33 1/3 Thaler) gestattet sein solle.

Der Art. 18 des Münzgesetzes lautete nämlich nach dem betreffenden Beschlusse des Reichstags wie folgt: „Bis zu einem vom Reichskanzler mit Zustimmung des Bundesrats und zwar spätestens auf den 1. Januar 1875 festzustellenden Termin sind sämtliche nicht auf Reichswährung lautende Noten der Banken einzuziehen. Von diesem Termin an dürfen nur solche Banknoten, welche auf Reichswährung in Beträgen von nicht weniger als 100 Mark lauten, in Umlauf bleiben oder ausgegeben werden. Dieselben Bestimmungen gelten für das Staatspapiergeld und für die bis jetzt von Korporationen ausgegebenen Scheine."

Dem Protokoll über die Besprechung des Bundesrats in der Sitzung vom 4. Mai 1873 über die Beschlüsse des Reichstags ist folgendes zu entnehmen:

Zu Artikel 18 bestand Einverständnis darüber, daß im ersten Absatze der Termin mindestens auf den 1. Januar 1876 hinauszuschieben sei. Im übrigen erachtete die Mehrheit diesen Absatz für annehmbar. Es war ferner Einverständnis darüber vorhanden, daß der zweite Absatz dieses Artikels in der vorliegenden Fassung nicht annehmbar sei; es gingen indessen die Ansichten darüber aus einander, ob eine gesetzliche Regelung des Umlaufs von Staatspapiergeld überhaupt oder nur in der vom Reichstag beschlossenen Art abzulehnen sei. Die Mehrheit hielt eine solche Regelung in Verbindung mit dem Münzgesetz für notwendig oder doch für zulässig, war aber darüber nicht einig, ob diese Regelung lediglich auf Bestimmungen über die Höhe der Appoints zu beschränken sei, oder außerdem eine Verminderung des derzeitigen Papiergeldumlaufs herbeizuführen und zugleich die Einziehung alles Staatspapiergeldes und die Ausgabe eines sämtlichen Bundesstaaten nach dem Verhältnis der Bevölkerung gleichmäßig zu gute kommenden Reichspapiergeldes ins Auge zu fassen habe. Nach längerer Besprechung des Gegenstandes sprach Freiherr v. Friesen den Wunsch aus, daß von Preußen formulirte Vorschläge in der Sache gemacht werden möchten. Dem Reichstag sollte bei Ablehnung der von ihm beschlossenen Bestimmung mitgeteilt werden, daß der Bundesrat sich mit der Beratung der Frage beschäftige.[1])

Bald darauf wurde seitens der preußischen Regierung dem Bundesrat ein Gesetzentwurf wegen Einziehung des Staatspapiergeldes und Ausgabe von Reichspapiergeld vorgelegt; derselbe beantragte Ausgabe von Reichspapiergeld in Höhe von ein Thaler pro Kopf und gleichzeitige Einziehung des sämtlichen Staatspapiergeldes. Seitens Sachsens, Bayerns u. s. w. wurde beantragt, den Termin für Einziehung des Staatspapiergeldes bis zum 1. Januar 1875 auszudehnen und den Staaten einen höheren Betrag an Reichspapiergeld zur Verfügung zu stellen, um ihnen die Deckung des Ausfalles zu erleichtern. Dieser Betrag sollte indessen die Hälfte des Restes des Staatspapiergeldes, nach Abzug der entsprechenden Quote an Reichspapiergeld, nicht übersteigen.

Ueber den vorstehenden preußischen Entwurf fanden im Bundesrat eingehende Beratungen statt, welche aber zu keiner Einigung führen wollten.[2]) Bismarck hätte nun zwar durch Abstimmung dem preußischen Entwurfe leicht zur Annahme verhelfen können; da die Frage aber die Finanzen der einzelnen Staaten stark berührte, so wollte er dieses Verfahren nicht einschlagen.

In der Sitzung des Bundesrats vom 21. Juni 1873, der anfänglich Minister Delbrück und später Fürst Bismarck präsidirte, wurde endlich entschieden, daß eine Ausgleichung der Gegensätze in der Papiergeldfrage auf Basis des preußischen Antrags nicht zu erzielen ist. Die bayerischen Kommissare beharrten darauf, daß die Regelung des Staatspapiergeldes gleichzeitig mit der der Bankfrage geschehen müsse. Man kam daher überein, dem Reichstag im nächsten Jahr ein Gesetz über Staatspapiergeld und Banknoten vorzulegen und demselben anheimzustellen, den § 18 des Münzgesetzes in modifizirter Gestalt und mit einem Zusatz anzunehmen, welcher die Einziehung des jetzigen Staatspapiergeldes bis zum 1. Januar 1876 sicherte.[3])

---

[1]) Geschah durch die Staatsminister Delbrück und Camphausen. Vergleiche die „Provinzial-Korrespondenz“ Nr. 20 vom 14. Mai 1873.

[2]) Vergleiche Schultheß' Geschichtskalender S. 148 und 153; „National-Zeitung“ Nr. 274 vom 16. Juni 1873, „Norddeutsche Allgemeine Zeitung“ Nr. 141 und 143 vom 20. Juni und 22. Juni 1873; Nachricht von einem mutmaßlichen Kompromiß im Schoße des Bundesrats, „National-Zeitung“ Nr. 282 vom 20. Juni 1873 und „Norddeutsche Allgemeine Zeitung“ Nr. 140 vom 19. Juni 1873.

[3]) In Bezug auf die Bundesratssitzung, in welcher die Papiergeldfrage zwischen den Regierungen ausgeglichen wurde, hatte die „National-Zeitung“ bemerkt, daß auch die sächsische Regierung gegen den preußischen Vorschlag opponirt habe. Demgegenüber wandte sich

Durch die teilweise Vertagung der Papiergeldfrage wurde auch das Münzgesetz in Sicherheit gebracht, indem am 30. Juni der Bundesrat demselben, wie es vom Reichstag beschlossen wurde, mit samt dem § 18, betreffend Banknoten und Papiergeld, seine Zustimmung erteilte. Dabei fügte sich der Bundesrat — trotz lebhafter Bedenken — dem Beschlusse des Reichstags über die Zulassung des Zweimarkstücks (Gulden) unter die neuen Reichsmünzen.[1]) Münzgesetz vom 9. Juli 1873 (Reichs-Gesetzbl. S. 233). Wie der „Magdeburger Zeitung" gemeldet wurde, stimmte der sächsische Bevollmächtigte gegen das Gesetz, weil dasselbe keine genügende Garantie für die durch Einziehung des Staatspapiergeldes berührten finanziellen Interessen Sachsens biete.[2])

Urheberrecht an Werken der bildenden Künste. Der Reichstag hatte in seinen Sitzungen vom 14. und 20. Mai 1870 beschlossen, die verbündeten Regierungen um Vorlage eines Gesetzes zu ersuchen, welches 1. das Urheberrecht an Werken der bildenden Künste und 2. den Schutz der Photographien gegen unbefugte Nachbildung regelt. Nachdem der Bundesrat diese Resolutionen dem Bundeskanzler-Amt überwiesen, hatten auf Anregung desselben die preußische, bayerische und württembergische Regierung übereinstimmend empfohlen, mit einer gesetzlichen Regelung des erwähnten Gegenstandes nicht

der Königlich sächsische Gesandte und Bundesbevollmächtigte v. Nostitz Wallwitz an die „National-Zeitung" mit einer Zuschrift, in welcher er mitteilte, „daß die fragliche Vorlage die Zustimmung sämtlicher Regierungen mit Ausnahme der bayerischen gefunden hatte und daß in der Sitzung vom 21. Juni 1873 der Bevollmächtigte der sächsischen Regierung nur gegen die Vertagung der definitiven Ordnung des Papiergeldwesens, nicht aber gegen den erwähnten Gesetzentwurf opponirt habe." Herr v. Nostitz knüpfte hieran die dankenswerte Mitteilung, daß es „wesentlich der Vermittlung der sächsischen Regierung zuzuschreiben sei, daß eine Einigung der weitüberwiegenden Mehrheit der verbündeten Regierungen in dieser Angelegenheit herbeigeführt worden." — Beschluß des Bundesrats, wonach die braunschweigischen Leibhauskassenscheine als Staatspapiergeld zu erachten seien, siehe die „Norddeutsche Allgemeine Zeitung" Nr. 292 vom 14. Dezember 1873.

[1]) Ueber die Stellungnahme zu dem Reichstagsbeschluß über das Zweimarkstück vergleiche die „National-Zeitung" Nr. 220 vom 13. Mai 1873.

[2]) Beschluß des Bundesrats über die Ausprägung von Goldmünzen, „National-Zeitung" Nr. 246 vom 29. Mai 1873; desgleichen betreffend das Verbot der Annahme der österreichischen Ein- und Zweiguldenstücke und der niederländischen Ein- und Zweieinhalbguldenstücke, Nr. 312 vom 8. Juli 1873; Vollzugsbestimmungen des Bundesrats zu dem Münzgesetz, Nr. 314 und 315 vom 9. und 10. Juli 1873, Nr. 608 vom 31. Dezember 1873; Vorlage des Kanzlers an den Bundesrat, betreffend die Außerkurssetzung der Landesgoldmünzen, Nr. 515 vom 5. November 1873, Nr. 569 vom 6. Dezember 1873; Beschluß betreffend die Einziehung der Kronenthaler österreichischen und Brabanter Gepräges, „Norddeutsche Allgemeine Zeitung" Nr. 195 vom 12. August 1873; Vorlage des Kanzlers, betreffend eine Uebersicht der 1871 geprägten und eingezogenen Münzen, „Norddeutsche Allgemeine Zeitung" Nr. 49 vom 27. Februar 1873 und Nr. 50 vom 28. Februar 1873; Vorlage des Kanzlers, betreffend die Verlängerung der Wirksamkeit des Gesetzes über die Ausgabe von Banknoten, „Norddeutsche Allgemeine Zeitung" Nr. 122 vom 28. Mai 1873.

eher vorzugehen, als bis dieselbe durch eine Enquête genügend vorbereitet sein werde. Dementsprechend brachte der Reichskanzler beim Bundesrat den Antrag auf Anstellung einer Enquête ad hoc ein.

Der Ausschuß für Handel und Verkehr richtete darauf an den Bundesrat folgenden Antrag: Der Bundesrat wolle sich damit einverstanden erklären: 1. daß über die Fragen a) ob und inwieweit die Werke der bildenden Kunst gegen unbefugte Nachbildung in Erzeugnissen der Industrie, der Fabriken, Handwerke und Manufakturen zu schützen seien, b) ob den Erzeugnissen der Kunstindustrie ein Schutz gegen unbefugte Nachbildung gewährt werden solle, und c) ob sich die Einführung eines allgemeinen Musterschutzes empfehle, auf Kosten des Reichs eine Enquête stattfinde, und zwar in der Weise, daß einzelne zur Erörterung der betreffenden Verhältnisse besonders geeignete Persönlichkeiten aus dem Stande der Künstler und Industriellen nach vorgängiger schriftlicher Mitteilung der hauptsächlichsten Fragepunkte durch den Bundesratsausschuß für Handel und Verkehr unter Zuziehung von Kommissaren des Reichskanzler-Amts mündlich vernommen werden; 2. daß die Vorbereitungen dieser Enquête, insbesondere die Auswahl der Sachverständigen, letzteres jedoch nach Vernehmung der einzelnen Bundesregierungen, durch das Reichskanzler-Amt erfolgen.

Der Bundesrat beschloß in diesem Sinn. [1])

Erweiterung der Reichskompetenz bezüglich der Seeschiffahrtszeichen. Wie aus dem Berichte der vereinigten Ausschüsse des Bundesrats für das Seewesen und für Handel und Verkehr zu ersehen, hatten Preußen und Oldenburg dem vom Reichstag beschlossenen Zusatz zu Artikel 4 der Reichsverfassung Nr. 9, wonach auch die Seeschiffahrtszeichen und das Lotsenwesen der Beaufsichtigung und der Gesetzgebung des Reiches unterworfen sein sollen, unbedingt zugestimmt, während Mecklenburg der Ansicht war, daß das Lotsenwesen durch die Gewerbeordnung genügend geregelt sei. Bremen wollte außerdem die Schiffahrtszeichen, welche der Seeschiffahrt ihren Weg aus dem Meere zu den verschiedenen Häfen weisen, unter die Aufsicht des Bundes stellen, während Mecklenburg diese Zeichen der Verwaltung des Hafens anheimgeben wollte, da ihre Einrichtung lokaler Natur sei. Lübeck und Hamburg erklärten sich gegen den Gesetzentwurf, weil für denselben weder eine genügende Veranlassung noch ein Bedürfnis vorliege. Später änderten Oldenburg und Bremen ihre Stellung zur Sache, Oldenburg versagte seine Zustimmung. Im Ausschusse waren die Ansichten geteilt, fünf Stimmen für, fünf gegen die Annahme der Grumbrechtschen Gesetzentwürfe; die Ausschüsse stellten demnach dem Bundesrat die Entschließung anheim.

---

[1]) Vorlage des Reichskanzlers, betreffend den Entwurf einer Uebereinkunft mit Rußland über den gegenseitigen Schutz der Warenbezeichnungen, „Norddeutsche Allgemeine Zeitung" Nr. 145 vom 25. Juni 1873.

Nach dem Protokoll der Bundesratssitzung vom 28. Februar 1873 wurde die Ausdehnung der Reichskompetenz auf die Seeschiffahrtszeichen mit 45 gegen 9 Stimmen beschlossen. Mecklenburg behielt sich vor, auf den bereits im Ausschuß gemachten Vorschlag zurückzukommen, daß die Herstellung und Unterhaltung der am offenen Meere belegenen Schiffahrtszeichen sowie die Aufbringung der hierfür erforderlichen Kosten auf das Reich übergehen sollen. Die Ausdehnung der Reichskompetenz auf das Seelotsenwesen wurde abgelehnt; Württemberg hielt vorläufig an der Ansicht fest, daß die Bestimmungen der Gewerbeordnung die gewünschten Reformen ermöglichten. Gesetz, betreffend einen Zusatz zu dem Artikel 4 Nr. 9 der Reichsverfassung, vom 3. März 1873 (Reichs-Gesetzbl. S. 47).

Antrag Lasker auf Ausdehnung der Kompetenz des Reichs auf das gesamte bürgerliche Recht. In der Sitzung des Reichstags vom 2. April 1873 wurde der obenstehende Antrag [1]) in zweiter Beratung von einer überaus großen Mehrheit angenommen. Doch lag nicht in dieser Thatsache die Bedeutung der Reichstagssitzung, sondern vielmehr in der Erklärung, welche der Präsident des Reichskanzler-Amts, Staatsminister Delbrück namens des Bundesrats abgab.

Die Schwierigkeiten, welche sich dem Antrage im Bundesrat noch in der letzten Session desselben entgegengestellt hatten, sind — so erklärte der Staatsminister Delbrück — überwunden: die Annahme des Antrags ist in Aussicht gestellt, Stimmeneinheit oder doch die für Verfassungsänderungen erforderliche Stimmenmehrheit dürfte diesmal dem Antrag Gesetzeskraft zusichern. Auch die Frage, ob eine Kodifikation des gesamten bürgerlichen Rechts angebahnt, oder ob nur für den Bedürfnisfall eine einzelne Materie, die mit unter den Begriff des Zivilrechts fällt, der gesetzlichen Regelung überlassen werden solle, berührte Delbrück in seiner Antwort, indem er erklärte, daß die verbündeten Regierungen den ersten Weg einzuschlagen und zugleich mit der Verkündung des Verfassungsänderungsgesetzes eine Kommission zur Ausarbeitung eines bürgerlichen Gesetzbuches einzuberufen gedenken. Die große Mehrheit des Reichstags stimmte diesen Worten lebhaft zu.

Nachdem die Frage in dem bayerischen und württembergischen Landtag zu heißen Kämpfen Anlaß gegeben hatte, nahm der Bundesrat in der Sitzung vom 12. Dezember 1873 [2]) den Antrag Lasker, betreffend die Ausdehnung der

---

[1]) Der Antrag hatte bekanntlich bereits dem Reichstage des Norddeutschen Bundes vorgelegen und war auch in der zweiten und dritten Session der ersten Legislaturperiode des Reichstags von einer großen Majorität desselben genehmigt worden. Vergleiche Bd. I. S. 232, und oben S. 215, 291.

[2]) Vergleiche über die sächsische Thronrede und über die Frage, ob die sächsische Regierung verfassungsmäßig notwendig die Zustimmung ihrer beiden Kammern haben mußte,

Reichskompetenz auf das gesamte Rechtsgebiet, fast einstimmig — nur beide Mecklenburg und Reuß älterer Linie stimmten dagegen, Reuß jüngerer Linie enthielt sich der Abstimmung — an. Der bayerische Bevollmächtigte erklärte, daß die bayerische Regierung durch das von ihr abgegebene zustimmende Votum ihre Stellung zur Frage der Erhaltung des obersten Landesgerichtshofs nicht präjudizirt haben wolle. [1]) Der substituirte Bevollmächtigte für Großherzogtum Sachsen stimmte dem Gesetzentwurf unter der Voraussetzung bei, daß zugleich die Ausarbeitung eines deutschen bürgerlichen Gesetzbuchs bezweckt und demnächst in Angriff genommen werde. Der substituirte Bevollmächtigte für Oldenburg schloß sich dieser Voraussetzung mit dem Wunsch an, daß zu Spezialgesetzen nur im Falle dringender Notwendigkeit gegriffen werde.

Der Vorsitzende, Staatsminister Delbrück, bemerkte hierauf: Zufolge der in der Sitzung vom 2. April 1873 getroffenen Verständigung sei bei Beratung des soeben angenommenen Gesetzentwurfs im Reichstag von dem Präsidenten des Reichskanzler-Amts erklärt worden, daß die verbündeten Regierungen, wenn der Entwurf die verfassungsmäßige Stimmenmehrheit im Bundesrat finde, mit Publikation der Verfassungsänderung eine Kommission zur Aufstellung des Entwurfs eines allgemeinen deutschen bürgerlichen Gesetzbuchs einzusetzen beabsichtigten. Im Hinblick auf diese Erklärung und den soeben gefaßten Beschluß

---

um im Bundesrat für die Kompetenzerweiterung zu stimmen, die „National-Zeitung" Nr. 485 vom 17. Oktober 1873, Nr. 487 vom 18. Oktober 1873, Nr. 492 vom 22. Oktober 1873, Nr. 495 vom 23. Oktober 1873, Nr. 496 vom 24. Oktober 1873, Nr. 497 vom 24. Oktober 1873; über die sächsischen Kammerverhandlungen, Nr. 521 vom 8. November 1873 und Nr. 543 vom 21. November 1873; über die bayerischen Kammerverhandlungen, Nr. 524 vom 10. November 1873, Nr. 568 vom 5. Dezember 1873 und Nr. 569 vom 6. Dezember 1873; württembergische Kammerverhandlungen, Nr. 572 vom 8. Dezember 1873.

[1]) In der bayerischen Abgeordnetenkammer hatte der Minister Fäustle (vergleiche oben S. 273 f.) im wesentlichen folgendes erklärt: In Berlin sei er mit Entschiedenheit dem Laskerschen Antrag auf Ausdehnung der Reichskompetenz entgegengetreten, weil er den regellosen Erlaß von Spezialgesetzen, wie er möglich gewesen sei, vom Uebel halte. Sein Standpunkt sei der, daß allgemeine Gesetzbücher über das bürgerliche Recht zu schaffen seien. Nachdem eine Kommission für Entwerfung eines allgemeinen Zivilrechtes in Aussicht genommen, sei die Gefahr des Erlasses von solchen Spezialgesetzen, wenn nicht ganz beseitigt, doch in die Ferne gerückt. Im April dieses Jahres sei Bayern zu liebe die Abstimmung im Bundesrat verschoben worden, länger aber werde sie sich nicht mehr hinausschieben lassen. Die Meinung der Staatsregierung gehe dahin, daß sie die Zustimmung zu dem Antrag für dringend wünschenswert erachte. Die Regierung würde es begrüßen, wenn sie bei der Zustimmung zum Antrag auf Ausdehnung der Reichskompetenz im Einklang mit der Mehrheit der Kammer handeln würde. Würde Bayern im Bundesrat dagegen stimmen, liefe es Gefahr, isolirt dazustehen. Eines ertrage er schwer, daß sein Heimatland im Bundesrat einfach majorisirt werde, das sei die größte Demütigung für ihn. Ueber die Bemühungen der bayerischen Patrioten, betreffend die Stellung des bayerischen „obersten Gerichtshofs", vergleiche die „National-Zeitung" Nr. 563 vom 3. Dezember 1873 und Nr. 571 vom 7. Dezember 1873.

habe er zu beantragen: Den Ausschuß für Justizwesen zu ersuchen, über die Einsetzung einer solchen Kommission und über die sonst zur Aufstellung des Entwurfes eines deutschen bürgerlichen Gesetzbuchs zu treffenden Einleitungen baldthunlichst Vorschläge zu machen.

Der Bundesrat beschloß demgemäß.

Die „National-Zeitung“ bemerkte zu diesem Beschlusse des Bundesrats: Lange und ernst fortgesetzte Bemühungen haben damit endlich den ersehnten Erfolg davongetragen und für die Entwicklung der nationalen Rechtseinheit, dieses Grund- und Ecksteins für die Befestigung der staatlichen Zusammenfassung unseres Volkes, sind nun die Wege geebnet. Wer sich der nun sechsjährigen Bemühungen um eine deutsche Zivilprozeßordnung erinnert, deren Ausarbeitung Kompetenzschranken nicht im Wege standen, wird freilich sich vor der Illusion hüten müssen, als wären von dem gestrigen Bundesratsbeschlusse bis zur Emanation eines deutschen bürgerlichen Gesetzbuchs nur wenige kurze Schritte zurückzulegen. Es wird im Gegenteil noch starker Geduld und großer Ausdauer bedürfen, bevor wir in den Besitz der gewünschten Einheit auch nur auf den wesentlichen Gebieten des bürgerlichen Rechts gelangt sein werden. Aber der errungene Erfolg ist eine Gewähr auch für den erst noch zu erreichenden und er muß den Mut in allen nationalen Kreisen so stärken, daß wir uns der Hoffnung hingeben dürfen, trotz der großen Schwierigkeiten, welche dem Werke entgegenstehen, in verhältnismäßig kurzer Frist zu einem einheitlichen Recht im Deutschen Reiche zu gelangen. Bürgerliches Gesetzbuch vom 18. August 1896 (Reichs-Gesetzbl. S. 195).

Beseitigung der öffentlichen Häuser. Seitens Hamburger Bürger war an das Reichskanzler-Amt der auf die Gutachten zahlreicher deutscher Juristenfakultäten gestützte Antrag gerichtet worden, die hamburgische Regierung zur Beseitigung der öffentlichen Häuser aufzufordern. Das Reichskanzler-Amt hatte im Hinblick auf die strikte Vorschrift des § 180 des Reichs-Strafgesetzbuchs diesem Antrag entsprechen zu sollen geglaubt und demgemäß den Senat der freien Stadt Hamburg ersucht, wegen Aufhebung der öffentlichen Häuser das Geeignete zu verfügen. Derselbe lehnte es indessen unter dem 12. Mai 1873 ab, diesem Ersuchen Folge zu geben, weil nach seiner, von dem dortigen Obergerichte sowie von anderen deutschen Juristenfakultäten geteilten Rechtsauffassung die konzessionirten öffentlichen Häuser durch § 180 des Reichs-Strafgesetzbuchs nicht betroffen werden. Zur Beseitigung der hiernach obwaltenden Meinungsverschiedenheit überwies der Bundesrat in seiner Sitzung vom 31. Mai 1873 die Angelegenheit dem sechsten Ausschusse zur Berichterstattung.[1])

---

[1]) Auch die Erledigung dieser Angelegenheit fällt in die nächste Session des Bundesrats.

In Bezug auf die Interpretation der Vorschrift im § 362 Alinea 2 des Strafgesetzbuchs, welche lautet: „Bei der Verurteilung zur Haft kann zugleich erkannt werden, daß die verurteilte Person nach verbüßter Strafe der Landespolizeibehörde zu überweisen sei. Die Landespolizeibehörde erhält dadurch die Befugnis, die verurteilte Person entweder bis zu zwei Jahren in ein Arbeitshaus unterzubringen oder zu gemeinnützigen Arbeiten zu verwenden", war unter den Behörden einzelner Bundesstaaten eine Kontroverse hervorgetreten. Die eine Auffassung wollte durch die fragliche Vorschrift lediglich die Dauer der Unterbringung in ein Arbeitshaus bis zu zwei Jahren geregelt sehen, die zweite Auffassung ging dahin, daß die Befugnis der Polizeibehörde für Unterbringung der verurteilten Person in ein Arbeitshaus innerhalb der Frist von zwei Jahren vollständig zur Ausführung respektive diese Unterbringung zu Ende gebracht sein müsse. Die Großherzoglich sachsen-weimarische Regierung stellte auf Grund dessen beim Bundesrat den Antrag, behufs Erledigung der fraglichen Kontroverse durch eine gemeinschaftliche Instruktion der verschiedenen Landespolizeibehörden den Bundesregierungen Veranlassung zu geben.

Gerichtsverfassungsgesetz. Der Reichstag des Norddeutschen Bundes beschloß am 18. April 1868: den Bundeskanzler zu ersuchen, Entwürfe eines gemeinsamen Strafrechts und eines gemeinsamen Strafprozesses sowie die dadurch bedingten Vorschriften der Gerichtsorganisation baldthunlichst vorbereiten zu lassen. Von den gedachten Entwürfen wurde bekanntlich zunächst nur der des Strafgesetzbuchs in Angriff genommen. 1869 begann die Ausarbeitung des Entwurfs einer Strafprozeßordnung. Mit den Vorarbeiten zur Aufstellung des Entwurfs eines Gerichtsverfassungsgesetzes wurde im preußischen Justizministerium infolge eines Ersuchens des Bundeskanzlers erst im Jahre 1870 der Anfang gemacht.

Der nächste Schritt bestand in dem Zusammentritt der Justizminister der größeren Bundesstaaten zu einer vertraulichen Besprechung, um die Grundsätze einer allgemeinen Gerichtsverfassung für Deutschland in Erwägung zu nehmen. [1]) Die Arbeiten dieser Delegirten nahmen einen so günstigen Verlauf, daß bereits am 1. November 1873 der vom preußischen Justizminister Leonhardt ausgearbeitete Entwurf eines Gesetzes über die Verfassung der Gerichte im Deutschen Reich für bürgerliche Rechtsstreitigkeiten und für Strafsachen und eines Einführungsgesetzes dazu mit Motiven dem Reichskanzler übergeben werden konnte. [2])

[1]) Ueber die Beratung der Delegirten der bundesstaatlichen Justizminister vergl. die „National-Zeitung" Nr. 174 vom 15. April 1873 und Nr. 175 vom 16. April 1873 sowie die „Norddeutsche Allgemeine Zeitung" Nr. 89 vom 17. April 1873.

[2]) Details über den Entwurf finden sich in der „National-Zeitung" Nr. 545 und 546 vom 22. November 1873, Nr. 563 vom 3. Dezember 1873 und Nr. 571 vom 7. Dezember 1873.

Mitte November 1873 lag das umfassende legislatorische Werk in den Händen des Bundesrats. Nach demselben blieben die Gerichte erster und zweiter Instanz (Amtsgerichte, Landesgerichte und Handelsgerichte und die Oberlandesgerichte) Landesgerichte, nur das Gericht dritter Instanz, welches als einziger oberster Gerichtshof fungiren sollte, „das Deutsche Reichsgericht", war, wie schon der Name sagte, ein Reichsgerichtshof, und zwar bezog sich die Zuständigkeit desselben nach dem Entwurfe auf die Oberrevision in bürgerlichen Rechtsstreitigkeiten, auf die Revision der Urteile der Strafgerichte erster und zweiter Instanz, der mittleren und großen Schöffengerichte und endlich auf die Beschwerden, soweit dieselben gegen Entscheidungen der Oberlandesgerichte stattfanden. Bei Vorlegung des Gesetzentwurfs wie des bezüglichen Einführungsgesetzes ersuchte der Reichskanzler den Bundesrat um Beschlußfassung über das für die Prüfung und die Feststellung derselben einzuhaltende weitere Verfahren.

Die weitere Entwicklung fällt in die vierte Session des Bundesrats.

Strafprozeßordnung. Auf den Antrag des Ausschusses für Justizwesen faßte der Bundesrat in der Sitzung vom 13. März 1873 folgende Beschlüsse: 1. Der nach der Mitteilung des Reichskanzlers vom 23. Januar aufgestellte Entwurf einer deutschen Strafprozeßordnung (cf. oben S. 293) soll einer Vorberatung durch eine besondere, aus elf angesehenen Juristen des Deutschen Reichs bestehende Kommission[1]) unterzogen werden; 2. die Mitglieder der Kommission werden von dem Bundesrat gewählt; über jedes wird besonders abgestimmt; 3. die Kommission tritt zur Erledigung des Auftrags im Laufe des Monats April 1873 in Berlin zusammen und wird ihre Arbeiten thunlichst beschleunigen; 4. der Vorsitzende der Kommission wird aus der Mitte der Mitglieder vom Reichskanzler ernannt; die Ernennung des Berichterstatters erfolgt auf Vorschlag des Vorsitzenden mittelst Vereinbarung oder in Ermanglung einer solchen durch Abstimmung in der Kommission; 5. jedes Mitglied führt eine Stimme; bei Stimmengleichheit gibt die Stimme des Vorsitzenden den Ausschlag; im übrigen regelt sich der Geschäftsgang nach den von der Kommission selbst zu treffenden Normen; 6. nach Vollendung des Auftrags hat die Kommission den Entwurf, wie er sich nach ihren Beratungen

[1]) Zu Mitgliedern der Kommission wurden gewählt: 1. Der Präsident Dr. Friedberg in Berlin, 2. der Geheime Ober-Justizrat Dr. Förster, vortragender Rat im Justizministerium, ebendaselbst, 3. der Appellationsgerichts-Vizepräsident, Geheime Ober-Justizrat Mager in Insterburg, 4. der ordentliche Professor der Rechte, Staatsrat Dr. Zachariae in Göttingen, 5. der Rechtsanwalt, Justizrat Wiener in Berlin, 6. der Appellationsgerichtsrat Dr. Staudinger in München, 7. der Generalstaatsanwalt Dr. Schwarze in Dresden, 8. der Ober-Tribunalsrat v. Binder in Stuttgart, 9. der Ministerialrat Dr. Bingner in Karlsruhe, 10. der Ober-Appellationsgerichtsrat Dr. Zentgraf in Darmstadt, 11. der Ober-Staatsanwalt Dr. Mittelstädt in Hamburg.

und Beschlüssen gestaltet, dem Reichskanzler zu überreichen; 7. die Kosten, einschließlich der Reisekosten und Diäten der Mitglieder sowie zweier vom Reichskanzler zu ernennenden Schriftführer, werden auf die Reichskasse übernommen; 8. das Reichskanzler-Amt wird die Gewählten von der auf sie gefallenen Wahl benachrichtigen und über die Annahme der Wahl befragen, sowie die beteiligten Regierungen um Erteilung des erforderlichen Urlaubs ersuchen.

Am 17. April 1873 wurden die Sitzungen der Kommission im Reichskanzler-Amt durch den Präsidenten des letzteren, Staatsminister Delbrück eröffnet. Staatsminister Delbrück begrüßte die Kommission namens des zurzeit von Berlin abwesenden Reichskanzlers und sprach, unter Hinweis auf den gesetzgeberischen Vorgang bei dem Zustandekommmen des Strafgesetzbuchs, die Hoffnung aus, daß es auch der jetzt zusammentretenden Kommission gelingen werde, ihre Arbeiten derart zu fördern, daß auch diese von einem gleich raschen Erfolge begleitet sein würden. Der Minister ersuchte sodann den Präsidenten Dr. Friedberg, welcher von dem Reichskanzler in Gemäßheit des Bundesratsbeschlusses vom 13. März 1873 zum Vorsitzenden der Kommission ernannt worden war, die Beratungen zu eröffnen.

Die Arbeiten gingen so rasch von statten, daß der Entwurf [1]) bereits im Oktober 1873 feststand. Zum Referenten für den Bundesrat wurde der Justizminister v. Mittnacht bestellt.

Konkursordnung. Durch Beschluß des Bundesrats vom 21. Februar 1870 war der Bundeskanzler ersucht worden, den Entwurf einer einheitlichen Konkursordnung ausarbeiten zu lassen und dem Bundesrat zur Beschlußfassung über das für die Prüfung und Feststellung desselben einzuhaltende weitere Verfahren vorzulegen. In Ausführung dieses Beschlusses legte der Reichskanzler mittelst Schreiben vom 12. November 1873 [2]) den Bundesregierungen sowie den Bevollmächtigten zum Bundesrat den Entwurf einer deutschen Gemeinschuldordnung nebst Motiven vor und beantragte nunmehr die Entschließung des Bundesrats über das für die Prüfung und Feststellung des Entwurfs einzuhaltende weitere Verfahren. Die Beschlußfassung über die geschäftliche Behandlung der Konkursordnung gab der Bundesrat seinem Justizausschusse anheim, welcher folgende Vorschläge formulirte: Der Entwurf soll einer Vor-

[1]) Die unterscheidenden Momente von der Mehrzahl der damals bestehenden deutschen Gesetzgebungen sind aufgezählt in der „National-Zeitung“ Nr. 488 vom 19. Oktober 1873. Antrag des Reichskanzlers in Betreff eines Auslieferungsvertrags zwischen dem Reich und Belgien, „National-Zeitung“ Nr. 103 vom 2. März 1873; desgleichen mit Luxemburg, „Norddeutsche Allgemeine Zeitung“ Nr. 285 vom 6. Dezember 1873; desgleichen mit der Schweiz, Nr. 299 vom 23. Dezember 1874; mit Costa-Rica, Nr. 100 vom 3. April 1873. Antrag des Justizausschusses wegen wechselseitiger Mitteilung der Straferkenntnisse, Nr. 298 vom 21. Dezember 1873.

[2]) In Kohls Bismarck-Regesten nicht erwähnt.

beratung durch eine besondere, aus acht angesehenen Juristen und drei angesehenen Vertretern des Handelsstandes bestehenden Kommission unterzogen werden, deren Mitglieder der Justizausschuß dem Bundesrat zur Genehmigung vorzuschlagen haben würde. Die Kommission soll zur Erledigung ihres Auftrages im Laufe des Monats März 1874 in Berlin zusammentreten. Der Vorsitzende derselben würde aus dem Kreise der Mitglieder vom Reichskanzler zu ernennen sein, während die Ernennung des Berichterstatters auf den Vorschlag des Vorsitzenden durch Vereinbarung oder in Ermanglung einer solchen durch Abstimmung innerhalb der Kommission zu erfolgen haben würde. Jedes Mitglied soll eine Stimme haben, bei Stimmengleichheit das Votum des Vorsitzenden den Ausschlag geben. Der Kommission selbst soll die Bestimmung ihrer Geschäftsordnung überlassen bleiben und deren Gutachten wieder an den Reichskanzler gehen. Die Kosten einschließlich der Reisekosten und Diäten der Mitglieder sowie zweier vom Reichskanzler zu ernennenden Schriftführer sollen auf die Reichskasse übernommen werden.

Auch die Erledigung dieser Materie zog sich bis in das Jahr 1875 hinaus.[1])

Organisation der öffentlichen Gesundheitspflege. Wie erinnerlich, hatte der Reichstag auf Veranlassung mehrerer auf die Organisation der öffentlichen Gesundheitspflege bezüglichen Petitionen seinerzeit beschlossen, dieselben dem Reichskanzler zur Berücksichtigung zu überweisen mit dem Ersuchen, dem Reichstag einen Gesetzentwurf, betreffend die Verwaltungsorganisation der öffentlichen Gesundheitspflege im Deutschen Reich, vorzulegen. In Veranlassung dieser Beschlüsse hatte der Reichskanzler seine Auffassung über die darin berührte Angelegenheit in einem ausführlich motivirten Antrag dem Bundesrat zu weiterer Beschlußfassung unterbreitet. Dieser Antrag, über den wir seinerzeit eingehend berichteten (cf. S. 302), ging im wesentlichen von dem Gedanken aus, daß ein unmittelbares Eintreten des Reichs in die Verwaltung der Gesundheitspflege für zweckmäßig nicht erachtet werden könne, woraus indessen nicht folge, daß das Reich sich jeder Einwirkung auf diese Angelegenheit zu enthalten habe. Der Ausschuß für Handel und Verkehr, dem die Prüfung der Vorlage des Reichskanzlers zufiel, vereinigte sich nunmehr zu folgendem Antrag: Der Bundesrat wolle sich damit einverstanden erklären, daß 1. zur Wahrnehmung der gemeinsamen Interessen der Bundesstaaten des Deutschen Reichs auf dem Gebiete der Medizinal- und Veterinärpolizei nach Maßgabe des Artikels IV Ziffer 15 der Reichsverfassung ein dem Reichskanzler-Amt unmittelbar untergeordnetes Organ mit lediglich beratendem Charakter errichtet werde, dabei jedoch 2. für die Vorberatung besonders wichtiger Maßregeln die Einberufung von Sachverständigen aus den Bundesstaaten vorbehalten bleibe. Ferner glaubte der

---

[1]) Bundesratsbeschluß zur Ausführung des § 28 der Seemannsordnung s. „Norddeutsche Allgemeine Zeitung" Nr. 49 vom 27. Februar 1873.

Ausschuß dem Bundesrat anheimstellen zu sollen, zur Vorberatung einer medizinischen Statistik schon jetzt die Bundesregierungen zu einer Aeußerung darüber zu veranlassen: 1. Welche Einrichtungen behufs Herstellung einer medizinischen Statistik in ihren Gebieten bestehen? 2. In welchem Umfang eine gemeinsame Statistik, die das gemeinsame Interesse der Bundesstaaten als Ziel vor Augen habe, anzustreben sei? 3. Inwieweit von den einzelnen Bundesregierungen zur Beschaffung des Materials für eine solche Statistik mitgewirkt werden könne?

Der vorstehende Ausschußbericht des hanseatischen Gesandten Dr. Krüger, auf welchen hin der Bundesrat am 30. Juni 1873 die Einsetzung eines Reichs-Gesundheitsamts beschloß, läßt ahnen, welchen Schwierigkeiten jene Organisation innerhalb des Reichs begegnete. Man teilte darüber dem „Hannoverischen Kurier" mit: Der Partikularismus sträubte sich zäh, in die Einsetzung eines besonderen neuen Reichsamts zur Ausführung von Artikel IV Ziffer 15 der Reichsverfassung zu willigen. Praktische Aufgaben auf dem Gebiet der öffentlichen Gesundheitspflege wollte er dem Reich für gewöhnlich gar nicht zugestehen, und die Medizinalstatistik [1]) sah er als Sache des Kaiserlichen Statistischen Amts an, nicht einer besonderen Behörde. Sollten praktische Fragen, gleich wie früher die Rinderpest und jetzt die Cholera, ein Eingreifen von seiten des Reichs erheischen, so könne man dafür, wie in jenen beiden Präzedenzfällen, Spezialkommissionen von Fachmännern einberufen. Gegen diese Opposition ist nun zwar der Vorschlag des Reichskanzlers siegreich durchgedrungen, aber nicht ohne einige Zugeständnisse. Nicht als selbständige Behörde, sondern dem Reichskanzler-Amt untergeordnet wird das Gesundheitsamt ins Leben treten, und neben ihm sollen auch fernerhin vorkommenden Falls Fachkommissionen berufen werden. Der extremste Partikularismus wollte einer solchen Fachkommission sogar die Art der Zusammensetzung des neuen Reichsorgans überweisen, nachdem der Reichskanzler hierfür bereits bestimmte Vorschläge gemacht hatte. Allein die Mehrheit wollte ein derartiges Mißtrauensvotum doch nicht abgeben und erwartete neue Vorschläge auf Grund ihrer Beschlüsse vom Reichskanzler.

Impfzwang. Nachdem durch Beschluß des Reichstags mehrere den Impfzwang betreffende Petitionen dem Reichskanzler überwiesen worden waren mit dem Ersuchen, für baldige einheitliche gesetzliche Regelung des Impfwesens für das Deutsche Reich auf Grundlage des Vaccinations- und Revaccinations-

———

[1]) Zur Vorbereitung einer medizinischen Statistik waren seitens des Bundesrats die Bundesregierungen zu einer Aeußerung darüber veranlaßt worden: 1. Welche Einrichtungen behufs Herstellung einer medizinischen Statistik in ihren Gebieten bestehen? 2. In welchem Umfang eine medizinische Statistik, die das gemeinsame Interesse der Bundesstaaten als Ziel vor Augen habe, anzustreben sei? 3. Inwieweit von den einzelnen Bundesregierungen zur Beschaffung des Materials für eine solche Statistik mitgewirkt werden könne?

zwanges Sorge zu tragen, hatte der Bundesrat beschlossen, sich darüber mit den Bundesregierungen ins Vernehmen zu setzen. Nachdem die sämtlichen Regierungen, mit alleiniger Ausnahme Württembergs, die einheitliche Regelung des Impfwesens befürwortet hatten, wurde dem Bundesrat der Entwurf eines Gesetzes, betreffend die Einführung des Impfzwanges, nebst Motiven vorgelegt.

Cholerakommission. Die Professoren Hirsch und v. Pettenkofer hatten in einer an den Bundesrat gerichteten Eingabe Maßregeln gegen die Cholera beantragt. Der Ausschuß für Handel und Verkehr, dem die Eingabe überwiesen worden war, unterzog dieselbe einer sehr sorgfältigen Beratung und erkannte an, daß es sich hier um eine Aufgabe handle, deren Lösung am zweckmäßigsten durch gemeinsames Vorgehen der Bundesregierungen herbeigeführt werde. Unter Betonung, daß das Gelingen des Ganzen wesentlich durch Unterstützung und Förderung der Bundesregierungen bedingt sei, richtete der Ausschuß folgende Anträge an den Bundesrat: „Zum Zweck einheitlicher systematischer Forschungen über die Verbreitung der Cholera und die Mittel zu deren Fernhaltung und Bekämpfung wird eine Spezialkommission von Sachverständigen gebildet, welche aus fünf vom Bundesrat zu wählenden Mitgliedern besteht. Das Reichskanzler-Amt wird die Gewählten von der auf sie gefallenen Wahl benachrichtigen und über die Annahme befragen, sowie die betreffenden Regierungen um Erteilung des etwa erforderlichen Urlaubs für die Gewählten ersuchen. Die Einberufung der Kommission und die Ernennung des Vorsitzenden erfolgt durch das Reichskanzler-Amt. Die Funktion der Mitglieder der Kommission ist eine Ehrenstellung; dieselben erhalten jedoch für den Fall des Aufenthaltes außerhalb ihres Wohnortes eine Tagesdiät von 20 Mark und Vergütung ihrer baren Reiseauslagen. Als Aufgabe der Kommission wird bezeichnet: die Aufstellung eines einheitlichen Untersuchungsplanes für die im Falle des Auftretens der Cholera in Deutschland zu pflegenden Erhebungen; die Sammlung und wissenschaftliche Verarbeitung der Erhebungsresultate und die Erstattung von Gutachten über die zur Bekämpfung der Cholera dienlichen Maßregeln; die Vornahme oder Veranlassung von einzelnen, etwa erforderlichen besonderen Untersuchungen an Ort und Stelle des Herrschens der Cholera. Die Kosten für den Zusammentritt und für die Arbeiten der Kommission werden vom Reich getragen. Die Kommission ist jedoch verbunden, bezüglich des Aufwandes für die Bearbeitung und Veröffentlichung des Materials sowie für die Vornahme besonderer Untersuchungen rechtzeitig die Genehmigung des Reichskanzler-Amts einzuholen. Die auf die Thätigkeit der Kommission bezüglichen Korrespondenzen und Sendungen werden durch die Post als Reichsdienstsache befördert. Für diejenigen Arbeiten, welche von seiten der Medizinalbeamten und Aerzte der einzelnen Staaten lediglich zur Ausführung des allgemeinen Untersuchungsplanes gemacht werden, wird aus Reichsmitteln keine Vergütung gewährt. Die Bundesregierungen werden ersucht, den Untersuchungsplan seinerzeit auf Veranlassung des Reichskanzler-Amts den ihnen untergebenen Medizinalbeamten und Aerzten mit den entsprechenden Anordnungen mitzuteilen und sodann die erstatteten Berichte und Erhebungsresultate dem Reichskanzler-Amt zur Uebermittlung an die Kommission zu übersenden."

Der Bundesrat trat diesen Anträgen bei.[1])

Preßgesetz. In der Frühjahrssession des Reichstags wurde ein daselbst als Initiativantrag des Reichstags eingebrachtes Preßgesetz beraten; der Bundesrat beschloß, sich bei den Verhandlungen der Preßgesetzkommission kommissarisch vertreten zu lassen.

Ins eigentliche Fahrwasser gelangte die Frage jedoch erst durch den von der preußischen Regierung am 29. April 1873 dem Bundesrat vorgelegten Entwurf eines Reichs-Preßgesetzes.[2]) Derselbe hatte zwar die spezifisch preußischen Eigentümlichkeiten des Zeitungsstempels und der Kautionsstellung nicht mit aufgenommen, wohl aber wesentlich unverändert die polizeilichen Konfiskationen und hatte außerdem die Haftpflicht des Redakteurs noch verschärft. Am meisten Aufregung verursachte in der Presse[3]) der § 20, der also lautete: „Wer in einer Druckschrift die Familie, das Eigentum, die allgemeine Wehrpflicht oder sonstige Grundlagen der staatlichen Ordnung in einer die Sittlichkeit, den Rechtssinn oder die Vaterlandsliebe untergrabenden Weise angreift, oder Handlungen, welche das Gesetz als strafbar bezeichnet, als nachahmungswert, verdienstlich oder pflichtmäßig darstellt, oder Verhältnisse der bürgerlichen Gesellschaft in einer

---

[1]) Nach dem vom Bundesrat in der Sitzung vom 22. Juni 1873 gefaßten Beschlusse bestand die Reichs-Cholerakommission aus folgenden Mitgliedern: dem Königlich preußischen Generalarzt des 2. Armeecorps Dr. Böger (Berlin, Leibarzt des Kaisers), Professor Dr. Hirsch (Berlin), dem Ober-Medizinalrat Professor Dr. v. Pettenkofer (München), dem Königlich sächsischen Medizinalrat Dr. Günther (Zwickau) und dem Großherzoglich badischen Ober-Medizinalrat Dr. Volz (Karlsruhe). Ernennung Pettenkofers zum Vorsitzenden der Kommission durch den Kanzler, „National-Zeitung" Nr. 324 vom 15. Juli 1873. Anträge des Bundesrats-Ausschusses für Handel und Verkehr in der Rinderpestangelegenheit finden sich abgedruckt in der „National-Zeitung" Nr. 119 und 121 vom 12. und 13. März 1873 und der „Norddeutschen Allgemeinen Zeitung" Nr. 60 vom 12. März 1873. Ausschußanträge in Sachen der Desinfektion von Viehtransportwagen, „National-Zeitung" Nr. 214 vom 9. Mai 1873.

[2]) Inhalt s. „Norddeutsche Allgemeine Zeitung" Nr. 128 vom 5. Juni 1873, Wortlaut in der Nr. 130 vom 7. Juni 1873. Ueber die Vaterschaft desselben Nr. 296 vom 28. Juni 1873.

[3]) Vgl. die „National-Zeitung" Nr. 263 vom 10. Juni 1873. Die sämtlichen Berliner Blätter (mit Ausnahme der offiziösen und der „Kreuz-Zeitung") erließen gegen den Entwurf eine energische Erklärung, der sich eine lange Reihe anderer preußischen und nicht-preußischen Blätter anschlossen. Vgl. auch die „National-Zeitung" Nr. 269 vom 13. Juni 1873.

den öffentlichen Frieden gefährdenden Weise erörtert, wird mit Gefängnis oder Festungshaft bis zu zwei Jahren bestraft."

Es war bezeichnend, daß in Bezug auf den Ruhm der Vaterschaft des Preßgesetzentwurfes nur geringe Eifersucht bestand. Der Entwurf war dem Bundesrat zugegangen mit einem Schreiben, durch welches ihn „der preußische Minister der auswärtigen Angelegenheiten Fürst Bismarck im Namen des preußischen Ministeriums mit der Bitte überreichte, dem Entwurf die Zustimmung des Bundesrats zu erteilen". Jetzt versicherten Auslassungen, die aus dem Auswärtigen Amt inspirirt wurden, daß das Einverständnis des Fürsten Bismarck mit diesem Entwurf durchaus nicht feststehe, ja daß vielleicht der Fürst den Entwurf nicht einmal gelesen habe.[1])

Ueber das Schicksal des Entwurfs im Justizausschuß des Bundesrats verlautete, derselbe habe die Bestimmung, welche den verantwortlichen Redakteur einer periodischen Druckschrift in allen Fällen als Thäter bestraft, abgelehnt und eine successive Haftbarkeit jedoch in Abweichung von dem Biedermannschen Entwurf angenommen. Der Nachweis des Verfassers sollte nur zulässig sein, wenn derselbe sich im Bereiche der deutschen Gerichtsbarkeit befand. Der berüchtigte Artikel 20 des Entwurfs soll solchen Schrecken verursacht haben, daß der Ausschuß sich erst davon erholen mußte und die Beschlußfassung über ihn aussetzte.[2])

Im Winter nahm der Justizausschuß seine Arbeit an dem Entwurf wieder auf. Zunächst beschäftigte er sich mit einer Revision der Beschlüsse, welche derselbe bereits im Frühjahr über das erste Drittel des Entwurfs gefaßt hatte. Die wichtigsten Abänderungen des Entwurfs, welche der Ausschuß in Vorschlag brachte, betrafen die Bestimmungen über die Verantwortlichkeit für den Inhalt der Zeitungen und Zeitschriften. Der Vorschlag des preußischen Entwurfs, den verantwortlichen Redakteur für den gesamten Inhalt der Zeitung, nur mit Aus-

---

[1]) Als ein Aeußerstes, wohin die Irreleitung der öffentlichen Meinung sich versteigen kann, teilte die „Norddeutsche Allgemeine Zeitung" Nr. 149 vom 29. Juni 1873 mit, was aus Berlin dem „Nürnberger Korrespondenten" geschrieben war. „Es unterliegt keinem Zweifel mehr, daß der vom Minister der auswärtigen Angelegenheiten Preußens im Namen Preußens dem Bundesrat vorgelegte Preßgesetzentwurf nicht einem einzigen der preußischen Minister vorher bekannt war. Der preußische Ministerpräsident Graf Roon soll darüber nicht wenig aufgebracht sein und dem König den ganzen Sachverhalt mit soldatischem Freimut vorgetragen haben. Der Reichskanzler entschuldigt sein Verfahren mit dem erzielten Erfolg, der darin besteht, die Pläne des Reichstags durchkreuzt zu haben. Graf Roon kann sich jedoch damit nicht so leicht zufrieden geben und hat einen ‚unbestimmten Urlaub' genommen. Graf zu Eulenburg übernimmt den Vorsitz im Staatsministerium."

[2]) Der Umstand, daß der Reichstag in der Frühjahrssession 1873 — trotz eines mit der Reichsregierung abgeschlossenen Kompromisses — die Beratungen eines aus seiner Initiative hervorgegangenen Preßgesetzes in Angriff nahm, führte zu lebhaften Erörterungen zwischen dem Reichskanzler und einigen Mitgliedern des Reichstags.

nahme des Inseratenteils, für welchen ein besonderer Redakteur bestellt werden könne, zur Verantwortung zu ziehen, wurde wiederum abgelehnt, und das auch in dem von der Kommission des Reichstags aufgestellten Entwurfe adoptirte System der successiven Verantwortlichkeit des Verfassers, Herausgebers, Verlegers und so weiter an die Stelle jener abgelehnten Bestimmung gesetzt. Demnächst wurden die im § 19 enthaltenen Strafbestimmungen für Zuwiderhandlungen gegen die Vorschriften über die Ordnung der Presse insofern gemildert, als der Minimalsatz der Strafen (nach dem preußischen Entwurfe 50 bis 300 Thaler oder ein bis sechs Monate Gefängnis) niedriger fixirt wurde. Die Beschlußfassung über § 20, Bestrafung der Angriffe gegen die Grundlagen des Staates und der bürgerlichen Gesellschaft, wurde wiederum ausgesetzt. Seitens der preußischen Regierung wurde dem Bundesrat eine Zusammenstellung ähnlicher Bestimmungen in den Preßgesetzen anderer Staaten, wie Baden, Sachsen, Oesterreich, Frankreich, Italien, Belgien u. s. w. vorgelegt.

Die Angelegenheit gelangte erst in der nächsten Session des Bundesrats zum Abschluß.

Jesuitengesetz. Der Bundesrats-Ausschuß für Justizwesen hatte den Auftrag erhalten, über die Frage dem Bundesrat Bericht zu erstatten, welche Orden und ordensähnlichen Kongregationen als dem Orden der Gesellschaft Jesu verwandt anzusehen seien. Diesem Beschlusse des Bundesrats war der Bericht des Ministers Delbrück in der Plenarsitzung vom 22. Februar über die Ausführung des Jesuitengesetzes vorangegangen. Diesem Berichte entnehmen wir folgende Sätze:

In Lauenburg, Sachsen, Württemberg, Baden, Mecklenburg, im Großherzogtum Sachsen, in Oldenburg, Braunschweig, Anhalt, Schwarzburg, Waldeck, Reuß, Lippe, den sächsischen Herzogtümern und in den Hansestädten sind Niederlassungen oder Angehörige des Ordens der Gesellschaft Jesu oder verwandter Orden oder ordensähnlicher Kongregationen nicht vorhanden gewesen. In den übrigen Bundesstaaten ist die Auflösung der Niederlassungen des Ordens überall vollzogen. Von den 10 Mitgliedern der Niederlassung in Regensburg haben 5 den Ort freiwillig verlassen, 3 sind ausgewiesen aus dem Regierungsbezirk Oberpfalz und Regensburg, 2 sind in Regensburg heimatsberechtigt. Der Superior der Niederlassung in Mainz, aus Bayern gebürtig, ist am 8. Dezember aus Hessen ausgewiesen worden, 1 Pater ist abgereist, 3 Mitglieder hatten Mainz bereits im Oktober verlassen. In Elsaß-Lothringen sind die Niederlassungen des Ordens der Gesellschaft Jesu zu Straßburg, Offenheim und Metz aufgelöst worden, indessen ist keine Veranlassung vorgekommen, ausländische Angehörige des Ordens auszuweisen oder deutschen Angehörigen desselben den Aufenthalt in bestimmten Bezirken oder Orten zu versagen oder anzuweisen. — Als religiöse, mit dem Orden verwandte Genossenschaften sind in den eingegangenen Berichten bezeichnet: 1. die Redemptoristen oder Liguorianer; dieselben haben Niederlassungen in Preußen 5, in Bayern 7, in Elsaß-Lothringen an 4 Orten; 2. die Brüder der Genossenschaften der Missionspriester vom heiligen Vincenz von Paula oder Lazaristen mit 9 Niederlassungen in Preußen; 3. die Brüder der christlichen Schulen 3 Niederlassungen in Preußen, ferner in Elsaß-Lothringen; 4. die Mitglieder der Kongregation vom „heiligen Geist" 2 Niederlassungen in Preußen; 5. die frères du Précieux Sang; 6. die Schulbrüder des Vereins Mariä; 7. die Schulbrüder der christlichen Lehre, die frères de la Doctrine Chrétienne (5 bis 8 in Elsaß-Lothringen); 9. Société du Sacré Coeur de Jésus; 10. Schulschwestern; 11. Marianische Kongregationen. — Ueber die Frage, ob die Genossenschaften dem Orden der Gesellschaft Jesu verwandt seien, hatten sich die Regierungen wie folgt geäußert: Preußen und Elsaß-Lothringen erachteten bezüglich der Redemptoristen die Verwandtschaft für festgestellt, Bayern nicht. Preußen nahm die Verwandtschaft als zweifellos an hinsichtlich der Lazaristen und der Kongregation vom heiligen Geist, der Frauen vom heiligen Herzen Jesu und der Marianischen Akademikerkongregation. Die hessische Regierung rechnete die Schulbrüder in Mainz zu den Verwandtschaften nicht, auch nicht die Schulschwestern, Bayern war derselben, der Ober-Präsident von Elsaß-Lothringen der entgegengesetzten Ansicht. Bayern hatte erklärt, daß kein Grund vorläge, die Auflösung der Marianischen Kongregation zu verfügen.

Am 29. April 1873 legte der Ausschuß für Justizwesen dem Bundesrat seinen Bericht über die Frage vor, welche Orden und ordensähnliche Kongregationen dem Orden der Gesellschaft Jesu verwandt seien. Derselbe hob hervor, das durchschlagende Prinzip für die Beurteilung der vorliegenden Frage könne nur aus der dem Gesetz zum Grunde liegenden Absicht entnommen werden. Der Jesuitenorden sei von dem Gebiete des Deutschen Reiches ausgeschlossen, weil seine Tendenz und Wirksamkeit als staatsgefährlich, das heißt mit den Grundlagen und Zwecken des Staates unverträglich, anerkannt sei. In gewissem Maße würde das allgemeine Kriterium der Staatsgefährlichkeit die große Mehrzahl der bestehenden Orden treffen müssen, da nach der Ansicht bewährter Kanonisten die geistlichen Genossenschaften von der in der katholischen Hierarchie vorherrschenden, den Auffassungen des Ordens der Gesellschaft Jesu entlehnten Richtung mehr oder weniger ergriffen seien. Auch sei es Thatsache, daß viele derselben, und gerade diejenigen, welche nicht sowohl die Befriedigung des religiösen Bedürfnisses ihrer Mitglieder durch Abschließung von der Welt im Auge haben, als vielmehr praktische Zwecke nach außen verfolgen, die mittelalterliche Verfassung abgestreift und eine Form angenommen haben, welche dem Jesuitenorden in wesentlichen Beziehungen nachgebildet ist. Da jedoch die Aufhebung der religiösen Orden überhaupt nicht in der Absicht des Gesetzes gelegen habe, vielmehr zwischen den den Jesuiten verwandten und den ihnen nicht verwandten Orden zu unterscheiden sei, so würden unter den ersteren nur diejenigen verstanden werden können, welche nach ihrer Organisation, ihren Zielen und ihrer Wirksamkeit mit den Jesuiten entweder auf gleicher Stufe der Staatsgefährlichkeit stünden oder doch in hervorragendem Maße als deren Hülfsgenossen anzusehen seien. Würde man den Begriff noch enger fassen und als „verwandt" nur diejenigen Orden und ordensähnlichen Kongregationen anerkennen wollen, welche als Filialinstitute von den Jesuiten gegründet oder ihrer unmittelbaren Leitung unterstellt sind, so würde die Gesetzbestimmung rücksichtlich der „Orden" bedeutungslos sein, da in diesem Sinne keiner der vorhandenen Orden zu jener Kategorie gehören würde, und von den „Kongregationen" — unter welchem Ausdrucke der kirchliche Sprachgebrauch religiöse Vereine versteht, deren Mitglieder ein einfaches (nicht feierliches) Gelübde abgelegt haben — nur die Gesellschaft des Sacré Coeur und der Marianischen Kongregationen hierher zu rechnen wären. Dieses Sachverhältnis sei so bekannt, daß das Gesetz, sofern eine solche Beschränkung in seiner Absicht gelegen hätte, jene Genossenschaften ausdrücklich würde genannt haben. Wenn es statt dessen einer allgemeinen Bezeichnung sich bediente, so liege darin der Beweis, daß nicht allein das äußere Verhältnis des Ursprungs oder der Affiliation, sondern das innere Verhältnis geistiger Verwandtschaft, mithin die Gemeinschaft der Ziele, der Organisation und Wirksamkeit das entscheidende Moment abgeben solle.

Demnach werde es, um das Verhältnis der einzelnen im Bundesgebiete bestehenden Orden und ordensähnlichen Kongregationen zum mehrerwähnten Gesetze klar zu stellen, unerläßlich sein, die charakteristischen Eigentümlichkeiten des Jesuitenordens, soweit auf ihnen seine staatsgefährliche Wirksamkeit beruht, in gedrängter Kürze in Erinnerung zu bringen.

Zu jenen Merkmalen des Jesuitenordens gehörten:

1. Die Ziele desselben, die notorisch auf die Herstellung einer geistlichen Universalherrschaft gerichtet sind.

2. Der Bau und die innere Einrichtung des Ordens, die jenen Zielen entsprechend auf der einheitlichen Ausbildung und straffsten Zentralisation aller Kräfte beruhen.

3. Der Wirkungskreis des Ordens, welcher sich über die in Provinzen eingeteilte ganze Erde erstreckt.

Nach diesem Maßstabe erkannte der Ausschuß die Redemptoristen, Lazaristen, die Kongregation vom heiligen Geist und die Gesellschaft vom heiligen Herzen Jesu als den Jesuiten verwandte Kongregationen an. Hinsichtlich der von dem Ober-Präsidenten von Elsaß-Lothringen in dieselbe Kategorie gestellten Schulschwestern, welche die Königlich bayerische und Großherzoglich hessische Regierung als mit den Jesuiten nicht verwandt bezeichneten, lagen nähere Aufklärungen dem Ausschusse noch nicht vor, weshalb eine bezügliche Beschlußnahme auszusetzen war.[1])

Die von der Königlich preußischen Regierung mitgeteilten Uebersichten der in Preußen vorhandenen, von ihr zurzeit als den Jesuiten im Sinne des Reichsgesetzes vom 4. Juli 1872 verwandt nicht angesehenen 17 männlichen und 50 weiblichen Orden und ordensähnlichen Kongregationen gaben für jetzt nur zu dem Wunsche Anlaß, daß nach dem gleichen Schema und mit gleicher Ausführlichkeit auch seitens der Regierung der anderen Bundesstaaten, in deren Gebieten sich Orden oder ordensähnliche Kongregationen befinden, entsprechende Uebersichten unter Beifügung der Statuten mitgeteilt werden möchten. Erst darnach werde der Ausschuß in der Lage sein, über die Stellung auch dieser Orden zum Reichsgesetze sich auszusprechen.

Der Bericht gelangte zu dem Antrage: Der Bundesrat wolle behufs weiterer Ausführung des Reichsgesetzes vom 4. Juli 1872, betreffend den Orden der Gesellschaft Jesu, beschließen, daß nachfolgende Genossenschaften:

1. Die Kongregation der Redemptoristen, 2. die Kongregation der Lazaristen, 3. die Kongregation der Priester vom heiligen Geiste und 4. die Gesellschaft vom heiligen Herzen Jesu, als im Sinne des gedachten Reichsgesetzes mit dem Orden der Gesellschaft Jesu verwandt anzusehen seien und demzufolge die in der Bekanntmachung vom 5. Juli 1872, betreffend die Ausführung des Gesetzes über den Orden der Gesellschaft Jesu, erlassenen Vorschriften auch auf die vorgenannten Genossenschaften mit der Maßgabe Anwendung zu finden haben, daß Niederlassungen dieser Genossenschaften spätestens binnen sechs Monaten vom Tage der Bekanntmachung dieses Beschlusses an aufzulösen sind. Der Ausschuß beantragte ferner den Beschluß, die Bundesregierungen sowie bezüglich Elsaß-

---

[1]) Die „Voce della Verita" gab ihren Lesern von der in dem Bundesrat des Deutschen Reiches verhandelten Vorlage über die weitere Ausführung des Jesuitengesetzes in folgender Form Kenntnis: „Das gottlose preußische Gesetz gegen die Jesuiten spricht von analogen Kongregationen und der Gesellschaft Jesu affiliirten Orden. Wir haben uns beinahe den Kopf zerbrochen, um zu begreifen, was für Kongregationen das sein möchten, weil die Jesuiten bekanntermaßen (sic) keine Kongregation haben, die man ihnen analog oder affiliirt bezeichnen könnte. Endlich hat ‚der Jude Lasker' herausgebracht, daß es die Redemptoristen oder Liguorianer sind, die Lazaristen oder Missionspriester, die Kongregation vom heiligen Geist (das ist aber ein frommer Verein) und die Gesellschaft vom heiligen Herzen Jesu. Das ist aber so lächerlich, daß nicht einmal die ‚Spenersche' und die ‚Allgemeine Augsburger Zeitung' daran glauben wollen."

Der Bischof von Limburg (R.-B. Nassau) reichte dem Bundesrat eine Eingabe ein, betreffend die geistlichen Orden der Redemptoristen und der Väter vom heiligen Geiste, welche der Bundesrat einem Ausschusse zur Berichterstattung überwies. Derselbe Kirchenfürst hatte nach dem „D. W." „an die preußischen Bischöfe ein Rundschreiben gerichtet, worin er dieselben aufforderte, den Katholiken den Eid auf die Verfassung zu verbieten, da die neuen kirchenpolitischen Gesetze gegen das Dogma der Autonomie der Kirche sündigten. Dieses Verbot sollte schon vor Publikation der Gesetze erlassen werden."

Lothringens den Reichskanzler zu ersuchen, nach Anleitung der von der preußischen Regierung aufgestellten Uebersicht über die in ihren Gebieten vorhandenen und vorstehend nicht genannten Orden und ordensähnlichen Kongregationen unter Beifügung der Ordensregeln und -Statuten nähere Mitteilungen an den Bundesrat gelangen zu lassen.

Die Anträge des Bundesrats waren in Bezug auf die einzelnen Genossenschaften durch folgende Thatsachen begründet:

1. Die Kongregation der Redemptoristen (des heiligsten Erlösers). Dieser Orden, von dem Neapolitaner Alphons Maria Liguori 1734 gegründet und nach ihm auch der Orden der Liguorianer genannt, erhielt die Bestätigung seiner Regeln und Konstitutionen 1749 durch Breve des Papstes Benedikt XIV. Die Ausbreitung des Ordens zunächst nach Polen und demnächst nach Deutschland, Frankreich, Belgien, England u. s. w. erfolgte zu Ende des vorigen und Anfang dieses Jahrhunderts, mithin zu einer Zeit, wo der Jesuitenorden aufgehoben war. Niederlassungen der Redemptoristen befinden sich in Preußen zu Trier, wo der Superior provincialis residirt. zu Kloster Hamikolt (Regierungsbezirk Münster), zu Aachen und zu Bornhofen, ferner vielfach in Bayern.

Die Redemptoristen sind schon im Laufe des vorigen Jahrhunderts als ein Zweig des Jesuitenordens betrachtet worden. Ihre Verwandtschaft mit dem letzteren läßt sich nicht in Abrede stellen.

Ihre Thätigkeit ist auf den zu eigenem Urteil weniger befähigten, der Einwirkung am leichtesten zugänglichen Teil der Bevölkerung berechnet. Ihre Tendenz hat sich mit der der Jesuiten im wesentlichen als übereinstimmend erwiesen, die Redemptoristen sind für die ungebildete Landbevölkerung, was die Jesuiten für die gebildeteren Klassen der städtischen Bevölkerung.

Die Ordensregel verlangt von den Mitgliedern der Kongregation unbedingten Gehorsam und faßt den Gehorsam ganz im Sinne des Jesuitenordens als Verleugnung nicht nur des Willens, sondern auch des Urteils auf.

Auch die Redemptoristen sollen ihren General als Stellvertreter Gottes betrachten.

Die Wirksamkeit des Ordens besteht nach innen in der Ausbildung seiner eigenen Mitglieder für die Ordenszwecke, nach außen aber vornehmlich in Missionen, über deren Abhaltung namentlich auf dem Lande der Rektor zu wachen hat. Namentlich auf die kleineren ländlichen Orte soll das Augenmerk gerichtet werden. Als Mittel für seine Wirksamkeit dienen dem Orden die Predigt, der Beichtstuhl, ferner die Katechisationen und endlich die geistlichen Uebungen, die der Bildungsstufe, dem Alter und Geschlecht angepaßt werden.

Was die Wirksamkeit der Redemptoristen in Preußen betrifft, so halten sie von Bornhofen aus in der Diözese Limburg Volksmissionen ab und nehmen das ganze Jahr hindurch Geistliche und Laien zur Abhaltung geistlicher Exerzitien in ihr dortiges Kloster auf. Sie sind im Gottesdienste und in der Beichte an der dortigen Wallfahrtskirche thätig, welche noch jetzt von sehr zahlreichen Prozessionen und einzelnen Wallfahrern — der amtliche Schematismus der Diözese Limburg für das Jahr 1863 gibt deren Zahl auf 20000 an — besucht wird. In den Regierungsbezirken Trier, Arnsberg und Münster haben sie sich gleichfalls mit Missionen beschäftigt. Eine in dem letzteren Bezirke im vorigen Sommer beabsichtigte Mission haben sie möglichst geheim gehalten.

Es besteht kaum ein Orden, in dem das Vorbild des Jesuitenordens eine so getreue Nachbildung erfahren hat, wie in den Regeln der Redemptoristen.

2. Die Lazaristen sind von einem französischen Geistlichen, Vincent de Paul, zum Seelenheile des Landvolkes und der niederen Stände 1624 gegründet. Sie erhielten als Residenz das Kollegium St. Lazare in Paris, daher der Name Lazaristen.

Dieselben haben in Preußen Niederlassungen in Cöln, Neuß und Münstereifel, wohin sie von dem Erzbischof von Cöln, Kardinal Geissel, vor den Jesuiten zur Leitung im Knabenkonvikt berufen wurden, und wo sie noch heute, zwar nicht mehr mit dem Unterrichte selbst, aber mit der Beaufsichtigung und der häuslichen Erziehung betraut sind. Außerdem haben sie im Regierungsbezirk Cöln die Leitung des Pensionats in der Ritterakademie zu Bedburg. Die Lazaristen in Cöln werden von dem Erzbischofe zur Aushülfe in der Seelsorge verwendet. Aus der Cölner Niederlassung residiren Lazaristen zu Malmedy, ferner in Heiligenstadt (Regierungsbezirk Erfurt), wo sie zur Beaufsichtigung der Zöglinge im Seminarium Bonifacium verwendet werden, sich aber außerdem mit Beichtehören beschäftigen. In gleicher Eigenschaft als Erzieher und Hausväter fungiren Lazaristen im bischöflichen Konvikt zu Hildesheim. Auch in den östlichen Provinzen Preußens sind die Lazaristen verbreitet. Zu Kloster Springborn, im Kreise Heilsberg, verwalten sie seit etwa 1869 im Auftrage des Bischofs von Ermland die Demeritenanstalt (Korrektionshaus für Geistliche, die ihrem Berufe untreu geworden), halten aber auch in den umliegenden Kreisen Missionen ab. Endlich versehen in Kulm, wo ein Provinzial-Oberer zu residiren scheint, Mitglieder derselben Kongregation, kraft Auftrags des dortigen Bischofs, den Gottesdienst an der Anstaltskirche der Barmherzigen Schwestern und verwalten die Seelsorge über das Personal des Instituts und der in demselben verpflegten Kranken.

Der Wirkungskreis der Lazaristen ist erheblich umfassender als der der Redemptoristen. Ueber ihre Organisation geben die Regeln oder Konstitutionen der Kongregation nur ein allgemeines Bild. Doch ist so viel zu ersehen, daß sie eine den Jesuiten ähnliche Organisation besitzen. Es steht fest, daß die in Deutschland befindlichen Brüder bisher von dem General-Superior in Paris vollständig abhängig waren.

Auch die Loslösung der Lazaristen von den Banden der Familie und des Vaterlandes entspricht dem Vorbilde des Jesuitenordens.

Die Wirksamkeit der Lazaristen ist ebensowohl auf Erziehung und Unterricht der Jugend als auf Abhaltung von Missionen gerichtet, bei welchen letzteren Beichtstuhl und geistliche Exerzitien eine hervorragende Rolle spielen. Sie sind daher in der Lage, mit denselben Mitteln wie die Jesuiten auf die Bevölkerung zu wirken.

Bemerkenswert ist, daß die Regel der Redemptoristen den letzteren die Haltung der geistlichen Uebungen an Orten nicht gestattet, wo Niederlassungen der Lazaristen sich befinden.

Diese Gleichstellung der Lazaristen mit den Redemptoristen spricht nach der Ansicht des Ausschusses um so mehr für die Ausschließung auch der Lazaristen, indem die Gefahr vorliegt, daß nach der Beseitigung der Jesuiten auch die Lazaristen in die Erbschaft derselben eintreten werden.

3. Die Kongregation vom heiligen Geist, von dem französischen Geistlichen Des Places gegründet, erhielt 1855 auf päpstliche Anordnung die Bestätigung der Ordensregeln in ihrer gegenwärtigen Gestalt.

Die Kongregation hat in Preußen eine Niederlassung zu Marienthal (Regierungsbezirk Coblenz) und hier infolge erzbischöflicher Bewilligung die Leitung der Demeritenanstalt. Im übrigen dienen sie als Hülfsgeistliche, indem sie in der Klosterkirche und in anderen Kirchen, wohin sie zur Aushülfe berufen werden, den Gottesdienst halten und predigen, auch den Religionsunterricht in der Elementarschule versehen. Eine zweite Niederlassung befindet sich in der dem Bischof von Limburg zur Errichtung einer Diözesan-Rettungsanstalt für verwahrloste katholische Knaben überwiesenen Cistercienserabtei Marienstadt.

Die aus den Regeln ersichtliche Organisation entspricht in wesentlichen Beziehungen dem jesuitischen Vorbilde. An der Spitze steht ein General (Superior Generalis), welcher in dem Mutterhause zu Chevilly oder zu Paris residirt. Er wird von dem General-Kapitel gewählt, bedarf aber der päpstlichen Bestätigung. Dem General unterstellt sind die Provinzialen, von denen die Regel sagt, daß sie von dem General absolut abhängig sind.

Die Lehre vom Gehorsam ist dem Muster des Jesuitenordens nachgebildet. Auch die Stellvertretung Gottes durch den Obern ist ausgesprochen und zugleich mit dem Zusatze anerkannt, daß die Oberen für ihre Untergebenen die Verantwortlichkeit tragen. Der ganze Verfassungsbau ist so konstruirt, daß er dem Oberen eine sehr weitgehende Macht einräumt, der General und dessen Beiräte aber befinden sich im Auslande und werden in der Regel auch Ausländer sein.

Vorstehende Gründe in Verbindung mit den Zwecken der Gesellschaft haben den Ausschuß zu der Ansicht bestimmt, daß die Kongregation von dem heiligen Geiste als den Jesuiten verwandt anzusehen sei. Für das Verbot fiel ferner der Umstand ins Gewicht, daß die Kongregation wegen ihrer umfassenden Zwecke in besonderem Maße geeignet erscheint, den Bestrebungen des im Deutschen Reiche aufgehobenen Jesuitenordens eine Zufluchtsstätte zu gewähren.

4. Die Gesellschaft vom heiligen Herzen Jesu (du Sacré-Coeur). In Betreff der weiblichen Orden ist ebensowohl von denjenigen, welche lediglich der Asceje gewidmet sind, als denjenigen, welche sich vorzugsweise mit Werken der Barmherzigkeit (Armen-, Krankenpflege u. s. w.) befassen, von vorneherein abgesehen worden. Wenn auch bei ihrer Thätigkeit die Verbreitung von Anschauungen, welche dem Jesuitenorden entlehnt sind, nicht ausgeschlossen bleiben mag, so ist doch eine derartige Einwirkung in engere Kreise gewiesen und trägt daher an und für sich nicht den Charakter besonderer Gemeingefährlichkeit. Insoweit aber die Erziehung und der Unterricht der weiblichen Jugend den Zweck der Verbindung bildet, erscheinen auch weibliche Orden zur Verfolgung der Tendenzen des Jesuitenordens besonders geeignet, weil ihre Einwirkung auf Personen gerichtet ist, welche wegen ihres Alters schädlichen Einflüssen leicht zugänglich sind. Es liegt auf der Hand, daß der Staat gerade an der Erziehung der weiblichen Jugend mit Rücksicht auf das künftige Familienleben ein erhebliches Interesse besitzt. Für die Frage nach der Verwandtschaft mit den Jesuiten kommen daher diejenigen religiösen Frauen-Genossenschaften, welche Unterrichtszwecke verfolgen, wesentlich in Betracht, und es müssen diejenigen, welche den Jesuiten als Werkzeuge dienen und namentlich von ihnen beherrscht oder geleitet werden, wegen ihrer Gemeinschädlichkeit den Jesuiten an die Seite gestellt werden.

Von diesem Gesichtspunkte aus mußte die Gesellschaft vom heiligen Herzen Jesu (du Sacré-Coeur) vor allem in Betracht kommen.

Zu Anfang dieses Jahrhunderts in Frankreich gestiftet, verbreitete sich dieselbe nach der Schweiz, Italien, Polen, Belgien, Deutschland, England und Nordamerika. Sie hat in Preußen eine Niederlassung, verbunden mit Noviziat uud Pensionat, in der Vorstadt Ueberwasser bei Münster und ein Pensionat nebst Armenschule zu Oberwilda bei Posen. Außerdem befinden sich Niederlassungen in Kintzheim (Ober-Elsaß) und in Montigny bei Metz.

Amtlich ist berichtet, daß der Orden direkt von den Jesuiten gestiftet sei und von dem Pariser Mutterhause aus, an dessen Spitze die General-Oberin steht, durch die Jesuiten geleitet werde. Die Dames du Sacré-Coeur seien unter den Frauenorden die eigentlichen Jesuitinnen und ständen hinter den Jesuiten nicht zurück in Verfolgung der am weitesten gehenden Zwecke dieses Ordens; sie seien ebenso gefährlich wie dieser, durch Abtötung aller Gefühle für Eltern und Vaterland, durch Vergötterung des Papstes und Frankreichs.

Die Gehorsamspflicht der Gesellschaft ist diejenige des Jesuitenordens. In den Vorgesetzten sollen sie die Person Jesu Christi erkennen und deren Befehle, Ansichten und Reprimanden, als erhielten sie dieselben unmittelbar von Jesus Christus, entgegennehmen. Eine Einschränkung des Gehorsams durch den Vorbehalt der Sünde ist nicht ausgesprochen, vielmehr kann die General-Oberin Befehle mit der Wirkung erteilen, daß die Nichtbefolgung als Sünde gestraft wird.

Die Wirksamkeit der Gesellschaft umfaßt besonders die Erziehung von jugendlichen Pensionärinnen, den Unterricht armer Kinder und die Abhaltung geistlicher Uebungen, welche den Frauen der höheren Gesellschaft möglichst erleichtert wird. Die Erziehung junger Mädchen aus vornehmen Familien ist die Hauptaufgabe. Um dieselbe erfolgreicher und unabhängiger von äußeren Einflüssen erfüllen zu können, soll die Erziehung nur in Pensionaten geschehen, von denen andere Schülerinnen ausgeschlossen sind. Die Lehrschwestern sollen als höchsten Zweck die Verbreitung des katholischen Glaubens festhalten und nicht bloß die Liebe zur katholischen Kirche, sondern auch den Gehorsam gegen den Papst, den Stellvertreter Christi, einprägen. Zu diesem Behufe sollen die Schülerinnen zu religiösen Uebungen, Gewissenserforschungen u. s. w. angehalten werden. Der Erfolg einer solchen Erziehung kann kein anderer sein, als eine den Anforderungen des Ordens der Gesellschaft Jesu in allem dienstbereite Frömmigkeit und die Verkümmerung der Selbständigkeit des eigenen Urteils und des Willens. Der Zweck derselben ist somit derselbe, den die Erziehungsmethode der Jesuiten, das Vorbild der Genossenschaft, erstrebt.

Deshalb mußte die Gesellschaft des Sacré Coeur als eine den Jesuiten verwandte Kongregation erkannt werden.

Am 13. Mai 1873 beschloß hierauf der Bundesrat in Beratung der Anträge des Justizausschusses, daß behufs weiterer Ausführung des Reichsgesetzes vom 4. Juli 1872, betreffend den Orden der Gesellschaft Jesu, 1. nachfolgende Genossenschaften: die Kongregation der Redemptoristen (Congregatio Sacerdotum sub titulo Sanctissimi Redemptoris); die Kongregation der Lazaristen (Congregatio Missionis); die Kongregation der Priester vom heiligen Geiste (Congregatio Sancti Spiritus sub tutela immaculati cordis Beatae Virginis Mariae); die Gesellschaft vom heiligen Herzen Jesu (Société du Sacré-Coeur de Jésus) — als im Sinne des gedachten Reichsgesetzes mit dem Orden der Gesellschaft Jesu verwandt anzusehen seien, und demzufolge die in der Bekanntmachung vom 5. Juli 1872, betreffend die Ausführung des Gesetzes über den Orden der Gesellschaft Jesu, erlassenen Vorschriften auch auf die vorgenannten Genossenschaften mit der Maßgabe Anwendung zu finden haben, daß Niederlassungen dieser Genossenschaften spätestens binnen sechs Monaten, vom Tage der Bekanntmachung dieses Beschlusses an, aufzulösen sind. 2. Die Bundesregierungen um weitere Aufklärungen über die in der Sitzung des Bundesrats vom 22. Februar 1873 (die Brüder der christlichen Schulen, Frères ignorantins; die Frères du Précieux sang mit einem Kloster in Elsaß-Lothringen; die Schulbrüder des Vereins Mariä zu Ebersmünster in Elsaß-Lothringen; die

Schulbrüder der christlichen Lehre des Bistums Straßburg zu Matzenheim in Elsaß-Lothringen; die Frères de la Doctrine chrétienne in Elsaß-Lothringen; die Schulschwestern in Bayern, Hessen und Lothringen und die Marianischen Kongregationen an verschiedenen Orten in Preußen, Bayern und Hessen) als dem Orden der Gesellschaft Jesu verwandt bezeichneten und unter Ziff. 1 nicht genannten Orden und ordensähnlichen Kongregationen unter Mitteilung der Ordensregeln und Statuten zu ersuchen. Es wurde ferner beschlossen, die Bundesregierungen zu ersuchen, über die in ihren Gebieten vorhandenen und durch vorstehende Beschlüsse zu 1 und 2 nicht berührten männlichen und weiblichen Orden und Kongregationen nach Anleitung der von der Königlich preußischen Regierung aufgestellten Uebersichten und unter Beifügung der Ordensregeln und Statuten nähere Mitteilungen an den Bundesrat gelangen zu lassen

Zu vorstehendem Beschlusse des Bundesrats erfuhr man, daß der Bevollmächtigte für das Königreich Sachsen erklärte, die Königlich sächsische Regierung habe sich aus demjenigen, was in dem Berichte des Justizausschusses deshalb angeführt werde, noch nicht davon zu überzeugen vermocht, daß auch in Bezug auf die Kongregation der Priester vom heiligen Geist ausreichend erwiesen sei, daß dieselbe als im Sinne des Reichsgesetzes vom 4. Juli 1872 mit dem Jesuitenorden verwandt angesehen werden müsse. Da auch die von dem Ausschusse ausgesprochene Ansicht, daß diese Kongregation wegen ihrer umfassenden Zwecke besonders geeignet erscheine, den Bestrebungen des Jesuitenordens eine Zufluchtstätte zu gewähren, nicht ausreichen dürfte, um die Mängel der Beweisführung zu ergänzen, so habe er zurzeit und nach dem bis jetzt vorliegenden Beweismaterial in Bezug auf die genannte Gesellschaft sich gegen das Gutachten des Ausschusses zu erklären. Der Bundesrat selbst gab diesem Einspruch keine Folge und beschloß auch die Auflösung der Kongregation der Priester vom heiligen Geist.

Wie die „Spenersche Zeitung" meldete, sprach sich eine Anzahl Regierungen, wie Bayern, Württemberg, Oldenburg, dafür aus, die Ausführung des Jesuitengesetzes nunmehr vorläufig als abgeschlossen zu betrachten und von der Prüfung der Frage Abstand zu nehmen sei, ob neben den bereits genannten vier die Marianischen Kongregationen u. s. w. ebenfalls wegen ihrer Verwandtschaft mit dem Jesuitenorden aufgelöst werden sollten. Die Majorität des Bundesrats entschied aber in Uebereinstimmung mit dem Berichte des Justizausschusses für die weitere Prüfung der Frage, nachdem die von den Regierungen erbetenen weiteren Aufklärungen eingelaufen sein werden.

Bekanntmachung, betreffend die Ausführung des Gesetzes über den Orden der Gesellschaft Jesu, vom 20. Mai 1873 (Reichs-Gesetzblatt S. 109).

In Betreff der Eingabe des Jesuitenpriesters von Mycielski wegen Ausweisung beantragte der Ausschuß für Justizwesen beim Bundesrat, den Petenten ablehnend zu bescheiden, weil von demselben kein Grund vorgebracht worden, welcher die in Gemäßheit des Reichsgesetzes vom 4. Juli und der Bekanntmachung vom 5. Juli 1872 von der Landesbehörde verfügte Ausweisung als ungerechtfertigt erscheinen ließ. Dieser Ausschußantrag wurde in der Bundesratssitzung vom 7. März 1873 angenommen.[1])

2. Bundesrat.

Teilnahme der Bundesregierungen bei Ausarbeitung von Gesetzentwürfen. Das Reichs-Militärgesetz, das im Reichstag so wenig erfreuliche Empfindungen erregte, schien auch im Bundesrat nicht durchaus zu gefallen. Wenigstens war es der Anlaß geworden, daß wieder einmal von seiten der Bundesregierungen über die Vorbereitung der legislatorischen Arbeiten für das Reich geklagt wurde. Diesmal war es der bayerische Justizminister Dr. Fäustle, welcher in letzter Zeit mehrfach als Organ der frondirenden Gelüste in den Kreisen der Bundesregierungen sich geltend gemacht hatte, der in der Bundesratssitzung vom 11. Mai 1873 folgenden Antrag stellte:

„Die Abfassung vieler Entwürfe zu Reichsgesetzen wurde bisher nur durch einen der Bundesstaaten vermittelt, und die Einbringung der Vorlage bei dem Bundesrat erfolgte in der Regel dann, wenn das Gesamtministerium des betreffenden Staates die Vorlage seiner Beratung und Beschlußfassung unterzogen hatte.

Welche Stellung die übrigen verbündeten Regierungen einnehmen würden, war hierbei meistens unbekannt; denn dieselben hatten in vielen Fällen entweder keine Kenntnis von der beabsichtigten Vorlage, oder es war ihnen keine Gelegenheit geboten, ihre Anschauungen und Wünsche rechtzeitig und vollständig zur Geltung zu bringen.

Schon bei mehrfachen Anlässen, namentlich aber bei der Vorlage, betreffend das Reichs-Militärgesetz, hat sich eine Aenderung dieser Geschäftsbehandlung, wobei die Entwürfe nach der Natur der Dinge zunächst hauptsächlich für das Bedürfnis des Staates bemessen sein konnten, welcher den ersten Aufbau der Gesetze unternahm, als dringend wünschenswert herausgestellt.

Es möchte sich daher zur Erwägung empfehlen, ob nicht künftig die Entwürfe zu Reichsgesetzen, insbesondere zu solchen, welche auf Grund der Reichs-

[1]) Der Umstand, daß in letzter Zeit bei dem Reichstage eine größere Anzahl von Petitionen bayerischer Genossenschaften, welche die Einführung des norddeutschen Gesetzes vom 4. Juli 1868, betreffend die privatrechtlichen Verhältnisse der Erwerbs- und Wirtschaftsgenossenschaften, an Stelle des bisherigen bayerischen Gesetzes vom 29. April 1869 anstrebten, eingegangen waren, gab der Königlich bayerischen Staatsregierung Veranlassung, die Frage der Einführung des erwähnten norddeutschen Gesetzes in Bayern neuerdings in Erwägung zu ziehen. Dieselbe legte auf Grund dieser Erwägungen nunmehr dem Bundesrat einen die Materie behandelnden Gesetzentwurf zur Beschlußnahme vor.

verfassung oder in Ausführung anderer Reichsgesetze erforderlich erscheinen, nach vorgängiger Vernehmung der verbündeten Regierungen im Reichskanzler-Amte oder auf dessen Veranlassung zu fertigen seien und in den dazu geeigneten wichtigeren Fällen den Regierungen die Möglichkeit offen zu halten sei, schon in dem Vorbereitungsstadium solcher Gesetze an der Abfassung derselben mitzuwirken.

Die bayerische Vertretung hält sich im Interesse einer gedeihlichen Reichsentwicklung für verpflichtet, die Aufmerksamkeit des Bundesrats auf diesen Gegenstand zu lenken, und stellt den Antrag, die Sache den Ausschüssen für Verfassung und Geschäftsordnung zu dem Zwecke zu überweisen, den dargelegten Verhältnissen eine nähere Würdigung zu widmen und der hohen Versammlung entsprechende Vorschläge zu unterbreiten.

Selbstverständlich soll durch diese Anregung dem Rechte jedes Bundesstaates, selbständige Anträge an den Bundesrat zu bringen, nicht zu nahe getreten werden."

Dem Antrag wurde durch Ueberweisung an die genannten Ausschüsse geschäftsordnungsmäßig entsprochen.

Die Bundesratsausschüsse für die Verfassung und Geschäftsordnung beantragten einstimmig die Annahme des Antrages Fäustle wegen vorgängiger Vernehmung der Bundesregierungen bei Ausarbeitung von Gesetzentwürfen. Aus guter Quelle verlautete, daß Bismarck dem Antrag nicht unfreundlich gegenüber stand.

Schließlich (31. Mai 1873) wurde derselbe in folgendem Vorschlage des Königlich württembergischen Staatsministers Dr. v. Mittnacht, der allseitige Zustimmung fand, erledigt: „Der Bundesrat wolle, vorbehaltlich der Befugnis jedes Bundesgliedes, Vorschläge zu machen und in Vortrag zu bringen (Artikel 7 der Verfassung), und vorbehaltlich der besonderen Beschlußnahme des Bundesrats über die Vorbereitung und weitere Behandlung einzelner Gesetzentwürfe, beschließen: den Reichskanzler zu ersuchen, die Ausarbeitung der Entwürfe zu Reichsgesetzen in der Weise herbeizuführen, daß regelmäßig die Regierungen von dem Bevorstehen einer Vorlage Kenntnis und vor Feststellung des Entwurfs zur Geltendmachung ihrer Anschauungen Gelegenheit erhalten."

Bald darauf verlautete, daß es die Absicht sei, dem Standpunkt der süddeutschen Staaten in weiterem Umfange zu entsprechen und im Reichskanzler-Amt eine eigene Abteilung für die Gesetzgebung einzurichten und an deren Arbeiten Mitglieder aus sämtlichen Bundesstaaten teilnehmen zu lassen. Aus der Sache wurde aber nichts. Der bayerische Antrag hatte aber doch eine gute Wirkung, wenn er auch das Räderwerk, wie die Reichsgesetze zu stande kamen, noch komplizirter gestaltete.

Antwort des Bundesrats auf die Beschlüsse des Reichstags. In der Sitzung vom 7. März 1873 beschloß der Bundesrat auf

Antrag des Geschäftsordnungs-Ausschusses (vgl. S. 301), dem Reichstag den gewünschten Bericht über die Entschließungen des Bundesrats auf die Beschlüsse des Reichstags zugehen zu lassen.

Die erste Mitteilung an den Reichstag erfolgte am 14. März 1873[1]) und zwar in Form einer Tabelle mit folgenden drei Kolumnen:

Schreiben des Präsidenten des Reichstags vom ... ten 1872.	Gegenstand der Beschlüsse des Reichstags.	Entschließungen des Bundesrats und Bemerkungen über das weiter Veranlaßte.

Der Inhalt der ersten Zusammenstellung war ein äußerst mannigfacher; die Zahl der vom Bundesrate aus Anlaß von Reichstagsbeschlüssen getroffenen Entscheidungen betrug 77. Von Petitionen, welche der Reichstag dem Reichskanzler überwies, wurden 23 erledigt, teilweise in bejahendem, teilweise in verneinendem Sinne; mehrere wurden den zuständigen Behörden zur Prüfung und Begutachtung überwiesen. Bei der Resolution des Reichstags vom 12. Juni 1872 endlich, betreffend die Mitteilung der vom Bundesrat gefaßten Entschließungen auf die Reichstagsbeschlüsse an den Reichstag, wurde kurz bemerkt: „Geschieht durch die gegenwärtige Vorlage und wird auch künftig erfolgen."

Damit war ein erheblicher Schritt in Bezug auf eine größere Publizität der Bundesratsverhandlungen[2]) geschehen. Auch die üblichen für die Zeitungen bestimmten Referate über die Sitzungen des Bundesrats boten in unserer Session einen kleinen Bruchteil mehr als die der beiden Vorjahre.

In der Sitzung des Reichstags vom 26. März 1873 kam die erste „Uebersicht der vom Bundesrat gefaßten Entschließungen auf Beschlüsse des Reichstags aus der Session 1872" im Reichstag zur Besprechung. Die Art und Weise des „Reichsabschieds", wie er erteilt wurde, wurde mehrfach bemängelt; man

---

[1]) Das von Bismarck gezeichnete, an den Präsidenten des Reichstags Dr. Simson gerichtete Schreiben lautet: „Ew. Hochwohlgeboren beehre ich mich auf das gefällige Schreiben vom 12. Juni v. J. ganz ergebenst zu erwidern, daß der Bundesrat beschlossen hat, dem Wunsche des Reichstags wegen Mitteilung der von dem Bundesrat gefaßten Entschließungen auf die von dem Reichstage beschlossenen Gesetzentwürfe und Anträge zu entsprechen. In Ausführung dieses Beschlusses übersende Ew. Hochwohlgeboren ich die beiliegende Uebersicht der vom Bundesrat gefaßten Entschließungen auf Beschlüsse des Reichstags aus der Session von 1872, mit dem ganz ergebenen Ersuchen, dieselbe gefälligst zur Kenntnis des Reichstags bringen zu wollen." (Deutscher Reichstag, Nr. 14 der Drucksachen. Erste Legislaturperiode, vierte Session 1873.)

[2]) Mehr geschah hier noch auf dem Wege der Indiskretion. So bemerkte Bismarck in der Sitzung des Reichstags vom 29. Mai 1873, die Vorlagen, die an den Bundesrat gelangen, pflegten auf Wegen, die ihm nicht bekannt seien, sehr rasch in die Oeffentlichkeit zu gelangen.

fand die Antwort des Bundesrats zu kurz und zu bündig und bedauerte, daß die Entschließungen desselben nicht etwas motivirt wurden.

Bismarck bemerkte zur Sache (26. März 1873) entgegenkommend: „Der Bundesrat, wenn er überhaupt Auskunft gibt über sein Thun und Lassen an den Reichstag, kann ja nur wünschen, daß dies in Formen geschehe, wie sie der Reichstag selbst wünscht. Wir haben uns gegenseitig nichts zu verheimlichen und geben unserm gegenseitigen Verkehr die Form und die Ausdrucksweise, die Schematen und geschäftlichen Behandlungen, welche dem einen wie dem andern Teile konvenirt. Gewiß wird der Bundesrat den Wünschen, welche geäußert sind und noch geäußert werden über das Formelle in der Behandlung der Sache, bereitwillig entgegenkommen."

3. Präsidium (Reichsbeamte).

Reichsbeamtengesetz. Das Reichsbeamtengesetz (cf. S. 302) wurde im Bundesrat gefährdet, da Preußen am 19. Februar 1873 die Ablehnung desselben in der vom Reichstag beschlossenen Fassung beantragte, und zwar wegen der darin enthaltenen Heranziehung der Beamten zu den Kommunalsteuern.[1])

Die Abänderungen, welche die preußische Regierung zu dem aus den Verhandlungen des Reichstags hervorgegangenen Entwurf eines Gesetzes, betreffend die Rechtsverhältnisse der Reichsbeamten, bei dem Bundesrat in Antrag gebracht hatte, bezogen sich auf folgende zwei Punkte:

1. Die Vorlage der verbündeten Regierungen hatte in den § 19 die Bestimmung aufgenommen, daß hinsichtlich der Steuerpflichtigkeit des Diensteinkommens, der Wartegelder und Pensionen der aktiven und der aus dem Dienste geschiedenen Reichsbeamten diejenigen gesetzlichen Bestimmungen zur Anwendung kommen sollten, welche an ihren Wohnorten für die Staatsbeamten maßgebend sind. Der Reichstag hatte diese Bestimmung gestrichen, dagegen die weiteren Vorschriften des § 19 über die Zulässigkeit einer Beschlagnahme der Diensteinkünfte, Wartegelder und Pensionen, sowie über die Zulässigkeit der Zwangsvollstreckung in das Vermögen oder gegen die Person der Reichsbeamten unverändert gelassen. Der Antrag Preußens ging nun dahin, die für diese Spezialfälle getroffenen Bestimmungen, nach welchen für die ersteren das am Wohnort des Beamten geltende Recht maßgebend sein soll, in der Weise zu generalisiren, daß auf alle Rechtsverhältnisse der Reichsbeamten, über welche nicht durch Reichsgesetz Bestimmung getroffen ist, diejenigen gesetzlichen Vorschriften Anwendung finden sollen, welche an den Wohnorten dieser Beamten für die Staatsbeamten gelten. Nach diesem allgemeinen Grundsatze würde dann auch die Frage der Steuerpflichtigkeit zu entscheiden sein.[2])

[1]) „National-Zeitung" Nr. 93 vom 25. Februar 1873.

[2]) Die „Norddeutsche Allgemeine Zeitung" Nr. 67 vom 20. März 1873 bemerkte hierzu: „Wenn in Betreff des Reichsbeamtengesetzes die Regierung darauf beharrt, daß die

2. Im § 25 hatte die Vorlage der verbündeten Regierungen denjenigen Beamten, welche durch Kaiserliche Verfügung jederzeit mit Gewährung des gesetzlichen Wartegeldes einstweilig in den Ruhestand versetzt werden können, sämtliche vortragende Räte und etatsmäßige Hülfsarbeiter im Reichskanzler-Amt und in den einzelnen Abteilungen desselben, sowie im Auswärtigen Amt und in den Ministerien beigezählt. Der Reichstag hatte dies dahin geändert, daß von den bezeichneten Beamten nur diejenigen, welche unter dem Vorbehalt der einstweiligen Versetzung in den Ruhestand angestellt worden sind, amovibel sein sollen und daß die im Dienste befindliche Zahl der mit diesem Vorbehalt Angestellten nicht die Hälfte der etatsmäßigen Stellen der entsprechenden Kategorie übersteigen soll. Der Antrag Preußens zu § 25 bezweckte die einstweilige Versetzung in den Ruhestand bei den vortragenden Räten und etatsmäßigen Hülfsarbeitern im Reichskanzler-Amt und in dessen Abteilungen sowie in den Ministerien ganz auszuschließen, dagegen dieselbe bei sämtlichen vortragenden Räten und etatsmäßigen Hülfsarbeitern im Auswärtigen Amt für zulässig zu erklären.

Die Bundesratsausschüsse für Justiz- und für Rechnungswesen stimmten den preußischen Einwendungen gegen die Reichstagsbeschlüsse zu. In ihrem Bericht an den Bundesrat empfahlen sie demselben: 1. Im § 19 des von dem Reichstag angenommenen Gesetzentwurfs das erste Alinea in folgender Fassung anzunehmen: „Auf die Rechtsverhältnisse der aktiven und der aus dem Dienst geschiedenen Reichsbeamten, über welche nicht durch Reichsgesetz Bestimmung getroffen ist, finden diejenigen gesetzlichen Vorschriften Anwendung, welche an ihren Wohnorten für die aktiven beziehungsweise für die aus dem Dienste geschiedenen Staatsbeamten gelten. Für diejenigen Reichsbeamten, deren Wohnort außerhalb der Bundesstaaten sich befindet, kommen hinsichtlich dieser Rechtsverhältnisse vor deutschen Behörden die gesetzlichen Bestimmungen ihres Heimatsstaates (§ 21) und, in Ermanglung eines solchen, die Vorschriften des preußischen Rechts zur Anwendung." 2. Den § 25 des Entwurfs in folgender Fassung anzunehmen: „Außer dem im § 24 bezeichneten Falle können durch Kaiserliche Verfügung die nachbenannten Beamten jederzeit mit Gewährung des gesetzlichen Wartegeldes einstweilig in den Ruhestand versetzt werden: der Reichskanzler, der Präsident des Reichskanzler-Amts, der Chef der Kaiserlichen Admiralität, der Staatssekretär im Auswärtigen Amt, die Direktoren und Abteilungschefs im Reichskanzler-

Kommunalsteuerpflicht der Reichsbeamten analog der der Landesbeamten zu behandeln sei, so ist dabei der leitende Gesichtspunkt nicht der, den Reichsbeamten finanzielle Vorteile zu bereiten, sondern der ihrer Gleichstellung mit den Landesbeamten. Ist die Behandlung keine analoge, so macht dies ganz allgemein den Eindruck, als stünden den inländischen Beamten die Reichsbeamten als ausländische gegenüber. Die Organe der Reichsregierung sollen aber überall im Vaterlande als einheimische Behörden gelten. — Uebrigens liegt es in der Hand der Landesgesetzgebungen, die Privilegien der Landesbeamten aufzuheben und dadurch auch, da die Reichsbeamten solche Privilegien mit jenen nur teilen und nicht besondere Vorrechte besitzen, die Stellung der Reichsbeamten zu bestimmen."

Amt und in den einzelnen Abteilungen desselben, sowie in den Ministerien die vortragenden Räte und etatsmäßigen Hülfsarbeiter im Auswärtigen Amt, die Militär- und die Marine-Intendanten, die diplomatischen Agenten einschließlich der Konsuln.“ 3. Im übrigen dem Entwurf in der ihm vom Reichstag gegebenen Fassung zuzustimmen und die erforderlichen Schritte zu thun, um eine Annahme des Gesetzentwurfs in dieser modifizirten Gestalt durch den Reichstag herbeizuführen.

Bei der im Bundesrat erfolgten Annahme des Gesetzentwurfs nach Maßgabe der von Preußen beantragten Modifikationen erklärte, wie nachträglich bekannt wurde, der württembergische Bevollmächtigte: „Die württembergische Regierung schließe sich zwar den preußischen Anträgen an, würde jedoch dem Gesetzentwurf auch nach den Beschlüssen des Reichstags zugestimmt haben. Von der Bestimmung, auch Stuttgart in das Verzeichnis derjenigen Orte aufzunehmen, in welchen Strafkammern errichtet werden sollen, behält sich die württembergische Regierung vor, später Gebrauch zu machen.“

Von dem Ergebnis der Beschlußfassung des Bundesrats gab Bismarck dem Reichstag Kenntnis in der ziemlich ungewöhnlichen Form einer an seinen Präsidenten Dr. Simson gerichteten schriftlichen Kundgebung. Dieselbe lautet:

Berlin, den 12. März 1873.

Ew. Hochwohlgeboren haben mittelst geehrten Schreibens vom 14. Juni v. J. mir den Entwurf eines Gesetzes, betreffend die Rechtsverhältnisse der Reichsbeamten, in der Fassung mitgeteilt, in welcher derselbe von dem Reichstag angenommen worden ist. Da die bezügliche Vorlage der verbündeten Regierungen durch die Beschlüsse des Reichstags eine Reihe von Abänderungen erfahren hatte, so ist der Entwurf in jener Fassung dem Bundesrat zur anderweiten Beschlußnahme übergeben worden.

In Bezug auf das Resultat der Beratungen desselben beehre ich mich Folgendes ganz ergebenst zu bemerken:

Die Abänderungen, welche der Reichstag an dem Gesetzentwurf vorgenommen, haben zu gewichtigen, teils grundsätzlichen, teils praktischen Bedenken Anlaß gegeben. Als die erheblichsten Punkte sind in dieser Beziehung zu erwähnen:

Die Bestimmungen des Entwurfs über die Vorschriften, welche die Beamten bei der Verwaltung ihres Amtes zu betrachten haben — § 10;
über ihre Verantwortlichkeit für amtliche Handlungen — § 13;
über die Steuerpflichtigkeit ihres Diensteinkommens — § 19;
über diejenigen Beamtenkategorien, deren einstweilige Versetzung in den Ruhestand zulässig sein soll — § 25;
über den Sitz des Disziplinarhofes — § 87;
über die Zusammensetzung der Disziplinarbehörden — §§ 89, 91;
über die Wiederaufnahme eines eingestellten Disziplinarverfahrens — § 99;

über die Oeffentlichkeit der mündlichen Verhandlung in Disziplinarsachen — § 103 und

über die Beschlagnahme bei Defekten — §§ 141, 147.

Von dem lebhaften Wunsche geleitet, ein Gesetz, welches die legislativen Faktoren des Reichs seit Jahren beschäftigt, und dessen Bedeutung für die Interessen des Reichs von keiner Seite verkannt ist, thunlichst zu fördern, sind die verbündeten Regierungen an die Prüfung jener Bedenken mit dem ernsten Willen herangetreten, dem Gelingen des Werkes ihre eigene Auffassung in allen den Fragen zu opfern, in welchen sie den Beschlüssen des Reichstags zustimmen können, ohne mit dem Geiste der Reichsverfassung und den unabweislichen Anforderungen des Reichsdienstes in Widerspruch zu geraten. Von diesem Gesichtspunkte aus haben sie geglaubt, auf alle Bedenken, mit Ausnahme der beiden nachfolgend zu erörternden, verzichten zu können.

I. Die Vorlage der verbündeten Regierungen hatte in den § 19 die Bestimmung aufgenommen, daß hinsichtlich der Steuerpflichtigkeit des Diensteinkommens, der Wartegelder und Pensionen den aktiven und den aus dem Dienste geschiedenen Reichsbeamten gegenüber diejenigen gesetzlichen Bestimmungen zur Anwendung kommen sollten, welche an ihren Wohnorten für die Staatsbeamten maßgebend sind. Der Reichstag hat diese Bestimmung gestrichen. Für seinen Beschluß ist die Auffassung maßgebend gewesen, daß die hierbei vorzugsweise in Betracht kommenden Privilegien, welche in einigen Bundesstaaten den Staatsbeamten in Bezug auf ihre Heranziehung zu den Gemeindeabgaben zustehen, für die Dauer nicht aufrecht zu erhalten seien, weil durch diese Exemptionen in ungerechtfertigter Weise in den Haushalt der Gemeinden eingegriffen werde, und daß es deshalb vermieden werden müsse, den bisherigen Umfang dieser Berechtigungen durch Ausdehnung derselben auf die Reichsbeamten noch zu erweitern.

Von einem näheren Eingehen auf die im Reichstag erörterte Frage, ob es politisch richtig sei, derartige Privilegien der Staatsbeamten zu schaffen oder fortbestehen zu lassen, ist um so mehr abgesehen worden, als dem § 19 nach seiner ursprünglichen Fassung die Absicht zu Grunde lag, dieselben den Reichsbeamten nicht allgemein und dauernd, sondern nur da, wo sie den Landesbeamten zustehen und nur so lange zuzuwenden, als sich die letzteren im Genusse dieser Immunitäten befinden würden. Träte der Fall ein, daß dieselben im ganzen Bundesgebiete fortfielen, so würden sie fortan auch für die Reichsbeamten nicht mehr in Anspruch zu nehmen sein. So lange sie aber in einzelnen Bundesstaaten bestehen, erfordert die Verfassung des Reichs, daß den Beamten desselben, soweit sie in den betreffenden Staatsgebieten wohnen, diejenigen Rechte zu teil werden, welche den Beamten in diesen Staaten zustehen.

Die Berufsthätigkeit der Reichsbeamten ist Aufgaben gewidmet, welche allen Bundesstaaten gemeinsam sind; was sie für das Reich leisten, dient gleichmäßig dem Interesse jedes einzelnen Bundesstaats; es erscheint daher als eine notwendige Konsequenz des durch den Artikel 3 der Reichsverfassung begründeten gemeinsamen Indigenats, daß, sowie überhaupt jeder Angehörige eines Bundesstaats in jedem andern Bundesstaate als Inländer zu behandeln ist, so auch jeder Reichsbeamte in jedem Bundesstaate den eigenen Beamten desselben gleichzustellen ist. Wird dieser Grundsatz nicht festgehalten, werden die Reichsbeamten den Landesbeamten gegenüber wie Ausländer in eine gleichsam exterritoriale Stellung versetzt, so entsteht auf einem der wichtigsten Gebiete des öffentlichen Lebens eine Scheidung zwischen Reich und Staat, welche an sich und in ihren Eindrücken auf das Volksbewußtsein die gemeinsamen Interessen und die Anforderungen der nationalen Gesamtentwicklung nur schädigen kann.

Diese Erwägungen sind für alle diejenigen Verhältnisse der Reichsbeamten maßgebend, für welche der Gesetzentwurf in seiner gegenwärtigen Fassung nicht ausdrückliche Bestimmungen getroffen hat. Sie erstrecken sich deshalb keineswegs nur auf die Frage der Steuerprivilegien, sondern beispielsweise auch auf das gegenseitige Rangverhältnis der Reichs- und der Landesbeamten und anderes mehr.

Um das erwähnte Prinzip, nachdem es durch die gegenwärtige Fassung des § 19 in einem wichtigen Spezialpunkte alterirt worden ist, außer Zweifel zu stellen, würde es nach der Auffassung der verbündeten Regierungen erforderlich sein, demselben in allgemeiner Weise in dem Gesetzentwurf Ausdruck, und zu diesem Zwecke dem § 19 eine entsprechende allgemeine Fassung zu geben.

II. Im § 25 der dem Reichstag gemachten Vorlage war Sr. Majestät dem Kaiser das Recht beigelegt, außer anderen Beamten auch die vortragenden Räte und etatsmäßigen Hülfsarbeiter im Reichskanzler-Amt und in den einzelnen Abteilungen desselben, sowie im Auswärtigen Amt und in den Ministerien ohne Ausnahme jederzeit mit Gewährung des gesetzlichen Wartegeldes einstweilig in den Ruhestand zu versetzen. Der Reichstag hat diese Befugnis auf diejenigen vortragenden Räte und etatsmäßigen Hülfsarbeiter beschränkt, welche unter dem Vorbehalt der einstweiligen Versetzung in den Ruhestand angestellt sind, zugleich aber eine Bestimmung angenommen, nach welcher die im Dienste befindliche Zahl der vortragenden Räte sowie die Zahl der etatsmäßigen Hülfsarbeiter, welche mit diesem Vorbehalt angestellt werden, nicht die Hälfte der etatsmäßigen Stellen der entsprechenden Kategorie übersteigen soll. Diese Aenderung beruht auf der Annahme, daß kein Grund vorliege, die bezeichnete Maßregel auf Beamte auszudehnen, deren Funktionen vorwiegend technischer Natur seien, daß vielmehr der Reichsregierung die Freiheit in der Auswahl ihrer oberen Beamten in hinreichendem Maße gewahrt werde, wenn die Amovibilität derjenigen vortragenden Räte und Hülfsarbeiter festgestellt sei, welche vorzugsweise mit der Bearbeitung politischer Angelegenheiten betraut werden. Diese Scheidung der Funktionen läßt sich indessen praktisch vielfach nicht durchführen; auch rechtfertigt jener Gesichtspunkt nicht eine gewissermaßen mechanische Teilung der bezeichneten Beamten in zwei numerisch gleiche Klassen und die Aufstellung wesentlich verschiedener Anstellungsbedingungen für jede von beiden. Durch die Beschlüsse des Reichstags wird überdies die Erhaltung einer fortdauernden Uebereinstimmung in prinzipiellen Ansichten zwischen der leitenden Autorität und den ihr zunächst stehenden Beamten der obersten Reichsbehörden in bedenklichem Maße erschwert. Um indessen den Ansichten des Reichstags thunlichst entgegen zu kommen, würde darauf verzichtet werden können, die Beamten des Reichskanzler-Amts und der Ministerien zeitweilig in den Ruhestand treten zu lassen, dagegen ist es unerläßlich, daß alle Räte und etatsmäßigen Hülfsarbeiter des Auswärtigen Amts zur Disposition gestellt werden können.

Die dienstliche Thätigkeit dieser Beamten ist in ihrem ganzen Umfang politischer Natur, so daß bei ihnen die erwähnte Scheidung der Funktionen überhaupt nicht stattfindet. Ueberdies aber führen dieselben Gründe, aus welchen die Amovibilität der diplomatischen Agenten durch den Entwurf ausgesprochen worden ist, mit Notwendigkeit dazu, Sr. Majestät dem Kaiser die Befugnis zur einstweiligen Versetzung in den Ruhestand in Bezug auf die vorhin bezeichneten Beamten des Auswärtigen Amts unbeschränkt vorzubehalten.

Von diesen Erwägungen geleitet, hat der Bundesrat beschlossen:

1. im § 19 des von dem Reichstag angenommenen Gesetzentwurfs das erste Alinea in folgender Fassung anzunehmen:

„Auf die Rechtsverhältnisse der aktiven und der aus dem Dienst geschiedenen Reichsbeamten, über welche nicht durch Reichsgesetz Bestimmung getroffen ist, finden diejenigen gesetzlichen Vorschriften Anwendung, welche an ihren Wohnorten für die aktiven beziehungsweise für die aus dem Dienst geschiedenen Staatsbeamten gelten. Für diejenigen Reichsbeamten, deren Wohnort außerhalb der Bundesstaaten sich befindet, kommen hinsichtlich dieser Rechtsverhältnisse vor deutschen Behörden die gesetzlichen Bestimmungen ihres Heimatsstaates (§ 21) und, in Ermangelung eines solchen, die Vorschriften des preußischen Rechts zur Anwendung;"

2. den § 25 des Entwurfs in folgender Fassung anzunehmen:

„Außer dem im § 24 bezeichneten Falle können durch Kaiserliche Verfügung die nachbenannten Beamten jederzeit mit Gewährung des gesetzlichen Wartegeldes einstweilig in den Ruhestand versetzt werden:

der Reichskanzler, der Präsident des Reichskanzler-Amts, der Chef der Kaiserlichen Admiralität, der Staatssekretär im Auswärtigen Amt, die Direktoren und Abteilungschefs im Reichskanzler-Amt und in den einzelnen Abteilungen desselben, sowie im Auswärtigen Amt und in den Ministerien, die vortragenden Räte und etatsmäßigen Hülfsarbeiter im Auswärtigen Amt, die Militär- und die Marine-Intendanten, die diplomatischen Agenten einschließlich der Konsuln;

3. im übrigen dem Entwurf in der ihm vom Reichstag gegebenen Fassung zuzustimmen.

Ew. Hochwohlgeboren beehre ich mich den hiernach abgeänderten Entwurf des gedachten Gesetzes mit dem ganz ergebensten Ersuchen zu übersenden,

die verfassungsmäßige Beschlußnahme des Reichstags über denselben gefälligst herbeiführen zu wollen.

Der Reichskanzler.
v. Bismarck.

Der Entwurf wurde im Reichstag nach heißen parlamentarischen Kämpfen angenommen. Gesetz betreffend die Rechtsverhältnisse der Reichsbeamten vom 31. März 1873 (Reichs-Gesetzbl. S. 61).

Am 29. Juni 1873 legte der Reichskanzler (I. V. Delbrück) dem Bundesrat den Entwurf einer Kaiserlichen Verordnung über die Tagegelder, Fuhrkosten und die Umzugskosten der Reichsbeamten zur Beschlußfassung vor.[1]) Die Bestimmungen desselben beruhten mit geringen, durch die eigentümlichen Verhältnisse des Reichsdienstes bedingten Modifikationen auf den Grundsätzen, welche in dem preußischen Gesetze, betreffend die Tagegelder und Reisekosten der Staatsbeamten, vom 24. März 1873, dem Königlich preußischen Erlaß, betreffend die Vergütung der den Beamten bei Versetzungen erwachsenden Umzugskosten, vom 26. März 1855, dem Gesetz, betreffend die Gewährung von Tagegeldern und Reisekosten bei Dienstreisen der Zivilbeamten in Elsaß-Lothringen, vom 3. Februar 1872 und dem elsaß-lothringischen Gesetz, betreffend die Umzugskosten der Zivilbeamten, vom 8. Juli 1872 enthalten sind.

4. Reichstag.

Gewährung von Diäten und Reisekosten an die Abgeordneten. Freie Fahrt auf den deutschen Bahnen. In einer am 26. März 1873 erfolgten Besprechung des Bundesrats machte sich derselbe über

[1]) In Kohls Bismarck-Regesten unerwähnt. Abgedruckt findet sich das Schreiben in der S. 304 (Note) erwähnten Quelle. — Vorlagen des Reichskanzlers, betreffend die Abgrenzung der Bezirke der Disziplinarkammern, „National-Zeitung" Nr. 279 vom 19. Juni 1873; betreffend die Anrechnung der in Gemeinde-, Kirchen- und Schulstellung verbrachten Zeit bei der Pensionirung der Militäranwärter, Nr. 526 vom 11. November 1873; betreffend die vierteljährliche Gehaltsauszahlung, „Norddeutsche Allgemeine Zeitung" Nr. 133 vom 11. Juni 1873 und Nr. 162 vom 15. Juli 1873; betreffend die Kautionen der Telegraphenbeamten, Nr. 113 vom 16. Mai 1873; betreffend das Regulativ für das Verfahren beim Disziplinarhof, Nr. 291 vom 13. Dezember 1873. Bundesratsbeschluß, betreffend die Ernennung der Mitglieder des Kaiserlichen Disziplinarhofs, „National-Zeitung" Nr. 325 vom 16. Juli 1873. Antrag Badens, betreffend die Befreiung der Vereinsbevollmächtigten und Stationskontrolleure von den direkten Kommunalabgaben am Sitz ihres dienstlichen Wohnsitzes, Nr. 513 vom 14. November 1873.

die Stellung schlüssig, welche er zu dem Antrag des Abgeordneten Schulze (Berlin) wegen Gewährung von Diäten und Reisekosten an die Mitglieder des Reichstags einzunehmen gedachte. Die Majorität des Bundesrats sprach sich gegen den Antrag aus, welcher Ansicht später der Präsident des Reichskanzler-Amts in der Plenarsitzung des Reichstags Ausdruck gab.

Als der Reichstagsbeschluß demnächst an den Bundesrat gelangte, sprach sich der Verfassungsausschuß für Ablehnung der Reichstagsdiäten aus, aber für die Gewährung freier Fahrt auf den Staatseisenbahnen, welches Verfahren die Privatbahnen voraussichtlich ebenfalls befolgen würden.

In der Sitzung des Bundesrats vom 31. Mai 1873 versagte auch der Bundesrat dem Beschlusse des Reichstags, betreffend Abänderung des Artikels 32 der Verfassung (Gewährung von Diäten und Reiseentschädigung), einstimmig die Zustimmung. Nur betreffend freie Eisenbahnfahrten sollten Unterhandlungen mit den verschiedenen Staats- und Privatbahnen eingeleitet werden. Es war dies gewissermaßen eine Abschlagszahlung in der Diätenfrage. Der württembergische Bevollmächtigte erklärte zu dieser Frage, daß die von ihm vertretene Regierung zwar der Ansicht zuneige, daß auf die Dauer der Artikel 32 der Verfassung nicht aufrecht zu erhalten sein werde, daß dieselbe indes zunächst noch die Erfahrungen der nächsten Wahlen und der beabsichtigten Erleichterung der Reise für die entfernter wohnenden Abgeordneten abwarten wolle.

Am 13. November 1873 ordnete der Bundesrat die Frage wegen der Freifahrt der Abgeordneten auf allen deutschen Eisenbahnen. Die oldenburgische Regierung erachtete zwar die Zahlung einer Entschädigung aus Reichsfonds für dieselbe mit dem Artikel 32 der Reichsverfassung in Widerspruch stehend. Die Mehrheit des Bundesrats erklärte sich indessen mit der vom Vorsitzenden, Staatsminister Delbrück vertretenen Ansicht einverstanden, daß die beabsichtigte Einrichtung mit der Verfassung wohl vereinbar sei, da die von der Reichskasse an die Eisenbahnverwaltungen zu leistende Zahlung zu den einzelnen Reichstagsmitgliedern in keiner Beziehung stehe.

Erfreulicherweise gab die oldenburgische Regierung ihr Bedenken auf und stimmte nachträglich gleichfalls dem Verfahren zu. Sämtliche Bundesregierungen sagten für die unter ihrer Verwaltung stehenden Bahnen freie Fahrt für die Dauer der Sessionen in beliebiger Wagenklasse und nach allen Richtungen zu, und eine gleiche Bewilligung erfolgte auch von seiten der Privateisenbahnen gegen Zahlung einer Aversionalentschädigung. Als dieses im Bundesrat zur Mitteilung gelangte, bemerkte der Vorsitzende noch, daß, da diese Entschädigung noch nicht im Reichsetat für 1874 Platz gefunden, die Gewährung derselben nur unter Vorbehalt der Genehmigung des Reichstags erfolgen könne. [1])

[1]) Bevor der Bundesrat sich über die Angelegenheit geeinigt hatte, kam dieselbe durch eine Interpellation des Abgeordneten Duncker und durch einen Antrag des Abgeordneten

Der günstige Abschluß wurde den Abgeordneten durch folgendes Schreiben bekannt gegeben:

Berlin, den 22. Dezember 1873.

Infolge der vom Bundesrat getroffenen Einleitungen werden die Herren Abgeordneten zum Reichstag während der Dauer der Session, sowie acht Tage vor Beginn und nach Schluß der letzteren auf sämtlichen deutschen Staats- und Privateisenbahnen in beliebiger Wagenklasse und nach allen Richtungen mit ihrem Gepäck bis einschließlich 50 Pfund frei befördert werden. Diese Beförderung erfolgt auf Grund einer vom Reichskanzler-Amt ausgestellten Legitimationskarte, welche jedem der Herren Abgeordneten rechtzeitig zugestellt werden wird.

Der Reichskanzler.
Fürst v. Bismarck.

Errichtung eines provisorischen und definitiven Reichstagsgebäudes. Nachdem in Betreff mehrerer zur Herstellung eines Reichstagsgebäudes vorzugsweise geeigneter Grundstücke Ermittlungen darüber angestellt worden waren, machte sich die zu diesem Zweck vom Reichstag und Bundesrat eingesetzte Kommission dahin schlüssig, daß der Grund und Boden des Krollschen Etablissements nebst dem erforderlichen angrenzenden Terrain als die geeignetste Stelle für die Errichtung des Reichstagsgebäudes anzusehen sei. Da der Bundesrat und Reichstag sich die endgiltige Entscheidung über die Erwerbung des Grund und Bodens für das Reichstagsgebäude vorbehalten hatten, so übermittelte der Reichskanzler beiden Körperschaften eine Vorlage, welche ihnen unter Darlegung der näheren Verhältnisse eine Beschlußnahme hierüber anheimstellte.

Bekanntlich verwarf demnächst der Reichstag das Krollsche Lokal als Bauplatz, welchem Beschlusse auch der Bundesrat beitrat, indem er gleichzeitig eine Kommission beauftragte, möglichst schnell neue Vorschläge zu machen.

Die würdige Herstellung eines neuen Reichstagsgebäudes leitete Bismarck im Juni 1873 durch folgenden an den Bundesrat gerichteten Antrag ein: Bei den Verhandlungen der Kommission für die Vorbereitungen zur Herstellung des Reichstagsgebäudes ist der Plan angeregt worden, zur Deckung der durch diesen Bau, einschließlich der Erwerbung des Bauplatzes, entstehenden Kosten einen Betrag von etwa 8 bis 10 Millionen Thalern aus der französischen Kriegskostenentschädigung zu reservieren. Da sich nicht verkennen läßt, daß es wünschenswert sein würde, zur Bestreitung der beträchtlichen außerordentlichen Ausgaben für Herstellung des Reichstagsgebäudes außerordentliche Einnahmen flüssig zu machen, und die Errichtung eines würdigen Gebäudes für den Deutschen Reichs-

---

Schröder-Lippstadt auch im preußischen Abgeordnetenhause zur Sprache. Vergl. die „National-Zeitung" Nr. 544 vom 21. November 1873, Nr. 546 vom 22. November 1873 und 561 vom 2. Dezember 1873.

tag unzweifelhaft ein Unternehmen ist, welches die Bedeutung des letzten Krieges für die nationale Entwicklung Deutschlands in besonders entsprechender Weise zur äußeren Darstellung zu bringen bestimmt ist, so scheint es gerechtfertigt, die Kosten des Reichstagsgebäudes auf die französische Kriegskostenentschädigung anzuweisen. Eventuell würde der Bedarf, welcher vorläufig zu 10 Millionen Thalern angenommen werden könnte, aus den durch Artikel VI des Gesetzes vom 8. Juli 1872 einstweilen reservirten eineinhalb Milliarden der Kriegskostenentschädigung zu entnehmen sein.

Durch Gesetz vom 8. Juli 1873 (Reichs-Gesetzbl. S. 21) wurde aus dem erwähnten Fonds für Errichtung des Reichstagsgebäudes die Summe von 8 Millionen Thalern bewilligt.

In der Sitzung vom 10. Juni 1873 beschloß der Bundesrat endlich, aus den Ueberschüssen der Einnahmen des Jahres 1872 eine Summe von 75 000 Thalern flüssig zu machen zum Ausbau des provisorischen Reichstagsgebäudes. Bezüglich des letzteren war es unabweisbar notwendig, Räume zu schaffen, um den Mitgliedern des Bundesrats und Reichstags den Aufenthalt erträglicher zu machen.

Termin für den Zusammentritt des Reichstags. In der Sitzung des Bundesrats vom 5. Juli 1873 kam die Resolution des Reichstags in Betreff des Termins für den Zusammentritt desselben zur Verhandlung. Der Vorsitzende teilte mit, daß im Schoße der Ausschüsse für die Verfassung und die Geschäftsordnung eine Besprechung darüber stattgefunden und sich dabei über die Zweckmäßigkeit, ob der Reichstag im Oktober oder zu Anfang Januar zur ordentlichen Session berufen werde, eine Meinungsverschiedenheit herausgestellt habe. Doch habe die Mehrheit sich für den Oktobertermin ausgesprochen. Bei der darauf folgenden Stimmabgabe erklärte Bayern sich für die Monate Januar und Februar, Sachsen gab auch diesem Termin den Vorzug, erklärte sich jedoch auch mit der Wahl eines andern Termins einverstanden. Württemberg stellte die Wahl zwischen Oktober und Januar frei, sprach aber den Wunsch aus, daß, wenn die Entscheidung für eine Berufung im Januar getroffen würde, die Berufung in den ersten Tagen des Januar erfolge, um die Landtagsarbeiten rechtzeitig beginnen zu können. Baden hatte auch nichts gegen die Wahl eines der beiden Termine einzuwenden, wünschte aber gleich wie Sachsen baldige Entscheidung. Mecklenburg endlich erklärte, daß hoher Wert darauf zu legen sei, daß die ordentliche Session des Reichstags nicht in die drei letzten Monate des Jahres falle. Die übrigen Vertreter der Regierungen waren noch ohne Instruktion und wurde deshalb beschlossen, die Regierungen, soweit sie über die Angelegenheit nach Vorstehendem eine Erklärung noch nicht abgegeben hätten, zu ersuchen, sich über die Frage im Wege der Korrespondenz gegen das Reichskanzler-Amt zu äußern.

Später (Oktober) verlautete, der Plan, die Sitzungen des Reichstags auf die Herbstmonate und diejenigen der Einzellandtage auf die Frühjahrsmonate zu verlegen, habe die Zustimmung der Mehrheit der Bundesregierungen gefunden.[1])

Auslegung der Wahllisten für die Reichstagswahlen. Ueber die im Bundesrat hierüber verhandelte Kontroverse erfuhr man nachstehendes: Einzelne Regierungen hatten bereits den Termin für die Auslegung der Wahllisten festgestellt, ehe der Wahltermin selbst festgesetzt war. Es entstand nunmehr die Frage, ob es zulässig sei, daß die Wahllisten, welche nach § 8 des Wahlgesetzes spätestens vier Wochen vor dem Wahltermine ausgelegt werden müssen, vor Beginn dieser vier Wochen ausgelegt werden dürfen. Der Bundesrat verneinte diese Frage, weil die erwähnte Vorschrift auch die Absicht habe, zu verhindern, daß durch vorzeitigen Schluß der Wahllisten den einzelnen Wählern die Ausübung des Wahlrechts abgeschnitten werde, also in dem Umstande, daß die Wahllisten vor Festsetzung des Wahltages ausgelegt worden, ein Grund zur Anfechtung der betreffenden Wahlen gefunden werden könnte. Es sollten deshalb diejenigen Regierungen, welche bei Anordnung der Wahlvorbereitungen bereits den Zeitpunkt der Auslegung der Wahllisten bestimmt hatten, ersucht werden, für den Fall, daß der Wahltag nicht vor dem für die Auslegung der Wahllisten bestimmten Tage durch Verkündigung der bezüglichen Kaiserlichen Verordnung festgesetzt sein sollte, in dem vorbezeichneten Sinne Remedur zu treffen.

Aufhebung der Itio in partes. Endlich hatte sich der Bundesrat noch mit dem Antrag des Reichstags wegen Abänderung des Artikels 28 der Reichsverfassung zu beschäftigen. Es handelte sich um Beseitigung der lästigen Bestimmung des zweiten Absatzes jenes Artikels, welcher dahin ging: „Bei der Beschlußfassung über eine Angelegenheit, welche nach den Bestimmungen der Verfassung nicht dem ganzen Reiche gemeinschaftlich ist, werden die Stimmen nur derjenigen Mitglieder gezählt, die in Bundesstaaten gewählt sind, welchen diese Angelegenheit gemeinschaftlich ist.“ Man wird sich erinnern, daß die sogenannte Itio in partes bei Gelegenheit des Brausteuergesetzes allgemein einen sehr peinlichen Eindruck machte und Veranlassung zu jenem Antrag wurde, dessen Annahme der Verfassungsausschuß bei dem Plenum des Bundesrats befürwortete.

Gesetz vom 24. Februar 1873, betreffend die Abänderung des Artikels 28 der Reichsverfassung (Reichs-Gesetzbl. S. 45).[2])

---

[1]) In der Uebersicht der vom Bundesrat gefaßten Entschließungen auf die Beschlüsse des Reichstags aus der Session 1873 findet sich nur der Vermerk, die Regierungen seien um eine Aeußerung in der Sache ersucht worden.

[2]) Ueber die Vorlage des Reichskanzlers an den Bundesrat, betreffend den Gesetzentwurf wegen Abänderung der Reichstagswahlkreise 5 und 6 des Regierungsbezirks Oppeln im Königreich Preußen, vergl. „Norddeutsche Allgemeine Zeitung“ Nr. 133 vom 11. Juni 1873.

5. Zoll- und Handelswesen.

Abänderung des Zolltarifs. In der Bundesratssitzung vom 31. Mai 1873 wurde ein von Bismarck am 27. Mai 1873 (Nr. 100 der Drucksachen) eingebrachter Gesetzentwurf[1]) vorgelegt, nach welchem die Eisenzölle teils ermäßigt, teils aufgehoben, der Sodazoll ermäßigt und der Zoll auf Lumpenausfuhr aufgehoben werden sollte. Der ultra-freihändlerische Vorschlag Delbrück-Camphausens, den Bismarck, der sich bis dahin in der Zollfrage noch keine definitive Meinung gebildet hatte, acceptirt hatte,[2]) erregte in Bundesratskreisen Bedenken. Gleichwohl beantragten die Bundesratsausschüsse die Zustimmung des Bundesrats unter unwesentlicher Abänderung der Vorlage. Bei der entscheidenden Abstimmung im Plenum des Bundesrats stellte der bayerische Bevollmächtigte den Antrag: „daß von einer Reform des Tarifs, namentlich in der Richtung der Aufhebung beziehentlich Reduzirung der Zollsätze auf Eisen und Eisenfabrikate, dann auf Maschinen und Eisenbahnfahrzeuge für jetzt abgesehen werden möge." Er bemerkte, die bezügliche Regierung könne ein dringendes wirtschaftliches Bedürfnis zur sofortigen Aenderung der erst vor drei Jahren reformirten Eisenzölle um so weniger anerkennen, als es zurzeit noch an der in Fragen der vorliegenden Art nötigen Evidenz dafür gebreche, daß die deutsche Industrie in den gedachten Richtungen sich bereits eines solchen Aufschwunges erfreue und schon so gekräftigt sei, daß sie in allen Fällen und dauernd befähigt erscheine, die Konkurrenz mit dem in vielen Beziehungen der Eisenindustrie besser situirten Auslande bestehen zu können. Jedenfalls vermöchte einer solchen Vorlage nur dann zugestimmt zu werden, wenn für den Einnahmeausfall zur Abwendung einer künftigen Erhöhung der Matrikularbeiträge eine Kompensation gewährt würde, wofür zunächst die in den Bundesratsausschüssen schon in Beratung gezogene sogenannte Börsensteuer ins Auge zu fassen wäre. Endlich biete sich die Frage an, ob es in der That opportun sei, den Reichstag noch in letzter Stunde mit solch weittragenden Steuerprojekten zu befassen, ob es nicht zweckmäßiger erscheine, den Gegenstand für die nächste Session zu vertagen, wo dann auch die Vertreter des hier sehr beteiligten Elsaß-Lothringens zugegen sein werden. Dieser Wunsch sei um so berechtigter, als wenigstens die bayerische Regierung nicht in der Lage gewesen sei, über die am 27. Mai 1873 an den Bundesrat gebrachte Vorlage die zur Vertretung der Industrie berufenen Organe und die am meisten beteiligten Interessenten zu vernehmen. Auch von anderer Seite wurde der Standpunkt vertreten, daß eine Aufhebung oder Er-

[1]) Abgedruckt in der oben S. 304 erwähnten Quelle. Wohl übersieht in den Bismarck-Regesten das obenstehende Datum. Der Wortlaut des Entwurfs findet sich in der „National-Zeitung" Nr. 255 vom 5. Juni 1873. Analyse desselben Nr. 257 vom 6. Juni 1873 und „Norddeutsche Allgemeine Zeitung" Nr. 130 vom 7. Juni 1873.

[2]) Vgl. mein Werk „Fürst Bismarck als Volkswirt" Bd. I. S. 33 und 39 Note.

mäßigung von Zöllen nur unter gleichzeitiger Gewährung einer Kompensation für den dem Reiche dadurch erwachsenen Einnahmeausfall zulässig, und daß, auch abgesehen von dem materiellen Inhalt der Vorlage, es nicht angemessen sei, dieselbe dem Reichstage noch in der gegenwärtigen Session vorzulegen.

Schließlich wurde die Frage, ob die Vorlage nur unter gleichzeitiger Kompensation für den Einnahmeausfall annehmbar sei, gegen die Stimmen von Bayern, Großherzogtum Sachsen, Oldenburg, Sachsen-Meiningen, Sachsen-Altenburg, Sachsen-Coburg und Gotha, Schwarzburg-Sondershausen, Reuß älterer und jüngerer Linie verneint; ebenso die weitere, ob die Vorlage zu vertagen sei, gegen dieselben Stimmen; darauf wurde in die Detailberatung des Entwurfs eingetreten.

Im Reichstag wurde das Gesetz nach lebhaften Kämpfen mit der Veränderung angenommen, daß nur der Zoll auf Roheisen aller Art, altes Brucheisen und Rohstahl seewärts von der russischen Grenze, auf See- und Flußschiffe alsbald, das heißt mit dem 1. Oktober 1873 völlig aufgehoben, der Zoll auf andere Eisen- und Stahlwaren dagegen fürs erste nur ermäßigt werden sollte. Vom 1. Januar 1877 aber sollte die gänzliche Aufhebung auch dieser Zölle eintreten.

Auch in dieser Gestalt bezeichnete das Gesetz nach dem Zeugnis der „Provinzial-Korrespondenz“ „einen der größten Fortschritte unserer Zollgesetzgebung, welcher vornehmlich der Landwirtschaft in hohem Maße zu statten kommen wird.“

Als das Gesetz nach erfolgter Beratung im Reichstag zum zweitenmal an den Bundesrat gelangte, wurde es daselbst einstimmig genehmigt. Gesetz, betreffend die Abänderung des Vereins-Zolltarifs, vom 7. Juli 1873 (Reichs-Gesetzbl. S. 241).

Vertagung der Steuerreform (Ersetzung der Salzsteuer durch Tabak- und Börsensteuer). Am 26. Februar 1873 gelangte im Bundesrat der Bericht der Kommission zur Aufhebung der Salzsteuer (vgl. S. 305) zur Verteilung.[1]) Aus demselben ergab sich die ganze Schwierigkeit, welche der geplanten Steuerreform entgegentrat.

Die Ausschüsse für Zoll- und Steuerwesen und für Handel und Verkehr bestritten nicht, daß aus der von der Kommission vorgeschlagenen Besteuerung des Tabaks ein hoher Betrag zu erzielen sei, namentlich, wenn man sich entschließen könnte, dieselbe in ihrer ganzen Ergiebigkeit auszunutzen. Das lasse

[1]) Der Bericht der Kommission für Aufhebung der Salzsteuer d. d. 26. Februar 1873 findet sich unter den Drucksachen des Bundesrats Nr. 45 Session 1873 in der oben S. 304 erwähnten Quelle. Ein Nachtragsbericht d. d. 22. März 1873 als Drucksache Nr. 60, die Berichte der Ausschüsse für Zoll- und Steuerwesen und für Handel und Verkehr d. d. 31. März 1873 Nr. 64 der Drucksachen und d. d. 17. April 1873 Nr. 75 der Drucksachen in derselben Quelle.

sich aber nur in der Form des Monopols oder des den inländischen Tabakbau gänzlich verbietenden englischen Systems oder aber in Form einer Handel und Verkehr auf das äußerste schädigenden Fabrikatsteuer erreichen. Von den beiden letzten Formen sei ohne weiteres abzusehen; auch die Einführung des Tabakmonopols, so hohe Erträge dadurch immerhin erzielt würden, sei schon durch die ganze finanzielle Lage des Deutschen Reiches ausgeschlossen, wozu als bestärkendes Moment die Rücksicht auf eine im lebhaften Fortschritt begriffene Tabakfabrikation in Deutschland trete, deren Existenz das Monopol zum großen Teil vernichten würde. Die Ausschüsse hielten den Gedanken des Tabakmonopols überall nur gerechtfertigt in Zeiten großer Kalamitäten und Geldnot und deshalb die gegenwärtige Zeitlage in Deutschland hierfür um so weniger geeignet, als auch die öffentliche Meinung dieser Art der Veranlagung der Tabaksteuer völlig abgeneigt sei. Die Ausschüsse erkannten deshalb in ihrer Mehrheit, daß die Steuerkommission den einzig möglichen Weg für die höhere Besteuerung des Tabaks eingeschlagen, wenn sie auf der einen Seite eine Erhöhung des Eingangszolles für Tabak und Tabakfabrikate, auf der andern Seite eine entsprechende Steigerung der Steuer von inländischem Tabak, jedoch in der Form einer Ertragssteuer, in Vorschlag gebracht hatte.

Die ihnen zur Entscheidung vorliegende Frage präzisirten die Ausschüsse hiernach dahin: „Ist die in der Vorlage vorgeschlagene Besteuerung des Tabaks geeignet, die Salzsteuer, wenn auch nur teilweise, zu ersetzen?" Bei Erörterung dieser Frage wurde aus den statistischen Ermittlungen konstatirt, daß die Salzsteuer den Kopf der Bevölkerung mit 9 Sgr. belastet, daß mithin eine Familie von 5 Köpfen 1 Thaler 15 Sgr. Salzsteuer zu zahlen hat, während dagegen die vorgeschlagene Tabaksteuer einen Raucher bei einem nur gering angeschlagenen durchschnittlichen Jahresverbrauch von 1000 Cigarren oder 15 Pfund Tabak mit 1 Thlr. 12 Sgr. bis 1 Thlr. 15 Sgr. höher als bisher trifft, so daß eine Familie von 5 Köpfen, vorausgesetzt, daß nur ein Glied derselben raucht, in der erhöhten Tabaksteuer eine gleich hohe Steuer zu zahlen haben würde, als dieselbe bisher an Salzsteuer gezahlt hat. Es war nun zu Gunsten der Aufhebung der Salzsteuer hervorgehoben, daß diese jeden Kopf der Bevölkerung mit absoluter Notwendigkeit treffe, während dagegen die Tabaksteuer nur die männliche Bevölkerung belastet und immer nur einen Gegenstand des Genusses besteuere, dem jeder entsagen könne. Dagegen wurde indessen von der Ausschußmehrheit bemerkt, daß der Tabak namentlich bei den unbemittelten Schichten der Bevölkerung zu einem wirklichen, durch Gewohnheit eingebürgerten Bedürfnis geworden sei. Der Tabakgenuß helfe körperliche Anstrengung und Entbehrung leichter ertragen und überwinden; einen Beweis dafür lieferten die Erfahrungen des jüngsten Krieges, in welchem die Militärverwaltungen den Tabak in die Reihe der dem Soldaten täglich zu liefernden Lebensmittel mit voller Berechtigung aufgenommen hätten. Wolle man aber auch in thesi dem Tabak die Eigenschaft eines Genußmittels lassen, so werde die Frage doch wohl nur die sein: Wird denn die unbemittelte Bevölkerung, welche zurzeit unter der Salzsteuer leidet, nach Aufhebung derselben, und infolge der Einführung der höheren Tabaksteuer, dem Genusse des Tabaks entsagen? Diese Frage dürfte aber unbedingt zu verneinen sein, ja die Vorlage, wenn sie die Abminderung des Tabakkonsums nur auf 20 Prozent des bisherigen Verbrauchs abschätzt, mithin für den weitaus größten Teil der Bevölkerung eine solche Abminderung verneint, erkenne dies ausdrücklich an. Sei dem aber so, so würde sich das praktische Resultat durch die Einführung einer Tabaksteuer an Stelle der Salzsteuer in Wirklichkeit nur so stellen, daß einer Familie von 5 Köpfen auch in Zukunft eine Steuer von 1 Thlr. 15 Sgr. zufallen würde; es würde also nur das Steuersystem und der Name der Steuer gewechselt werden, während dagegen die Einwirkung auf das Vermögen der Steuerpflichtigen in gleichem Umfange fortdauern würde.

Die Minorität der Ausschüsse trat diesen Ansichten entgegen, sie machte alle Gründe für Aufhebung der Salzsteuer geltend, gegen welche die Tabaksteuer ganz zurücktreten und sicher nicht als eine Last empfunden werden möchte, und hielt die geäußerten Bedenken nicht für stichhaltig. Man schwankte, ob man in die Spezialdiskussion der Vorlage überhaupt eintreten sollte, entschied sich schließlich aber dafür, weil nur so die Möglichkeit gegeben würde, das Gesetz dem Reichstage schon in dieser Session vorzulegen, doch wurden die Beratungen nur in dem Falle als wirksam erachtet, daß der Bundesrat in seiner Majorität die Prinzipienfrage bejahen würde. Man beriet den Entwurf nach vier Gruppen: Steuersätze, Steuermodus, Ausfuhrbonifikationen, Strafbestimmungen, und beantragte durchgehends vielfache, indessen meist nur redaktionelle Aenderungen.[1])

Dem Vorschlage einer Einführung der Börsensteuer waren die vereinigten Ausschüsse des Bundesrats im allgemeinen insofern nicht abgeneigt, als sie darauf verzichteten, an Stelle derselben einen anderweiten Vorschlag zu neuen Steuern zu machen. Sie wiesen darauf hin, daß man in anderen Ländern die Umsätze, welche an den Börsen gemacht werden, sowie Lombardgeschäfte und Wertpapiere bereits zu Objekten der Besteuerung gemacht habe. Auch in Deutschland scheine die öffentliche Meinung der sogenannten Börsensteuer keineswegs durchaus abgeneigt zu sein, und aus dem Schicksale des früheren Entwurfs im Reichstage sei bei der jetzt durchaus veränderten Situation kein Argument zu entnehmen. Einerseits sei der Börsen-, Geld- und Effektenverkehr

[1]) Der Entwurf des Gesetzes, betreffend die Besteuerung des Tabaks, wie derselbe nach den Ausschußanträgen dem Bundesrat zur Beschlußfassung vorlag, wurde von der „A. Ztg." im Wortlaut veröffentlicht. Die wichtigsten Paragraphen des Entwurfs teilte auch die „Norddeutsche Allgemeine Zeitung" in Nr. 104 vom 4. Mai 1873 mit.

bis jetzt durch Steuerfreiheit begünstigt, und eine Besteuerung erscheine um so billiger, da die Steuer nicht die Unbemittelten treffe. Andererseits sei ein Hineingreifen in die Stempelgesetzgebung, die im ganzen noch den Einzelstaaten überlassen war, bezüglich einzelner Objekte nicht recht erwünscht; der Ertrag sei kein sehr erheblicher, und Steuern, wie die hier vorliegende, enthielten immer einen Anreiz zur Umgehung. Großes Gewicht wurde darauf gelegt, daß eine Kompensation und zwar eine volle Kompensation für die Salzabgabe gefunden werden solle, und daß es schwer halten würde, ein anderes passendes Steuerobjekt ausfindig zu machen. In Bezug auf die verhältnismäßige Geringfügigkeit des Ertrages kam endlich in Betracht, daß es sich um einen Anfang handele, daß die ganze Materie zum erstenmale berührt werde und daß auf den weiteren Fortgang der auf diesem neuen Gebiete zu erlangenden Resultate jetzt noch nicht füglich ein Schluß gezogen werden könne. Es wurde in den Ausschüssen sonach zur Frage gestellt, ob die von der Kommission vorgeschlagene Besteuerung der Schlußscheine u. s. w. geeignet sei, die Salzabgabe teilweise zu ersetzen, und diese Frage von der Majorität bejaht. Im übrigen schlugen die Ausschüsse eine lange Reihe von Abänderungen und mit denselben die Annahme des Börsensteuerentwurfes vor.[1])

Der Bundesrat beschloß am 9. Mai 1873 einstimmig, die Tabak- und Börsensteuer nicht an den Reichstag zu bringen. Beide Gesetze waren damit beseitigt.

Aus Anlaß dieses Beschlusses richtete der Kanzler nachstehendes Schreiben an den Präsidenten des Reichstags:

Berlin, den 24. Mai 1873.

Der vom Reichstage in der Sitzung vom 3. Juni 1872 gefaßte, durch Ew. Hochwohlgeboren geehrtes Schreiben vom 19. desselben Monats mir mitgeteilte Beschluß wegen Aufhebung der Abgabe vom Salze ist von dem Bundesrat einer ernstlichen Erwägung unterzogen worden. Es hat sich dabei eine Uebereinstimmung der Ansichten dahin ergeben, daß der Frage von der Aufhebung jener Abgabe nur in dem Falle näher zu treten sei, daß es gelinge, in anderweitigen Steuern einen Ersatz für den dadurch veranlaßten Ausfall in den Einnahmen zu erlangen. Es ist demgemäß eine Kommission niedergesetzt worden, welche die Aufgabe erhielt, über die im Falle der Aufhebung der Salzabgabe einzuführenden neuen Reichssteuern Vorschläge zu machen. Die Kommission hat nach Beendigung ihrer Arbeiten als Surrogate für die Salzabgabe eine wesentliche Erhöhung der inneren Abgabe sowie des Zolles vom Tabak und eine Besteuerung der Schlußscheine, Lombard-Darlehen und inländischen und ausländischen Wertpapiere vorgeschlagen, und zugleich Entwürfe der über diese Gegenstände zu erlassenden Gesetze vorgelegt.

[1]) Wesentlicher Inhalt „Norddeutsche Allgemeine Zeitung" Nr. 76 von 30. März 1873 und Nr. 92 vom 20. April 1873. Von dem württembergischen Kommissar war im Laufe der Beratung eine Erhöhung des Kaffeezolles von $5\frac{1}{2}$ auf 7 Thaler vorgeschlagen.

Die von der Kommission unterm 26. Februar und 22. März d. J. erstatteten Berichte haben die aufgeworfene Frage mit erschöpfender Gründlichkeit und Sachkunde erörtert, und sind völlig geeignet, eine sichere Grundlage für die Beurteilung derselben zu bilden. Dieselben werden daher in den Anlagen mitgeteilt.

Der Bundesrat hat nach eingehender Prüfung der von der Kommission gemachten Vorlagen die ganze Angelegenheit in Beratung genommen.

Indem indes die verbündeten Regierungen teils die vorgeschlagenen Steuern nicht für geeignet erachteten, einen Ersatz für die Salzabgabe zu bilden, teils wenigstens zurzeit die Einbringung einer auf Einführung derselben gerichteten Vorlage nicht für ratsam hielten, befinden sie sich jetzt nicht in der Lage, dem Reichstage wegen eines Ersatzes der Salzabgabe durch andere Reichssteuern Vorschläge zu machen.

Ew. Hochwohlgeboren ersuche ich ergebenst, dem Reichstage hiervon Kenntnis zu geben.

Der Reichskanzler.
v. Bismarck.

Sonstige Vorlagen des Reichskanzlers, betreffend verschiedene Zollverwaltungs- und Steuerfragen. (Es genügt, dieselben hier nur kurz zu erwähnen, wobei ich nur bemerken will, daß dieselben in Kohls Bismarck-Regesten sämtlich übersehen sind.[1])

29. März 1873.

Schreiben des Reichskanzlers (in Vertretung Delbrück), betreffend die Ermächtigung des Präsidiums zum Abschluß eines Handels- und Schiffahrtsvertrages mit Schweden und Norwegen, Nr. 62 der Drucksachen, Session 1873.[2])

•

20. April 1873.

Schreiben (gez. v. Bismarck), betreffend den Entwurf eines Gesetzes über die gegenseitige Verpflichtung der Bundesstaaten zur Erledigung von Requisitionen in Zoll- und Steuerangelegenheiten, Nr. 77 der Drucksachen. (Gelangte nicht an den Reichstag.)[3])

•

---

[1]) Wer sich für den Wortlaut derselben interessirt, findet denselben in der oben S. 304 erwähnten Quelle.

[2]) Hinsichtlich der in der 52. Plenarsitzung des Bundesrats gemachten Mitteilung über die Verhältnisse Japans zu den Kiu-Liu-Inseln sei folgendes bemerkt: Japan hatte in neuerer Zeit die diplomatische Vertretung der von ihm als Eigentum betrachteten Kiu-Liu-Inseln (den Archipel zwischen Kiusiu und Formosa), die früher von einem Japan tributpflichtigen Könige beherrscht wurden, übernommen, und Deutschland hatte infolge davon verlangt, daß ihm in Bezug auf den Verkehr mit diesen Inseln die Vorrechte der meistbegünstigten Nationen zugestanden würden, welche die Engländer, Niederländer und andere schon früher gegen die Kiu-Liu-Inseln erworben hatten. Dieser Forderung wurde, nach einem Bericht des Kaiserlichen Minister-Residenten in Yeddo, seitens der japanischen Regierung in bereitwilligster Weise Genüge geleistet. (Vergl. „Nat.-Ztg." Nr. 605 vom 30. Dez. 1872.)

[3]) Die Beschlußnahme des Bundesrats erfolgte erst in der Session 1874.

13. Mai 1873.

Schreiben des Reichskanzlers (in Vertretung Delbrück), betreffend die Berechnung der Taxe bei eingehendem rohen Kaffee in Säcken, Nr. 95 der Drucksachen.

•

20. Mai 1873.

Schreiben des Reichskanzlers (in Vertretung Delbrück), betreffend die Besteuerung der sogenannten Bier- oder Zuckercouleur als Malzsurrogat, Nr. 97 der Drucksachen.

•

14. Juni 1873.

Schreiben (gez. v. Bismarck), betreffend den am 11. Juni zu St. Petersburg unterzeichneten Freundschafts-, Handels- und Schiffahrtsvertrag mit Persien, Nr. 116 der Drucksachen (Reichs-Gesetzbl. 1873 S. 351).

•

29. Juni 1873.

Schreiben der Reichskanzlers (in Vertretung Delbrück), betreffend die Ermächtigung des Präsidiums zum Abschluß eines Freundschafts-, Handels- und Schiffahrtsvertrags mit Guatemala, Nr. 133 der Drucksachen; Bericht und Beschluß § 388 der Protokolle von 1874.

•

30. Juni 1873.

Schreiben des Reichskanzlers (in Vertretung Delbrück), betreffend das Scheiblersche Verfahren zur Bestimmung des Raffinationswertes des Rohzuckers, Nr. 139 der Drucksachen.

•

10. Juli 1873.

Schreiben des Reichskanzlers (in Vertretung Delbrück), betreffend die Vorschriften über den erleichterten Verkehr mit Milchprodukten von Weide- und Futtervieh an der deutsch-französischen Grenze, Nr. 150 der Drucksachen. [1])

•

16. September 1873.

Schreiben des Reichskanzlers (in Vertretung Delbrück), betreffend die Verzollung der innern Umschließung einer Ware, Nr. 153 der Drucksachen.

•

27. Oktober 1873.

Schreiben des Reichskanzlers (in Vertretung Delbrück), betreffend die Ermächtigung der Landes-Finanzbehörden zur Bewilligung von Bier- und Branntweinsteuernachlässen, [2]) Nr. 157 der Drucksachen.

•

2. November 1873.

Schreiben des Reichskanzlers (in Vertretung Delbrück), betreffend die Umwandlung des Maßstabes für Erhebung der Uebergangssteuer von Bier in das Hohlmaaß (Litermaaß), Nr. 162 der Drucksachen.

•

---

[1]) Beschluß des Bundesrats, „National-Zeitung“ Nr. 348 vom 29. Juli 1873.

[2]) Vgl. die „National-Zeitung“ Nr. 509 vom 1. November 1873.

2. November 1873.
Schreiben des Reichskanzlers (in Vertretung Delbrück), betreffend die spezielle Revision der Waren bei der Ablassung aus Privat-Transitlagern,[1]) Nr. 161 der Drucksachen.

*

6. Eisenbahnwesen.

Reichs-Eisenbahnamt. Die Chancen desselben waren anfänglich im Bundesrat keineswegs glänzend. Die Befürchtung, es möchte auf diesem Wege den Einzelstaaten gewissermaßen die Eisenbahnhoheit entrissen oder geschmälert werden, präponderirte. Die für eine durchgreifende Handhabung der Bestimmungen der Reichsverfassung über das Eisenbahnwesen unentbehrliche exekutorische Vollmacht dieser Behörde weckte besonders die Bedenken der Regierungen und rief von neuem die Frage hervor, ob die Einsetzung einer solchen Behörde mit den Bestimmungen der Verfassung im Einklang stehe und nicht vielmehr eine Erweiterung der Kompetenz enthalte. Man ließ außer acht, daß

[1]) Ich erwähne noch folgende Bundesratsdrucksachen, gleichfalls in der oben S. 304 Note erwähnten Quelle enthalten:

Ausschußbericht, betreffend die in dem Kondominatorte Weitisberga erhobene Kommunalabgabe, Nr. 61 der Drucksachen, Session 1873; desgleichen betreffend die Bauschsumme für Elsaß-Lothringen und die Kostenvergütung für die dortige Salzsteuerverwaltung, d. d. 9. April 1873, Nr. 74 der Drucksachen. Ausschußantrag, betreffend die Vermehrung des Aufsichtspersonals beim Kaiserlichen Hauptzollamt Lübeck, d. d. 30. April 1873, Nr. 86 der Drucksachen. Ausschußbericht, betreffend die Exportbonifikation für parfümirten Spiritus, d. d. 30. April 1873, Nr. 87 der Drucksachen; desgleichen über den Antrag Lübecks, betreffend die Besteuerung des Lübeck-Büchener Eisenbahnunternehmens, d. d. 10. Juni 1873, Nr. 118 der Drucksachen. Ausschußantrag, betreffend die elsaß-lothringische Bauschsumme, d. d. 18. Juni 1873, Nr. 129 der Drucksachen. Ausschußbericht, betreffend die Erhöhung der Bauschsumme Oldenburgs, d. d. 1. Juli 1873, Nr. 140 der Drucksachen. Ausschußantrag, betreffend die Gehaltsverhältnisse der Zollbeamten in den Hansestädten, d. d. 2. Juli 1873, Nr. 141 der Drucksachen; desgleichen betreffend den Zolltarif und die amtliche Warenverzeichnung, d. d. 2. Juli 1873, Nr. 142 der Drucksachen. (Ueber die Ausdehnung dieses Antrages siehe die „Norddeutsche Allgemeine Zeitung“ Nr. 304 vom 31. Dezember 1873.) Antrag Badens, betreffend die Befreiung der Vereinsbevollmächtigten und Stationskontrolleure von den direkten Kommunalabgaben am Sitze ihres dienstlichen Wohnsitzes, d. d. 25. Oktober 1873, Nr. 165 der Drucksachen. Bericht und Beschluß § 60 der Protokolle, Session 1874. Antrag Sachsens, betreffend die Steuervergütung für ausgeführten Branntwein, d. d. 16. Dezember 1873, Nr. 190 der Drucksachen. Bericht und Beschluß § 95 der Protokolle, Session 1874. Bundesratsbeschlüsse, betreffend die Besteuerung des Zuckers, „Norddeutsche Allgemeine Zeitung“ Nr. 66 vom 19. März 1873; betreffend die zollfreie Einfuhr von Hausgeräten ꝛc. der Offiziere der Occupationsarmee, Nr. 71 vom 25. März 1873; betreffend die Verzollung des Gesamtgewichts nach Maßgabe des Inhalts, Nr. 297 vom 20. Dezember 1873; betreffend die Berechtigung der Dirigenten der Hauptzollämter, von gewissen Anklageverhandlungen in Wechselstempelhinterziehungen Gebrauch zu machen, Nr. 213 vom 13. September 1818; betreffend den Zollanschluß eines Teiles des bremischen Gebiets auf dem linken Weserufer, Nr. 158 vom 10. Juli 1873.

der Inhalt des Abschnitts der Verfassung über das Eisenbahnwesen gänzlich illusorisch ist, wenn man dem Reiche die Handhabe zur Durchführung derselben und zum Geltendmachen seiner Befugnisse verweigerte. [1])

Die skeptische Haltung mehrerer Bundesregierungen war auch wohl der Grund, weshalb der Reichskanzler im Reichstag bei der Beratung des gegen die Errichtung eines Reichs-Eisenbahn-Amts gerichteten Antrags Elben seine Teilnahme an der Diskussion lediglich auf seine Stellung als „Kanzler" zurückführte. [2])

Die obigen Bedenken der Bundesregierungen kamen bei einer vertraulichen Besprechung zum Ausdruck, welche der Bundesrat am 28. Mai 1873 eine Stunde vor der Plenarsitzung des Reichstags unter dem Vorsitz des Staatsministers Delbrück abhielt, um sich darüber schlüssig zu machen, welche Stellung der Bundesrat gegenüber dem obenerwähnten Antrag Elben annehmen sollte.

Von seiten der bayerischen Mitglieder wurde konstatirt, daß eine Kompetenz des Reichs-Eisenbahn-Amts für Bayern wegen der bayerischen Reservatrechte nicht Platz greifen könne. Von verschiedenen Seiten wurden gegen das Reichs-Eisenbahn-Amt Anstände erhoben, weil man die ganze Einrichtung nur als Ausfluß eines noch fehlenden Eisenbahngesetzes gutheißen wollte. Man betonte, daß die Verfassung dem Reiche die Kompetenz bezüglich der Gesetze und der Beaufsichtigung des Eisenbahnwesens unterstelle und die Wirksamkeit der Beaufsichtigung nicht ohne voraufgehende gesetzliche Normen denkbar sei.

Schließlich erteilte der Bundesrat in der Sitzung vom 20. Juni 1873 dem von dem Reichstage beschlossenen Gesetzentwurf, betreffend die Errichtung eines Reichs-Eisenbahn-Amts, gegen die Stimmen von Württemberg und beider

---

[1]) Charakteristisch war die Art und Weise, wie sich um die kritische Zeit die Darmstadtische Regierung auf einen Antrag des Abgeordneten Freiherrn v. Rabenau, die Ueberweisung des Eisenbahnkonzessionswesens an das Reich betreffend, äußerte: „In Gemäßheit der Bestimmungen im Abschnitt VII. Artikel 41—47 der Verfassung des Deutschen Reichs stehen der Reichsgewalt in Bezug auf das Eisenbahnwesen bereits wesentliche Befugnisse zu. Es konnen insbesondere durch Reichsgesetz im Interesse der Verteidigung oder des gemeinsamen Verkehrs für notwendig erachtete Bahnlinien gegen den Widerspruch der Bundesmitglieder entweder für Rechnung des Reichs angelegt oder an Private zur Ausführung konzessionirt werden. Ebenso sind wegen Verpflichtung zur Zulassung neuer Anschlüsse, Beseitigung des Widerspruchsrechts gegen Anlage von Konkurrenzbahnen, Einführung eines allgemeinen Betriebs- und Bahnpolizeireglements und Kontrolle über das Tarifwesen die im allgemeinen Interesse notwendigen Bestimmungen getroffen. Die Großherzogliche Regierung vermag daher das Vorhandensein einer dringenden, unabweisbaren Notwendigkeit einer Ausdehnung der Kompetenz des Reichs durch Uebertragung des Eisenbahnkonzessionswesens zurzeit nicht zu erkennen und findet sich daher dermalen nicht veranlaßt, einen dahin zielenden Antrag bei dem Bundesrat einzubringen."

[2]) Zu vergleichen den Artikel: „Das Reichs-Eisenbahn-Amt" in der „National-Zeitung" Nr. 498 vom 25. Oktober 1873, und einen Artikel der „Badischen Korrespondenz" darüber, abgedruckt in Nr. 211 vom 7. Mai 1873.

Mecklenburg aber doch seine Zustimmung. Auf Anregung des bayerischen Bevollmächtigten wurde das allseitige Einverständnis darüber konstatirt, daß durch das Gesetz das in der Reichsverfassung begründete Reservatrecht Bayerns in Bezug auf die bayerischen Staats- und Privatbahnen nicht berührt werde. Der württembergische Bevollmächtigte konstatirte, daß seine Regierung, indem sie gegen das vom Reichstag beschlossene Gesetz stimme, ihre Bereitwilligkeit nicht ablehne, bei dem Entwurf eines Gesetzes durch den Bundesrat mitzuwirken. Der Großherzoglich hessische Bevollmächtigte stimmte dem Gesetzentwurf zu unter Bezugnahme auf die bei der früheren Beratung abgegebenen Erklärungen. Der Großherzoglich mecklenburgische Bevollmächtigte erklärte, die Großherzoglichen Regierungen erachten die Uebertragung der verfassungsmäßigen Aufsicht über das Eisenbahnwesen an eine Reichsbehörde für zweckmäßig, halten aber in dem vorliegenden Entwurf die Abgrenzung zwischen Aufsicht und Teilnahme an der Verwaltung sowie die Bestimmung über die Entscheidung in Beschwerdefällen den Vorschriften der Reichsverfassung nicht entsprechend. Der Bevollmächtigte stimmte somit gegen den Entwurf.

Zum Vorsitzenden respektive Präsidenten des demnächst errichteten Reichs-Eisenbahn-Amts (Gesetz vom 27. Juni 1873, Reichs-Gesetzbl. S. 164) wurde der Geheime Ober-Finanzrat Scheele ernannt.[1])

Nach diesem Gesetz hat in den Fällen, in welchen gegen eine von dem Reichs-Eisenbahn-Amt verfügte Maßregel Gegenvorstellung erhoben wird auf Grund der Behauptung, daß jene Maßregel in den Gesetzen und rechtsgiltigen Vorschriften nicht begründet sei, das durch Zuziehung von richterlichen Beamten zu verstärkende Reichs-Eisenbahn-Amt über die Gegenvorstellung in kollegialer Beratung zu befinden. Zu diesem Zwecke überreichte der Reichskanzler dem Bundesrat ein Regulativ zur Beschlußnahme, welches den kollegialen Geschäftsgang und die hierbei dem Präsidenten zustehenden Befugnisse ordnete.[2])

Einführung des Einpfennigtarifs beim Transport von Steinkohlen und Coaks auf süddeutschen Bahnen. Am 5. März 1873[3]) legte der Reichskanzler dem Bundesrat die Rückäußerung der bayerischen Regierung, betreffend die Einführung des Einpfennigtarifs beim Transport von Steinkohlen und Coaks auf den süddeutschen Bahnen vor. Die Königlich bayerische Regierung erklärte sich darin gegenüber den erhöhten Betriebsausgaben der Bahnen und dem grellen Mißverhältnisse zwischen den Kohlenpreisen und den Transportgebühren sowie der Flauheit des Verkehrs „nicht in der Lage,

---

[1]) Näheres über denselben im III. Bande.

[2]) Vgl. über das belagte Regulativ die „Norddeutsche Allgemeine Zeitung" Nr. 304 vom 31. Dezember 1873 sowie die „National-Zeitung" Nr. 526 vom 11. November 1873 und Nr. 605 vom 30. Dezember 1873.

[3]) In Kohls Bismarck-Regesten unerwähnt.

eine Aenderung des Kohlentarifs im Sinne der von den Konsumenten gewünschten oder für den Fall normaler Zustände des Geld- und Warenmarkts ihrerseits projektirten Ermäßigungen vornehmen zu können“.

Fernere Vorlagen des Reichskanzlers betrafen: den Entwurf eines neuen Betriebsreglements für die Eisenbahnen Deutschlands (Schreiben vom 25. November 1873)[1]) und die Zulassung von Frachtbriefen im Eisenbahnverkehr, welche die Bezeichnung des Gewichts des transportirten Gutes in Kilogrammen ausdrücken (Schreiben, gez. Delbrück, vom 30. Juni 1873).[2])

In der Sitzung des Reichstags vom 28. Mai 1873 bemerkte Bismarck bei Empfehlung des auf die Errichtung eines Reichs-Eisenbahn-Amts gerichteten Vorschlags, die Versuche, durch Heranziehung von Eisenbahnsachverständigen als Mitglieder des Bundesrats eine Besserung in den Eisenbahnverhältnissen anzustreben, seien erfolglos geblieben.[3])

7. Post- und Telegraphenwesen.

Posttaxwesen. In dem Bericht des Ausschusses für Eisenbahnen, Post und Telegraphen über den Entwurf, betreffend einige Abänderungen des Postgesetzes, sprach sich derselbe zunächst für das Bedürfnis einer Revision der bestehenden Vorschriften aus. Aus dem jetzigen Tarife ergaben sich 1705 verschiedene Taxsätze für die Postsendungen, was dazu geführt hatte, im Verkehr mit dem Auslande, insbesondere auch mit Oesterreich, einen wesentlich vereinfachten Tarif zur Geltung zu bringen, welcher die 18 Entfernungsstufen des Reichs-Posttarifs auf 7 zusammenzog, und als Gewichtsprogression dem Pfunde das Kilogramm substituirte. Dadurch wurde im internationalen Verkehr die Zahl der Taxsätze auf 350 vermindert. Der vorliegende Gesetzentwurf war der erste in einem größeren Verkehrsgebiet unternommene Versuch eines einheitlichen Portos für Paketsendungen und begründete somit einen Systemwechsel von um so größerer Bedeutung und Tragweite, als vorauszusehen war, daß sich die Konsequenzen desselben auf die Gewichtsgrenze von 10 Pfund für die Dauer kaum würden beschränken lassen.

---

[1]) In Kohls Bismarck-Regesten gleichfalls unerwähnt. Vgl. darüber die „Norddeutsche Allgemeine Zeitung“ Nr. 283 vom 4. Dezember 1873 und die „National-Zeitung“ Nr. 490 vom 21. Oktober 1873.

[2]) Der S. 304 (Note) erwähnten Quelle zu entnehmen. In Kohls Bismarck-Regesten gleichfalls unerwähnt.

[3]) Ueber die Stellungnahme des Bundesrats zu der Petition der Eisenbahnverwaltungen wegen des Meilenmaaßes, s. „Norddeutsche Allgemeine Zeitung“ Nr. 284 vom 5. Dezember 1873. Vorlage des Kanzlers, betreffend die Baukosten des Gotthardtunnels, „Norddeutsche Allgemeine Zeitung“ Nr. 591 vom 16. Dezember 1873. Antrag der vereinigten Ausschüsse für Rechnungswesen, Eisenbahnen, Post und Telegraphen betreffs der Entschädigung der deutschen Eisenbahnverwaltungen für Benutzung ihres Betriebsmaterials zu Kriegszwecken, Nr. 68 vom 21. März 1873.

Gesetz, betreffend die Abänderung des Reichs-Postgesetzes vom 17. Mai 1873 (Reichs-Gesetzbl. S. 107).

Portopflichtigkeit der Korrespondenz, betreffend die Uebergangsabgabe. Während in Preußen die sich auf Uebergangsabgabe beziehende amtliche Korrespondenz gleich derjenigen, welche die entsprechenden Bundessteuern betrifft, als portopflichtig auch dann behandelt wurde, wenn der Schriftwechsel zwischen den Beamten und Behörden verschiedener Bundesstaaten stattfand, hatte das Großherzoglich hessische Ministerium auf Grund des Artikels 3, § 5 des Zollvereinsvertrags vom 8. Juli 1867 Bedenken getragen, das in dieser Beziehung in Preußen eingehaltene Verfahren auch den oberhessischen Behörden vorzuschreiben und die Frage der Portopflichtigkeit der die Uebergangsabgaben betreffenden Korrespondenz der Entscheidung des Bundesrats unterstellt. Laut Bericht der Ausschüsse für Eisenbahnen, Post und Telegraphen ꝛc. empfahl die aus 6 Stimmen bestehende Majorität der Ausschußmitglieder dem Bundesrat, „sich damit einverstanden zu erklären, daß die auf die Uebergangsabgaben bezügliche Korrespondenz der Behörden und Beamten der Vereinsstaaten unbedingt und namentlich auch dann der Portopflicht zu unterwerfen sei, wenn die fragliche Korrespondenz zwischen Behörden und Beamten verschiedener Bundesstaaten stattfindet“, während die Minorität (5 Stimmen) beantragte, „der Bundsrat wolle die Portofreiheit des auf die Uebergangsabgaben bezüglichen Schriftwechsels, insofern solcher zwischen den Behörden und Beamten verschiedener Bundesstaaten stattfindet, als begründet anerkennen“.[1])

Gewichtsgrenze für Fahrpostsendungen. In der Sitzung vom 18. Mai 1873 lehnte der Bundesrat den Antrag Württembergs, die Gewichtsgrenze für Fahrpostsendungen auf 50 Pfund zu beschränken, ab, weil zurzeit kein genügender Grund für die Einführung der beantragten Beschränkung vorlag.[2])

8. Marine und Schiffahrt.

Flottengründungsplan. Infolge des Beschlusses über die von dem Reichstag zu Kapitel 6 Titel 7 der einmaligen und außerordentlichen Ausgaben

[1]) Vollständig abgedruckt ist der betreffende Bericht d. d. 4. April 1873 als Drucksache Nr. 84 in der S. 304 (Note) citirten Quelle.

[2]) Vorlagen des Reichskanzlers, betreffend einen Organisationsplan zur Entwicklung und Vervollkommnung des Reichs-Telegraphennetzes, s. „National-Zeitung“ Nr. 116 vom 10. März 1873, „Norddeutsche Allgemeine Zeitung“ Nr. 60 vom 12. März 1873 und Schultheß' Geschichtskalender S. 84; betreffend den Postvertrag mit Luxemburg, „Norddeutsche Allgemeine Zeitung“ Nr. 126 vom 1. Juni 1873, mit Schweden, Nr. 123 vom 24. Mai 1873, mit Italien, Nr. 113 vom 16. Mai 1873, mit Brasilien, Nr. 277 vom 27. November 1873, das Postübereinkommen mit Helgoland, Nr. 144 vom 24. Juni 1873; betreffend eine Aenderung der Gebühren für Vorschußsendungen, Nr. 274 vom 23. November 1873.

im Reichs-Haushaltsetat für 1873 beschlossene Resolution legte der Reichskanzler dem Bundesrat eine von dem Chef der Kaiserlichen Admiralität vorgelegte Denkschrift, betreffend die Entwicklung der Kaiserlichen Marine und die sich daraus ergebenden materiellen und finanziellen Forderungen, vor. [1])

Die vereinigten Ausschüsse des Bundesrats für das Seewesen und für Rechnungswesen acceptirten in ihrem Bericht im wesentlichen den Inhalt der erwähnten Denkschrift. Sie betonten, daß der Vergleich mit dem, was andere Staaten für ihre Flotten verwenden, bei der wesentlichen Verschiedenheit in der militärischen und politischen Stellung immer nur eine relative Bedeutung haben könne; angesichts der gemeinsamen Fortschritte aber, sowohl der Technik als der Leistung der Flotten aller Nationen, verkannten die Ausschüsse nicht, daß die Verpflichtung des Reichs zum Schutz der Handelsmarine und der Küsten die Bewilligung einer Vermehrung der Geldmittel für die Flotte allerdings begründet, und daß die Erfüllung dieser Pflicht sehr bedeutende Opfer beanspruche. Daran anknüpfend bemerkten die Ausschüsse, daß sie gleichwohl bei einzelnen Titeln eine Abminderung vorschlagen müßten, um, ohne das zu erreichende Ziel zu gefährden, die zu übernehmende Last so weit wie möglich zu erleichtern. Unter diesen Gesichtspunkten stellten die Ausschüsse folgende Anträge: Der Bundesrat wolle 1. dem neuen Flottengründungsplan im allgemeinen seine Zustimmung erteilen, demnach die für die Jahre 1873—1882 geforderten außerordentlichen Ausgaben unter Ermäßigung des Titels IV. (Ausbau der Werft zu Danzig) auf 3 070 300 Thaler und des Titels V. (Garnisonbauten) auf 3 294 190 Thaler, sowie unter Absetzung der Titel VII. (Verbindungskanal zwischen der Kieler Bucht und dem Nord-Ostsee-Kanal) aufgeführten 10 Millionen Thaler, somit im Gesamtbetrage von 72 812 500 Thalern genehmigen, 2. dem Hauptetat der Marine für 1874 mit 5 430 027 Thalern an fortdauernden und 3 643 200 Thalern an einmaligen Ausgaben sowie 3. dem Nachtragsetat für 1873 mit einer Ausgabe von 31 995 Thalern zustimmen und 4. über die Aufbringung der demnach erforderlichen Geldmittel Beschluß vorbehalten, jedoch die außeretatsmäßigen Extraordinaria für 1873 und 1874 mit 18 019 390 Thalern auf die französische Kriegskontribution und zwar auf die reservirten 1½ Milliarden übernehmen.

Strandungsordnung. Gegen den Schluß der Session legte der Reichskanzler dem Bundesrat den Entwurf einer Strandungsordnung nebst Motiven zur Beschlußnahme vor. Als Ergebnis der Beratungen der Ausschüsse des Bundesrats für das Seewesen und das Justizwesen richteten dieselben einen Antrag an den Bundesrat, dahin gehend: den in 19 Punkten abgeänderten

[1]) Ueber den Inhalt der Denkschrift vgl. die „Norddeutsche Allgemeine Zeitung" Nr. 65 vom 18. März 1873, Nr. 66 vom 19. März 1873 und „National-Zeitung" Nr. 133 vom 20. März 1873.

Entwurf in der durch die Ausschüsse festgestellten Fassung anzunehmen, in den zu erlassenden Ausführungsbestimmungen eine Vorschrift für den Fall zu treffen, daß Kompetenzstreitigkeiten unter den Strandämtern verschiedener Staaten entstehen und durch die beteiligten Regierungen nicht zum Austrag gebracht werden sollten, und den Reichskanzler zu ersuchen, nach erfolgter Publikation der Strandungsordnung eine Vereinbarung auch mit der Königlich großbritannischen Regierung dahin zu erwirken, daß auf der Insel Helgoland (einschließlich der Düne) Bestimmungen, welche der deutschen Strandungsordnung analog sind, zur Anwendung kommen. Die Angelegenheit gelangte erst im folgenden Jahre zu gesetzlicher Erledigung.

Errichtung einer Zentralstelle für Meereskunde. Am 22. Dezember 1873 beantragte der Reichskanzler bei dem Bundesrat die Gründung einer deutschen Zentralstelle für Meereskunde und Sturmwarnung im Interesse der Seeschiffahrt.[1]) Dieselbe sollte in Hamburg ihren Sitz haben, 1875 ins Leben treten und von der Kaiserlichen Admiralität geleitet werden. Zur Durchführung des dargelegten Plans beantragte der Reichskanzler: a) als einmalige Ausgabe für Organisation der Anstalt 65000 Mark, b) als wiederkehrende ordentliche Ausgabe für die Unterhaltung derselben 50550 Mark auf den Haushaltsetat des Deutschen Reichs für das Jahr 1875 zu bringen. Der Bundesrat beschloß die Einführung des für die Seefahrt wichtigen Institutes.

Ein Schreiben des Reichskanzlers an den Bundesrat vom 3. Juli 1873 (Nr. 143 der Drucks.) bezog sich auf die Modifikationen der Vorschriften über die Statistik der Seeschiffahrt.[2])

9. Reichs-Kriegswesen.

Reichs-Militärgesetz. Am 14. April 1873 legte der Reichskanzler dem Bundesrat den Entwurf eines Reichs-Militärgesetzes vor, welcher die verschiedenen, diese weitschichtige Materie betreffenden Anordnungen, Instruktionen u. s. w. zusammenfaßte, um sie sozusagen zu kodifiziren.[3])

---

[1]) In Kohls Regesten nicht erwähnt.

[2]) Das von Delbrück in Vertretung des Kanzlers gezeichnete, in Kohls Bismarck-Regesten nicht erwähnte Schreiben findet sich in der S. 304 (Note) erwähnten Quelle. Vorlage des Reichskanzlers an den Bundesrat, betreffend den Gesetzentwurf über die Registrirung und Bezeichnung der Kauffahrteischiffe, s. „Norddeutsche Allgemeine Zeitung" Nr. 81 vom 5. April 1873. Im Bundesrat hatten sich Zweifel erhoben, ob die deutsche Seewarte in Hamburg wohl den Opfern gemäß, welche sie der Reichskasse auferlegt, eingerichtet und verwaltet sei. Das Reichskanzler-Amt setzte daher eine Untersuchungskommission ein. Näheres darüber in der „Norddeutschen Allgemeinen Zeitung" Nr. 142 vom 21. Juni 1873.

[3]) In Kohls Bismarck-Regesten ist das obige Datum unerwähnt. Der Wortlaut der Bundesratsvorlage findet sich in der „National-Zeitung" Nr. 183, 184, 185 vom 20., 21. und 22. April 1873.

Bei der allgemeinen Diskussion in der Bundesratssitzung vom 10. Mai 1873 erklärte der Großherzoglich hessische Bevollmächtigte: Der vorliegende Entwurf enthalte verschiedene Bestimmungen, welche mit der zwischen dem Deutschen Reich und dem Großherzogtum Hessen unterm 13. Juni 1871 abgeschlossenen Militärkonvention im Widerspruche ständen. Die Großherzoglich hessische Regierung glaube diesen Bestimmungen gegenüber an der fortdauernden Giltigkeit der erwähnten Konvention festhalten zu müssen. Sie könne von diesem mit Zustimmung der Stände abgeschlossenen Staatsvertrage nicht einseitig abgehen und sei der Ansicht, daß, solange die Konvention zu Recht bestehe, nicht bloß die zu Gunsten der Reichsgewalt, sondern auch die zu Gunsten des Großherzogtums vereinbarten Bestimmungen desselben zur Anwendung zu bringen seien. Er behalte sich vor, dieser Auffassung seiner Regierung bei den einzelnen einschlagenden Bestimmungen des Entwurfs Ausdruck zu geben.

Die Reichsregierung hatte nach Einbringung des Entwurfs beim Reichstag nicht verhehlt, welch großes Gewicht sie um der Entwicklung der nationalen Institutionen willen auf die Vereinbarung dieses Gesetzes, des Schlußsteins unserer erprobten Wehrverfassung, legte; der Reichstag kam aber nicht dazu, auf diesem Gebiete zum festen Ausbau der nationalen Verfassung mitzuwirken.

Im Dezember 1873 wurde das Reichs-Militärgesetz nach erneuter Durchsicht dem Bundesrat zum zweitenmal unterbreitet, um in der im Februar bevorstehenden Reichstagssession unverweilt zur Beratung vorgelegt zu werden. Auf die Krisis, welche dieses Gesetz demnächst heraufzubeschwören drohte, werden wir in der folgenden Session des Bundesrats zu sprechen kommen.

Gesetz über die Kriegsleistungen. Unterm 25. Februar 1873[1]) legte der Reichskanzler dem Bundesrat den Entwurf eines Gesetzes über die Kriegsleistungen zur Beschlußnahme vor. Derselbe beabsichtigte, einmal in dieser Materie für das ganze Bundesgebiet Rechtseinheit herzustellen, sodann die nach den gemachten Erfahrungen sich empfehlenden Abänderungen und Ergänzungen der betreffenden Bestimmungen herbeizuführen. Die Ausschüsse empfahlen dem Bundesrat die Annahme des vorgelegten Gesetzentwurfs mit einigen von denselben beantragten meist redaktionellen Aenderungen.

Mit den dazu vom Reichstag gefaßten Beschlüssen erklärte sich der Bundesrat im allgemeinen einverstanden, doch bekämpften die militärischen Mitglieder der Versammlung lebhaft die vom Reichstag beantragte Entschädigung für Naturalquartiere auf Märschen und Kantonnements. Nach dieser Richtung hin

[1]) In Kohls Bismarck-Regesten nicht erwähntes Datum. Näheres über die Entstehung und Tendenz des Entwurfs „Norddeutsche Allgemeine Zeitung" Nr. 53 vom 4. März 1873. Ueber den Inhalt der entsprechenden Bundesratsvorlage vgl. die „National-Zeitung" Nr. 99 vom 28. Februar 1873.

war noch eine anderweitige Verständigung zwischen Reichstag und Bundesrat erforderlich, die schließlich gelang, da der Bundesrat (29. Mai 1873) sich mit den Abänderungen des Reichstags einverstanden erklären konnte. Gesetz vom 13. Juni 1873 (Reichs-Gesetzbl. S. 129).

Umgestaltung der deutschen Festungen. Die vereinigten Ausschüsse für das Landheer und die Festungen und für das Rechnungswesen erstatteten unter dem 2. März 1873 dem Bundesrate Bericht über den Entwurf eines Gesetzes, betreffend die Umgestaltung der deutschen Festungen, ausschließlich derjenigen in Elsaß-Lothringen. Die Ausschüsse empfahlen dem Bundesrate die Genehmigung des Entwurfs mit einer Modifikation der Art. 1 und 2, wonach statt der ursprünglich festgesetzten Summe von 68 Millionen Thalern eine solche von 72 Millionen Thalern aus den reservirten 1½ Milliarden Franken der von Frankreich zu zahlenden Kriegskostenentschädigung zur Umgestaltung der deutschen Festungen ausgeschieden werden und von dieser Summe dem Reichskanzler für die Jahre 1873 und 1874 19 Millionen (statt 18 des Entwurfs), für die folgenden zehn Jahre aber je 5300000 Thaler (statt 5 Millionen des Entwurfs) zur Verfügung gestellt werden sollten, dagegen in der den Motiven angehängten Kostenübersicht der einzelnen Festungen als neue Position Nr. 6 die Festung Ulm einzuschalten sei.

Aus den Beratungen des Bundesratsausschusses über die Umgestaltung der deutschen Festungen ist noch mitzuteilen, daß für die Südgrenze des Reiches keine Befestigungsanlagen in Aussicht genommen wurden, weil eine wirksame Sicherung dort nur mit ganz exorbitanten Unkosten erreichbar und vom politischen wie vom militärischen Standpunkt aus noch am ersten entbehrlich erschien. Die Ausgabe von 4 Millionen Thalern für Ingolstadt wurde auf Antrag des bayerischen Bevollmächtigten beschlossen. Nach den Ausführungen desselben fällt Ingolstadt für den Süden des Reiches eine ähnliche Rolle zu wie Spandau im Norden. In Ingolstadt seien nicht allein jetzt schon große Vorräte für die Ausrüstung der bayerischen Armee niedergelegt, Werkstätten etablirt, sondern die bayerische Regierung habe bereits die erforderlichen Einleitungen getroffen, um überhaupt ihre sämtlichen größeren militär-technischen Etablissements, als die Geschützgießerei, die Gewehrfabrik, die Laboratorien, von denen einige nicht allein für Bayern, sondern auch für norddeutsche Heeresteile thätig sind, dahin zu verlegen. Die Festung liege am Vereinigungspunkte von sechs Eisenbahnen und bedürfe nur des permanenten Ausbaues provisorischer Werke sowie einiger detachirten Forts. Für letztere sollten nach den Beschlüssen der Ausschüsse 2 Millionen und für den Ausbau von neun Vorwerken eine gleiche Summe verwendet werden.

In der Sitzung vom 15. März 1873 trat der Bundesrat den

Ausschußvorschlägen bei. Gesetz vom 30. Mai 1873 (Reichs-Gesetzblatt S. 123.)[1])

Gründung des Reichs-Invalidenfonds. Hinsichtlich der Bedürfnisfrage herrschte bei den Bundesratsausschüssen für Landheer, Festungen und für Rechnungswesen kein Bedenken, auch nicht über die Deckung der Mittel aus der französischen Kriegskontribution (vgl. oben S. 238). Die Höhe des auszusondernden Kapitalbetrages wurde bemängelt. Dieser Betrag konnte nur nach Wahrscheinlichkeitsberechnungen gefunden werden, deren Faktoren zum Teil nicht gewiß waren; man hatte allerdings die Berechnung in der Weise vorsichtig aufgestellt, daß man sich vor zu geringen Annahmen gehütet hatte. Es wurde nun hervorgehoben, daß die gemachten Annahmen doch zu hoch seien. Ungewiß sei in den Berechnungen der dem Entwurfe beigefügten Denkschrift der noch zu erwartende Zugang und insonderheit das Verhältnis der nichtpreußischen Corps. Die Majorität der Ausschüsse entschied sich indes dafür, daß die Höhe des Fonds und dessen schließliche Festsetzung auf 187 Millionen nicht zu beanstanden sei. Zu hoch seien die gemachten Annahmen aller Wahrscheinlichkeit nach nicht. Man habe sich dabei auf die gemachten Erfahrungen gestützt. Die Annahme eines Zugangs von 20 Prozent bei den Unterklassen sei sogar eine ziemlich geringe, man sei keineswegs ganz sicher, daß nicht der Zugang ein erheblich stärkerer werde. Wie man an den Invaliden aus den Jahren 1813 bis 1815 erfahren, sei die Lebensdauer der Pensionäre und Hülfsbedürftigen keineswegs eine verhältnismäßig kürzere. Auch werde man nicht in der Lage sein, mit Strenge und Zurückhaltung zu verfahren, man werde alten Soldaten, die Leben und Gesundheit zum Opfer dargeboten, doch zu Hülfe kommen müssen, und die Ansprüche würden selbst in späteren Jahren keine geringen sein. Der bayerische Bevollmächtigte erklärte die Zustimmung seiner Regierung, vorausgesetzt, daß die selbständige Befugnis der bayerischen Militärverwaltung zur Feststellung, Anweisung, Auszahlung und Detailverrechnung der das bayerische Heer betreffenden Kriegspensionen, Pensionszulagen, Erziehungsgelder und Beihülfen nicht berührt werde. Man war der Ansicht, daß an der Kompetenz und den ressortmäßigen Befugnissen der einzelnen Militärverwaltungen durch das zu erlassende Gesetz nichts geändert werden solle. Schließlich beantragten die Ausschüsse in § 1 einzuschalten: vom 1. Januar 1873 an, in § 2 ist zuzusetzen:

[1]) In der dritten Lesung des oben erwähnten Gesetzentwurfs forderte der Reichstag den Reichskanzler auf, dafür Sorge zu tragen, daß die im § 2 des Gesetzes, betreffend die Quartierleistung für die bewaffnete Macht während des Friedenszustandes, vom 25. Juni 1868 eingeräumte Befugnis, für Truppen in Garnison Quartiere für Mannschaften und Stallung für Dienstpferde zu verlangen, jedenfalls in Reichsfestungen demnächst nicht mehr in Anspruch genommen zu werden brauche. Der Ausschuß für das Landheer und für die Festungen hatte sich für das Prinzip des Reichstags erklärt; die Angelegenheit sollte im Reichs-Militärgesetz definitive Regelung erhalten.

Schuldverschreibungen des Reichs oder eines Staates, vorzugsweise eines deutschen Bundesstaates; ferner im letzten Alinea: in Lombarddarlehen oder inländischen oder auf Gold lautenden ausländischen Wechseln ersten Ranges u. s. w., und eine Modifikation zu § 4, im übrigen dem Gesetzentwurf die Zustimmung zu erteilen. [1]) Gesetz vom 22. Mai 1873 (Reichs-Gesetzbl. S. 117). [2])

10. Reichsfinanzen.

Haushaltsetat des Deutschen Reichs für das Jahr 1874. Den Entwurf des bezüglichen Gesetzes legte der Kanzler dem Bundesrat am 9. Mai 1873 vor. [3]) Gesetz vom 5. Juli 1873 (Reichs-Gesetzbl. S. 301).

Gesetzentwurf über die Verwaltung der Einnahmen und Ausgaben des Reichs und die Kontrolle des Reichshaushalts für 1873. Ueber den in der vorigen Session dem Bundesrat und dem

[1]) Vgl. den Artikel: „Der Invalidenfonds" in der „National-Zeitung" Nr. 301 vom 1. Mai 1873; Vorlage des Reichskanzlers, betreffend die Wahl der Bankhäuser, deren Vermittlung zur Einziehung von Wechsel- und Darlehnsforderungen sowie zur Erwerbung und Veräußerung von Schuldverschreibungen für Rechnung des Invalidenfonds in Anspruch zu nehmen ist, „National-Zeitung" Nr. 549 vom 25. November 1873.

[2]) Reichskanzlervorlage von Gesetzentwürfen, betreffend die Gewährung von nachträglichen Vergütungen für Kriegsleistungen der Gemeinde, s. „National-Zeitung" Nr. 293 vom 27. Juni 1873; betreffend das abzuändernde Invalidenpensionsgesetz, Nr. 195 vom 27. März 1873; das abzuändernde Militärpensionsgesetz, Nr. 596 vom 22. Dezember 1873; die Aufbesserung der Lage der Unteroffiziere, „Norddeutsche Allgemeine Zeitung" Nr. 78 vom 2. April 1873; die Erweiterung der Dienstgebäude des Kriegsministeriums und Generalstabs in Berlin, „National-Zeitung" Nr. 155 vom 2. April 1873; den Kriegskartenbedarf des deutschen Heeres, „Norddeutsche Allgemeine Zeitung" Nr. 49 vom 27. Februar 1873; Bewilligung von Wohnungsgeldzuschüssen an Offiziere des Reichsheeres und der Marine, „National-Zeitung" Nr. 193 vom 26. April 1873 und Nr. 230 vom 19. Mai 1873; die Liquidation der französischen Eisenbahngesellschaften für Fuhr- und Frachtkosten im Interesse der deutschen Kriegsverwaltung, „Norddeutsche Allgemeine Zeitung" Nr. 88 vom 16. April 1873; Vorlage einer Verordnung, betreffend die Verwaltung des Reichskriegsschatzes, „Norddeutsche Allgemeine Zeitung" Nr. 247 vom 23. Oktober 1873; Bemerkungen der Bundesratsausschüsse zu dem Etat der Verwaltung des Reichsheeres für 1874, „National-Zeitung" Nr. 175 vom 16. April 1873; Bundesratsbeschluß, betreffend die Umwandlung der Bundes-Schul-Kommission in die Reichs-Schul-Kommission, „Norddeutsche Allgemeine Zeitung" Nr. 77 vom 1. April 1873 und „National-Zeitung" Nr. 136 vom 21. März 1873.

[3]) Abgedruckt in der „Norddeutschen Allgemeinen Zeitung" Nr. 110 vom 13. Mai 1873; in Kohls Bismarck-Regesten nicht erwähntes Datum. Reichskanzlervorlage, betreffend den Entwurf eines Gesetzes über die Regelung des Haushalts vom Jahre 1872 (Disposition über Einnahmenüberschuß von $14\frac{1}{2}$ Millionen Thalern), s. „Norddeutsche Allgemeine Zeitung" Nr. 130 vom 7. Juni 1873; desgleichen betreffend eine Uebersicht der ordentlichen Ausgaben und Einnahmen des Reichs für das Jahr 1872, Nr. 123 vom 29. Mai 1873.

Reichstag vorgelegten Gesetzentwurf, betreffend die Errichtung und die Befugnisse des Rechnungshofes, war eine Einigung mit dem Reichstag nicht erzielt worden. Der Hauptgrund des Scheiterns lag darin, daß es an einem Gesetz über die Verwaltung der Einnahmen und Ausgaben des Reichs noch fehlte, welches die Grundlage für die gesamte Thätigkeit des Rechnungshofes zu bilden geeignet wäre. Der Reichskanzler (J. V. Delbrück) unterbreitete infolge dessen am 27. April 1873 (Nr. 81 der Drucksachen) dem Bundesrat den Entwurf eines solchen Gesetzes, welcher 28 Paragraphen umfaßte, zur Beschlußnahme.[1])

Am 15. Juni 1873 richtete der Reichskanzler (gez. v. Bismarck) das nachstehende Schreiben an den Bundesrat[2]) (Nr. 122 der Drucksachen):

„Der von dem Bundesrat am 15. Mai cr. (§ 278 der Protokolle) beschlossene und dem Reichstag am 18. Mai cr. vorgelegte Entwurf eines Gesetzes über die Verwaltung der Einnahmen und Ausgaben des Reichs wird voraussichtlich während der gegenwärtigen Session des Reichstags nicht mehr zur Erledigung gelangen.

Da dieses Gesetz die Grundlage für die gesamte Thätigkeit des Reichs-Rechnungshofes zu bilden haben würde und nach den Erfahrungen der vorigen Reichstagssession nur bei dem Vorhandensein einer solchen Grundlage der definitiven Regelung der Einrichtung und Befugnisse des Rechnungshofes mit Aussicht auf Erfolg näher getreten werden kann, so wird in der gegenwärtigen Session von der Einbringung eines Gesetzentwurfs über die Einrichtung und Befugnisse des Rechnungshofes Abstand zu nehmen und der provisorische Zustand in Bezug auf die Kontrolle des Reichshaushalts noch bis zur nächsten Session des Reichstags aufrecht zu erhalten sein.

Die erforderliche gesetzliche Grundlage für das gegenwärtige Provisorium ist jedoch durch das Gesetz vom 5. Juli v. J. (Reichs-Gesetzbl. S. 265) nur für das Jahr 1872 gegeben und wird es daher erforderlich, die in dem letztgedachten Gesetze getroffene Bestimmung für das Jahr 1873 zu wiederholen.

Im Namen des Präsidiums beehrt sich der unterzeichnete Reichskanzler hiernach den beifolgenden Entwurf eines Gesetzes, betreffend die Kontrolle des Reichshaushaltes für das Jahr 1873, dem Bundesrat zur verfassungsmäßigen Beschlußnahme ganz ergebenst vorzulegen."

Hieraus entwickelte sich das Gesetz vom 22. Juni 1873 (Reichs-Gesetzbl. S. 145).

[1]) Abgedruckt findet sich das betreffende, in Kohls Bismarck-Regesten nicht erwähnte Schreiben in der S. 304 (Note) erwähnten Quelle; vgl. über die betreffende Vorlage auch die „Norddeutsche Allgemeine Zeitung" Nr. 105 vom 6. Mai 1873 und die „National-Zeitung" Nr. 216 vom 10. Mai 1873 (Abdruck des Entwurfs).

[2]) In Kohls Bismarck-Regesten gleichfalls nachzutragen.

Gesetz über das Reichseigentum an den von den Verwaltungen des Reichs besessenen Grundstücken. Ueber die Grundlagen dieses aus der vorigen Session des Bundesrats (vgl. oben S. 316) herüber genommenen Entwurfs wurde zwischen dem Bundesrat und dem Reichstag nur mit Mühe ein Einverständnis herbeigeführt.

Im Bundesrat stimmte Württemberg (mit Sachsen) gegen den Gesetzentwurf.

In der Kommission des Reichstags bekämpfte Minister v. Mittnacht die Annahme, daß schon zufolge der Reichsverfassung das betreffende Eigentum ipso jure an das Reich übergegangen sei, er sprach sich sodann aber aus Gründen der Zweckmäßigkeit und Rechtsklarheit dafür aus, daß die Frage des Eigentums für die Zukunft wie für die Vergangenheit gleichmäßig geregelt werde. Die Kommission war nach S. 314 ihres Berichts einstimmig der Meinung, daß dieser Verschiedenheit der Auffassung eine praktische Bedeutung nicht beigelegt werden dürfe.

Den Beschlüssen des Reichstags zu dem Gesetzentwurf stimmte der württembergische Minister im Bundesrat mit der Erklärung zu, daß die württembergische Regierung, indem sie das Eigentum des Reichs an den zum dienstlichen Gebrauch der Militärverwaltung bestimmten Gegenständen anerkenne, für die Ausführung des Gesetzes die aus der württembergischen Militärkonvention sich ergebenden Rechte und Zuständigkeiten wahre. Gesetz vom 25. Mai 1873 (Reichs-Gesetzbl. S. 113).

In der Presse waren über die Stellung Mittnachts zu diesem Gesetze ganz falsche Auffassungen verbreitet worden; es hieß, er habe dieselbe grundsätzlich bekämpft, was doch gar nicht zutraf.[1])

Verteilung der Matrikularbeiträge auf die einzelnen Bundesstaaten. Die Frage, ob diese Verteilung in Zukunft lediglich nach Maßgabe der ortsanwesenden Bevölkerung zu bewirken sei, wie die Bundesratsausschüsse im Anschluß an das Ergebnis der letzten Volkszählung und zwar auf den Antrag der preußischen Regierung beantragt hatten, wurde vom Bundesrat vorläufig verneinend beantwortet. Es wurde beschlossen, für das nächste Jahr an dem bisherigen Maßstab der ortsanwesenden und staatsangehörigen Bevölkerung festzuhalten, die Frage aber in der Zwischenzeit einer näheren und eingehenden Erörterung zu unterziehen. Die Mehrheit des Bundesrats war zudem darüber einverstanden, daß die Abänderung des bisherigen Maßstabes nicht nur allein

[1]) „National-Zeitung" Nr. 140 vom 24. März 1873; die „Spenersche Zeitung" verstieg sich bis zu dem Satze: „Angesichts dieser Thatsachen kann man dreist behaupten, daß niemals eine unmotivirtere, den eigenen Interessen des zu vertretenden Staats mehr ins Gesicht schlagende Opposition gegen ein Reichsgesetz dagewesen ist als die, welche Herr v. Mittnacht in der Kommission versuchte." Ueber die Stellung des Präsidenten Delbrück und des Bundesrats zu den Reichstagsbeschlüssen s. „National-Zeitung" Nr. 175 vom 16. April 1873.

durch einen Bundesratsbeschluß, sondern auf dem Wege der Gesetzgebung erfolgen müsse. Dieser Weg wurde, wie es scheint, deshalb für angezeigt erachtet, weil bei der ersten Beratung im Bundesrate von seiten des hamburgischen Bevollmächtigten darauf hingewiesen wurde, daß dem Ausschußantrage die bezügliche Bestimmung der preußisch-hamburgischen Militärkonvention vom 23. Juli 1867 entgegenstehe.

Indemnität für Fondsübertragungen. Die Marineverwaltung hatte in den Jahren 1867—1871 sich einiger Fondsübertragungen von einem Jahre ins andere schuldig gemacht, für welche sie meinte, mittelst einfacher Dechargirung der Staatsrechnungen der betreffenden Jahre Indemnität erhalten zu können. Der Reichstag erachtete aber zur Sühne des begangenen Unrechts ein besonderes Indemnitätsgesetz für notwendig, und legte dem Bundesrat einen bezüglichen Gesetzentwurf unterm 23. Februar 1873 vor. Darnach sollten die betreffenden Ausgaben (37 503 Thaler 24 Silbergroschen für Indienststellung von Schiffen) als Etatsüberschreitungen gebucht und auf die französische Kriegskontribution zur Deckung angewiesen werden. Gesetz vom 29. März 1873 (Reichs-Gesetzbl. S. 59).

Eine Vorlage des Reichskanzlers vom 15. April 1873 veranlaßte den Bundesrat zum Erlaß von Bestimmungen über die Entwertung von Wechselstempelmarken (Nr. 73 der Drucksachen von 1873).[1])

11. Elsaß-lothringische Angelegenheiten.

Der Eintritt Elsaß-Lothringens in das deutsche Verfassungsleben. Nach einem von Bismarck dem Bundesrat unterbreiteten Vorschlage sollte Elsaß-Lothringen mit dem 1. Januar 1874 in die volle Be-

---

[1]) Das in Kohls Bismarck-Regesten übersehene Schreiben findet sich abgedruckt in der S. 304 (Note) erwähnten Quelle. Reichskanzlervorlagen von Gesetzentwürfen, betreffend a) den nach dem Gesetz vom 8. Juli 1872 einstweilen reservirten Teil der französischen Kriegsentschädigung, „National-Zeitung“ Nr. 274 und 275 vom 16. und 17. Juni 1873; b) Geldmittel zur Erweiterung der Dienstlokalitäten des Auswärtigen Amts, Nr. 131 vom 8. Juni 1873; c) den Anteil des ehemaligen Norddeutschen Bundes an der französischen Kriegskostenentschädigung, Nr. 120 vom 25. Mai 1873 und Nr. 122 vom 28. Mai 1873; betreffend das Aufgebot und die Amortisation verlorener und vernichteter Schuldurkunden des Norddeutschen Bundes und des Deutschen Reichs, Nr. 81 vom 5. April 1873; Anträge beziehungsweise Vorlagen des Kanzlers, betreffend eine Uebersicht der Verwaltung der Norddeutschen Bundes- und Deutschen Reichsschuld, Nr. 139 vom 18. Juni 1873; den Ankauf zweier Grundstücke auf der Insel Coolung-su zu Zwecken des Konsulats, Nr. 298 vom 21. Dezember 1873; Denkschrift desselben, betreffend die durch den Krieg gegen Frankreich veranlaßten oder damit im Zusammenhange stehenden außerordentlichen Ausgaben und Einnahmen für das Jahr 1872, Nr. 136 vom 14. Juni 1873; Wahl von Mitgliedern der Bundesschuldenkommission, „National-Zeitung“ Nr. 237 vom 24. Mai 1873.

teiligung an der deutschen Verfassung und in den Genuß der darauf begründeten politischen Rechte eintreten.

Auch nach Einführung der Verfassung und bis zu anderweiter gesetzlicher Regelung sollte der Kaiser unter Zustimmung des Bundesrats, während der Reichstag nicht versammelt ist, Verordnungen mit gesetzlicher Kraft erlassen können. „Dieselben dürfen nichts bestimmen, was der Verfassung oder den in Elsaß-Lothringen geltenden Reichsgesetzen zuwider ist, und sich nicht auf solche Angelegenheiten beziehen, in welchen die Zustimmung des Reichstags erforderlich ist. Solche Verordnungen sind dem Reichstage bei dessen nächstem Zusammentritt zur Genehmigung vorzulegen. Sie treten außer Kraft, sobald die Genehmigung versagt wird.“[1])

In einer Reichstagsrede vom 16. Juni 1873 verwahrte sich Bismarck dagegen, daß der Kaiser von dem Recht, in Elsaß-Lothringen Verordnungen mit Zustimmung des Bundesrats zu erlassen, in der Weise Gebrauch machen könnte, daß der Bundesrat eine ihm bekannte gegenteilige Ansicht des Reichstags zur Geltung bringen würde.

Noch einmal hatte der Reichstag die Entscheidung über die Publikation dieses Gesetzes in die Hände des Bundesrats zurückgelegt, indem er den Entwurf nur mit einer Veränderung bezüglich des Wahlrechtes der Scheinoptanten genehmigte. Auch über diesen Punkt ging der Bundesrat hinweg. Gesetz vom 25. Juni 1873 (Reichs-Gesetzbl. S. 161).

Durch die Bestimmung des § 6 dieses Gesetzes war die vorläufige Abgrenzung der für die Reichstagswahlen in Elsaß-Lothringen zu bildenden Wahlkreise dem Bundesrate vorbehalten. Der Reichskanzler legte auf Grund dessen dem Bundesrat unterm 18. Oktober 1873[2]) den Entwurf einer Bekanntmachung zur Beschlußnahme vor, welcher die gedachte Abgrenzung in 15 Wahlkreise enthält.

Elsaß-lothringische Vorlagen. Das Arbeitsfeld des Bundesrats war in dieser Session, wie ein Blick in das Gesetzblatt für Elsaß-Lothringen ersehen läßt, groß, zu Meinungsverschiedenheiten war aber wenig Anlaß.

Bei der Beschlußfassung des Bundesrats über den Gesetzentwurf wegen des außerordentlichen Geldbedarfs für die Reichseisenbahnen in Elsaß-Lothringen[3]) wurde auf Anregung des bayerischen Bevollmächtigten das Einverständnis darüber konstatirt, daß in gleicher Weise, wie in den bisher dem Bundesrat und Reichstag vorgelegten Etats, die Beträge, welche aus Reichsmitteln für die Reichseisenbahnen in Elsaß-Lothringen verwendet werden, ersichtlich gemacht

[1]) Vgl. die „National-Zeitung“ Nr. 249 vom 31. Mai 1873.

[2]) In Kohls Bismarck-Regesten unerwähnt. Vorlage, betreffend das Wahlreglement für die Reichstagswahlen, „National-Zeitung“ Nr. 565 vom 4. Dezember 1873.

[3]) „National-Zeitung“ Nr. 165 vom 8. April 1873.

waren, solches auch für die Zukunft zu geschehen habe, und daß vorbehalten bleibe, seinerzeit die Frage der Ueberweisung dieser Eisenbahnen an das Reichsland Elsaß-Lothringen gegen entsprechenden Ersatz der aufgewendeten Kosten in Erwägung zu nehmen.

Der badische Bevollmächtigte gab im wesentlichen in Uebereinstimmung mit der Erklärung des mecklenburgischen Bevollmächtigten im Bundesrat folgende Bemerkung zu Protokoll: „Er finde es kaum zu rechtfertigen, einem einzelnen Lande auf Reichskosten ein Bahnnetz herzustellen, wie solches kein anderes Bundesland besitze, ohne die militärischen Interessen und die Rentabilität der betreffenden Linien genauer ins Auge zu fassen. Auch andere Länder müßten die Erbauung mancher Bahnlinien zurückstellen, weil, so erwünscht sie dem Verkehr gewisser Gegenden sein würden, die finanziellen Erwägungen den Ausschlag zu geben hätten. Es sei zu befürchten, daß diese Erwägungen noch mehr in den Hintergrund gedrängt würden durch den Umstand, daß die Mittel aus der französischen Kriegsentschädigung zu schöpfen seien, welche letztere für die Zukunft nicht mehr zur Verfügung stehe. Er befinde sich hiernach in der Lage, bei der Spezialberatung sich gegen einzelne der vorgeschlagenen Linien ablehnend zu verhalten."

In einer Sitzung des Bundesrats stand der Gesetzentwurf, betreffend die Entscheidung der Kompetenzkonflikte zwischen den Gerichten und den Verwaltungsbehörden in Elsaß-Lothringen zur Verhandlung. Bei Beratung des ersten Paragraphen ergab sich jedoch, daß die Versammlung in ihrer Mehrheit der in Aussicht genommenen Einsetzung eines aus Mitgliedern des Reichs-Oberhandelsgerichts und des Bundesrats zu bildenden Gerichtshofes zuzustimmen nicht geneigt war. Es wurde deshalb die Entscheidung der Frage, welches Organ mit der Entscheidung der Kompetenzkonflikte zu betrauen sein werde, sowie die weitere Beratung der Vorlage für eine spätere Zeit ausgesetzt.[1])

---

[1]) Reichskanzlervorlagen von Gesetzentwürfen beziehungsweise Bundesratsverhandlungen, betreffend die Rechtsverhältnisse der Reichsbeamten, „National-Zeitung" Nr. 575 vom 10. Dezember 1873, die Vormundschaftsverwaltung, Nr. 183 vom 20. April 1873, die Einführung der preußischen Militärstrafgerichtsordnung, Nr. 294 vom 27. Juni 1873, die Aufnahme von Anleihen, Nr. 279 vom 19. Juni 1873, das Notariat und die Notariatsgebühren, Nr. 579 vom 12. Dezember 1873, vier kleinere Gesetzentwürfe, Nr. 446 vom 25. September 1873, die Kompetenzkonflikte, Nr. 133 vom 20. März 1873, Nr. 320 vom 12. Juli 1873, das Haftpflichtgesetz, Nr. 484 vom 13. Oktober 1873, den Haushaltsetat für 1873, Nr. 143 vom 26. März 1873, Nr. 263 und 264 vom 10. Juni 1873, Nr. 268 vom 12. Juni 1873, Nr. 273 vom 15. Juni 1873 (nach Schultheß' Vorlage Bismarcks vom 24. März 1873, in Kohls Bismarck-Regesten unerwähnt), die außergerichtlichen Teilungen und die gerichtlichen Verkäufe von Liegenschaften, Nr. 251 vom 10. Mai 1873, die Kautionen der Beamten, „Norddeutsche Allgemeine Zeitung" Nr. 215 vom 16. September 1873, Nr. 249 vom 25. Oktober 1873, die Wiedereinführung der Ehescheidung, „Nord-

12. Verschiedenes.

Die mecklenburgische Verfassungsangelegenheit. Als im Jahr 1873 die mecklenburgische Verfassungsfrage zum drittenmal im Reichstag zur Beratung[1]) gelangte und zur Annahme des Büsingschen Antrages führte, hatte der dortige Gesandte v. Bülow im Bundesrat mit großen Schwierigkeiten zu kämpfen. Die Stimmung war durch den Mißerfolg auf dem mecklenburgischen Landtag ungünstig beeinflußt; auch wurde die stete Wiederholung der liberalen Anträge unbequem. Es war die Zeit des Kulturkampfes, und die Reichsregierung bedurfte der Unterstützung der Nationalliberalen. Das Bestreben, diese Partei zu schonen, drückte sich denn auch unverkennbar in den Bemerkungen aus, welche der Vorsitzende des Ausschusses, Staatsminister Delbrück, in der Sitzung vom 26. Juni 1873 an das Referat des bayerischen Justizministers Fäustle knüpfte. Letzterer hatte bereits die bedenkliche Rückwirkung der mecklenburgischen Zustände auf das Reich betont und dieselben als eine Kalamität bezeichnet, deren Abstellung im Interesse aller Bundesregierungen liege. Dennoch war er für einfache Ablehnung; auch den Ausdruck eines Wunsches für das Gelingen der Reform könne er nicht vorschlagen, da ein solcher den Bundesrat mehr, als richtig sei, binde und einer zu Recht bestehenden Verfassung und den wiederholt dargelegten Entschließungen der Regierung gegenüber kaum erforderlich sei. Minister Delbrück erkannte zwar den Anspruch der mecklenburgischen Regierung auf den Schutz des Reichs an, meinte aber,

---

deutsche Allgemeine Zeitung" Nr. 216 vom 17. September 1873, Nr. 267 vom 15. November 1873 und Nr. 270 vom 19. November 1873, die Kriegsgerichte, Nr. 125 vom 31. Mai 1873, die Zwangsverkaufsliegenschaften, Nr. 106 vom 5. Juli 1873, die protestantischen Stiftungen, Nr. 237 vom 11. Oktober 1873, über die Rechtsverhältnisse der zum dienstlichen Gebrauch einer Reichsverwaltung bestimmten Gegenstände auf Elsaß-Lothringen, Nr. 248 vom 24. Oktober 1873, die Steuerermäßigungen, Nr. 74 vom 28. März 1873, den Verkauf der zum Staatsgut gehörigen Liegenschaften (Kanzlervorlage vom 4. März 1873, in Kohls Bismarck-Regesten nicht erwähnt), Nr. 58 vom 9. März 1873, die Besteuerung des Branntweins (Kanzlervorlage vom 2. März 1873, in Kohls Bismarck-Regesten unerwähnt), Nr. 57 vom 8. März 1873, betreffend die Entnahme von 38 Millionen Thalern aus der französischen Kriegskontribution für die Reichseisenbahnen, Nr. 83 vom 8. April 1873, die Zuwiderhandlungen gegen die Vorschriften über den Uebergangsverkehr mit steuerpflichtigen Gegenständen, Nr. 115 vom 18. Mai 1873, die Grenzlinie von Elsaß-Lothringen, Nr. 147 vom 27. Juni 1873, die Zollverhältnisse in den Reichslanden, Nr. 193 vom 20. August 1873, den Pauschsummenetat derselben, Nr. 102 vom 2. Mai 1873, das Berggesetz, Nr. 277 vom 27. November 1873, den Landeshaushalt für 1874, Nr. 294 vom 17. Dezember 1873.

[1]) Vgl. Bd. I. S. 268 f. und oben S. 197, 263. Bülows Referat über die Beratung in der Petitionskommission findet sich abgedruckt in Hirschfelds Werk „Friedrich Franz II.", Bd. II. S. 307 f. Auch die folgenden Ausführungen sind Hirschfelds Werk entnommen.

man möge nicht vergessen, daß alle Parteien mit Ausnahme der einen, der dem Reich eben nicht freundlich gesinnten Zentrumspartei, sich für die Unhaltbarkeit der mecklenburgischen Verfassung ausgesprochen hätten; auf die Dauer würde daher das Reich durch unbedingten Schutz des formellen Rechts in eine schiefe Stellung kommen. Da sich auch die übrigen Ausschußmitglieder in diesem Sinne äußerten und die Vertreter Badens und Oldenburgs es für zweckmäßig hielten, die mecklenburgischen Regierungen durch eine Erklärung des Bundesrats zu stützen, so schlug der Vorsitzende vor, eine solche Erklärung jetzt im Ausschuß festzustellen, die Beschlußfassung des Plenums darüber aber bis zum Herbst auszusetzen, da bis dahin die Sachlage sich ändern könne. Indessen entschied man sich doch, zuvor noch die Ansicht des anwesenden mecklenburgischen Bevollmächtigten zu hören, und Herrn v. Bülow gelang es unter ausführlicher Darlegung der thatsächlichen Verhältnisse und Widerlegung der vielfachen Entstellungen seitens der liberalen Partei, seine Kollegen von der Notwendigkeit der einfachen Ablehnung zu überzeugen. Auch von einem Zusatz zum Protokoll, der das Wünschenswerte einer baldigen Regelung ausdrücke, sah die Majorität des Ausschusses ab. Delbrück zog seinen Vorschlag einer Vertagung zurück, und da Bülow eine rasche Entscheidung als im Interesse seiner Regierungen liegend bezeichnete, so fand die Verhandlung im Plenum schon am nächsten Tage statt. In derselben wurde im Sinne des Ausschußantrages entschieden. Bülows klare und sachliche Darlegung gab auch hier den Ausschlag. Oktroyiren könnten und wollten die Großherzoge nicht; indem Höchstdieselben daher auf Verhandlung mit den berechtigten Faktoren verwiesen seien, rechneten sie auf den Schutz des Reichs für die ungestörte Reform der als entwicklungsfähig und entwicklungsbedürftig anerkannten Verfassung; jetzt stehe zu hoffen, daß alle Gemäßigten und Verständigen sich den Bestrebungen der regierenden Herren anschließen würden. Die Verhandlungen seien nur vertagt, nicht abgebrochen; die einfache Ablehnung werde die Durchführung der landesherrlichen Entschließungen nur erleichtern. Der sächsische Bevollmächtigte Herr v. Nostitz unterstützte diese Erklärung mit dem Hinweis, daß die vom Reichstag vorgeschlagene Verfassungsänderung ganz unannehmbar sei, weil dann die Reichsgewalten mit demselben Recht und je nach der politischen Stimmung alle Verfassungen reformiren und damit anfangen könnten, alle Ersten Kammern zu beseitigen. Die einfache Ablehnung wurde beschlossen. Dagegen stimmte nur Herr v. Türckheim, der Vertreter der badischen Regierung, deren nahe Beziehungen zur nationalliberalen Partei bekannt waren. Seine Erklärung lautete: Die Großherzoglich badische Regierung könne es nur für überaus wünschenswert halten, daß es gelingen möge, der auf die Dauer nicht von der Hand zu weisenden Agitation gegen die mecklenburgische Verfassung durch eine baldige Vereinbarung zwischen Regierung und Ständen über eine zeitgemäße Verfassungsänderung auf landesgesetzlichem Wege den Boden zu entziehen. Sie glaube diesem Zwecke am besten dadurch zu dienen, daß sie dem Beschlusse des Reichstags zustimme.[1])

Mit Recht konnte Herr v. Bülow dieses Ergebnis[2]) als das wichtigste und erfreulichste bezeichnen, welches in dem langwierigen Kampfe gegen die gesamte liberale Partei bisher erreicht sei. Er knüpfte daran einige Bemerkungen, die wir deshalb hier folgen lassen, weil sie auf die nächsten Entschließungen des Großherzogs Friedrich Franz wahrscheinlich von entscheidendem Einfluß gewesen sind. „Es bedarf kaum der Erwähnung," schrieb Bülow, „daß der Bundesrat sich mit diesem Beschlusse nicht unbedingt und nicht für immer zu unserer Schutzwehr gegen den Reichstag gemacht hat. Die einberichteten Erklärungen der einzelnen Bevollmächtigten und des Ausschusses sind offizielle Aeußerungen der Regierungen und lassen und bezwecken die Freiheit, sich je nach Umständen wieder zu degagiren und das letzte Wort vorzubehalten. Mit einem Wort, es ist nicht volle, sondern bedingte und zeitweilige Gewährleistung der bestehenden Verfassung; nicht Anerkennung des status quo, sondern nur Schutz für ruhige Verhandlung und Gestaltung der als unerläßlich und unvermeidlich allerseits anerkannten Reformen. Je rascher und vollständiger diese ins Leben geführt werden können, je leichter wird für dieselben dann statt dieses einstweiligen Schutzes die definitive Anerkennung des Bundesrats und der Ausspruch, daß die Sache erledigt sei, zu erreichen sein. Der heutige Beschluß, wonach die Reichsverfassung Grundrechte als Minimum von Verfassungsrechten nicht kennen will, ist für Erreichung dieses Ziels eine erfreuliche Vorbedeutung, aber, wie gesagt, keine Garantie. Die politische Einwirkung der Reichsgewalten, getragen von der Notwendigkeit der Einigkeit im wesentlichen, ist im Reiche stärker als Verfassungsparagraphen, und eben auf eine solche, je nach Zeit und Umständen, deuten alle jene Erklärungen."[3])

---

[1]) Eine staatsrechtliche Erörterung zur mecklenburgischen Verfassungsfrage findet sich in der „National-Zeitung" Nr. 239 vom 25. Mai 1873.

[2]) Die „Mecklenburgischen Anzeigen" bestätigen die Nachricht über das Schicksal des Büsingschen Antrags im Bundesrat in folgender Weise: „Zuverlässiger Mitteilung zufolge hat der Bundesrat zwar beschlossen, den sogenannten Büsingschen Antrag abzulehnen, aber weder das angebliche dringende Ersuchen (um Regelung der Verfassungsfrage) noch überhaupt ein Ersuchen irgendwelcher Art an die mecklenburgischen Regierungen gerichtet. Richtig ist, daß dem Wunsche nach einem baldigen Abschluß der jetzt schwebenden Verfassungsreform-Verhandlungen sowohl von seiten des Vertreters der Großherzoglichen Regierungen als von mehreren anderen Seiten Ausdruck gegeben ist. Der Anregung aber, ob mit der Ablehnung des Büsingschen Antrages irgend eine Kundgebung des Bundesrats im Sinne jenes Wunsches zu verbinden sei, ist, als der Sachlage nicht entsprechend, keine Folge gegeben worden."

[3]) In der Bundesratssitzung vom 7. März 1873 wurde auf den Antrag des Justizausschusses die mecklenburgische Regierung ersucht, bezüglich der Beschwerde des Magistrats Strelitz wegen verweigerter Zulassung eines israelitischen Senators zum Schulvorsteher Remedur eintreten zu lassen.

Eingabe des Herzogs von Arenberg um Schutz seiner Privilegien. Der Herzog von Arenberg hatte sich auf internationale Verträge, das heißt die Wiener Kongreßakte und die Wiener Bundesakte, berufen, um der preußischen Regierung das Recht zu bestreiten, auf dem Wege der Gesetzgebung die ihm zustehende standesherrliche Gerichtsbarkeit und obrigkeitliche Verwaltung in dem Herzogtum Arenberg-Meppen zu beschränken.

Der Justizausschuß (Referent Krüger) schlug vor, den Antrag abzuweisen, und zwar in Erwägung, daß der auf Artikel 32 der Wiener Kongreßakte und Artikel 14 der vormaligen Bundesakte gestützte Antrag auf Erlaß einer Inhibitorialverfügung gegen die Königlich preußische Regierung zum Zwecke der Sistirung des von dieser behufs Regelung der Rechtsverhältnisse des Petenten eingeleiteten legislativen Verfahrens für begründet nicht erachtet werden kann, weil der Artikel 14 der Bundesakte, durch welchen die erwähnte Bestimmung der Wiener Kongreßakte erst ihre nähere Begrenzung erhalten hat, einen integrirenden Teil des Bundesvertrags bildete, der durch die Ereignisse des Jahres 1866 aufgelöst ist und dessen Auflösung von allen Paciscenten, zu denen die deutschen Standesherren nicht gehört haben, anerkannt ist; — und weil mit Grund nicht behauptet werden kann, daß die durch den gedachten Artikel 14 und die darauf bezüglichen Bestimmungen des Artikels 63 der Wiener Schlußakte herbeigeführte Beschränkung der Souveränität der Bundesglieder für die einzelnen Bundesregierungen noch fortbesteht, nachdem der Vertrag, durch den sie gegründet wurde, aufgelöst ist.[1] Der Bundesrat schloß sich diesem Votum an.[2])

Ausstellung in Philadelphia. Die Regierung der Vereinigten Staaten hatte das Deutsche Reich zur Teilnahme an einer internationalen Ausstellung von Erzeugnissen der Künste und der Industrie sowie des Land- und Bergbaues eingeladen, welche im Jahre 1876 in Philadelphia zur Säkularfeier der Unabhängigkeitserklärung veranstaltet werden sollte. Der Reichskanzler brachte dem Bundesrat die Annahme der Einladung und die seitens der amerikanischen Regierung reglementsmäßig erforderte Einsetzung einer eigenen Kommission für die Ausstellung sowie die Bestallung eines Bevollmächtigten derselben in Philadelphia in Vorschlag.

Infolge davon beantragte der Ausschuß für Handel und Verkehr, der Bundesrat wolle: 1. die Annahme der von der Regierung der Vereinigten Staaten von Amerika an das Deutsche Reich gerichteten Einladung zur Teilnahme an einer internationalen Ausstellung von Erzeugnissen der Künste und der Industrie sowie des Land- und Bergbaues, welche im Jahre 1876 zwischen

[1]) Ausführlicher ist das Krügersche Referat mitgeteilt in der „National-Zeitung" Nr. 97 vom 27. Februar 1873.

[2]) „National-Zeitung" Nr. 580 vom 12. Dezember 1873.

dem 19. April und 19. Oktober zu Philadelphia veranstaltet werden soll, aussprechen; 2. die Bestellung einer eigenen Kommission für die Ausstellung sowie eines in Philadelphia residirenden Bevollmächtigten derselben dem Reichskanzler überlassen; 3. dem Reichskanzler anheim geben, bei Bestellung der Kommission darauf Rücksicht zu nehmen, daß dieselbe aus Vertretern der bei der Ausstellung hauptsächlich beteiligten Staaten gebildet werde, und daß die Mitglieder der Kommission womöglich am Sitze der Ausstellungskommission ihren Wohnsitz haben; 4. endlich beschließen, daß die Kosten der Kommission sowie der Vertretung in Philadelphia auf das Reich übernommen werden.

Mainzer Universitätsfonds. Die Forderung der hessischen Staatsregierung wegen des Mainzer Universitätsfonds, welche der frühere Bundestag schon 1837 abgewiesen hatte, lehnte auch der Bundesrat als nicht zu Recht bestehend ab, dagegen erkannte derselbe an, daß im Wege des Vergleichs sich eine Abfindung rechtfertigen ließe. Diese Forderung war, da sie noch aus dem Anfang des Jahrhunderts herrührte und mit der damaligen französischen Invasion in Verbindung stand, auf Höhe von 500000 Franken ohne Zinsen gerichtet.

Rechtsverhältnisse der Baptisten- und freireligiösen Gemeinden. In der Bundesratssitzung vom 30. Juni berichtete Geh. Justizrat Held mündlich im Namen des VI. Ausschusses über die Eingabe des Predigers der Baptistengemeinde Haese zu Varel vom 4. April, betreffend die Erteilung von Korporationsrechten an Baptistengemeinden, und über die Eingabe des Vorstandes des Bundes freier religiöser Gemeinden zu Breslau vom 24. April 1872, betreffend die Rechtsverhältnisse der freien religiösen Gemeinden. Der Bundesrat beschloß, daß aus dem Inhalt der vorliegenden Eingaben keine Veranlassung zu entnehmen sei, die verbündeten Regierungen um ein gesetzgeberisches Einschreiten zu ersuchen, zumal die in jenen Eingaben behandelten Fragen schon seit längerer Zeit Gegenstand gesetzgeberischer Erwägungen seien.

Vertrag mit Belgien wegen Uebernahme hülfsbedürftiger Landesangehörigen. Vom Reichskanzler-Amt war dem Bundesrat eine Vorlage bezüglich des Abschlusses eines Vertrags mit Belgien wegen gegenseitiger Uebernahme hülfsbedürftiger Landesangehörigen gemacht. Der Bundesrat beschloß, dem Abschlusse eines derartigen Uebereinkommens die Zustimmung zu erteilen. Ferner sprach der Bundesrat auf Antrag des Großherzoglich badischen Bevollmächtigten, welchem der Großherzoglich hessische Bevollmächtigte sich anschloß, den Wunsch aus, es möge bei dem Abschlusse des Uebereinkommens konstatirt werden, daß nach demselben auch die Kosten der Beerdigung der in dem Gebiet des einen kontrahirenden Teiles verstorbenen und verarmt gewesenen Angehörigen des andern Teils von dem letzteren nicht zu erstatten sind. [1])

5. Mai 1873: Vorlage des Reichskanzlers, betreffend die Uebersicht der nach der Verfassung und den Gesetzen des Reichs festzustellenden Bevölkerungszahlen (Drucksache Nr. 90); Bericht der Ausschüsse für das Landheer und die Festungen und für Rechnungswesen d. d. 12. Juni 1873, Nr. 120 der Drucksachen. [2])

13. Rückblick.

Die dritte Session des Bundesrats brachte eine Reihe von wichtigen Vorlagen zum Abschluß. Die Entwicklung der nationalen Einheit und der gemeinsamen Wahrnehmung der Reichsinteressen erhielt auf wichtigen Gebieten neue Bürgschaften durch Erweiterung der Reichskompetenz bezüglich des gesamten bürgerlichen Rechts, durch die Verfügung über die französische Kriegskostenentschädigung, durch den Abschluß der deutschen Münzgesetzgebung, durch die Gründung eines Reichs-Eisenbahnamts und durch die festere Gestaltung des Reichs-Beamtenwesens. Auch auf dem Gebiete der Volkswirtschaft, des öffentlichen Verkehrs und der Gesundheitspflege wurden mannigfache und zum Teil sehr bedeutende Fortschritte gesichert. In Betreff der Aufgaben für die weitere Ordnung

[1]) In der Sitzung vom 9. Juni 1873 genehmigte der Bundesrat die Uebereinkünfte der internationalen Kommission wegen Regulirung der deutsch-französischen Grenze vom 24. und 28. August 1872. — Auf den Vorschlag des Präsidiums beschloß der Bundesrat, daß sämtliche nach dem Strafgesetzbuch verfügten Ausweisungen von Ausländern seitens der ausweisenden Behörden, und zwar unter abschriftlicher Beifügung des Tenors des rechtskräftigen gerichtlichen Strafurteils, auf Grund dessen die Ausweisung erfolgt, dem Reichskanzler-Amt anzuzeigen seien, damit dasselbe in dem „Centralblatt für das Deutsche Reich“ jede Ausweisung einmal und ohne Erteilung eines Belagblattes unentgeltlich bekannt mache. — In der Sitzung vom 28. Februar 1873 erklärte sich der Bundesrat mit dem Vorschlage Preußens einverstanden, nach welchem fortan die in den einzelnen Bundesstaaten rechtsgiltig ausgestellten Gesindebücher in dem gesamten Reichsgebiete zur Eintragung von Dienstzeugnissen fortbenutzt werden dürfen.

[2]) Den Wortlaut zu finden in der S. 304 (Note) erwähnten Quelle. In Kohls Bismarck-Regesten nicht erwähnt. Noch ist zu registriren: Vereinbarung des Bundesrats wegen wechselseitiger Mitteilung der Straferkenntnisse, „National-Zeitung“ Nr. 593 vom 20. Dezember 1873; Vorlage des Reichskanzlers, betreffend zwei Zusätze zu dem Friedensvertrage mit Frankreich, Nr. 198 vom 29. April 1873; Bundesratsbeschluß, betreffend die Kosten beim Transport von Ausländern, Nr. 292 vom 27. Juni 1873 und Nr. 397 vom 27. August 1873; Vorlage des Kanzlers, betreffend die Pharmacopoea Germanica, „Norddeutsche Allgemeine Zeitung“ Nr. 61 vom 13. März 1873; Uebereinkunft mit Belgien wegen gegenseitiger Anerkennung der Rechtskraft der Aktiengesellschaften, „National-Zeitung“ Nr. 535 vom 16. November 1873 und Nr. 561 vom 2. Dezember 1873; desgleichen mit Großbritannien, „Norddeutsche Allgemeine Zeitung“ Nr. 103 vom 3. Mai 1873; Ausschußbericht, betreffend die Justizverweigerung des Justizrats Werlé zu Darmstadt, „Norddeutsche Allgemeine Zeitung“ Nr. 156 vom 22. Juli 1873; Ausdehnung des Geschäftskreises des Statistischen Amts auf die Forststatistik, Nr. 133 vom 11. Juni 1873.

der durch den Krieg veranlaßten Verhältnisse bedarf es nur des Hinweises auf den Invalidenfonds, die Umgestaltung der deutschen Festungen, die Ausbildung der deutschen Marine, die Kriegsleistungen u. s. w., um die Bedeutung der Session auch in dieser Beziehung ins richtige Licht zu stellen. Bedeutsam war ferner die volle Einführung Elsaß-Lothringens in das politische Leben Deutschlands.

Den Beschluß des Reichstags auf Gewährung von Diäten und Reisekosten an die Abgeordneten lehnte der Bundesrat auch diesmal wieder ab, gewährte aber eine Abschlagszahlung durch Einräumung freier Fahrt der Abgeordneten auf allen deutschen Eisenbahnen während der Dauer der Session. Daß diese letztere Konzession mit Bewilligung Bismarcks geschah, kann mit Sicherheit angenommen werden.

Umgekehrt verweigerte aber auch der Reichstag mehrere von dem Bundesrat verlangte Gesetze;, so gewährte er dem letzteren zum Beispiel nicht die Waffen, die er für nötig hielt, um die auf gewerblichem Gebiete durch individuelle Willkür eingetretenen Störungen der nationalen Arbeit zu beseitigen (Gesetzentwurf, betreffend die Abänderung der Gewerbeordnung in Bezug auf die Kontraktbrüchigkeit der land- und forstwirtschaftlichen Arbeitnehmer und Arbeitgeber).

Von kapitalen Vorlagen des Bundesrats blieb aber im Reichstag nur eine unerledigt, das allgemeine Militärgesetz, welches in der Reichsverfassung verheißen und durch die Erweiterung des deutschen Heeres zu einer Notwendigkeit geworden war. Diese Unterlassung war aber mehr die Folge einer augenblicklichen Erlahmung der an Mühen und Erfolgen reichen Reichstagssession und nicht die einer grundsätzlichen Opposition gegen die Politik Bismarcks, die sich in den drei ersten Jahren des Reichs als ebenso groß, weitsichtig und versöhnlich gezeigt hatte, wie sie es in den folgenden siebenzehn Jahren bis zu seinem Rücktritte geblieben ist.

Seit dem Jahr 1872 war der Bundesrat zweier seiner tüchtigsten Mitglieder beraubt worden: dem Ausscheiden des zum hessischen Ministerpräsidenten ernannten Großherzoglichen Gesandten Hofmann folgte 1873 die Uebersiedelung des bisherigen mecklenburgischen Bevollmächtigten v. Bülow in das Berliner Auswärtige Amt. Die Kräfte, welche die kleineren Staatswesen zur Verfügung haben, sind nicht so zahlreich, daß diese Lücke leicht hätte ausgefüllt werden können.

Personen-Register.

Sach-Register.